中国机械工业年鉴系列

2024
中国机械工业集团有限公司年鉴

CHINA NATIONAL MACHINERY INDUSTRY CORPORATION LTD. YEARBOOK

中国机械工业集团有限公司　编

机械工业出版社
CHINA MACHINE PRESS

《中国机械工业集团有限公司年鉴 2024》分为重要文献、集团公司发展概况、子公司发展概况、规章制度选编、荣誉汇编、重大经营项目汇编、大事记、附录和企业风采九部分，集中反映 2023 年国机集团的总体发展情况，详细记录了国机集团及其主要子公司党的建设、战略布局、生产发展、产品产量、市场销售、科技成果及新产品、标准与质量、基本建设和技术改造，以及国机集团、各子公司及员工个人所获得的荣誉等情况。

《中国机械工业集团有限公司年鉴》主要读者对象为政府决策机构、机械工业相关企业决策者，从事市场分析、企业规划的中高层管理人员以及国内外投资机构、贸易公司、银行、证券、咨询服务部门和科研单位的机电项目管理人员等。

图书在版编目（CIP）数据

中国机械工业集团有限公司年鉴. 2024 / 中国机械工业集团有限公司编. -- 北京 : 机械工业出版社, 2025. 2. -- (中国机械工业年鉴系列). -- ISBN 978-7-111-77763-2

Ⅰ. F426.4-54

中国国家版本馆CIP数据核字第202525630X号

机械工业出版社（北京市百万庄大街22号　邮政编码100037）

策划编辑：赵　敏　　　　责任编辑：赵　敏

责任校对：贾海霞　李　杉　　责任印制：李　昂

河北宝昌佳彩印刷有限公司印刷

2025年4月第1版第1次印刷

210mm × 285mm · 24.75 印张 · 21 插页 · 664 千字

标准书号：ISBN 978-7-111-77763-2

定价：580.00 元

电话服务	网络服务
客服电话：010-88361066	机　工　官　网：www.cmpbook.com
010-88379833	机　工　官　博：weibo.com/cmp1952
010-68326294	金　　书　　网：www.golden-book.com
封底无防伪标均为盗版	机工教育服务网：www.cmpedu.com

编辑说明

一、《中国机械工业集团有限公司年鉴》（以下简称《国机集团年鉴》）于 2010 年首次出版，由中国机械工业集团有限公司（简称国机集团）主管、主办，《国机集团年鉴》编委会编纂，机械工业出版社编辑出版。

二、《国机集团年鉴》是一部全面记载国机集团改革与发展的大型资料性、工具性年刊。《国机集团年鉴》2024 主要记载上年国机集团的改革、创新和发展情况。

三、《国机集团年鉴》坚持面向市场、面向读者，提供准确、翔实的数据、信息和资料，忠实地反映国机集团和国机人上年度取得的新发展、新进步、新成就和新风貌。

四、《国机集团年鉴》2024 内容分为重要文献、集团公司发展概况、子公司发展概况、规章制度选编、荣誉汇编、重大经营项目汇编、大事记、附录和国机集团形象展示九部分，数据截至 2023 年 12 月 31 日。

五、本年鉴在编纂过程中得到了国机集团总部各职能管理部门和子公司的大力支持和帮助，在此深表谢意。

七、由于编者水平有限，书中难免有疏漏及不足之处，敬请读者批评指正。

中国机械工业集团有限公司年鉴编辑部

2024 年 11 月

服务国家所需
刂与服务
工程承包与供应链

国机集团 SINOMACH

2023年中国机械

1. 聚焦“六个结合”扎实推进主题教育，党建与经营融合务实功、出实效、焕新貌

2. 中国二重重组十年焕发新气象，“国机造”助力C919等大国重器顶梁柱作用更加凸显

3. 全面推进高端绿色智能农机装备国产化替代，进一步增强现代农机产业链韧性和竞争力

4. 获批国家通用机械基础件创新中心，打造服务制造强国建设产业链创新链新载体

5. 荣获中国工业大奖和机械工业科学技术奖一等奖六项，服务新型工业化建设再赋新动能

工业集团有限公司十件大事

6 成立国机数科、上线司库体系，数字化、智能化转型加速推进

7 再获中央企业负责人经营业绩考核A级，集团高质量发展扎实推进

8 优化调整“十四五”发展规划，勇担新时代新征程新使命

9 驻华使节步入国机，“一带一路”互利合作再升级

10 从“四扶并举”到“规划引领、产业带动、农机赋能、人才支撑”，探索乡村振兴“国机模式”

中国机械工业集团有限公司年鉴
编辑工作人员

主　　编： 丁宏祥

执行主编： 闫卫红

执行副主编： 刘　维

编　　辑： 陈　明

撰　稿　人

（按姓氏笔画排列）

万成娜　王　意　王东善　王博宇　王鹏妍　支春明　艾　婧

曲若柳　刘　英　刘　跃　刘丽霞　刘爱平　许天瑶　杜　实

李　尧　李　阳　李文博　杨立人　吴庆凯　余娇龙　余能华

张录音　张珺媛　陈　欢　陈　明　陈利双　郑睿颖　郝建新

姜雅楠　袁　杰　聂德福　徐玉娟　高　洋　唐　洋　曹海扬

蒋　烨　韩子倩　詹　佩

目录

第一篇 重要文献

第二篇 集团公司发展概况

第三篇 子公司发展概况

第四篇　规章制度选编

第五篇　荣誉汇编

第六篇 重大经营项目汇编

第七篇 大事记

第八篇 附录

第九篇　企业风采

CONTENTS

Chapter Ⅳ Selected Regulations and Rules

Chapter Ⅴ Honors and Awards

Chapter Ⅵ Compilation of Major Business Projects

Chapter Ⅶ Milestones

Chapter Ⅷ Appendices

Chapter Ⅸ SINOMACH Images

第一篇

重要文献

聚焦功能定位　强化党建赋能　引领保障集团高质量发展

——在2024年国机集团全面从严治党工作会议上的讲话

张晓仑

（2024年2月23日）

〔**2023年工作**〕

2023年，集团党委在以习近平同志为核心的党中央坚强领导下，深入学习贯彻党的二十大精神，坚决贯彻落实习近平总书记重要指示批示和党中央决策部署，扎实推进主题教育，积极配合中央巡视，认真做好经济责任审计整改，牢牢把握高质量发展主线，全面完成经营业绩考核目标，防范化解重大风险取得重要进展，深化改革提升行动全面启动，“十四五”规划中期调整高质量完成。各级党组织和广大党员在服务国家战略中勇担当、在推动改革发展中善作为、在提升党建质量上求突破，做到“两个维护”、服务“国之大者”的责任感使命感显著增强，增强核心功能、提升核心竞争力的紧迫感方向感明显提高，锻造国机所长、服务国家所需、服务新型工业化的自觉性进一步提升；企业内部协同、优势互补、破解难题、化解风险的合力进一步凝聚；广大干部职工的获得感、幸福感进一步增强，干事创业的精气神进一步提振；党组织领导作用和党的建设引领保障作用更加彰显，为集团改革发展稳定提供了坚强保证。主要有以下六个方面新进展新成效。

一、强化政治引领，担当政治责任更加有为

集团党委深入贯彻落实习近平总书记重要指示批示精神，坚持党的全面领导，牢牢把握新时代新征程集团的新使命新定位，锻造国机所长、服务国家所需，把握“三个总”、用好“两个途径”、发挥“三个作用”取得明确成效。

一是不折不扣贯彻落实习近平总书记重要指示批示精神。健全完善“第一议题”“3+3”制度体系，形成传达学习、研究部署、贯彻落实、跟踪督办、报告反馈、考核评估的工作闭环。坚持把习近平总书记作出重要指示批示的重大项目重大工程打造成示范点，中白工业园新增入园企业25家，累计协议投资总额14.38亿美元；推进国机火炬园一期工程建设交付和运营筹备，经营性收入、新增企业数量等达到历史最好水平。

二是聚焦主责主业服务国家战略。积极服务制造强国，坚守初心使命，打造国之重器，800MN模锻压力机助力C919商业首航；稳步推进农机装备高质量发展，联动推进“三大行动”，落实“三张清单”，推进高端农业机械现代产业链链长建设，加强高端农业机械的自主创新和国产化替代，批量交付高端智能大功率拖拉机，自主研发国内首台丘陵山地作业专用型拖拉机。积极服务科技强国，推进国家级科研平台建设，高标准推进全国重点实验室建设，获批成立国家通用机械基础件创新中心，以及轴承、密封技术两家国防创新中心；深入推进原创技术策源地建设，大力推进关键核心技术攻关，有序开展29项“1025专项”二期攻关任务，积极承担国家重点专项攻关任务；积极推动技术预见，培育战略性新兴产业、未来产业，发展集团新动能。积极服务新型工业化，制定实施集团《关于锻造国机所长，服务国家所需，积极担当新型工业化建设主力军的指导意见》。积极助力乡村振兴，编制乡村振兴规划，4 个定点帮扶县（区）投入帮扶资金 4 170 余万元，帮助引进帮扶资金 2.9 亿元。

三是有效发挥党委把方向、管大局、保落实作用。加快完善中国特色现代企业制度建设，认真落实两个“一以贯之”重大原则，全面推进党的建设融入公司治理。完善“三重一大”决策机制，进一步厘清集团党委和董事会、经理层等其他各治理主体的功能定位、职责权限和工作方式，“一企一策”动态优化党委前置研究讨论重大经营管理事项清单，推动制度优势更好转化为治理效能。分类指导下属企业修订制度清单，引导企业更好聚焦主责主业，锻长板、补短板，更好服务国家重大战略。启动改革深化提升行动，深入推进国有资本投资公司改革试点，激发企业活力。扎实推动重大风险防范化解和历史遗留问题处理，在风险、内控、合规有机整合、衔接贯通方面取得实实在在的进展。

二、紧扣主题主线，推进主题教育有力有效

按照“五个更加注重”“三个实实在在”重要要求，统筹衔接两批主题教育，一体推进理论学习、调查研究、推动发展、检视整改、建章立制。

一是谋划部署扎实有序。落实中央部署要求，结合集团和企业实际，建立主题教育领导小组双周例会、指导组督导组周例会、领导小组办公室日调度机制，将各项工作安排到月、细化到周。

二是推动落实结合实际。两批主题教育分别围绕不同范围不同对象特点和总体要求，以“6 个结合”“5 个结合”将主题教育与中心工作紧密融合。建立起“领导小组牵头抓总、办公室统筹协调、工作组执行落实、巡回指导组和督导组严督实导、党员干部深度参与”的工作格局，实践中形成了“党课、联学、讲堂、研讨”四位一体的研学体系、“计划、指导、评估、反馈”四位一体的督导体系、“一课题一方案一专班一清单”的调查研究体系和前后衔接、上下联动的整改整治体系，推动理论学习有收获、调查研究有实招、推动发展有实效、检视整改有深度、建章立制有成果。

三是服务发展取得实效。聚焦服务国家战略，一批影响集团高质量发展的重点难点问题得以突破；聚焦总部能力建设，更好发挥“战略管控、价值创造、服务支撑”作用，干部履职能力明显提升；聚焦“我为群众办实事”，企业凝聚力向心力不断增强；聚焦党建强基固本，全面提升党建规范化科学化制度化水平，形成了一大批特色做法，取得了一系列成果成效，特别是针对集团瓶颈和难点问题、着眼未来发展，完成“十四五”发展规划中期调整，优化形成“1368 战略”，明确了未来发展的整体布局和思路举措。两批主题教育 910 个问题清单和 192 个专项整治问题全部推进完成，推动解决问题 1 915 个，建章立制 898 个，完成民生项目 582 个，开展党员志愿服务 1 184 次，累计服务群众 86 110 人次。

三、融入中心工作，基层党组织和党员作用更加凸显

深入落实习近平总书记关于党的建设的重要思想，牢固树立大抓基层的鲜明导向，组织实施“七抓”工程，开展“百千工程”，组织动员广大基层党组织和党员在建设世界一流企业新征程中发挥战斗堡垒作用和先锋模范作用。

一是责任落实进一步强化。统筹集团党建工作总体布局，以党委工作要点为牵引，推动党建工作与生产经营目标同向、部署同步、工作同力。以党建责任制考核为抓手，持续优化全级次企业党组织书记述职评议和党建考核评价体系，使党建工作真正从“软指标”变成“硬约束”，一级抓一级层层抓落实的工作格局进一步落地。

二是基层基础进一步夯实。组织全级次混合所有制企业党建排查梳理和专项整改，召开境外党建工作座谈会探索创新境外党建工作，构建“一体两翼”党建格局。制修订一批党内制度，完善党建制度体系。推进“聚焦主责主业、锻造国机所长”系列宣讲，组织“党组织书记大讲堂”，集团党务干部理论水平和业务能力进一步提升。积极开展农机装备产业链供应链创新链党建共建，实施“链上党建、赋能发展”行动，推动产学研、上下游、大中小企业党建联建共建。

开展“百千工程”，推进百个基层党支部示范选树培育、千个基层党支部规范提升，进一步夯实组织基础、凝聚党员合力，为推动企业党建优势向发展优势、竞争优势转化奠定坚实基础。

三是融合提升进一步深化。坚持党建工作与生产经营深度融合，坚持“一企一工程”，深化基层党支部“党建 +”品牌创建，有效利用“岗区队”建设，充分调动各级党组织和广大党员的积极性和主动性，聚焦主责主业，突出“融合提升”，在推进完成年度各项工作目标任务中涌现出一大批先进事迹和典型做法，形成《聚焦主责主业　增强核心功能　国机集团“贯彻落实党的二十大精神　做强做精主责主业”案例》和《融合·提升·赋能　示范支部品牌创建活动案例》，支部战斗堡垒作用、党员先锋旗帜作用进一步凸显。

四、立足人才强企，支撑保障发展更加有效

深入落实新时代党的建设总要求和新时代党的组织路线，组织召开集团组织工作会议，努力打造忠诚干净担当的高素质专业化干部人才队伍。

一是管理体系不断完善。持续完善选人用人“1+N”制度体系，修订集团《下属企业领导班子和领导人员综合考核评价办法》，强化考核结果运用，充分发挥考核指挥棒作用，推动形成能者上、优者奖、庸者下、劣者汰的氛围。出台加强年轻干部教育管理监督意见，不断规范干部管理监督工作。

二是党管干部持续规范。把好选人用人政治关，突出担当作为导向，严格执行选拔任用制度标准程序，不断选优配强企业班子和干部队伍，2023 年提拔和进一步使用干部 34 人。着力解决“四不为”问题，推进干部能上能下常态化。加大干部教育培训力度，建立健全培训资源共建共享机制，不断提高干部素质能力。大力培养选拔使用优秀年轻干部，同时用好各年龄段干部。

三是党管人才坚强有力。全力选拔培养引进高层次人才，新增高层次人才 14 人次、科技创新团队 1 个。选聘集团第七批首席专家 33 人、首席技师 21 人。组织开展集团高层次科技人才库、高层次技能人才库建设工作，首批入库各类专家人才共 3 325 人。持续推进工程硕博士联合培养工作，不断完善青年科技人才培养、引进、发现“三个机制”。建立健全校园招聘协同共享工作机制，持续加大源头引才力度。持续强化人才激励，优化工资总额管理，近三年科技人才单列工资总额人均每年增长 17%，科研院所人均工资增长近 35%。大力推动中长期激励扩面提质，2023 年审批实施中长期激励项目 17 个，激励对象中科技人员占比 71%。

五、落实“两个责任”，集团政治生态更加清明

紧盯落实党中央重大决策部署和实施集团“十四五”规划、改革深化提升行动等重点任务，强化政治监督，正风肃纪反腐，以严的基调、严的措施、严的氛围推动集团党风廉政建设和反腐败工作向纵深发展。

一是坚持“有腐必反，有案必查”。围绕防范化解重大风险，严肃查处恒天集团系列严重违纪违法案件。聚焦装备制造、工程承包和境外项目、产业基础研制、贸易服务等板块重点企业，坚决查处企业“一把手”和领导班子成员“靠企吃企”问题。2023 年立案 139 件、给予党纪政务处分 124 人、留置 22 人，持续强化反腐败高压态势。

二是坚持纠“四风”转作风。常态化开展“四不两直”监督检查，扎实开展违反中央八项规定精神问题专项治理，紧盯违规吃喝等突出问题，“由风查腐”“惩腐纠风”，着力整治形式主义、官僚主义突出问题。

三是坚持严厉惩治、规范权力、教育引导相结合。深入开展“制度建设年”专项行动，聚焦权力运行重点环节，新建、修订完善生产经营管理、全面从严治党等制度 133 项。持续深化国机特色廉政文化建设，首次举办集团廉洁文化建设展览，开展第 6 届“廉洁宣传教育月”活动，以恒天集团系列案件为素材开展警示教育，更加聚焦身边人身边事，切身感更强、效果更明显。

四是坚持发挥巡视利剑利器作用。全力配合中央巡视，与中央巡视组同题共答、同向发力、同频共振。编制《集团党委巡视工作规划

(2023—2027 年)》，对 6 家二级企业党委开展新一轮常规巡视，发现问题 290 个，移交问题线索 96 件。不断完善巡视规章制度体系，巡视监督保障执行、促进完善发展作用进一步彰显。

六、凝聚思想共识，干部职工活力合力更加焕发

落实全国宣传思想文化工作会议精神，加强舆论引导和文化引领，为推动高质量发展汇聚发展合力。

一是强化正面宣传引导。围绕中国二重重组十周年、驻华使节步入国机等重点活动，开展多维度、全方位主题宣传，集团品牌影响力和社会美誉度进一步提升。

二是做实品牌文化建设。组织推进集团品牌引领行动，亮相“中国品牌日”中国品牌博览会，全面呈现集团品牌优势和核心竞争力。开展尼泊尔博克拉国际机场启用仪式“云开放”等活动，讲好国机故事。

三是丰富群团统战活动。加强党委对群团工作的领导，开展团员和青年主题教育，深入实施“青马工程”，纵深推进青年精神素养提升工程，巩固深化党建带团建成果。开展员工技能大赛、岗位建功活动，引导职工群众立足岗位做贡献。发挥科协桥梁作用，积极开展科普、人才举荐等工作。持续开展“爱企业、献良策、做贡献”活动，引导统战成员凝心聚力、融入中心、建功立业。

2023 年，集团全面从严治党工作取得了良好成绩，成绩的取得，是以习近平同志为核心的党中央坚强领导的结果，是全体党员干部团结一心、攻坚克难的结果。

当前集团全面从严治党工作还存在一些不足：有的党组织落实全面从严治党主体责任不够到位，班子成员履行“一岗双责”有待进一步加强；基层党建工作参差不齐，混合所有制企业和境外党建工作还存在短板弱项；优秀年轻干部队伍建设有待进一步加强，干部队伍年龄结构有待进一步优化；全面从严治党压力传导层层递减的问题还有不同程度存在，违反中央八项规定精神和“四风”问题仍有发生。有的党组织在推动企业聚焦主责主业、增强核心功能和提高核心竞争力方面还有一定差距，对一些长期制约高质量发展的问题缺乏清醒认识、直面勇气和有效解决办法，比如全员劳动生产率不高、“两金”高企、转型升级和战略性新兴产业培育步伐较慢等。对这些问题必须高度重视，下大力气解决。

〔2024 年工作〕

2024 年是中华人民共和国成立 75 周年，也是实现“十四五”规划目标任务的关键一年。面对复杂严峻的经济形势，我们必须牢牢把握新时代新征程集团的新使命新定位，完整准确全面贯彻新发展理念，解放思想、开拓创新，坚定信心、攻坚克难，敢于担当、主动作为，坚定打起管党治党责任，始终坚持党的领导、加强党的建设，为企业高质量发展提供坚强有力的保证。2024 年集团党委工作的总体思路是：深入学习贯彻习近平新时代中国特色社会主义思想，深化落实习近平总书记重要指示批示精神，以习近平总书记关于党的建设的重要思想为统领，以高质量党建引领保障高质量发展为主题，以巡视整改为契机，以压实管党治党政治责任为关键，以健全党建工作体系为重点，坚持和加强党的全面领导，确保全面完成各项目标任务，围绕落实“三个总”、用好“两个途径”、发挥“三个作用”，更加突出补短板强弱项、更加突出规范化制度化、更加突出强化功能发挥作用，全面系统整体提升党建质量，把党的建设优势更好转化为竞争优势发展优势，为集团高质量发展提供坚强保证。主要有七个方面的重点工作。

一、坚持突出党的政治建设，在贯彻落实中央决策部署中担当作为

坚持把党的政治建设摆在首位，坚决贯彻落实习近平总书记重要指示批示和中央重大决策部署，把准政治方向、坚定政治立场、提高政治能力，在思想上政治上行动上同以习近平同志为核心的党中央保持高度一致。

一是把讲政治体现在坚决做到“两个维护”上。加强政治忠诚教育，坚持把“两个维护”政治标准贯穿党的建设全过程各领域，引导党员、干部不断提高政治判断力、政治领悟力、政治执行力，聚焦集团主责主业，及时把握政策方向，理解形势任务，在国家战略大局中找准改革发展的突破方向，汲取破解难题的思路方法，切实提高攻坚克难、解决问题的能力和水平。始终围绕增强核心功能、提高核心竞争力，主动谋划、勇于探索、敢于担当，以高度的政治自觉在积极服务新型工业化建设中贡献力量，切实发挥科技创新、产业控制、安全支撑作用。

二是把讲政治体现在坚持和加强党的全面领导上。结合国企改革深化提升行动，进一步推动党的领导和公司治理深度融合，强化精准指导、一企一策，推动不同层级企业对照集团《“三重一大”决策制度实施办法》和《议事规则》要求，细化研究事项、科学设定边界、规范工作流程，更好发挥党委把方向、管大局、保落实作用，推动党的领导与企业组织架构、经营管理、队伍建设、风险防控等贯通衔接，更好优化公司治理结构，把制度优势转化为治理效能。

三是把讲政治体现在健全贯彻落实的制度机制上。紧密结合集团业务布局，进一步深化落实“第一议题”制度和贯彻落实工作要求，健全“传达学习、研究部署、贯彻落实、跟踪督办、报告反馈”的全链条工作闭环，完善上下贯通、执行有力的工作体系，确保做到学习跟进、认识跟进、行动跟进。加大办理情况跟踪问效力度，把落实成效运用到政治监督、党建考核、民主生活会督导、巡视巡察等工作中，做到件件有落实、事事有结果。

四是把讲政治体现在提高落实决策部署的工作能力和效果上。各级党员、干部要着力增强推动高质量发展本领、服务群众本领、防范化解风险本领，加强斗争精神，始终围绕服务国家重大战略，抓好“十四五”规划落实落地，对重要工作、重点问题要组织工作专班推动落实解决。做到“六个牢牢把握”，以坚持和加强党的全面领导为统领，以推进新型工业化为主线，以改革深化提升行动为抓手，以加快建设世界一流企业为目标，推动先进装备制造高质量发展，发挥产业基础研制与服务优势，深化科技创新体制机制改革，巩固工程承包与供应链业务，加快传统业务转型升级，积极布局战略性新兴产业，培育新质生产力，着力锻造三支力量，锻造国机所长，服务国家所需，在服务支撑新型工业化、全面推进中国式现代化建设中迈出坚实步伐。

二、坚决落实政治责任，扎实推进中央巡视整改和成果运用

抓巡视整改就是抓高质量发展。要把巡视整改工作作为重大政治任务抓实抓好，以巡视整改为契机，进一步加强党的全面领导，深化改革、完善制度，推进源头治理，促进标本兼治，更好履行党中央赋予的职责使命，更好服务国家战略，不断增强企业核心功能和核心竞争力，实现高质量发展。

一是拧紧责任链条，紧盯关键环节抓整改。集团党委坚决担负起巡视整改主体责任，建立巡视整改工作机构，抓好各项工作的统筹推进，形成整改工作闭环。压紧压实各级党组织书记巡视整改第一责任人责任，带头领办重点难点问题。班子成员切实履行“一岗双责”，推动集团各级企业党组织同题共答、上下联动、一体整改，确保整改一贯到底、取得实效。

二是完善制度机制，清单化体系化抓整改。谋划制定巡视整改工作方案，严格对照反馈意见，建立问题清单、任务清单、责任清单，明确任务分工、责任部门、完成时限，切实把整改落实的任务横向到边、纵向到底，具体到岗、落实到人。要按照任务分工倒排工期、挂图作战，建立问题研判、措施落实、定期督办、检查评估、监督追责的日常推动机制，健全巡视整改日常监督机制，注重“当下改”“长久立”相结合，推动整改措施落地见效。

三是融入日常工作，注重实效一体落实抓整改。加强重点工作任务的衔接，一体落实中央巡视整改和集团改革发展任务，举一反三、标本兼治，把巡视整改与落实集团“十四五”规划结合起来、与落实企业改革深化提升行动结合起来，以改革发展成果检验巡视整改成效。

三、坚持不懈深化党的创新理论武装，筑牢推动高质量发展思想基础

各企业党委要把党的创新理论学习作为贯穿

始终的“终身课题”，深入学习习近平总书记对本行业本领域的重要指示批示精神，在吃透中央精神的前提下开展工作，把中央精神与企业实际紧密结合，做好深化转化。

一是巩固拓展主题教育成果。把学思想作为首要任务，以巩固拓展主题教育成果为抓手，健全“四个以学”长效机制，持续推动党的创新理论武装走深走实。全面系统开展理论学习教育培训，以中央企业党员干部轮训班为平台，分层分类开展全员轮训。按照国务院国资委要求，开展“一把手”政治能力提升计划。把习近平总书记视察或作出重要指示批示的重大项目、重大工程打造成示范点，持之以恒学习领会习近平总书记指示批示，将成果转化落实各项工作中。以学习贯彻新修订的纪律处分条例为契机，深入开展集中性纪律教育，作为主题教育的延伸拓展，推动党章党规党纪学习，组织宣讲活动，开展警示教育，树立规矩意识。

二是抓好党委理论学习中心组学习。充分发挥各级企业党委理论学习中心组的示范表率作用，认真落实《集团党委理论学习中心组学习实施意见》，深化开展专题研讨、上下联学，用好列席旁听和情况通报机制。开展中心组学习质量提升工作，把学习贯彻习近平新时代中国特色社会主义思想作为首要任务，把研究企业改革发展作为重要职责，把全面提高能力作为学习目标，有效带动党员、干部大学习，增强企业治理和干事创业本领。健全理论教育培训长效机制，突出抓好中国式现代化理论的学习培训，把研究解决问题作为学习的出发点和落脚点，更好把科学理论转化为做强做优三大主业、助力科技自立自强、提高企业治理和管理能力、防范化解风险的思路举措，转化为全面从严治党、推进自我革命的实际行动。

三是坚持高质量发展思想引领。继续用好大讨论平台载体，全面系统学习习近平总书记关于国有企业改革发展和党的建设的重要论述，围绕集团新修订的“十四五”发展规划，围绕新使命新定位，开展“党建促发展，用好两个途径，发挥三个作用”大讨论，党员领导干部要聚焦主责主业、聚焦使命担当、聚焦2024年重点任务，在谋划改革发展思路上形成共识、在解决突出矛盾问题上取得突破、在激发基层改革创新活力上拿出实招。

四、坚持党管干部、党管人才原则，强化干部人才支撑保障

深入贯彻新时代党的建设总要求和新时代党的组织路线，按照集团“七聚焦”“七着力”要求，持续加大“三支”人才队伍建设力度。

一是突出“政治标准”，持续建设政治过硬、敢作善为、具备推进新型工业化和中国式现代化能力的干部队伍。始终把政治标准、政治过硬摆在首位，坚持“四用四不用”，注重选拔政治上绝对可靠、对党忠诚的干部，坚决不用政治上的“两面人”；注重选拔知重负重、开拓奋进、关键时刻能扛硬活、打硬仗的干部，坚决不用不敢担当、不愿负责、关键时刻临阵退缩的人；注重选拔具有顽强斗争精神、过硬斗争本领、经受重大斗争考验的干部，坚决不用在斗争面前明哲保身、爱惜羽毛、左右摇摆、骑墙观望的人；注重选拔严守纪律规矩、自觉践行“三严三实”要求的干部，坚决不用华而不实、投机取巧、以权谋私的人。要做深做实政治素质考察，优化考察识人机制，全方位、立体式细化干部政治画像，深入了解干部政治表现，严把“政治关”这个首要之关。

二是突出“系统观念”，持续深化各级领导班子和干部队伍建设。要切实加强统筹谋划，选优配强各级领导班子，不断优化班子结构和整体功能，特别是选准用好“实干家”“企业家”。要进一步激励干部担当作为，贯彻好中央关于落实“三个区分开来”激励干部敢于担当积极作为有关要求，进一步细化“三个区分开来”措施，健全担当作为的激励和保护机制，做好容错纠错工作，鼓励干部大胆创新、大胆尝试、大胆改革。坚持把从严管理监督和鼓励担当作为高度统一起来，大力营造积极健康、干事创业的政治生态和良好环境，以组织担当促干部担当，以鲜明态度为担当者担当、为负责者负责、为干事者撑腰。落实好《集团下属企业领导班子和领导人员综合考核评价办法》，强化考核结果运用，推进干部能上能下常态化，着力解决“四不为”问题。持续强化交流培养，推动不同层级、不同企业多岗位培养锻炼。完善教育培训共建共享机制，持续抓好领导干部培训等重点班次，全面提升干部素质能力。加大优秀年轻干部发现培养选拔使用力度，完善日常发现、跟踪培养、适时使用、从严管理的优秀年轻干部常态化工作机制，系统性开展优秀年轻干部调研，用好各年龄段干部。持续加强干部全方位管理和经常性监督，聚焦“关键少数”，重点加强对“一把手”和领导班子的管理监督，加强对年轻干部的管理监督。

三是突出“三个第一”，着力锻造推进新型工业化和中国式现代化的战略人才力量。积极参与国家高水平人才高地和吸引集聚人才平台建设，落实中央企业“百一万一百万”科技人才培养工程。积极申报国家重大人才专项，着力培育国家级高层次人才。围绕新型工业化，聚焦高水平科技自强和关键核心技术攻关，全力培养集团高层次人才，充分发挥集团首席专家、首席技师作用，持续推进集团行业战略科技专家、科技创新领军人才、卓越工程师、技能大师等高层次人才库建设。持续完善人才发展机制，积极推行“平台＋项目＋人才”的培养模式，鼓励企业大胆采用“揭榜挂帅”“赛马”等竞争机制，积极推进职称评审机制改革，用好用活各类人才。持续加强校企合作，深入推进工程硕博士联合培养。全方位做好引才工作，完善引才政策，大力引进高层次人才。持续完善集团校园招聘协同共享机制，加强源头引才。积极推进青年人才队伍建设，着重完善青年人才培养、引进、发现“三个机制”，充分发挥集团青年科技基金作用，支持青年人才在重大科研项目、重大科技创新中挑大梁、当主角。全面客观评价人才，突出价值贡献导向，最大限度调动人才积极性。尊重科研规律和人才成长规律，完善容错机制，创造“宽松”环境，鼓励人才大胆创新创造。

四是突出“改革方向”，持续完善改革激励体系。落实改革深化提升行动要求，坚持科技创新激励导向，聚焦关键核心人才和一线苦脏险累岗位“两个群体”，健全更加精准灵活、规范高效的市场化收入分配机制。优化更加符合企业实际的工资总额决定机制、增长机制、管理机制，推进“科改”“双百”等企业实施备案制管理。更大范围更大力度实施中长期激励，努力构建关键核心人才与企业的共享共赢机制。持续深化三项制度改革，推动“三能”机制制度化、常态化、长效化，持续提升经理层成员任期制和契约化管理质量，不断增强契约目标的科学性、挑战性和刚性考核兑现，大力营造浓厚的改革氛围，持续激发活力、提高效率。

五、推动融合提升赋能，增强党组织政治功能和组织功能

把提高企业效益、增强企业竞争实力作为基层党建工作的出发点和落脚点，开展持续深化基层组织、书记、党员、活动、制度、培训、保障“七抓”工程专项行动，重点深化“党建＋科技创新”“党建＋安全生产”等党建融合工作，把党建工作载体、党员队伍力量“嵌入”“卡脖子”技术攻关、重大项目一线，提升党建促发展的整体效能，推动基层党建全面进步、全面过硬。

一是围绕加强组织建设，夯实基层党建根基。持续优化完善四级党建述职评议体系，以考促建推动组织功能强化、党员作用发挥、竞争实力增强。严密基层组织体系，全面推动组织有效覆盖，持续跟进提升支部标准化规范化建设，加强与内外部联学共建。建强基层党组织战斗堡垒，调动广大党员主观能动性，进一步解放思想、激发活力动力，在全面完成各项目标任务中切实发挥先锋模范作用。规范混合所有制企业党组织发挥作用的途径方式，分类明确党建工作领导指导责任，加强参股企业管理和党建指导督促协调联动，确保国有资本流动到哪里，党的建设就跟进到哪里，党组织的作用就发挥到哪里。修订完善境外党建工作制度机制，细化境外机构主要负责人和财务负责人结构比例措施，落实党组织负责人离任通报制度。进一步加强海外合规经营和合规教育，坚决防止廉洁风险。持续推动总部党建工作，引领推动总部政治素质和履职能力提升，以实际工作成效体现总部价值。

二是围绕提升队伍能力素质，赋能企业改革发展。落实集团《关于加强党务干部队伍建设的指导意见》，畅通成长通道，拓宽党建管理视野，提升综合素质能力，加强党务干部与经营管理人员双向培养、双向交流。选优配强党支部书记队伍，注重党支部书记梯队建设。组织二级企业党工部长、党务干部培训班和基层党支部书记示范培训班，持续推进“党务干部上讲台”，建设“三懂三会三过硬”干部。推动“党建引领、业务融合、组织赋能”，打造完善党建品牌，发挥示范带动效应，持续深化党建工作与生产经营融合提升。鼓励推动广大党员、干部立足岗位做贡献，把解放思想、积极作为、勇于创新作为鲜明导向，在先进装备制造主业领域，打造“精益”和“攻坚”突击队；在产业基础研制与服务主业领域，打造科创先锋岗；在工程承包与供应链主业领域，开展“链上党建”活动。结合产业链创新链党建赋能专项行动，建立党建联盟，以党建链引领保障服务产业链创新链，推动生产经营和党建质效共同提升。

三是围绕强化制度保障，构建党建工作体系。加强集团全系统党建工作力量统筹联动，从压实责任、落实制度、健全组织、完善机制、强化保障等方面入手，健全完善条块结合、上下联动的党建工作体系，推动组织规范、标准清晰、流程完备的工作机制建设。持续加强制度建设，坚持和优化党内制度执行情况监督检查，维护制度的严肃性、权威性和公信力。

六、以彻底的自我革命精神，持续发力、纵深推进党风廉政建设和反腐败工作

深入学习贯彻把握习近平总书记在二十届中央纪委三次全会上的重要讲话，发扬彻底的自我革命精神，坚决打赢反腐败斗争攻坚战持久战。

一是持续深化一体推进“三不腐”。紧盯重点对象、重点企业、重点领域、新型腐败和隐性腐败，严肃查处企业领导人员配偶、子女及其配偶等亲属和身边工作人员利用影响力谋私贪腐问题，深化虚假贸易业务、民企挂靠国资问题等“靠企吃企”问题专项整治，深入开展金融业务风险问题、政商“旋转门”“逃逸式辞职”等专项治理，以境外佣金、违规投资、违反财经纪律、境外身份等整治为重点深化跨境腐败治理，坚决清理权力寻租空间、斩断利益交换链条。深化以案促改、以案促治、以案促建，结合集团改革深化提升行动，完善以党内监督为主导、各类监督贯通协调的大监督格局。结合“廉洁宣传教育月”活动，深入开展党性党风党纪教育，分层分类开展廉洁教育和警示教育，持续加强新时代国机特色廉洁文化建设。

二是突出常态长效持续深化落实中央八项规定精神。持续深入开展违反中央八项规定精神问题专项治理，严肃查处违规吃喝、违规收送礼品礼金、违规发放津补贴等突出问题，严肃整治损害党的形象、职工群众反映强烈的享乐主义、奢靡之风问题，精准发现、从严处理隐形变异问题。下大力气整治贯彻落实党中央决策部署不担当、不作为、乱作为等问题，持续纠治文件管理、会议管理、调研督导、检查考核等工作中的形式主义问题，以抓好“关键少数”促进党风企风根本好转。完善细化对形式主义、官僚主义的惩戒机制，健全落实风腐同查同治工作机制，“由风查腐”“惩腐纠风”，纠树并举促进作风建设常态常效。

三是坚定不移深化政治巡视。坚守政治巡视定位，落实巡视工作方针，抓好集团巡视工作规划落实，对部分企业开展巡视，推进政治监督具体化、常态化、精准化。推动上下联动和贯通协调，推进巡视带巡察，推动提升巡察工作水平；加强巡视与其他监督的协调协作，用好监督成果，形成大监督合力。加强内部巡视整改和成果运用，做实巡视“后半篇文章”，发挥巡视利剑利器作用。

七、加强党对宣传思想文化工作的全面领导，凝聚和激发团结奋进的精神力量

深入学习贯彻习近平文化思想，运用各方力量和资源，加强宣传思想文化建设，讲好国机故事，树立国机形象，为集团改革发展提供精神动力和文化支撑。

一是进一步壮大主流思想舆论阵地。组织召开集团宣传思想文化工作会议，不断开创宣传思想文化工作新局面。落实中央企业阵地管理提升专项行动，持续推进“清朗”网络专项行动，大力推进集团融媒体建设，加强媒体合作交流，加大正面宣传力度，提升舆论引导能力，增强国际传播效能，更好展现集团担当作为的中央企业形象。大力宣传在深化改革、科技创新、生产经营等各领域的先进典型、先进事迹，加强榜样示范引领，激发“想干事、能干事、干成事”的信心动力，营造敢担当、敢负责的良好氛围。落实意识形态工作责任制，进一步健全管理制度体系，强化风险研判，突出源头管控，严把导向、严管阵地、严防风险，做好监测处置。

二是进一步提升品牌文化软实力。结合改革深化提升行动，全面推进落实品牌引领专项行动，完善品牌建设工作体制机制，持续塑造品牌“引领力”。积极参与“中国品牌日”系列活动，通过中国品牌博览会等国家级展览展示和宣传平台，多样化、多渠道塑造国机品牌，整合资源打造集团品牌的知名度和美誉度。深化职工思想道德素养提升行动，开展“强国兴企有我”群众性主题实践活动。完善企业文化工作机制，办好集团“机械工业纪念日”活动，用好各类红色文化资源，持续打造企业文化精品项目，增强企业文化的感召力和凝聚力。

三是进一步发挥党外知识分子和领导干部作用。落实全国统战部长会议精神，发挥统一战线重要法宝作用，画好“同心圆”。各级党委要压实责任，坚持主导主动服务保障，坚持以点带面发挥“头雁”效应。深化建言献策工作室建设，聚焦党外代表人士队伍建设，继续强化制度和机制建设，在境外项目较多的企业和党外知识分子较为集中的科研院所，积极拓展统战工作方法和路径，在锻造国机所长、服务国家所需上展现更大作为，在推动服务新型工业化和中国式现代化中凝聚党外人士的智慧力量。

四是进一步激发群团活力团结凝聚各方力量。落实工会十八大精神，推动贯彻落实《国机集团产业工人队伍建设改革实施方案》，开展“中国梦·劳动美”主题活动。大力弘扬劳模精神、劳动精神和工匠精神，重视从生产、科研及市场一线培育和选树劳动模范，围绕主责主业激活群团工会凝心聚力作用，激发围绕中心工作干事创业的新活力。巩固提升党建带团建成果，深化推进青年精神素养提升工程、青马工程、青年创新创效活动，深化“号手岗队”建设，持续加强团干部队伍培养。发挥科协桥梁作用，推动党员科技工作者为助力科技自立自强建功立业。

凝心铸魂担使命，奋楫扬帆新征程。站在新的起点上，让我们更加紧密团结在以习近平同志为核心的党中央周围，以习近平新时代中国特色社会主义思想为指导，解放思想、拼搏进取、一往无前，为把集团建设成为具有全球竞争力的世界一流企业、为实现中国式现代化贡献更大力量！

牢牢把握新使命新定位
以改革创新精神推动集团高质量发展迈上新台阶

——在国机集团2024年工作会议上的讲话

张晓仑

（2023年12月28日）

国机集团2024年工作会议的主要任务是，以习近平新时代中国特色社会主义思想为指导，全面贯彻落实党的二十大精神和中央经济工作会议、中央企业负责人会议精神，全面总结2023年工作，分析研判面临的形势，谋划部署2024年重点任务，团结带领集团广大干部职工以奋发有为的状态和改革创新的精神，推动集团高质量发展迈上新台阶。

一、开局之年集团高质量发展迈出坚实步伐

2023年以来，集团党委坚持以习近平新时代中国特色社会主义思想为指导，坚决贯彻落实习近平总书记重要指示批示精神，高标准推进主题教育，积极配合中央巡视，牢牢把握高质量发展首要任务，坚持“锻造国机所长，服务国家所需”，不断做强做优主责主业，全力防范化解重大风险，高质量完成集团“十四五”规划中期调整，全面启动新一轮改革深化提升行动，做到“两个维护”、服务“国之大者”的责任感使命感显著增强，增强核心功能、提升核心竞争力的紧迫感主动性明显提高，改革发展和党的建设各项工作取得了新进展新成绩。主要体现在以下五个方面。

（一）以习近平总书记关于国资央企的重要论述统领集团全部工作

习近平总书记关于国资央企工作的一系列重要论述，进一步明确了新时代新征程国资央企的新使命新定位，确定了国资央企工作的“总目标”“总原则”“总要求”，阐明了增强核心功能、提高核心竞争力“两个途径”，提出了科技创新、产业控制、安全支撑“三个作用”。学习好、领会好、贯彻好总书记重要论述，是集团坚定拥护“两个确立”、坚决做到“两个维护”的必然要求。集团党委通过“第一议题”、党委理论学习中心组学习等形式，深刻学习领会总书记重要论述的内涵要义，专门进行安排部署，贯穿到“十四五”规划中期调整、谋划改革深化提升行动、推进新型工业化等具体工作中，真正做到以总书记重要论述统领全部工作。切实抓好习近平总书记作过重要指示批示项目的建设运营。集团党委常委会多次专题研究讨论中白工业园等总书记作过重要指示批示的重点项目，每月督导检查项目进展情况，确保项目顺利推进。中白工业园新增入园企业25家，总数达到120家，协议投资总额14.38亿美元，在复杂严峻的国际环境下，经营性收入、新增企业数量等达到历史最好水平，成功入选新华社《从十个大项目看“一带一路”倡议十年硕果》。阿根廷贝尔格拉诺货运铁路改造项目顺利完工。援老挝玛霍索综合医院等项目稳步推进。西绒线胡同13号楼老旧小区改造提前完工，成为在京中央企业老旧小区综合整治首个完工项目和试点工程。进一步增强学习贯彻习近平总书记重要指示批示精神的政治自觉、思想自觉、行动自觉。制修订“第一议题”和理论学习中心组学习有关制度，系统梳理党的十九大以来，习近平总书记重要指示批示精神在集团的学习宣传、研究部署、取得成效等情况，强化跟踪检查和推动落实。

（二）持续聚焦主责主业，核心功能进一步增强，核心竞争力不断提升

集团发展实现质的有效提升和量的合理增长，再获中央企业负责人经营业绩考核A级。集团利润总额、经济增加值、净资产收益率、全员劳动生产率、研发经费投入强度、资产负债率等有望全面完成国务院国资委考核指标。苏美达股份、中设集团、中国一拖、中国联合等企业为集团完成目标任务贡献突出，大部分企业进一步聚焦主责主业，既坚定不移做大，更意志坚定做强做优，取得了明显成效。

一是推动先进装备制造业务高质量发展，积极服务制造强国建设。坚守初心使命，打造国之重器。800MN模锻压力机助力C919商业首航，相关研制团队荣获中国商飞“大飞机之友”奖，4位团队成员荣获“大飞机奋斗者”奖，首位操作手叶林伟荣获第27届全国青年五四奖章。成功研制世界首件最大单机容量500MW级冲击式水轮机转轮中心体锻件、全球首台多功能连铸机等多项首台(套)产品。国机重装主要经营指标连续三年创新高。稳步推进农机装备高质量发展。落实国务院国资委、工业和信息化部共链行动要求和全国农机装备补短板暨农业机械稳链强链工作会议精神，举办高端农业机械现代产业链共链行动大会，面向行业发布农业机械产业链供需清单和融通发展倡议书，助推提升农业机械产业链韧性和竞争力。联动持续推进“三大行动”，落实“三张清单”。加强高端农业机械的自主创新和国产化替代，批量交付的高端智能大功率拖拉机，经过北大荒集团春秋两季作业验证，性能参数及作业效率与国外知名品牌相近，性价比优势明显。打捆机荣获中国农业机械年度应用贡献金奖。手扶式插秧机连续三年稳居国内销量第一。启动实施纺织机械振兴三年行动。召开振兴纺织机械三年行动启动会，努力打造纺织机械产业链链长。突破多项关键核心技术，建成第三代全流程智慧纺织工厂，单位能耗降低14%；建成单釜单线产能5万t/a的莱赛尔纤维生产线，打破国外垄断。推动恒天集团加快资源整合、优化管理、降本增效。推动林业机械回归本源成效显现。举办林业机械行业发展战略研讨会，制定实施林业机械发展规划。完成森林专用集材机性能测试和样机整改，有序推进新型风力灭火机研发。森林防火产品销量同比增长10%、人造板机械同比增长30%，大产能砂锯线国内市场占有率保持在90%以上。地质装备抢抓新一轮找矿突破战略行动机遇。举办地质装备支撑找矿突破战略行动研讨会，制定实施《地质装备发展三年行动方案》，与中国地质调查局签署战略合作协议。自主研发的国产高精度数字相对重力仪首次出征南极。

二是着力打造助力高水平科技自立自强的战略科技力量，积极服务科技强国建设。积极推进国家级科研平台建设。高标准推进全国重点实验室建设，成立领导小组和战略指导委员会，举办首届全国重点实验室学术年会，积极对接怀柔国家实验室、国家管网集团，签订战略合作协议，开展业务合作与技术攻关。国家通用机械关键核心基础件创新中心获批牵头筹建；先进密封技术创新中心、高性能特种轴承技术创新中心获国防科工局批准建设，进一步提升在国防军工技术领域的创新能力；国家农机装备产业计量测试中心获批建设，磨料磨具产业计量测试中心顺利通过验收。深入推进原创技术策源地建设。稳步推进基础性、紧迫性、前沿性、变革性“四性”技术研究，攻克了机械密封服役性能演化机理、精密机床主轴轴承等多项“卡脖子”关键技术，自主研发满足丘陵山地作业的国内首台专用型拖拉机，研制国内最大400kW级大型自走式青饲料收获机和15kg大喂入量联合谷物收获机，填补国内空白。积极推进创新联合体组织运行。召开创新联合体年度工作推进会，建立产学研深度融合创新机制。围绕74项重大装备关键基础零部件攻关任务，推动产业链上中下游、大中小企业融合发展。大力推进关键核心技术攻关。有序开展29项“1025专项”二期攻关任务。发挥技术兜底作用，积极承担集成电路关键基础零部件攻关任务。新获批军品配套项目11项，完成国防军工攻关任务验收17项。集团科研专项新立项11个，完成研制任务15个，在火箭发动机用轴承、核电装备、石化装备等领域攻克一大批关键技术。开展国家重大战略咨询研究。积极承担国家新型工业化、国家制造业技术改造、国防基础件等领域研究，推进有关产业基础创新发展目录落地实施，完成全国45个先进制造业集群的绩效评价和全国机械工业“十四五”规划纲要中期评估工作，行业智库、国家智库的作用进一步突显。获得一批行业创新成果和荣誉。获得省部级以上科学技术奖135项、授权专利1 726项、授权发明专利697项，制修订标准403项，发表论文2 416篇。5个科研项目获得机械工业科学技术奖科技进步奖一等奖，1个科研项目获得技术发明奖一等奖。中国重型院主持完成的“航空万吨级铝合金板张力拉伸装备”荣获中国工业大奖，中国一拖荣获“全国质量标杆”荣誉称号。规划院承担的多个“十四五”国家重大科技基础设施项目成功获批。多项国际标准发布实施，中国电研获批成为国际电工委员会医用低温存储设备项目委员会秘书处单位，进一步提升集团在有关行业的话语权和影响力。

三是巩固工程承包与供应链业务优势，积极服务和融入新发展格局。稳步推进海外业务创新发展。2023年签订对外合作项目近233亿美元。参加第三届“一带一路”国际合作高峰论坛，上达岱1 000MW抽水蓄能项目在中柬两国领导人见证下正式签约。乌兹别克斯坦奥林匹克城项目成为我国在中亚地区首次以人民币结算的工程项目。积极抢抓国内市场机遇。紧紧围绕区域重大发展战略，新签10余个战略合作协议，务实推进与政府部门、行业组织、中央企业等战略合作落地。充分发挥工程勘察、设计、咨询业务优势，在智能工厂、医疗健康、仓储物流、低碳环保、乡村振兴、大科学装置等领域取得新进展。助力畅通国内国际双循环。圆满完成驻华使节“步入国机”活动，生动展示集团推进工业化和新型工业化、推动全球经贸合作的实践。连续6年服务进博会，获多方好评，独家建设运营“数字进博”平台，达成近23亿美元合作协议。推动机电设备进口业务数字化转型，促进供应链上下游协同互通。积极承担中央企业经贸促进联合体牵头单位责任，深度参与中国－东盟博览会、中国国际供应链促进博览会等国家级展会，搭建中外企业技术交流与贸易促进综合服务平台。

四是加快传统产业转型，积极布局战略性新兴产业。加快推动数字化、智能化、绿色化转型。统筹数字化业务发展，实现“国机通”和一体化管控平台1.0上线试运行；成立数科公司，加快“全国农机作业指挥调度平台”和农机云、机械装备行业云“两朵云”平台建设；与法国达索签署战略合作备忘录，积极推进工业软件联合创新中心建设，以数字技术赋能农业农村现代化和新型工业化。积极发挥在双碳服务、绿色工程等方面优势，加快推动绿色发展。凭借全球首创动力及储能电池串联化成分容新技术，与新能源电池头部企业累计签约超过50亿元。助力自主品牌新能源汽车“走出去”，承接比亚迪海外年产15万辆新能源汽车建设工程等系列项目，2023年新签新能源汽车工程项目合同额超125亿元，进一步巩固头部市场地位。积极拓展布局氢能密封市场，获得国内首批零碳工厂认证资质。积极开拓能源环保领域工程业务，在污水处理、光伏发电、垃圾处置等领域开拓一批新项目。加强对战略性新兴产业的系统谋划。编制实施集团布局发展战略性新兴产业工作方案，将超硬材料、工业母机等作为重点支持和培育方向，成立专项工作领导小组和工作组推动相关工作落地，与河南省合作组建的金刚石公司已完成注册。

（三）持续深化改革、优化管理，世界一流企业建设稳步推进

一是重点改革举措成效明显。改革三年行动圆满收官。获评中央企业改革三年行动重点任务考核A级，7家双百、科改企业专项考核获评标杆或优秀，3家企业新获批入围。新一轮改革深化提升行动全面启动。以增强核心功能和提高核心竞争力为重点，确定集团新一轮改革深化提升工作方案。深入推进国有资本投资公司改革试点。重点围绕“五优化一加强”，推进改革任务落实落地。持续优化资源配置。制定国机工程集团管控深化方案，编制首份战略规划，实体化经营取得积极进展，内部协同效应持续显现。整合内部特检资源，设立国机特检。重组昆明电器科学研究所，补齐集团在高原电工检测领域空缺。机械工业先进装备与产业基础股权投资基金已签署投资合作协议，取得重要进展。坚定不移推进“瘦身健体”，16 家企业实施集中托管，2023 年调整退出 80 多家，法人户数压减到 1 000 家以内，推进完成实物资产处置项目近 40 项，可收回资金 45 亿元。提高上市公司质量。举办上市公司集体投资者交流活动，有效增进市场认同。制定上市公司绩效评价办法，引导上市公司高质量发展。推进资本运营，有序推进中国一拖股权置换和国机精工再融资。充分发挥支撑平台作用。国机资本、国机财务、国机资产充分发挥产融投资、资金服务、资产管理平台作用，积极支撑服务集团主业发展。

二是企业管理水平持续提升。公司治理机制不断完善。集团董事会充分发挥“定战略、作决策、防风险”重要作用，在集团战略调整、重大投资事项、重大风险化解等方面科学高效决策，外部董事在重大决策过程中提供了极具价值的意见建议，有力推动了集团高质量发展。推动二级企业“一企一策”优化调整“三重一大”决策制度和事项清单，制定下属企业董事会工作规则、派出外部董事履职支撑服务工作办法，修订派出外部董事管理办法。经营业绩考核导向持续优化。完善集团经营业绩考核办法，深化“一业一策”“一企一策”考核要求。投资管理体系更加成熟。严格投资项目审批备案，稳步推进二级企业投资权限调整，探索差异化投资授权试点；提升投资管控能力，投资计划完成率有较大提升。财务管理提升三年行动有序落地。会计核算规范化、标准化进一步提升，会计信息质量不断提高，获评财政部决算工作先进单位，司库国产化系统全面上线，为统筹集团财务资源，推进财务智能化、数字化打下基础。做好经济责任审计整改“下半篇文章”。81.25% 的问题已完成整改，其中立行立改问题全部完成，分阶段和持续整改问题到期整改完成率 100%。建立健全制度规范 133 项，追缴退回资金 5.29 亿元，挽回损失 16.64 亿元，统筹盘活资金 21.16 亿元，累计追责问责 277 人 /387 人次。制定专项审计工作办法、修订经济责任审计规定，“上审下”的内部审计工作机制进一步健全完善。大监督体系逐步成型。编印《督查情况》《要情关注》，探索建立真督实查、敢督严查、能督会查的督查督办体系。总部能力明显增强。落实总部员工大会和总部建设能力提升年要求，完善总部部门职责、总部员工绩效考核激励机制，总部战略引领、价值创造、服务支撑作用明显提升。

（四）有效统筹发展和安全，重大风险防范化解取得重要进展

完成经纬纺机主动退市，化解蓝科高新控制权风险，制定实施中国海航整体改革方案，重大风险防范化解扎实推进。案件压存控增三年行动取得阶段性成效，推进风险、内控、合规一体化建设有机整合、衔接贯通。积极推进安全管理强化年行动。深入开展重大事故隐患专项排查整治，严控重大安全风险，有效排除中汽胜嘉房屋基坑等安全隐患。加强境外安全风险防范，提升境外员工安全保障力度。深刻汲取事故教训，严肃追责问责。

（五）高质高效推进主题教育，全面从严治党向纵深发展

一是强化统筹衔接，主题教育有力有序有效开展。立足集团实际，突出“六个结合”，将深入开展主题教育与推动企业改革发展紧密结合起来。加强理论学习，发挥领导班子领学带学促学作用，构建了“原著、原文、重要讲话精神、重要指示批示精神”四位一体的内容体系，切实做好学习贯彻习近平新时代中国特色社会主义思想深化、内化、转化工作。加强调查研究，认真落实工作方案，通过深入调研，发现、解决了一系列问题。加强检视整改，坚持问题导向，强化跟踪问效和问题整改，第一批主题教育查摆问题整改完成。加强建章立制，坚持“当下改”与“长久立”相结合，持续推动主题教育不断向广度拓展、向深度推进。

二是加强基层组织建设，推动党建工作与生产经营深度融合。牢固树立大抓基层、大抓支部的鲜明导向，组织实施“七抓”工程[一]。推动基层党组织“应建尽建”“应换尽换”，加强基层党组织书记工作交流，推进混合所有制企业党建专项排查整治。深入学习运用“千万工程”经验案例，开展“百千工程”[二]。制修订关于加强党务队伍建设的指导意见等系列制度。扎实做好信访工作，为企业发展提供安全稳定的环境。深入开展“党建+”品牌创建活动，营造党建工作与生产经营深度融合的浓厚氛围。

三是加强干部人才队伍建设，为企业发展提供坚强组织保证和人才支撑。召开集团组织工作会议。深入学习贯彻全国组织工作会议精神，突出“七聚焦”“七着力”[三]，对今后一段时期集团组织工作作出全面部署安排。深入落实集团人才规划。压紧压实人才工作目标责任制，与二级企业签订责任书，建立完善考核奖惩机制。持续加强干部队伍建设。突出“四用四不用”[四]，有序推进企业领导班子换届和党委换届。修订二级企业领导班子和领导人员综合考核评价办法，加强考核结果应用，推进干部能上能下。加快推进干部年轻化。持续强化干部全方位管理和经常性监督，实现个人有关事项报告查核全覆盖。持续加强人才队伍建设。深入落实集团人才规划，一大批优秀人才获批进入国家高层次特殊支持计划青年拔尖人才、国防军工领域青年拔尖人才等国家重大人才专项；选聘集团第七批首席专家和首席技师，不断充实高端人才队伍。建立健全培训共建共享机制，近160门课程通过信息化方式在集团全系统共享，累计参训5.5万余人次。持续完善校园招聘协同共享机制，在清华大学、北京大学等25所“双一流”高校开展统一宣讲招聘，招收毕业生质量明显提升。持续健全更加精准灵活、规范高效的收入分配机制。坚持科技创新和业绩贡献“两个导向”，聚焦核心关键人才和一线苦脏险累岗位“两个群体”，不断完善工资总额管理和收入分配机制。推进“科改”企业实施备案制，近3年科技人才单列工资总额人均每年增长17%，激励对象中科技人员占比71%。修订二级企业负责人薪酬管理办法，实现薪酬基准值和当期效益直接关联。

四是深入推进党风廉政建设和反腐败工作，着力营造风清气正的政治生态。学习贯彻习近平总书记关于党风廉政建设和反腐败斗争的重要论述，全面深入落实二十届中央纪委二次全会精神和国务院国资委工作部署，聚焦“国之大者”“企之要者”强化政治监督，有力推动习近平总书记重要讲话重要指示批示精神特别是关于集团海外项目的重要指示批示精神和党中央决策部署在集团落地见效，充分发挥纪检监察监督保障执行、促进完善发展作用。扎实开展集团纪检监察干部队伍教育整顿，把教育整顿成果转化为正风肃纪反腐的政治自觉、业务能力和工作成效。持续加大办案力度，紧盯重点对象、重点企业、重点领域，坚决查处靠企吃企、关联交易等违纪违法行为，精准惩治“影子公司”“影子股东”等隐形腐败和新型腐败问题，深挖严查国有资产重大损失、企业各种风险背后的责任问题、

[一] “七抓”工程：抓组织、抓书记、抓党员、抓活动、抓制度、抓培训、抓保障。

[二] “百千工程”：推进百个基层党支部示范选树培育，开展千个基层党支部规范提升工作。

[三] “七聚焦”“七着力”：聚焦学习贯彻习近平新时代中国特色社会主义思想，着力在新时代新征程上展现国机新担当新作为；聚焦引领机械工业发展使命和责任，着力打造勇担当、善作为、堪当建设世界一流企业重任的高素质领导人员队伍；聚焦后继有人根本大计，着力打造优秀年轻干部队伍建设青蓝相继、薪火相传的新局面；聚焦提升政治素质和专业能力，着力完善教育培训长效机制；聚焦高水平科技自立自强，着力锻造推进强国建设和新型工业化的战略人才力量；聚焦改革深化提升行动，着力激发干部人才创新创造活力；聚焦增强政治功能和组织功能，着力提升组织体系建设整体效能。

[四] “四用四不用”：注重使用政治过硬、对党忠诚的干部，坚决不用政治上的“两面人”；注重使用知重负重、开拓奋进、关键时刻能扛硬活打硬仗的干部，坚决不用不敢担当、不愿负责、关键时刻临阵退缩的人；注重使用具有顽强斗争精神、过硬斗争本领、经受重大斗争考验的干部，坚决不用在斗争面前明哲保身、爱惜羽毛、左右摇摆、骑墙观望的人；注重使用严守纪律规矩、自觉践行“三严三实”要求的干部，坚决不用华而不实、投机取巧、以权谋私的人。

作风问题、腐败问题，为集团高质量发展清障护航。一体推进“三不腐”，做实以案促改、以案促治、以案促建，持续开展“制度建设年”专项行动，完善防治腐败滋生制度机制；深入开展“廉洁宣传教育月”活动，首次举办集团廉洁文化建设展览，召开廉洁教育大会，推动国机特色廉洁文化建设不断走深走实。锲而不舍深化落实中央八项规定精神、纠“四风”树新风，坚持风腐同查同治，一刻不停狠刹享乐奢靡反弹回潮，重点整治形式主义、官僚主义突出问题，靶向纠治，推动化风成俗。2023 年，集团纪检监察系统共立案 139 件，给予党纪政务处分 124 人，留置 22 人。运用“四种形态”批评教育帮助和处理 394 人次。

五是积极配合中央巡视，扎实做好巡视巡察工作。围绕“四个落实”，对中央巡视期间移交的立行立改事项和问题线索，做到立即整改、严查快办，做到与中央巡视组同题共答、同向发力、同频共振。加强巡视工作顶层设计，制定集团党委巡视工作规划，明确 5 年巡视工作目标任务和工作重点。高起点高质量开展新一轮巡视工作，对 6 家二级企业党委开展常规巡视，做到精准发现问题、如实报告问题、有效推动解决问题。督促推动二级企业党委落实巡察工作主体责任，完成 22 家企业巡察任务。加强巡视巡察规章制度建设，有力提升巡视工作科学化、规范化水平。

六是做好宣传统战群团工作，积极履行社会责任，持续提升集团社会影响力和文化凝聚力。深入学习贯彻习近平文化思想，全面落实全国宣传思想文化工作会议精神，创作一批优秀宣传作品，提升集团的社会影响力和美誉度。推动广大统战人士主动融入中心工作，形成统战人士优秀调研报告汇编。完成集团团委换届，纵深推进青年精神素养提升工程，开展团员和青年主题教育。深入学习宣传贯彻习近平总书记重要讲话精神和中国工会十八大、中国妇女十三大精神，积极推进产业工人队伍建设改革。持续深入推进“我为群众办实事”实践活动，形成“办实事”案例手册。推进集团品牌引领行动，亮相“中国品牌博览会”，讲好国机品牌故事，获国务院国资委年度品牌建设典型案例和优秀品牌故事大赛 3 项荣誉。开展“十年共奋进　担当擎重器”集团机械工业纪念日活动，凝集奋进新征程的前行力量。探索建立“规划引领、产业带动、农机赋能、人才支撑”乡村振兴新模式，举办首届乡村振兴工作交流会，统筹推进乡村振兴全域布局。集团产业帮扶模式作为典型案例刊登在《中央企业社会责任》专刊，获评中国上市公司乡村振兴最佳实践案例。在 2022 年中央单位定点帮扶工作成效中，第五次获得最高等次“好”的评价。积极承担社会责任，深入开展 ESG 实践，集团荣获 ESG 金牛卓越贡献奖，多家企业入选行业 ESG 榜单。

回顾过去一年取得的成绩，根本在于有习近平总书记掌舵领航，有习近平新时代中国特色社会主义思想科学指引。成绩来之不易，集团广大干部职工抢抓机遇、守正创新，踔厉奋发、勇毅前行，付出了辛劳和汗水。

在看到成绩的同时，我们也清醒地认识到还存在一些问题和不足。2023 年，中央巡视组进驻集团以来，集团党委与巡视组共同查找问题、分析问题、解决问题，更加深刻地认识到自身存在的一些短板弱项。

一是装备制造业务作为集团核心主业的地位还不突出。与同行业世界一流企业相比，在创新能力、盈利水平、规模、品牌等方面，还存在较大差距。

二是全面提升自主创新能力还存在薄弱环节。集团总部支持科技创新的年均预算较低。研发人员占集团员工总数比例较低，研发人员中高水平人才不足。一批重大技术装备和关键基础零部件仍受制于人，原创性重大技术成果产出少，原创技术策源地的效能尚未充分发挥。

三是在参与高质量共建“一带一路”方面存在不足。工程业务整体盈利能力、国际工程业务生效转化率呈下降趋势，聚焦重点项目、推动解决难题的成效不够显著。

四是传统产业数字化、智能化、绿色化转型缓慢。对战略性新兴产业统筹研究不够，部分制造产品销售毛利率偏低，产品高端化、智能化、绿色化水平较低。数字化业务整体发展滞后。战略性新兴业务占比较低，未能把集团现有优势转化为战略性新兴产业优势。

五是深化企业改革存在短板弱项。子企业董事会作用发挥不到位，外部董事来源渠道单一。经理层成员任期制契约化管理不够深入。外部资源整合成效不明显。

六是经营质量有待提升，安全风险防范不到位。企业经营问题多发，重点领域和关键环节的内控工作仍有缺失，财务风险化解压力较大，资产负债率超集团管控线的子企业较多，工程承包业务领域“两金”规模大、增长快。安全生产面临的任务依然艰巨，个别企业仍存在瞒报安全生产事故事件等现象。

七是部分企业存在管党治党宽松软问题。管理制度不全不严，抓党风廉政建设和反腐败工作流于形式，巡视巡察整改、审计整改等抱着“过关”思想，做表面文章、敷衍应付。

我们要从讲政治的高度、从服务国家战略的高度、从推动企业高质量发展的高度，认真反思这些问题，坚持问题导向，采取有效措施，切实加以解决。

二、牢牢把握新时代新征程集团的新使命新定位

2024 年是中华人民共和国成立 75 周年，是实现“十四五”规划目标任务的关键一年。习近平总书记在中央经济工作会议上的重要讲话，全面总结了 2023 年以来的经济工作，深刻阐释了新时代做好经济工作“五个必须”的规律性认识，深入分析了当前形势，明确提出了 2024 年工作的总体要求、政策取向和重点任务，为集团做好 2024 年和今后一个时期的经济工作指明了方向，提供了根本遵循。我们要深入学习贯彻，切实把思想和行动统一到党中央决策部署上来，深刻领会和把握过去一年我国经济社会发展取得的重要成就，增强信心底气；深刻领会和把握党中央对新时代做好经济工作规律性认识，强化使命担当；深刻领会和把握党中央对当前经济形势的科学判断，保持战略定力；深刻领会和把握2024 年经济工作的总体要求和目标任务，积极奋发有为；深刻领会和把握加强党对经济工作全面领导的重要要求，抓好工作落实。

当前我国经济面临一些困难和挑战。从国际看，当今世界变乱交织，百年变局加速演进，国际政治纷争和军事冲突多点爆发。世界经济增长动能不足，据国际机构预测，2024 年世界经济和贸易整体上不如疫情之前。从国内看，有效需求不足，居民消费和企业投资意愿不够强；部分新兴行业存在重复布局，一些行业产能过剩；社会预期偏弱，企业存在不愿投、不敢投现象；风险隐患仍然较多，化解多年积累的房地产、地方债务、金融风险需要一个过程。

2024 年我国经济发展也面临诸多机遇，总体来说机遇大于挑战，有利条件强于不利因素。一是我们拥有世界上最有潜力的超大规模市场，随着社会预期逐步改善，高储蓄将逐步向消费、投资转化；二是宏观政策对经济恢复持续提供支撑，2023 年增发国债、降准降息、减税降费等政策效应将在 2024 年持续释放，2024 年还将出台新措施，增量政策和存量政策形成叠加，有力推动经济恢复向好；三是政策空间仍然较足，我国物价较低，中央政府债务水平不高，有条件加力实施货币政策和财政政策；四是全面深化改革开放注入强大动力，深化国有企业改革，促进民营经济发展壮大，加大吸引外资力度，持续优化营商环境，将不断激发经营主体的积极性、创造性；五是全球新一轮科技革命和产业变革蕴含新机遇，人工智能、商业航天、量子科技、生物制造等领域技术加快突破，绿色发展推动生产消费加速转型，这些将催生产业变革，为我国经济发展提供更为广阔的舞台。总的看，我国经济回升向好、长期向好的基本趋势没有改变，支撑高质量发展的要素条件不断集聚增多，我们要增强信心和底气。

2024 年是落实党中央决策部署、全面推进新型工业化的重要一年。新型工业化是党中央统筹中华民族伟大复兴战略全局和世界百年未有之大变局作出的重大决策，习近平总书记就推进新型工业化作的重要指示指出，以中国式现代化全面推进强国建设、民族复兴伟业，实现新型工业化是关键任务。2023年9月召开的全国新型工业化推进大会，进一步深刻阐述了推进新型工业化的重大意义、重要原则、重点任务。中央出台有关意见，对新型工业化的总体要求、重要工作进行了再部署再强调。集团主动对接、积极作为、认真研究，在主题教育期间，制定印发《关于坚持锻造国机所长，服务国家所需，积极担当新型工业化建设主力军的指导意见》。贯彻落实党的二十大精神，聚焦到机械行业，就是推进新型工业化。积极参与、深度服务推进新型工业化，这既是我们必须履行的使命责任，也是我们面临的重大发展机遇。集团要勇当主力军，在推进新型工业化进程中实现自身的转型升级、创新发展。

中央企业负责人会议强调，要坚定履行党中央赋予国资央企在新时代新征程的重大使命，坚持把高质量发展作为硬道理，深入推进布局优化和结构调整，推动国有资本实现“三个集中”：不断向关系国家安全、国民经济命脉的重要行业和关键领域集中，向提供公共服务、应急能力建设和公益性等关系国计民生的重要行业和关键领域集中，向前瞻性战略性新兴产业集中。企业要围绕增强核心功能、提高核心竞争力，突出重点、把握关键，更加注重提升五个方面的价值，即更加注重提升增加值，提高中央企业对国民经济增长的贡献度；更加注重提升功能价值，更好体现在服务国家战略目标和现代化建设全局中的地位作用；更加注重提升经济增加值，提高企业经营效率和质量；更加注重提升战略性新兴产业收入和增加值占比，加大力度发展新质生产力；更加注重提升品牌价值，不断提高企业品牌附加值和品牌引领力。明确了2024年中央企业“一利稳定增长，五率持续优化”的发展目标以及改革发展要突出抓好“六个着力”重点工作。我们要认真学习领会，抓好贯彻落实。

面对复杂严峻的外部环境，必须坚持以习近平新时代中国特色社会主义思想为指导，坚持学思用贯通、知信行统一，把习近平新时代中国特色社会主义思想、其中蕴含的科学世界观和方法论以及贯穿其中的立场观点方法转化为坚定理想、锤炼党性和指导实践、推动工作的强大力量，转化为认识世界、改造世界的强大思想武器，转化为研究问题、解决问题的“金钥匙”。结合集团实际，围绕“牢牢把握新时代新征程上的新使命新定位”这一主题，要具体做到“六个牢牢把握”。

一要牢牢把握坚持和加强党的全面领导的重大原则，自觉养成在吃透中央精神前提下开展工作的习惯，坚持从政治上看问题做工作，不断提高政治判断力、政治领悟力、政治执行力。习近平总书记在中央政治局民主生活会上指出，政治敏锐性是政治站位、政治洞察的综合体现，是提高领导干部政治判断力、政治领悟力、政治执行力的重要前提。“央企姓党”，集团作为中管企业，必须坚持和加强党的全面领导，在思想上、政治上、行动上与党中央保持高度一致，确保战略部署、工作举措和最终效果符合党中央决策意图。在2024年的工作中，我们要切实把思想和行动统一到党中央关于经济工作的决策部署上来，坚持把高质量发展作为新时代的硬道理，坚持高质量发展和高水平安全良性互动，把推进中国式现代化作为最大的政治。从讲政治的高度，从“国之大者”的角度，深入思考百年未有之大变局下，中央企业作为党执政兴国的重要物质基础和政治基础，作为大国博弈的重要力量，如何有效应对极端遏制打压，始终围绕服务国家重大战略，增强核心功能，提高核心竞争力，发挥科技创新、产业控制、安全支撑作用，聚焦经济建设这一中心工作和高质量发展这一首要任务，努力“锻造国机所长，服务国家所需”，在全面推进中国式现代化建设中积极探索实践，走出国机道路、做出国机贡献。

二要牢牢把握习近平新时代中国特色社会主义思想的世界观和方法论，自觉运用指导实践、推动工作。坚持人民至上、坚持自信自立、坚持守正创新、坚持问题导向、坚持系统观念、坚持胸怀天下，这“六个必须坚持”是习近平新时代中国特色社会主义思想的世界观和方法论，对改进提升我们的工作具有极强的指导意义。坚持守正创新，要在新的环境下推动企业高质量发展，既需要坚守根本、培根固本，不忘企业发展的初心使命，又要勇于创新、积极创造、深化改革，不断推动科技创新、制度机制创新、商业模式创新，用改革创新的办法解决矛盾和问题。既不能一知半解盲目进入没有基础的领域，又不能谈虎色变、无限地规避风险，最终错失发展良机。坚持问题导向，问题是时代的声音，企业的发展总是伴随着问题的解决。2023 年主题教育期间，我们开展了大量的调研，针对调研中发现的问题，制定问题清单，明确线路图、时间表，推动问题一个个解决，进而完善工作流程、提升工作质量，真正起到了以问题解决推动改革发展的作用。下一步，要继续坚持问题导向，增强问题意识，聚焦改革发展遇到的新问题，审计和巡视指出的问题，人民群众急难愁盼的问题，党的建设面临的突出问题等，不断提出解决问题的新理念、新思路、新方法。坚持系统思维，2023 年中央经济工作会议提出的“稳中求进、以进促稳、先立后破”，就是系统思维的具体体现。2021 年的工作会上，我们就提出要处理好“稳”与“进”“破”与“立”“质”与“量”“继承”与“创新”的关系。2022 年，我们重点分析强调了“稳”是主调，是大局，要实现经济工作“稳”、重点业务“稳”；“进”是方向，是目标，科技创新要“进”，深化改革要“进”，运行质量要“进”，新的增长点要“进”。2022 年，我们提出要总揽“内”与“外”，洞察“时”与“势”，驾驭“危”与“机”，统筹“稳”与“进”，把握“质”与“量”，以“势”“时”“式”准确识变、科学应变、主动求变。这些辩证的、系统的推进工作的思路或方法，对于驾驭复杂局面，有效应对各种风险挑战起到了重要作用。相较于往年，2023 年中央经济工作会议更加强调“进”的重要性，同时强调了“立”和“破”的关系。做好 2024 年工作要注重运用辩证思维，坚持系统观念，抓住“稳”的关键点，找准“进”的切入点，把“稳”的举措做实，让“进”的动力迸发；不断夯实稳的基础，培育进的动力，增强立的主动，坚定破的决心，用改革破解难题，用创新打开局面。

三要牢牢把握聚焦主责主业、推动企业高质量发展的职责使命，不断增强核心功能、提高核心竞争力。在“十四五”规划中期调整过程中，集团党委认真学习贯彻党的二十大精神、总书记对国资央企作出的最新重要指示批示精神、国有企业改革深化提升行动方案要求，将党中央、国务院一系列新思想、新战略、新部署落实到“十四五”规划中，进一步明确了集团在新时代新征程中的战略定位、发展目标、实现路径，在主责主业、功能定位等方面进行了优化调整，更加聚焦主责主业，不断做强做优做大，更加聚焦增强核心功能，提高核心竞争力，更加聚焦服务国家战略，努力担当作为，这是集团高质量发展的最大底气，也是指导下一步更好发展的重要经验。要把有限的资源集中到做强做优主营业务上，持之以恒补短板、强弱项，着力培育独特竞争优势，不断夯实企业高质量发展的坚实基础。

四要牢牢把握做好顶层设计、加强内部协同的重要意义，充分发挥集团整体优势。集团业务多元、涉及面广，既有很大的内部协同潜力，又面临着很多制约协同的问题。在主题教育期间，集团将加强内部协同作为改进提升的重要内容，通过完善顶层设计，建立完善协同制度机制，创新协同方式方法，持续加强科技研发、制造、工程、贸易、会展等业务之间的协同，取得了较好的效果，需要我们继续坚持，不断完善协同机制，持续释放协同效能。

五要牢牢把握防范化解重大风险的底线红线，统筹高质量发展与高水平安全。2023 年，集团的重大风险防范化解工作取得重要阶段性进展，为下一步改革创新发展奠定了基础。重大风险处置是极为复杂的系统工程，化解重大风险的时间窗口转瞬即逝，工作专班付出了巨大努力，取得重要进展，实属不易。集团在防范化解重大风险的大战大考中提升了能力、锻炼了队伍、增强了信心，形成了迎难而上、攻坚克难、砥砺奋进的斗争精神，顾全大局、团结协作、稳扎稳打、坚持不懈的工作作风，定期会商、提前应对、充分沟通的工作方法。防范化解重大风险是一项长期而艰巨的任务，不能有丝毫懈怠，要树牢底线思维、极限思维，牢牢守住不发生系统性风险的底线。

六要牢牢把握当前面临的机遇和挑战，增强使命感责任感紧迫感，真抓实干，埋头苦干，紧抓快干。当前集团正面临必须牢牢抓住并且大有作为的重要战略机遇期，也是稍纵即逝的宝贵窗口期。“十四五”规划中后期的发展蓝图已经绘就，即将开启蓄力奋发的新征程。我们要切实增强“时时放心不下”的责任担当，保持奋发有为的精神状态，以时不我待的紧迫感投入干事创业中。要抓住一切有利时机，利用一切有利条件，看准了就抓紧干，能多干就多干一些，努力以自身工作的确定性应对形势变化的不确定性。要形成狠抓落实的好局面，以真抓的实劲、敢抓的狠劲、善抓的巧劲、常抓的韧劲，确保2024年各项工作落地落实，扎实推动高质量发展。

三、扎实做好2024年集团改革发展和党的建设重点工作

做好2024年工作的总体要求是：以习近平新时代中国特色社会主义思想为指导，深化落实习近平总书记重要指示批示精神，坚持和加强党的全面领导，坚持稳中求进、以进促稳、先立后破，围绕增强核心功能、提高核心竞争力，把握国有资本“三个集中”要求，以“十四五”规划为引领，以改革创新为主题，以推进新型工业化为主线，以改革深化提升行动为抓手，以防范化解重大风险为底线，“锻造国机所长，服务国家所需”，坚定不移做强做优做大主责主业，积极服务国家重大战略，切实发挥科技创新、产业控制、安全支撑作用，推动高质量发展，为持续推动经济实现质的有效提升和量的合理增长，以中国式现代化全面推进强国建设、民族复兴伟业做出新贡献。

根据国务院国资委要求，结合集团实际，2024年集团“一利五率”的目标是：“一利”稳定增长，“五率”持续优化，实现利润总额增长6%，净资产收益率、全员劳动生产率、营业现金比率同比改善，研发经费投入强度和科技产出效率持续提高，资产负债率总体保持平稳。

要实现这一目标，必须坚定发展信心，强化目标引领、量化任务分解、实化工作举措，围绕既定目标作出周密部署，制定硬招实招，挂图作战、月月督战；必须加强市场研判，密切跟踪国内外市场发展变化，抓住国内经济回升向好的有利时机，利用一切有利条件，积极开拓细分市场、响应新兴市场需求，努力扩收增利；必须坚持先立后破，在“破”和“立”上同时发力，着力推动传统产业改造升级，加快发展战略性新兴产业，积极布局未来产业，增强内生动力活力；必须以全面预算为统领，发挥考核指挥棒作用，推动企业提质增效。各企业要主动担当作为，提高“一盘棋”意识，服务集团稳增长大局和发展全局。要围绕推动高质量发展，突出重点，把握关键，扎实做好全年各项工作。

（一）以深入学习贯彻习近平总书记重要指示批示精神为首要政治任务，确保在思想上政治上行动上同以习近平同志为核心的党中央保持高度一致

坚持学思践悟习近平新时代中国特色社会主义思想，持续落实党委常委会议“第一议题”和党委理论学习中心组首要议题制度，加强督促落实，完善闭环管理，建立健全习近平总书记重要指示批示精神和党中央重大决策部署常态化落实机制，坚决纠治在贯彻落实中做选择、搞变通、打折扣等问题，确保党中央明确的重大任务落实落地落到位。强化对二级企业党委贯彻落实工作的组织领导、制度建设、落实机制和实际成效的综合评估，不断提升全系统贯彻落实总书记重要指示批示精神的质量和效果。坚持跟进落实总书记关于集团境外项目重要指示批示精神，高质量完成项目建设，服务高质量共建“一带一路”。深入学习贯彻习近平总书记对中白工业园的最新重要讲话精神，持续抓好中白工业园建设运营。强化内外部协同，深化园区管理合作，促进精准招商。全力以赴运营好国机火炬园，办好2024年中国商品和服务（白俄罗斯）展览会。积极探索产业发展新路径新机会，推动中白工业园与行业企业资源对接。结合国务院国资委在京中央企业老旧小区综合整治工作安排，推进具备条件的项目加快实施。

（二）以推进新型工业化为主线，着力锻造“三支力量”

一是做强先进装备制造核心主业，打造先进装备产业链安全的保障力量。深入落实重型装备“一五五”发展战略，积极服务国家重大工程项目，持续加强高能级创新平台建设，集中优势力量开展关键核心技术攻关，从源头和底层解决产业发展的关键性、基础性技术问题，勇担冶金、锻压等细分领域产业链链主，促进重大技术装备自主可控。更大力度推动农机装备高质量发展，更好护航国家粮食安全。扎实推进“三大行动”、落实“三张清单”。围绕行业“卡脖子”问题、共性技术和关键部件推动设立国家攻关专项，联合上下游协同攻关。加大与北大荒集团等战略客户的合作，加强中央企业农业联盟建设，构建新型合作模式。大力攻坚智能农业机械、智慧农业两大领域，开拓布局收获机械业务，持续加大国产高端智能农业机械的推广应用。全面实施纺机装备振兴三年行动，集中力量打造纺织机械主业平台，推进技术创新和产品迭代升级，努力争当纺织机械产业链链长。加快推进林机产业振兴，不断扩展林业机械产品品类和功能。巩固人造板机械市场优势地位，扎实推进森林专用集材机、履带式伐木机市场验证与销售，强化森林防灭火装备体系建设，实现进口产品替代。加强国产地质装备供给，抓住“新一轮找矿突破战略行动”机遇，持续跟踪推动集团与中国地调局的战略合作协议落实落地，加快落实一批契合度高、牵引性强的重大项目，支撑和保障国家能源资源安全。抢抓应急装备国产化替代机遇，积极推动有关需求落地。

二是发挥产业基础研制与服务优势，打造机械工业的战略科技力量。坚持“四个面向”，加强“四性”技术研究，高标准建设运行全国重点实验室、国家通用机械关键核心基础件创新中心、高原地区机电装备环境适应性实验室等国家级科研平台，推进轴承、氢能、超硬材料等领域平台创建，力争到“十四五”末期新增国家科研平台 2～3 家。加快推进原创技术“策源地”建设。深入推进关键基础零部件、农业机械领域原创技术策源地建设运行，确保在全国重点实验室、首批策源地建设情况评估中获得较好成绩。积极推进氢能储运装备、工业母机等领域原创技术策源地的培育，打造行业技术优势。系统筹划推进创新联合体组织运行。扎实推进三期攻关任务实施，做好四期任务的梳理和征集，不断强化供需对接和攻关应用协同。进一步发挥应用企业的牵引作用，不断完善产学研深度融合创新机制，推动产业链上中下游、大中小企业融合发展，打造创新联合体升级版。大力推进关键核心技术攻关。积极申报与承担科技部国家重点研发计划、工业和信息化部高质量项目、国家发展改革委攻关工程项目，力争每年新获批国家项目 20 项。开展产业基础和重大技术装备等领域的战略咨询研究，加快推进技术预见，引领科技创新方向，为科技强国、制造强国、质量强国建言献策。高质量推动“1025 专项”二期攻关任务实施，确保按时序完成阶段性目标，布局一批战略性全局性前瞻性的集团重大科技专项。

三是加强工程承包与供应链业务，打造国际产能合作和供应链融通的支撑力量。落实习近平总书记在第三届“一带一路”国际合作高峰论坛期间提出的八项行动，加强对国际化经营工作的统筹谋划，编制集团国际化经营战略规划。完善海外区域中心管理运行相关机制。加强属地化运营，在具有业务比较优势的市场深耕细作，重点开发东盟、中亚、海湾地区等市场。进一步加快推进国机工程集团实体化和能力建设，提升工程业务的整体竞争力，要充分发挥勘察、设计、咨询等方面优势，为集团打造“先进装备产业链安全的保障力量”和“机械工业的战略科技力量”提供支撑。从事贸易及供应链业务的企业，要结合自身优势，积极服务国家粮食、能源资源、重要产业链供应链安全保障能力建设。发挥中央企业经贸促进联合体聚合资源优势的平台作用，完善资源和服务共享网络。

四是加快传统业务转型升级，积极布局战略性新兴产业，培育新质生产力。传统产业是基本盘，要在高端化、绿色化、智能化发展上下更大功夫，积极参与制造业重点产业链高质量发展行动，加快制造业与现代服务业深度融合。要深入推进集团主业数字化转型，推动实施集团下属企业相关资源重组，完成全国农机作业调度平台一期建设，推动“两朵云”落地见效。积极打造企业数字化转型示范应用场景，加速新一代信息技术与企业生产经营管理深度融合。要加快布局战略性新兴产业，大力培育新产业新赛道，积极参与国务院国资委产业焕新行动和未来产业启航行动，聚焦“未来技术产业化、重点领域未来化”双向发力，围绕超硬材料、工业母机等领域进行重点培育。充分发挥在超硬材料等新材料领域技术优势，加大资源配置倾斜力度，推动国家功能金刚石制造业创新中心建设。加大新产业新技术新业态投资力度，力争战略性新兴产业投资规模增速高于企业总投资额增速 10 个百分点，2024 年战略性新兴产业营业收入占比提升不低于 3 个百分点，力争到 2025 年实现战略性新兴产业营业收入占比达到 20%。积极参与“人工智能 AI+”专项行动，深入研究和预判人工智能等未来产业对本行业、本领域带来的影响，提前做好应对准备。

（三）以改革深化提升行动为抓手，充分释放改革效能

一是坚定不移推进落实集团改革深化提升方案及工作台账各项任务。在重点难点任务上务求突破，力争完成 70% 以上主体任务。动真碰硬，坚定不移加快落实“十四五”瘦身健体，推进不动产盘活。持续动态调整瘦身健体名单，加快落实瘦身健体托管机制。进一步压缩法人层级，确保管理层级在 4 级以内。对于长期亏损、失管失控、风险隐患突出的企业，要坚决清理处置。全面推进落实集团提高控股上市公司质量工作方案，加强上市公司资本运营。打造专业领军企业，推动相关业务对接资本市场。完善市场化经营机制，着力推进任期制和契约化管理工作提质扩面，强化刚性兑现和考核，2024 年末等调整和不胜任退出相关制度在集团二三级子企业覆盖面不低于 70%。坚持“两个导向”，聚焦“两个群体”，持续完善更加精准灵活、规范高效的收入分配机制，全面推进“科改”“双百”企业实施工资总额备案制管理。

二是加强内外部协同，不断优化资源配置。贯彻落实内部协同管理制度，鼓励内部协同和资源共享。进一步加大内部专业化整合力度，优化资源配置。强化对并购工作的深入研究，建立集团战略性并购重组标的库。全面落实工程集团管控深化方案，进一步理顺管理关系。加强会展业务与制造、科研、工程等业务的深度融合。专业支撑平台企业要结合“十四五”要求，不断提升专业细分领域核心竞争力，增强服务集团发展的功能。国机资本要尽快完成机械工业先进装备与产业基础股权投资基金的组建，畅通资本、科技和产业循环；国机财务要以全面上线司库系统为契机，进一步加强资金服务和管理能力；国机资产要在继续做好资产管理服务的同时承接好集团共享中心托管任务，努力提供优质共享服务。

三是深化科技创新体制机制改革，进一步发挥企业科技创新主体作用。科技自立自强不仅是发展问题，更是生存问题。培育核心竞争力，关键靠创新。要贯彻落实集团科技创新三年行动方案，充分发挥科技创新主体作用，更大范围、更高层次、更深程度融入国家创新体系，积极承担国家重点研发计划、重大科技项目，主动参与国家科技创新决策，牵头梳理堵点、卡点、难题，更好发挥新型举国体制优势，促进原创技术成果市场化应用，健全产学研成果对接和产业化机制，积极推进首台（套）、首批次、首版次应用。重点考核科研院所对服务国家战略、解决行业问题的能力。加大研发投入，尽快实现科研院所研发投入达到 8%～10%，制造企业研发投入达到 4%～5%，基础及应用基础投入占研发投入比重力争达到 12% 的规划目标。持续增加集团对企业科技创新的资金支持力度，集团总部支持科技创新的经费预算实现不低于 20% 的逐年增长。进一步提升青年人才基金项目支持资金，多渠道筹集引入资金。以“科改”企业为试点，探索建立企业研发投入评价体系。探索完善科研平台科技创新机制，建立完善人才、专利、成果效益分享方面的机制，推进职务科技成果赋权改革试点，对基础研究、前沿颠覆性技术、重大“卡脖子”攻关等分类开展中长周期考核激励，促进产学研有效贯通、科技成果高效转化应用，实现创新链产业链资金链人才链深度融合。

（四）以加快建设世界一流企业为目标，持续推进管理体系和管理能力现代化

一是提高企业治理和管理能力，健全监管机制。强化规划引领，加强中期调整规划宣贯，进一步巩固战略落地机制，做好规划与年度工作计划、全面预算、考核评价的衔接，确保新调整的“十四五”规划落地实施。统筹推进加快建设世界一流企业、价值创造、管理提升等专项行动落实落地，加快推进专业领军示范企业梯度培育。“一企一策”动态优化党委前置研究讨论重大经营管理事项清单，完善企业“三重一大”决策机制。完善外部董事评价和激励约束机制，推进专职外部董事队伍建设，积极推进专职外部董事与现职领导人员双向交流，加大从集团外部选聘外部董事的力度，优化外部董事来源结构。进一步加强投资全过程管理，提高前期尽调、可研报告编制质量，强化过程管控，及时开展评价总结。严格执行投资项目负面清单管理，守住合规底线。持续推进“一中心三平台”建设，加快与各类职能和业务系统融合，提升集团数字化管理水平。全面提升财务管理水平，深化全面预算管理，加强境外财务资金管理，确保境外资金、资产安全。做好司库系统的推广应用及功能优化，实现在线监测资金可视率达到100%。继续加强总部建设，围绕核心主业加强总部人力资源配置和人才队伍建设，坚持业绩贡献导向，持续强化绩效考核激励，激发总部职工更加积极担当作为。重点强化制度管理，形成制度体系设计、制修订计划编制、制度评审组织、制度宣贯执行的工作闭环。进一步加大亏损企业治理和改革脱困力度，持续推进“两金”管控，清退“两非”，改善集团现金流，提升资产周转效率和经营创现能力，确保亏损面持续下降，亏损额在2023年的基础上再压降10%以上，力争达到15%。

二是持续健全风险防控体系，确保不发生系统性风险。构建全面风险防控机制，切实做好各类风险的监测预警、识别评估和研判处置。集团风险防范化解任务仍然艰巨，恒天集团要坚持一手抓纺织机械振兴，一手抓改革脱困。深入开展金融板块业务风险专项治理。强化对重点领域和关键环节的管控，切实做到早识别、早预警、早暴露、早处置，不断健全防范化解金融业务风险的长效机制。进一步规范贸易业务。严格“十不准”要求，坚决杜绝虚假贸易。剥离非主业贸易业务，科研院所、装备制造等企业不得从事与主业无关的贸易业务。低利微利贸易、增加负债做大规模、多元化经营拼凑营业收入、虚假贸易等，本质都不属于“发展”，而是在积累风险，稍有风浪就会轰然倒塌，造成国有资产重大损失，必须切实加快解决。加大专项督查检查和审计力度，发挥“专家问诊”作用，严肃法律法规和规章制度的刚性约束。纵深推进内控、风控、合规管理一体化建设，宣贯工程承包业务一体化管理手册，促进工程业务三项管理要求集中整合；编制贸易业务风险防控管理手册。牢固树立“人民至上、生命至上”的理念，认真贯彻落实党中央国务院关于安全生产的各项要求，坚决杜绝瞒报。健全完善境外风险管理制度，强化项目现场管理，协同防控风险，有效督促整改。对于各类风险都要高度重视，密切关注，积极解决，坚决防止小事拖大、大事拖炸。

（五）以坚持和加强党的全面领导为统领，以高质量党建引领保障集团高质量发展

坚持党的领导加强党的建设，是做好各项工作的总原则。2024年集团党建工作，要坚持以习近平总书记关于党的建设的重要思想为统领，以巡视整改为契机，以压实管党治党政治责任为关键，以健全全面从严治党体系为重点，以党建工作与生产经营深度融合为导向，更加突出补短板强弱项、更加突出规范化制度化、更加突出职能作用发挥，全面系统整体提升党建质量，为集团高质量发展提供根本保证。

一是坚持用习近平新时代中国特色社会主义思想凝心铸魂，持续强化政治引领。坚持不懈用党的创新理论武装头脑、指导实践、推动工作，把坚决做到“两个维护”体现在贯彻党中央决策部署的行动上，体现在履职尽责、担当使命、推进工作的实效上。建立健全集团党建工作体系，压紧压实管党治党政治责任，形成“明责履责、考责问责”党建工作责任闭环，强化各级党委的主体责任，压实书记第一责任人的责任、专职副书记的直接责任和班子成员“一岗双责”，形成有责必担、履责必严、失责必究的责任落实机制。

二是聚焦选育管用关键环节，建设堪当高质量发展大任的高素质干部人才队伍。系统谋划推进干部人才队伍建设，树立更加鲜明选人用人导向，严格落实干部选拔任用制度规定，从严从实抓好干部监督管理。认真落实集团组织工作会议要求，坚持“七聚焦”“七着力”，压紧压实人才工作目标责任制，着力推进“三支”人才队伍建设，实施“十大”重点任务。持续建强干部队伍，选好用好“实干家”。坚持“四用四不用”，着力解决“四不为”问题，贯彻落实好二级企业领导班子和领导人员综合考核评价办法，强化考核结果应用，推进干部能上能下。大力选拔使用优秀年轻干部，同时用好各年龄段干部，激励干部敢担当勇作为。组织开展优秀年轻干部调研，补充和完善优秀年轻干部人才库。持续完善集团教育培训共建共享机制，高质量开展党员干部的全覆盖轮训，全面提高干部政治素质和专业能力。加强干部全方位管理和经常性监督，加强对领导班子和“一把手”的监督，严格执行领导干部有关制度规定，不断强化主动监督、靠前监督、日常监督。用心用情做好老干部工作。持续加强人才队伍建设，培育壮大生力军。坚持“三个第一”，着力建设战略人才力量，全力申报国家重大人才专项，不断推进集团行业战略科技专家、科技创新领军人才、卓越工程师、技能大师等高层次人才队伍建设。着力加大人才引进力度，持续完善集团校园招聘协同共享机制，积极推进柔性引才用才。着重完善青年科技人才培养、引进、发现“三个机制”，大力推进青年科技人才队伍建设。积极运用市场化薪酬激励政策，采用人才飞地、一事一议、一人一议等方式加强引才保障。

三是聚焦夯实基层党建基础工作，持续推动党建工作与生产经营深度融合。坚决破除两张皮，围绕中心、服务大局，把党建工作载体、党员队伍力量嵌入产业链创新链、“卡脖子”技术攻关、重大项目一线，发挥好促进改革发展的强大合力。持续深入落实基层党建“七抓”工程，实施产业链创新链党建赋能专项行动。加强对混合所有制企业的指导，探索优化党组织有效发挥作用的方式方法。分国别加强境外党建工作指导，围绕防范风险、保证监督、推进工作强化党组织功能，提高关键岗位党员比例。系统总结主题教育期间形成的有效做法和成功经验，探索主题教育常态长效机制。开展全体党员集中学习质量提升行动，组织好普通党员的学习教育。巩固基层党建“百千工程”成果，充分发挥基层示范党支部引领作用。按照“一企业一品牌、一组织一特色”的原则，持续推动党建品牌创建工作。持续优化党建考核工作，发挥高质量党建考核指挥棒作用，以考促建推动组织功能强化、党员作用发挥、竞争实力增强。持续抓好基层党组织书记和党务干部全员提升工作，按照“三懂三会三过硬”标准选配基层党组织书记队伍，分层分类开展党组织书记培训，加强党务和业务干部交流，畅通党务干部发展通道。

四是聚焦落实中央巡视整改，以严的基调、严的措施和严的氛围强化正风肃纪反腐。要以最严最实态度狠抓中央巡视整改落实。把落实中央巡视整改作为重大政治任务，增强工作主动性，层层压紧压实主体责任，对照中央巡视反馈意见，建立问题清单、任务清单、责任清单，健全覆盖巡视整改全周期的工作体系和制度流程，加强突出问题的整改督办，以重点突破带动面上整改。持续抓好内部巡视巡察工作，坚持自查即改和举一反三相结合，把内部巡视巡察整改同落实中央巡视整改一体推进，同落实改革发展重点任务贯通起来，推动建章立制、标本兼治，以巡视巡察整改的高质量、真成效促进企业高质量发展。要持续深化落实中央八项规定精神，重拳纠治“四风”顽疾。持续筑牢中央八项规定精神堤坝，健全风腐同查工作机制，严肃查处违规吃喝、违规收送礼品礼金、违规发放津贴补贴和奖金等突出问题，加大典型案件通报曝光力度，坚决纠治享乐主义奢靡之风。坚持党性党风党纪一起抓，引导广大党员干部学纪、知纪、明纪、守纪。深入整治贯彻党中央决策部署不力、履职尽责不力、践行人民至上理念不力和为基层减负不力等突出问题，坚决纠治形式主义和官僚主义。要保持惩治腐败高压态势，持续释放一体推进“三不腐”叠加效应。对中央巡视移交的问题线索深挖彻查，坚决查处重大项目、招标投标等重点领域和关键环节腐败问题，集中整治利用境外项目搞利益输送、化公为私、中饱私囊等腐败问题。做深做透以案促改、以案促治、以案促建，深刻剖析中央巡视、审计反馈问题以及内部巡视巡察、审计、专项整治等发现问题，以及严重违纪违法案件暴露的突出问题，常态化做好查办案件“后半篇文章”。以学习贯彻新修订的党纪处分条例为契机加强纪律教育，坚持经常性廉洁教育和集中警示教育相结合，深入开展“制度建设年”专项行动和“廉洁宣传教育月”活动，持续培育国机特色廉洁文化。健全落实基层企业“四位一体”纪检工作责任体系，进一步推动集团纪检监察体制改革成果延伸到基层。

五是聚焦凝心聚力抓实思想文化工作，全面推进品牌引领行动。召开集团宣传思想文化工作会议，深入学习领会习近平文化思想深刻内涵、实践要求，系统谋划部署各项工作。层层落实意识形态责任制，加强舆论阵地建设，强化正面宣传，唱响主旋律，唱响中国经济“光明论”。大力推进融媒体应用，加强媒体合作交流，提高国际传播效能，进一步展示集团良好形象。深入推进品牌引领行动，完善品牌建设和企业文化建设工作机制，增强全员品牌意识，打造企业文化精品项目，讲好国机故事，不断提高品牌附加值和品牌引领力，为集团建设世界一流企业提供坚实的软实力支撑。

六是聚焦党建带群团，推动群团统战和乡村振兴工作再上新台阶。进一步加强党对统战工作的全面领导，积极推动构建大统战格局。全面贯彻中国工会十八大精神，持续开展劳动竞赛和技能竞赛，加强产业工人队伍建设。聚焦青年人才队伍建设，持续组织开展“青马工程”，凝聚青年力量。学习运用“千万工程”经验，聚焦“守底线、强产业、促振兴”，积极发挥在规划、农机装备、产业、人才培养等方面的优势所长，以产业帮扶为重点，探索打造帮扶品牌，不断完善具有国机特色的帮扶模式，有力有效助力定点帮扶地区乡村全面振兴。

岁末年初，要压紧压实安全生产责任，深入排查重点领域安全隐患，防范应对低温雨雪冰冻灾害，完善应急预案和防范措施，坚决遏制重特大事故发生。要扎实细致做好信访稳定工作，积极推动信访问题源头治理。各企业要切实杜绝拖欠账款问题，保障农民工工资发放，关心困难职工群众生活，把民生实事办到群众心坎上。要认真开展元旦春节期间走访慰问生活困难党员、老党员、老干部工作。

新征程呼唤新担当，新使命激励新作为。在以新型工业化推进中国式现代化的新征程上，任务十分艰巨，使命无比光荣。让我们更加紧密地团结在以习近平同志为核心的党中央周围，深刻领悟“两个确立”的决定性意义，增强“四个意识”、坚定“四个自信”、做到“两个维护”，牢牢把握新时代新征程上的新使命新定位，坚持“锻造国机所长，服务国家所需”，坚定信心，改革创新，奋勇前行，积极担当新型工业化建设的主力军，为以中国式现代化全面推进强国建设、民族复兴伟业做出新的更大贡献！

在国机集团 2024 年工作会议上的总结讲话

罗乾宜

（2023 年 12 月 29 日）

经过大家共同努力，国机集团 2024 年工作会议即将圆满结束。本次会议，我们认真听取了晓仑书记的讲话，共同回顾了国机集团 2023 年十件大事，发布并宣贯了中期调整后的“十四五”规划，解读了相关制度，表彰了先进，晓仑书记向各二级企业主要负责同志下达了 2024 年的经营目标和战略规划落地责任书。本次会议主题鲜明、内容丰富、安排紧凑、会风务实，达到了预期目的，取得了良好效果。

通过对与会代表讨论小组所提意见建议进行梳理，大致可以分为三类。第一类是集团正在推进或已经落实的工作，如加强内外部协同、加强与其他中央企业的战略合作、加强与高校合作、加大工程博士培养力度、完善考核评价机制、加强人才引聚支持、抓好战略落地、强化风险防范等。这些方面集团 2023 年已经开展了一些工作，也取得了一定的成效，但意见仍然相对集中，一方面反映出这些确实是大家普遍关注的共性问题，另一方面也说明集团在这些方面所做的工作力度还不够，效果还不明显。我们要持续跟踪这些问题，动态掌握政策执行情况，坚持问题导向，及时优化调整，放大工作成效。第二类是集团下一步应立即响应、推动落实的工作，如加强对“十四五”规划中期调整的宣贯、加强对二级企业董事会建设的指导、加强总部资源配置、加强智库建设、加强内部交流、对承担托管任务的企业在考核上给予关注、加强对科研院所信息化工作的指导、加强集团现有博士点建设、更好发挥勘察设计院作用、加大对装备制造企业政策和资金支持等，集团办公室要将这些意见和诉求分解到相关部门，并做好跟踪督办，确保事事有着落，件件有回音。第三类是意见比较宏观，需要进一步研究探索的工作，如加强政策引导支持、实现转型升级、加大对原创性创新失败的包容等，会后可以继续细化完善意见建议，相关部门要进一步加强研究，尽快回应。

“一分部署、九分落实”。习近平总书记对国资央企的重要论述，对集团做好工作明确了前进方向，提供了根本遵循。2023 年的主题教育活动、中央巡视和审计整改，又指导帮助我们进一步深化了认识，理清了思路，明确了措施。这些方面的成果已集中体现在“十四五”规划和改革深化提升行动方案中。下面，就学习贯彻此次会议精神特别是晓仑书记的讲话要求，抓好 2024 年各项工作任务落实，再强调五点意见。

一要提高站位抓落实 晓仑书记的讲话是一堂学习贯彻习近平总书记重要指示批示精神、传达中央经济工作会议和中央企业负责人会议精神的生动党课。讲话深入分析了新时代新征程上国机集团的新使命新定位，深刻阐述了要把高质量发展作为新时代的硬道理，再次强调了必须自觉养成在吃透中央精神的前提下开展工作的习惯。我们要从政治上理解、承接、落实晓仑书记的讲话要求，尤其是“六个牢牢把握”的工作要求，运用其中蕴含的思想方法和工作方法，分析判断我们的工作和决策是不是符合中央大政方针政策，是不是符合集团战略规划，是不是符合企业高质量发展的规律和要求，不断提升政治判断力、政治领悟力、政治执行力。

二要聚焦重点抓落实 晓仑书记对集团2024年改革发展和党的建设提出了五方面的重点工作。我们要善于抓住主要矛盾和矛盾的主要方面，确保抓在关键处、踩在点子上、干出高效率。学习贯彻习近平总书记重要指示批示精神是首要政治任务，着力推动高质量发展是根本要求，以推进新型工业化为主线，持续聚焦主责主业，增强核心功能、提高核心竞争力是当前及今后一个时期的核心工作；落实中央巡视整改、推进改革深化提升行动、加强管理体系管理能力建设、加大内外部协同力度、防范化解重大风险是2024年的重点工作。这些重点工作既互相独立，又密不可分，都统一于习近平总书记对国资央企工作的重要指示批示精神，都贯穿于集团“十四五”规划中，都体现在高质量发展的质效上。我们要将有限的资源和精力优先向重点工作集中，逐一解决重点问题，串珠成链，以点带面，推动全部工作落实落地，推动企业在高质量发展的道路上稳扎稳打，不断取得新的进步。

三要创新机制抓落实 要紧盯年度经营目标和重点工作，细化措施、落实到位，确保高质量完成。要创新目标任务分解机制，集团办公室要对照晓仑书记讲话要求，尽快分解好2024年重点工作任务清单，落实到总部各部门；总部各部门要结合所负责的工作条线明确2024年工作要点并按照最新的考核办法，确定部门自身重点工作计划。各企业要认真学习贯彻、理解吃透、完全承接本次会议精神，结合“十四五”规划落地实施、新型工业化指导意见、改革深化提升行动方案，科学分解和制定2024年目标任务和重点工作，要迅速召开本单位工作会议，认真做好谋划部署，扎实推进工作落实。要创新目标任务过程管控机制，持续坚持并完善月例会制度，聚焦年度经营目标和重点难点工作，加强主动管理，坚持挂图作战、月月督办，确保每一项工作都有部署有推进有落实，始终处于可控在控状态。要创新目标任务专项推进机制，对于重大事项和共性问题，要提级管理，在集团层面成立专项工作组，统筹协调各部门和相关企业，共享信息、聚力攻关，举全集团之力有效解决困难复杂问题，在解决问题中推动工作、促进发展。上述这些机制是集团在大战大考中不断总结提炼并被充分证明的行之有效的工作方法，总部各部门要持续优化完善并坚决贯彻落实，各企业也要认真学习借鉴，在本企业落地推广。

四是强化协同抓落实 从当前形势看，企业产品和技术的竞争越来越表现为体系和生态的竞争，迫切需要加强协同，形成合力，这是一个基本要求，也是本次会议形成的共识。集团既有很大的内部协同潜力，又面临着很多制约协同的问题，迫切需要加快完善解决。面对日益复杂的业务需求和管理需要，仅靠某一个部门或一家企业单打独斗是远远不够的，越来越需要加强集团内部之间及与外部的协同。要在现有工作基础上，尽快完善顶层设计，建立完善协同制度机制，不断加强制造、科技研发、工程、贸易、会展、专业支撑平台等业务之间的协同，不断加强与兄弟中央企业等合作伙伴之间的协同，持续释放协同效能，共同推动企业高质量发展。

五是改进作风抓落实 “十四五”仅剩两年，国企改革深化提升行动也仅剩两年，我们的使命很光荣，任务很艰巨、时间也很紧迫。要以只争朝夕、时不我待的奋斗姿态和工作作风，尽快把任务变成方案，把方案变成行动，敢作敢为、善作善成。要坚持目标导向、问题导向、结果导向，有针对性的弥补差距、克服不足，加快赶上。要坚决克服形式主义、官僚主义，要切实增强使命感责任感紧迫感危机感，真抓实干，埋头苦干，紧抓快干。要以“时时放心不下”的心态，时刻关注生产安全、房屋建筑安全、消防安全、境外安全、债务及金融安全、舆情安全等重点领域，确保做到万无一失。

工作重在落实，也难在落实。干工作、抓落实，最终要见成效。我们要认真学习贯彻习近平总书记重要指示批示精神和党的二十大、中央经济工作会议、中央企业负责人会议精神，当好践行“锻造国机所长，服务国家所需”理念、贯彻落实集团“十四五”规划的行动派、实干家，以实干抢抓新的发展机遇，以笃行加快建设世界一流企业，以改革创新精神推动集团高质量发展再上新台阶！

第二篇

集团公司发展概况

经济运行概况

【总体概况】

2023 年，中国机械工业集团有限公司（简称国机集团）坚持以习近平新时代中国特色社会主义思想为指导，坚决贯彻落实习近平总书记重要指示批示精神，高标准推进主题教育，积极配合中央巡视工作，牢牢把握高质量发展首要任务，坚持“锻造国机所长，服务国家所需”，不断做强做优主责主业，全力防范化解重大风险，高质量完成集团“十四五”规划中期调整，全面启动新一轮改革深化提升行动，做到“两个维护”、服务“国之大者”的责任感使命感显著增强，增强核心功能、提升核心竞争力的紧迫感主动性明显提高，改革发展和党的建设各项工作取得了新进展新成绩。

2023 年，国机集团实现新签合同额 4 542.6 亿元，合同成交额达 4 209.8 亿元；累计实现进出口总额 172.0 亿美元，其中进口总额 94.1 亿美元，出口总额 78.0 亿美元。综合业绩方面，位列 2023《财富》世界 500 强企业排行榜第 279 位、中国 500 强企业排行榜第 83 位；国际工程设计方面，位列《工程新闻记录》（ENR）“国际工程设计公司 225 强”榜单第 64 位；国际工程承包方面，位于 ENR“全球 250 家最大国际承包商”榜单第 33 位。

【主要经济指标】

2022—2023 年国机集团主要经济指标见表 1。

表 1　2022—2023 年国机集团主要经济指标

指标名称	2022 年	2023 年	同比增长（%）
资产总额（万元）	35 592 267.1	32 542 122.9	-8.57
净资产（万元）	11 708 466.3	10 124 699.6	-13.53
营业总收入（万元）	34 391 165.7	32 905 848.3	-4.32
利润总额（万元）	348 773.5	728 598.7	108.90
技术开发投入（万元）	945 541.1	972 386.7	2.84
利税总额（万元）	1 463 655.0	1 829 459.1	24.99
EVA 值（万元）	-142 319.7	323 913.6	327.60
全员劳动生产率 [万元 /（人·年）]	29.7	34.4	15.82
净资产收益率（%）	1.09	4.40	增加 3.31 个百分点
总资产报酬率（%）	1.83	2.84	增加 1.01 个百分点
国有资产保值增值率（%）	100.4	108.3	增加 7.9 个百分点

【组织机构】

2023 年国机集团主要领导人情况见表 2。2023 年国机集团二级子公司见表 3。2023 年国机集团控股上市公司见表 4。

表 2　2023 年国机集团主要领导人情况

姓名	职务
张晓仑	党委书记、董事长
罗乾宜	董事、总经理、党委副书记
丁宏祥	董事、党委副书记
白绍桐	党委常委、副总经理（2023 年 3 月免，退休）
雷光华	党委常委、纪委书记、国家监委驻国机集团监察专员
白　勇	党委常委、副总经理、总会计师（2023 年 6 月免，调离）
陈学东	党委常委、副总经理
黎晓煜	党委常委、副总经理
周开荃	党委常委、副总经理（2023 年 5 月任）
王锡岩	总经理助理
孙　淼	董事会秘书
王　博	总经理助理（2023 年 11 月任）

表 3　2023 年国机集团二级子公司

序号	企业名称	序号	企业名称
1	中国机械设备工程股份有限公司	15	机械工业规划研究院有限公司
2	中工国际工程股份有限公司	16	国机重型装备集团股份有限公司
3	中国恒天集团有限公司	17	中国一拖集团有限公司
4	中国福马机械集团有限公司	18	苏美达股份有限公司
5	中国海洋航空集团有限公司	19	中国联合工程有限公司
6	中国地质装备集团有限公司	20	机械工业第六设计研究院有限公司
7	中国机械工业建设集团有限公司	21	合肥通用机械研究院有限公司
8	国机财务有限责任公司	22	国机精工集团股份有限公司
9	国机汽车股份有限公司	23	中国电器科学研究院股份有限公司
10	中国机械国际合作股份有限公司	24	国机智能科技有限公司
11	国机资产管理有限公司	25	桂林电器科学研究院有限公司
12	国机资本控股有限公司	26	国机海南发展有限公司
13	中国农业机械化科学研究院集团有限公司	27	国机数字科技有限公司
14	国机集团科学技术研究院有限公司		

表 4　2023 年国机集团控股上市公司

序号	证券代码	股票名称	上市公司全称
1	002051.SZ	中工国际	中工国际工程股份有限公司
2	600335.SH	国机汽车	国机汽车股份有限公司
3	600710.SH	苏美达	苏美达股份有限公司

（续）

序号	证券代码	股票名称	上市公司全称
4	601399.SH	国机重装	国机重型装备集团股份有限公司
5	002046.SZ	国机精工	国机精工股份有限公司
6	688128.SH	中国电研	中国电器科学研究院股份有限公司
7	601038.SH 00038.HK	一拖股份 第一拖拉机股份	第一拖拉机股份有限公司
8	600099.SH	林海股份	林海股份有限公司
9	601798.SH	蓝科高新	甘肃蓝科石化高新装备股份有限公司
10	600444.SH	国机通用	国机通用机械科技股份有限公司
11	00641.HK	中国恒天立信国际	中国恒天立信国际有限公司

2023年国机集团从业人员为114 730人，其中管理人员20 989人，专业技术人员51 338人（含在管理岗位的12 417人），技能人员32 470人。

董事会运行情况

2023年，国机集团董事会坚持以习近平新时代中国特色社会主义思想为指导，认真贯彻落实党中央、国务院决策部署及国务院国资委工作要求，牢牢把握高质量发展首要任务，坚持规范运行，强化战略引领，推动深化改革，大力防控风险，切实维护出资人利益，推动集团发展实现质的有效提升和量的合理增长。

【机构设置】

2023年3月，两位外部董事离任，新到任一位外部董事。5月，国机集团工会召开职工董事选举会议，选举国机集团工会副主席、党委工作部部长为职工董事。2023年年底，董事会共有8名董事。董事会下设战略与投资委员会、提名委员会、薪酬与考核委员会、审计与风险委员会（监督委员会）4个专门委员会，审计与风险委员会同监督委员会一体化运行。其中，战略与投资委员会、提名委员会外部董事占多数，薪酬与考核委员会、审计与风险委员会（监督委员会）的成员全部由外部董事担任。根据董事调整情况，及时对相关专门委员会成员进行了调整。

【制度建设】

国机集团董事会不断健全完善公司治理各项制度和运行规则，根据《公司法》等法律法规和国务院国资委系列文件要求，结合实际，形成以公司章程为核心，董事会工作制度为基础，授权管理、高管考核、议案规范、决议落实等配套文件为支撑的制度体系，全面系统规范董事会的议事规则、运作流程和决策程序，为董事会规范运行提供制度保障。

2023年，国机集团董事会认真贯彻落实有关政策文件精神和要求，系统修订完善了集团公司“三重一大”决策制度实施办法、决策事项及权限表、公司章程、董事会议事规则、总经理办公会议事规则、各专门委员会议事规则、董事会秘书工作规则等治理文件，制定了董事会授权事项清单，为完善公司治理、建设科学规范的董事会打好制度基础。董事会持续健全完善基本管理制度，审议通过《中国机械工业集团有限公司发展战略和规划管理办法》《中国机械工业集团有限公司会计核算办法》《关于中国机械工业集团有限公司企业主要领导人员经济责任审计的规定》等重要基本管理制度，进一步规范公司相关经营管理活动。

【主要工作及成效】

国机集团董事会严格按照公司章程和董事会各项制度规范运行，立足经营决策主体职责定位，定战略、作决策、防风险，有力推动集团高质量发展。

1. 规范高效召开董事会会议 国机集团董事会严格按照集团公司决策事项及权限表，研究讨论和决定集团重大事项，推动集团高质量发展。2023 年，共召开董事会会议 13 次。其中，定期会议 4 次，临时会议 9 次；现场会议 10 次，书面会议 3 次；共审议议案 51 项，听取各类汇报 11 项，学习类议题 1 项。召开董事会专门委员会会议 16 次，其中，战略与投资委员会会议 3 次、薪酬与考核委员会会议 6 次、审计与风险委员会会议 7 次，共听取和审议议题 32 项。召开外部董事专项汇报会 9 次，共听取汇报 23 项。董事会审议事项涵盖财务预决算、重大投融资、利润分配、内部重组、资产处置、内控风险、基本管理制度等董事会职权范围内的各类事项，董事会“定战略、作决策、防风险”功能作用充分发挥。

2. 强化战略引领，进一步明确高质量发展方向路径 国机集团董事会牢牢把握战略功能定位，在决策过程中坚持战略引领，关注战略执行落地。

（1）完善战略规划管理制度。根据国务院国资委最新文件精神，董事会审议通过修订后的《中国机械工业集团有限公司发展战略和规划管理办法》，增加并强化主责主业管理，同时，增加规划分解和考核方面内容，保障战略规划落地执行。

（2）深入研讨决策中期调整规划。董事会高度重视中期调整规划的研究，通过多种形式对中期调整规划进行研究讨论并最终审议决策。中期调整规划进一步聚焦主责主业，明确集团未来发展的方向目标、战略举措、重点任务和保障措施。

3. 开展科学决策，持续推动高质量发展走深走实 国机集团董事会坚持规范运行，对提交审议的重大经营管理事项，依据自身功能定位，就事项的合法合规性、与出资人要求的一致性、与企业发展战略的契合性、风险与收益的综合平衡性等进行充分论证、做好风险揭示，确保科学、民主、依法决策，有效发挥董事会经营决策主体作用。

（1）贯彻落实中央经济工作会议和中央企业负责人会议精神。董事会注重预算引领，审议通过集团 2023 年度预算报告，落实党中央、国务院及国务院国资委“稳中求进”“一增一稳四提升”等高质量发展要求。

（2）积极落实改革深化提升行动要求。董事会全面把握新一轮改革重点，在决策集团改革方案、重大投资项目、收入分配方案等相关事项时，聚焦增强核心功能、提高核心竞争力的关键重大举措，强调通过持续深化改革真正发挥集团在科技创新、产业控制和安全支撑方面的作用。

（3）审慎决策重要经营管理事项。董事会牢牢把握决策重点，坚持充分论证、揭示风险、审慎决策，对集团多个重大风险化解事项进行科学有效的决策，确保集团持续稳定运行。

4. 重视风险防范，有力保障高质量发展安全基础 国机集团董事会高度重视风险防范化解工作，扎实开展重大风险评估，有效识别研判集团重大风险，密切跟踪并及时推动重大风险防范化解，牢牢守住不发生系统性风险底线。强化内控合规管理，认真开展重大投资项目综合评价，积极履行监督职责，为集团高质量发展保驾护航。

（1）高度重视重大风险评估和防范化解。董事会审议通过集团 2023 年度重大风险评估报告，识别当前面临的重大风险，明确风险防范化解工作重点。密切关注重点企业重大风险进展，提前听取汇报了解情况，及时决策重大风险化解事项，重大风险防范化解工作在 2023 年取得重要进展。

（2）持续推动健全完善内控体系。董事会以审议内控体系工作报告、基本管理制度等为抓手，持续推动健全完善集团内控体系。董事会审议通过集团2022年度内控体系工作报告，要求进一步提高内控体系质量，发挥内控体系作用。董事会重视基本管理制度的健全完善，2023年审议通过会计核算办法、企业主要领导人员经济责任审计的规定等重要基本管理制度。

5. 积极履行董事会监督职责 董事会发挥监督作用，督促检查经理层执行董事会决议情况，每半年听取关于董事会审议通过议案执行情况的报告，重点关注并督促执行出现重大变化的议案。董事会加强对内部审计重要事项的管理，审议通过集团2022年度内部审计工作报告、2022年内部审计工作质量评估报告和2023年内部审计工作计划，专题听取审计问题整改情况的报告。董事会还关注以往年度重大投资项目执行情况，每年专题听取集团重大投资项目评价汇报。

董事会审计与风险委员会（监督委员会）积极履职，强化财务事项的监督检查。委员会依据职责认真审议年度财务预决算报告，听取年度财务决算工作安排与审计方案、财务决算批复整改方案、财务决算批复整改落实情况等汇报，持续推动提升财务管理质量和水平。同时，督促整改落实审计、国资监管、专项督察检查等发现的问题，听取相关专项工作情况汇报，督促严格执行监管规定、落实整改要求。

6. 加强外部董事履职支撑服务，充分发挥外部董事重要作用 国机集团董事会民主决策氛围浓厚，董事长充分尊重各位董事尤其是外部董事的意见建议，注重加强内外部董事的沟通和交流。针对重要工作和重大事项，董事长多次强调，要加强对外部董事的沟通汇报，确保信息对称，为外部董事参与决策提供充分保障，支持外部董事更好发挥作用。

（1）积极开展外部董事调研工作。2023年，由全体外部董事组成的董事会调研组共开展国内调研4次、国外调研1次，涉及国内8个城市15家企业、国外3个国家5个重要项目。

（2）加强外部董事信息沟通与服务保障。组织外部董事参加集团和国务院国资委相关重要会议，做好外部董事与集团相关职能部门的联系沟通，编制《董事参阅》供外部董事决策参考。

7. 下属企业董事会建设有关情况 按照改革深化提升行动部署要求，国机集团深入推进下属企业董事会规范建设。

（1）动态调整应建董事会范围清单。2023年年底，集团全级次应建董事会子企业由297家调整为285家。

（2）完善下属企业董事会建设相关制度。制定下属企业董事会工作规则、派出外部董事履职支撑服务工作办法，修订派出外部董事管理办法。

（3）深入推进下属企业董事会规范运作。持续开展下属企业董事会运行情况和集团派出外部董事履职年度评价考核工作，制定印发《国机集团深化子企业董事会建设实施方案》。

（4）加强专兼职董事队伍建设。建立健全外部董事人才库，2023年选任3名专职外部董事，调整外部董事25人次。加强派出外部董事履职培训和支撑，组织派出外部董事参加国务院国资委和集团公司相关培训，开展派出外部董事交流活动，做好派出外部董事信息服务。

生 产 经 营

【主要指标】

2023年，集团实现新签合同额4 542.6亿元，同比下降3.0%，实现合同成交额4 209.8亿元，同比下降3.8%。2023年集团受全球经济下行的影响进出口同比显著回落。截至12月底，集团累计实现进出口总额172.0亿美元，同比下降10.3%。其中，进口总额94.1亿美元，同比下降5.7%；出口总额78.0亿美元，同比下降15.2%。

【经营运行状况】

1. 积极服务国家战略，以国之重器服务国家重大工程 国机重装自主研制的世界最大单机容量 500MW 级高水头大容量冲击式水轮机超大型转轮中心体锻件实现交付，承担的汉钢 3 500mm、陕钢 3 500mm、首套宽幅高端冷轧 1 450mm 二十辊冷轧机组等项目投入使用。一系列重大装备成果为提升我国装备制造自主可控能力，保障产业链、供应链安全提供了有力支撑。

2. 持续提升农机装备制造水平，护航国家粮食安全 国机集团积极承担国家发展改革委、农业农村部多项农机关键技术攻关任务，推动解决陡坡拖拉机、收获机械等装备研发难题，农机装备研发能力不断提升。一批农机新产品逐步推向市场，自主研发生产的东方红 MH904M、MH804M、MH704M 丘陵山地拖拉机通过河南省农业机械技术推广总站的农业机械推广鉴定，填补了国内丘陵山地专业型拖拉机产品的空白；LX1904-E、LX2004-M、LN2004 三款拖拉机在使用过程中不用添加尿素，降低了操作难度和购机成本；采用欧盟标准自主研发生产的 YTO-NMF554、YTO-NMF704C、YTO-NLY1154 型拖拉机能满足非道路欧 V 排放标准，技术和产品性能均达到国际领先水平；新一代东方红智能拖拉机 2.0 成功下线，该机具有智能掉头、自动耕深保持、一键提升 + 翻转、定速巡航等多种功能，能解决农业劳动力短缺问题。中国农机院自主研制的番茄选择性采摘机器人、自走式蓝莓收获机，中国福马的油菜毯状苗联合移栽机等填补了我国在相关机械化采收作业装备的空白。

3. 持续培育国机特色优势装备产品，打造“专精特新”企业集群 中国二重联合申报的 800MN 大型模锻压机项目荣膺 2023 年中国“好设计”金奖。该项目通过技术创新，发明了超大惯量活动横梁行程瞬态补偿与同步平衡技术，自创了多缸并联驱动、主 - 被动混合同步平衡控制模型等多项关键技术，填补了国内关键大型模锻件领域的技术空白，提高了大型航空模锻件研制的国产化水平。国机重装的华龙反应堆压力容器冷却剂泵泵壳、1 000MW 级高标准大型水电铸锻件、航空级铝合金板材拉伸装备荣获全国机械工业产品质量创新大赛金奖。中国福马下属林海集团的 T-BOSS 系列节能环保型多功能全地形车获得“合力杯”优秀奖。中国海航下属中海云科公司获北京市“专精特新”中小企业称号；中国二重下属万航模锻荣获四川省“专精特新”中小企业称号。

4. 坚持以国内大循环为主体，积极开拓国内市场 进一步深化央地合作，与上海电气集团、中国医药集团、中交集团、中国船舶集团有限公司等中央企业签署战略合作协议，分别在风光储氢新能源领域、推进中医药产业化、关键装备和零部件制造、国际化经营、设计咨询与工程承包、会展服务等领域开展全方位深度合作，以建立更加稳固的战略合作伙伴关系。与重庆市、南京市、杭州市、苏州市、德阳市等地人民政府签署战略合作协议，实现携手共赢，优势互补，促进共同发展。

【国际化经营】

1. 国际化经营概况 2023 年，国机集团强化顶层设计，统筹“双循环”市场布局，推动协同发展，在 102 个国家和地区设有 345 家驻外机构，稳步推进国际化经营。

2. 境外投资情况 2023 年，国机集团共完成境外直接投资 1.68 亿元，涉及 11 个项目，主要集中在亚洲、欧洲和北美洲，涉及电力生产、园区管理、商业服务业等。

3. 境外工程承包概况

（1）积极践行“一带一路”倡议，中白工业园建设取得新发展。

1）深入落实习近平总书记指示批示精神。中白工业园是由国机集团作为大股东参与开发建设的中白合作共建丝绸之路经济带的标志性工程。2023 年 3 月 1 日，习近平主席与白俄罗斯总统卢卡申科在北京共同签署《中白关于新时代进一步发展两国全天候全面战略伙伴关系的联合声明》（以下简称《联合声明》），进一步强调了建设好中白工业园和加强两国经贸合作的重要性。国机集团积极贯彻落实《联合声明》，推进中白工业园高质量发展。2023 年新入园企业 26

家，超历史最高纪录，入园企业总数达 120 家。园区机械制造和医药医疗器械两个产业群正在快速集聚，协议投资总额达 14.4 亿美元。

2）持续推进园区建设。截至 2023 年年底，园区已建成一期面积为 8.5km^2 的基础设施，累计铺设园区道路 33.3km，形成经营性土地面积 515hm^2。建成标准厂房 10 栋建筑面积共 9 万 m^2，出租率达 97.91%；办公楼出租率 84.72%；住宅楼（156 套）出租率达 98.72%。园区开发公司与欧亚经济联盟最大的电商平台之一 Wildberries 签署园区土地采购合同（涉及面积为 27hm^2 的土地，为园区最大面积土地交易），将打造白俄罗斯规模最大的智慧物流项目。

3）扎实做好重点项目运营工作。国机集团与白俄罗斯工业部签署合作实施计划并稳步开展务实合作。延续扩大经贸领域合作态势，推动产能合作快速发展，抢抓白俄实施工业产品进口替代机遇，积极引领国内企业开拓欧亚经济联盟市场。中白工业园运营和发展风险防范工作组专家工作会在国机集团顺利召开。探索园区创新发展“丝路电商”新业态新模式，打造以白俄为主的俄语区国家间重要贸易产品的展示与商务合作平台，不断拓展电子商务、绿色生态、数字经济等领域的互利合作。白俄罗斯政府官方独家授权、开发公司与入园企业合作开设的“白俄罗斯国家馆”在中国多个平台顺利运营，2023 年销售额达 3 200 万元，全平台粉丝数量超过 240 万人。2023 年 10 月，新华社推出专题报道《从十个大项目看“一带一路”倡议十年硕果》，中白工业园入选代表“一带一路”硕果的十个大项目。

（2）深耕海外市场，推动境外工程承包高质量发展。2023 年，国机集团深入推进国机工程集团实体化改革，聚焦主责主业，推动境外工程承包业务高质量发展。新签一批重点项目，中设集团签署土耳其综合铝厂项目总承办合同、菲律宾卡兰巴市垃圾发电项目，中工国际签署乌兹别克斯坦亚青会体育场馆项目商务合同、巴拿马观花体育场项目 EPC 总承包合同。多个在实施项目取得重大进展，中设集团阿根廷贝尔格拉诺货运铁路改造项目一期完工，伊拉克萨拉哈丁 2×630MW 燃油气电站项目两台机组同时获得 PAC 证书，中工国际印度尼西亚杰那拉塔大坝建设项目顺利开工。截至 2023 年年末，国机集团境外在实施项目有 173 个，涵盖电力、基础设施、水务和工业等行业。

【援外业务】

2023 年，国机集团践行中央企业责任担当，积极落实国家对外援助战略，充分发挥自身国际化经营和业务多元化优势，深度参与国家援外工程，为推动构建人类命运共同体做出应有贡献。国机集团参建的援赞比亚利维·姆瓦纳瓦萨医院等 3 个项目被商务部授予“援外成套项目优良工程”。中国农机院共筹办 14 期援外培训项目，其中线上培训 6 期、来华培训 7 期、境外培训 1 期。中机六院承担项目工程设计和全过程管理工作的援喀麦隆国民议会大楼项目获喀麦隆国民议会议长高度评价，中国中元设计和实行项目管理的援巴布亚新几内亚西太平洋大学项目通过竣工验收并移交。

【节能减排、安全生产】

1. 节能减排 2023 年，国机集团以习近平新时代中国特色社会主义思想和生态文明思想为指导，深入学习贯彻全国生态环境保护大会精神和习近平总书记重要讲话精神，深化落实党中央、国务院关于推进“碳达峰、碳中和”、新型工业化的重大战略决策，紧盯年度目标任务不动摇，全面贯彻新发展理念，构建新发展格局，统筹抓好“碳达峰、碳中和”与节能环保工作，确保高质量完成各项工作任务。

国机集团 2023 年能源消费量为 76.296 8 万 t 标准煤，万元产值综合能耗（可比价）0.094 4 t 标准煤，万元产值 CO_2 排放（可比价）0.366 4 t 二氧化碳当量，SO_2 排放量 46.333 2 t，COD 排放量 1 115.561 8 t。未发生较大及以上突发环境事件，生态环境保护形势保持平稳。

2. 安全生产 2023 年，国机集团以习近平新时代中国特色社会主义思想为指导，深入学习贯彻党的二十大精神和习近平总书记关于安全生产的重要指示批示精神，结合学习贯彻主题教育“学思想、强党性、重实践、建新功”的总要求，认真贯彻落实全国安全生产电视电话会议和中央企业安全生产工作会议精神，按照党中央、国务院决策部署，坚持“人民至上、生命至上”，牢固树立安全发展理念，坚守安全生产红线，以有效防范和坚决遏制重大事故为重点，细化强化各项安全防范措施，建立完善安全生产制度体系，筑牢安全生产责任链条，强化重点行业、领域重大安全风险源头管控和隐患排查治理，深入开展重大事故隐患排查整治、安全管理强化年等专项工作，加强安全生产宣传教育培训，进一步夯实安全生产基础基层工作，不断推进安全生产治理体系和治理能力建设。国机集团全年未发生较大及以上生产安全责任事故，未发生导致重大不良影响的境外安全突发事故事件。

【重点工作】

2023 年 2 月，召开国机集团改革三年行动总结大会，全面开展阶段性总结，部署后续工作。完成“双百”“科改”扩围调整，3 家企业新纳入专项改革范围。发布《国机集团对下属五家重要子企业实施差异化授权管控方案》，针对国机集团所属二级企业中的管理标杆企业、“双百”“科改示范”企业，董事会在中长期发展决策、投资决策、资产处置决策三个方面，适度开展差异化授权，进一步深化现代企业公司治理。

在国务院国资委关于国企改革三年行动的考核中，国机集团获评 A 级，排名第 27 位；10 家“双百企业”“科改示范企业”专项考核全部为“标杆”和“优秀”，在中央企业中排名 7 位。

【其他重要管理制度及重大事项或举措】

“十四五”“瘦身健体”专项。根据国机集团“十四五”“瘦身健体”工作方案，从优化机制、把控关键点、拓宽处置渠道、强化与国机资产协同等方面大力推进瘦身健体工作。完成瘦身健体企业名单动态调整，建立和完善瘦身健体考核机制。首次在北京产权交易所召开国机集团资产推介专场活动，并在北京、上海、广东、深圳等产权交易所开设“国机集团资产推介专栏”拓宽处置渠道。2023 年年底，国机集团总体法人户数压减至 1 000 家以内。

科技创新发展

2023 年，国机集团党委深入贯彻落实习近平总书记关于加快科技创新的重要讲话和指示批示精神，认真学习领会党的二十大精神，围绕推进科技自立自强，打造国家战略科技力量，坚持“锻造国机所长、服务国家所需”，对科技创新全局工作进行系统谋划。在建设高水平国家级科研平台、培育原创技术策源地、推进创新联合体建设运行、大力开展核心技术攻关、打造国家战略科技力量等方面取得多项成绩，为服务国家高质量发展发挥了重要作用。国机集团获批筹建“国家通用机械基础件创新中心”等国家级科研平台；攻克机械密封服役性能演化机理、精密机床主轴轴承、橡塑密封数字化设计制造、风电齿轮箱密封等多项“卡脖子”关键技术。自主研发了满足黄土丘陵地区作业的国内首台山地专用型拖拉机——东方红 MH804，研制了国内最大 400kW 级大型自走式青饲料收获机，技术水平国内领先，填补国内空白。

1. 新增科技创新及服务平台 2023 年国机集团新增省部级以上科技创新及服务平台见表 5。

表 5　2023 年国机集团新增省部级以上科技创新及服务平台

序号	平台名称	依托单位
1	国家通用机械基础件创新中心	合肥通用机械研究院有限公司、洛阳轴承研究所有限公司等
2	国家标准验证点	中国电器科学研究院股份有限公司
3	国家标准验证点	合肥通用机械研究院有限公司
4	国家标准验证点	二重（德阳）重型装备有限公司
5	国家企业技术中心	沈阳仪表科学研究院有限公司
6	国家企业技术中心	郑州磨料磨具磨削研究所有限公司
7	国家产业技术基础公共服务平台	天津电气科学研究院有限公司
8	国家产业技术基础公共服务平台	重庆材料研究院有限公司
9	国家产业技术基础公共服务平台	洛阳轴承研究所有限公司
10	国家产业技术基础公共服务平台	郑州磨料磨具磨削研究所有限公司
11	国家产业技术基础公共服务平台	成都工具研究所有限公司
12	国家农机装备产业计量测试中心	中国一拖集团有限公司
13	机械装备行业云	国机数字科技有限公司
14	农机云	国机数字科技有限公司
15	农业农村部草原畜牧业装备技术重点实验室	中国农业机械化科学研究院呼和浩特分院有限公司
16	农业农村部农产品加工装备重点实验室	中国农业机械化科学研究院集团有限公司
17	氢能储运装备技术安徽省重点实验室	合肥通用机械研究院有限公司
18	四川省航空模锻件工程技术研究中心	中国第二重型机械集团德阳万航模锻有限责任公司
19	江苏省超大型高压容器工程技术研究中心	二重（镇江）重型装备有限责任公司
20	河南省大功率风电轴承工程技术研究中心	洛阳轴研科技有限公司
21	湖南省智能建造人工智能设计工程技术研究中心	中机国际工程设计研究院有限责任公司
22	锂离子电池及材料智能制造先进技术湖南省工程研究中心	中机国际工程设计研究院有限责任公司
23	湖南省科技金融服务中心长沙分中心	中机国际工程设计研究院有限责任公司
24	山西省纺织装备数智化研发与应用技术创新中心	经纬智能纺织机械有限公司
25	智能纺机装备工业设计中心	恒天重工股份有限公司
26	江苏省栽植作业装备创新中心	国机重工集团常林有限公司
27	甘肃省内燃机电站技术创新中心	兰州电源车辆研究所有限公司
28	广西高性能膜材料成套装备创新中心	桂林电器科学研究院有限公司
29	河南省超硬材料及制品产业研究院	郑州磨料磨具磨削研究所有限公司
30	浙江省威凯电器科学企业研究院	嘉兴威凯检测技术有限公司
31	北京市企业技术中心	北京海光仪器有限公司
32	河南省企业技术中心	白鸽磨料磨具有限公司
33	浙江省检验检测服务业领跑机构（实验室）	嘉兴威凯检测技术有限公司

（续）

序号	平台名称	依托单位
34	重庆市仪表功能材料产业计量测试中心	重庆材料研究院有限公司
35	陕西省既有工程检测与鉴定平台	机械工业勘察设计研究院有限公司
36	重庆市现代制造业检验检测公共服务平台	重庆材料研究院有限公司
37	甘肃省中小企业公共服务示范平台	兰州电源车辆研究所有限公司
38	四川省产业技术基础公共服务平台	二重（德阳）重型装备有限公司
39	四川省产业技术基础公共服务平台	成都工具研究所有限公司
40	北京市科技服务品牌服务机构	中国中元国际工程有限公司
41	湖南省制造业数字化转型生态供给资源池服务机构	中机国际工程设计研究院有限责任公司

2. 科技成果获奖情况 中国重型院主持完成的“航空万吨级铝合金板张力拉伸装备”荣获我国工业领域最高奖项——中国工业大奖。国机集团共有 48 个项目获得“机械工业科学技术奖”，其中，合肥通用院、北起院、中国电研、中国一拖、郑州三磨所分别牵头的 5 个科研项目获得机械工业科技进步奖一等奖；中机试验参与的 1 个科研项目获得技术发明奖一等奖。《建筑振动荷载标准》《健康医院建筑评价标准》荣获中国工程建设标准化协会标准科技创新奖一等奖，国机研究院获得卓越贡献奖。2023 年度“中国机械工业集团有限公司科学技术奖”共奖励项目 31 项，其中一等奖 4 项、二等奖 10 项、三等奖 17 项，奖励个人 240 余人。2023 年度“中国机械工业集团有限公司科学技术奖”奖励项目见表 6。

表 6　2023 年度“中国机械工业集团有限公司科学技术奖”奖励项目

序号	项目名称	完成单位	主要完成人
一等奖项目（4 项）			
1	高可靠低噪声特种用途往复压缩机设计制造关键技术及应用	合肥通用机械研究院有限公司、中国人民解放军某部队、中国石油大学（华东）、长春工程学院、江阴开益特种压缩机有限公司	朱宝庆　金　鑫　张成彦　张志恒　田旭东　毛京兵　王　乐　刘　旺　金丽琼　叶　鹏　王　君　杨　静　邢志胜　鲍　军　任　芳
2	大型飞机用中高强钛合金复杂构件锻造成形关键技术及应用	中国第二重型机械集团德阳万航模锻有限责任公司	罗恒军　张海成　向　伟　曾德涛　谢　静　邓　浩　谢小川　张富淇　吕孝根　沈文涛　程立维　翟瑞志　尹　慧　尹卫东　徐邹圆
3	极薄金属带材系列化二十辊高效精密冷轧制工艺装备技术与应用	中国重型机械研究院股份公司、二重（德阳）重型装备有限公司、太原理工大学	刘云飞　李俊辉　王　涛　余小兵　刘　松　计　江　苏旭涛　徐利璞　任忠凯　王　煜　魏志毅　胡余平　辛静泰　袁欢媚　温　露
4	旱地大中型农业动力与配套耕种装备关键技术及产业化	第一拖拉机股份有限公司、中国农业机械化科学研究院集团有限公司、河南科技大学、龙门实验室、河南巨隆科技有限公司、河北农哈哈机械集团有限公司、南通富来威农业装备有限公司	刘孟楠　赵　博　王东青　王　琳　赵凯旋　赵一荣　马　淏　金　鑫　周利明　王升升　解晓琳　白圣贺　周小辉　刘从斌　吴亦鹏

（续）

序号	项目名称	完成单位	主要完成人
二等奖项目（10 项）			
1	高性能弹性合金关键技术与应用	重庆材料研究院有限公司、中国核动力研究设计院、宝武特冶航研科技有限公司、中国航发贵阳发动机设计研究所	李　方　何钦生　张十庆　王　宏　刘海定　邹兴政　张安琴　赵　振　李　维　李荣之
2	先进复合材料高性能磨削用长寿命超硬砂轮关键技术及应用	郑州磨料磨具磨削研究所有限公司、南京航空航天大学、北京中电科电子装备有限公司、上海昌润极锐超硬材料有限公司	牛俊凯　丁文锋　陈晓强　曹　洋　谢贵久　温简杰　闫　宁　赵　彪　张　毅　刘宇光
3	面向地理实体的智能化全息测绘技术研发与应用	机械工业勘察设计研究院有限公司、国家测绘产品质量检验测试中心、长安大学、国机集团科学技术研究院有限公司、西安科技大学	杨永林　杨　超　李振洪　胡明祎　潘东峰　赵国梁　朱　武　廖东军　丁吉峰　张双成
4	种子繁育智能化精量播种技术与装备	中国农业机械化科学研究院集团有限公司、青岛农业大学、中机美诺科技股份有限公司、山东省计算中心（国家超级计算济南中心）	杨　薇　李建东　尚书旗　杨然兵　赫志飞　郝凤琦　何晓宁　王家胜　李　洋　李雷霞
5	高性能荧光及拉曼光学探测应用滤光器件关键技术及产业化	沈阳仪表科学研究院有限公司、西安交通大学、上海宏石医疗科技有限公司、深圳迈瑞生物医疗电子股份有限公司、深圳市真迈生物科技有限公司	阴晓俊　赵帅锋　李支康　费书国　秦　荣　任少鹏　汪东生　王瑞生　李　阳　高　鹏
6	年产 2 万 t 大容量莱赛尔纤维成套装备关键技术研究及产业化	恒天重工股份有限公司、邯郸宏大化纤机械有限公司、山东鸿泰鼎新材料科技有限公司、东华大学	李新奇　王少平　张红战　侯会鑫　周世勇　王培荣　彭倚天　吴朝晖　杨　楠　刘国志
7	机械工业高污染工艺清洁生产用净化除尘控制技术与装备	机械工业第六设计研究院有限公司、东华大学、沈阳机床银丰铸造有限公司	宋高举　沈恒根　刘　勇　刘统洲　刁永发　苏见波　刘　琳　李晓宾　范　江　刘建麟
8	汽车涂装智能高效柔性输送系统关键技术创新及应用	中国汽车工业工程有限公司、机械工业第四设计研究院有限公司、中汽昌兴（洛阳）机电设备工程有限公司	陈　勇　林　涛　戈北京　高春生　王新峰　赵　剑　李予南　张延虎　曲晓龙　陈　显
9	自动变速拖拉机传动系统智能控制关键技术及应用	中国一拖集团有限公司、河南科技大学、陕西法士特汽车传动集团有限责任公司、第一拖拉机股份有限公司、黄河交通学院、洛阳拖拉机研究所有限公司	王建华　席志强　邱辉鹏　郭富强　李洪涛　付田志　邢鹏飞　王　琳　王　永　王梦华
10	斜拉－索桁全柔性张力结构体系关键技术与应用	中国中元国际工程有限公司、北京市建筑工程研究院有限责任公司	张同亿　祖义祯　孟永杰　张　速　高晋栋　张　勇　王文渊　张维廉　耿　帅　刘　杰
三等奖项目（17 项）			
1	拖拉机作业自动驾驶关键技术及应用	中国一拖集团有限公司、中国农业大学、第一拖拉机股份有限公司、洛阳拖拉机研究所有限公司	陈洪涛　张　漫　赵一荣　李　寒　郭延超

（续）

序号	项目名称	完成单位	主要完成人
2	物流中心储分一体系统关键技术与应用	机械工业第六设计研究院有限公司、兰剑智能科技股份有限公司、山东洛杰斯特物流科技有限公司	景兴淇　付　涛　董　俊　吴耀华　刘　波
3	保护性耕作作业质量远程监测管理技术及应用	中国农业机械化科学研究院集团有限公司、中国农业大学、河南科技大学、江苏北斗农机科技有限公司、河北信翔电子有限公司	伟利国　吕程序　王庆杰　邱兆美　李育泽
4	新能源汽车全铝车身制造柔性机器人生产线关键技术开发与示范应用	中国汽车工业工程有限公司、山东大学	阮　兵　刘增昌　高建超　郑　妍　尹李亮
5	新一代电子级玻璃纤维加捻关键技术及装备研发	宜昌经纬纺机有限公司、武汉纺织大学	聂　俭　张丕华　肖守勤　张　明　李艳红
6	高端钛合金用大型真空自耗电弧炉自主化研制及应用	沈阳真空技术研究所有限公司	孙足来　张哲魁　宋青竹　侯景岳　马海玲
7	航空超越离合器及组件关键技术及应用	洛阳轴承研究所有限公司、南京航空航天大学	李继锋　李泽强　张作超　杨立光　卢　敏
8	高压大流量液压泵马达试验装备关键技术与应用	天津工程机械研究院有限公司	张卫东　宫立强　马永权　侯　超　高明非
9	高湿热环境下高耐候粉末涂料用聚酯树脂的研究及产业化	擎天材料科技有限公司、广东工业大学、中国电器科学研究院股份有限公司	刘　亮　李　勇　李小强　马志平　易国斌
10	典型消费电器健康品质关键技术研究与应用	威凯检测技术有限公司、中国电器科学研究院股份有限公司、广东美的制冷设备有限公司、威凯认证检测有限公司	邢　军　罗军波　陈　斌　吴志东　刘　岩
11	全自动校直校正设备关键技术研究	中机试验装备股份有限公司	袁德志　赵远征　孙艳明　刘　立　张　鹏
12	JWF1213 型清梳联合机研发及产业化	青岛宏大纺织机械有限责任公司	贾　坤　倪敬达　李界宏　纪秀乾　梁　航
13	大装载量高通过性智能复合作业高速插秧机	林海股份有限公司、洛阳智能农业装备研究院有限公司、常柴股份有限公司、江苏福马高新动力机械有限公司、江苏林海动力机械集团有限公司	张荣山　陈文龙　常康忠　马　骏　黄胜操
14	2 450mm 钛板热轧机研制及应用	二重（德阳）重型装备有限公司	李　峰　梁祖红　徐学东　蒲小松　李开元
15	智能化平层式立体库及新型输送设备研发与应用	中国汽车工业工程有限公司、机械工业第四设计研究院有限公司	戈北京　杨　鑫　李　翔　祁文昌　孙立岩
16	体育建筑“零碳”关键技术研究与应用示范	中联西北工程设计研究院有限公司	刘　涛　邢　超　王福松　王　翼　郑　琨

（续）

序号	项目名称	完成单位	主要完成人
17	突发应急状态下综合医院转化为低感染率应急医院的设计方法——以援赞比亚利维·姆瓦纳瓦萨医院项目为例	中国中元国际工程有限公司	李　辉　魏宏源　时东宁　陈亚平　曾　佳

3. 专利情况　2023 年，国机集团申请专利 2 823 项，申请发明专利 1 262 项；获得授权专利 2 190 项，其中授权发明专利 878 项。

4. 科技管理　制定《中国机械工业集团有限公司关于支持院所与制造企业协同有关措施的实施办法》，通过支持项目推动院所与制造企业加强研发合作。持续推进国机集团青年科技人才成长，印发《中国机械工业集团有限公司关于进一步加强青年科技人才培养和使用的实施意见》的通知，2023 年度进一步支持 22 项国机集团青年科技基金项目，由 11 家国机集团二级企业推荐，覆盖了 19 家法人单位承担项目，22 个项目团队共 186 人，其中博士研究生 26 人，硕士研究生 94 人参加项目研发及管理工作。组织开展 2023 年度“中国机械工业集团有限公司优秀专利奖”评选工作，评选优秀专利共 27 项，其中一等奖 6 项、二等奖 9 项、三等奖 12 项，将国机集团支持科技创新的相关政策落地落实，营造良好创新氛围。2023 年度“中国机械工业集团有限公司优秀专利奖”奖励名单见表 7。

表 7　2023 年度“中国机械工业集团有限公司优秀专利奖”奖励名单

序号	专利号	专利名称	专利权人	发明人
一等奖专利（6 项）				
1	ZL202010625854.4	一种金属树脂结合剂砂轮及其制备方法	郑州磨料磨具磨削研究所有限公司	赵延军　左冬华　张高亮　钱灌文　王礼华
2	ZL201910423394.4	一种基于声发射检测的常压储罐罐底板失效概率计算方法	合肥通用机械研究院有限公司、合肥通用机械研究院特种设备检验站有限公司	程　伟　陈　炜　周　杨　蒋金玉　程四祥　胡久韶　任日菊　陈　浩　吴　祥　陆秀群
3	ZL201711194281.9	气流输送式精量施肥播种机及其漏播堵塞检测方法和装置	中国农业机械化科学研究院集团有限公司	周利明　苑严伟　董　鑫　牛　康　张俊宁　张小超
4	ZL201811575949.9	一种基于目标涂层相结构和短流程等离子物理气相沉积热障涂层喷涂粉末制备方法	北京金轮坤天特种机械有限公司	何　箐　由晓明　邹　晗
5	ZL201810027153.3	一种聚酰亚胺复合材料、多孔聚酰亚胺保持架及其制备方法、轴承	洛阳轴承研究所有限公司	孙小波　王　枫　楚婷婷　李媛媛　李江斌　冀恩光
6	ZL202110005233.0	一种锻造式六面顶液压机	郑州磨料磨具磨削研究所有限公司	闫　宁　王孝琪　肖双勇　王永峰　曹　阳
二等奖专利（9 项）				
1	ZL202210200313.6	一种可变直径管道内检测器牵引装置	国机传感科技有限公司	万四海　宋云鹏　徐义忠　苏　鑫　程权波

（续）

序号	专利号	专利名称	专利权人	发明人
2	ZL202010589765.9/PCT-CN2021-100695	核级铂电阻温度计用微细铂丝及其制备方法	重庆材料研究院有限公司	唐会毅　吴保安　王云春　陈小军　汪建胜　肖雨辰
3	ZL201910612176.5	气动强制密封锥形旋塞式粉煤给料换向阀	合肥通用机械研究院有限公司	王　渭　陈凤官　明　友　耿圣陶　余宏兵　叶晓节　郝伟沙　王　勤
4	ZL202210941656.8	一种 MEMS 芯片自动控制清洗装置及控制清洗方法	沈阳仪表科学研究院有限公司、国机传感科技有限公司	张　娜　何　方　胡延丽　李永清　李洪儒　刘　妍　祝永峰　贾文博　单鹤楠　徐海宁
5	ZL202110172401.5	一种蒙皮拉伸机	中国重型机械研究院股份公司	杨　伟　浦文杰　程军周　孙亚波　任玉成　刘渭苗
6	ZL202010691896.8	一种托盘式络筒机及络筒生产方法	青岛宏大纺织机械有限责任公司	车社海　国世光　路枫澄　刘晓良
7	ZL202010468428.4	一种利用光纤测试灌注桩内力的装置及方法	机械工业勘察设计研究院有限公司	郑建国　刘争宏　张　龙　唐国艺　黄晓维　董　霄　万再新　陈小三　王祖耀　刘　智　贾　雷　王晓峰　罗元章　朱凤基　张　洁
8	ZL201921441746.0	线路切换装置	北京起重运输机械设计研究院有限公司	黄鹏智　李　刚　李越秀　里　鑫　黄　山
9	ZL202010444149.4	用于高放废料玻璃固化容器的核级不锈钢	重庆材料研究院有限公司	刘海定　陈登华　王东哲　何曲波　郑建能　刘应龙　徐永福　王志峰

三等奖专利（12 项）

序号	专利号	专利名称	专利权人	发明人
1	ZL201810359163.7	一种深海破拆装置	合肥通用机械研究院有限公司、合肥通用环境控制技术有限责任公司	陈正文　薛胜雄　鲁　飞　苏吉鑫　任启乐　韩彩红　王永强　巴胜富　张　的　庞　雷　朱华清
2	ZL202010325916.X	杆类锻件自动锻造装置	二重（德阳）重型装备有限公司	韩浩然　杜俊雷
3	ZL201711287989.9	一种结晶器电动调宽装置窄边锥度控制方法	中国重型机械研究院股份公司	高　琦　何　博　高朝波　郝宏昭
4	ZL201710429414.X	一种用于厚带剪切的液压剪驱动装置	中国重型机械研究院股份公司	谢　磊　张　凯
5	ZL201910313761.5	一种深孔用电传动立轴钻机	中地装（北京）科学技术研究院有限公司、中地装张家口探矿机械有限公司、中国地质装备集团有限公司	周　政　臧臣坤　朱江龙　何　磊　孙军盈　沈怀浦　高明帅　宋志亮　宋　军　吕祥利　宋海燕
6	ZL202021946001.2	用于拖拉机试验的模拟旋耕作业系统	第一拖拉机股份有限公司	赵一荣　孙根云　刘俊峰　苗红波　王　峰　王晓利　焦巨哲　查正维
7	ZL201910367574.5	多锂电池组并联的充电控制装置及充电控制方法	江苏苏美达机电有限公司	徐青松　王运良

（续）

序号	专利号	专利名称	专利权人	发明人
8	ZL202023017425.3	一种新型钢结构梁柱刚性连接节点	中国中元国际工程有限公司	赵传鑫　梁　辉　狄玉辉　宋延勇　郭沫君
9	ZL201711206309.6	一种基于桥式起重机的电气模块化系统及设计方法	北京起重运输机械设计研究院有限公司	赵丽媛　常中龙　潘彦宏　郝鹏飞　邓　禹
10	ZL201810042992.2	一种地铁上盖建筑物振震一体化控制结构及设计方法	中国中元国际工程有限公司	张同亿　秦敬伟　胡明祎　黄　伟　兰日清　唐　琼　柴万先　付仰强　祖晓臣　李　颖
11	ZL202120530778.9	一种粉碎除尘方捆打捆机	中国农业机械化科学研究院呼和浩特分院有限公司	鲍志亮　高　磊　王　强　郭喜燕　王振华　包德胜　杨　莉　高云博　包乌云毕力格　王俊跃　张　宁　罗东辉　孟玉刚　任亚峰　赵小娟　蒙　宇　王　祥
12	ZL202111043765.X	不规则回转腔壁堆焊轨迹获取方法及其全自动堆焊方法	二重（德阳）重型装备有限公司	郑建能　刘玉平　李厚彬　朱永有　张　林　徐常顺　何宏宇　李　禛　刘红梅　李　莉　常　旭　王　黎

5. 科技成果转化　国机集团 11 项成果获批纳入《中央企业科技创新成果推荐目录（2022 年版）》。二重装备申报的“整锻转子中心体”“常规岛汽轮机焊接转子锻件”技术装备被纳入国家能源局《第三批能源领域首台（套）重大技术装备（项目）名单》，可享受“能源领域首台（套）重大技术装备招投标，经报行业主管部门批准，可采用单一来源采购、竞争性谈判等方式以保障示范任务落实”政策。

6. 国际科技合作　推动成立国际电工委员会医用低温存储设备项目委员会（IEC/PC130）并获批成为该委员会秘书处单位，成为我国承担的第 12 个 IEC 技术委员会秘书处。中国电研牵头制定的 1 项国际标准发布实施。

7. 质量和资质管理工作

（1）获得一批质量荣誉。2023 年获得省部级以上质量荣誉 67 项，主要荣誉包括：郑州三磨所获评第五届“中国质量奖”提名奖，中国一拖获评“全国质量标杆”荣誉称号，中国一拖、郑州三磨所、青岛宏大 3 家企业荣获 2023 年全国实施卓越绩效先进组织，4 个质量管理小组获“全国优秀质量管理小组”荣誉称号，郑州三磨所的“精益求精 QC 小组”在国际质量管理小组会议（ICQCC）上获得金奖，国机集团 2 个工程项目荣获国家级质量奖项荣誉，国机集团组队荣获中央企业 QC 小组成果发表赛 1 项一等奖、2 项二等奖，33 个项目在第二届全国机械工业产品质量创新大赛中获奖（金奖 10 项），3 个项目获得中国质量协会质量技术奖，3 个项目荣获中国安装工程优质奖。

组织开展各类质量管理活动，35 492 名职工参加中央企业全面质量管理知识竞赛。组织评定 15 项工程建设部级工法，进一步引导和推动国机集团各企业不断加强质量技术积累和创新。19 名专家纳入中国工程建设标准化协会标准审查专家库，4 名专家入选中国建筑业协会鲁班奖评审专家库。组织国机集团 24 项工程建设类团体标准立项。立足国机集团实际，为国家质量政策建言献策，“夯实质量基石，强化质量创新，打造质量优势”集团质量工作报告在 2023 年 9 月全国质量月大会上发布，中国一拖的质量工作经验材料纳入国务院国资委“质量月”质量提升专刊。中国重型院所属企业西安海威信诚检验检测咨询有限公司解决了中石油合格供方入网许可问题，并取得新证书，企业得以在中石油系统继续承揽业务。

（2）获批高等级资质。国机集团 105 项高级别工程建设资质获得住建部核准延续通过，集团所有综甲、特级资质在住建部发布延续新政后，全部如期完成核准延续：4 家工程设计综甲资质单位（中国中元、中国联合、中汽工程、中机六院），4 家工程监理综甲资质单位（北京兴电国际、京兴国际、国机中兴工程、中汽智达），2 家工程勘察综甲资质单位（三勘院、中机四院）、1 家施工总承包特级资质单位（中机建设）。一批甲级、壹级资质获得批复。

资 本 运 营

【重组整合】

2023 年，国机集团重组昆明电器科学研究所，弥补了国机集团在高原电工检测领域的空缺。国机精工整合所属超硬材料业务资产，并与河南省国资合作组建国机金刚石（河南）有限公司。整合内部特检业务资源，组建国机特种设备检验有限公司。国机集团完成将中国海航、中机六院、中国自控等企业股权注入国机工程集团，完成 CEMC 内资股实缴注入国机工程集团，有效推进国机工程集团“实体化”运作。

【改革工作】

全面启动国机集团新一轮改革深化提升行动。聚焦提高企业核心竞争力，推进企业高质量发展，制定《国机集团改革深化提升行动实施方案（2023—2025 年）》及工作台账。召开改革深化提升行动启动会议，对新一轮改革深化提升行动进行动员部署和系统培训。同时，国机集团下属二级企业及“双百”“科改”企业结合改革深化提升的要求，制定了改革深化提升方案及台账。

【投资工作】

1. 优化投资管理制度体系 牵头开展投资可行性研究报告模板编制工作，统一标准，强化集团投资管控。牵头制定并下发《投资项目申报文件规范指引（试行）》，确保项目信息完整准确，提升审查效率。制定并下发《中国机械工业集团有限公司参股管理办法》，收回二级企业参股投资决策权限，强化参股投资决策统一管理。扩大二级企业投资授权，深化国有资本投资公司试点改革。优化投资信息管理系统，加强投中投后信息化监管。

2. 加强投资项目闭环管理 创新管控机制，实行“三重约束”，提高投资管理的科学性和有效性。严格审批备案，重点聚焦主业投资，严控非主业投资。加强投中监控，2023 年投资计划完成率显著提升至 85.40%，同比上升 48 个百分点。深化投后管理，选取 5 个境外项目开展投资后评价工作，开展后评价典型案例汇编工作，以深入分析总结投资经验。

3. 强化投资资源支撑 国机集团战略发展部围绕核心制造主业，建立了涵盖半导体装备、高端工业母机等关键领域的投资并购项目库，并构建了国机集团、并购主体和国机资本三方联动机制，以优化资源配置。在国有资本金方面，国机集团积极组织下属企业申请和获批 2023 年度国有资本金，同时申报了 2024 年国有资本经营预算，并有序推进财政资金的申领和预算编制工作。

4. 严格落实专项整治工作 国机集团严格落实专项整治工作，重点在参股经营投资和挂靠经营问题方面加强整改。对于参股投资，国机集团建立管理系统，明确整改目标，严控新增投资，并发布退出考核方案，以规避风险。在挂靠经营整治上，国机集团依据党委常委会会议精神，建立整治工作台账，定期上报进展，并与国务院国资委和下属企业沟通协调，寻找整改突破点。

综 合 管 理

【综合管理】

1. 协助党委建立完善贯彻落实习近平总书记重要指示批示精神的制度机制，不断提升政治能力，落实政治责任 建立完善“第一议题”、贯彻落实习近平总书记重要指示批示精神综合评估制度机制，2023 年共协助组织“第一议题”33 次，协助制定贯彻落实措施 111 条，传达学习、研究部署、贯彻落实、跟踪督办、报告反馈、考核评估的工作闭环进一步完善。系统梳理党的十九大以来，总书记重要指示批示精神在国机集团的学习宣传、研究部署、取得成效等情况，汇编资料超 20 万字，成为主题教育的重要成果和迎接中央巡视的重要资料。召开办公室主任会议，传达学习总书记关于办公厅工作重要指示精神，结合实际研究贯彻落实的具体举措。

2. 协助党委及时向上级部门报告国机集团重要工作，信息报送意识和能力明显提升 组织召开国机集团信息工作培训会议，创刊并编印 8 期《信息选编》，信息工作价值进一步发挥，各级领导关注程度进一步提升。

3. 圆满完成配合中央巡视任务，得到巡视组肯定 承担配合巡视工作综合组、后勤组牵头责任并派出一名同志全程参与驻地组工作。积极协调相关部门、企业就巡视组关心的问题进行沟通；及时、准确提供文件资料 11 083 份，编发《工作日报》64 期；做好后勤、安保等全天候保障，为顺利完成巡视工作任务提供重要支撑。

4. 创新目标任务过程管控机制，改进协调督办工作方法，推进重点工作及领导指示落实落地 根据国机集团年度工作报告分解重点任务，牵头组织月度经营例会，每月编发《要情关注》，季度编发《督查情况》，跟踪推进工作落实，为国机集团领导掌握信息、制定决策提供支撑。

5. 优化系统，强化检查，完善保密与档案工作 召开国机集团保密工作会议，大力开展保密教育培训；加强对下属企业档案工作监督指导，开展二级企业保密现场检查；完成涉密信息系统和保密工作站建设，启动档案数字化工作，加快集团存量档案电子化、新增档案数字化进程，推进集团档案资源体系建设。

6. 完善外事管理制度体系，“数智赋能”提升外事管理水平 落实专项整改要求，制定《外事工作违规处理规定（试行）》；升级外事管理信息系统，优化简化办事流程，实现“一网通办”；搭建三级外事培训架构，范围覆盖全级次企业；组织兄弟中央企业召开外事管理工作交流会，获外交部等上级部门肯定。

【人力资源管理】

2023 年，国机集团坚持以习近平新时代中国特色社会主义思想为指导，全面贯彻党的二十大精神，深刻领会习近平总书记关于党的建设的重要思想，认真学习贯彻全国组织工作会议精神，坚持党管干部、党管人才原则，深入落实新时代党的建设总要求和新时代党的组织路线，围绕国机集团战略规划和年度任务，致力战略管控、价值创造、服务支撑，铸忠诚、担使命、选贤能、聚人才、建体系，为国机集团高质量发展提供坚强组织保证和人才支撑。以主题教育为契机，以重点工作为目标打响重点难点工作“突破战”，取得了新进展。

1. 干部能上能下取得新进展

（1）突出担当作为导向，推进干部能上能下常态化。注重在改革攻坚、扭亏脱困、重大专项等急难险重任务中考察识别干部，2023 年共提拔和进一步使用干部 34 人。着力解决“四不为”问题。修订《下属企业领导班子和领导人员综合考核评价办法》，优化考核指标和权重，解决考核评优泛化问题，科学评定等级，明确 10 种退出情形，推动形成能者上、优者奖、庸者下、劣者汰的氛围。

（2）突出结构优功能强，持续加强领导班子建设。持续推进企业领导班子任期换届，二级党委换届等相关工作，选优配强“一把手”，坚持老中青相结合，形成合理年龄梯次，以整体功能衡量配备质量。

（3）突出选育管用全链条机制，加大优秀年轻干部培养使用力度。完善优秀年轻干部常态化工作机制，深化优秀年轻干部调研，常态化关注年轻干部成长，动态管理优秀年轻干部人才库，着眼企业长远发展需要，及时大胆使用优秀年轻干部，同时用好各年龄段干部，推动集团形成结构合理、青蓝相继、接续奋斗的干部梯队。

（4）突出多岗位锻炼，持续加强干部交流。坚持五湖四海、任人唯贤，聚焦高质量发展大局配置干部资源，2023 年集团党委管理干部共有 34 人交流任职，4 人交流担任二级企业“一把手”。

2. 从严管理监督取得新进展

（1）从严从实抓好个人有关事项报告工作。坚持“四个从严”。“从严报”，在集中填报时采取“五个一”工作法（下发一个通知、制作一份提示函、编辑一条短信、形成一封信、组织一次学习），在个别填报时采取“三把关”（通知本人时一把关，本人报送时二把关，送查时三把关），不断提高如实报告率，如实报告率 94%。“从严查”，分 3 次将近五年未查核的事项进行查核，首次实现了个人有关事项报告查核全覆盖。“从严管”，对个人有关事项报告内容逐人逐项逐条查阅，加大分析和研判力度，梳理特殊事项清单，并对特殊情况及时处理。“从严处”，对不如实报告的，按照规定从严处理，同时进行谈话沟通，宣贯政策，教育指导，提高重视程度。

（2）从严从实抓好领导干部配偶、子女及其配偶经商办企业行为。按照中组部要求推动规范工作与个人有关事项并轨，实现领导干部配偶、子女及其配偶经商办企业常态化管理，对集团党委管理的领导干部配偶、子女及其配偶经商办企业情况逐一“过筛子”。同时，目前正在按照中组部要求，推进“旋转门”“逃逸式辞职”专项整治工作。

（3）从严从实加大年轻干部监督力度。出台《关于加强年轻干部教育管理监督的意见》，练就过硬本领，促进健康成长。

（4）从严从实加强选人用人监督。集团党委对 6 家二级企业巡视时，同步开展选人用人检查，跟踪督促整改落实，压实选人用人责任，提高选人用人质量水平。

3. 干部教育培训取得新进展

（1）把政治训练贯穿教育培训工作全过程。认真贯彻全国干部教育培训工作会议精神，坚持把深入学习贯彻习近平新时代中国特色社会主义思想作为干部教育培训的主题主线，积极选派干部参加中组部调训等上级培训，组织参加习近平新时代中国特色社会主义思想中央企业高管研修班分课堂。

（2）建立教育培训资源共建共享机制。按照“统筹规划、优势互补、提质增效、合作共赢”的思路，汇聚资源、共建平台，160 门课程通过信息化方式在集团全系统共享，累计参训 5.5 万余人次。全程在线、实时学习，实现报送信息化、学习信息化、学习实时化，更好满足不同企业多元化培训需求，实现教育培训资源的统筹使用，达到培训规模最大化、培训成本最小化、培训效果最优化。

（3）不断加大干部教育培训力度。巩固和加强与“一校四院”的合作力度。组织 133 名干部分别参加 3 期集团领导干部高级研讨班，集团党委管理干部脱产培训人次达到近年最大规模。持续开展中青年干部行动学习研修班，组织开展驻外人员培训班、总部新员工培训班、国机大讲堂等精品班次。

4. 高端人才培养取得新进展

（1）全力申报国家重点人才专项。2023 年新增科技人才奖项 44 人、科技创新团队 1 个，全国技术能手 3 人，中央企业大国工匠 1 人。

（2）全力选拔培养引进高层次人才。选聘集团第七批首席专家33人、首席技师21人。组织开展集团人才库建设及首批入库人选遴选，入库行业战略科技专家10人，科技领军人才147人，卓越工程师2 982人，技能大师36人，技能专家148人，共3 323人。持续推进与清华大学等7所高校开展工程硕博士研究生联合培养工作，2023级在职博士录取8人。同时，与华中科技大学、华东理工大学积极对接联系，推进工程硕博士联合培养工作。制定《关于推进校企科技人才双向挂职交流的指导意见》，助力企业柔性引才。建立集团领导联系高层次专家方案，定期联系沟通。

（3）全力抓好青年人才培养工作。制定《关于进一步加强青年科技人才培养和使用的实施意见》，完善青年科技人才培养、引进、发现“三个机制”，将政策、资源向青年人才倾斜，力促更多青年人才脱颖而出。

5. 源头引才机制取得新进展

（1）建立健全校园招聘协同共享工作机制。统筹推进校园招聘工作，不断构建国机集团校园招聘平台协同共享机制、资源协同共享机制、人员协同共享机制。推进国机集团领导带队到清华大学、北京大学等25所“双一流”高校开展校园宣讲，累计参会企业431家，到场学生数量近4 500人次，现场接收简历数量近万份，不断拓宽引才视野。

（2）创新优化校园招聘模式。制定“博士倍增专项招聘计划”“管理储备干部专项招聘计划”“博士后专项引进计划”，为企业招聘优秀毕业生提供更多机会和资源。加强“国机招聘”网申系统建设，2024届毕业生校招累计接收简历18万余份。

（3）加大力度引进名校和高学历毕业生。实施知名高校优秀毕业生招聘行动，目前，已招收2024届高校毕业生1 099人，其中硕士、博士研究生占比46%，较上届提高11个百分点。继续深入管培生招聘培养计划，2023年共有毕业于清华大学、北京大学等6所国内外知名高校的7名管培生入职国机集团总部，源头招聘质量持续提高。

6. 薪酬激励机制取得新进展 认真落实国务院国资委“1+2”考核激励政策，坚持科技创新、业绩贡献“两个导向”，聚焦核心关键人才和一线苦脏险累群体“两个群体”，不断完善工资总额管理和收入分配机制。

（1）持续优化工资总额管理。加大对科技创新的工资总额单列支持，对承担国家重大专项任务和高新工程，吸引和保留高层次人才及其团队、新招录博士研究生等所需的工资总额，实施单列管理，2020—2022年，科技人才单列工资总额人均每年增长17%。加快推进“科改”“双百”企业工资总额备案制管理，推进4家“科改”企业实施备案制管理。积极将工资总额向科研院所和装备制造企业倾斜。

（2）完善二级企业负责人薪酬管理体系。修订《二级企业负责人薪酬管理办法》，调整优化二级企业主要负责人薪酬基准值核定机制，实现薪酬基准值每年核定一次，并和当期效益直接关联，引导企业客观就高上报目标值，及时体现“效益增薪酬增、效益降薪酬降”。同时，新办法还充分体现科技创新激励导向，提高了科技创新成果和人才培养专项奖励标准，充分激发了企业负责人的工作积极性。

（3）大力推动中长期激励扩面提质。坚持“一导向、三步伐、一体系”的“131”工作法，深入落实“广覆盖、促创新、强指导”要求，2023年审批实施中长期激励项目17个，激励企业中科技型企业占比100%，为全面推广中长期激励打下坚实基础。研究编制《国机集团中长期激励工作手册》，形成完备的制度体系，进一步规范中长期激励。

7. 改革深化提升取得新进展 编制改革深化提升行动方案及工作台账，对改革新三年行动作出部署和安排。

（1）持续加强外部董事队伍建设。修订《国机集团派出外部董事管理办法》，建立双向交流机制，与国务院国资委紧密沟通，申请推荐优秀外部董事到国机集团下属企业任职，不断拓宽外部董事来源渠道，建立健全外部董事人才库，完善外部董事评价与激励机制。

（2）持续推进落实三项制度改革，深化“三能”机制，研究制定《关于进一步深化三项制度改革的意见》，部署今后三项制度改革工作重点。建立月报工作机制，及时跟进了解下属企业工作推进情况，实现信息及时互通与问题及时反馈。

（3）深入推进经理层成员任期制和契约化管理提质，督促各企业建立健全经理层成员考核制度和薪酬制度，严格按照契约对经理层成员进行经营业绩考核，刚性兑现薪酬。

8. 总部考核激励取得新进展

（1）持续优化绩效考核体系。修订《国机集团总部部门绩效考核办法》《集团总部员工绩效考核办法》，优化调整部门考核指标及权重，进一步突出业绩考核和总部服务支撑下属企业导向；调整总部员工绩效考核维度，建立 360° 评价机制和绩效反馈机制，明确末等调整和不胜任退出机制，提升绩效考核科学性，为提升总部三大功能发挥绩效牵引作用。

（2）持续优化薪酬激励体系。修订《国机集团总部职工薪酬管理办法》，完善总部职工绩效考核激励机制，强化考核分配一体化，充分体现“考核优、薪酬增，考核劣、薪酬降”，实现绩效薪酬与集团考核结果、部门考核结果、个人考核结果相挂钩，绩效薪点值与集团考核结果相挂钩，个人调档与个人考核结果相挂钩“三挂钩”，切实发挥绩效考核激励作用，有效激发了总部职工的工作积极性。

（3）持续优化总部职工福利待遇。制定《国机集团总部福利费用管理办法》，规范总部职工福利费用管理和使用。补充和优化总部职工补充医疗保险和综合意外保险保障内容，提升服务水平，持续增强总部职工的幸福感、获得感、满意度。

9. 组织工作队伍建设取得新进展 围绕“讲政治、重公道、业务精、作风好”12 字要求，持续深化过硬组织工作队伍建设，以党建为引领，加快党建工作与业务工作深入融合。

（1）统筹过硬组织工作干部队伍建设。在2023 年 9 月国机集团组织工作会议期间，组织 6 家二级企业从改革、科技人才、董事会建设、组织体系建设、干部队伍建设、人才引进等方面进行经验交流分享。召开组织人事工作座谈会，围绕学习组织工作会议精神、切实落实好“六个有机结合”等进行座谈交流。开展组织部长培训，对组织人事相关政策制度要求进行宣贯解读。坚持问题导向，不断巩固经验做法，在《国机集团报》、国机集团微信公众号等内外部平台建立“组织人事经验交流专栏”，共刊登 9 篇经验交流材料。

（2）积极推进信息系统建设。初步建成国机集团全级次人力资源管理信息系统，完成组织库、人员库建设，实现国机集团近 11 万名员工及 900 余家企业信息采集与集中管理。全力推进干部管理信息系统建设，实现领导干部信息管理线上操作全覆盖，提升干部管理工作规范化和信息化水平。

【战略管理】

1. 聚焦“两核”“三作用”，高质量完成“十四五”规划中期调整工作 以党的二十大精神为指引，聚焦提高核心竞争力、增强核心功能，发挥企业科技创新、产业控制、安全支撑“三个作用”，着眼于服务制造强国、新型工业化，对集团“十四五”规划做出重大调整，同时更新战略落地责任书，进一步优化“531”战略落地体系。中期调整规划提出，到 2025 年，产业控制力、科技创新力、安全支撑力显著增强，在服务国家战略、市场化经营机制改革、建设世界一流专业领军企业集群方面取得明显成效。力争实现营业收入 3 700 亿元、利润总额 140 亿元。主业结构进一步优化，先进装备制造和产业基础研制与服务的营业收入、利润总额占比逐年提升。

2. 对标世界一流企业，各项专项行动落实落地

（1）统筹推进加快建设世界一流企业、价值创造、管理提升等专项行动落实落地，深入开展与行业领军企业的对标。

（2）加快推进专业领军示范企业梯度培育

工程，打造一批专注细分市场、创新水平较高、发展质量较好、未来潜力较大的专精特新企业。合肥通用院、一拖股份、中机试验入选200家创建世界一流专业领军示范企业，3家企业的建设方案获得1个A+、2个A的良好成绩；召开国机集团创建世界一流专业领军示范企业推进会，启动专业领军示范企业梯度培育工程，组织对各企业培育专业领军企业的意向及计划进行摸底，鼓励支持子企业做好培育计划。

3. 推进与政府和企业战略合作 在战略合作关系开拓方面，2023年战略发展部、运行管理部、科技发展部、财务部等总部职能部门分别牵头与30多家单位探讨建立新的战略合作伙伴关系，主要包括自然资源部中国地质调查局、江苏省政府、河南省政府、白俄罗斯工业部等政府机构，中交集团、中国中车、中国宝武、中国电子等中央企业，华东理工大学、南京航空航天大学、大连理工大学等高等院校，中国农业发展银行等金融机构。

在战略合作协议签署方面，2023年实际签约13份，并完成12份战略合作协议的决策流程，具备签约条件。2019—2023年，集团公司签署"总对总"战略合作协议共44份。

【财务管理】

2023年，财务部紧密围绕集团年度重点任务目标，深入贯彻落实集团各项决策部署，以财务管理提升三年行动方案为抓手，持续推进建设世界一流财务管理体系，有效发挥落实战略、支撑决策、服务业务、创造价值和防控风险的财务功能，做好职能支撑，深化体系建设，加强风险管控，各项财务工作稳步推进，全面完成了集团年度重点工作任务，为集团的持续健康发展提供了有力保障。

1. 全面预算管理提质增效，有力保障经营目标 2023年全面预算不断加强统筹引领，盯重点、抓关键、促落实，压实各企业完成高质量发展目标的责任；围绕"一利五率"核心指标，搭建了完善的财务分析框架和管理报告体系，针对科技研发、装备制造、工程承包、贸易服务等重点业务深入挖掘业务实质，推动预算纠偏有的放矢；分业务做好对标分析，挖掘财务指标背后的业务驱动因素，加快推动业财信息的对接和融合；加强重点企业调研和重点经营指标监测监控，努力实现各项指标逐年改善。

2. 会计核算标准化、规范化再上新台阶 优化1+*N*会计核算制度体系，修订会计核算办法，制定会计科目体系和行业会计核算实施细则，形成会计标准化统一"度量衡"，切实提高会计信息质量。细化业务、流程与会计的融合标准，涵盖5大行业、8大通用场景和139个细分场景的会计核算体系，以会计全流程标准化管理提升财务效能，助力管理"加速度"。在集团统建财务核算NCC系统中，实现会计科目统一管控和授权管控要求，运用信息手段固化"同口径"。这既是近年来集团财务信息质量不断提升，信息化标准化水平大幅提高的成果展示，也为下一步集团全面实施和建设数字化经营管理体系奠定基础。

3. 持续强化资金管理，不断优化资源配置 筑牢一站式资金集约管控。全口径资金集中度62.9%，高于中央企业平均水平，提高了4.9个百分点，可归集口径资金集中度92.9%，创历史最高水平；发挥集团渠道对接优势，持续巩固和扩大与银行合作，授信规模稳定在4 000亿元；加强"总对总"合作，推进账户压减，净销户395户，完成目标任务的117.2%；坚持做好利率专项研究，指导企业用好交易性金融工具，降低汇率利率风险；持续加强金融衍生业务管理，严肃落实各项措施。督促各企业做好资产负债率管控、超管控线企业户数压降、不合规担保和不合规内部借款压减。资产负债率超管控线子企业户数压降43.2%；不合规担保余额较上年末减少19.8亿元，同比下降12.9%；不合规内部借款总额较上年末减少24亿元，同比下降13.4%。

4. 以司库建设为主要抓手，不断提高金融资源可视可控 持续推进司库管理体系建设，切实提高金融资源管控能力，提升财务管理数字化和智能化水平；印发资金业务管理实施细则和司库信息系统运维规范手册等制度，组织全级次企业进行专题宣讲，督促全级次企业上线应用；全面上线账户、结算、融资、担保、借款等 20 个主要功能模块，优化系统接口规范，完成直连账户总对总授权、集票宝授权，优化非直连账户导入工具，实现全量账户和流水可视；推进司库系统与各企业的业务系统集成，提升司库信息系统安全管理水平。

5. 持续优化财务决算管理，深化成果运用 坚持问题导向、结果导向、应用导向，进一步优化决算工作质量，2022 年决算工作获评财政部先进单位并被通报表扬；上下互动全面核验会计核算的规范性，引导各级企业提高账务处理和报表的准确性，全面加强对年审中介机构的管理；成立决算工作小组，集团、各企业内部战略、运行、审计、风险管理等各环节的融合联通，并与瘦身健体、两金管控等专项工作紧密结合，深入挖掘决算数据蕴含的价值，检视企业经营发展的短板弱项，寻找改进路径，深化成果运用，助力整改工作走深走实，全面推进集团提质增效。

6. 强化财务价值创造，厚植转型发展新动能 护航国有资产权益。开展资产评估审核项目 243 个，审核通过予以备案项目 170 个，同比分别提升 63% 和 87%，涉及评估资产价值 309 亿元，净资产评估值 221 亿元，调增国有权益 5.7 亿元。资产评估工作着力落实“强总部”建设要求，努力做到管理与服务并重，实现审核质量和备案效率双提升。在 2023 年度国务院国资委组织的中央企业资产评估专项检查中，国机集团考核成绩优等，在 25 家接受检查的中央企业中排名第一，获得国务院国资委的肯定和认可。

【资产管理】

根据国机集团“十四五”规划，将压减与法人户数调整有机结合，瘦身健体工作列入五年重点任务，强化顶层设计，突出主业管理，将非主业、规模偏小、盈利偏弱的调整型企业纳入“压减”范围。2023 年，完成调整退出的非主业、非优势主业企业共 84 家，资产总额逾 42 亿元。处置回收（吸引）资金总计逾 32 亿元，有力支撑了主业发展。

【审计监督】

2023 年，集团审计部以习近平新时代中国特色社会主义思想为指导，深入贯彻落实党中央对审计工作的决策部署及国资监管对审计工作的新任务、新要求，全力落实集团年度工作会要求、总部“能力提升年”要求，深入开展主题教育，扎实推进 2023 年审计工作要点落实，召开集团 2023 年审计工作会议，总结审计监督工作成效并提出工作要求，持续推进审计体制机制改革，审计工作系统性、针对性、有效性全面提升。

1. 推动审计管理体制机制健全完善 坚持和加强党对审计工作的集中统一领导。贯彻“如臂使指”要求，审计部坚持定期向集团党委、董事会、审计与风险委员会报告机制，2023 年向党委汇报工作 13 次，向董事会汇报工作 3 次，向审计与风险委员会汇报工作 4 次，强化对重大审计制度、审计计划、审计发现问题、审计问题整改、审计工作质量评估等审计事项以及专项整治等重要事项的研究审议。坚持重大事项报告制度，建立涵盖重大问题、整改落实、质量评估等工作内容的“1+*N*”报告机制，重要审计问题和重要审计事项及时向党委、董事会以及上一级内部审计机构报告。认真落实国务院国资委关于试行开展中央企业内部审计工作质量评估的要求，经过两年评估改进提升，二级企业更加重视内部审计工作，质量评估得分比上年增长 8%。

2. 推进审计署经济责任审计整改 从政治高度深刻认识整改的重要性和紧迫性，提前安排、迅速启动审计发现问题整改工作，集团成立审计整改工作领导小组，各职能部门从专业角度进行督导把关，追责部门严肃追责问责，纪委监察专员办全过程督导，集团有关部门各司其职、各负其责，协同推进，保障了审计整改任务的顺利完成。截至 2023 年年底，立行立改、分阶段整改、持续整改问题到期整改完成率 100%。

3. 推进审计全覆盖 聚焦服务“国之大者”，增加审计的政治属性。将“研究型”审计理念落实到集团“第一议题”及贯彻落实措施学习中，聚焦经济责任、权力运行和责任落实。落实经济责任三年滚动计划，实现二级企业主要负责人三年经济责任审计全覆盖，确保对国有资产、国有资源的审计监督权无一遗漏、无一例外，形成常态化、动态化震慑；聚焦重点企业、重要领域、重大事项和关键环节，防范重大风险。审计全覆盖兼顾质量和效率，连续三年编制《审计关注重点》，年均涉及50余项关注重点，指导开展审计工作；聚焦重点靶向发力，2023年，集团制定境外审计监督工作方案，加大境外经营投资和境外国有资产的监督力度，组织摸清境外风险底数，组织开展重点领域经营风险管控专项审计，对关键环节开展内部控制审计评价。

4. 完善"上审下"的内部审计工作机制 用好统一计划制定"牵引器"，发挥计划引领作用，统一编制全集团审计项目计划，全面落实国务院国资委内部审计年度重点任务和集团监管要求。用好统一审计质量标准"稳定器"，修订完善经济责任审计规定，制定委托中介机构管理实施细则，落实审计质量管控，优化、落实审计项目"责任制""会商制"及"三级复核"等质量管控机制，对审计过程规范文件进行统一规范，实现模板化。用好统一资源调配"协调器"，印发集团审计工作要点，安排部署审计工作。统一推进审计信息系统建设，编制审计信息系统建设规划方案，通过系统建设，建立标准，以审计信息系统建设为基础，聚焦重点领域、关键环节分批次建立审计模型，加快实现审计数智化转型。推进集团统一管控，选好内部审计机构"领头羊"，加强对下属企业审计机构负责人的管理，持续完善"上审下"审计工作机制。

5. 抓好审计结果运用 针对集团审计发现问题，审计部核查企业整改方案和整改报告，对整改方案的组织、措施严格审核，不到位方案退回修改。持续强化审计结果运用长效机制，在新修订经济责任规定中，将经济责任审计报告以及审计整改报告归入被审计领导人员本人干部人事档案、将审计结果以及整改情况纳入所在单位领导班子党风廉政建设责任制检查考核的内容，作为领导班子民主生活会以及领导班子成员述责述廉的重要内容，加大力度规范移交涉嫌违规违纪违法问题线索。对审计问题从问题类别、问题发生主体、问题变化趋势等维度开展普遍性、典型性问题分析，并提出管理建议。将审计工作与其他监督工作贯通联动、同向发力，审计部研究起草集团深化监督协同机制方案，及时向集团各部室通报审计报告，及时向追责部门移交问题线索，协助财务部完成决算内部审核替代外部审核等工作。

6. 加强审计队伍建设 积极推动充实审计力量，着重提高审计人员综合素质，打造有活力、高水平、有激情、有发展的审计队伍。2023年，首次建立集团审计骨干人才库，开展为期一周的高端培训，对业务骨干进行重点培养，为集团审计人员梯度培养机制奠定基础；探索分层分类培训，首次举办科研板块审计培训，为科研板块审计人员创造学习交流的平台，研讨科研板块审计重点、难点，研究解决措施；充实"外脑"力量，通过招标选出15家中介机构，首次建立审计中介机构库，为全系统审计人员提供专业化的服务。

【法律管理】

2023年，国机集团继续围绕法律审核、案件管理、法律风险防控工作一体推进"法治国机"建设，充分发挥法律管理的支撑、保障和价值创造作用。

1. 完善法治国机顶层设计，持续推进法治国机建设 编制出台《关于进一步深化法治国机建设的指导意见》《关于全面加强国机集团涉外法治工作 促进境外依法合规经营的指导意见》，组织集团各企业深入学习、准确领悟习近平法治思想，着力健全法制工作"五大体系"，提升"五种能力"，将"法治"作为构建集团重大风险防控化解工程的重要支撑。组织开展"十四五"法治国机建设中期调研督导，全面了解掌握企业法治建设实际情况，调研各企业法治建设工作中遇到的难点、痛点以及突出、共性问题，以互学互鉴方式提升各企业法治工作水平。

2. 全力做好法律审核工作，有力强化事前事中法律风险防控 2023年，对提交党委常委会、总经理办公会、董事会审议的股权转让、无偿划转、项目投资方案、非公开发行股份方案等重大决策项目进行法律审核，出具书面法律意见，审核集团总部各类协议、各类规章制度及二级企业章程，以揭示风险、提出建议等方式，积极发挥法律风险把关作用。编制出台“投融建营退”等业务常见法律合规问题指引，分析业务常见法律合规问题，进一步规范和指导相关业务合法合规运行，为集团及下属企业重大风险处置、重要业务开展等提供法律支撑作用。

3. 启动实施“压存控增　提质创效　案件管理三年行动”，强化重大案件管理　部署压存控增案件管理专项行动第一阶段具体工作，力争通过专项行动压实大案要案处置主体责任，丰富案件处置手段措施，健全案件管理工作机制，“以案促管、以案创效”，实现集团案件数量、金额下降，结案率、挽损率提升的“双降双升”压存控增目标。修订印发了《集团法律纠纷案件管理办法》，完善了重大案件管理机制。持续开展月度、季度重大案件监测，对国机工程集团、中国农机院、中国联合等 7 家企业开展重大案件督办，强化大案要案处置力度。

4. 丰富法律培训及法治宣传活动，提升全员法治意识　在《国机报》上专栏刊登《司法视角下的碳达峰碳中和》，普及生态环境保护的立法精神；已组织举办了第九期国机法律讲堂、3 期国务院国资委法治讲堂以及涉外法治系列培训课程，对《集团多边开发银行项目投标合规指引》和《集团贸易合同法律风险防范指引》等进行宣贯，累计参训人数超过千人次，有效提升了相关人员的法律意识及法治素养，有力推进了法治体系、法治能力、法治文化一体化建设。

【风险管控】

2023 年，国机集团以“强内控、防风险、促合规”为目标，坚持以风险管理为导向，全面推进集团内控体系建设与监督工作，提升重大风险识别、评估、预警及防控工作水平，为加快建设世界一流企业和实现高质量发展提供有力保障。

1. 加强重大风险防控体系机制建设，持续完善“大风控”管理体系　建立健全“年度有评估、季度有监测、月度有预警”的全过程风控管理工作机制，大力提升重大风险监测预警质量水平，为集团决策、业务拓展和风险防范提供有意义、有价值的参考。加强对下属企业风险管理工作的指导、监督、检查、评价，推动横向部门之间、纵向上下级企业之间加强信息资源共享与协调配合，推动“大风控”协同机制落实落地。统筹整合部门法律、合规、内控、风险、追责五大管理职责和信息资源，打造并完善具有国机特色的“以法治建设为引领、以内部控制为基础、以风险管控为重点、以合规管理为导向、以监督追责为闭环”的五位一体“大风控”管理体系，发挥 1+1＞2 的叠加管控效果。强化与“大监督”部门及专项治理的协同联动，增强工作合力。

2. 强化重大风险评估监测预警机制建设，显著提升抗风险能力　强化年度风险评估。统筹推动、组织各部门、集团各企业全面梳理总结 2023 年度风险防控工作情况，结合职能职责预测评估 2024 年面临的重大经营风险，并提出相应工作措施或建议。强化季度风险监测。按照战略风险、财务风险、市场风险、运营风险和法律合规风险五大种类多项指标，对集团内外部风险进行动态收集、量化分析、持续监测，对新发现重大风险隐患及时报告和提示，按季度梳理风险处置效果，编制形成《国机集团季度风险监测情况报告》。强化月度风险提示。建立健全“重大经营风险提示工作机制”，2023 年度共编写发布 5 期《集团当期法律、合规、风险提示》，并在集团经营工作月度例会上作通报解析，紧盯宏观市场环境、政策法规变化、美欧制裁动向、内外部企业典型案例等风险要素和风险事件，进行研判提醒，提出风险防范应对建议，指导企业推广完善相关风险预警工作机制。强化重大风险事件报告及处置应对。针对企业重大风险事件，及时研究编制形成《重大风险事件专项汇报》，督导企业做好重大风险事件处置应对，压实企业风险化解主体责任，积极主动开展止损挽损工作，着力组织加强风险的事前防范、事中控制与事后救济，践行“减少损失就是创造价值”理念。

3. 深入推进内控、风控、合规管理一体化建设，有效集成内控风控合规管理的协同效应和效能　持续强化内控工作领导体制机制建设，进一步优化完善集团党委全面领导、董事会监督管理、经理层组织建设的内控工作组织领导体系，着力推动各职能、业务部门和子公司落实内控体系职责。启动开展新一轮内控监督评价“三年全覆盖”，集团层面制定《2023—2025年集团内控体系监督评价工作规划》，督导各二级企业制定并执行本企业内控体系监督评价工作规划。2023年组织完成对集团12家二级企业的内控及风险合规监督评价工作，从内控及风险合规组织体系建立健全、制度机制建设、风险合规管控、数字化智能化治理体系搭建等方面进行全面检查，指导企业加大内控监督评价力度，促进内控体系持续优化。以集团工程业务板块为试点，以具体业务流程为切入点，编制完成《集团境内外工程承包业务风控内控合规一体化管理手册》，促进工程业务风险、内控、合规三项管理要求集中整合、衔接贯通。不断推进内控风控合规管理手册一体化、工作部署一体化、推进监督评价一体化、专项考核一体化、信息系统建设一体化“五个一体化”建设，基本实现同计划、同部署、同实施、同检查、同考核的目标。

4. 进一步完善合规管理体系，增强合规经营能力 顺利完成国务院国资委2023年度中央企业合规管理体系有效性评价专项迎检工作。推动二级企业合规组织机构建设成效显著，督促二级企业实现合规管理组织机构应设尽设，集团二级企业层面已有25家设立了合规委员会，24家设立了合规审查委员会，22家设立了首席合规官，建立了近千人的专兼职合规管理员队伍，建立健全合规管理体系。强化对重大项目的合规性审查，进一步落实“管业务必须管合规”，各企业合规审查委从公司治理、战略改革、财务投资、业绩考核、安全生产及环保等多个维度对企业重大投资、重大业务、重大改革、重大重组等重大决策事项进行合法合规性审查，为重大经营决策提供参谋和支撑。集团层面合规审查委员会从严从紧对多项重大经营决策项目开展合规审查，出具审查结论意见，进行风险提示，提出操作建议，切实发挥了把关作用。指导企业建立有效的涉外法律合规、出口管制等重点领域合规风险防控机制，围绕事前预防和事后救济两方面积极开展应对工作，同时加强业务合规源头治理，既善于转危为机，又能化被动为主动。

【信息化建设】

1. 信息化与数字化工作顶层设计不断强化 强化网信工作顶层设计，印发《中国机械工业集团有限公司“十四五”网络安全和信息化建设规划》；规范集团信息化建设，印发《中国机械工业集团有限公司网络安全管理暂行办法》；强化组织保障，成立数字化转型及信息化建设领导小组，设立数字化转型办公室，注册成立国机数字科技有限公司，布局数据经济新赛道。

2. 网络信息安全能力持续提升 统筹推进网络安全等级保护及网信安全通报工作，组织开展国机集团2023年网络攻防实战演习，完成2023年全国两会和杭州亚运会重保；加强人才队伍建设，提升自主可控能力，举办国机集团网络安全和信息化工作培训会暨网络安全万人培训中央企业专项培训国机集团专班（二期）。

3. 信息化建设成效显著 落实“十四五”网信规划，全面开展“一中心三平台”建设，2023年4月集团通过国务院国资委组织的国资监管数字化智能化第一阶段验收检查，获得良好评价；积极落实“农机云”和“机械装备行业云”建设工作部署，积极培育落地场景，打造新型工业化产业集群，全力服务国家战略；集团涉密信息系统通过国家保密局验收，正式上线运行，集团涉密文件传输效率大幅度提升；集团协同办公平台OA、国机通、统一邮件等系统正式上线运行，全面协同、安全可控的大办公能力显著增强。

4. 数字化转型亮点突出 集团各级企业积极落实“数字国机”工作部署，积极开展数字化转型工作，6个项目入选全国首届“国企数字场景创新专业赛”应用场景获奖名单；中国联合“智能工厂数字孪生系统融合技术”获中国国际数字经济博览会工业互联网全国应用创新大赛一等奖；国机智能“iMOM智能制造运营管理系统助力国资央企高端装备智能制造转型升级”成果入选中央企业数字协同创新平台35项最佳实践成果。

【品牌管理与建设】

按照国务院国资委要求，通过开展品牌引领行动，牵引集团品牌建设工作步入新阶段。

（1）加强组织领导，成立品牌引领行动领导小组。

（2）将“品牌引领行动”纳入企业经营业绩考核中年度重点专项加减事项之一和改革深化提升重点任务之一。

（3）结合集团自身特色和品牌建设实际，着手制定集团品牌引领行动实施方案。

（4）抓住 5 月 10 日“中国品牌日”契机，用好由国家发展改革委牵头、联合国务院国资委主办的中国品牌博览会等平台，开展年度重点品牌传播活动，在国家级展会平台、中央企业阵容中塑造并传播良好品牌形象。集团受到《人民日报》、新华社等 7 家主流媒体和行业媒体的关注报道，国机品牌知名度和美誉度不断提升。

（5）挖掘、选拔、优化、创作优秀品牌故事案例，参加国务院国资委年度品牌建设典型案例和优秀品牌故事大赛，突出“特色”，彰显“价值”，喜获 3 项荣誉。

【社会责任】

围绕新时代新征程中央企业新使命新定位，结合集团“十四五”发展规划确立的主责主业，以加强与社会公众沟通、传递价值理念、展现品牌形象为出发点，编制发布《国机集团 2022 社会责任报告》（中英文版），生动体现国机集团发挥中央企业示范引领作用，践行责任使命，认真回应利益相关方关注，树立良好社会形象的责任行动。这是集团对外发布的第十三份社会责任报告，荣获“金蜜蜂 2023 优秀企业社会责任报告 · 长青奖三星级”。报告结构全面升级，创新性构建“全面筑牢高质量发展根基”“全力服务强国建设”“全心创造品质生活”三大篇章，突出集团主责主业和核心竞争力，集中呈现集团 2022 年度履责实践和成效。挖掘集团特色履责实践案例故事，案例《以“授人以渔”理念，推动“一带一路”高质量建设》入选国务院国资委《中央企业海外社会责任蓝皮书》（2023）。

【企业文化】

1. 隆重纪念集团与中国二重联合重组十周年　2023 年 8 月 7 日，集团举办“十年共奋进、担当擎重器”——国机集团机械工业纪念日暨与中国二重联合重组十周年座谈会。邀请机械工业老领导、国务院国资委有关领导、行业协会领导、集团老领导、外部合作伙伴代表、媒体记者等参加座谈会活动。通过参观展览、观看专题宣传片、分享交流、优秀青年代表致献词等环节，全面展示联合重组带来的新风貌、新气象，展现集团在锻造大国重器中的责任担当，重温联合重组十周年的非凡历程、发展成果，共谋建设世界一流企业、推进制造业高质量发展之路，凝聚奋进新征程的前行力量。有关地方党委政府、金融机构、兄弟中央企业等 20 余家单位向集团发来贺信，座谈会活动受到与会嘉宾、集团广大干部职工的好评。

2. 创新开展集团境外项目企业“云开放日”活动　2023 年是“一带一路”倡议提出十周年，由集团下属中工国际作为总承包方建设的尼泊尔博克拉国际机场于 2023 年 1 月 1 日举行机场投运仪式。以机场启用仪式为契机，组织开展特色传播活动，在项目当地开展通航活动预热及中外媒体联合报道，进一步讲好国机发展故事、讲好中国故事。仪式当天在国务院国资委国资小新视频号和中工国际微信视频号平台同步直播，观看人数超 3.5 万人次。

【新闻宣传】

国机集团以习近平新时代中国特色社会主义思想为指导，认真学习贯彻习近平文化思想，贯彻落实国务院国资委党委和集团党委各项工作部署开展宣传工作，围绕中心，服务大局，为集团高质量发展、建设世界一流企业提供强大精神支撑和有力舆论保障。2023 年，集团宣传量质齐升。

一是聚焦主责主业精心策划，全面展现国机集团担当作为。围绕驻华使节走进国机、深度参与进博会、高质量共建“一带一路”、积极担当新型工业化建设主力军、乡村振兴、备战春耕、三夏大忙等主题，进行重点策划，全面展现国机集团作为中国工业化和新型工业化的践行者，在推进制造业高质量发展和新型工业化方面的探索和成果，履行社会责任的担当奉献。

二是坚持融入大局深化合作，唱响高质量发展主旋律。紧抓重大活动宣传契机，邀请主流媒体走进国机。一批主流媒体走进国机重装、中国一拖等下属企业，实体探访，积极报道，深度展示国之重器的厚重实力与品牌形象。在第七个中国品牌日、2023 世界制造业大会、第 134 届中国进出口商品交易会等重要平台，主流媒体积极报道国机集团在支撑制造强国、科技强国、农业强国、数字中国建设等方面的成果，“高端制造”“大国重器”“填补空白”成报道关键词。

2023 年，国机集团多个宣传作品荣获奖项。如《不为繁华易匠心》等多篇作品获得人民网主办的创作展示活动二等奖，《我和 fireman 的故事》短视频相继荣获环球网“一带一路”百国印记短视频大赛优秀作品奖、人民网全球华人生活短视频大赛特别作品奖等，向社会传递了国机担当和大爱精神。

【军转干部和老干部管理】

为贯彻落实习近平总书记关于做好老干部工作的重要指示批示精神，高质量做好国机集团老干部工作，成立老干部处，专职专责做好老干部工作。

（1）抓好老干部服务保障工作的组织落实。制定《国机集团老干部服务保障办法》，做好日常服务保障和沟通协调，让老干部切实感受到集团党委的关心和关怀。

（2）创新服务方式。变被动服务为主动服务，进一步提高服务质量和工作水平。定期开展走访慰问，结合重大节日，主动前往老干部家里进行走访慰问，及时沟通、掌握动态、关注需求，做好医疗服务保障陪同及车辆需求等多方面保障工作。

（3）强化国机集团老干部党支部基础建设。建立党支部基础档案，订阅党报党刊，发放学习资料，及时跟进学习习近平总书记重要讲话精神。

（4）统筹做好全系统老干部工作。扎实做好退休人员社会化管理指导，开展“话传统、谈复兴、聚力量”主题调研，共 174 人次离退休人员参加活动，引导老干部退休不褪色，离岗不离心，继续为集团高质量发展贡献智慧和力量。

（5）认真落实军转干部工作各项要求。根据退役军人事务部工作部署，积极做好接收安置军转干部和退役士兵等工作。

党 建 工 作

截至 2023 年 12 月 31 日，国机集团共有党组织 1 902 个，其中党委 170 个、党总支 117 个、党支部 1 615 个；共有党员 34 284 人，其中在岗党员 31 557 人、离退休党员 2 074 人、女性党员 9 114 人。

1. 强化政治引领，担当政治责任更加有为

集团党委深入贯彻落实习近平总书记重要批示精神，坚持党的全面领导，牢牢把握新时代新征程集团的新使命新定位，锻造国机所长、服务国家所需，把握“三个总”、用好“两个途径”、发挥“三个作用”取得明确成效。

（1）不折不扣地贯彻落实习近平总书记重要指示批示精神。健全完善“第一议题”“3+3”制度体系，形成传达学习、研究部署、贯彻落实、跟踪督办、报告反馈、考核评估的工作闭环。坚持把习近平总书记作出重要指示批示的重大项目重大工程打造成示范点，中白工业园新增入园企业 25 家，累计协议投资总额 14.38 亿美元；推进国机火炬园一期工程建设交付和运营筹备，经营性收入、新增企业数量等达到历史最好水平。

（2）聚焦主责主业服务国家战略。积极服务制造强国，坚守初心使命，打造国之重器，8MN模锻压力机助力C919飞机商业首航；稳步推进农机装备高质量发展，联动推进“三大行动”，落实“三张清单”，推进高端农机现代产业链链长建设，加强高端农机的自主创新和国产化替代，批量交付高端智能大功率拖拉机，自主研发国内首台丘陵山地作业专用型拖拉机。积极服务科技强国，推进国家级科研平台建设，高标准推进全国重点实验室建设，获批成立国家通用机械基础件创新中心，以及轴承、密封技术两家国防创新中心；深入推进原创技术策源地建设，大力推进关键核心技术攻关，有序开展29项“1025专项”二期攻关任务，积极承担国家重点专项攻关任务；积极推动技术预见，培育战新产业、未来产业，发展集团新动能。积极服务新型工业化，制定实施集团《关于锻造国机所长，服务国家所需，积极担当新型工业化建设主力军的指导意见》。积极助力乡村振兴，编制乡村振兴规划，4个定点帮扶县（区）投入帮扶资金4 170余万元，帮助引进帮扶资金2.9亿元。

（3）有效发挥党委把方向、管大局、保落实作用。加快完善中国特色现代企业制度建设，认真落实两个“一以贯之”重大原则，全面推进党的建设融入公司治理。完善“三重一大”决策机制，进一步厘清集团党委和董事会、经理层等其他各治理主体的功能定位、职责权限和工作方式，“一企一策”动态优化党委前置研究讨论重大经营管理事项清单，推动制度优势更好转化为治理效能。分类指导下属企业修订制度清单，引导企业更好聚焦主责主业，锻长板、补短板，更好地服务国家重大战略。启动改革深化提升行动，深入推进国有资本投资公司改革试点，激发企业活力。扎实推动重大风险防范化解和历史遗留问题处理，在风险、内控、合规有机整合、衔接贯通方面取得实实在在进展。

2. 紧扣主题主线，推进主题教育有力有效 按照“五个更加注重”“三个实实在在”重要要求，统筹衔接两批主题教育，一体推进理论学习、调查研究、推动发展、检视整改、建章立制，主题教育得到中央指导组“好”的最高等级评价。

（1）谋划部署扎实有序。落实中央部署要求，结合集团和企业实际，建立主题教育领导小组双周例会、指导组督导组周例会、领导小组办公室日调度机制，将各项工作安排到月、细化到周。

（2）推动落实结合实际。两批主题教育分别围绕不同范围不同对象特点和总体要求，以“6个结合”“5个结合”将主题教育与中心工作紧密融合。建立起“领导小组牵头抓总、办公室统筹协调、工作组执行落实、巡回指导组和督导组严督实导、党员干部深度参与”的工作格局，实践中形成了“党课、联学、讲堂、研讨”四位一体的研学体系、“计划、指导、评估、反馈”四位一体的督导体系、“一课题一方案一专班一清单”的调查研究体系和前后衔接、上下联动的整改整治体系，推动理论学习有收获、调查研究有实招、推动发展有实效、检视整改有深度、建章立制有成果。

（3）服务发展取得实效。聚焦服务国家战略，一批影响集团高质量发展的重点难点问题得以突破；聚焦总部能力建设，更好发挥“战略管控、价值创造、服务支撑”作用，干部履职能力明显提升；聚焦“我为群众办实事”，企业凝聚力向心力不断增强；聚焦党建强基固本，全面提升党建规范化科学化制度化水平，形成了一大批特色做法，取得了一系列成果成效，特别是针对集团瓶颈和难点问题、着眼未来发展，完成“十四五”发展规划中期调整，优化形成“1368战略”，明确了未来发展的整体布局和思路举措。两批主题教育910个问题清单和192个专项整治问题全部推进完成，推动解决问题1 915个，建章立制898个，完成民生项目582个，开展党员志愿服务1 184次，累计服务群众86 110人。

3. 融入中心工作，基层党组织和党员作用更加凸显 深入落实习近平总书记关于党的建设的重要思想，牢固树立大抓基层的鲜明导向，组织实施“七抓”工程，开展“百千工程”，组织动员广大基层党组织和党员在建设世界一流企业新征程中发挥战斗堡垒作用和先锋模范作用。

（1）责任落实进一步强化。统筹集团党建工作总体布局，以党委工作要点为牵引，推动党建工作与生产经营目标同向、部署同步、工作同力。以党建责任制考核为抓手，持续优化全级次企业党组织书记述职评议和党建考核评价体系，使党建工作真正从“软指标”变成“硬约束”，一级抓一级层层抓落实的工作格局进一步落地。

（2）基层基础进一步夯实。组织全级次混合所有制企业党建排查梳理和专项整改，召开境外党建工作座谈会探索创新境外党建工作，构建“一体两翼”党建格局。制修订一批党内制度，完善党建制度体系。推进“聚焦主责主业、锻造国机所长”系列宣讲，组织“党组织书记大讲堂”，集团党务干部理论水平和业务能力进一步提升。积极开展农机装备产业链供应链创新链党建共建，实施“链上党建、赋能发展”行动，推动产学研、上下游、大中小企业党建联建共建。开展“百千工程”，推进百个基层党支部示范选树培育、千个基层党支部规范提升，进一步夯实组织基础、凝聚党员合力，为推动企业党建优势向发展优势、竞争优势转化奠定坚实基础。

（3）融合提升进一步深化。坚持党建工作与生产经营深度融合，坚持“一企一工程”，深化基层党支部“党建+”品牌创建，有效利用“岗区队”建设，充分调动各级党组织和广大党员的积极性和主动性，聚焦主责主业，突出“融合提升”，在推进完成年度各项工作目标任务中涌现出一大批先进事迹和典型做法，形成《聚焦主责主业　增强核心功能　国机集团“贯彻落实党的二十大精神　做强做精主责主业”案例》和《融合·提升·赋能　示范支部品牌创建活动案例》，支部战斗堡垒作用、党员先锋旗帜作用进一步凸显。

【巡视巡察】

2023年，国机集团党委深入学习贯彻习近平总书记关于巡视工作重要论述，贯彻落实党的二十大精神和二十届中央纪委二次全会、全国巡视工作会议、《中央巡视工作规划（2023—2027年）》部署，守正创新、稳中求进，以高质量巡视服务保障集团各项事业取得新进步、展现新气象。

1. 坚持党的领导、政治引领，把牢巡视正确方向　高站位高起点谋划推动。制定实施《集团党委巡视工作规划（2023—2027年）》，明确今后5年集团巡视工作的目标任务和工作重点。召开集团巡视工作会议暨第一轮巡视动员部署会，部署年度巡视工作，新一轮内部巡视实现良好开局、稳健起步。

有力有效配合中央巡视。把接受中央巡视作为“政治体检”，及时成立集团党委配合中央巡视工作领导小组、联络组及工作组，制定配合方案，全面客观查摆问题、聚焦思想根源找原因、举一反三自查自纠、立行立改抓整改、边巡边查处置移交问题线索，与中央巡视组同题共答、同向发力。

2. 坚持发现问题、纠偏护航，巡视利剑磨得更光更亮　高质量开展常规巡视。派出3个巡视组，对中设集团、中机建设、中国农机院、中国一拖、苏美达股份、中国福马6家二级企业党委开展常规巡视，精准发现问题、客观分析问题、如实报告问题，保持了持续发力、纵深推进的良好势头。

着力提升巡察工作质量。推动巡视工作向深拓展、向专发力、向下延伸，二级企业党委巡察企业22家，整改完成率67.7%，巡察“探照灯”“显微镜”作用有效发挥。

3. 坚持系统施治、标本兼治，深化巡视整改和成果运用　久久为功持续深化上一轮中央巡视整改。集团党委担负起中央巡视整改主体责任，通过召开持续深化中央巡视整改推进会、全面梳理复盘、逐一对账清理，推动解决了一批重点难点问题，全面从严治党向纵深发展、风清气正的良好政治生态更加巩固。

一严到底强化落实内部巡视整改责任。压实集团党委领导责任、被巡视企业党委整改主体责任、纪检监察机构全面监督责任、组织部门日常监督责任、有关职能部门成果运用责任和巡视机构统筹督促责任，打造责任闭环，凝聚整改合力。把巡视整改情况纳入年度党建责任制考核、经营业绩考核，释放巡视整改较真碰硬的鲜明信号。

4. 坚持完善机制、夯基固本，促进巡视巡察规范 发展深化上下联动和贯通协调形成系统优势。推进巡视带巡察，建立完善巡视巡察工作会商、沟通和研判机制，探索培训、检查、指导一体运行。加强贯通协调，巡前共同锁定监督目标，巡中共同研判突出问题，巡后共同推动问题整改。向监督办公室移交巡视报告、向职能部门移交 16 项意见建议，深化以巡促建、以巡促治。

系统化构建巡视制度体系。在工作规划、运行规则、整改落实、协作配合、教育培训等方面建章立制、健全机制，制修订 6 项规章制度，为依规依纪依法开展巡视工作提供了制度保障。

选优配强巡视干部队伍。加强党委巡视专员和党委巡视办干部队伍建设，调整充实巡视人才库。制定《集团巡视巡察干部教育培训规划(2023—2027 年)》，分类“量身定制”培训措施。举办巡视培训班，全面提升巡视能力素质，打造忠诚干净担当、敢于善于斗争的巡视巡察铁军。

【纪检监察】

2023 年，集团纪委监察专员办坚持以习近平新时代中国特色社会主义思想为指导，深入学习贯彻党的二十大精神，全面落实二十届中央纪委二次全会部署和集团党委工作要求，聚焦主责主业，强化政治监督，正风肃纪反腐，坚定不移推动集团全面从严治党向纵深发展，纪检监察工作高质量发展取得新进展新成效。

1. 学思践悟、筑牢忠诚，强化精神洗礼不止步 坚持用心用情学深悟透习近平新时代中国特色社会主义思想，深学细悟习近平总书记关于党的自我革命战略思想，自觉接受刻骨铭心的革命性锻造和深入灵魂的精神洗礼。坚持在深化内化转化上持续用力，切实将党的创新理论贯通运用到集团纪检监察工作实践中。坚持深学习、实调研、抓落实，贯彻落实二十届中央纪委二次全会工作部署和集团党委工作安排，研究制定集团纪委年度工作要点并抓好落实。学习运用“千万工程”经验案例，组织 5 个调研组先后到 12 个国家和地区 30 个境外机构（项目）开展专题调研，形成跨境腐败治理和境外廉洁风险防控专题调研报告和 9 份国别研究报告，切实把对“两个确立”的坚定拥护转化为“两个维护”的自觉行动。

2. 聚焦大局、精准发力，强化监督检查不松懈 聚焦贯彻落实习近平总书记关于高质量共建“一带一路”特别是中白工业园等集团境外项目重要指示批示精神，落实制造强国战略、高水平科技自立自强、防范化解重大风险等党中央重大决策部署，制定落实强化政治监督清单，开展穿透式调研监督。聚焦集团“十四五”规划实施和中期修订、改革深化提升行动、履行安全生产责任等重点任务，建立监督台账，及时把振兴纺机三年行动等工作纳入重点监督内容，深入 58 家企业监督调研、现场检查、责任约谈，推动落实见效。聚焦“一把手”和领导班子落实监督办法，推动落实全面从严治党主体责任清单和谈心谈话制度，深入推进政治监督具体化精准化常态化，有力推动党中央重大决策部署在集团落地见效。

3. 持续发力、纵深推进，强化惩治腐败不动摇 紧盯重点对象、重点企业、重点领域，严肃查处集团党委管理干部和其他重要违纪违法案件，以前所未有的力度办案，不断拓展集团反腐败斗争深度广度，更加有力地遏制腐败增量、更加有效地清除腐败存量。认真落实“三个区分开来”，正确把握监督、支持与保护的关系，实现政治效果、纪法效果、社会效果的有机统一。连续 4 年开展“制度建设年”专项行动，推动开展一贯到底制度学习宣贯培训 1 571 次、培训 6.3 万人次，加强对制度执行情况的监督检查，完善防治腐败滋生的制度机制。坚持把“廉洁宣传教育月”作为加强新时代集团廉洁文化建设的重要抓手，首次举办集团廉洁文化建设展览，召开廉洁教育大会，制播警示教育片《权力之刃》（II），组织编印、现场阅读警示录，持续培育国机特色廉洁文化，涵养求真务实、团结奋斗的时代新风。

4. 全面从严、一严到底，强化正风肃纪不停步 坚持一抓到底、一刻不松地深化落实中央八项规定精神，2023 年重要节日节点发布廉洁提醒和工作提示，全级次通报集团查处的“风腐一体”典型案例，连续 4 年节假日对深化落实中央八项规定精神情况开展专项监督检查，协助集团党委深入推进违反中央八项规定精神问题专项治理，对享乐奢靡歪风露头就打。常态化纠治形式主义、官僚主义顽瘴痼疾，结合企业实际汇编《习近平总书记关于力戒形式主义、官僚主义重要论述摘编》，梳理归纳 39 种形式主义、官僚主义在基层企业中的典型表现。坚持风腐同查同治，纠“四风”树新风并举，持续推动化风成俗、形成习惯。

5. 扛牢责任、协助推动，强化担当作为不失位 围绕配合中央巡视强化监督，认真办理中央巡视移交立行立改事项、边巡边查问题线索和有关干部问题线索，协助、督促集团党委全力配合中央巡视，与中央巡视组同题共答、同向发力、同频共振，受到中央巡视组好评。加强纪律监督、监察监督、派驻监督、巡视监督统筹衔接，将持续深化上一轮中央巡视整改、审计整改、专项整治和案件查办等工作结合起来，协助集团党委扎实开展内部巡视，着力查找影响制约企业高质量发展的主要矛盾、突出问题。充分发挥集团党风廉政建设和反腐败工作协调小组作用，用好巡视、审计等监督成果，促进各类监督资源融合、工作贯通协调，推动形成强大监督合力。

6. 刀刃向内、严管严治，强化自我革命不护犊 贯通推进主题教育和纪检监察干部队伍教育整顿，坚持把学习教育贯穿教育整顿始终，创新培训方式，围绕重点对象，针对领导干部、新任职干部、年轻干部和新进干部“四类”干部因材施教，加强纪检监察干部队伍全员培训和实战训练。加大严管严治、自我净化力度，深入开展检视整治，起底梳理处置纪检监察干部问题线索，坚决清除害群之马，健全完善纪检监察系统严管严治的作风建设常态长效机制，以铁的纪律打造忠诚干净担当的集团纪检监察铁军。充分发挥先进典型示范引领作用，激励广大纪检监察干部崇尚先进、学习先进、争当先进，推动形成“三比三创三干”（比学习、比工作、比奉献，创新、创优、创先，带头干、领着干、一起干）的良好局面。

【统战工作】

2023 年年初，集团党委以学习贯彻全国统战部长会议精神为重点，集体学习王沪宁和石泰峰在会上的讲话精神，研究部署贯彻落实四个方面 10 项具体措施。通过常委会专题学习研究、召开集团全面从严治党工作会议专题传达、印发集团年度统战工作要点在全系统重点部署等形式，开展分级、分类的学习宣贯，深入推动集团各级党组织完整、准确、全面把握习近平总书记关于做好新时代党的统一战线工作的重要思想和中央统战工作会议精神。

2023 年 4—11 月，集团党委在全系统开展统战成员“学习贯彻二十大　团结奋斗新征程”主题活动，鼓励和支持统战人士聚焦主责主业，胸怀“国之大者”，大兴调查研究之风，围绕发展高端装备制造、服务科技自立自强、培育原创技术策源地等方面，以理论学习为抓手、以调查攻关为手段、以建言献策为牵引，把“爱企业、献良策、做贡献”活动不断引向深入。

2023 年 12 月，在集团全系统统战成员立足本职岗位开展调研攻关的基础上，各企业收集调研报告百余篇，涉及农机振兴、海洋勘探、绿色低碳、高端装备等多个领域，经过层层择优推选，将 25 篇优秀调研报告集结成册，形成“同心同向　以统战之力锻国机所长”国机集团统战人士调研报告汇编。同时以工作掠影图文并茂的形式，刊载各企业统战工作特色做法。汇编纸质版分发至各企业统战部门和统战人士，推动统战工作围绕中心、服务大局的作用发挥，强化统战人士“锻造国机所长，服务国家所需”的使命与责任。其中 1 篇优秀调研报告被国务院国资委党委统战部收录于《2023 年中央企业统战人士优秀调研报告汇编》。

【精神文明】

国机集团精神文明建设以深入学习贯彻党的二十大精神为主线，坚持统筹推进、守正创新。

2023 年通过建立全系统文明单位台账、挖掘基层精神文明品牌项目，推动两项中央企业精神文明重点工作项目完成落实；开展与雷锋同行志愿服务专题宣传、节约粮食反对餐饮浪费专题宣传，开展非法组织排查和警示教育，在京文明单位开展“我认领　我服务”路口志愿服务活动，推动结合自身优势特点和行业特色开展“志愿服务送关爱　文明实践树新风”实践活动；选树先进典型，发挥示范引领作用，培育文明风尚。

同时，重视文明单位创建工作，不断巩固提升文明单位创建成果。2023 年开展对集团系统全国文明单位的自查与梳理，并对新一届全国文明单位进行培育和预推荐；认真对照《首都精神文明创建工作评选表彰和管理办法》有关规定，结合实际采取实地查看、线上核验等方式对中工国际、国机汽车、中国中元和卓众出版四家首都文明单位（标兵）进行复查审核，并积极推荐中设集团为首都文明单位候选单位，以进一步推动扩大精神文明建设的成效。

【共青团工作】

截至 2023 年 12 月，国机集团共有 35 岁以下青年 38 771 人，其中 28 岁以下团员 11 460 人。团组织 983 个，其中团委 115 个、支部（总支）874 个。团干部 2 373 名，其中专职 12 名。2023 年 3 月 30 日，共青团中国机械工业集团有限公司第三次代表大会在北京召开，完成团委换届工作。

2023 年，国机集团持续巩固深化党建带团建工作成果，团结引领广大国机团员青年勇做有理想、敢担当、能吃苦、肯奋斗的新时代好青年，为推动集团高质量发展贡献青春和力量。

1. 持续加强政治建设，不断强化青年思想政治引领

（1）组织开展“奋进新时代，建功新征程”主题实践活动。各级团组织通过对团员青年进行二十大精神专题宣讲，开展多种形式主题团日活动，引导团员青年学习践行党的二十大精神，深学细悟习近平新时代中国特色社会主义思想，坚定听党话跟党走的理想信念。

（2）组织召开专题会议，集中学习习近平总书记重要讲话精神、党中央在团十九大开幕会上的致辞和团十九大精神，邀请团十九大代表分享学习体会和感悟。

（3）根据中央企业团工委部署，结合集团实际，扎实开展团员和青年主题教育。共组织各类学习活动 3 003 场次、宣讲活动 829 场次，开展“三个问题”学习讨论 754 场次，安排国情教育、成就教育、形势政策教育 939 场次。

（4）采取理论学习、现场教学、专题互动相结合的方式，举办国机集团“青马工程”第一期、第二期培训班。同时，坚持提质拓面，推动“青马工程”在二级企业深化实施，扩大覆盖范围。

2. 凝聚青年奋进力量，引领广大青年建功新时代

（1）聚焦集团主责主业，带领集团广大团员青年青春建功“十四五”，在加快世界一流企业建设的征程中奋勇争先，动员国机青年围绕中心、服务大局，围绕“六个一”开展“奋进新时代、建功新征程”主题实践活动。

（2）深化创新创效活动，通过在重点领域组建青年突击队，助力原始创新、技术攻关、成果转化。依托车间、班组，采取岗位练兵、技术比武、技能大赛等形式，深化“青字号”品牌创建。

（3）下发通知号召深入开展学雷锋活动，持续打造“与雷锋同行”志愿服务品牌。积极动员广大青年参与杭州亚运会、亚残运会的项目建设和志愿保障工作，志愿服务近 800 人次。组织团员青年积极通过开展志愿服务助力乡村振兴。

3. 搭建青年成长平台，发挥好桥梁纽带作用

（1）深化青年成长提升平台。通过“青春大讲堂”“青年学堂”等载体，推动建设学习型青年组织，培养学习型创新人才。印发《中国机械工业集团有限公司关于进一步加强青年科技人才培养和使用的实施意见》，为青年科技人才的成长成才搭建平台、创造条件。

（2）加强榜样的示范引领作用。国机重装的叶林伟荣获第 27 届全国青年五四奖章；中国二重万航模锻综合团支部荣获全国五四红旗团支部称号；中国一拖大拖公司机一车间100后箱班、苏美达五金工具有限公司锂电智能车间荣获全国安全生产示范岗称号；国机重装重机公司重机厂FAF260数控镗床班、苏美达江苏苏美达能源控股有限公司新能源研究院荣获“第21届全国青年文明号”称号。

（3）加强对青年的关爱关怀。持续推动各级团组织出实招，为青年解决住宿、交友、技能提升等实际困难，开展青年员工思想动态调研，了解团员青年所思所想所忧所盼，多渠道解决团员青年急难愁盼的问题。

4.持续推进全面从严治团，夯实团的组织基础

（1）严格落实“三会两制一课”制度，组织开展一支部一品牌项目创建，建设一批“青·讲堂”“青春大课堂”等基层特色微团课。举办国机集团团委书记培训班，召开纪念“五四运动”104周年暨共青团工作经验交流会，组织团干部上讲台，提升团干部业务能力。组织召开共青团中国机械工业集团有限公司第三次代表大会，选举产生新一届团委班子。

（2）将团建工作纳入二级单位党组织年度工作量化考核指标体系，推动基层团建纳入党建工作整体部署、同步推进、一体考核。认真落实“推优”入党制度，印发《中国机械工业集团有限公司共青团推优入党工作实施办法（试行）》。

【工会工作】

2023年，在全国总工会和集团党委的坚强领导下，集团及各级工会深入学习贯彻党的二十大精神和中国工会十八大精神，带领广大职工听党话、跟党走，充分发挥工人阶级新时代主力军作用，不断提高服务职工群众的能力水平，办实事、解难题，打造集团广大职工的“幸福之家”和“暖心港湾”，集团工会各项工作迈上了新的台阶。

（1）实施职工思想政治引领行动，扛牢团结带领广大职工矢志不渝听党话跟党走的政治责任，深入学习宣传贯彻党的二十大精神，继续开展“中国梦·劳动美”主题活动，组织群众喜闻乐见的文体活动，不断满足广大职工的精神文化需求。

（2）发挥建功新时代主力军作用，组织动员广大职工在服务高质量发展中展现新作为，继续深化“建功‘十四五’、奋进新征程”劳动和技能竞赛，推动产业工人队伍建设改革提质增效，开展群众性创新创效活动，91家劳模和工匠创新工作室充分发挥创新基地带头作用，取得了一系列丰硕成果。

（3）加大源头参与力度，竭诚服务广大职工，切实履行工会基本职责，充分发挥职代会作用，2023年集团各级单位职代会审议涉及职工切身利益事项387件，集团职工董事参与重大事件的决策共51个；强化厂务公开和民主管理工作，开展“民主协商渡难关，群策群力谋发展”活动，部分单位实行了工资集体协商制度，签订了女职工特殊权益保护专项集体合同等；做强工会服务品牌，集团各单位工会根据职工需求不断推出“工”字服务品牌，受到职工普遍欢迎。

（4）打造服务职工工作体系，全面提升企业职工生活品质，构建和谐劳动关系，继续开展国机爱心基金帮扶救助活动，2023年救助困难职工及子女437人，救助金额达798万元，救助金额比上年增长15%。持续推动“我为群众办实事”活动常态化，全集团工会系统办实事项目达到307个，集团工会研究会对近80个案例进行了实事求是的分析研究，编辑了《“我为群众办实事”实践活动案例》一书。

（5）持之以恒地深化工会改革创新，推动幸福“职工之家”建设，加强工会组织建设，大力推进智慧工会建设和“职工之家”建设水平，组织召开集团第四届工会委员会第八次会议，各级工会共开展培训143次，培训工会干部近1 800人次，完成了国机研究院等8家单位工会的更名、换届或委员增补等审批工作，工会研究会编辑发行了《工会工作规章制度选编》。

【乡村振兴工作】

1.创新工作思路，持续提升帮扶工作水平

2023年，国机集团深入贯彻落实习近平总书记关于“三农”工作的重要论述和指示批示精神，按照国务院国资委《2023年中央企业助力乡村振兴工作要点》要求，以学习运用“千万工程”

经验为引领，立足“锻造国机所长，服务国家所需”，将在规划、农机装备、产业、人才培训等方面的优势所长与定点帮扶地区全面推进乡村振兴所需紧密结合，帮扶工作思路从脱贫攻坚阶段的“扶智力、扶志气、扶产业、扶民生”转为乡村振兴阶段的“规划引领、产业带动、农机赋能、人才支撑”，帮扶措施更为精准，帮扶内容更为丰富，帮扶重点更为突出，帮扶成效更为显著，积极探索乡村振兴的国机帮扶模式。国机集团在 2023 年中央单位定点帮扶工作成效考核中获评最高等次“好”。

2. 坚守政治担当，认真落实中央工作部署 国机集团召开 5 次党委常委会，专题研究定点帮扶工作要点，审定定点帮扶项目计划，制定《国机集团推进 2023 年乡村振兴重点工作要点》，围绕乡村振兴规划、农机装备、特色产业、教育培训、公共服务等方面，谋划实施 34 个帮扶项目。集团党委先后在帮扶地区召开 5 次乡村振兴现场会，在北京召开 5 次帮扶地区乡村振兴座谈会，召开 4 次全集团乡村振兴推进会、1 次帮扶干部工作座谈会，召开 12 次乡村振兴专题会，4 次专题部署阶段性重点工作，在重要节点 6 次安排消费帮扶。2023 年累计组织 259 人次赴 4 个定点帮扶县（区）考察调研，召开各类专题会 27 次（5 次党委会、22 次工作专题会），组织开展 17 次督促指导活动，形成 5 份集团督导报告。形成“年初有安排、年中有督导、年底有检查、月月有调度、季季有通报”及“日常工作分片抓、专项工作协同办”的帮扶工作长效推进机制。

3. 紧盯考核要求，超额完成各项考核指标 国机集团党委严格落实“四个不摘”要求，持续加大帮扶力度，在 4 个定点帮扶县（区）投入无偿帮扶资金 3 851.5 万元，同比增加 150 万元；引进各类帮扶资金 2.9 亿多元，同比增长 70% 以上，引进企业实际投资金额同比增长 177%；培训乡村振兴带头人同比增长 111%，深入基层调研人次同比增长 34%，帮助转移就业人数同比增长 76%，集团内部招用脱贫劳动力数同比增长 363%，建立帮扶车间数同比增长 22%，打造乡村振兴示范点数同比增长 33%。持续深化“单位集中采购、个人积极购买、帮扶干部主动推销、电商平台全力帮销”的消费帮扶工作机制，2023 年消费帮扶金额达 5 236.9 万元，同比增加近 1 100 万元。

4. 总结典型经验，讲好帮扶故事 2023 年，国机集团服装加工“2+6+*N*”产业帮扶模式，作为典型案例刊登在国务院国资委社会责任局《中央企业社会责任》专刊，获评中国上市公司协会及中国乡村振兴发展基金会联合颁发的“最佳实践案例”奖，获得“全国巾帼建功先进集体”和“河南省和谐劳动关系创建示范企业”。国机集团帮扶工作先后 20 次获得《人民日报》、新华网、中国日报网、央广网、中国网、澎湃新闻、《中国县域经济报》等主流媒体宣传报道，获得河南、山西、四川等地方媒体近 200 次宣传报道。

第三篇

子公司发展概况

中国机械设备工程股份有限公司

【基本概况】

中国机械设备工程股份有限公司（简称中设集团，CMEC）2023 年度实现营业收入 257.81 亿元，同比增长 5.41%。其中，建造合同收入增长 10.59%，贸易业务收入增长 8.99%，服务业务收入同比下降 24.09%。2022—2023 年中设集团营业收入主要构成情况见表 1。

表 1　2022—2023 年中设集团营业收入主要构成情况

分类	2022 年（亿元）	占比（%）	2023 年（亿元）	占比（%）	同比增加（亿元）	同比增长（%）
建造合同	164.69	67.34	182.13	70.65	17.44	10.59
贸易业务	45.47	18.59	49.56	19.22	4.09	8.99
服务行业	34.41	14.07	26.12	10.13	-8.29	-24.09
合计	244.57	100.00	257.81	100.00	13.24	5.41

整体来看，公司 2023 年营业收入中建造合同收入 182.13 亿元，占收入比重为 70.65%，比上年增加 17.44 亿元，同比增长 10.59%。主要是由于公司持续推动境外建造合同业务新生效以及在执行项目执行进度逐步恢复，同时努力开拓国内建造合同市场，促进国内合同的逐步执行。

贸易业务实现收入 49.56 亿元，占收入比重为 19.22%，比上年增加 4.09 亿元，同比增长 8.99%。主要是由于光伏组件等国内供应链业务持续发展以及医疗类供货项目有所突破。

服务行业收入 26.12 亿元，占收入比重为 10.13%，比上年减少 8.29 亿元，同比下降 24.09%，主要是由于 2023 年新执行的物流服务业务量减少。

1. 加强战略引领　2023 年，公司战略转型明显加快，结构调整不断优化，发展根基更加强固，发展动能更加充沛，发展质量更加坚韧。公司以战略规划为指导，着力提高战略判断力、战略执行力和战略协同力，更加聚焦主责主业，与年度重点工作任务、对标世界一流企业价值创造提升行动、改革深化提升行动等工作有机结合，培育壮大新兴产业，布局建设未来产业，形成战略与经营管理的联动机制。2023 年新能源在境外签约电力项目中的占比已达 47%。

2. 提升品牌影响力　积极参与第三届“一带一路”国际合作高峰论坛相关活动，公司领导会见多国领导人和政府高官，论坛期间共签署 6 个项目，总金额 25.8 亿美元。参加第 14 届国际基础设施投资与建设高峰论坛、中国 - 中亚实业家委员会成立大会、中国 - 东盟博览会、进口博览会、2023 对外承包工程行业发展大会等重大活动和行业会议，推广企业品牌。

3. 持续推进海外区域中心管理　当前，公司共设有 10 个海外区域中心，分别为中东、菲律宾、越南、阿塞拜疆和泰国区域中心以及非洲第一、非洲第二、中东欧、马来西亚和印度尼西亚区域中心。2023 年，公司积极推进海外区域中心建设，探索并推进各项管理工作。在公司的“十四五”规划中关于区域中心建设，提出以“区域中心建设”为基础，持续推进海外布局。

公司在国机工程集团已实体化运行的大前提下，进一步研究如何加强协调、管理、整合和赋能等工作，助力各海外区域中心建设和业务发展，为国机工程集团海外业务的长期、稳定、高质量开拓做出更大贡献。

【主要指标】

2022—2023 年中设集团主要经济指标完成情况见表 2。

表 2　2022—2023 年中设集团主要经济指标完成情况

指标名称	2022 年	2023 年	同比增长（%）
资产总额（亿元）	526.36	514.89	-2.18
净资产（亿元）	191.85	194.55	1.41
营业收入（亿元）	244.57	257.81	5.41
利润总额（亿元）	9.85	10.65	8.12
技术开发投入（亿元）	8.81	8.25	-6.36
利税总额（亿元）	12.41	13.52	8.94
经济增加值 EVA（亿元）	-3.52	-2.21	37.22
全员劳动生产率 [万元 /（人・年）]	32.78	40.90	24.77
净资产收益率（%）	3.89	4.01	增加 0.12 个百分点
总资产报酬率（%）	2.00	2.14	增加 0.14 个百分点
国有资产保值增值率（%）	103.77	103.29	减少 0.48 个百分点

变动原因：

（1）资产总额同比减少 11.47 亿元，主要由于投资活动及筹资活动现金净流出使货币资金下降。其中投资活动净流出是因为公司本部向国机工程集团本期转款 27.59 亿元用于偿还并购贷借款的本金；筹资活动净流出是因为本期归还外部借款及华盛昌 2023 年归还欧亚优先股本金约 2 亿元。

（2）净资产同比增加 2.70 亿元，主要是本期经营积累实现综合收益（5.78 亿元）以及利润分配（3.06 亿元）的综合影响。

（3）营业收入同比增加 13.24 亿元，主要是公司持续推动境外建造合同业务新生效以及在执行项目执行进度逐步恢复，同时努力开拓国内建造合同市场，促进国内合同的逐步执行。

（4）利润总额同比增加 0.80 亿元，主要原因：一是毛利由 21.00 亿元增长至 29.02 亿元，增加了 8.02 亿元；二是由于公司切实推动降本增效、过紧日子相关举措，销售费用、管理费用的压降取得了一定的成效，本年度两项费用合计较上年减少 1.24 亿元；三是汇率影响，2023 年汇兑收益以及公允价值变动损益和投资收益合计影响为 0.26 亿元，相比 2022 年合计影响 6.02 亿元，收益减少 5.76 亿元，主要是年内即期汇率长期维持高位，导致投资收益产生较大金额的损失，而年末时点美元汇率回落较快，导致汇兑收益和公允价值变动收益金额较小。

（5）技术开发投入同比减少 0.56 亿元，主要是工程项目相关业务技术服务费、设计费支出同比减少。

（6）利税总额同比增加 1.11 亿元，主要由于本期利润总额及应交增值税同比上升。

（7）经济增加值 EVA 同比增加 1.31 亿元，主要是本期税后净营业利润同比上升。

（8）全员劳动生产率同比增加 8.12 万元 /（人・年），主要是一方面本年度应收出口退税（反向影响因素）同比下降使劳动生产总值同比上升，另一方面本年度平均从业人数同比下降。

（9）净资产收益率同比增加 0.12 个百分点，主要由于利润总额增幅（8.12%）与净资产增幅（1.41%）比值优于期初净资产收益率 3.89%。

（10）总资产报酬率同比增加 0.14 个百分

点，主要由于本期利润总额同比上升，平均总资产同比下降。

（11）国有资产保值增值率同比减少 0.48 个百分点，主要由于本期归属于母公司所有者的综合收益总额同比下降。

【改革发展】

1. 双百行动 2023 年 3 月 3 日，国务院国有企业改革领导小组办公室下发《关于开展“双百企业”“科改示范企业”充实扩围有关事项的通知》，对双百企业进行扩围。5 月，公司所属中机国际设计院获批进入该次扩围名单，成为“双百企业”。

入围以来，中机国际设计院以“争创优秀”为目标，按照“问题导向、结果导向、目标导向”的工作原则，为实现“优化业务、完善治理、健全机制、强化激励、激发创新、加强党建”的改革预期，以“挂图作战”的方式，紧盯改革项目、进度情况及遇到的问题，快速推动各项改革工作顺利开展。形成以下成果。

（1）业务优化布局战略性新兴产业。立足于服务新型工业化，积极布局战略性新兴产业，在“三电”业务、新能源及新能源汽车等业务方面持续发力，积极开拓业务市场。2023 年，“三电”业务、新能源及新能源汽车业务新签合同额占整体新签合同额比例达 14.06%。同时，2023 年度战略性新兴产业（“三电”业务、新能源及新能源汽车等）营收占比达 10.61%。

在设计项目新签合同额和获奖数量方面，中机国际设计院 2023 年度均位列湖南省内同行业领先地位。

（2）公司治理突出效能抓落实。结合公司实际，更新发布了中机国际设计院“三会”事项决策清单。《落实董事会职权实施方案》获得正式批复，公司董事会先后成立了审计与风险委员会、战略与投资委员会、薪酬与考核委员会、提名委员会 4 个专门委员会，并制定了各专门委员会议事规则。同时，制定了《总经理报告工作管理办法》《董事会年度工作报告管理办法》《外部董事履职工作指南》《董事会议事规则》，制定了年度董事会和专门委员会会议计划并有序推进相关计划实施，各项重要议题在充分调研、提前沟通、认真讨论的前提下得到高质量决策，切实发挥出董事会“定战略、作决策、防风险”的关键作用。

（3）市场化改革突出活力动力。全面推行经理层和管理人员任期制和契约化管理，构建了常态化中层管理人员竞争上岗管理机制。2023 年度新聘任管理人员竞争上岗比例为 95.56%，2021—2023 年平均竞争上岗比例为 61.43%。完善管理人员末等调整和不胜任退出机制，2021—2023 年，管理人员退出率三年平均值为 6.82%。

深化推进全员市场化用工。优化“刚性引才”和“柔性引智”机制，2023 年，公司公开招聘比例为 100%，共引进 198 人，其中引进高端专业技术人才、经营管理人才、业务骨干型人才共 10 人。明确了员工退出机制，员工市场化退出率 2021—2023 年三年平均值为 3.74%。

建立健全中长期激励约束机制。在充分开展可行性论证的基础上，选取了“岗位分红”和“项目风险抵押金”两种类型的中长期激励工具，实施方案及管理办法已上报上级单位审核。

深化灵活高效的工资总额管理，经中设集团批复同意，发布了《工资总额备案制管理办法》。

（4）坚定不移地全面从严治党。严格落实“第一议题”制度，广泛开展学习教育，积极履行社会责任。推进党建与业务工作深度融合，创新党建工作模式。中机国际设计院所属党组织通过活动联办、资源联通、工作联动等方式，搭建平台主动促进多方交流，带动经营、管理、业务之间的交流和联动，分别与湖南省工业和信息化厅、长沙雨花区科学技术局、湖南工业大学、国机工程集团总部成四事业部、上海市政总院，湖南国网能源、广州供电局、广州东风日产、湖南省高速集团等开展联学交流，促进了资源共享和行业推广。

2. 国企改革三年行动 自国企改革三年行动工作开展以来，中设集团认真参加了国务院国资委、国机集团组织的相关会议和活动，组织多次工作推进会，重点推进了九个方面的工作，即制定“三重一大”决策事项清单，并列明党委会前置研究事项清单；董事会应建尽建、全面建立董事会向经理层授权的管理制度；董事会中外部董事原则上占多数；全面依法落实董事会各项权利；对标世界一流企业管理提升行动；压缩管理层级、减少法人户数；“两非”企业剥离；企业经理层成员任期制和契约化管理；全面推进用工市场化。

2021 年 3 月初，按国机集团要求，公司在广泛征求意见的基础上，制定并发布 CMEC 改革三年行动实施方案及工作清单（台账），具体工作共计六大类 41 项。认真参加国务院国资委月例会视频会，以及国务院国资委、国机集团要求参加的相关专题会及培训会，不定期召开改革三年行动工作推进会，督促各责任部门及时推进所负责的工作。

从 2021 年 3 月起，按时上报了每月的“改革三年重点量化指标采集表”及改革月报。认真组织完成了国机集团组织的改革三年行动重点任务专项检查工作，取得了较好成绩。组织完成了一些专项工作，如牵头制定公司落实董事会职权实施方案，向国机集团上报子公司移出应建董事会名单的申请等。

截至行动期末，公司已基本完成业务梳理，对下属不同板块二级企业初步形成差异化管控体系；聚焦主责主业，逐步构建工程承包、贸易与服务、设计咨询、投资与资产运营四大业务板块，并培育相关的新兴业务；公司各项经营指标逐步向好，创新研发能力有所提升，科研院所研发投入强度达到 8%。

3. 人力资源管理 2023 年，中设集团完善选拔任用、薪酬管理、考核评价、员工管理等方面的制度，修订并发布了多项制度；全面实行全员绩效考核，实现公司全员绩效考核率 100%；持续优化工资总额管理机制。加强工资总额预算管理，健全工资效益同向联动机制、效率调节机制；继续优化人力资源结构，积极开展劳动用工制度建设优化，推进市场化用工。

（1）持续优化工资总额管理机制。加强工资总额预算管理，健全工资效益同向联动机制、效率调节机制，坚持“效益涨、工资涨，效益降、工资降”。严格控制人工成本不合理增长，提高人工成本投入产出效率，2023 年员工收入浮动工资占比、收入倍数差等指标均在三项制度改革考核中获得良好及以上成绩。

（2）落实“双百企业”和中长期激励管理要求。按照“双百企业”实行工资总额备案制管理要求，指导中机国际拟定了工资总额备案制管理办法，并已报国机集团预审通过。中机国际董事会已审议通过备案制办法，2023 年年底完成中机国际工资总额备案制的审批，并报国机集团人力资源部备案。

按照国机集团中长期激励“增效提质”要求，指导中设集团装备制造有限责任公司拟定岗位分红方案，并报国机集团审批通过，于 2023—2025 年实施岗位分红激励。

（3）强化市场化退出，提升劳动效率。用人部门对冗余、绩效差、工作量不饱和等的人员进行多轮沟通，多数已提出主动离职，其余仍需优化人员，用人部门进行协商解除。2023 年员工市场化退出率 2%。

（4）开展干部和青年人才交流，促进融合协同。2023 年通过横向交流和纵向交流方式开展国机工程集团内部青年人才和干部交流，共计 12 人次。通过青年人才的交流建立企业联系、增进成员了解、整合内部资源、形成人的融合，通过青年人才的融合带动不同业务领域、运营模式、工作理念和企业文化在成员企业间同频共振。

（5）夯实能力建设，以管理与服务赋能总部和成员企业。公司履行工程集团总部职能，发布实施了《公开招聘管理办法》，在制度层面鼓励公司内部人才的正向流动和资源共享，打破部门之间的用人壁垒，促进公司发展需要和市场化配置的有机结合。

（6）持续建设培训中心和共建共享培训资源。通过培训留痕、组织微课大赛和培训经验分享等活动，持续加强知识内化和内部传承，进一步培育员工的使用习惯和分享习惯，打造线上线下一体的培训平台。2023 年，国机工程集团总部累计向网络学习平台上传100多门内部新课，“国机工程集团网络培训中心”内部课程累计超500门，涉及党建、纪检、安全生产、投融资、项目管理、市场营销、工程技术管理、职能管理、员工健康等多个领域。按照培训平台建设方案的规划和倡议，国机工程集团总部与成员企业完成了培训供应商长名单的共享，成员企业完成了网络培训中心课程资源的共建共享。

4. 资产重组 履行国机工程集团总部职能，推动以符合国机工程集团可持续高质量发展为目标的资产重组。

一是按照国机集团制定的中国海航整体改革方案的要求，研究制定了中国海航对中海总局债转股最佳实施方案，在优化资本结构的同时，一并解决了中海总局历史遗留的注册资本未实缴到位的问题；二是结合中海直股份划转等税务安排，研究制定中海总局股权划转的条件、时间和步骤；三是发挥工程集团内部协同优势，协助中国海航推进瘦身健体、非主业清理等工作；四是根据国机工程集团实体化需要，完成了中电设计院股权划转，为通过吸收合并实现设计咨询资质上移创造了必要条件。

【重大项目】

1. 海外业务深耕细作与开拓发展双管齐下

（1）在传统市场、传统领域持续发力。在传统市场尼日利亚签约阿布贾独立发电项目（一期）；区域深耕成效显著，继续推进区域中心建设，在乌兹别克斯坦、菲律宾市场累计签约达20亿美元；在传统电力领域，签署乌兹别克斯坦塔克哈托什和菲律宾麦克坦联合循环电站项目；在工业领域，积极推动海外工业化建设，签署土耳其铝厂、伊拉克甜菜糖厂等项目。

（2）在新国别、新领域砥砺开拓。通过第三方市场合作，签署乌干达输变电项目；在新能源领域，签署菲律宾吕宋岛光伏电站项目、印度尼西亚巨港垃圾焚烧处理项目等。目前，新能源在境外签约电力项目中的占比达47%。

2. 国外在执行重大项目取得里程碑节点 2023年，公司有15个项目取得完工证书，在手项目执行总体顺利，多个项目完成重要工程节点。伊拉克萨拉哈丁电站、尼日利亚宗格鲁水电站、玻利维亚乌尤尼碳酸锂工厂、马尔代夫住房三期、斯里兰卡阿塔纳水厂等项目取得完工证书；巴基斯坦吉航电站项目、阿拉伯联合酋长国艾尔达芙拉PV2太阳能电站取得商业运行证书；土耳其碳化硼项目举行揭幕仪式，坦桑尼亚输变电等其他一批国外项目稳步推进。

2023年，公司的艾尔达芙拉太阳能电站项目获评“中国境外可持续基础设施项目”；伊拉克萨拉哈丁项目荣获承包商会评选的“优秀营地奖”。

3. 推动创新发展，培育核心竞争力

（1）创新带动工程市场开拓步入新领域。公司以“三方合作”方式，在乌干达签约输变电项目，外资贷款购置医疗设备模式实现复制。

（2）精选项目，发挥投资拉动作用。印度工业园项目顺利实现退出，实现了“投融建营退”全业务链条的实践操作。巴基斯坦塔尔一期电站实现首笔分红款入账，这是同期中巴经济走廊下能源项目中首个实现分红的项目，也是公司投资的境外项目中首次实现以分红款形式完成资金回流，实现了公司境外投资完整闭环。以投建营一体化模式开发的孟加拉北达卡垃圾电站项目稳步推进。参股拉动EPC方式开发的印度尼西亚巨港日处理1 000t垃圾发电项目签约。

【国际合作】

2023年7月6日，举行驻华使节步入国机集团活动。作为国机工程集团总部，中设集团负责主场活动，热情招待了来自63个驻华使馆及国际组织驻华代表机构的近70位驻华使节，精准对接海外工业化建设需求，针对性地务实交流探讨，分享传递中国方案和中国智慧。

10月的第三届“一带一路”国际合作高峰论坛期间，公司领导拜会了前来参会的多国领导人，签署了多个合作项目；国务院国资委在《中国日报》刊登“一带一路”十周年重要成果展示，共19个项目，中设集团的阿根廷贝尔格拉诺货运铁路改造项目代表国机集团入选。

此外，5月的中国－中亚峰会、11月的第六届进博会等活动，中设集团都做出了应有的贡献，是国机集团在新形势下推动高质量共建“一带一路”，服务高水平对外开放的具体实践。

1. 2023 年度投资完成总体情况 2023 年，中设集团实际完成投资总额 4.71 亿元，均为主业投资。其中，固定资产投资完成 1.05 亿元，股权投资完成 3.66 亿元；境内投资 4.16 亿元，境外投资 0.55 亿元；使用自有资金 2.38 亿元，贷款 2.33 亿元。各类投资占投资总额的比例见表 3。

表 3 各类投资占投资总额的比例

类别		各类投资占投资总额的比例（%）	
		2023 年	2022 年
固定资产与股权投资结构	固定资产投资	22.29	82.90
	股权投资	77.71	17.10
主业与非主业投资结构	主业投资	100.00	100.00
	非主业投资	0	0
新开工与续建项目投资结构	新开工项目投资	59.89	24.01
	续建项目投资	40.11	75.99
境内与境外投资结构	境内投资	88.32	74.25
	境外投资	11.68	25.75
资金来源结构	自有资金	50.53	57.15
	贷款	49.47	42.85
	其他资金（含国有资本金）	0	0

2. 投资管理制度建设、修订及执行情况 中设集团修订完善了新的《投资管理办法》，出台《开展国内投资业务指导意见（试行）》，修订《关于优化微量投资拉动主营业务类项目审批流程的指导意见》，进一步加强和规范投资行为、明确职责、规范流程，有效防范投资风险。公司还建立了会商会、立项会、预投审会和投审会等投资项目评审机制，形成了一套完整的投资审批流程，进一步强化投资行为的全程全面管理，有效提升投资活动的经济性、科学性和规范性。

根据国机集团和中设集团投资管理办法要求，投资项目从源头抓起，认真实施以下风控措施：

（1）聚焦主业。所报送投资项目均与公司发展战略高度吻合，主要为拉动主营业务收入。

（2）严控参股投资。投资项目不含战略意义不明显且投资回报不突出、不稳定的参股股权投资，对参股项目均实施了深入管理，严防民营企业挂靠类项目。

（3）执行“负面清单”。公司投资计划中的项目均在上报前要求各级单位认真核实投资主体资质和项目条件，不得开展“国机集团境内外投资项目负面清单”中禁止类项目，不得实施投资回报不满足公司要求的项目。

（4）严格审核。投资项目均按照国机集团和公司投资制度规定的程序严格审核，有效防范了投资风险。

【科技创新】

2023 年，公司完成了《科技项目费用管理实施细则》等相关制度的修订和发布，进一步优化了科研费用的使用管理。同时，为进一步探索建立科技创新中长期工作目标，有效推动目标落地。公司组织相关专业院完成了 2023—2025 年科技规划、年度科技创新绩效计划编制等相关工作，进行差异化赋能。

2023 年，公司内部科技项目立项 4 项，外部科技项目获批12项（课题6项、平台6项），获得国家级奖项高等学校科学研究优秀成果奖一等奖、第三届智能制造创新大赛优秀奖等奖项。申请知识产权55项，新参编标准23项，经行政主管部门批准发布实施主参编标准项目16项。

【安全生产】

2023年，公司以习近平总书记关于安全生产和防灾减灾救灾系列指示精神为指导，按照国务院国资委和国机集团关于安全生产工作的部署和要求，坚持“安全第一、预防为主、综合治理”的安全生产方针，以安全风险分级防控和隐患排查治理为重点，抓紧抓实第一责任人安全生产职责和全员安全生产责任制，深化安全生产的监督和考核，为公司生产经营活动提供良好的安全保障。2023年，公司未发生人员重伤及以上生产安全事故，未发生较大及以上机械设备、火灾爆炸、环境污染责任事故，未发生造成严重损害企业形象、严重负面社会影响的不良事件，全面完成了国机集团下达的安全生产管理目标，国机集团考核结果为A级（优秀）。

2023年，公司认真贯彻落实国务院安委会、国务院国资委、有关部委、国机集团等单位会议精神和有关文件要求，坚持依法依规抓好安全生产工作。公司领导高度重视安全生产、境外安全工作。公司结合主营业务的行业特点和安全生产实际情况，开展重大事故隐患专项排查整治2023行动和安全管理强化年行动，以切实强化安全生产思想观念等6个切实强化为重点，全面落实59项工作要点，防范化解各类安全风险，不断提升安全生产管理水平，重大风险防控取得明显成效，公司整体安全生产形势持续向好。

【党建工作】

1. 党建工作 2023年，中设集团（国机工程集团总部）党委坚持以习近平新时代中国特色社会主义思想为指导，深入学习贯彻党的二十大精神，坚持党建赋能价值创造，扎实推进主题教育，积极开展“作风建设提升年”各项活动，落实“四三三”新作风总要求，促进党建经营深度融合，不断推动公司改革发展和国机工程集团“实体化”迈上新台阶。

（1）重塑价值导向，深化作风提升，进一步激发“二次创业”精气神。公司党委把2023年定为“作风建设提升年”，坚持与主题教育“以学正风”相结合，带动总部去机关化专项行动，以党委书记主题教育专题党课为开篇，提出“四三三”新作风建设总要求。

领导班子成员率先垂范，先后赴分管单位、分管部门和基层联系点一体推进党建攻坚任务、领题调研和讲专题党课；全系统基层党组织围绕“战略转型稳增长”“管理服务赋能”等多个主题，压茬开展多次主题党建活动。通过不断统一思想，凝聚共识，推动各级党组织营造良好风气和引导正确价值导向，为公司“二次创业”提供了坚强组织保障。

（2）坚持党建赋能，推动创造价值，党建经营深度融合成效日益彰显。公司党委持续发挥总部价值，立足党建赋能，拓展融合路径。通过开展理论中心组联学会、读书班走进生产一线等系列党建活动，扎实开展主题教育；突出党建经营融合示范效应，建立起“上下贯通、左右联动、内外并举”的三维共建模式，指导各级党组织与系统内外部各方开展联学共建60余场，充分释放赋能作用；传承“乒乓外交”精神，开展马尔代夫副外长乒乓球友谊赛，以球促信，推进落实重点项目合作；驻外党组织积极参加使领馆党建活动，提高了海外资源整合效率。

公司宣传工作紧紧围绕“HKH三原则”，持续丰富宣传渠道和手段，扩大宣传覆盖面，高质量完成宣传专项工作，宣传阵地建设再上台阶，宣传工作的张力和活力日益凸显。

2. 党建工团促融合 精心组织、顺利承办国机集团、工程集团层面各类大型活动。2023年，公司党委抓紧抓实“融合协同”这个主题，承办国机集团“国机工程杯”乒羽赛；举办工程集团“融合杯”乒乓球友谊赛、工程集团首届“青年达人秀”英语风采大赛、“融合促发展　携手向未来——国机工程集团2024新年歌会”等重大文体活动。通过系列活动积极打造融合协同、追求卓越的企业文化，充分展示了国机工程人团结奋斗、创新有为的凝聚力和向心力。

【纪检、巡察工作】

1. 纪检工作 紧盯政治责任，画好改革发展“同心圆”。加强政治监督，贯彻落实习近平总书记重要指示批示、党的二十大、主题教育部署，监督境外佣金等6个专项整治，提出纪检监督建议28条。约谈直属党委书记、纪委书记6人，开展全面从严治党集体谈话7次，发出“督导函”等5份，督促落实“两个责任”。

注重抓早抓小，下好廉洁教育“先手棋”。组织“廉洁宣传教育月”“八个一”系列活动，开展党章党规党纪教育157次、警示教育28次、纪委书记讲廉洁专题党课13次，开展领导人员任职廉政谈话9次。通报警示十九大期间巡察发现涉及公车使用等10个方面的问题，开展“八规四风”检查16次，督促完善制度11项。

聚焦主责主业，打好境外防控“组合拳”。编辑《境外人员应知应会手册》，提炼知识点71个，组织632名境外人员测试，制定《境外“党风监督员”监督事项清单》，拍摄中设“廉”视窗。与境外人员开展廉政谈话，通报9方面问题，宣讲资金、资产、业务合规纪检提醒18项。

立足融合提升，办好中设集团纪检“双课堂”。举办5期中设集团纪检联学课堂，7名纪委书记围绕纪律建设等7个方面开展专题授课，4名纪检干部围绕“基层纪检委员如何更好履职”等5个方面开展交流，85名纪检委员围绕“国有企业领导人员廉洁从业若干规定”等7个方面讲解，听课人数1 627人次。认真践行“三比三创”，提出6方面工作举措。举办4期中设纪检培训课堂，组织安排财务等6部门负责人上讲台，围绕履职待遇、合规等7个方面开展制度案例宣讲活动，464人次参加培训。

2. 巡察工作 一是制定《中设集团党委2023—2027年巡察工作规划》和5年巡察全覆盖工作计划。二是统筹中央巡视、国机集团党委巡视整改，推进巡视巡察上下联动，一体推进巡视巡察整改工作，并且组织开展了巡视巡察反馈问题整改“起底清账自查督查”专项活动。三是组建3个巡察组，先后完成中设国际商务运输代理有限责任公司、机械工业勘察设计研究院有限公司、中经东源进出口有限公司两轮巡察工作。四是制定了《中国机械设备工程股份有限公司党委关于加强巡视巡察整改和成果运用实施办法》，修订了《中国机械设备工程股份有限公司党委巡察工作领导小组工作规则》。

【信息化与数字化建设】

1. 不断夯实平台基础，提升信息化管理水平，强化统筹建设能力

（1）信息化管理提升。在信息化建设项目管理办法基础上，建立健全信息化项目管理作业书，持续推进信息化全生命周期管理，同时制定信息化供应商管理办法，制定信息化供应商考核机制，提升信息化供应商管理水平。

（2）搭建信息平台，实现资源共享。推进“工程e+”平台建设和上线推广工作，在成员企业之间实现资质、业绩等项目信息的共享，进一步加强成员企业间的资源共享和业务协同水平。截至2023年年底，平台共计收录2 305条信息，资源被访问148 296次，发布协同政策45条，备案13个协同项目。

（3）持续推进信息化助力业务赋能。开展工程项目全生命周期管理的调研、交流和培训工作，黑名单供应商管理、供应商查询、中设项目协同、业务软件采购等重大项目陆续落地。为提升办公效率，逐步推进制度流程化、流程表单化、表单信息化。通过企业微信部署会议室预定、访客申请、车辆预定、视频会议申请等功能模块，进一步提升办公效率，切实避免重复预定等问题发生。

2. 健全数字化管理体系，夯实数字化转型基础 在推进数字化转型过程中，有针对性地开展落实各项工作，推进基于战略、人才、技术三位一体的保障机制。将信息化及数字化建设纳入国机工程集团首份战略；不断加大内部培训和交流的力度，前后参加国务院国资委专题会议两次，组织开展内部交流20余次，逐步提升专业人员的数字化意识；在云计算、大数据等技术基础上，完成系统整合专项工作，建立门户层、平台层和应用层；启动主数据平台升级改造工作，进一步对人员、组织、项目、客户、供应商、销售合同六大类数据进行全面梳理，对接上下游系统共计 11 套，进一步提升数据质量，推进数据资产化和价值化。

【履行社会责任】

1. 再获 AAA 级信用等级评价，连续 17 年保持最高信用等级 2023 年，中设集团再度荣获中国机电产品进出口商会和中国对外承包工程商会企业信用等级 AAA 评价。在两个商会的最高信用评级已连续保持 17 年和 13 年。

2. 获评共建“一带一路”ESG 卓越 TOP10 荣誉 2023 年 11 月 1 日，由凤凰卫视、世界自然基金会（瑞士）北京代表处（WWF）、落基山研究所（RMI）等机构共同主办的第三届“2023 零碳使命国际气候峰会”上，在“2023 绿色发展年度致敬评选”环节，中设集团获评为共建“一带一路”ESG 卓越 TOP10（BRI ESG Excellence TOP10）企业。

3. 艾尔达芙拉 PV2 太阳能电站项目获评 2022 年度“中国境外可持续基础设施项目” 2023 年 4 月 11 日，由中国对外承包工程商会主办，渣打银行、德国国际合作机构（GIZ）协办的“第一届国际工程 ESG 管理论坛”上，中设集团承建的阿拉伯联合酋长国艾尔达芙拉 PV2 太阳能电站项目获评 2022 年度“中国境外可持续基础设施项目”。

中工国际工程股份有限公司

【基本概况】

中工国际工程股份有限公司（简称中工国际，股票代码 002051）成立于 2001 年 5 月 22 日，2006 年 6 月 19 日在深圳证券交易所上市。中工国际拥有主要经营性子公司 9 家，包括 8 家高新技术企业。其中，中国中元国际工程有限公司（原机械工业部设计研究总院）是全国综合实力最强的设计咨询单位之一，在医养建筑、民用建筑、工业建筑、能源环境、物流工程等领域拥有雄厚技术实力；北京起重运输机械设计研究院有限公司是我国起重运输机械行业综合技术实力最强的企业之一，为我国物料搬运机械行业的技术进步发挥着重要引领作用。公司承担数百项国际、国家和行业标准的制修订工作，并在工程相关领域累计获得千余项国家级和省部级奖项。公司在境内设立分支机构 40 余家，境外设立分支机构 70 余家，境内外员工近万人（含外籍员工）。

20 多年来，中工国际积极践行“走出去”和“一带一路”倡议，积极服务京津冀协同、长三角一体化、粤港澳大湾区、海南自贸港等国家区域发展战略，聚焦设计咨询与工程承包、先进工程技术装备开发与应用、工程投资与运营三大业务板块，为客户提供勘察设计、规划咨询、融资投资、成套设备采购供应、施工与项目管理、运营维护等综合服务，至今在海外建设百余个交钥匙总承包工程，涉及全球五大洲 70 余个国家和地区。

【主要指标】

中工国际聚焦高质量发展目标和深化改革年度主题，攻坚克难，主要业绩指标再创新高，科技创新成果丰硕，转型发展迈出坚实步伐。从“一利五率”情况来看，公司完成国机集团主要考核指标；从境内外分布来看，市场布局持续优化；从主要业务板块来看，规模及利润均实现增长。

2022—2023 年中工国际主要经济指标完成情况见表 1。

表 1　2022—2023 年中工国际主要经济指标完成情况

指标名称	2022 年	2023 年	同比增长（%）
资产总额（万元）	2 185 218.86	2 262 114.70	3.52
净资产（万元）	1 109 857.00	1 134 049.96	2.18
营业收入（万元）	971 723.86	1 236 538.41	27.25
利润总额（万元）	46 864.93	53 065.67	13.23
技术开发投入（万元）	62 237.48	81 618.47	31.14
利税总额（万元）	64 693.60	74 651.34	15.39
EVA 值（万元）	-7 251.50	3 756.21	增加 11 007.71 万元
全员劳动生产率 [万元 /（人・年）]	42.99	47.99	11.63
净资产收益率（%）	2.92	3.07	增加 0.15 个百分点
总资产报酬率（%）	2.37	2.68	增加 0.31 个百分点
国有资产保值增值率（%）	103.47	103.78	增加 0.31 个百分点

【改革发展】

1. 深化改革专项工作进展顺利　中工国际聚焦提高核心竞争力、增强核心功能，结合“十四五”战略规划，立足公司实际，完成制定《“双百企业”2023—2025 年工作方案》和配套台账，方案共分 8 个方面 15 项具体工作。公司坚定不移地推进落实工作方案及台账，在国务院国资委“双百企业”评估中取得双提升，中工国际及所属中国中元分别荣获“标杆”及“优秀”评级。公司根据国务院国资委及集团要求，完成制定《建设世界一流企业价值创造实施方案》并开展相关工作，获评“国机集团对标世界一流企业价值创造行动标杆企业”。公司推动落实《提高央企控股上市公司质量工作方案》及配套台账，完成中期督导。

2. 加强董事会建设，提高公司治理水平　中工国际深化董事会建设，强化董事会行权履职，获得国机集团在战略管理、投资和资产处置三方面对中工国际董事会的授放权。优化调整“三重一大”决策制度和事项清单，夯实子公司规范运作能力，首次开展对子公司董事会建设和派出外部董监事的履职评价。中工国际董事会入选中国上市公司协会“2023 年上市公司董事会最佳实践”，荣获第十八届中国上市公司董事会“金圆桌奖”之“公司治理特别贡献奖”等多项荣誉。

3. 各级次全面推行经理层任期制和契约化管理　中工国际全面推行经理层成员任期制和契约化管理，本部及下属 17 家子企业经理层成员每年签署经营业绩目标责任书，并将“十四五”规划和推动改革的重点任务纳入考核，差异化、个性化设置考核目标，定期向董事会述职，由董事会进行评价打分，评价计分要素全部量化，压紧压实责任，增强经理层成员的任期意识、岗位意识和权责意识。有序开展经营责任制体制扩面，逐级向下分解经营责任，探索中层开展新型经营责任制，签订契约文本。

4. 人才队伍建设不断强化　中工国际落实落细“六大人才序列”体系，发布实施 4 项专业岗位序列实施管理细则，聘任 9 名专业序列高级人才，畅通“专业 + 管理”发展通道，规范并完善公司专业序列岗位聘任管理及专业人才考核机制；制定专业评聘资深及高级人才、借调及外部交流人员绩效考核规则，填补绩效考核体系空白，实现各类人员绩效考核全覆盖；建立公司外派董监事人才库，完成 8 家下属企业外派董监事选派工作，公司外派董监事增至 21 人；国机集团对公司“一报告两评议”中总体评价等考核要点好评率 100%；公司首次开展对子公司“一报告两评议”工作。

5. 持续推进中长期激励工作　中工国际以通

过改革破瓶颈、促发展、保稳定为目标，将改革精神向子公司穿透和纵深推进，积极探索中长期激励机制。公司所属中元国际（海南）工程设计研究院有限公司和常州江南环境工程有限公司两家科技型子企业研究制定了岗位分红激励方案并顺利获得国机集团批复，调动和激发了关键核心骨干和科技人员的积极性、主动性和创造性。

6. 强化社会责任能力建设 中工国际发布首份 ESG 报告，采用详尽的数据和具体生动的案例，全面展示了中工国际在公司治理、绿色发展、环境保护、利益相关方保护、践行中央企业使命担当等方面的工作成效，并推出“一图看懂 ESG”及 ESG 报告英文版。中工国际荣获证券时报上市公司 ESG 百强奖、国务院国资委指导的“央企 ESG · 先锋 100 指数”等多个奖项。

【重大项目】

1. 三大业务板块核心竞争力显著增强 2023 年，中工国际坚持转型发展、融合发展和高质量发展，积极融入双循环新发展格局，扎实做好项目履约和市场开发，斩获多项具有战略意义的重大成果，在国际国内两个市场交出了满意成绩单。

（1）高质量共建“一带一路”项目取得丰硕成果。一是贯彻落实习近平总书记重要指示批示精神，扎实推进“第一议题”项目。2023 年，中白工业园新增入园企业 26 家，累计入园企业 120 家，入园企业协议投资总额 14.40 亿美元，累计投产运行 44 家，年度新增入园企业数量、土地销售面积、厂房出租率均创历史新高。国机火炬园一期工程于 2023 年 12 月 28 日正式竣工投运。国机集团与白俄罗斯工业部签署合作实施计划，对白俄罗斯工业合作不断走深走实。成功举办 2023 年中国商品和服务（白俄罗斯）展览会，连续六年参展进博会，着力打造产业聚集和贸易互通两个平台成果，成功入选新华社《从十个大项目看“一带一路”倡议十年硕果》；援老挝玛霍索综合医院项目进入二期工程装修阶段；援白俄罗斯国家足球体育场项目完成中期验收，成绩为“双优”；援塔吉克斯坦政府办公大楼项目进入外幕墙施工阶段，“第一议题”项目有序推进。

（2）把握重大外交活动及市场机遇，推动多个海外大项目签约生效。积极参加第三届“一带一路”国际合作高峰论坛，成功签约尼加拉瓜蓬塔韦特国际机场改扩建项目以及莫桑比克马普托悬挂式轨道交通项目。印度尼西亚杰那拉塔大坝建设项目签署贷款协议，作为近年来中国和印度尼西亚两国政府间合作框架下的首个民生项目已正式生效并举行开工典礼。在中国 – 中亚峰会上签署农业、新能源、索道、基础设施建设等领域多项务实合作文件。实现乌兹别克斯坦奥林匹克城项目贷款协议签约，创造性地成为我国在乌兹别克斯坦首个人民币主权商贷项目。在中国和尼加拉瓜谱写战略合作新篇章之际，签署尼加拉瓜机场和液化石油气仓储设施两个项目融资协议。普康公司把握有色金属价格上扬时机，签署 3 项金矿及铜金矿项目。

（3）海外工程项目取得重大进展，获得广泛关注。尼泊尔博克拉国际机场项目隆重举行投运仪式，项目成功入选中国上市公司共建“一带一路”十年百篇最佳实践案例及中国机电商会绿色发展案例集。埃塞俄比亚贝雷斯 1 号糖厂续建项目获得业主颁发的项目性能测试证书，厄瓜多尔佩德纳莱斯医院建设项目正式移交，乌干达工业园区输变电项目成功送电，菲律宾巴巴伦水库灌溉项目、中国驻萨摩亚使馆等项目顺利竣工，受到当地政府高度认可和主流媒体广泛关注。在执行项目建设如火如荼，伊拉克九区油气中央处理设施项目实现 600 万安全工时，全力奋战竣工移交。乌兹别克斯坦奥林匹克城项目紧锣密鼓推进主体结构施工，完成钢结构吊装。圭亚那地区医院群项目启动主体钢结构安装，土耳其图兹湖地下天然气储库扩建项目完成大件设备吊装，公司海外项目管理和实施水平持续提升。

（4）援建项目赢得高度评价，彰显中央企业责任担当。举行第 32 届东南亚运动会的柬埔寨国家体育场，为中国迄今对外援建规模最大、等级最高的体育场。赞比亚利维 · 姆瓦纳瓦萨医院项目通过了竣工验收，切实解决当地医疗资源不足、人民就医难的问题。援巴布亚新几内亚西太平洋大学项目顺利移交，助力当地文化教育水平提升。援莫桑比克莫中文化中心项目举行揭幕仪式，援加纳外交与地区一体化部办公配楼、援卢旺达马萨卡医院改扩建、援尼加拉瓜保障房一期等项目顺利开工。高质量参与援马尔代夫医院、援埃及生物安全防护三级（P3）实验室等8项对外援助项目前期可行性研究，推动设计咨询“走出去”，为我国发展与项目所在国的对外良好合作关系打下坚实基础。

2. 设计咨询与国内工程承包业务稳步提升 高水平服务国家重大发展战略，2023年设计咨询业务新签合同额21.88亿元，同比增长23.8%。传统业务巩固优势，新兴业务增长强劲。紧跟“健康中国”战略步伐，在医疗健康领域深耕细作，连续承接包括北京儿童医院新院区、北大人民医院雄安院区、北京安定医院大兴院区、北京安贞医院安徽医院、山东大学齐鲁医院德州医院5个国家医学中心及19个国家区域医疗中心项目，为国家“十四五”建设优质高效医疗卫生服务体系贡献力量。主动融入国家军民融合发展战略，助力提升国家航卫保障能力。服务航空运输高质量发展，持续拓展冷链物流等新型业务。签约深圳机场南航基地一期项目、美兰机场航空特货“超级运营人”项目、西双版纳机场四期改扩建项目、空港国际冷链综合枢纽产融园项目等。服务“双碳”目标、践行“两山”理论，承接长江上游（赤水河）珍稀濒危物种保护中心、汾河流域侯马段区域水环境综合治理、赣州大余工业园综合能源EPC、北京大兴生物医药基地锅炉更新工程、华能惠安分布式光伏发电EPC项目等。服务科技强国，助力国家解决“卡脖子”问题。2023年持续在科学实验设施板块发力，密切围绕国家“十四五”重大科技基础设施领域，完成中科院物理研究所先进阿秒激光设施、国家作物表型组学研究设施等大科学装置的可研编制工作，承接“十四五”国家重大科技基础设施人类器官生理病理模拟装置项目、材料基因组和特殊环境材料园区项目等设计工作，为解决国家安全的重大科技难题贡献力量。以贯彻落实国家生物安全战略需求为导向，保障国家生物安全实验室建设。配备国内顶级的专业实验室设计团队，成功签约深圳湾实验室等一批重点项目，对完善国家生物安全实验室网络体系，创新国家生物安全实验室技术体系起到重要作用。服务国家“东数西算”战略，数据中心领域优势地位不断巩固，以新基建工业为基础，成功签约中国民生银行金融科技研发中心项目，为科技金融快速发展提供原动力；中标京能北京智算中心、厦门数字工业计算中心工程等项目，引领智慧时代基础设施建设。

3. 先进工程技术装备开发与应用再创历史新高 先进工程技术装备开发与应用板块营业收入、利润总额及科研成果均取得历史性突破。索道“单项冠军”优势不断深化，先后签订桂林猫儿山索道、吉林北大湖脱挂索道及交通索道、山东蓬莱阁脱挂索道、张家口崇礼雪如意滑雪场脱挂索道等重点工程协议。吉林梅河口五奎山滑雪索道、四川汶川阿尔沟滑雪索道等顺利通过国家索检中心验收，截至2023年年底已在全国建成124条脱挂索道。索道海外市场实现跨越式发展。通过内部协同，精准锁定市场，将商务优势与专业能力有机融合，缅甸彬乌伦县索道通过试车及验收，正式投入运营使用，为缅甸第一条由中国公司设计、制造以及指导安装的索道。物流仓储业务在高端智能制造领域持续发力，接连签下浙江永升医药物流中心扩建项目、湖北益丰医药武汉立体库等自动化立体库工程；承接通威太阳能（南通）智慧立体仓库项目，实现新能源光伏行业零的突破。广州擎天子母穿梭车立库系统、齐鲁天和惠世制药物流中心二期、国药江苏华章物流中心等顺利通过业主验收。起重运输板块发挥强大技术实力，新签成都万兴环保发电厂三期灰渣抓斗起重机、汽机间起重机等项目，实现滚动开发。澜唯揭阳垃圾抓斗起重机项目完工，恩菲防城港阳极板转运及存储门式起重机项目进入试运行，进一步彰显智能化水平。打造高端环保水处理装备制造基地和全产业链装备智造中心，江南环境深耕海水淡化、凝结水精处理、工业废水零排放、中水回用、冷凝水及工业脱盐水、垃圾渗滤液处理系统等装备制造领域，新签新疆兴立发电有限公司化学水处理系统、福建联盛纸业冷凝水系统等项目，2023 年中标合同额达 1.42 亿元，创历史新高。

4. 工程投资与运营板块持续做强做优做大 环保工程投资与运营业务再上新台阶。驰而不息践行“绿水青山就是金山银山”理念，邳州市城北污水处理二厂（三期扩建）项目开工建设；兰州定远污水处理厂项目签订特许经营协议；怀来县京西洁源污水处理厂特许经营项目成功中标；大连市城市中心区餐厨垃圾处理厂项目稳步筹建；大邑县安仁污水处理厂项目顺利竣工验收，投入商业运营。西昌市中工城投环境有限责任公司获评四川省水污染防治建设服务协会颁发的“水污染治理高质量发展先进单位”“水污染治理科技创新先进单位”。目前，公司在手固废处理项目 2 个、市政污水处理项目 6 个、工业污水处理项目 1 个，污水处理和固废处理规模约 15 万 t/d，远期规模约 27 万 t/d，公司环保工程投资与运营业务 2023 年新增项目金额 8.57 亿元，创历史最高水平。板块已初具规模，产业链持续优化，区域辐射能力显著增强，整体竞争力持续提升。

【国际合作】

1. 坚持动态调整业务布局，提升对外部环境的适应性 2023 年，得益于公司在尼加拉瓜的及早布局，公司抓住中国与尼加拉瓜复交的机会以及第三届“一带一路”峰会的契机，一举推动尼加拉瓜蓬塔韦特国际机场改扩建项目成功签约。在中亚地区，公司抓住中国－中亚峰会所带来的机遇，以热点市场乌兹别克斯坦为中心，积极建立高层渠道，大力培育支柱市场，巩固公司在区域的优势地位。国内设计咨询与工程承包行业正处在深刻调整周期，传统领域增长乏力，但风口也在不断涌现。疫情期间，中国中元抓住机遇，大力开发医疗建筑业务，稳住发展的基本盘。在后疫情时代，又积极向数据中心、生物实验室、大科学装置等新型工业领域挺进，在医院项目减少的情况下，体现增长的韧性。中工环境科技有限公司及时调整战略举措，谋求业务模式创新。加大优质运营资产获取、TOT+ 改扩建、EPC+O 市场开发力度，寻求公司新的业务增长点。

2. 坚持融合发展战略为主线，汇聚系统内优势资源 依靠国机工程集团的工程产业链优势和国机集团雄厚的产业基础，从单兵种作战发展为多兵种军团作战。中工国际充分发掘协同发展的潜力，推动系统内双向赋能，将中国中元的设计咨询和北起院的装备制造专业优势与中工市场开发、融资优势紧密结合，提升竞争力，同时为中国中元、北起院的走出去提供了国际化平台。此外，积极寻求国机工程集团内部的合作以及国机集团企业的资源协同，形成专业化多兵种军团作战的模式，在取得成功之后，将该种模式不断复制，发挥了战略协同的乘数效应，实现从 1 到 N 的扩张。在集团外部，公司积极拓展与金融机构、中央企业、民营企业的合作，建立了互信，构建了密切的合作关系。

【科技创新】

1. 健全公司科技创新体系，营造良好创新生态 一是进一步完善科技创新管理制度。研究制定并发布公司科研项目管理办法和科技奖励办法，重点研发项目推进实施的制度基础不断夯实；将研发制度固化到业财平台中，科研管理数字化转型稳步推进。二是积极推进科研人才队伍建设。加强科技创新领军人才选拔和培养，完成由公司突出贡献专家 8 名、首席专家 8 名和技术带头人 29 名组成的高层次人才梯队建设。探索与国内知名高等学府联合开展国际工程专业人才培养和科研合作，加大对科研骨干人才的培养力度，实现人才队伍体系化、协同化。三是大力加强科研平台建设。中国中元申报并获批北京市科技服务品牌服务机构。中工环境科技申报并通过北京市创新型中小企业认证，正式进入专精特新企业梯度培育序列，公司行业和省级科研平台增加到 8 个。2023 年中元上海、中元南京获得“高新技术企业”称号，截至当前，中工系统内共有 10 家高新技术企业。四是持续开展资质增项工程。中国中元的“工程设计综合甲级”“建筑工程施工总承包壹级”“建筑机电安装工程专业承包壹级”等资质成功延续，新获批市政公用工程施工总承包贰级、机电工程施工总承包贰级和环保工程专业承包贰级资质，为推动公司工程领域的开拓发展奠定基础。

2. 稳步推进实施重点研发计划项目，聚焦关键核心技术攻关 公司持续加大研发投入。推进落实国家和国机集团重点科研专项项目，“超高层建筑火灾精准定位与高效喷水灭火技术及装备研发”等3个国家专项项目已完成第一阶段汇报工作，国家市场监督管理总局的“无人驾驶起重机械检验与试验状况分析”项目获批立项，国机集团重大科技项目“城市更新低碳韧性关键技术与装备”稳步推进。实施公司科技专项计划，努力在关键核心技术上取得新突破，召开公司首次科技专项评审会，确定9个科技专项项目、公司投入资金3 770万元，全力支持中国中元、北起院、中工环境科技开展优势领域工程技术创新和特色高技术产品研发。下大力气培育形成核心技术工艺，构建高维竞争优势，事业部围绕国际工程产业链打造创新链，在中美工程技术标准体系对比研究、油气处理工艺系统和建筑信息模型（BIM）技术在体育场馆建设中应用等方向开展25项科研项目立项，逐步积累国际工程领域的创新动能，加快形成参与国际竞争的新优势。中国中元加快针对医疗、工业、民用场景的装配式成套技术研发，稳步推进装配式建筑数字化设计关键技术研究。“火灾风险监测预警预报关键技术研究与应用”课题成果经成果评价专家组认定达到国际领先水平。自主研发的“高架地板的变刚度隔振装置”在新华1949创新产业园二期等多个项目中成功转化应用，解决了地铁振动对高档办公楼的不利影响。北起院独立完成的“多场景高效协同物流输送系统关键技术研究与应用”项目顺利通过成果鉴定，总体技术达到国际先进水平，其中开发的多场景高效协同调度技术达到国际领先水平。

3. 科技成果申报和转化取得新突破 2023年，中工国际全系统共获得省部级以上奖项166项。其中，国家优质工程奖4项；科技奖项15项，包括机械工业科学技术奖一等奖1项、三等奖2项，华夏建设科学技术奖一等奖1项，中国钢结构协会技术创新奖1项，国机集团科学技术奖二等奖1项、三等奖1项，国机集团优秀专利奖二等奖1项、三等奖3项，中国工程建设标准科技创新奖一等奖3项、三等奖1项；勘察设计类奖项146项，其他类1项。持续推进科研创新成果申报，公司系统完成专利申报122项，其中发明专利40项；授权专利84项，其中发明专利20项。登记软件著作权15项。发明专利授权同比增长120%。牵头组织或参与30项国际、国家及行业重大标准制修订工作，北起院新承担2项起重机国际标准的牵头工作，公司在物料搬运行业的技术引领力和国际影响力显著增强。

【安全生产】

2023年，中工国际全系统未发生生产安全责任事故、未发生环境污染事故，公司安全生产形势总体保持平稳。

1. 认真学习习近平总书记关于安全生产的重要论述 中工国际持续强化党政同责、一岗双责，狠抓安全生产责任落实。2023年在“领导讲安全”系列培训、安全生产管理人员继续教育等专项培训中重点学习习近平总书记关于安全生产的重要论述。

2. 召开2023年安全生产工作会议 2023年2月9日，中工国际召开2023年安全生产工作会议。会议传达中央企业及国机集团安全生产工作会议精神；通报系统内各子公司、事业部2022年考核结果均为合格；进行2022年安全生产工作总结和2023年度安全生产主要工作部署。

3. 中工国际主要负责人带队开展安全生产检查工作 2023年，中工国际党委书记、董事长王博带队赴子公司中国中元、北起院、国机火炬园项目、圭亚那地区医院项目等开展安全生产检查；公司总经理、党委副书记李海欣带队赴子公司中工资源、中工环境科技、巴拿马分公司等开展安全检查；公司安全生产主管领导、副总经理刘生承带队赴乌兹别克斯坦奥林匹克城项目、尼泊尔博克拉国际机场项目、伊拉克九区油气中央处理设施项目等开展安全生产检查。

4. 开展安全生产专项管理制度修订 2023年，中工国际根据公司业务模式和管理需求的变化，及时修订或新编《安全生产责任目标考核办法》《工程事业部安全生产管理办法》《境外中方员工安全联防联保机制暂行管理办法》，使公司整体安全生产管理制度进一步完善。

5. 积极开展“安全生产月”主题活动 2023年5月29日，中工国际组织召开“安全生产月”活动启动会。安全生产月期间，通过组织“懂安全、会应急”知识竞赛，安全生产大检查、应急演练等特色活动，全面宣传贯彻安全生产月主题活动，调动公司全系统的安全管理主观能动性，增强全员安全意识。

6. 积极开展安全标准化班组创建活动 公司所属单位北起院装备制造（北京）有限公司涞水制造基地机加工班组积极响应国机集团、中工国际关于大力创建安全生产标准化班组的号召，首次参评全国安全生产标准化班组，获评2023年度“全国安全生产标准化一级班组”称号。

7. 组织公司安全管理人员再教育 持续开展主要负责人和安全生产管理人员再教育工作，2023年公司系统共349名管理人员通过年度继续教育并获得资格证书。

8. 组织开展境外安全联防联保工作 按照国务院国资委和国机集团要求，公司组织建立白俄罗斯、尼泊尔两个国别境外安全联防联保工作机制，组织开展所在国别中央企业境外安全联防联保工作，制定整体工作方案，畅通相互沟通渠道。

【党建工作】

2023年，中工国际党委全面贯彻落实党的二十大精神，坚决贯彻落实习近平总书记重要指示批示和党中央决策部署，持之以恒加强党的领导、党的建设，充分发挥党建引领保障作用，推动公司高质量发展迈出新步伐，科技创新实现新突破，深化改革取得新成效，全面从严治党向纵深推进，抓党建的政治站位持续提升，强党建提质效的工作成果凸显，在服务和支撑新型工业化建设中展现新担当新作为。

1. 始终坚持和加强党的全面领导，坚决维护党的核心和党中央权威

（1）以党的政治建设为统领，扎实推进党的建设各项工作。坚持不懈用习近平新时代中国特色社会主义思想凝心铸魂，全面贯彻落实党的二十大精神，自觉用习近平总书记关于国有企业改革发展和党的建设重要论述统领工作，把讲政治体现在谋划2023年工作、决策重大事项、解决发展难题等方方面面。坚决落实党委会“第一议题”和中心组“首要议题”，及时跟进学习习近平总书记最新重要讲话精神58次，制定落实措施103条，将相关内容汇编成册，印发至基层党组织强化理论学习指导。提升党委理论学习中心组学习质量，将联学联建、实地研学、专题读书班相结合，充分发挥示范表率作用。把党的领导融入公司治理，厘清各治理主体权责，完善“三重一大”事项清单，2023年召开党委会议32次，前置研究“三重一大”事项99项，强化决议事项的跟踪督办，实施闭环管理，确保党委定向把关作用落到实处。

（2）胸怀“国之大者”，在积极服务国家重大战略、自觉服务党和国家工作大局中担当作为。中工国际党委坚持在落实重大战略、重大任务中把准政治方向、扛起职责使命，党员干部带头上一线，基层支委带头守一线，在项目一线创建党员示范岗、责任区、突击队，处处彰显先锋作用。高质量推进中白工业园等获得习近平总书记指示批示项目的建设，强化“促进学习、贯彻落实、监督检查、总结报告”机制，推动党中央决策部署及上级党委工作要求落地见效。

2. 以高度政治自觉和责任担当，高标准高质量开展主题教育见行见效

（1）建强机制衔接联动，在以学铸魂中筑牢政治忠诚。中工国际党委将“五个更加注重”“四下基层”“三个实实在在”要求贯穿主题教育全过程。成立主题教育领导机构和工作机构，建立“周分析、双周研讨”工作机制，制定“3表3图3清单”实施路径，形成“1366”专题调研总方向，开展“行走的主题教育”。第二批主题教育，实施“四级联动”穿透式驻场指导机制，部署要求一贯到底、直达支部，派出专人定期定点驻场，面对面击破工作难点；压实班子成员“一岗双责”，“挂图”指导所属6家企业，实现全覆盖；推行“跟着党委划重点工作法”，每周发布重点任务清单和在线答疑清单，紧盯目标任务“进度条”把准要求和节奏，将大家的“问题包”转化成了“知识库”；推动国机集团主题教育督导组内企业横向联通，搭建基层党组织多渠道、互鉴共进新平台。

（2）思想引领凝心铸魂，在以学增智中锤炼能力本领。中工国际党委把“学思想”贯穿主题教育始终，持续深化党的创新理论武装，在学习成果的输出和转化上下功夫。运用中心组联学、实地调研践学、头脑风暴研学等方式强化学习成效，全系统聚焦高水平参与“一带一路”建设、推动企业高质量发展等主题举办理论学习研讨 96 场。坚持“一送、二学、三运用”推进境外主题教育，推动学习习近平新时代中国特色社会主义思想制度化常态化。以党的创新理论指引公司改革发展方向，全面深化体制机制改革，持续推进科技创新、业务创新和管理创新。

（3）四下基层破解难题，在以学正风中解决急难愁盼问题。中工国际党委引领践行“四三三”新作风建设总要求，党员干部带头分领域、分地域、分层级“四下基层”，走进中国中元等分（子）公司，运用党的创新理论研究新情况、解决新问题。将“我为群众办实事”融入日常工作中，向圭亚那医院群项目所在地恩摩尔小学捐赠学习用具，助力当地教育事业发展；37 场志愿服务走入康养中心、听障康复中心、居民社区、项目院区等，以实际行动服务群众、奉献社会；聚焦公司境外员工“就医难题”、部分员工“住房难题”等推动为民办实事 39 项，解决急难愁盼问题见行见效。

（4）整改整治上下贯通，在以学促干中推动改革发展。坚持从严从实抓好主题教育整改整治和建章立制工作，形成“12*N*1”（成立 1 个整改整治工作组、每 2 周开 1 次整改工作推进会、动态更新整改 *N* 个问题、1 个专项整治）整改整治工作机制，靶向施治、分类施策。第一批、第二批主题教育共查摆问题 25 个，制定整改措施 57 项，建章立制 36 项，紧盯问题推动完成整改，常态化巩固整改成果、防止问题反弹。整改整治突出以下看上、上下联通，推进落实国机集团“服务制造强国战略的目标和措施不够清晰”的问题，坚持创新驱动，建立起贯通全系统的科技创新和管理体系；牵头完成中国物料搬运行业首部标准专著，开展多场景高效协同关键技术研究及高端装备研制，为服务制造强国建设贡献力量。

3. 建强堡垒增强功能，聚焦“作用发挥”全面提升党建工作效能

（1）压紧压实各级责任，锻造坚强有力的组织体系。以严实作风落实全面从严治党主体责任，召开 2023 年全面从严治党工作会议暨廉洁教育大会。加强基层指导督导，定期组织全系统党建工作推进会，确保年初有宣传贯彻部署、年中有推进保障、年底有全面盘点。强化党建考核评价，做好“三个层面”党组织书记党建述职，开展全系统党建综合考核，全面量化评价内容，充分运用考核评价结果，中工国际党建工作在国机集团党建考核中首次获评“优秀”。

（2）强化区域组织协同，探索境外党建工作新方式。在遵循“五不公开”原则下同步做到“五个不减”，坚持境外党建工作全覆盖、党员教育管理监督全覆盖，将境外党建工作纳入党建考核评价内容。深入伊拉克九区油气中央处理设施项目及土耳其图兹湖地下天然气储库扩建项目现场，开展境外党建及宣传思想文化专项工作，成立伊拉克项目临时党支部，国机集团下属 3 家企业 33 名党员全部纳入组织，充分发挥国机集团、国机工程集团、中工国际协同合力，凸显区域党组织共建力量。

（3）持续增强党性教育，分类施教提升党员教育培训质效。扎实推进思想政治教育和形势任务教育，常态化、长效化开展党史学习教育、党的宗旨教育、革命传统教育和爱国主义教育。举办庆祝中国共产党成立 102 周年研学活动，组织参观平西抗日战争纪念馆，赓续红色基因，汲取智慧力量。举办积极分子培训班、发展对象培训班、党务干部教育培训班，通过沙盘推演、案例复盘、模拟实操等方法拓展学习途径，持续提升党员教育培训的系统性、针对性和实效性。

（4）深化融合提升成效，释放党建品牌“乘数效应”。持续深化“一企一工程”党建品牌建设，“党建引领·卓越三创”党建品牌辐射效应深入子公司及项目一线，各级党组织聚焦“科技创新、经营创效、管理创优”开展“党建+”活动，突出“一支部一特色”，推动党建工作与生产经营融合提升。在全系统选树示范党组织6个，以点带面推动基层党建示范提升。

4. 坚定不移正风肃纪反腐，持续推进全面从严治党向纵深发展 严格落实全面从严治党主体责任清单，签订年度党风廉政建设责任书，强化各级党组织主体责任和领导干部“一岗双责”，推动全面从严治党向基层延伸。组织开展违反中央八项规定精神问题专项治理，切实做到办理一批问题线索，解决一批突出问题，制修订一批制度规范，堵塞公司管理漏洞，持续净化企业政治生态，为公司高质量发展保驾护航。开展违规违法获取工程项目问题专项整治，持续强化遵规守纪意识。强化“不敢腐”的震慑，扎牢“不能腐”的笼子，构筑“不想腐”的堤坝，组织开展2023年度“廉洁宣传教育月”活动，充分运用公司内网“强音速递”和“纠风案例”专栏开展廉洁宣传和警示教育，加强作风建设和反腐败舆论引导，不断提高领导干部拒腐防变能力，营造风清气正的政治生态。坚持政治巡察定位，按计划组织开展常规巡察。对党的十九大以来巡视巡察整改工作情况进行“回头看”，持续跟踪所属企业和工程事业部巡察整改工作进展，制定并贯彻落实《中工国际党委关于加强巡视巡察整改和成果运用的实施意见》，督促推动整改工作走深走实，加强巡察成果运用，完善整改长效机制，做深做实做细巡视巡察“后半篇文章”。

5. 举旗定向凝聚共识，厚植高质量发展的文化底蕴

（1）加强党对宣传思想文化工作的全面领导，弘扬中工国际正能量企业文化。始终坚持党的文化领导权，将践行习近平文化思想、传承中华优秀传统文化与推进境外党建工作、实施跨文化管理相结合，举办企业文化发布仪式，发布《中工国际企业文化导则》，形成具有中工特色的企业文化体系，在全系统引领践行企业核心价值观。开展“深化改革　协同创新”系列企业文化主题活动。在白俄罗斯、伊拉克、土耳其等国家，打造“文化驿站”、培育“文化使者”、设立“中国书架”，增强中外员工情谊，以文化暖人心、鼓干劲、聚合力。中国中元开展庆祝公司成立70周年系列活动，编制出版人物传记《医疗建筑大师黄锡璆》，展现综合实力和品牌文化魅力。

（2）严守意识形态阵地，强化正确舆论导向。坚持党管宣传、党管意识形态，全面落实意识形态工作责任制和网络意识形态工作责任制，完善新闻发布管理办法，构建更安全、更有效的意识形态工作机制。紧密结合“一带一路”倡议提出10周年，推动《人民日报》、新华社等主流媒体刊登、报道公司重点项目近60篇，与中国中央电视台发现之旅频道《筑梦新时代》栏目组共同策划拍摄、制作纪录片和公司五大专业化领域宣传片，企业品牌美誉度和影响力持续提升。新闻报送在国机集团、国机工程集团排名前列，努力打造有策划、有内容、有导向、有品牌的融媒宣传新格局。

6. 推深做实党建带群建，向中心聚焦为大局聚力 坚持以职工为中心的工作导向，广泛开展多种形式的劳动技能竞赛和人才培养培训；组织召开全系统千人职工运动会，以积极进取、健康向上的精神风貌展示新中工形象；持续落实“一对一”关爱帮扶长效机制，不断增强职工幸福感、获得感。组织召开“学习二十大　永远跟党走　奋进新征程”五四青年座谈会暨五四表彰大会，深化青春建功“十四五”行动，指导各级团组织组建青年突击队，激励广大青年立足岗位、争当先锋。全系统团组织获评国机集团2021—2022年度青年文明号单位2个、青年岗位能手2人、青年安全生产示范岗1个。

【信息化与数字化建设】

1. 信息化建设方面 中工国际总部完成司库与业财一体化管控平台的集成。组织全级次企业开展司库国产化系统的全面培训、角色配置、初始化数据整理及导入、审批流配置等工作，目前第一批功能模块已顺利完成上线。

中工国际总部开展业务财务一体化管控平台二期建设，新增领导驾驶舱、子公司数据上报等功能，优化科研项目和科研专项的全周期管理流程、建立知识产权台账、加强研发费用执行和归集管理。

中国中元开展全过程工程咨询项目管理平台二期建设。推进新协同设计系统试用和改进，完成协同设计系统和门禁系统数据接口开发。持续建设完善食堂管理系统，从单管理员中心化变为多用户多层次的管理模式。开展中元国际（上海）财务管理 RPA 机器人智能化改造建设，促进业务管理智能化。

北起院积极推动协同办公系统升级建设，上线了综合管理、财务管理等功能模块。开发独立的内网加密系统，确保远程在线评审安全。

中工国际物流有限公司在重要项目中逐步推广使用智慧物流跟踪系统，通过 GPS 模块时时追踪物流动态信息。

2. 数字化转型方面 公司投入科技专项资金，鼓励各业务板块进行数字化转型。在医疗建筑方面，研究解决基于人工智能技术的建筑设计自动化问题。在综合能源利用的设计方面，提出基于可再生能源消纳的综合能源系统负荷定量需求及节能技术路径，形成综合能源系统能耗量化分析及能效评价数字化研究方法。在智慧物流方面，针对航空处理中心、高铁枢纽站运输处理中心、公路运输处理中心等 6 类应用场景，研究采用软件技术及智能迭代技术，有效提高快件处理中心的运行效率，突破面向多层级快件处理中心的规划布局和优化升级技术。在智能仓储方面，围绕智能环形穿梭车系统关键技术开展研究，开发多设备协同调度管理系统软件，构建环形车系统虚拟调试平台，开展智能环形穿梭车机械及电气控制关键技术研究，构建软硬件一体化高度集成的智能环形穿梭车系统。

北起院积极推进国机集团青年科技基金“特种设备数智化管控平台”项目的实施。完成工业互联网平台比选、机器视觉技术应用场景挖掘、多源异构数据传输技术应用等多项关键技术研究，重点完成了轮轨视觉监测系统的一体化硬件设计和软件开发，完成了缺陷识别等功能测试。

中工环境科技的邳州城北二厂污水处理 BOT 项目，探索开展污水处理厂 AI 数字技术应用，提出一种污水处理厂智慧化运营系统方案，通过运用人工智能技术手段，实现对污水处理厂的实时智能预警和精准参数调优，以达到污水处理厂的安全生产、精益管理、效率提升和节能降耗等目的。

【履行社会责任】

中工国际积极履行中央企业使命和担当，多层次参与乡村振兴、志愿服务和公益捐赠，实现经济、社会效益协同发展。公司制定《中工国际工程股份有限公司对外捐赠管理办法》，加强对外捐赠管理。

2023 年，中工国际对外捐赠金额共计 151.25 万元。其中乡村振兴投入 88 万元，其他捐赠 63.25 万元。

中工国际党委认真贯彻落实党中央、国务院关于乡村振兴的战略部署，严格按照国机集团工作要求，尽企业所能，立足企业专业技术优势，以创新的思路、有力的措施，抓住特色产业，以点带面推动乡村振兴不断取得新成效。2023 年 9 月，中国中元承接了“山西省运城市平陆县中心城区及各镇开发边界内详细规划”。中国中元通过科学的理念与技术，对接国机集团重点帮扶工作需求，强化“规划引领”，提高帮扶实效，与地方自然资源局打造具有平陆特色、彰显国机所长的“智力规划”合作新模式。北起院与四川省广元市朝天区人民政府就曾家山旅游度假区索道及川洞天坑客运观光电梯项目签署了战略合作框架协议。中工环境科技对四川广元市朝天区开展污水处理技术帮扶工作。中工环境科技大邑项目技术团队多次赴朝天区，与羊木镇污水处理厂、小中坝污水处理厂相关人员就运维情况进行深入沟通和交流，对朝天区污水处理厂的节能降耗及设备管理等给出了合理化建议，为提升广元朝天区污水处理效率提供有益借鉴。

中工国际积极参与社会公益事业，以实际行动践行社会责任。2023 年 2 月 6 日，土耳其东南部连续两次发生 7.8 级地震灾害，中工国际以高度责任感，积极响应中国驻土耳其大使馆倡议，第一时间捐赠价值 10 万元的救灾物资，为受灾群众送去一份力量和希望。为提升当地教育基础设施，公司向圭亚那地区医院项目所在地恩摩尔小学捐赠包括笔记本、铅笔、橡皮、文具盒在内的 300 份学习用具。

中国恒天集团有限公司

【基本概况】

2023 年，中国恒天集团有限公司（简称恒天集团）（含北汽所）实现营业总收入 317.81 亿元，亏损 23.39 亿元（不考虑处理历史遗留问题，完成考核目标），全员劳动生产率 20.26 万元 /（人 · 年）（不含 ZR），研发经费投入强度 2.87%。

【主要指标】

2022—2023 年恒天集团主要经济指标完成情况见表 1。

表 1　2022—2023 年恒天集团主要经济指标完成情况

指标名称	2022 年	2023 年	同比增长（%）
资产总额（万元）	7 276 322.31	4 442 578.29	-38.94
净资产（万元）	1 167 458.01	-807 865.13	同比减少 197.53 亿元
营业收入（万元）	4 121 224.31	3 178 060.00	-22.89
利润总额（万元）	-505 071.01	-233 940.00	同比减亏 27.11 亿元
技术开发投入（万元）	86 372.11	91 115.39	5.49
利税总额（万元）	-265 794.71	-75 712.05	同比增加 19.01 亿元
EVA 值（万元）	-573 925.37	-229 283.39	同比增加 34.46 亿元
全员劳动生产率 [万元 /（人 · 年）]	13.88	20.26	45.97
净资产收益率（%）	-40.70	-158.50	减少 117.80 个百分点
总资产报酬率（%）	-7.02	-4.86	增加 2.16 个百分点
国有资产保值增值率（%）	-0.76	-172.54	减少 171.78 个百分点

【改革发展】

一是强化战略引领，启动振兴纺机　召开振兴纺机三年行动启动大会和誓师大会，明确振兴纺机三年行动总体目标，坚持“打造世界一流纺机企业、保障国家纺织产业安全”一条主线，组织实施“科技创新、产品提升、深化改革、链长打造”四大工程，梳理落实四大工程任务清单，明确任务责任主体，形成振兴纺机三年行动实施方案并分解落实，取得了阶段性成果，纺机业务科技创新力、产业引领力、品牌影响力持续得到加强。

二是加快资源整合，提升经营效率　聚焦纺机主业，压缩管理链条，精简治理结构，通过非公开协议收购宏大研究院 100% 股权，对宏大研究院实施提级管理；推进清梳联业务整合，破解了恒天集团清梳联业务长达多年的同业竞争难题；推进恒天纤维集团有限公司、恒天凯马股份有限公司与下属企业管理融合，提升管理效率；

以恒天（安徽）建筑设计研究院有限公司为平台整合纺织工程业务，将中国恒天立信国际有限公司下属6家企业吸收合并，使治理结构进一步清晰；积极探索收购中小股东持有的中国纺织机械（集团）有限公司、恒天重工股份有限公司（简称恒天重工）等企业股权并取得进展，为下一步资源整合和聚焦主业打下基础。

三是深化机制改革，强化激励约束 统筹推进对标世界一流企业价值创造行动和改革深化提升行动，制定行动方案，推动落地实施。开展科改示范行动，青岛宏大纺织机械有限责任公司成功入选国务院国资委科改示范企业名单，探索完善科技型企业长期激励机制。严格“用数据说话”考核原则，精准核算企业经营业绩，严格考核结果应用，刚性兑现绩效薪酬，鼓励企业创优争先。进一步推进市场化经营机制改革，健全激励约束机制，探索企业负责人薪酬差异化管理，更加突出效率效益导向，激发企业活力。

【重大项目】

加快瘦身健体，全力优化结构，持续解决历史问题，推动企业实现轻装发展。一是加大力度推进控股企业退出。2023年完成控股企业退出行为批复40家，其中完成退出25家，特别是TAM公司、郑州宏达汽车2家国务院国资委重点监督治理的亏损企业实现了退出，部分难点企业如智电研究院等的退出工作也取得了重大突破。二是加速推进参股股权清理。按照国机集团标准，2023年完成恒天艺创、郑纺机公司、郑州固高、天鹅房地产等15家企业退出工作；重点推进解决部分问题积压久远、股权关系错综复杂、大股东极其不配合、解决问题无着力点等突出问题，经纬钰鑫实现挂牌，湖南欣龙股权登记取得了进展。三是积极盘活处置存量资产。2023年完成不动产处置行为审批12项，完成回款超10亿元。此外，部分历史遗留难点项目取得了实质性进展，邵阳纺机一配件厂老土地收储工作已签署收储协议，恒天动力有限公司土地收储已经完成，青岛瑞和置业发展有限公司签订了协议、确定补偿金额。

【科技创新】

持续推进纺织机械领域短板、“卡脖子”项目攻关，大容量莱赛尔纤维成套装备、智能纺纱成套装备等多项关键技术取得重大突破。

成功研制国内最大产能的大容量薄膜蒸发器，首台（套）产品已在用户连续使用，设备运行稳定，莱赛尔纤维日产量达到160t，纤维质量优等品率保持100%，设备技术达国际领先水平，成功打破国外技术垄断局面；最新研制的新型自调匀整装置系统（NAS）实现高速（720m/min）生产运行，全时域匀整功能综合指标优于进口设备，成功摆脱对进口自调匀整系统依赖；突破了转杯纺单锭引纱、单锭磁悬浮电动机驱动和单锭自动接头技术，实现130 000r/min稳定纺纱，单锭自动接头成功率大于90%；突破1 800mm长锭轴小直径POY卡盘轴、1 800mm长锭轴FDY卡盘轴关键核心技术，配置两种卡盘轴的高速卷绕机已在用户端顺利开车，现场纺丝稳定，实现小批量应用，填补了国内空白。

2023年共获6项（纺机5项）省部级以上科学技术奖，包括中国纺织工业联合会科学技术奖3项（一等奖1项、二等奖2项），国机集团科学技术奖3项（二等奖1项、三等奖2项）。

组建“智能传感器”联合创新团队，联合东华大学、陕西长岭纺织机电科技有限公司等纺织领域优势企业和高校承担了国家重点研发计划项目“纱线生产关键工序质量在线检测传感器及系统应用”。

新获批省部级创新平台5个，恒天重工获批博士后科研工作站，入围第六批国家级工业设计中心，邵阳纺织机械有限公司（简称邵阳纺机）获批湖南省工业设计中心，无锡宏大纺织机械专件有限公司（简称无锡专件）获批江苏省企业技术中心，经纬智能纺织机械有限公司与山西大学共建山西省纺织装备数智化研发与应用技术创新中心。

青岛宏大入选国务院国资委科改示范企业。无锡专件获评第五批国家级专精特新“小巨人”企业，恒天重工、邵阳纺机、常德纺机3家企业获评省级单项冠军企业（产品），经纬新技术、立信门富士、天津宏大、常德摇架、中恒大耀和天复检测6家企业分别通过省级“专精特新”中小企业认定。

【安全生产】

2023年，恒天集团坚决贯彻习近平总书记关于安全生产的重要指示批示精神，全面落实党中央、国务院、国机集团安全生产的各项决策部署，将“人民至上、生命至上”的安全理念摆在工作的首要位置，深入开展重大事故隐患排查整治和安全管理强化年行动，坚决遏制重特大事故发生。

2023年，恒天集团全级次企业（含托管企业）重伤及以上事故为零，境外安全突发事件为零。共发生轻伤事故12起，较2022年下降50%，千人轻伤率1.2‰。未出现较大及以上生产安全责任事故、特种设备责任事故、火灾责任事故等，未发生对恒天集团造成不良影响的境内、外安全风险事件，实现了“三无”目标。

【党建工作】

1. 以政治建设为统领，坚定正确政治方向 恒天集团党委始终把深入学习贯彻习近平新时代中国特色社会主义思想和党的二十大精神作为首要政治任务，修订完善《恒天集团党委贯彻落实习近平总书记重要指示批示和党中央决策部署工作规定》，不折不扣地落实中心组学习首要议题制度和党委会“第一议题”制度，2023年组织中心组专题学习8次，党委会“第一议题”学习15次，引领推动党和国家重大决策部署在企业贯彻执行、习近平总书记关于本行业本领域重要指示批示精神在企业落地生根，扛牢纺机振兴大旗，坚定服务国家所需。

2. 扎实开展主题教育，赋能企业高质量发展 恒天集团党委聚焦“学思想、强党性、重实践、建新功”总要求，将深入开展主题教育与实现改革脱困和纺机振兴紧密结合，一体推进理论学习、调查研究、推动发展、检视整改、建章立制，各级党组织举办读书班、专题研讨会等理论学习130多场次，形成调查研究成果59个，摸排整改销号问题64个、完成专项整治13个，形成推动高质量发展文件74份，高标准推进主题教育贯穿全年党建工作，以学习教育成果凝心聚力、寻方抓药，赋能企业高质量发展。

3. 坚持“两个一以贯之”，促进党建经营深度融合 恒天集团党委动态优化党委前置研究讨论重大事项清单，规范精简“三会”程序，提高决策效率质量，2023年召开党委会40次、审议议题371项，研究重大决策事项155项，举旗定向、引领发展的能力得到增强。全年发展党员101人，其中35岁以下党员58人，一线党员68人，工人党员55人，为党组织输送了新鲜血液，促进党组织战斗堡垒作用发挥。深入推动“党建+”创建活动，围绕纺机创新、改革攻坚等难点问题，形成32个基层党建与生产经营融合提升典型案例，展现了“融合提升”成果，凝聚起改革发展智慧和力量。

4. 加强人才队伍建设，夯实纺机振兴人才基础 恒天集团党委大力推进总部及直管企业领导班子建设，注重培养选派专业干部和年轻干部，不断优化班子结构。加强优秀年轻干部梯队建设，形成两级后备干部梯队人才库。不断推动构建干部能上能下、员工能进能出、收入能增能减“三项机制”落地见效，2023年全级次企业总人数较年初减少2 926人，中层管理人员较年初减少138人，全级次企业内设机构较年初减少107个，集团人工成本总额同比下降18.72%；纺机企业管理人员占比减少2.08个百分点，技术研发人员占比增加4.12个百分点，人员结构不断优化。进一步健全激励约束机制，“一企一策”制定薪酬考核分配方案，建立健全科技创新激励机制，完善研发投入稳定增长长效机制，青岛宏大试点以科技型企业岗位分红方式开展激励取得积极成效，有效激发了恒天集团纺机振兴的动力与活力。

5. 落实全面从严治党责任，纵深推进党风廉政建设和反腐败工作 恒天集团党委牢牢把握全面从严治党这一根本保证，始终把准党风廉政建设和反腐败工作的政治方向，压实党风廉政建设责任，制定强化政治监督清单，聚焦“关键少数”，围绕重点领域，持续强化日常监督，驰而不息纠治“四风”，加固中央八项规定的堤坝。

深化正风肃纪反腐，坚决肃清张杰流毒余毒和恶劣影响，给予党纪处分 37 人次，组织处理 18 人次，相继配合有关监察机构对孙晓东、赵黎明、王泽民、汪宏伟、吴伟、卢铮 6 人开展监察调查并移交检察机关审查起诉，形成了惩治腐败的有力震慑。深化巡视巡察工作，积极推进完成各项整改任务。

6. 发挥党建引领群团作用，凝聚干事创业强大合力 恒天集团党委发挥党建引领作用，着眼职业发展长远规划，努力提升职工本领素养，高质量完成第一期“青马工程”，圆满承办国机集团钳工技能大赛，推动广泛开展职业技能大赛和岗位建功，深化产业工人队伍建设，涌现出一批高技能人才，3 人获聘国机集团首席技师。借助振兴纺机三年行动启动会、米兰纺机展和上海纺机展等契机，增强舆论宣传力度，为振兴纺机营声造势，有效提升了恒天集团纺机企业和产品的知名度和影响力，充分强化了恒天集团上下振兴纺机的坚定信心和必胜决心。

【信息化与数字化建设】

随着数字经济时代的到来，信息化建设和数字化转型成为企业高质量发展的重要引擎，恒天集团立足自身实际，努力提升信息化、数字化能力，并使之成为恒天集团在纺机领域构建持续竞争优势的关键。

开展纺纱行业全流程成套装备机器人和物联网技术应用，实现了机器人和物联网技术在纺纱典型行业的深度融合，创新研发了全流程纺纱智能制造核心技术、装备、工业软件及平台，极大提升了纺纱生产制造过程的整体自动化、信息化、智能化水平，形成了全流程智能化纺纱成套解决方案，达到了产品质量 100% 可追溯，万锭用工降低 70% 以上，生产效率提高 24.4% 的效果，取得了显著的经济和社会效益。

开发了基于工业物联网的智慧纺纱车间全流程管理系统，以智能纺机装备为基础，以工业物联网实时数据处理技术为依托，通过集成纺纱车间 ERP 等系统，建立了纺纱生产过程控制与企业经营融合的一体化管理平台，实现了原棉采购、生产计划、车间领料、工序报工、纱线质量控制、筒纱自动物流输送等全流程的业务环节贯通，提高了纺纱质量，降低了制造成本，提升了棉纺企业的经营效益。

纺纱行业全流程成套装备机器人和物联网技术应用、基于工业物联网的智慧纺纱车间全流程管理系统项目分别获得国务院国资委首届国企数字场景创新专业奖一、二等奖。

【履行社会责任】

1. 助力“一带一路”建设 恒天集团所属中纺对外公司控股 CBT（贝宁纺织公司）实施中国和贝宁两国政府的纺织领域重要合作项目，为解决贝宁棉花深加工与转化问题、繁荣贝宁经济和解决就业起到了重要作用。CBT 员工总数 1 200 人，投产 22 年来，已发展成为贝宁最大的纺织企业和聘用正式员工最多的制造企业，同时为贝宁培养了一大批当地纺织技术和管理人才，为促进贝宁民族工业发展、解决当地就业、出口创汇和繁荣贝宁国家经济做出了重大贡献。

自 2013 年起实施的援贝宁棉花技术援助项目，为贝宁农户带来了先进的棉花种植技术和农业机械，大大提高了效率，也提高了贝宁的棉花产量，达到了增产、增收的效果。

援贝宁棉花技术援助项目组积极履行向贝宁民间传递友谊的使命，通过组织慰问当地困难员工、为当地捐资助学、节假日与村民联欢、驻地员工节日亲子活动等，加深与受援国人民的密切联系，进一步扩大了项目影响。项目组工作之余利用现场剩余材料和挖掘机械，为附近村民修建简易足球场（命名为“友谊足球场”），组织附近村庄及帕拉库大学在内的 12 支球队，在农闲季节举行贝宁“村超”足球赛，并受到多方关注，为项目带来了积极的社会效益。

2. 乡村振兴 2023 年，恒天集团党委坚持以学习贯彻习近平总书记关于脱贫攻坚和乡村振兴的重要论述为统领，深入落实党中央、国务院国资委党委和国机集团党委关于做好定点帮扶乡村振兴工作部署，不断提升政治站位，认真布局，统筹安排，加强项目建设，强化监督检查，充分发挥驻村县帮扶干部组织领导作用，切实承担起帮扶责任，以完成帮扶项目建设为重点，研究确定年度工作计划，扎实有序做好助力山西省运城市平陆县乡村发展、乡村建设、乡村治理等重点工作，全力做好乡村振兴各项工作，推动平陆县乡村振兴取得新进展、农业农村现代化迈出新步伐。

2023 年，恒天集团定点帮扶平陆县乡村振兴共投入帮扶资金 770 万元，恒天集团落实帮扶资金 130 万元，实现消费帮扶超 870 万元、帮助销售超 1 170 万元。在农机装备、特色产业、人才培养、基础设施建设、公共服务、救急难六个方面，实施完成包括果园用小型拖拉机及配套农机具、果品深加工基地设备采购、现代农业产业示范园第三期、冬枣种植大棚项目技术人员培训、“三个课堂”完善工程、基层干部培训、辛店村村内道路硬化、传染病防控设备及设施、同舟工程“救急难”行动等 10 个帮扶项目，为推动平陆县扎实巩固拓展脱贫攻坚成果、全面实现乡村振兴贡献了恒天力量。

3. 消费帮扶 恒天集团工会向企业发出关于开展乡村振兴微帮扶活动的倡议，积极发动各企业工会参与消费扶贫工作，组织参加第二届“央企消费帮扶兴农周”活动，恒天集团所属企业采购集团 4 个定点帮扶片区农产品 191 万余元。

4. 爱心救助 恒天集团以党建群团工作为着力点，聚焦职工所望所盼，下大力气为职工办实事。加大困难帮扶力度，全级次企业 12 946 名职工向国机爱心基金捐款 118 万余元，为恒天集团所属企业 56 名职工积极申报患病资助、困难资助和助学资助，着力解决职工群众急难愁盼的问题。

中国福马机械集团有限公司

【基本概况】

2023 年，中国福马机械集团有限公司（简称中国福马）认真贯彻落实国机集团年度工作会议精神，坚持稳中求进工作总基调，紧密围绕目标任务，坚持聚焦主责主业，加快产业结构调整，深化企业内部改革，锚定年度目标任务，苦练内功强化重点项目突破，勤修外功积极耕耘市场，生产经营整体呈现稳中有进、进中提质的良好态势，顺利完成国机集团下达的主要考核指标，全年完成营业收入 23.28 亿元，同比增长 7%；完成利润总额 6 105.42 万元，同比增长 48%。

2023 年，中国福马（含国机重工）营业收入 45.04 亿元，实现利润总额 6 611 万元。

2023 年，中国福马以深入贯彻国机集团发展高端农林装备业务战略为指导，结合企业实际，主动对标一流企业，通过明确方向，优化结构，细化指标，明确措施，扎实完成“十四五”规划中期调整工作，切实增强了“战略规划”的指导意义和引领作用。

1. 农业机械板块发展根基更加坚实 积极承担打造高端农机现代产业链“链长”清单重点任务，高速插秧机保持稳步上升势头，2023 年实现销售 2 446 台，同比增长 12.46%；稻麦联合收获机实现从无到有的突破，全年实现销售 102 台；油菜毯状苗联合移栽机实现从首台成功下线到批量进入市场的跨越，市场占有率达 70%。

2. 林业机械板块回归本源成效显现 中国福马全力推进振兴林业机械工作，成立振兴林业机械领导小组和工作小组，制定《中国福马林业机械发展规划》，并全力推动规划落地实施，一是依托工程机械研发制造基础，完成多功能集材机厂内性能测试和样机整改工作；二是以新型风力灭火机为突破口，以打破德国斯蒂尔品牌在国内的领先地位为目标，专利分析、性能对比测试等工作有序推进中。

2023 年，森林防火机械实现营业收入 1.5 亿元，同比增长 15%，其中传统林机产品实现销售 8 497 台，同比增长 4.4%。

2023 年，人造板机械实现营业收入 7.6 亿元，同比增长 27.1%；实现利润总额 2 500 万元，同比增长 35.3%；生效 4 条刨花板连续压机生产线、23 条砂锯线、9 台非木质砂光机、60 台刨片机等项目。在造纸制浆领域持续发力，拥有自主知识产权同时适用木粉线和制浆线的最大规格 60in（1in=0.025 4m）热磨系统实现量化生产，10 万 t 化机浆工段的主要产品 58in 常压高浓磨系统实现销售。

3. 动力装备和车辆板块积极调整销售策略 加强开拓国外新兴市场和国内市场，前期出口订单下滑严重的局面在下半年得到明显改善，美国市场同比增长 6.7%，成功开发墨西哥、巴拿马、萨尔瓦多、多米尼加等新市场，中南美市场销售超 1 500 辆，2023 年实现销售 46 000 辆，同比保持增长。

4. 工程机械转型板块 努力克服国内市场持续低迷、国际市场竞争加剧等不利因素，持续深化改革，不断增强板块内生发展能力，经营性利润同比减亏 4 412 万元。2023 年国外市场销售形势较好，平地机出口同比增长 22%，挖掘机出口同比增长 76%，结构件出口同比增长 38%。同时，积极利用现有技术优势加快向农林机械转型升级。

5. 工程贸易板块 坚持品牌经营和贸易经营、线上线下相结合的方针，深挖海外需求，充分运用数字化营销手段，大力推进降本增效，工程机械出口业务利润再创新高，同比增长超 50%；传统机电贸易保持基本稳定；光伏发电业务安全有序开展，2023 年完成上网电量 4 300 万 kW · h。

加快国际化经营发展步伐，中国福马（含国机重工）2023 年对外贸易总额 21 515 万美元。其中，进口额 1 769 万美元，出口额 19 746 万美元；中国福马 2023 年对外贸易总额 12 343 万美元，其中进口额 247 万美元（同比下降 44.49%），出口额 12 096 万美元（与上年同期持平）。

【主要指标】

2022—2023 年中国福马主要经济指标完成情况见表 1。

表 1 2022—2023 年中国福马主要经济指标完成情况

指标名称	2022 年	2023 年	同比增长（%）
资产总额（万元）	387 160.51	383 579.63	-0.92
净资产（万元）	156 708.31	160 916.24	2.69
营业收入（万元）	217 457.13	232 811.09	7.06
利润总额（万元）	4 131.31	6 105.42	47.78
技术开发投入（万元）	9 208.6	9 938.67	7.93
利税总额（万元）	8 815.63	11 549.01	31.01
EVA 值（万元）	-1 786.07	162.66	增加 1 948.73 万元
全员劳动生产率 [万元 /（人 · 年）]	13.84	19.75	42.72
净资产收益率（%）	2.22	2.79	增加 0.57 个百分点
总资产报酬率（%）	1.59	1.99	增加 0.4 个百分点
国有资产保值增值率（%）	102.47	102.89	增加 0.42 个百分点

【改革发展】

中国福马上一轮国企改革三年行动工作收官，各项工作均取得较好成效和进展。同时，中国福马切实贯彻国机战略函〔2023〕205 号文件要求，组织制定了《中国福马改革深化提升行动工作方案及台账（2023—2025）》，形成 7 个方面、58 项具体改革事项，重点在产业布局、科技创新等方面做文章，明确提升核心竞争力、增强核心功能的重点举措。该方案已经中国福马 2023 年 11 月 30 日第 35 次党委会审议通过，上报国机集团审核通过后正式下发。

【重大项目】

中国福马提升了投资管理的严谨性和有效性，严格审核年度投资计划编制、年中投资计划调整工作，并做好过程跟进监督，投资完成额从2022年的4 419万元提升至超5 200万元，投资完成率从2022年的41.6%提升到70%以上；在国机集团年度投资管理工作评比中获得满分，排名从2022年的第7名提升至第1名，获得国机集团国机战略函〔2023〕244号通报表扬。一是积极推进各类投资项目审核和落实，光伏项目公司投资方案多次调整后获国机集团审批并进入正式建设阶段，后续建成转让将实现更好收益；林海雅马哈股权收购暨稻麦联合收获机产能提升项目已获国机集团投资审查委员会通过。二是确保专项投资资金规范使用，针对国有资本金投资进度缓慢被国机集团下发问询函督办事项，及时与国机集团沟通并积极协调推动林海股份有限公司顺利完成国有资本金的合规投资，编制并上报项目年度绩效评价报告。三是落实各企业按照规范要求进行投资管理，做好前期沟通，严格要求“报我所需，做我所报”，切实保证投资完成率。

【科技创新】

1. 科技创新平台建设 中国福马所属江苏林海动力机械集团有限公司（简称林海集团）和国机重工集团常林有限公司（简称常林公司）的国家级企业技术中心顺利通过国家发展改革委复评评价。林海集团的江苏省全地形车及动力工程技术研究中心顺利通过江苏省级工程技术研究中心绩效考核评价。常林公司移栽装备创新中心的建设取得突出进展。苏州苏福马机械有限公司省级企业技术中心和省级工程技术研究中心通过江苏省级工程技术研究中心绩效考核评价。

2. 科技创新成果 2023年10月13日，中国机械工业联合会和中国机械工程学会正式公布2023年度“机械工业科学技术奖”获奖项目。苏福马公司的基于过程数字化及工艺全自动控制的V4i宽幅砂光机项目荣获科技进步奖三等奖。该项目对标国际一流公司先进技术，基于现有M型宽幅技术和多年砂光机研发制造技术，围绕“高速化、精细化、标准化、模块化、清洁化、信息化”等主题打造了新一代砂光机系列机型。该设备具有砂光速度高、技术性能稳定可靠、外观精细和清洁生产等特点，适应与各种大产能、薄板人造板生产线配套，特别符合连续压机生产线配套要求。该项目的成功研发提升了国产宽幅砂光机在高速大产能、稳定可靠、精致设计、高端全自动等方面的技术水平，实现与国际先进水平全面对标，符合当前人造板行业大产能、高速度、绿色环保、节能降耗的发展趋势，以装备助推人造板工厂转型升级。

在上海2023国际木工展上，镇江中福马机械有限公司展出的二工段长刨花制备关键设备获得2023国际木工展优质展品奖银奖。该设备主要包括二工段鼓式削片机、环式刨片机等。二工段鼓式削片机采用特定形式的刀辊及与之匹配的筛网结构，可将原料切削成50～120mm的木片，满足二工段环式刨片机长刨花对大木片的需求，使木片合格率在80%以上。环式刨片机有固定刀环和旋转刀环两种形式，具有多种规格系列，可适应不同原料、不同产能的刨削需求。片状刨花筛分和厚度合格率均在80%以上，其中大刨花筛分值可达60%以上。该设备刨花形态好，合格率高，可为轻质超强刨花板提供更优质刨花。该设备已成功应用于香河天亚、四川建丰、云南新泽兴、菏泽茂盛、四川康贝德、广西乐林等厂家，其中刀辊直径2m鼓式削片机切削木片长度为50～80mm、80～120mm，已应用于鲁丽木业，取得了良好的经济效益，深受用户好评。

林海650全地形车荣获江苏省产品组·高端装备类优秀奖。2023年8月，江苏省工业和信息化厅公布了第九届“紫金奖·工业设计大赛”获奖名单，林海集团的650全地形车荣获产品组·高端装备类优秀奖。该产品技术含量高、质量优异，装配工艺规范，具备超过同类产品的人机交互识别与操作系统，充分满足客户对舒适性、便捷性的要求。在系列产品大角度V前脸造型的基础上，演化出更新颖、更流畅、更富有战斗性的外观。

3. 专利及制定国家标准方面 林海集团参与修订的 GB/T 20456—2023《便携式链锯 非手动触发式锯链制动器性能》、GB/T 18961—2023《便携式割灌机和割草机 词汇》国家标准发布实施。参与制定的 LY/T 3307—2022《以汽油机为动力的手推式割草松土两用机》行业标准发布实施，同时参与完成 2 项团体标准的制定。累计有效授权专利 175 件，其中发明专利 31 件、实用新型专利 118 件。2023 年，完成专利申请 11 件，其中发明专利4件；获得授权发明专利3件、实用新型 5 件、外观专利 3 件。

苏福马公司获发明专利 16 件、实用新型专利 57 件、软件著作权 6 件，另有 11 件发明专利处于实质审查阶段。

镇江中福马公司获授权发明专利 8 件、实用新型专利 46 件，另有 11 件发明专利处于实质审查阶段。

常林公司获得专利 11 件，其中发明专利 2 件，国家知识产权局授权专利 21 件，其中发明专利 3 件。

【安全生产】

2023 年，中国福马通过深入推进“安全管理强化年”“重大事故隐患专项排查整治 2023 行动”，落实安全生产“十五条硬措施”，扎实开展“标准化班组建设”等工作，各企业安全生产主体责任进一步落实，安全生产管理体系逐步完善，安全生产投入有效实施，本质安全水平逐步提高，“双重预防机制”建设稳步推进，安全生产标准化体系有效运行，境外安全风险管控更加强化，应急管理体系进一步健全。2023 年未发生轻伤及以上安全生产责任事故，保障了生产经营的平稳运行，实现了年初确定的安全生产责任目标，在国机集团 2023 年度安全生产责任目标完成情况考核中获得 A 级（优秀）。

1. 加强安全管理、安全教育培训 中国福马坚持问题导向和系统观念，深入查摆问题短板，制定了安全管理强化年实施计划和任务清单，通过科学统筹，层层压实责任，深入推进 6 项重点任务、58 项措施落实落地，完成了任务清单的工作内容。中国福马深入推进重大事故隐患排查整治行动，组织各企业开展危险因素再辨识、再评价，建立了较大重大危险因素清单，研究完善了管控措施；组织各企业对交通、危险化学品、消防、动火作业及外包外租等重要环节、部位、场所的事故隐患进行排查整治；完成了“镇江中福马 6 幢集体宿舍”重大事故隐患整改工作并形成闭环，建立了安全生产重大事故隐患台账和较大重大危险因素台账“两个清单”。

2023 年，中国福马各层级单位组织安全教育培训班 94 个、培训 7 945 人次、全员安全培训率 288%。“安全生产月”期间，中国福马党委理论学习中心组开展了“习近平总书记关于安全生产重要论述”专题学习；聘请泰州市红十字会的老师讲授应急救援知识，开展“红十字救护员证”取证培训；组织集中学习观看了 2023 年“安全月”主题视频、新《中华人民共和国安全生产法》条文解读等课程；积极参加“央企安全管理”主题征文活动，《种安全的种子，开幸福的花》（苏福马陈昌晶）、《岁岁年年》（花蕴芳）两篇文章获评三等奖。各企业精心制定学习宣传贯彻方案，采取线上线下多种形式创造性地开展安全生产宣传教育培训。充分利用宣传标语、黑板报、宣传挂图、安全宣传电子屏、OA 系统、微信公众号、公司内刊等开展宣传和报道，组织全员观看专题片，参加“链工宝 App”网络竞赛活动等形式，开展多方位和多角度的宣传教育活动。进一步牢固树立安全发展理念，增强广大职工从根本上消除事故隐患的思想自觉性和行动自觉性。

2. 落实“双重预防机制”，强化安全风险管控 2023 年，中国福马组织各企业对照《机械行业较大危险因素辨识与防范指导手册》等标准、规范开展危险源辨识评价工作，建立了较大及重大危险因素清单，将“危化品库房（区）防火防爆”“涂装作业”两项较大危险因素列入公司级较大及重大危险因素清单，制定了管控措施及检查方案。

2023 年，中国福马组织开展了春节前安全生产检查、安全月“四不两直”检查、年度安全生产综合大检查、第四季度各企业“轮转”互查等，并组织开展了环保设施、消防、汛期、厂内交通、燃气等专项隐患排查整治工作，其中由中国福马领导带队到现场检查10人次。在年度综合检查中，创新性地聘请外部专家加入检查组，从更为专业的角度为各企业“把脉问诊”，同时对公司各企业领导、中层管理人员、班组长等进行了闭卷考试，了解各层级人员安全生产“应知应会”知识点掌握情况。在年度历次检查中将较大及重大危害因素作为检查重点，确保较大安全风险可控在控。

3. 强化班组管理，夯实基层管理基础 中国福马积极推动开展标准化班组创建活动，组织各制造企业以《安全管理标准化示范班组评定标准（修订）》为指引，积极开展标准化班组创建。苏福马公司仓储中心班组、林海雅马哈机加工班组、联海公司发动机装配组获评2023年度安全管理标准化二级班组，常林公司所属常挖公司挖掘机车间钳工二班获得2023年度常州市“安康杯”竞赛优胜班组荣誉，通过开展标准化班组创建工作，进一步提升了班组长的责任意识和履职能力，为打通安全生产“最后一公里”夯实了基础。

4. 加强境外安全管理，提高应急处突能力 2023年，中国福马根据境外安全工作实际需要制定了《境外安全管理办法》和《境外突发事件应急预案》，完善了境外安全管理体系。加强源头管理，严控向极高风险、高风险、重点关注国别派员，对确有必要派出的，严格审批把关，全年完成对36个团组安全预案的审核；各相关企业按季度开展安保措施匹配性评估、应急演练和风险排查工作。中国福马组织出国人员参加“中央企业境外中方员工安全风险防范培训”并取得培训合格证书，各企业开展了针对派驻国别的风险防范、应急处置等相关培训。

【党建工作】

2023年，中国福马党委全面贯彻落实党的二十大精神，坚持夯实基础、迎难而上、蓄力奋斗。在国机集团的正确领导下，中国福马坚持以习近平新时代中国特色社会主义思想为指导，认真贯彻落实国机集团工作会议精神，坚持“锻造国机所长，服务国家所需”，扎实开展主题教育，全力配合国机集团党委巡视，突出主责主业，防范化解重大风险，增强核心功能、提升核心竞争能力的使命感和责任感均得到明显增强。

1. 不断加强党的政治建设，增强拥护“两个确立”、践行“两个维护”的政治能力和履职能力

（1）完善习近平总书记重要指示批示精神和党中央决策部署贯彻落实机制。认真学习、宣传、贯彻习近平新时代中国特色社会主义思想和中央重大决策部署以及上级党委工作要求，严格执行并修订完善公司“第一议题”落实制度，健全“任务分工、督办落实、抽查检查、定期报告、跟踪问效”的全链条工作机制，建立“第一议题”台账并跟踪问效。对十九大以来习近平总书记关于该企业的重要指示批示，对推进情况和举措成效进行梳理总结，不断巩固拓展成效。

（2）主动担当作为，积极对接国家战略。一是坚定服务国家林业高质量发展的初心使命，大力推进振兴林业机械工作，成立振兴林业机械领导小组和工作小组，制定《中国福马林业机械发展规划》，实施新型风力灭火机研发及产业化项目。二是进一步增强高速插秧机产业链韧性，实现高速插秧机重点零部件国产化替代；在做优做强插秧机的基础上延伸水田作业产品线，研制水稻收割机；持续丰富油菜移栽机产品系列，2ZXG-6A油菜毯状苗联合移栽机通过农机新产品验证，已批量生产并推向市场。三是坚决贯彻党中央关于全面推进乡村振兴战略的决策部署，2023年投入帮扶资金35万元，消费扶贫21.55万元。

（3）用党的创新理论武装头脑指导实践。认真制定、有效实施中国福马党委理论学习中心组年度学习计划，公司党委2023年开展党委理论学习中心组学习9次，内容聚焦主责主业工作目标任务完成、振兴林业机械装备、“十四五”规划中期调整等内容，突出“头雁”效应，提升研讨学习效果，凝聚共识。加强对集团公司各企业中心组学习的调研督导，召开党建工作推进会，通报问题、确保效果，不断提升中心组学习的成效。

2. 坚持锚定高质量发展目标，强化“六个结合”，扎实深入开展两批主题教育

（1）理论学习凝心铸魂筑牢根本。中国福马党委坚持把学习习近平新时代中国特色社会主义思想作为主线，开展读书班学习，组织党员干部原原本本精读研读指定书目，两批主题教育组织集中学习研讨 104 次，共计 145 人参加了学习研讨。读书班聚焦集团公司主责主业和改革发展，结合推进高端农机装备产业链“链长”建设、发展林业机械装备、服务制造强国和新型工业化等内容进行专题研讨，把党的创新理论贯彻落实到推动集团公司改革发展的各方面全过程。

（2）调查研究探索破解难题有效途径。党委注重理论与实践的结合和统一，在主题教育与企业发展实际上找准结合点和着力点。一是深入客户现场开展调研，前往大兴安岭地区，与林业机械产品终端客户和经销商进行面对面的交流，听取客户对产品质量、改进措施、功能需求等方面的意见建议，找准林业机械产品发展方向。二是深入下属企业基层一线，与基层职工座谈交流，系统了解中国福马各企业在技能人才队伍建设、企业经营风险的防范和化解、重点农业机械项目的研发和实施等方面的经验做法和存在的问题，深入分析解决企业高质量发展的难点痛点问题。

（3）从严从实整改落实检视问题。坚持把整改成效作为衡量主题教育成效的主要标志。紧扣企业实际，第一批主题教育查找出 7 个问题，制定整改措施 21 项；第二批主题教育查找出 29 个问题，制定整改措施 65 项。坚持上下联动，形成合力系统解决难题，两批主题教育检视问题全部完成销号。

（4）践行宗旨为职工办实事。巩固“我为群众办实事”长效机制，紧紧抓住职工群众最关心最直接最现实的利益问题，集中解决了一批职工群众急难愁盼问题，完成民生项目 22 项。总部解决交流借调人员职级待遇问题，交流借调人员的职级待遇得到明确，归属感增强，实现了总部和下属企业的进一步融合，保障总部各部门各项工作的正常运转。

3. 深入推进党建与经营业务深度融合，在中心任务中发挥基层党组织和党员作用

（1）党建引领推动完成企业改革发展重点目标任务。在构筑核心竞争力、做强做精主责主业上取得积极成效：林海高速插秧机 2023 年销售 2 500 台，同比增长 14.94%，集成无人驾驶系统和变量侧深施肥系统的智能化高速插秧机实现批量发货；稻麦联合收获机实现了从无到有的突破，2023 年销售 100 台；特种车辆 2023 年销售 4.6 万辆，同比保持增长。苏福马生效 4 条刨花板连续压机生产线，23 条砂锯线，9 台非木质砂光机，行业龙头地位进一步巩固。中福马在造纸制浆领域持续发力，拥有自主知识产权同时适用木粉线和制浆线的最大规格 60in（1in=25.4mm）热磨系统实现量化生产，10 万 t 化机浆工段的主要产品 58in 常压高浓磨系统实现销售。福马科贸加强国际市场开拓，向巴基斯坦农业部、柬埔寨商务部等积极推荐农业机械产品。宁夏振启光伏发电业务安全有序开展，2023 年完成上网电量 4 300 万 kW · h。常林公司向农林机械转型升级成效显现，实现油菜毯状苗移栽机销售 140 台，市场占有率达到 70% 以上。中工成套实施大宗贸易有序退出，大宗贸易业务累计销售收入比年初计划压降 4 亿元。国际公司利润总额 2023 年再创新高，同比增长超 50%。

（2）坚持大抓基层的鲜明导向，实施基层党建“七抓”工程。一是扎实推进基层党支部建设“百千工程”，组织全级次 42 个基层党支部进行标准化规范化建设自查，各基层党支部补短板强弱项提能力。选树报送 6 个示范党支部，总结梳理“党建 +”品牌案例，形成党建与业务融合的特色做法。二是在前期开展党的组织和党的工作全覆盖的基础上，持续加强排查，推动基层党组织“应建尽建”“应换尽换”，林海股份党委、林海集团党委、中工成套党总支、国际公司党总支完成换届。开展全级次 15 家混合所有制企业党组织设立、党的工作开展等情况排查梳理。三是落实党建工作考核评价机制，组织实施中国福马集团公司党委对子企业的党建现场检查工作，对 9 家企业反馈问题 50 个，督促对党建基础工作进行完善改进。强化全面从严治党主体责任，组织召开公司全面从严治党工作会、党建工作推进会，对基层党建工作中存在的问题进行通报，持续开展四个层面的党建述职工作，党建考评工作健全完善。

4. 不断强化党管干部、党管人才工作，为中国福马改革发展提供组织和人才保障

（1）在干部选拔和任用上突出选优选强。2023 年，中国福马共调整干部 143 人次，提拔中层干部 19 人，共提拔 4 名“80 后”干部、总部 2 名“80 后”交流到子企业领导班子任职，1 人退出领导岗位，对中国福马下属中福马公司总经理、国际公司副总经理进行系统内公开招聘，做到了干部能上能下，进一步优化了班子结构，整体推进了干部队伍建设。选拔一批懂业务会管理、勇于担当作为的“80 后”年轻干部走上领导岗位，从观念上“要我干”转变为“我要干”。

（2）完善制度体系，加大优秀年轻干部和后备干部的培养选拔力度。不断完善选人用人制度体系，为进一步规范选人用人工作、加强干部管理监督提供了基本遵循。认真贯彻落实《国机集团优秀年轻干部队伍建设实施意见》，制定了《中国福马机械集团有限公司党委关于深入推进“十四五”期间优秀年轻干部队伍建设实施方案》，不断加强年轻干部人才储备工作，大胆使用条件成熟的优秀年轻干部，特别是注重对“80后”“90 后”、专业岗位年轻干部的锻炼培养，形成结构合理、接续奋斗的良好梯队。

（3）加强人才队伍建设，支撑企业高质量发展。一是积极贯彻落实中国福马“十四五”人才建设规划，2023 年基本完成“十四五”人才队伍目标进度。二是修订中国福马高层次技能人才选聘管理办法，与泰州市技师学院签订战略合作协议，不断提升技能人才水平，补充技能人才后备队伍。2023 年，中国福马 1 人当选国机集团首席专家，1 人入选国机集团高级专家，1 人当选国机集团首席技师，1 人入选国机集团技术能手。三是大力引进高层次人才，2023 年，中国福马招聘 70 人，其中硕士 4 人，“211”高校毕业生 7 人，“双一流”高校毕业生 3 人。

5. 落实“两个责任”，全面从严治党向基层延伸 一是积极配合国机集团党委第一巡视组对中国福马现场巡视工作和中央巡视组下沉到中国福马的现场巡视工作，坚定不移地把深化上级巡视整改作为重要政治任务，对国机集团巡视发现的问题进行分解，落实责任部门责任单位，明确责任人，限定整改期限，切实将整改落到实处。国机集团巡视反馈的 16 个方面 40 个具体问题，制定整改措施 117 项，完成整改 101 项。二是按计划完成常规巡察、巡察“回头看”工作，2023 年完成了对宁夏振启、福马科贸的常规巡察工作和对国际公司、镇江中福马、中工成套的巡察“回头看”工作。三是科学研判、及时处置信访举报和问题线索，做到件件有回音，持之以恒地贯彻落实中央八项规定精神，构建纠治“四风”长效机制。

6. 聚焦中心任务，宣传思想工作凝心聚力 2023 年中国福马宣传思想文化工作展现新气象新作为。积极推进习近平文化思想等党的科学理论入脑入心。一是开展学习贯彻习近平新时代中国特色社会主义思想主题教育工作宣传，发布主题教育各类宣传稿件 40 余条，营造了浓厚的氛围。二是聚焦主责主业，在服务国家战略，推进党建与业务融合方面大力开展宣传报道，振兴林业机械发展战略研讨会受到广泛关注，油菜毯状苗联合移栽机助力冬油菜播种受到中国中央电视台《新闻直播间》关注报道，工程机械拓宽出海通道，挖掘机走俏海外，被《人民日报》海外版两次报道；积极开展“V4i 宽幅砂光机”荣获 2023 年“国际木工展”优质展品金奖、机械工业科学技术奖三等奖等科技创新成果宣传；学习宣传国机集团首席专家张荣山、国机集团首席技师吴霞民等福马榜样人物，弘扬工匠精神、劳模精神。三是加强新媒体选题策划，共推送各类文章 166 条，原创 137 条；加强和谐企业建设，推进文化融合，举办跨岗位新闻宣传业务培训班，加强通讯员队伍建设，提高业务能力。中国福马自有宣传载体 2023 年发布各类新闻稿件 601 条，被国机集团采用稿件 90 条，在国机集团 29 家下属单位中排名第 13 位。

【信息化与数字化建设】

中国福马高度重视信息化和数字化建设工作，在网络安全、信息化建设和数字化转型方面做了大量卓有成效的工作。

1. 网络安全方面 一是圆满完成公安部 2023 年实战攻防演练工作。中国福马未发生系统被攻破和通过中国福马攻击国机集团的现象，根据国机集团反馈，中国福马防守工作取得了优秀成绩，并将成功经验在国机集团内部做了分享。通过演练，摸清家底，成功收敛防守战线，实现联防联控，多方协同作战，有效提高了中国福马网络安全防护能力。二是加强网络安全宣传贯彻工作和意识培训。充分利用实战攻防演练和“国家网络安全宣传周”契机，广泛开展网络安全宣传教育和培训，增强集团全员网络安全意识，年度内完成一次全员网络安全宣传教育或培训。三是制定网络安全应急预案，定期开展网络安全应急演练。协同做好国家重大活动、重要节假日网络安全值班值守。结合攻防演练，在集团内开展了网络安全自查和监督检查。

2. 信息化建设方面 一是按计划完成网络、网络安全整改和私有云平台建设，以及集团数据中心一期建设，并投入正常运行，配套落地各项制度和管理规范。根据运行情况制定优化提升方案。二是着手开展子企业系统上收迁移调研，制定了上收工作规范和方案，并试点推行。三是完成总部新视频会议系统平台建设验收工作，制修订了相关制度和管理办法。通过该平台可以节省昂贵的差旅、通信费用，并能够使中国福马可以随时随地召集会议，在短时间内做出决策。四是完成中国福马（含所属企业）协同办公、业务一体化平台及与司库系统（与财务部门协同）的方案制定，因国机集团有相关安排，项目暂停。五是优化网信管理制度和相关措施，建立健全信息运行平台，完善网络安全与信息化管理、标准和安全三个保障体系建设。六是制定推进自主可控应用工作方案，建立软件资产管理标准和规范，组织开展操作系统、办公软件和部分工业软件集中采购和应用培训，稳步推进使用正版软件工作。七是完成集团总部 IPv6 规模化部署与信息化建设一体集成工作。

3. 数字化转型方面 积极开展数字化转型调研工作，召开了中国福马装备制造板块网信和数字化工作会议，形成集团数字化转型思路，下一步制定集团数字化转型规划及行动计划。

【履行社会责任】

中国福马积极履行社会责任，在践行新发展理念、构建新发展格局中，积极响应、践行习近平生态文明思想，落实国机集团能源节约与环境保护工作要求，助力“双碳”目标实现。

1. 在应对气候变化方面 一是 2023 年碳达峰碳中和、能源节约与生态环境保护主要指标完成良好。万元产值（可比价）综合能耗为 0.025 978t 标准煤，万元营业收入（可比价）综合能耗为 0.000 854 5t 标准煤，二氧化硫排放量为 3.8t，COD 排放量为 19t、万元产值二氧化碳排放（可比价）为 0.096 8t 二氧化碳当量，均完成国机集团下达的考核指标。二是节能环保资金投入情况。2023 年度各企业投入节能环保资金 615.65 万元，主要用于设备节能改造、油烟排放净化、生态环境监测、危废贮存设施整改、危废处置、节能产品开发、突发环境事件应急预案编制等方面。各企业根据相关规定，2023 年度缴纳环保税 19.67 万元。三是碳达峰碳中和、能源节约与生态环境保护工作取得一定成果。林海集团严格控制摩托车试车汽油、机械加工切削液等用量，提高循环利用率，减少物料消耗。苏福马公司开展“绿色改造”活动，用边角料和废物进行废物利用和工艺小改善来提高效率；做好用户现场物资的重复利用和回收，已完成对 9 个用户现场 37 项 21 种细分物料进行回收。国际公司开展“绿色改造”，将原需超高 35mm 装箱部件不断优化高度，一项小改进预计 2023 年节省物流成本逾 40 万元。各企业着力控制和削减现有污染物的排放，加强现有环保设备设施管理。苏福马公司对喷涂车间进行了综合性整顿，完成了环保设备保养检修、对管网进行了彻底清洁；完成了福祥厂区应急池的建设，对雨污管网进行了一次全面排查整改；在冷焊工段添置了移动废气收集设施，减少了焊接工段烟尘废气的无组织排放；在喷涂废气处理风机口安装消声器，减轻噪声污染；为新添置的激光切割机安装了除尘装置，减少粉尘颗粒物的排放。常林公司按要求开展年度排污监测工作，确保废水、废气等达标排放；持续推进废气治理设施升级改造工作，安装废气在线监测设备；合规合法贮存、转移处置固废，积极改善作业环境。镇江中福马公司投入 20 余万元对现有雨污水管道故障严重和雨污分流不清的部位进行改造，目前正在施工中。

2. 在绿色运营方面 一是获得绿色设计荣誉。2023 年 9 月，在中国机械工业联合会组织开展的“合力杯”第二届全国机械工业产品质量创新大赛中，林海集团申报的 T-BOSS 系列节能环保型多功能全地形车项目荣获优秀奖。该系列产品采用领先的动力技术，实现了低排放、低油耗、低噪声的目标，并取得了经济效益和社会效益的双丰收。林海集团研发节能环保型发动机，通过减少阻力改善车辆的空气动力学性能、使用轻质材料减轻车辆重量等措施来提高燃油效率并减少碳排放。二是以发展新质生产力为抓手，积极开辟新领域新赛道。苏福马公司以城市废布料为原料压制成建筑模板的连续压机技术项目于 2023 年 10 月 8 日实现首板下线。这是全球首条 6ft（1ft=0.304 8m）布料纤维板连续压机生产线，标志着公司连续压机向新材料、新工艺制板领域迈出了坚实的一步。该生产线通过废旧服装以及制衣剩余物的回收利用制成可重复使用的板材，为中国废旧服装以及制衣剩余物找到了一条可持续发展的环保之路，也是国企践行国家绿色制造与双碳循环经济的实践样本。以日产 $300m^3$ 的连续平压热压机生产线为例，与焚烧处理相比，每天可减排二氧化碳 300t。同时，大大减少了木材消耗量，为国家顺利实现碳中和目标做出了积极贡献。镇江中福马研发的新型高得率节能型木质纤维制备系统作为国内首台国产高得率、低功耗的纤维板生产装备，进一步降低了磨浆功耗、提高了纤维得率，在同等运行条件下，整个系统可以降低电耗 10% 左右，已被纤维板生产线广泛使用。宁夏振启光伏发电公司 2023 年向电网累计输送清洁电力 4 330.64 万 kW · h，相当于综合能源消费量节约 0.532 2 万 t 标准煤。

3. 在减少能源消耗方面 一是有序淘汰落后产能，处置高能耗高污染设备。苏福马公司报废 104 台各类设备，处置金额合计 82.195 6 万元。镇江中福马公司组织设备管理、安全环保等部门对设备设施进行效能评估，淘汰导轨磨、龙门剪板机、中型卧式车床等高耗能、高排放的老旧设备 20 台。天津林工机械有限公司带锯条生产线涉及热处理工艺，为能耗大户，2023 年采取集中连续开炉、增加保温层、错峰用电等措施，大幅降低了能耗、减少了污染物排放。常林公司淘汰处置落后、低效产能设备设施，采用设备多次挂网竞拍的方式，2023 年度共处置设备 26 台，处置价格合计 24.455 万元，超出净值 38%，效果较好；新采购高效、先进设备设施 3 套。二是推动传统产业优化升级，加速电动产品研发。林海集团新研发了 3 款电动特种车辆，其中 1 款 LH80DA，使用 7.5kW 永磁同步电动机、72V150A · h 的磷酸铁锂电池已批量生产；另外 2 款 CU400W6/CU400W8，也已经完成研发，并各试制了 6 辆车并通过了测试，即将批量生产。常林公司借助平台化设计，已形成较为丰富的电动工程机械产品序列：单电动机 5t，双电动机 5t、6t、7t 电动装载机，26t 电动挖掘机，30t 电动压路机，无人滑移装载机等电动化智能化工程装备产品，已批量推向市场实现订单式生产。

中国海洋航空集团有限公司

2023 年，中国海洋航空集团有限公司（简称中国海航）党委坚持以习近平新时代中国特色社会主义思想为指导，认真学习贯彻落实党的二十大和中央经济工作会议精神，按照国机集团和国机工程集团年度工作会议部署，按照中央企业要增强核心功能、提升核心竞争力的要求，高标准开展主题教育，扎实推进整体改革工作。全面启动新一轮改革深化提升行动，系统梳理调整“十四五”发展规划，持续优化业务结构，有效化解重大风险。对标世界一流企业提升管理能力，明确目标，主动作为，全年改革发展和党的建设各项工作取得了一定的成绩。

统一思想认识，为推动整体改革决定打下扎实的思想基础。中国海航党委把统一思想认识、凝聚改革发展共识作为推动整体改革工作的先决条件。公司党委第一时间召开会议认真学习整体改革决定精神，研究贯彻落实整体改革工作思路，成立了公司整体改革领导小组以及工作机构，在国机工程集团统一领导下，推动中国海航整体改革各项工作任务的组织实施。在工作会、战略研讨会、董事会现场会议中，中国海航多次就推动整体改革决定进行宣贯和部署，引导全体干部职工统一思想、提高站位，整体改革工作，取得较好的效果。

持续调整优化业务结构，“一体两翼”发展格局初显成效。根据国机集团和国机工程集团对中国海航战略定位的调整，中国海航立足自身内外部环境变化和自身资源禀赋，持续调整优化业务结构，各业务板块均呈现良好发展势头。

持续强化中央企业功能定位，围绕国机集团和国机工程集团战略谋篇布局。中国海航深刻领会国机集团锻造三支力量和国机工程集团打造世界一流的工程承包和产业发展综合服务商的战略部署，主动寻求变革，吐故纳新，以新机制促企业重生，以新动能引领企业发展。

全面开展党建品牌创建，在品牌创建中规范基层党组织建设。持续开展“一企一工程”党建品牌创建活动，全力构建“党建有特色，品牌入人心”的党建新格局；推进支部规范化标准化建设，开展第三批示范党支部和第一批党员示范岗选树和创建活动，评选中国海航优秀共产党员、优秀党务工作者和先进基层党组织。加强党员教育培训。

【基本概况】

2023 年，中国海航实现营业收入 56.46 亿元，同比增长 1.11%；利润总额 4 540 万元，同比增加 18 310 万元；净利润 493 万元，同比增加 18 328 万元；资产负债率 78.94%，同比降低 1.93 个百分点；全员劳动生产率 24.44 万元 /（人・年），同比提高 13.44 万元 /（人・年）；研发经费投入强度 1.24%，同比提高 0.03 个百分点；净资产收益率 0.46%，同比提高 17 个百分点；营业现金比率 -3%，同比减少 5.5 个百分点。

剔除会计政策调整影响，2023 年中国海航完成营业收入 56.46 亿元，同比增长 1.11%；利润总额 11 978 万元，同比增加 25 748 万元；净利润 7 931 万元，同比增加 25 766 万元；全员劳动生产率 27.37 万元 /（人・年），同比提高 16.37 万元 /（人・年）；研发经费投入强度 1.24%，同比提高 0.03 个百分点；净资产收益率 7.38%，同比提高 23.92 个百分点；营业现金比率 -3%，同比降低 5.5 个百分点。

【主要指标】

2023 年中国海航主要经济指标完成情况见表 1。

表 1　2023 年中国海航主要经济指标完成情况

指标名称	2022 年	2023 年	同比增长（%）
资产总额（万元）	563 304.13	508 894.80	-9.66
净资产（万元）	107 775.21	107 149.81	-0.58
营业收入（万元）	558 385.13	564 578.97	1.11
利润总额（万元）	-13 769.66	4 539.98	增加 18 309.64 万元
技术开发投入（万元）	6 733.73	7 002.78	4.00
利税总额（万元）	-124.82	18 756.76	增加 18 881.58 万元
EVA 值（万元）	-18 998.51	-216.19	增加 18 782.32 万元
全员劳动生产率 [万元 /（人·年）]	11.00	24.44	增加 13.44 万元 /（人·年）
净资产收益率（%）	-16.54	0.46	增加 17.00 个百分点
总资产报酬率（%）	-2.02	1.66	增加 3.68 个百分点
国有资产保值增值率（%）	75.96	89.15	增加 13.19 个百分点

【改革发展】

1. 采取切实举措，工程业务改革有序推进
按照整体改革决定的要求，中国海航明确总部不再承接新的工程业务，同时大力支持中海总局在业务融合、财务保障、模式再造、总部迁址等方面开展相关工作。2023 年 9 月 22 日，中海总局总部顺利迁址浙江省宁波市并预挂牌，圆满完成阶段性工作任务。2023 年 12 月 29 日，完成中海总局 1.932 3 亿元债转股工作，有效充实了中海总局的资本实力。

2. 持续开展深化改革　按照国机集团统一部署，全面启动新一轮深化改革提升行动，制定 5 大类 62 项具体改革举措，涵盖战略投资、战略性新兴产业布局、资源重组、国际化经营、数字化转型、资源整合、公司治理以及党的建设各个方面，为中国海航未来高质量发展打下扎实的基础。

3. 主动作为，加大对非优势业务的整合和调整　主动推进航运业务改革脱困。针对航运企业市场环境严峻、资金链薄弱、转型能力不足的现状，成立航运公司改革专班，由公司领导班子成员任负责人，一揽子推进航运公司改革脱困。加大同类型业务整合力度，将广东海俊公司和广东广海公司两家企业通过托管方式进行重组，压缩管理成本，提升管理效益；将海南中洋、海南榆海两家企业法人、董事长交由一人兼任，积极推进两家企业业务融合；调整秦皇岛海企管控方式，由中国海航总部直接管理。

4. 积极开展对标世界一流企业价值创造行动、专业领军企业梯度培育等各项重点改革任务　出台一批改革举措和方案，取得阶段性的实效。

5. 完善中国海航业绩考核体系建设　针对原制度运行中发现的问题，制定《中国海航总部职能部门员工绩效考核管理实施办法》《中国海洋航空集团有限公司年度评优评奖指导意见》和《中国海洋航空集团有限公司总部年度评优评奖指导意见》，建立有效的激励机制，推动中国海航持续、健康发展。持续推进所属企业领导班子建设，做好选人用人工作，2023 年新提任下属企业领导班子正职 2 人。集团总部及下属企业领导班子共提拔和调整人员 87 人次，进一步优化领导人员队伍结构。

【重大项目】

1. 2023 年重大决策

（1）2 月 13 日，中国海航第四届董事会第八十二次会议审议通过《关于海虹实业所属今辰医药申请筹建办公和仓储用房的议案》。

（2）3 月 29 日，中国海航第四届董事会第八十四次会议审议通过《关于推荐中信海直董事人选建议的议案》。

（3）7月25日，中国海航第四届董事会第八十八次会议审议通过《关于海虹实业申请在中白工业园投资设立全资子公司的议案》。

（4）9月1日，中国海航第四届董事会第九十次会议审议通过《关于集团总部在厦门银行办理续授信2亿元的议案》。

（5）11月2日，中国海航第四届董事会（2023-6）次临时会议审议通过《关于上海海虹实业（集团）有限公司对上海虹海物业管理有限公司实施吸收合并的议案》。

（6）12月18日，中国海航第四届董事会第九十三次会议审议通过《中国海洋航空集团有限公司法律纠纷案件管理办法》《中国海洋航空集团有限公司法律工作管理办法》。

2. 重大项目、对外投资与经营等进展情况

海虹实业在中白工业园新设子公司，中海总局1.932 3亿元债转股项目顺利获批。中国海航加强投资项目事中监管和事后评价，组织开展对海虹实业及所属医药企业的投资管理专项检查工作，对重大项目（巢湖今辰医药产业园一期工程）进行月度跟踪，及时监控投资项目进展情况和结果，做好项目实施过程中的风险监控、预警和处置；对所属参股企业中海云科开展投资后评价，明确下一步要求。加强投资计划管理，投资计划完成率不断提高。2023年中国海航共投资约3.4亿元，完成率为76.59%。

【国际合作】

在白俄罗斯中白工业园区成立全资子公司白俄罗斯海虹医疗科技有限公司，总投资额为50万美元，主营业务包括3D打印医疗器械的研发、制造和销售。白俄海虹医疗应邀拜访明斯克市卫生委员会，并与明斯克第八医院签署合作协议。

【科技创新】

科技创新能力实现突破。中国海航贯彻执行《科技活动项目管理规定》，促进科技研发活动开展和技术成果推广应用，全系统研发经费投入强度达3.4%，实现考核目标；下属上海海虹实业（集团）巢湖今辰药业有限公司2023年申请专利14项，参与制修订国家标准1项、行业标准4项，有效提升了核心竞争能力；青岛海青机械有限公司完成抗弯曲铜铝焊接接头新模具试验验证，有效提升了工作效率。

【安全生产】

中国海航大力弘扬生命至上、安全第一的思想，专题组织学习习近平总书记关于安全生产的重要论述，将安全生产法律法规纳入理论学习中心组学习，建立健全“党管安全”工作机制，压紧压实安全生产责任，强化安全文化建设，筑牢安全支撑底线，坚持高质量发展与高水平安全的良性互动。

中国海航认真落实职业病防治主体责任，定期对职业危害因素进行检验检测（检验检测评估报告报当地安全生产监督管理部门备案），为接触职业危害品的员工进行职业健康体检；定期更新不符合防护要求的劳动用品；定期维护职业健康档案。2023年，中国海航未发现疑似职业病和职业禁忌证。

中国海航将危险因素辨识作为年度安全生产重点工作，定期组织开展危险因素辨识和风险评价工作，分类、分项、分级建立台账，针对危险源制定防控措施。针对道路旅客运输单位，建立重要风险点清单、JHA风险评价表和SCL风险评价表，将重大危险因素辨识、管控纳入安全生产标准化建设、专项整治和日常监管，不断加大安全管控和检查力度，安全管理人员每月进行一次全覆盖车辆检查，填报车辆检查表；每周对60辆车进行数据分析排查，驾驶员每天自查三次，完成一日三检表，每天出车前必须填报客运驾驶员安全告诫确认表。针对船舶运输单位，制定了14个操作须知和15个应急演练方案，在各风险点设置警示标识，指定责任人定期对风险点进行巡视巡察，按照“船舶年度演习计划”和“船岸年度联合演习计划”，每个月开展3～5个科目的全船演习，确保船员熟练掌握应急操作。

中国海航总部主要负责人、安全生产分管领导、安全管理人员及所属二级企业负责人、安全管理人员全部完成安全管理类的资格培训和取证任务，安全管理持证率 100%。

【党建工作】

2023 年，中国海航党委坚持以习近平新时代中国特色社会主义思想为指导，深入学习贯彻党的二十大精神以及中央纪委第二十届二次全会精神，以党的政治建设为统领，认真开展学习贯彻习近平新时代中国特色社会主义思想主题教育（简称主题教育），全面落实党的政治建设、思想建设、组织建设、作风建设和纪律建设，将制度建设贯穿其中，深入推进党风廉政建设和反腐败工作，各项工作取得显著成果。

1. 主题教育方面 压实工作责任，成立中国海航党委主题教育领导小组及办公室，制定实施方案。强化理论学习，聚焦重点任务进行深入研讨、凝聚共识、统一思想。坚持问题导向，围绕“瘦身健体”、转型发展及资源整合等课题，深入基层单位开展调研，坚持高标准严要求，高质量开好专题民主生活会。

2. 坚持党对国有企业的领导方面 坚持两个“一以贯之”，持续推动党的领导融入公司治理。2023 年召开党委会 37 次，研究重大事项 191 件。修订完善党委会议事规则、决策事项及权限表，提高议事规范化、制度化和科学化水平。

创新工作机制，推动党建工作与生产经营的深度融合。进一步完善“双向进入、交叉任职”领导体制，严格落实党委会前置研究“三重一大”事项。进一步更新“党建和经营工作易发问题清单”。召开总部经营管理与党建工作月度例会，做到党建工作和经营工作同谋划、同部署、同落实、同检查、同考核，一体推进管理机制的相融合互促进。

3. 思想建设方面 抓好“第一议题”和“首要议题”学习，筑牢思想根基。2023 年，党委会共开展“第一议题”学习 21 项，并逐项制定落实举措。组织党委理论学习中心组集中学习研讨 9 次、自主学习 1 次，提高领导班子成员的政治素质、理论水平和工作能力。

持续开展党性党风党纪教育，开展纪检干部教育整顿和违反中央八项规定精神问题专项治理，开展“以案促改、举一反三”，从源头防治腐败和不正之风。

加强党对意识形态工作的领导，为企业营造干事创业的良好环境。制定思想宣传工作计划，安排年度重点工作，研究撰写《中国海航 2023 年度政治生态分析报告》，提出做好新形势下中国海航意识形态工作的具体对策。

4. 人才队伍建设方面 完善人才管理体系，为企业改革发展提供强有力的人才保障。制定《中国海航“十四五”人才队伍建设规划目标》，全面修订领导人员管理办法、评优评奖指导意见以及总部员工绩效考核管理办法等制度。

严格落实干部选拔任用程序，进一步优化干部队伍结构。落实“十四五”人才目标，修订年轻干部选拔计划。严格落实干部选拔任用纪实工作制度。完成 3 家下属企业领导班子任期换届考核工作，开展 5 人次干部人才交流工作，组织开展中国海航总部相关部门副部长的招聘工作，拓宽选人用人渠道。对总部及下属企业领导班子任免、调整 76 人次，其中新提拔任用中层副职及以上干部 3 人，平均年龄 41.7 岁，干部队伍结构得到进一步优化。

加强干部人才培训培养，提高干部队伍的综合素质。采取线上＋线下方式，安排企业管理、党的建设、廉洁自律、财务管理等多方位的教育培训，2023 年开展培训 50 余次，参训人员 2 000 人次。

5. 基层党组织建设方面 加强“三基”建设，提升基层党组织的战斗堡垒作用。完成 7 个基层党组织的到期换届。在线开展基层党务干部和纪检干部培训，认真开展组织生活会和民主评议党员工作。严格执行党建工作责任制、述职评议等各项制度，强化责任意识和履职意识。

全面开展党建品牌创建，在品牌创建中规范基层党组织建设。持续开展“一企一工程”党建品牌创建活动，开展第三批示范党支部和第一批党员示范岗选树和创建活动，向国机集团报送“百千工程”示范党支部和第一批党员示范岗。推选中国海航优秀共产党员、优秀党务工作者和先进基层党组织，2 名共产党员、1 名党务工作者和 1 个基层党组织受到国机集团表彰。

加强党员教育培训，规范党员发展和党费使用。制定年度党员培训计划，采取线上线下方式，开展党员教育培训，参加培训人员超 700 人次。认真做好党员发展工作，2023 年度共发展党员 7 名。

6. 作风建设方面 积极开展调查研究，切实解决存在的问题。班子成员深入基层一线，了解企业存在的深层次问题，提出合理化建议，推动影响企业改革发展的难点堵点问题和群众急难愁盼问题的解决。

强化重点检查，持之以恒加强作风建设。制定印发《中国海航党委关于持续深化落实中央八项规定精神 进一步加强工作作风的实施办法》，推动作风建设向纵深开展。

加强统战群团等工作，确保党对统战和群团工作的领导。制定印发《中国海航党委 2023 年统战工作要点》，进一步压紧压实各所属企业统战工作主体责任。扎实开展两轮专项行动，筑牢企业政治防线。做好统战工作有关信息和管理工作。开展对青年团员的主题教育，进一步激发团员青年干事创业的热忱。组织联学联建活动，开展“奋进新时代，建功新征程”主题实践活动，向国机集团推荐第二批“青马工程”人员，参加国机集团集中培训。

7. 强化党风廉政建设和反腐败工作，“不敢腐、不能腐、不想腐”体制机制建设得到进一步一体推进 强化责任落实，积极开展廉洁宣传教育。拟定《中国海航党委 2023 年党风廉政建设和反腐败工作要点和任务》。积极参加国机集团“新风讲堂”纪检知识讲座，利用廉洁教育宣传月，开展经常性全面从严治党宣传教育。定期开展党风党纪和警示教育，大力开展纪律教育，组织开展“廉洁宣传教育月”活动，召开“廉洁警示教育大会”，组织观看警示教育视频，下属企业同步开展宣传教育活动。

领导并支持纪委从严监督执纪问责，严格纪律约束。围绕贯彻落实党的二十大精神、习近平总书记重要讲话和指示批示精神、“十四五”规划实施等重点事项开展监督。组织全系统开展违反中央八项规定精神问题专项治理。严把选人用人关，办理党风廉政意见回复。严肃开展执纪，精准运用“四种形态”，特别是在第一种形态上下功夫。召开“大监督”工作体系联席会议，发挥各职能部门专业监督作用。组织开展 2023 年中国海航跨境腐败治理工作，制定了工作要点和实施计划表。

8. 制度建设方面 加强工作指导，层层压实管党治党责任。制定党建和纪检工作要点，召开党建工作推进会，研究和部署党建和纪检工作。召开党委会，专题研究全面从严治党工作，分析研判形势，研究解决瓶颈和短板问题，提出改进措施。对照从严治党主体责任清单，组织中国海航党委班子成员开展党建述职评议、下属企业领导班子成员述职述廉、党组织书记和纪委书记述职考核、总部支部书记述职考评等工作。与相关企业领导、总部部门领导以及关键岗位人员签署“党风廉政建设工作责任书”和“廉洁承诺书”，压实党建纪检工作责任。认真落实约谈制度，党委书记和纪委书记采用集体约谈、下基层联系点约谈和日常约谈等方式，就全面从严治党主体责任与本级和下级企业负责人约谈。

强化党建现场检查，建立支部工作经常性督查机制。围绕“六大建设”，对所属企业党建工作情况进行全面现场考核评价，考核评价结果作为对领导班子总体评价和对领导干部选拔任用、实绩评价、激励约束的重要依据。按照《中国海航总部党支部考核评价暂行办法》，组织对总部党支部书记的述职评议工作，定期对总部支部进行检查，并结合检查结果对支部书记进行评分，进一步强化支部书记履职尽职意识。

9. 巡视巡察 巡察工作领导小组和党委会审议对海虹实业和中海国旅的巡察报告，召开巡察反馈会，参加巡察整改专题民主生活会。制定《中国海航党委巡察五年规划（2023—2027）》《中国海航党委巡察工作领导小组工作规则》以及《巡察办公室与党委组织部协作配合的实施办法》。持续跟踪上一轮巡察问题的整改进展，结合党建现场考核评价，对下属企业开展巡察整改工作“回头看”。

坚持“三不腐”一体推进，强化标本兼治、综合治理。持续加大执纪力度。2023年，各级纪检机构收到信访举报、问题线索18件，涉及人员59人次、单位4家。谈话提醒、批评教育49人次，党纪处分6人（警告处分4人、严重警告处分1人、撤销党内职务1人），受处分人员数量较往年明显增加。

“两级”纪委联动办案。实行“两级”纪委联合办案模式，发挥下属纪委熟悉企业情况、了解经营管理模式的优势，广泛听取相关部门专业人员的意见，节约办案时间、提高办案效率。

严格落实“三个区分开来”。坚持严管和厚爱结合、力度与温度并重原则，对于个人没有不廉洁行为，但由于经营模式、行业特点和标准而发生的不规范行为，严格落实“三个区分开来”，有力地保护干部干事创业热情。

【信息化与数字化建设】

广泛使用视频会议系统，切实实现降本增效。同时确保重要会议精神和工作部署能第一时间传递到各级企业。会议期间系统运行稳定，取得良好效果。

落实网络安全与信息化调研工作。持续强化网络安全保障、减少网络暴露面、协同推进国机集团一体化管控平台建设。

积极推进医药企业数字化转型工作。所属天龙制药大力开展数字化营销，旗下产品乐珠®滴眼液在京东和阿里两大平台的销售额均实现大幅增长。

开展涉密信息系统建设，完成总部涉密环境改造，加强涉密要害部位的识别和涉密人员的管理，顺利通过现场测评。

【履行社会责任】

积极参与“国机爱心日”捐助活动，全系统职工自愿捐献一日工资共计22万余元，发放爱心基金款15万元，落实定点帮扶和消费帮扶共53万元，为进博会、广交会等提供优质保障服务。

中国地质装备集团有限公司

【基本概况】

2023年，中国地质装备集团有限公司（简称中地装集团）自觉践行“学思想、强党性、重实践、建新功”的总体要求，高标准开展习近平新时代中国特色社会主义思想主题教育，高站位谋划改革创新发展，围绕“新一轮找矿突破战略行动”积极布局、抢抓机遇、应对挑战，狠抓各项重点工作推进与落实，取得了新进展和新成效。

中地装集团总体经营运行呈现“进”的态势，2023年利润总额、经济增加值、全员劳动生产率、净资产收益率、研发经费投入强度等指标均超额完成国机集团考核目标。

【主要指标】

2023年，中地装集团实现营业收入60 141万元，同比增加4 978万元，同比增长9.0%。营业总成本为66 932万元，同比增加1 646万元，同比增长2.5%。其中，营业成本36 611万元，期间费用28 384万元，税金及附加1 937万元。成本费用总额占营业收入111.3%。利润总额5 451万元，同比减少429万元，同比下降7.3%。2022—2023年中地装集团主要经济指标完成情况见表1。

表 1　2022—2023 年中地装集团主要经济指标完成情况

指标名称	2022 年	2023 年	同比增长（%）
资产总额（万元）	159 122	165 563	4.0
净资产（万元）	70 326	77 041	9.5
营业收入（万元）	55 163	60 141	9.0
利润总额（万元）	5 880	5 451	-7.3
技术开发投入（万元）	5 392	5 773	7.1
利税总额（万元）	10 082	10 190	1.1
EVA 值（万元）	2 977	4 174	40.2
全员劳动生产率 [万元 /（人・年）]	22.2	23.7	6.8
净资产收益率（%）	4.8	6.3	1.5
总资产报酬率（%）	3.9	3.5	-0.4
国有资产保值增值率（%）	106.5	108.2	1.7

【改革发展】

按照国机集团部署，编制完成中地装集团改革深化提升行动实施方案（2023—2025 年），部署实施 50 项具体改革任务，明确了改革深化提升的“任务单、时间表、路线图”。按计划完成海光公司员工股权激励改革。顺利推动瘦身健体工作，完成 1 家企业吸收合并，启动 1 家企业股权处置。推进内部深化改革。进一步加强经理层成员任期制和契约化管理。深化“三项制度”改革，调整组织结构，优化绩效考核管理，强化刚性考核兑现，增强了干部职工干事创业的动力与活力。优化公司治理，加强董事会建设，清晰界定董事会、党委、经理层等治理主体的权责，分类规范了“三重一大”决策事项权限，重建优化了决策流程。

成功协调国机集团与中国地质调查局签署战略合作协议。按照协议约定，双方将围绕科技创新平台建设、关键核心技术攻关、高端装备推广应用等方面深化合作，共同服务新一轮找矿突破战略行动。中地装集团作为该战略协议的具体承接单位，积极推动协议落实落地，积极协调参与国家深地探测、深部找矿等重大专项实施，牵头组织开展全国地勘单位找矿装备调研，参加自主研发装备推广清单编制和论证，共 10 余类产品成功纳入“推广一批”的第一期清单。

对“十四五”规划进行优化调整，确定了“134”发展战略，即：以锚定支撑和保障国家资源能源安全为主线，实施找矿突破支撑行动、国际市场开拓行动和新兴业务拓展行动，推进分析仪器跨越、物探仪器登高、钻采装备提升、海洋勘查装备突破计划，全力推进高精尖勘查装备国产化替代，通过培育细分领域单项冠军企业，建设具有综合竞争力的地质装备领军企业。

【科技创新】

2023 年，中地装集团坚持“锻造国机所长，服务国家所需”，立足本行业本领域积极创新，勇于实践，做出新的贡献。

1. 共建科技创新平台　自然资源部深地实验室深部探测装备基地在中地装集团挂牌落户，为推动国家、地方和行业重大科研项目实施以及深地技术装备创新升级创造了条件。

2. 组织实施科技项目　承担的国家科技项目、国务院国资委“1025”二期攻关工程及国机集团青年科技基金项目正常推进，并参与服务国家“探极”和“揽月”战略实施；国家自然科学基金项目“复杂地质钻进过程智能控制”项目顺利通过验收；轻量化模块液压岩心钻机等 7 个科技发展基金支持项目进展顺利。

3. 多项科技成果获奖　深部矿产资源勘探技术与装备项目荣获自然资源科学技术进步奖特

等奖；高精度重力测量仪获得国家专项支持；研究院产品研发团队获得自然资源部“资源能源领域智能化钻探装备创新团队”称号；海光公司荣获“第三届中国实验室绿色技术突出贡献奖”；2023 年累计获得授权专利 42 项，其中授权发明专利 8 项；“一种深孔用电传动立轴钻机”发明专利获得 2023 年度国机集团优秀专利奖三等奖。

4. 产品支撑能力增强 国产高精度重力仪首次出征南极，助力完成我国第 39 次南极科考任务；国内最大吨位（650t）数字化大口径套管下放系统投入使用，支撑和服务国家区域储能电站建设；承担的新疆某部坚硬岩隧道智能岩心钻机及配套系统研制、山东地质六队的强化地质钻探核心能力建设项目为找矿空间拓展再立新功。

5. 积极谋划产品研发 针对找矿突破重点应用场景，编制成套产品解决方案，形成地质装备发展三年行动方案，明确了发展路线和重点方向。突出钻探装备、物探仪器、分析仪器三大主导产品板块，围绕全力推进高精尖勘查装备国产化替代，分类部署了 55 个项目。

【经营管理】

1. 加强市场开拓 与自然资源部、中国地质调查局及相关省市地勘单位、行业用户、兄弟单位、科研院所进行 20 余次密集调研和互动走访，加强上下游业务对接与合作洽谈；组织参加石油装备展会、地热大会展览、国际矿业大会、中国地质调查局野外条件保障现场展、中国智能地质装备技术发展论坛、地质灾害防治技术装备成果交流会、全国探矿工程学术交流年会等 10 余次行业重大展会和交流活动，让用户更加清晰地了解中地装集团的产品与服务；持续跟踪收集行业招标信息，累计发布 42 期 2 200 余条信息，为企业投标竞标做好服务。

2. 强化财务提升 完成司库系统建设上线，强化了全面预算管理和预算执行情况分析，协调做好相关企业资产评估管理、不动产管理、税务管理、融资担保等工作；完成了 6 家企业财务总监委派；加强了资金集中度管理，全口径资金集中度超 90%，完成国机集团考核指标。

3. 强化合规管控 完成合规管理专项治理、虚假贸易排查整治专项行动、案件管理三年提升行动，加强了合规管理和风险防控组织体系、机构队伍、制度机制建设；做好法律服务工作，开展了瘦身健体、改革改制等专项工作合规审查，对重大风险案件、重大经营风险进行定期监测和分析报告；全面完成审计计划项目 28 项，并按期完成审计署审计发现的问题的整改工作。

4. 强化安全生产 围绕安全管理“六个强化”，落实安全责任制，组织开展安全教育 15 场、应急演练 18 次、安全培训 114 次，扎实开展安全管理强化年、重大事故隐患排查整治和岁末年初安全大检查等专项行动；积极抓好节能环保、“双碳”管理。荣获国机集团 2023 年度安全生产考核 A 级（优秀）。

【党建工作】

1. 强化主题教育，淬炼理论武装见行见效

（1）把压实责任贯穿始终。牢固树立“一盘棋”思想，分两批开展主题教育，坚决扛起组织者、参与者“双重职责”。

（2）把理论学习贯穿始终。建立党委统领、支部响应、党员互促学习机制，营造深入学、认真悟的浓厚氛围。累计落实党委会第一议题、中心组学习首要议题 37 次。各级领导班子讲党课 46 次，组织辅导学习、支部交流 143 次。

（3）把调查研究贯穿始终。为做到直奔问题去、带着成果回，策划制定 5 个表格文件，规范调研方式。各级领导班子组织座谈 65 次，个人访谈 154 余人次，梳理问题 93 个，形成调研报告 38 份。

（4）把检视整改贯穿始终。针对两批主题教育检视的 39 个问题，制定的 85 项整改措施，已全面完成整改。

（5）把推动发展贯穿始终。坚持以学促干，2023 年利润总额、经济增加值等指标超额完成国机集团考核目标，新签产品合同总额同比增长 22%。

（6）把建章立制贯穿始终。坚持“当下改”“长久立”，持续巩固深化主题教育成果常态长效，建立健全制度 21 项。

2. 强化党建提升，党建工作质量向上向好

（1）进一步压实党建责任。制定党委工作要点，明确 41 项党建任务。专题研究党建工作 10 次，领导班子督导联系点党建 20 余次。严格落实党建述职评议，构建部署、督促、述评考核工作闭环。完成 11 家下属企业党建考核评价全覆盖，强化结果运用，激发强党建促发展内生动力。

（2）积极推进落实“百千工程”。树立大抓基层的鲜明导向，制定“七抓”工程的实施意见，开展党支部标准化规范化建设“回头看”，抓好排查问题整改落实。选育 6 个基层党支部作为示范创建对象，推荐 3 个基层党支部参加国机集团“百千工程”评选。

（3）扎实推动“两融合”。紧紧围绕做强做精主责主业，开展党建 + 品牌创建活动，形成 10 个典型案例并进行交流分享，推动各领域相融并进、同向发力。其中，衡探公司生产一支部的“发挥战斗堡垒作用，助力重点工作落实落地”、研究院第二支部的“磨砺金刚钻，敢揽瓷器活”入选国机集团 100 个示范案例；中地装集团的“聚焦‘专精特新’，积极服务新一轮找矿突破行动”入选国机集团贯彻落实党的二十大精神案例选编。

（4）深入贯彻落实全国组织工作会议精神。制定“十四五”人才规划，签订目标责任书。推进干部能上能下，新提任干部平均年龄为 39.5 岁，40 岁以下年轻干部占比达到 20%，中层干部调整退出占比达 10% 以上。

3. 强化正风肃纪，管党治党责任压紧压实

（1）扎实开展重点领域专项监督。紧盯安全生产、瘦身健体、巡察整改、审计整改、专项整治等重点任务的实施，从政治上加强监督，推动政治监督具体化、精准化、常态化。围绕重点工作确定专项监督任务，开展专项监督检查 3 项。

（2）持续强化日常监督。编制巡察五年规划，建立了 45 人的巡察人才库，完成 1 家企业政治巡察。与各级组织签订《党风廉政建设责任书》《廉洁承诺书》42 份。做细做实“一把手”和领导班子“关键少数”监督，把好选人用人关，动态更新廉政档案 43 份，2023 年回复党风廉政意见 15 人次。运用“四种形态”抓好执纪监督，全年开展工作约谈及谈心谈话 38 人次。

（3）一体推进“三不腐”。开展违反中央八项规定精神专项检查，督促相关部门完善公务接待、公务差旅、公车管理等制度。严禁公车私用，紧盯节假日等重要节点，采取“四不两直”方式开展京内企业全覆盖公车封存情况现场检查。扎实做好问题线索处置工作。坚持有案必查、有案严查，全力推进问题线索处置工作，2023 年受理问题线索 15 件，其中已处置问题线索 8 件，给予纪律处分 1 人次，采取批评教育类组织措施处理 11 人次，并结合发现的问题及时下发纪律检查意见书 3 份。

（4）加强廉洁文化建设。组织 475 人次参加警示教育大会以及法院旁听庭审，教育引导党员干部特别是领导干部以案示警、以案为戒、以案促改。

4. 强化合力，宣传及群团工作有声有色

（1）加强新闻宣传。2023 年利用网站、报纸、微信公众号编辑发布新闻稿件 230 余篇，刊发《中地装工作动态》12 期，全面展现生产经营、改革发展、党的建设等各项工作成效。

（2）聚焦服务职工、履行社会责任。开展“爱心一日捐”及爱心基金申报，落实好重要节日职工福利、定点乡村振兴资金帮扶以及消费扶贫产品采购发放工作。积极举办乒乓球、健步走、拔河等各类文体活动，切实丰富职工精神文化生活。

（3）推动青年岗位建功工作。积极开展“青年素养提升工程”和“青马工程”。开展团史知识竞赛活动 3 次，多种形式的青年大讨论 21 次，引导青年聚焦中心工作，助力企业高质量发展。持续开展“爱企业、献良策、做贡献”活动。

【履行社会责任】

2023 年，中地装集团持续助力乡村振兴，足额落实山西省平陆县定点帮扶资金 15 万元。同时，加大消费帮扶力度，积极采购集团 4 个定点帮扶县的农产品，在“送清凉”“送健康”等专项活动以及职工福利慰问品采购中，优先采购援扶地区农产品，形成浓厚的消费帮扶氛围。

中国机械工业建设集团有限公司

【基本概况】

2023年是中国机械工业建设集团有限公司（简称中机建设）成立70周年。中机建设坚持以习近平新时代中国特色社会主义思想为指导，牢牢把握高质量发展首要任务，高标准推进主题教育，高质量完成“十四五”规划中期调整，启动改革深化提升行动，开展市场机会研究，培育特色优势业务，抢抓发展机遇，推进转型发展，深化改革创新，实施提质增效专项行动，防范化解重大风险，改革发展和党的建设各项工作取得了新进展新成绩。

精准谋篇，高位布局，发展路径更加清晰。深入学习宣传贯彻党的二十大精神，迅速推进学习贯彻习近平新时代中国特色社会主义思想主题教育各项工作进项目、进班组、全覆盖，加速学习成效转化为企业发展实效。调整“十四五”规划，锚定“国内一流、国际知名的工程公司”久久为功；大力推进区域化经营、专业化发展，聚焦核心主业、拓展转型业务，积极“锻造国机所长、服务国家所需”。

聚焦主责，改革兴业，发展根基更加牢固。开展政策和市场机会研究，培育特色优势业务，锻造长板。积极融入国机工程集团，融合发展理念模式落地生根，在服务新型工业化、新型城镇化、高质量共建“一带一路”等方面高歌猛进。深入推进落实“两个一以贯之”，加强制度建设、规范机制运作，企业治理体系进一步健全，治理能力稳步提升。加快数字化转型，建设项目信息化管理平台，实现项目管理高效协同。

担当有为，争先进位，发展成果更加优质。确立“价值创造”目标导向，以高目标牵引激发更大动能，高标准要求锻造更强能力，主要指标持续领跑。大批区域和行业名片项目标杆打造成效突出，捧回鲁班奖、国家优质工程金奖，喜获安装之星，荣膺全国焊接大奖，有力彰显了发展的高质量。2023年未发生违反国家安全生产法规和行业标准的生产安全事件，未发生从业人员伤亡的生产安全事故，未发生职业病伤害事件，荣获国机集团安全生产单项奖。

【主要指标】

2023年，中机建设资产总额95.88亿元，实现营业收入114.35亿元，利润总额0.16亿元（包含当年政策影响 -15 851.85万元）。成本费用占主营收入比重98.31%，经济增加值（EVA）11 204.82万元，净资产收益率1.48%，2023年完成合同成交额261 971.83万美元，完成进出口总额285.69万美元。

项目履约情况良好，截至2023年12月底，全系统在建项目820项，实现企业总产值119.57亿元，其中境内项目实现产值占93.74%，境外项目实现产值占6.26%。完工项目获得项目业主好评。2022—2023年中机建设主要经济指标完成情况见表1。

表1　2022—2023年中机建设主要经济指标完成情况

指标名称	2022年	2023年	同比增长（%）
资产总额（万元）	774 309.96	958 808.12	23.83
净资产（万元）	126 752.68	123 815.75	-2.32
营业收入（万元）	1 115 415.53	1 143 531.73	2.52

（续）

指标名称	2022 年	2023 年	同比增长（%）
利润总额（万元）	13 436.64	1 646.81	-87.74
技术开发投入（万元）	23 392.12	27 818.08	18.92
利税总额（万元）	16 620.82	22 417.30	34.87
EVA 值（万元）	21 701.81	11 204.82	-48.37
全员劳动生产率 [万元 /（人 · 年）]	19.75	18.26	-7.54
净资产收益率（%）	9.83	1.48	减少8.35个百分点
总资产报酬率（%）	3.49	1.57	减少1.92个百分点
国有资本保值增值率（%）	113.01	101.98	减少11.03个百分点

【生产经营】

1. 服务国家战略取得新成效 公司积极服务新型工业化，承接了万华（蓬莱）新材料低碳产业园（二期）、哈电集团高温气冷堆蒸发器建设项目等一批新型产业园、高端装备、新材料项目，新签合同额占比 39.31%；积极服务新型城镇化，新签建筑及市政工程合同占比 45.59%；积极参与高质量共建“一带一路”，承接援巴哈马国家体育场维修改造等项目；积极服务绿色低碳转型，承接四川省德阳市经开区再生资源利用园区等项目，新签合同额占比 2.68%；积极服务国防建设，承接 0903001 二标段工程总承包等军民融合项目，合同额同比增长 66.6%，占比 8.47%。

2. 转型发展取得新进展 公司开展政策与市场机会研究，发布 5 期市场机会研究简报，引领转型发展方向。持续深化区域转型，优化经营布局，深耕区域市场，新增西北、琼桂滇重点区域，九大区域新签合同额占比 97.77%。工融结合转型取得新突破，通过协调金融机构资源，对接建设方融资需求，带动工程承包合同额占比 31.58%。工程总承包转型成果丰硕，不断提升工程总承包五大能力，新签合同额同比增长 158.3%，占比 57.10%，提前完成“十四五”工程总承包占比 50% 的目标。

3. 持续强化工程集团内部协同合作 公司与中设集团联合签订河南新乡市红旗区四中及小北街城市更新合同，荣获国机工程集团业务协同奖；与中机联合联合签订酒泉金泉农业科技养殖基地 EPC 项目，年度协同合同额同比增长 25.87%。

4. 项目执行能力不断提升，重大项目进展顺利 公司扎实推进项目执行能力建设。组织编制《工程总承包管理手册》，开展工程总承包观摩交流。公司项目管理信息系统实现了新开工项目 100% 线上管理，并与采购电子平台、资金管理、财务 NCC 系统功能集成，采购电子平台实现全系统使用，覆盖 100%。

公司重点项目进展顺利。湛江文化中心 A、B 馆 1 400t 钢结构连廊顺利合龙，是湛江首例、国内罕见的钢结构连体平台和屋面网壳两种结构体系一次提升。惠州金龙大道快速化改造工程被评为 2023 年度广东省市政优良样板工程。烟台卫生健康职业学院项目获评山东省工程质量管理标准化示范工程（优质结构工程）。服务雄安新区的荣东区安居工程配套供热（冷）工程 4 号供热中心站竣工验收。阿尔及利亚斯基克达油气港改扩建项目圆满完成 M3 标段 LNG 冷循环试运行工作。伊拉克九区油气中央处理设施项目进入施工高峰期，油包加气包即将达到机械竣工的目标。烟台市蓬莱区惠民小区安置房项目实现交付使用。齐河梦溪园二期施工总承包项目完成所有楼栋主体验收。万华化学高性能材料创新中心荣获山东省优质结构工程奖。盐田港拖车综合服务中心项目克服地质灾害影响，西禾路高架桥实现合龙，3 号综合服务楼具备交验条件。丽水莲都白桥白口双创中心主体结构建设工作有序推进。

【改革发展】

1. 全面推进深改工作落实落地 公司制定

《改革深化提升行动实施方案》，确定了六大类改革任务，48 项重点工作。修订印发“三重一大”决策制度及事项清单，落实公司董事会向经理层授权制度，推动三项制度改革，加快健全市场化经营机制建设，强化收入与绩效挂钩导向，完善“一利五率”薪酬考核体系，推进风控、内控、合规一体化建设，加快完善公司治理体系，全面推进深改工作落实落地。

2. 公司高质量完成“十四五”规划中期调整 贯彻新征程国资中央企业的新使命、新定位，顺应内外部形势新变化，对接落实国机集团、国机工程集团战略规划要求，明确公司战略新定位，调整规划目标和战略举措，引领转型发展，努力锻造国机所长，服务国家所需。

3. 公司持续推动资源优化配置 瘦身健体工作取得成效，1 家企业完成吸收合并、1 家企业完成挂牌转让、3 家企业正在注销中。加大投资参股整治力度，启动广州恒和清算注销工作，2 家三年未分红企业实现分红。

【科技创新】

1. 科技创新成果丰硕 公司召开全系统科技质量大会，组建专业技术委员会，开展专业技术大讲堂，提升科技创新能力。全系统立项科技课题 137 项，结题 62 项。发布企业级工法 29 项，获评省部级工法 15 项；获得中国安装协会评价科技成果 16 项，其中 4 项成果达到国际先进水平；获国家授权专利 73 项，其中发明专利 3 项；获省部级 BIM 奖 3 项，湛江文化中心项目复杂结构及双曲屋盖工程 BIM 技术应用荣获广东省 BIM 应用大赛一等奖；主持修订国家标准 1 项，发布 1 项团体标准，完成 5 项国家标准复审工作，发布企业标准 13 项。荣获国机工程集团创先争优奖。

2. 强化全过程质量管理 公司管理体系持续优化，顺利通过管理体系监督审核，获得历年最好的审核结论。开展质量月活动，全系统在建工程项目 793 个，顾客综合满意度 93.4%，已交付工程项目客户满意度 95.2%。全系统获市级以上质量奖共 40 项，其中省级质量奖 22 项。获颁光明文化艺术中心项目建设工程鲁班奖和深圳市东部环保电厂项目国家优质工程奖金奖 2 项国家级奖项。

3. 资质提升行动取得新进展 公司制定资质提升三年行动计划，2023 年完成 20 项资质升级、3 项新增资质。总部建筑工程施工总承包特级资质、钢结构制造特级资质等 9 项资质顺利通过年审和延续换证。

4. 特色优势业务培育顺利启动 公司制定特色优势业务培育计划，明确培育方向 18 项，开展培育工作经验交流分享。全系统加大目标领域市场开发和技术创新，特色业务领域科技立项 33 项，授权实用新型专利 19 项，发明专利 1 项，形成省部级工法 3 部，取得一定成果。

【经营管理】

1.“三精管理”助推企业发展 公司对标“三精管理”找差距，查摆了管理的短板弱项，明确了精益化管理的目标方向。总部治理更加规范，价值创造能力有所提升；事业部业务能力不断增强，重组后的第三事业部面貌一新，实体化分公司发展势头强劲，正成为公司新的利润中心。

2. 财务三年提升行动初见成效 截至 2023 年年底，公司应收账款存量压减 47%，存货存量压减 70%，非正常两金压降 30%，年末担保余额同比压减 14.6%，可归集口径资金集中度 94.17%，均完成国机集团下达的管理目标。全级次单位均已上线司库系统，20 个功能模块完成初始化数据导入工作。

3. 坚持人才强企，高素质干部人才队伍不断优化 公司召开组织人事工作会议，完成 4 家子企业班子换届，提拔重用年轻干部 8 人，公司党委管理干部“80 后”占 30.4%，“85 后”占 8.8%。公司开展第三批优秀年轻干部选拔，选拔四层次人选 460 人，组织优秀年轻干部培训班，参训 95 人。公司持续建强“五支”人才队伍，新增一级建造师 133 人，项目技术负责人等各类专业人才同比增长 9%。10 人入选国机集团高层次科技人才库，2 人入选技能大师人才库，5 人入选技能专家人才库，1 人获得国机集团首席技师荣誉称号，1 人获评北京市优秀建造师。

4. 安全生产持续平稳运行 2023 年，公司以安全管理强化年、重大事故隐患排查整治行动为主线，紧盯危大工程，强化安全生产双重预防机制，2023年未发生重伤以上生产安全责任事故，圆满完成全年安全生产责任目标任务，荣获“国机集团2023年度安全生产奖”。公司开展安全文明标准化工地、绿色示范工地创建活动，荣获中国安装协会“安全生产月”宣传活动先进单位、“安康杯”竞赛优胜单位称号，全系统获得省部级安全文明奖6项，市级安全文明奖8项。伊拉克九区油气项目实现300万安全人工时。

5. 防范法律合规风险 公司组织项目履约法律风险专题培训，总结10起典型案件，以案释法，以案促管。印发压存控增三年行动方案，推动案件处置，新疆庆华项目推动部分以物抵债，取得3.61亿元设备资产所有权；西安九鼎项目一审胜诉，确认了公司2.03亿元的债权及优先受偿权。发布“合规管理办法”，结合ISO 37301合规管理体系，修订发布16个合规管理实施意见。

【党建工作】

组织开展两批次主题教育。推动理论学习入脑入心、调查研究见行见效、整改整治动真碰硬，查摆的51项问题、139条措施全部销号，一批发展所需、改革所急、基层所盼、民心所向的问题得到了解决。北京西绒线胡同13号楼改造成为在京中央企业老旧小区综合整治首个完工项目，获各方好评。

扎实做好宣传文化工作。开展“风华七十载，奋进新时代”系列活动，召开5个区域客户交流会和总结表彰大会，表彰新时代杰出人物和品牌工程，发布新版《企业文化手册》，改版官方网站，开通微信视频号，公众号，发布新闻信息240余条，关注人数突破万人，企业影响力、员工向心力和凝聚力进一步提高。

加强基层组织建设，推动党建与业务深度融合。聚焦基层党建“七抓”工程和“百千工程”，发布《党建标准化规范化建设手册》，开展基层示范党支部、党建试点项目第一批验收和第二批选树培育；组织全系统党务干部培训班，编制《党建与业务融合案例汇编》，引导基层党组织党建与业务融合从“有形”向“有效”转变。

深入推进党风廉政建设和反腐败工作。推进政治监督和日常监督具体化、精准化、常态化，开展违反中央八项规定精神问题专项整治工作，持续纠“四风”、树新风，一体推进“三不腐”，处置问题线索30件，处理10人。

扎实做好巡视巡察和专项整治整改工作。配合做好国机集团党委巡视工作，针对反馈问题制定整改措施，扎实推进真改实改，完成阶段性整改任务。督导3家单位党组织完成巡察整改工作，启动新一轮内部巡察工作，完成对2家下属单位的常规巡察。

做好群团统战工作，积极履行社会责任。团委圆满完成换届工作，组织青年讲堂、青年市场营销技能大赛等，伊拉克卡尔巴拉项目完成全国青年安全生产示范岗备案；召开统战成员座谈会，统战人士围绕中心工作开展调研，2篇报告被国机集团收录；为定点帮扶四川省广元市朝天片区投入帮扶资金80万元，全系统“以购代销”48万余元，中机一建、中国三安、安装学院党委积极承接地方政府帮扶工作。

国机财务有限责任公司

【基本概况】

国机财务有限责任公司（简称国机财务）成立于2003年9月。经过20多年的发展，成长为业绩稳定、资质齐全、产品丰富、服务高效、内控健全、队伍精干的专业化金融机构。作为国机集团持牌非银金融机构，国机财务坚守助力国机集团高质量发展的综合金融服务专家的战略定位，专心打造国机集团金融服务平台、资金结算归集平台、金融资源整合调度平台、金融风险管控平台“四大平台”功能，坚持把服务实体经济作为根本宗旨，努力成为服务一流、管理一流、创新一流的财务公司，成为国机集团成员企业信赖的金融合作伙伴，以优质金融服务，助推国机集团高质量发展。

【主要指标】

2022—2023 年国机财务主要经济指标完成情况见表 1。

表 1　2022—2023 年国机财务主要经济指标完成情况

指标名称	2022 年	2023 年	同比增长（%）
资产总额（万元）	4 903 663.79	4 804 204.15	-2.03
净资产（万元）	395 488.67	410 005.37	3.67
营业收入（万元）	89 552.14	95 975.66	7.17
利润总额（万元）	39 581.09	31 839.02	-19.56
技术开发投入（万元）	—	1 620.52	—
利税总额（万元）	43 566.99	35 820.08	-17.78
EVA 值（万元）	7 780.75	870.05	-88.82
全员劳动生产率 [万元 /（人·年）]	736.72	452.46	-38.58
净资产收益率（%）	8.68	6.23	减少 2.45 个百分点
总资产报酬率（%）	0.84	0.66	减少 0.18 个百分点
国有资产保值增值率（%）	109.18	106.32	减少 2.86 个百分点

【经营发展】

国机财务坚持稳中求进工作总基调，紧跟国机集团奋进节拍，服务集团主责主业方向更明、四个平台功能建设更强、数字化转型推进更快，高质量发展步伐走得更稳，实现利润总额 3.18 亿元，按原口径的全口径资金集中度达 55%、按新口径的全口径资金集中度 62%，可归集资金集中度 93%，内部贷款占比 32%，全面完成 2023 年度经营目标，贷款规模、日均存款、外汇存款、结算规模、资金集中度等主要指标再创历史新高。

【金融服务】

1. 牢记金融政治属性，积极跟进集团战略需要　针对国机集团振兴纺织机械三年行动、农机装备高质量发展、碳达峰行动等制定《“振兴纺织机械三年行动”金融服务方案》《助力集团成员企业推进落实碳达峰碳中和工作的服务方案》等配套金融服务方案，为纺织机械企业提供专项授信额度 13 亿元；为中国一拖农机销售提供金融服务规模 13 亿元；发放绿色贷款 14.2 亿元，在人民银行北京市分行开展的绿色金融评价中获最高等级“好”的评价。

2. 深入对接企业需求，助力集团降杠杆降成本　对二级企业进行全覆盖式走访调研，积极对接符合国机集团战略及公司信贷策略的需求，做到“应贷尽贷”，2023 年发放各类贷款 302.9 亿元，同比增长 53.2 亿元；年末各项贷款余额 190.2 亿元，同比增长 35.1 亿元。加大外部高息贷款置换和内部贷款挖潜，做到“应替早替”，累计替代国机集团外部银行贷款 38.5 亿元，替换内部不合规借款 11.5 亿元，占信贷投放总量的 15.2%；优化调整授信方案，协助企业解决不合规担保 8.2 亿元。

3. 完善信贷产品体系，助力国机集团发展新质生产力　发布“强基础、锻所长”专项贷款产品“技术攻关贷”“专精特新贷”，累计向中国农机院、国机智能、国机精工等企业发放各类产品贷 11.2 亿元，有力支持国机集团关键核心技术项目及专精特新、制造业“单项冠军”等企业发展。创新开展知识产权质押融资，为桂林电科院提供 2 000 万元贷款，积极赋能科技自立自强。

4. 深耕产业链金融服务，助力集团“稳链、固链” 打造农业产业链金融服务样本，通过深入开展走访一拖东方红客户、对营销人员开展产品金融业务培训、参加经销商年会、开展金融产品专题宣介推广等方式，使产业链金融业务规模增长 16%，重点区域业务渗透率保持上升态势，其中黑龙江北大荒用户融资同比增长 2 倍，为持续深化农业产业链金融服务提供了有益的经验。打好票据业务产业链金融服务组合拳，为中国一拖、苏美达技贸、中自控等成员企业新增产业链融资 10.9 亿元，为中国一拖、国机重装、中国电器院等企业累计办理承兑 79 亿元、1.9 万笔，有力地保障国机集团相关产业链的稳定畅通。

【资金结算归集】

1. 扩面提质、强化分析，存款规模、资金集中度实现“双提升” 以全口径资金提升为目标，制定《关于提高全口径资金集中度的工作方案》，聚焦增加归集范围，开展成员企业梳理，实现法人级成员企业在国机财务公司账户的“应开尽开”，对国机集团未并表的成员单位开展吸存工作，扩大了资金归集覆盖面，年末法人数达 791 家；聚焦降低不可归集资金规模，常态化监测数据合理性和变动性，及时向国机集团报告异动情况，降低不可归集资金 53 亿元；聚焦提升归集意愿，加强资金动态分析，按季度跟踪评估存款定价方案，制定个性化资金归集方案，提供有竞争力的存款价格；发挥资金池服务二级企业母子公司资金集中管理需求，新增入池企业 2 家，助力其加强资金管控。通过“一拓一降一提”措施的有力推动，公司日均存款规模达到 366 亿元，较 2022 年提升 8.9%；境外资金归集金额首次突破 10 亿元，月末时点归集平均值增长 35%。

2. 拓宽渠道、完善功能，结算主渠道作用实现新跃升 着力拓宽国机财务公司支付结算网络，完成中国进出口银行、宁波银行直连，推进国家开发银行、农业开发银行直连，拓展直连银行范围；开通中国农业银行代理支付功能，代理支付银行增至 5 家。着力深化一体化资金池政策优势，先后为成员企业办理意愿购汇 1 374 万美元，更灵活地规避汇率风险，协助成员企业从俄罗斯跨境人民币收款约 192 万元，解决成员企业跨境资金收付汇困难。着力提升系统便利性，成功打通外币支付与银行直连渠道，替代纸质办理模式，提升外汇办理时效；开拓对私报销服务，优化系统设置提高对私付款效率；完善司库交易系统功能，实现单点登录多账户控制，操作更加便利。2023 年收付款结算金额 7 130 亿元，同比增长 8.2%；收付款笔数 56 万笔，同比增长 22.8%；通过国机财务公司进行的境内对外付款占比超过 80%；产品金融业务系统经销商电票买贷模块正式上线，实现了电子商业汇票（简称电票）买贷业务申请、审批等全流程的线上操作。着力推广国机财务公司电票系统使用，开票和承兑规模大幅提升，累计开票（含财承）20 397 张，累计金额 88.7 亿元，分别较 2022 年提高 1.5% 和 12.3%；办理电票承兑共 19 228 张，金额 79 亿元，分别较 2022 年提高 25% 和 27.8%。

【金融资源整合调度】

1. 立足资源保障充分，稳定同业授信规模，拓展同业渠道 累计获得同业授信额度近 350 亿元；累计办理票据转贴现 6.88 亿元，代开保函 10.4 亿元；实现首笔商票贴现业务，成功打通成员企业商票流转、贴现和转贴现渠道。提升国机集团内部核心企业商票流通性，有效解决企业商票贴现融资难、融资贵的问题。

2. 立足提升资金管理质效，本外币资金配置双双结硕果 本币方面，研究构建两大定价体系及一个投资模型，把握市场节奏，统筹配置同业和投资资产，通过高点布局、票息打底、灵活交易等方式，在保障流动性需求的前提下完成收益目标。外币方面，预判外币利率走势抓住市场价格机遇，主动调整配置策略；开展了北京地区首笔财务公司外币同业存单业务，增加外币同业运作新产品；成功办理公司首笔外币同业拆入业务，增加外币流动性管理新工具。2023 年本外币资金配置收益指标超过预算目标的 54%。

3. 立足做好金融服务支撑，提供更高质量的金融资讯及咨询服务 协助国机集团举办汇率利率活动3次、组织经济工作讲解会2次、经济政策主题讲座1次；协助国机集团申请国有资本金，签订债券发行财务顾问协议，出具国机集团专项融资方案建议；累计发布金融市场周报、月报、热点专题60余篇。

【金融风险管控】

1. 积极服务集团资金风险管控 对疑似重复、拦截指令逐笔核实，多次成功拦截因企业操作失误造成的重复支付指令，金额近百万元；建立大额阈值、高频交易、敏感词等多维度风险监测模型，提高风险拦截及时性；组织办理“集票宝”业务，完成800余个银行票据账号授权，完成票据大屏开发，实现票据信息、票据分布等情况可视化。

2. 积极落实国机集团专项风险管控要求 积极落实国务院国资委和国机集团对虚假贸易的管控要求，完善贷前审查规范和相关指导文件，杜绝为不合规贸易提供融资；结合国机集团“瘦身健体”工作计划，梳理制定金融服务退出方案，持续压降对清退企业的服务规模；持续推进公司前身投资入股企业的清退，2023年清退2家历史遗留公司，历史遗留公司已从最初的13家下降到目前的6家。

3. 积极提升重要风险监测评估能力 跟踪推动中国浦发、国机重工等重点风险企业资产处置进展，累计压降各类风险贷款4.92亿元，整体信贷业务质量进一步提升。随着公司对信息技术的依赖程度日益增加，开展信息技术风险全面评估、推进风险管理体系完善，建立日常监测评估机制，提升信息技术风险管控的系统性。

4. 积极推进法律合规体系建设 认真推进国务院国资委专项检查、审计署和刘祖晴总经济师审计发现问题整改、监管意见书和公司治理评级意见整改等，高标准制定整改方案，扎实推进整改，促进了公司内控合规体系的完善。设立合规审查委员会，对重要业务等进行合规审查；开展内控专项提升行动和制度宣贯年活动，聚焦制度合法性、集团制度遵循性、内部制度匹配性、风险管控有效性对公司近200项经营管理制度进行全面评估，对主要制度进行宣贯；建立健全规章制度审核机制、合同库管理机制以及线上签约管理机制，法律风险事前防范措施进一步标准化。

【改革发展】

1. 深入推进战略转型与改革发展 高质量完成“十四五”规划修订工作，根据新形势新定位新要求，调整愿景、使命、定位、业务布局和四个平台内涵等，为更好地服务国机集团实体经济高质量发展、更好地落实集团战略以及集团战略管控要求提供行动方案。扎实推进改革深化提升和对标世界一流工作，加强组织领导，落实改革任务责任，加快转变发展方式，全面落实集团改革任务要求；制定专项对标工作方案，与20余家金融机构开展对标交流，找差距、补短板，为公司高质量发展开拓新思路。

2. 深入推进公司治理完善 通过修订公司章程、董事会工作规则、三重一大决策事项清单等，明晰“三会一层”权责边界和决策运行机制。通过制定股权事务管理、关联交易管理办法，修订董事、监事履职评价办法；开展主要股东评估工作，规范股东行为，强化董事、监事管理。通过建立健全董事会决议跟踪落实制度，加强行业监管及动态信息、公司经营信息等定期向董事会汇报力度，董事会运行更加有效。

3. 深入推进人力资源建设 通过修订薪酬管理办法和绩效考核办法，加大三项制度改革推进力度；针对岗位变化或岗位价值偏离情况，调整11名员工薪酬档级，发挥薪酬体系的公平性和激励性。

4. 深入推进公司数字化转型 升级司库交易处理系统大幅提升结算业务效率，结算指令付款成功时间平均提升3倍，代理收款入账平均时间仅为升级前的1/30；系统承载并发指令量由500条上升至10 000条，承载能力同比提升20倍。实现主要外汇业务线上办理，包括境内外币付款、跨境资金支付、结售汇等，提升外汇业务办理效率和便利性。完成办公自动化（OA）和产金系统改造，提升产金业务线上办理效率。完成机房搬迁、大幅优化网络架构和完善安全设施部署，有效提升产金系统安全性和稳定性，再次打赢网络攻防战。同时积极落实司库系统的承接平台任务，全力以赴做好司库信息系统建设并积极配合集团做好司库体系的运行维护。完成司库管理系统国产化改造，新增 20 个功能模块，并于 2023 年 12 月实现全级次企业上线应用，完成国务院国资委和集团年度工作目标；实现结算、账户、融资、票据、信用证、担保、存款、预算、衍生品等各类资金、金融业务的过程管理和数据共享。完成司库管理系统与司库交易系统在结算、票据、存款、资金集中等模块上的接口集成，实现流程闭环。

5. 筹备完成分公司开业 提前研究确定分公司管控模式，做好流程、人员、系统等各项准备。2023 年 12 月河南分公司正式揭牌，标志着公司“总部 + 分公司”经营架构正式运行。依托整合后的更大平台、更强的防范措施，为中国一拖农机业务提供更好的服务，为国机集团农机产业链高质量发展提供有效助力，进一步提升公司贯彻落实服务集团战略的能力。

【党建工作】

1. 聚焦政治建设，党建引领作用全面加强 国机财务党委扎实落实“第一议题”制度，2023 年学习“第一议题”内容 19 项，围绕党的二十大精神、习近平新时代中国特色社会主义思想等重点内容组织开展中心组学习交流研讨 14 次，切实提高中心组成员的政治站位，把准把稳公司发展的政治方向。

2. 聚焦主题教育，为奋进新征程凝心铸魂 探索搭建“1+3+X”金字塔式工作体系，切实把理论学习、调查研究、推动发展、检视整改等贯通起来，以“五学”模式助推理论学习悟规律、明方向、增智慧；深入调研企业 20 余家，探新机、求突破、提效能；抓实问题整改，高标准、严要求、见实效，主题教育圆满收官。

3. 聚焦党管人才，队伍建设高质赋能 落实国机集团组织会议精神，加强干部队伍建设，制定印发《国机财务党委关于深入推进“十四五”期间优秀年轻干部队伍建设的实施方案》，明确优秀年轻干部的发现培养选拔方向。加大员工多岗位锻炼力度，安排 1 名员工内部轮岗，累计借调 17 名员工至国机集团总部参与相关工作。开展分层次培训，共提供培训课题近 200 个，提升人才专业能力。

4. 聚焦基层组织，筑牢坚强战斗堡垒 新建立河南分公司（筹）党支部，党组织力量持续增强。持续加强支部标准化、规范化建设，完善考核、表彰、积分和教育培训等制度，以党支部工作指导手册为依托推动党支部工作全面进步、全面过硬。加强品牌运用和创建，各支部组织开展各具特色的品牌活动，扩大支部品牌影响力；创立“融先锋”党建融合品牌，将党建工作延伸融入对标交流。

5. 聚焦党建赋能中心工作，深化融合提升 持续深化党员业务攻关实践活动，紧盯公司改革发展中的难点痛点问题，完成 17 个课题攻关，收效良好；围绕党员干部政治素质能力和业务服务能力双提升目标，开展 23 堂“智慧党建融课堂”升级版活动；围绕公司发展和重点工作开展“冲刺开门红　齐心话发展”“立足岗位　创造价值”等主题党日活动，“谋话”发展，激发前进动力；举办“融先锋——千辩万话”辩论赛活动，为党员群众打造提升综合能力和展示团结协作精神的平台，党建与经营实现更高水平的融合。

6. 聚焦作风建设，深入推进党风廉政建设和反腐败工作 落实全面从严治党主体责任清单，制定政治监督清单，推进政治监督具体化精准化常态化。强化采购活动等关键领域的风险防控，制定印发供应商和采购管理员工廉洁承诺书，防患风险于未然。综合运用反面警示教育和正面典型引导，培育具有公司特色的清廉金融文化。坚守重要节点，在重要节点前提要求、打招呼，开展专项监督检查，持之以恒正风肃纪，坚决纠“四风”树新风。

7. 聚焦群团统战，进一步凝聚发展合力 春节前工会组织为困难党员和公租房单身青年“送温暖，迎新春”活动，为退休员工举办欢送会，在员工生日当天送上手写祝福的生日卡片，举办诊疗活动、健步走活动、乒羽比赛等，让“家”文化温暖人心；举办趣味运动会庆祝分公司开业，让“合”文化凝聚人心。团支部开展“奋进新征程、建功新时代”形势任务教育会、“话人生 助成长”青年员工座谈交流会，创建“YUE青春”团青工作特色品牌，自制完成《你好，国机财务》微电影，进一步带动和凝聚青年合力。鼓励统战群团人员围绕公司战略、服务集团、重大问题等开展调研，为推动统战群团人员建言献策营造良好氛围。

国机汽车股份有限公司

【基本概况】

国机汽车股份有限公司（简称国机汽车）是世界500强企业国机集团旗下的大型汽车综合服务企业和A股上市公司（股票代码：600335）。国机汽车深耕汽车行业相关业务，专注汽车工程系统服务和汽车流通运营服务两大领域，推动汽车数智化装备生产线和全周期全价值链系统服务业务、汽车进口和国内流通业务、汽车租赁业务、汽车及零部件出口业务四大主业协同发展。公司以“成就造车人、幸福用车人，让汽车生活更美好”为使命，以“携手全球伙伴 从优秀迈向卓越”为愿景，致力于成为“值得信赖的国际化汽车工程系统服务和汽车流通运营服务领军企业”。国机汽车是中国汽车流通协会副会长单位、中国汽车工业协会会员单位，是中国汽车流通行业头部企业中唯一的中央企业，在2023年财富中国500强榜单中位列第321位。

2023年是全面贯彻党的二十大精神的开局之年，国机汽车牢牢把握高质量发展首要任务，着力提高核心竞争力、增强核心功能，扎实推动“战略谋划、目标牵引、管理提升、创新驱动”重点工作，战略规划与时俱进、改革深化攻坚克难、业务发展亮点纷呈、精益管理提质增效，高质量发展取得积极成效。2023年，国机汽车实现营业收入435.20亿元，同比增长9.98%；利润总额1.53亿元。

【主要指标】

2022—2023年国机汽车主要经济指标完成情况见表1。

表1 2022—2023年国机汽车主要经济指标完成情况

指标名称	2022年	2023年	同比增长（%）
资产总额（万元）	3 250 992.27	3 448 298.33	6.07
净资产（万元）	1 119 348.96	1 087 289.46	-2.86
营业收入（万元）	3 956 911.26	4 351 984.04	9.98
利润总额（万元）	48 553.88	15 254.58	-68.58
技术开发投入（万元）	62 516.76	68 295.65	9.24
利税总额（万元）	353 527.39	341 094.31	-3.52
EVA值（万元）	7 000.27	-18 103.92	减少25 104.19万元
全员劳动生产率[万元/（人·年）]	68.69	74.19	8.01
净资产收益率（%）	2.83	0.18	减少2.65个百分点
总资产报酬率（%）	1.93	0.82	减少1.11个百分点
国有资产保值增值率（%）	104.39	97.71	减少6.68个百分点

【改革发展】

2023 年是新一轮国企改革暨改革深化提升行动的开局之年，国机汽车在国企改革三年行动基础上持续发力，围绕打造新质生产力，聚焦重点领域精准施策，实现良好开局。大力推进功能性改革，聚力核心技术攻关，加强科技研发投入，破题重大科创专项，以高水平科技自立自强持续助推汽车强国建设和汽车产业发展，助力产业数智化低碳化转型。着力深化机制性改革，组织重组持续推进、瘦身健体提质增效、亏损治理卓有成效，以高标准整合资源持续提升国有资本配置效率。

【重大项目】

1. 投资项目

（1）国机汽车募集资金 27 894.937 3 万元对全资子公司中国汽车工业工程有限公司（简称中汽工程）实施增资，中汽工程注册资本由 120 000 万元增至 147 894.937 3 万元。

（2）国机汽车及全资子公司中汽工程以自有资金合计 11 000 万元，向中汽工程下属国机铸锻机械有限公司（简称国机铸锻）同比例增资，其中国机汽车增资 3 325.581 6 万元，中汽工程增资 7 674.418 4 万元，国机铸锻注册资本由 12 900 万元增至 23 900 万元，股权结构保持不变。

（3）国机汽车全资子公司中国汽车工业进出口有限公司（简称中汽进出口）以控股子公司上海晶耀光电科技有限公司（简称上海晶耀）未分配利润 975 万元转增资本，上海晶耀注册资本由 400 万元增至 1 375 万元，上述增资完成后，国机汽车合计权益 100% 下属公司中进汽贸（天津）进口汽车贸易有限公司（简称中进进口）再以自有资金 2 000 万元对上海晶耀实施增资，上海晶耀注册资本由 1 375 万元增至 2 736.58 万元。

2. 业务项目

（1）汽车工程服务项目。汽车工程业务再创佳绩，2023 年汽车工程业务实现营业收入 160 亿元，同比增长 15.9%；经营收费 158 亿元，同比增长 26.7%，双创历史新高，新签合同额 158 亿元，持续保持高位。其中，新签海外合同额 44.46 亿元，同比增长 116.78%；海外合同收款额 24.53 亿元，同比增长 74.52%，双创历史新高。核心业务（传统工程设计、装备生产线制造、EPC 等）进一步巩固，中标比亚迪、奇瑞、上汽通用五菱、吉利等系列项目，获得客户的充分认可。发展业务［全过程工程咨询、海外业务（装备生产线制造）、一体化 EPC 等］全力强攻，海外业务在“两区一线”承接了美国特斯拉、瑞典沃尔沃、哈萨克斯坦阿斯塔纳以及泰国比亚迪等系列项目，车身业务、涂装业务相继打开欧洲、东南亚等市场，大客户渗透率持续提升，电池装备业务实现突破；高端品牌业务中标北京奔驰、华晨宝马、上汽、广汽本田等国内高端车企品牌项目，积极开拓新客户，成功中标理想、蔚来、小鹏等多个造车新势力项目；其他行业 EPC 业务积极开拓汽车零部件项目，中标派克汉尼汾年产 750 万套滤清器绿色智能制造、洛轴伊滨科技产业园、太平洋（泰国）新能源汽车齿轮总承包等项目；铸锻 EPC 业务中标一汽铸造缸盖改造项目 EPC 项目、中铁山桥 V 法线、比亚迪系列摆剪线和飞剪线、江淮铁液输送线等项目。培育业务［智能化业务（智能制造、智能工厂、智能装备）、新基建、新能源相关业务、三电业务等］进一步加强，智能装备自动导向车（AGV）业务市场占有率继续提升，合同额达到 2 亿元，总装自动工作站合同额再创新高，总装数字化业务稳步增长；智能装备和智能工厂业务承接上海联影数字化工厂规划与设计服务项目，开创公司承接离散制造全过程智能制造咨询项目的先河；三电业务实现里程碑式增长，承接项目 53 项，锂电储能项目中标量有较大突破，中标沃尔沃大庆电芯喷涂项目和宁德时代电芯喷涂项目。

（2）汽车批售与贸易服务项目。汽车批售与贸易服务业务着力推进进口和国产品牌双轮驱动，持续打造全链条核心能力。核心品牌捷豹路虎、特斯拉、菲亚特克莱斯勒、阿尔法罗密欧、进口大众及保时捷的进口、批售、贸易服务合同续签 / 中标率达到 100%，确保了业务的持续性和稳定性。精准对接客户需求，持续延伸服务链条，增量提供定制化 / 多样化服务产品，与 Stellantis（中国）签订未来 5 年的战略合作协议，深度参与厂家销售模式变革，首创与厂家共同开发直营系统的合作模式，打造综合性立体式服务平台。落实“创新驱动”重点工作，积极开拓国产车／新能源车领域新型合作模式，成功开拓上汽大众、一汽丰田、依维柯 4×4 车型引进、福田戴姆勒奔驰重型载货汽车项目、宝马整车仓储物流服务、小米汽车整车物流服务等新项目 14 个。

（3）汽车租赁项目。汽车租赁业务聚焦差异化高端化市场，大客户开发落实有力，创新开展“平台＋资产”运营模式，2023 年合同签约额 6.89 亿元，同比增长 56.8%，营运数 9 668 辆，同比增长 54%，双创历史新高。在“总对总”长租业务方面，深化与中石油运输、上海宝冶等企业的战略合作，全年累计合作车辆 513 辆，涉及合同额 9 734 万元，累计合作车辆 2 249 辆，合同金额 3.73 亿元；持续加强与中高端汽车厂商在租赁业务方面的合作，与宝马中国新签 5 年合作框架，拓展大众集团宾利兰博基尼超豪华车辆租赁业务，新开拓客户租赁路特斯汽车业务；着力开发高质量大客户资源，全年新增大客户 91 家，同比增长 104%；发挥集采、牌照、资金、网络等方面的优势，与汽车租赁平台合作开展“平台＋资产”业务，神州租车、飞凡悟空租车项目合作车辆 2 000 余辆，合同额超 1.6 亿元，国网新能源项目全年合作车辆 150 辆，新签合同额 1 700 万元。

（4）汽车出口项目。汽车出口业务开创国内首例“海外授权区域总经销商”整车出口模式，打造整车出口全链条核心能力，首批 20 辆车已抵达莫斯科。

【国际合作】

国机汽车积极响应国家“走出去”和“一带一路”倡议，深化国际化经营布局。汽车数智化装备生产线和全周期全价值链系统服务业务充分利用全球化技术积累、国际化工程项目管理经验、高粘度海内外客户资源，通过“借船出海”和“走向深海”双线并举，有效把握国外品牌车企在“两大中心区域（德国、美国）”的产业链布局调整机遇和国内车企在“一带一路”沿线国家和地区的战略布局和项目机会，形成海外业务全产业链、全周期的核心能力和成熟体系。

【科技创新】

国机汽车坚持创新驱动，保持高水平研发投入力度，着力提升核心技术能力，驱动效应不断增强，创新成果不断涌现。2023 年科技创新项目结题 5 项，中标国家级、省部级课题项目 11 项，其中，汽车总装智能化柔性生产线解决方案入选工业和信息化部“2023 年度智能制造系统解决方案揭榜挂帅项目名单”；成功申请授权知识产权 160 项，其中发明专利 28 项；获得行业以上奖励 56 项，其中，机械工业科学技术奖 5 项，机械工业优秀工程勘察，设计成果奖 7 项，机械工业优秀工程咨询成果奖 3 项。

2023 年 4 月 27 日，国机汽车下属企业中汽工程牵头承担的国机集团重大科技专项——智能化汽车制造工程整体解决方案项目通过综合绩效评价。该项目围绕智能化汽车制造工程关键智能装备、智能化汽车制造规划及运维技术、智能化汽车制造智能服务关键技术、智能化汽车制造工程标准体系等方面开展一系列研究，最终形成汽车智能制造工程整体解决方案。该项目包含 28 项关键技术，在翻转输送、机器人滚边系统、激光焊接、干式喷房等方面取得了突破，其中岛式智能装配等方面填补了国内空白，激光焊接等装备替代了进口，形成了高端汽车制造工程整体解决方案，实现了示范应用，总体技术达到国际先进水平，其中翻转输送等技术达到国际领先水平；建立了面向智能装备、智能工厂和智能服务的 3 个标准体系，形成了《数字化车间通用技术要求》等国家标准、《整车制造数字化工厂涂装车间运行管理技术要求》等国家标准草案及其他相关行业标准、团体标准共计 20 项。研发成果已在比亚迪深圳 6 系下车身总成及主车身总成生产线改造项目、戴姆勒 H6 涂装车间项目等 27 个工程项目中实现推广应用。

【安全生产】

国机汽车牢固树立以人为本、安全发展理念，认真贯彻党中央、国务院关于安全生产工作的各项决策部署以及全国安全生产电视电话会议精神，积极组织开展安全生产检查、安全生产培训等一系列活动，扎实做好“安全生产”的各项工作，进一步强化安全生产“红线意识”“责任意识”和“执行意识”，将“人民至上、生命至上”作为践行初心使命的工作理念，把安全工作提升到以人民为中心的政治高度，认真履行企业主体责任，持续推进安全生产双重预防机制，从源头上防范化解重大安全风险。2023 年，国机汽车及各下属企业在安全生产方面总投入为 10 539.5 万元，组织开展各类培训班 702 个，组织开展内部培训 7 799 人次，组织开展各项演练 32 次，参加演练人员 2 027 人次。

【党建工作】

2023 年，国机汽车党委在国机集团党委坚强领导下，深入学习贯彻习近平新时代中国特色社会主义思想和党的二十大精神，聚焦主责主业服务国家战略，围绕年度“战略谋划、目标牵引、管理提升、创新驱动”重点工作履行党委主体责任，以高质量党建引领保障企业高质量发展，成效显著，荣获 2022 年度国机集团党建考核 A 级评价。

1. 坚决贯彻落实党中央及上级党委重大决策部署 一是深化党的二十大精神贯彻落实。将党的二十大各项决策部署融入企业“十四五”规划中期调整，形成《国机汽车“十四五”规划中期调整报告》，以更加清晰的发展战略为企业“十四五”发展阶段擘画路线图和施工图。公司党委《探索“3+3”党建引领新实践 集聚企业高质量发展新动能》案例入选国机集团“贯彻落实党的二十大精神，聚焦主责主业”优秀案例汇编。二是深入扎实开展主题教育。坚持将第一批主题教育“六个结合”与第二批“五个结合”衔接联动，各级党组织在两批次主题教育中，围绕 36 个课题深入 81 家单位调研 72 次，完成 41 个问题整改整治，切实把学习成果转化为解决问题、推动发展的具体成效，主题教育做法受到中央第 22 巡回指导组及国机集团指导组、督导组的充分肯定。三是聚焦主责主业服务国家战略。聚焦汽车产业链、供应链、服务链，持续推动功能定位升级和业务价值升级，承担国机集团“锻造国机所长，服务国家所需，积极担当新型工业化建设主力军”“185 战略”中“工业工程设计提升工程”重点任务，为推进新型工业化、建设现代化产业体系贡献力量。四是积极服务高水平科技自立自强。聚焦“锻造国机所长，服务国家所需”，加快推进汽车工程业务关键核心技术自主研发，持续加大研发投入。五是深化企业改革成效显著。六是全力推动乡村振兴事业发展。有效履行社会责任彰显中央企业使命担当，公司党委书记带头实地调研河南省淮滨县，助力乡村振兴战略实施，公司精心策划开展“央企消费帮扶兴农周”主题活动，营造消费帮扶良好氛围，2023 年投入帮扶资金同比增长近 10%，持续助力乡村振兴。七是做好国机集团巡视整改，配合做好中央巡视工作。扎实推进集团巡视整改工作，梳理确定 238 项整改措施，已完成 229 项，完成率 96%；积极配合做好中央巡视集团各项工作，统筹做实巡视“后半篇文章”，把整改成效转化为企业治理效能。

2. 围绕企业中心任务落实管党治党主体责任 一是坚决做到“两个维护”。修订《国机汽车贯彻落实习近平总书记重要指示批示和党中央决策部署工作规定》《国机汽车贯彻落实习近平总书记重要指示批示督查办法》，2023 年累计学习贯彻“第一议题”21 次，学习材料 51 篇，制定措施 70 余项，形成传达学习、研究部署、贯彻落实、跟踪督办、报告反馈工作闭环，切实将“两个维护”体现在学习部署和落地见效上。二是不断提高党委决策质量效率。全面推进党的建设融入公司治理，修订完善“三重一大”决策事项清单，与董事会、经理层的权责边界更加清晰；充分发挥党委“把方向、管大局、保落实”的领导作用，全年累计召开党委会 25 期，听取审议议题 188 项，其中“三重一大”事项 70 项，“谋全局、议大事、抓重点”决策效率水平持续提升。三是持续深化党委中心组学习成效。2023 年围绕高质量发展、科技自立自强、市场开拓、风险化解等企业改革发展问题开展研讨 17 次，理论学习实效性更加突出。四是提升新闻宣传“软实力”。2023 年累计发布各类宣传报道 542

篇，同比增长27%，国机集团信息采用再创历史最好排名。公司《“五步工作法”构建国机汽车宣传工作新格局》入选国机集团宣传优秀案例汇编，策划编制5个海外项目入选国机集团《“一带一路”国机印迹》中英文画册，新闻宣传为扩大公司影响力及市值提升创造价值。压实意识形态责任，累计开展全级次舆论阵地清查整顿及专项调研5次，圆满完成国务院国资委意识形态专题检查，确保各类舆论阵地平稳可控。五是着力提升基层党建工作质效。以开展国机集团“百千工程”为抓手，围绕“6个标准化”细化25项要求，对80个党支部进行规范提升，累计查摆142项问题，逐一整改，按照“五好四强”标准评选6个党支部申报国机集团示范党支部。

3. 聚能赋能为高质量发展提供支撑基础

（1）突出重点加强干部队伍建设。贯彻落实全国及国机集团组织工作会议精神，组织召开全系统组织工作会议，围绕干部梯队建设、高层次科技及技能人才培养等重点领域，安排部署工作任务。树立鲜明选人用人导向，“一报告两评议工作”评价结果持续提升，选人用人工作得到广泛认可。完善经理层成员契约化管理，推动新一轮73家企业共计117名经理层成员契约化签订工作，压紧压实激励约束管理责任。选优配强公司各级干部，2023年提任公司党委管理干部5人，干部进一步使用1人，进一步加大本部层面年轻干部选用力度，优化干部结构，调整后本部干部平均年龄下降近1岁，尤其是部门正职平均年龄同比下降4.4岁，二级企业配备“80后”干部的户数达80%。坚持干部使用与培养并举，举办“奋进新征程·远航者计划”培训班，塑造与增强干部队伍内核能力。持续推进良法善治，修订《国机汽车财务委派人员管理办法》，解决外派干部的后顾之忧。

（2）完善机制加强人才队伍建设。开展“人才强企”专题调研，通过向各层级1 500余人发放调查问卷及座谈、访谈多种方式，摸清了各级企业员工工作状态、职业倾向、职业发展以及员工关爱等方面的真实感受与想法，掌握各企业人才管理现状，为公司下一步精准化制定人才政策与措施，深度激发组织活力，打造具有吸引力和竞争力的人才制度体系，千方百计造就一支规模充足、结构合理、素质优良的人才队伍，创建一流企业聚能赋能。推行科技人才托举机制，建立国机汽车首席专家、高级专家两级评聘机制，累计9人当选国机集团专家，指导相关企业比照企业副职标准让这些专家享受相关履职待遇，设立与考核结果联动的专家履职津贴，优化科技专家激励机制，加紧科技人才及技能人才梯队培养，6人入选国机集团科技领军人才，173人入选国机集团卓越工程师，1人入选国机集团技能大师。

（3）围绕中心增进群团工作活力。工会通过丰富活动加强职工思想引领，累计举办各类文体活动13项，中汽工程承办国机集团首届职工气排球比赛并荣获冠军，提振职工精气神；各级工会持续打造多维度关怀服务体系，两个案例入选国机集团“我为群众办实事”优秀案例；加强典型引领示范，评选出6名国机汽车劳动模范，1名同志荣获国机集团劳动模范。共青团坚持为党育人，抓牢团员和青年主题教育，举办“青马工程”培训班，承办国机集团“青马工程”培训班受到国机集团肯定；充分发挥青年生力军和突击队作用，4个集体和5名个人荣获全国、中央企业团工委、国机集团多项荣誉；坚持文化润心，举办“青年推荐官·品牌故事我来说”演讲比赛，引导团员青年自觉成为公司品牌的传播发扬者。

（4）持续做好职工关心关爱工作。不断增进职工福祉激发活力，一体推动职工企业年金落实落地，进一步提升职工医疗保障标准，主题教育以来，各级党组织学习运用“千万工程”“四下基层”经验，真下真访民情，实心实意做好惠民生、暖民心、顺民意工作，做好事30件，让员工更加直观感受到企业温暖，汇聚与企业共同成长、共同成功的内生动力。

（5）围绕高质量发展推进正风肃纪反腐。紧盯“关键少数”、精准运用“四种形态”，一体推进“三不腐”。积极落实新时代新阶段对纪检工作的新任务新要求，扎实开展纪检干部教育整顿，不断强化纪律建设。立足职责定位，深入推进党的自我革命，以永远在路上的坚韧和执着，精准发力、持续发力，推动公司党风廉政建设和反腐败工作取得新成效。

【信息化与数字化建设】

国机汽车高度重视网络安全和信息化工作，持续加大信息化建设力度，2023 年信息化总投入 4 422 万元，2021—2023 年年平均增长率约为 15%。为提升管理精细化水平、为业务运营提供有效支持。

1. 业务和管理信息化、数字化建设 2023 年新建管理类系统 1 个、业务类系统 1 个；优化管理类系统 2 个、业务类系统 3 个。

2023 年 9 月 4 日，中进汽贸企业增值税销项发票管理系统上线。该系统实现与业务端系统集成开票，提高了效率；规范开票流程，销项发票数据集中，权责明确，防控开票风险；多税号集中管理，中进汽贸总部实时查询，便于对销售发票统计分析；具备服务器网络分票、自动抄税、清卡、集团销项数据统计等功能。

2023 年 12 月 28 日，中进汽贸斯泰兰蒂斯 D2C 直销模式业务系统正式上线。该系统可以与 Jeep、阿尔法罗密欧、DS 等多个品牌系统对接，内部与财务系统、开票系统对接，外部与银行、金融机构等系统链接，为客户及代理商提供收款、开具发票、交车等服务。尤其在收款方面，为客户开创了独特的双收银台功能，让客户可通过 5 种付款方式，在线上和线下便捷操作付款。

研发数字化方面，中汽工程自主研发的二三维一体化协同平台项目，可有效对设计过程数据进行收集，对设计问题进行分析、整合，对设计数据进行综合管理，显著控制并提升设计质量。

产品数字化方面，中汽工程自主开发的汽车生产涂装新型输送装备，该装备拥有多项自主知识产权和多篇论文，创新成果广泛应用，经济效益卓著，带动国产汽车装备的快速发展，为我国民族汽车工业发展做出重要贡献。

2. 网络安全 持续完善企业 IT 基础架构，提升 IT 平台运行能力和信息安全防御能力。

终端安全方面，完成国机汽车本部员工办公计算机杀毒客户端重装升级；网络安全等级保护方面，完成两个新建系统的等保定级；网络安全意识方面，共组织网络安全意识培训 2 次。网络攻防演练活动从 2022 年的以安服公司为主调整为 2023 年的内部团队与安服公司共同决策，有效降低了安服成本，并取得了国机汽车总部机房及系统不失一分的成绩。此外，2023 年圆满完成包括亚运会、“一带一路”国际合作高峰论坛等在内的多次重大活动网络安全保障工作。

【履行社会责任】

1. 谋划精细治理，推动高质量发展 国机汽车深入实施国有企业改革深化提升行动，增强核心功能、提高核心竞争力，坚持党建引领在公司治理中的核心地位，以高质量党建引领作为企业凝聚发展的“压舱石”，聚焦重点领域精准施策，大力推进功能性改革和机制性改革，调整战略路线，将可持续发展理念和要求融入公司战略发展与经营管理中，推进现代企业治理结构的建设完善，以良法善治护航管理工作高质量发展，推动保障治理与监督并行并进，并充分推进数智转型以激活管理效能，纵深推进完善数智化转型措施，秉承开放透明的发展观，积极回应投资者关切，全方位推动公司高质量发展。

2. 立足主责主业，蓄力绿色永续发展 国机汽车积极响应“双碳”发展目标，扎实推进绿色采购管理、绿色智能生产、绿色产品制造及绿色物流运输管理，持续深化业务绿色转型。聚力绿色工艺与智能生产，推进生产环节节能减排，以“柔性、精益、智能、绿色”装备生产线系统解决方案为新能源产业发展注入新动能，建成并应用机器人自动焊接单元、自动化车削单元实现工件自动化生产，生产效率分别提升 200%、150%，有效降低生产环节的能源消耗。持续推进绿色产品研发及运营环节能源优化管理，在“零碳”园区和全绿色“碳足迹”解决方案等技术创新和应用方面实现突破，先后建成太阳能空调系统、太阳能热水系统、全热回收空调系统及光伏风能一体化路灯，有效降低不可再生能源的使用。2023 年，公司能源使用情况显著优化，碳排放总量同比下降 9.12%，为全社会减碳降碳贡献企业力量。

3. 共建幸福职场，夯实安全生产根基 国机汽车秉承“以人为本”的管理理念，建立健全人才保障机制，树立“以科技创造价值，以专业赢得信赖；敢于打破定势，勇于自我革命；崇尚创新，包容失败”的企业核心价值观，切实维护员工的各项合法权益，持续做好关心关爱工作，加强员工身心健康管理，营造尊重与舒适的工作环境，在创新驱动、融合发展中坚守安全底线，用心呵护员工，有效激活员工与公司共同成长、共赢未来的内生动力。加强人才培养梯队建设，不断发展壮大高素质复合型人才队伍，优化干部年龄梯次，筑牢人才“蓄水池”。2023 年，提任国机汽车管理干部 5 人，“80 后”占比达 80%，二级企业配备“80 后”干部的户数由 60% 上升至 80%，干部年龄结构得到进一步优化。

4. 携手合作伙伴，共绘美好生活画卷 国机汽车坚持弘扬互利共赢的价值观，遵循“开放包容、互惠成长”的原则，致力于为客户提供优质的产品和满意的服务，并积极与供应商建立紧密的商业关系，打造可持续供应链，合力构建协作共荣的行业环境。同时，国机汽车时刻谨记自身社会责任，积极投身公益事业，响应乡村振兴号召，持续回馈社会，为共建美好社会贡献力量。

中国机械国际合作股份有限公司

【基本概况】

2023 年是中国机械国际合作股份有限公司（简称中机国际）的“运营深化年”，公司积极抢抓会展行业复苏机遇，通过深化运营管理，加大市场开拓，持续推进三项制度改革落实，不断提高公司的运营效率和效益，圆满完成 2023 年目标任务。

作为我国会展界历史最悠久的机械会展品牌，2023 年中机国际迎来了成立 70 周年的日子，公司成功举办“从历史走向未来，国机会展 70 周年”主题活动，以振兴我国机械工业为己任，为践行新型工业化、高质量共建“一带一路”、加快建设制造强国，勇做“中国会展行业的领航者、对外经贸合作的推动者、机械工业发展的贡献者”。

【主要指标】

2023 年，中机国际实现营业收入 5.03 亿元，利润总额 1 029.58 万元，全级次企业实现全面扭亏，较上一年增加 6 367 万元，超额完成国机集团考核指标，完成率 146%；全员劳动生产率同比增幅超过 200%；净资产收益率、总资产报酬率和国有资产保值增值率同比均有显著提升。2022—2023 年中机国际主要经济指标完成情况见表 1。

表 1　2022—2023 年中机国际主要经济指标完成情况

指标名称	2022 年	2023 年	同比增长（%）
资产总额（万元）	62 048.54	67 256.18	8.39
净资产（万元）	30 627.17	31 013.45	1.26
营业收入（万元）	15 366.03	50 320.70	227.48
利润总额（万元）	−5 337.01	1 029.58	增加 6 366.59 万元
利税总额（万元）	−4 796.40	2 040.20	增加 6 836.60 万元
EVA 值（万元）	−7 278.69	−1 067.62	增加 6 211.07 万元

（续）

指标名称	2022 年	2023 年	同比增长（%）
全员劳动生产率［万元 /（人·年）］	14.55	43.67	200.14
净资产收益率（%）	-15.22	3.03	增加 18.25 个百分点
总资产报酬率（%）	-7.60	1.95	增加 9.55 个百分点
国有资产保值增值率（%）	85.08	100.40	增加 15.32 个百分点

【改革发展】

中机国际根据国机集团改革三年行动方案要求，以“成为世界领先、中国一流的会展综合服务商”为目标，聚焦主业，深化体制机制改革，统筹推进业务市场布局和结构调整，增强企业活力、优化运营效率、激发创新活力，制定改革三年行动实施方案。公司改革三年行动具体措施包括 6 大类 28 项。

2023 年，公司以结果为导向，推进各部门和子公司积极践行“资源、业务、管理”三大协同，实现经营和管理的协同发展。面对公司内外部暴露出的问题，决定开展机构设置及人事制度改革工作。该次改革是全面的体系化改革，是贯彻落实国企改革三年行动工作的重要体现，是公司的“二次创业”。通过组织机构调整和三项制度改革，激发公司组织、人才活力，提升经营运行效率、效益，推动公司“十四五”规划战略落地。

1. 重塑组织机构和管控模式 通过对标世界一流会展企业，根据会展行业发展趋势，重塑公司组织架构和管理模式。按照“小总部、大业务”的原则，实施扁平化管理。围绕展会项目运营与管理，按“前台”“中台”“后台”设置各部门，将具体负责展会项目交易、直接产生经济效益、落实经营考核指标的业务部门和部分子公司进行整合，设置为前台部门；将为展会业务提供直接支持和服务，且负担公司转型升级、商业模式创新实践、落实公司品牌考核指标的部门设置为中台部门；将为展会业务提供支撑和管理，落实公司管理要求的部门设置为后台部门。新的组织架构紧紧围绕公司“十四五”战略规划，以会展业务为中心，更加符合现代会展企业的特点。

2. 重新制定各部门职责，实施定岗定编，提升效率 管理层方面，根据国机集团试点要求实行经理层公开竞聘，竞聘岗位为中机国际经理层全体成员。新的经营班子更加年轻化、专业化，整体素质更高，更好地激发出公司经营发展的活力。第二层级，总部中层干部“全体起立”开展公开竞聘，选拔出很多优秀年轻干部及业务一线出身的干部。第三层级，开展总部员工“全体起立”竞争上岗工作，压缩总部后台管理部门，精简人员。改革后业务与职能部门人员比为 2.72 ∶ 1，是改革前的 3 倍；对部分中层干部进行了调整，干部职数由改革前的 65 人精简到改革后的 39 人，缩减超过 40%；总部后台管理部门人员减少 18.64%。真正做到了干部能上能下，员工能进能出，收入能增能减。该次全层级“全体起立”，开展公开竞聘和竞争上岗，力度之大、覆盖面之广，在公司历史上尚属首次。

坚持绩效导向，倡导绩效文化。解决能上能下、能进能出的同时，实现全员目标责任体系，推行全员 360° 绩效考核评价体系，做到收入能增能减，坚持“两个倾斜”，即向业务一线倾斜、向业务和管理骨干倾斜。

3. 进一步推进公司上下运营深化、提质增效 通过注重战略目标引领，以结果为导向，打通运营、人力和财务三大部门管理屏障，穿透各项 KPI 管理；推动中后台相互构建五大体系协同运作，有力支撑公司业务发展，助力公司向现代会展企业转型，走上高质量发展道路。

中机国际按照改革三年行动方案稳步推进各项工作。在完善中国特色现代企业制度方面，以公司章程为基础，深入贯彻“两个一以贯之”，推动党的领导融入公司治理制度化规范化程序化。修订完善“三重一大”决策制度，进一步厘清党委、董事会、经理层等治理主体的权责边界，落实了党委在重大事项中的决定权、把关权、监督权，提升党委依法决策、科学决策水平。实现了董事会应建尽建、配齐建强。

在推进国有经济布局优化和结构调整方面，公司开展了重点亏损企业的专项治理工作，针对亏损企业的不同特点，探索具有针对性的扭亏路径，在巩固传统优势业务的同时，积极创新谋划新产业新方向，打造线上线下相结合的业务模式。

在健全市场化经营机制方面，已完成经理层成员任期制和契约化管理，所有员工包括经理层成员均签订劳动合同，下属企业领导班子成员按相关领导人员管理办法实行契约化管理。

在加强国企党建工作落实方面，研究制定了加强党的领导、完善公司治理的制度措施，引导建立健全权责法定、权责透明、协调运转、有效制衡的公司治理机制，明确党委在决策、执行、监督各环节的权责和工作方式，从组织上、制度上、机制上确保党委发挥把方向、管大局、促落实的领导作用，推动党建优势转化为企业治理优势、竞争优势、发展优势。

4. 完成“十四五”规划中期调整 2023 年，完成公司“十四五”规划中期调整，引领发展新阶段。国机集团“十四五”规划进一步明确公司“打造国机集团 1+3 会展公共服务平台，成为世界知名的会展综合服务商”的总体目标。以增强公司核心功能和提高核心竞争力为重点，全面启动新一轮改革深化行动。制定中机国际对标世界一流企业价值创造实施方案，稳步推进公司的高质量发展，提升创新能力。

5. 发挥会展平台功能，服务国家和集团战略 公司以展为媒，充分发挥会展交互作用与品牌传播职能，打造中央企业会展传媒新生态，通过展会主办方宣传渠道扩大宣传力度，更好地向世界各国展示中央企业风采。

在服务国机集团方面，始终发挥会展业务带动性，加强对国机集团、国机集团下属各企业的内部协同，在链博会、农机展、东盟博览会、进博会、品博会、广交会上，作为国机集团会展平台，中机国际“以展为媒”，完成国机集团展台的设计搭建、宣传推广、服务保障等工作，助力国机集团实现更好参展效果、树立更佳品牌形象。

6. 运营深化情况 2023 年是公司运营深化年，中机国际注重公司战略目标引领，结果导向，中后台协同运作初步形成，有力支撑了公司的业务发展。

（1）打造运营、财务和人力联动体系。运营投资部通过搭建运营管理体系，整理和分析项目基础数据，积极服务公司整体运营，实现会展项目的数据化分析。通过优化采购流程、提高采购效率、标准化招标文件等措施，缩短采购周期，提高采购质量。进一步完善供应商评估体系，加强对供应商的审核和筛选，为业务提供保障。出台运营业务考核体系，建立与财务预算和人事考核之间的衔接。全面加强对投资项目的管理，完善查特中汽深冷特种车（常州）有限公司章程。

资产财务部扎实推进财务管理提升三年行动方案落地，为公司业务平稳运行保驾护航。同时统筹推进业财一体化和司库系统建设，实现全面预算、项目管理、合同管理、集中采购和资金管理的全面提升，达成流程再造，实现降本目标，保障资金安全，为运营投资及人员绩效考核提供有力保障。通过开展“两金”治理专项行动，进一步提高各企业对“两金”管理工作的认识，健全“两金”管理机制，提升“两金”周转效率，实现“两金”总量得到有效控制，“两金”质量得以稳步提升，经营活动现金流量、营业现金比率明显改善，助力企业实现高质量发展。

人力资源部加强人才队伍建设，完善薪酬分配制度。完善集团培训、公司培训、部门内训多层次培训体系。出台岗位设置管理办法及专业类聘任办法，明确员工发展的专业和管理“Y”型通道，全面完成公司专业岗位选聘工作。积极推进公司绩效改革工作，针对不同考核主体设计不同考核方案制度，细化考核体系。通过 360° 的全方位考核体系，覆盖面更广、指标更细化，真正实现分层分类考核的目标。同时进一步落实工资总额管理政策，根据不同业务板块进行调节，实现公司资源导向倾斜，形成与运营及财务指标的协同。

根据“运营深化年”和公司三大协同的要求，全面打造运营、财务和人力联动体系，三个部门通力合作，良性互动，穿透各项 KPI 管理，形成有机体系。

（2）打造品牌化塑造能力，完善市场营销和品牌传播体系。通过搭建市场营销机制，着眼于发挥品牌的效用和功能。在公司多个重点项目中提升服务支撑，多维度多渠道树立国机集团和公司品牌形象。积极开拓传播渠道，与新华网、中经网、人民网构建资源协同，强化国机集团及公司品牌建设。在元宇宙会展项目、全球制造业峰会项目等创新项目中提供支撑服务，全方位、多角度地呈现相关展会内容并拓展媒介渠道，持续拓展展会宣传的深度和广度。同时结合公司发展实际，制定中机国际文化宣传思想工作要点，强化党的政治引领和宣传教育引导，加强舆论引导工作。

（3）提升行政管理，打造综合服务保障体系。按照公司“运营深化年”要求，全面梳理制度体系，完善公司制度流程管理。进一步改善优化外事、档案、保密等工作流程和工作办法，堵塞管理漏洞，提升办理效率。修订企业负责人履职待遇等相关制度，完善履职待遇管理体系。加强公务车辆、固定资产管理；减少公司租赁等行政管理费用支出，降低运营成本，持续推进降本增效。积极盘活低效无效资产，资产状况得到改善。

（4）加强内控合规管理，构建审计法律风控体系。完善公司内控，通过建立健全审计制度，探索审计发现问题的跟踪闭环管理；以任期审计和专项审计为抓手，推动公司管理和内部审计能力双提升。完成内部审计工作报告及内审质量评估工作，推进内部监督协同贯通方面工作，迎接审计署专项审计并持续跟踪整改事项。

做好风险防控，切实履行部门职能，多维度、多单位协同，推动多个案件实现良好有序进展；开展展会项目现场合规风险检查，建立重大经营事项合规审查机制；同时组织开展全员法律法规专题培训，使法务工作沿着规范化、制度化的道路健康发展；法律合规人员直接参与一线工作，逐步推进法律风险防范工作前移。

（5）规范公司治理，推动董事会高效运转。立足新发展阶段、贯彻新发展理念、服务构建新发展格局，围绕“定战略、作决策、防风险”的职责定位，充分发挥董事会科学、专业的决策作用，不断规范和加强董事会建设，持续提升企业治理能力，力推各项改革和经营举措，有效激发企业内部活力，构建新发展格局迈出新步伐，高质量发展取得新成效。

【业务发展】

2023 年，公司境内外自办展项目 37 个，展出面积 209 万 m^2；境外代理展 108 个，参展面积 2.6 万 m^2。承办展会（会议活动）13 个，执行综合服务及代理项目 7 个，执行主场运营及工程服务项目 42 个。

1. 聚焦会展主业做优做强项目 2023 年年初在深圳举办疫情后全国首个大型展会，打响了全国会展行业复工复产的第一枪，体现了国有企业的担当，提振了会展行业士气，取得了经济效益和社会效益双丰收。上海零部件展整体展示面积超过 30 万 m^2，同期举办 77 场高质量的论坛会议与培训活动，有来自 41 个国家和地区的 5 652 家参展企业进行展示，共有来自 177 个国家及地区的 18 万余名专业观众，打破 2019 年展会创下的纪录，增幅达 16%，项目整体收入超过 1 亿元。第十四届呼和浩特国际车展及惠民车展，展会面积共计 10 万 m^2，展会营业收入 1 480 万元，项目利润 470 万元，创历史新高。展览工程全年完成包括国际农林装备展、全国农业机械展等在内的 13 个主场项目，运营面积 65 万 m^2。

2. 中央企业经贸促进联合体服务国家战略 中机国际作为中央企业经贸促进联合体实际运营单位，积极服务中央企业展团。2023 年，在国务院国资委国际局的支持和指导下，中央企业经贸促进联合体深度参与第六届进博会中央企业集中签约、高端论坛等活动；组织中央企业展团以中央企业展区形式参加了第三届中非经贸博览会、第二十届东盟博览会、第六届中阿博览会，在服务展会数量和服务质量两方面均有所提升。助力中央企业开展特殊贸易活动。继续做好实施针对以货物贸易方式开展特定形式的经贸工作，在第六届进博会期间共有 6 家大宗贸易类企业与 2 家工程类企业进行了特殊贸易签约活动。

3. 下属子公司加大市场开拓 西麦克国机展览有限责任公司积极落实国机集团的战略规划，成功举办中国商品和服务（白俄罗斯）展览会，推动中白经贸合作走深走实；圆满执行在沈阳举办的全球制造业峰会，采用“一个开幕式 +14 个平行论坛 +6 场重要活动”的创新模式，实现在会议论坛板块的新突破；抓住中俄经贸历史机遇，共组织俄罗斯市场境外展会 12 个，贡献收入 2 400 万元，覆盖了机械工业零配件、工程机械、塑料印刷包装机械、汽车及零配件、机床等工业领域多个行业。中国汽车工业配件销售有限公司分别落地昆明和太原举办汽配会，通过优化展馆展位布局，做好观众登录及参观路线规划，为展会效果的满意度提供强有力的保障，两地展会面积合计 12 万 m^2，合计实现收入 2 800 万元。重庆和广州摩配会达到历史同期最好水平，展会面积合计超过 10 万 m^2，合计实现收入 2 400 万元。辽宁中汽会展有限公司积极创新，顺应新能源发展浪潮，成功举办沈阳汽博会，展会面积超过 13 万 m^2，整体收入超过 1 000 万元，得到举办地政府及观众的认可和赞扬。

2023 年，公司新开发境内自办展 5 个，境内代理展 2 个，境外代理展 24 个，论坛活动 7 个，线上展 1 个，展览工程 13 个。使节进国机、全球制造业峰会、元宇宙展览项目、舒适医疗博览会、CBD 咖啡品鉴活动、俄罗斯汽车展项目等新项目，拓展了公司的业务边界，实现了在新市场、新领域的探索落地。

2023 年，公司高质量完成系列展会项目，为公司目标完成，提高公司核心竞争力，实现高质量发展发挥了重要作用。

【重大项目】

2023 年，为积极践行“一带一路”倡议，推动“国际产能合作”和装备制造“走出去”。中机国际利用自身 70 年来组办海外展会积累的资源、经验，以及国机集团、中机国际在海外的雄厚资源和市场网络，瞄准“一带一路”共建国家和地区，从助力企业开拓共建“一带一路”市场、助推行业企业国际产能合作、推进中国制造迈向中国智造、加快“一带一路”共建国家的互通互联、促进自有知识产权和自主品牌产品的企业“走出去”、增强地方产业输出、助力跨境电商产能合作、借力产业园区新模式共建丝绸之路经济带促产能合作落地等方面实施了一系列展览项目及商务活动。

中央企业经贸促进联合体是在国务院国资委的支持指导下，由国机集团牵头组织 29 家中央企业共同发起成立，目前成员单位达到 60 家，秘书处设在中机国际。联合体发挥好展会平台作用，加快构建以国内大循环为主体、国内国际双循环相互促进的新发展格局。

中央企业经贸促进联盟充分发挥会展平台作用，推动供需高效对接，进一步落实稳外贸稳外资任务，深度挖掘参与全球产业分工和合作机会，带动中国装备制造、技术、标准和服务加快“走出去”“引进来”。中机国际作为中央企业经贸促进联合体实际运营单位，为进博会、中非经贸博览会、东博会等国家机制性展会提供服务保障；同时以展为媒，充分发挥会展交互作用与品牌传播职能，打造中央企业会展传媒新生态，通过展会主办方宣传渠道扩大宣传力度，更好地向世界各国展示中央企业风采。

2023 年，公司全面深化与德国法兰克福会展公司战略合作，合作会展项目由过去的 1 个项目扩展为包括上海国际汽车零配件、维修检测诊断设备及服务用品展览会在内的 3 个知名展会品牌。同时进一步巩固了与中国贸促会汽车行业分会等战略伙伴的合作，深耕北京车展取得实效。

中机国际积极承担国机集团外事任务，圆满完成驻华使节“步入国机”活动，来自 63 个驻华使馆和国际组织驻华代表机构的 66 人出席本次活动。中机国际凭借多年服务国家级展会和中央企业的经验，高质量完成了该次外事活动。用会展之线，串起了中国机械装备发展脉络；用会展语言，讲好了国机故事；用会展功能，做到了国机品牌营销。驻华使节在参观中再次认识到中国装备制造业全球领先的生产技术，充分感受到中国机械之力并表达了增进合作的希望。

【安全生产】

2023 年，中机国际在安全生产方面通过逐级分解落实安全生产责任，建立健全安全生产制度体系，完善安全生产培训制度，组织宣传活动，提升全员安全素质。公司在国机集团安全生产考核中表现出色，获得 B 级评分。

在节能减排方面，中机国际按照国家和国机集团节能减排相关指示，组织开展相关各项活动，完成各项质量、科技及环境相关活动及相关制度体系的更新，公司质量管理系统全面升级。明确公司“双碳”目标任务，持续增强全员生态环保意识，认真践行“绿色会展”理念。提高资源利用效率，全面节约、循环利用，推动公司绿色发展。

【党建工作】

2023 年，公司党委以习近平新时代中国特色社会主义思想为指导，深入学习宣传贯彻党的二十大精神，深入开展主题教育，全面促进党建与经营业务深度融合，党员干部深刻领悟“两个确立”的决定性意义，不断增强“四个意识”、坚定“四个自信”、做到“两个维护”。

1. 习近平新时代中国特色社会主义思想主题教育取得良好成效 按照党中央统一部署和国机集团党委部署安排，公司党委切实把理论学习、调查研究、推动发展、检视整改、巩固深化等贯通起来，在公司全系统广大党员中深入开展主题教育，认真落实各项工作任务。集团第三巡回指导组和第四巡回督导组对公司相关工作给予肯定，认为公司主题教育各项工作抓得实抓得紧，取得了实际效果，并对公司活动亮点进行了宣传。

2. 认真贯彻落实党的二十大精神，完善党委发挥领导作用体制机制 一是发挥党委把方向、管大局、保落实的领导作用。公司 2023 年召开党委会 19 次，议题 248 项，研究“三重一大”事项 118 项。二是扎实开展理论学习。公司党委组织学习“第一议题”32 项，提出 30 条贯彻落实措施，不折不扣抓好落实；开展党委理论中心组学习研讨 9 次。

3. 持续推进党建工作与生产经营深度融合 一是明确“支部建在展会上”党建特色名片。公司党委在党组织建设规范性、活动开展深入性、党建工作有效性方面加强指导，从公司 170 个项目中筛选成立临时党支部 38 个，打造“一线学习阵地、一线指挥部、一线建功平台、一线员工成长和服务群众平台”四个“一线”临时党支部工作法，为公司高质量可持续发展提供重要支撑保障。二是着力增强基层党组织政治功能和组织功能。公司各党支部深化项目一线“党建 +N”模式，与兄弟单位、会展中心等党支部开展联学联建 15 次；各党支部开展亮点挖掘和经验总结，形成“一支部一品牌”工作法近 10 个。

4. 扎实推进基层党建“七抓”工程和“百千工程” 一是开展党支部标准化规范化建设“回头看”，推荐公司 2 个支部参加国机集团 100 个示范党支部评选，进一步提升基层党组织体系建设效能。二是持续抓牢公司日常党建工作检查，“以查代训”“以查促改”，党建考核评价体系进一步完善。

5. 健全落实党建工作责任体系 公司党委履行抓基层党建工作主体责任，签订《党建工作责任书》12 份，做到全覆盖；书记履行第一责任，班子成员履行“一岗双责”；公司党委班子成员、基层党组织书记开展党建述职评议，促进党的建设与业务工作同谋划、同部署、同推进、同考核。

6. 保质保量做好专兼职党务干部及党员的教育培训工作 一是认真完成规定动作，开展主题教育 7 天读书班。二是开展主题教育暨党务干部培训班，进一步提升公司专兼职党务干部能力素质。三是开展党员线上培训，进一步夯实党员理论学习基础。四是组织公司领导班子成员、中层干部等不同层次人员完成国机集团开展的各类培训。

【纪检、巡察工作】

1. 扎实推进纪检工作 充分发挥党风廉政建设与反腐败工作协调小组职能，定期组织召开协调小组工作会，相关职能部门通报日常监督中发现的问题，针对重点、难点问题由纪委向公司党委会通报并推动解决。推动构建“踩刹车”工作机制，制定“235”踩刹车建设路径，通过五大工作主体的协同配合，重点防范苗头性问题演变成事实性问题，为公司高质量发展保驾护航。

2. 聚焦巡视巡察、专项检查、主题教育检视等各类监督检查中尚未完成整改的问题 结合公司主责主业，纪委组织开展因公出国（境）管理、公务用车管理、因私证照管理、跨境业务、履职待遇执行情况 5 个专项监督检查。结合发现的问题，注重以身边事教育身边人，在专题会议上进行通报并开展警示教育，让大家知底线、守红线。

3. 开展违反中央八项规定精神问题专项治理工作 制定落实专项治理工作方案，重点围绕违规吃喝、违规收送礼品礼金、履职待遇违规、贯彻党中央决策部署不力、履职尽责不力、坚持以人民为中心发展理念不力、基层减负不力等问题认真组织开展自查自纠，实现排查一批问题线索、解决一批突出问题、制定一批制度规范，推动公司政治生态持续净化。

4. 聚焦一体推进“三不腐”，持之以恒正风肃纪反腐 2023 年，在国机集团纪委和公司党委、纪委领导下持续推进问题处理，组织召开党纪处分决定宣布会时，同步召开警示教育会，通过用身边事教育身边人，警示教育党员干部职工，从案件中汲取教训、高度警醒、严于律己。坚持严的基调持续推动纪检各项工作开展，进一步释放“惩”的震慑作用，公司存在的一些不良风气得到了较大程度扭转，同时注重发挥“治”的效能，公司干事创业的良好氛围正在持续巩固。

【信息化与数字化建设】

2023 年，中机国际通过健全数字化管理体系，完成公司业务向数字化领域转型的体系建设和基础搭建；推进展会项目系统化、数字化管理，实现系统对接、数据共享；规范系统归口管理，保障流程运行，完成管理信息化建设。通过信息技术赋能公司展会业务应用，初步构建数字化 1.0 体系建设的雏形。

【履行社会责任】

2023 年，中机国际进一步做好群团工会工作，积极履行社会责任。工会关心职工生活，做好扶贫帮困工作；团委完成换届，不断关心青年员工成长，提升青年员工精神面貌；围绕公司的中心任务，充分调动广大职工的积极性、主动性和创造性，团结和带领广大员工发挥了积极作用。党建群团同推进，不断取得新成效。公司承担中央企业责任，消费帮扶 52.76 万元，“爱心基金”共获得捐款 7.16 万元。做好公司离退休老员工的服务工作。

2023 年，中机国际圆满完成统战相关工作。支持和鼓励统战代表人士开展调研，形成调研成果；召开统战人士座谈会，引导统战人员结合公司“运营深化年工作”“十四五”规划中期调整和自身实际，为公司高质量发展建言献策。

国机资产管理有限公司

【基本概况】

国机资产管理有限公司（简称国机资产）前身为北京华隆进出口公司，是国机集团下属专业化综合性资产管理战略平台。2011 年更名为国机资产管理公司，2017 年 9 月完成公司改制。国机资产注册资本 13.5 亿元，由国机集团全额出资，属法人独资有限责任公司，经营范围包括投资与资产管理，产权经纪，房屋租赁，进出口业务，机械产品、电子产品的销售，汽车销售，技术开发、技术推广、技术服务和技术咨询。

2023 年国机资产聚焦主责主业，资产处置与盘活工作获得新突破；聚焦服务国机集团，核心功能进一步增强；聚焦风险化解，托管企业盘活取得新进展；聚焦基础管理，精细化管理水平得到有效提升；聚焦引领保障作用，党建质量和水平进一步提升；圆满完成了国机集团各项战略部署和年度目标任务。

【主要指标】

2023 年国机资产考核指标完成情况见表 1，2022—2023 年国机资产主要经济指标完成情况见表 2。

表 1　2023 年国机资产考核指标完成情况（含托管企业）

指标名称	基准值	目标值	财务决算数	考核完成数	完成情况
利润总额（万元）	5 882	6 300	6 800	7 182	优于考核目标
资产管理规模（亿元）	—	46.5	—	70.8	优于考核目标

1. 利润总额　2023 年，国机资产及托管企业实现账面利润总额 6 800 万元，剔除执行蓝科高新项目借款利息支出 382 万元后，则考核口径利润总额为 7 182 万元，完成考核基准值 5 882 万元的 122.1%，完成考核目标值 6 300 万元的 114.0%。

2. 资产管理规模　2023 年国机资产管理资产规模为 70.8 亿元，完成年度考核目标 46.5 亿元的 152.3%，其中国机资产合并范围资产总额 32.1 亿元，视同子公司管理的托管企业资产总额 21.2 亿元，瘦身健体两批集中托管企业资产总额 6.4 亿元，“国启平台”托管“两非”资产总额 11.1 亿元。

表 2　2022—2023 年国机资产主要经济指标完成情况

指标名称	2022 年	2023 年	同比增长（%）
资产总额（万元）	235 448	318 086	35.10
净资产（万元）	191 717	217 289	13.34
营业收入（万元）	6 933	8 437	21.69
利润总额（万元）	2 557	668	-73.88
技术开发投入（万元）	0	0	0
利税总额（万元）	3 751	2 285	-39.08
EVA 值（万元）	-9 863	-13 184	-33.67
全员劳动生产率 [万元 /（人 · 年）]	56.94	164.33	188.60
净资产收益率（%）	1.34	0.05	减少 1.29 个百分点
总资产报酬率（%）	1.08	0.38	减少 0.7 个百分点
国有资产保值增值率（%）	101.19	107.70	增加 6.51 个百分点

【改革发展】

1. 坚决落实改革深化提升行动　2023 年，为全面贯彻党中央、国务院关于新一轮深化国资国企改革的决策部署，根据国机集团统一要求，国机资产坚守“服务集团，创造价值”初心使命，以建设成为国机集团资产管理、共享服务特色鲜明的平台公司为目标，坚决落实改革深化提升行动有关要求，完成国机资产“十四五”战略规划中期调整，制定印发并切实推进《对标一流企业价值创造行动实施方案》，持续服务国机集团经济布局优化和结构调整。

（1）完成国机资产“十四五”战略规划中

期调整。2023年，根据国机集团总体部署，国机资产开展“十四五”战略规划中期调整工作，组织全员集思广益、开展多轮研讨会，对总部及下属企业中层以上领导干部进行访谈调研，进一步明确国机资产战略定位，聚焦主责主业，优化战略目标，强化战略举措，完成国机资产“十四五”发展规划中期修编并上报国机集团。以战略规划指引公司发展，充分发挥战略引领作用。

（2）制定印发《国机资产管理有限公司对标一流企业价值创造行动实施方案》。持续深入开展对标研究，深入查找价值创造的短板弱项，于2023年6月14日印发《国机资产管理有限公司对标一流企业价值创造行动实施方案》，构建国机资产对标世界一流企业价值创造“1254”目标体系，制定涉及5大能力提升、17个具体方面的任务措施，推动国机资产全面提升价值创造能力，打造中央企业一流资产管理平台。根据国机集团统一部署，国机资产成立由党委书记任组长的改革深化提升行动领导小组，研究制定《改革深化提升行动实施方案（2023—2025年）》，进一步完善现代公司治理能力，优化市场化经营机制，加强平台功能作用建设。

（3）持续服务国机集团“瘦身健体”“参股退出”等专项，充分发挥平台功能。2023年，根据国机集团统一部署，国机资产完成两批次共计15家国机集团内“瘦身健体”企业的集中托管工作；国机资产协助国机集团顺利完成北京农商行等参股金融股权的清理退出；服务国机集团完成《国机集团“十四五”瘦身健体集中托管机制》的研究制定及正式发布；国机资产通过深入调研兄弟单位，以部分参股退出项目为样本，设计参股退出方式及考核标准，为国机集团参股退出管理提供有效支撑。

2. 持续深化人力资源管理

（1）完善工资收入和福利保障，提高员工幸福感和获得感。国机集团调整国机资产工资总额管控机制，以资产管理量作为主指标核定工资总额，考核精准性进一步提高；国机资产针对做出突出贡献人员、重点项目团队、专项亮点工作团队实施重点激励；修订国机资产企业年金实施细则，提高公司和个人企业年金缴费比例，保障员工个人利益；为3名职工办理北京户口落户，为2名职工办理北京市工作居住证，进一步提升员工工作稳定度和归属感。

（2）扎实开展子公司领导班子换届工作，进一步强化领导班子建设。根据国机投资管理成都有限公司和国机时代置业成都有限公司吸收合并情况，为提高日常经营管理效率，采用组织选拔的方式选任成都投资总经理、副总经理各1名，结合支部换届，实现党组织书记、执行董事一肩挑；结合中机时代置业（北京）有限公司领导班子年龄实际，采用组织选拔的方式选任中机置业总经理、副总经理各1名，使班子更加年轻、富有活力，同时任命支部书记，实现党组织书记、执行董事一肩挑。

（3）全力做好人员安置和接收，为业务部门提供服务支撑。协助业务部门安置华联汽车发展有限公司及其子公司河源市大华实业有限公司、深圳市中汽凯华实业有限公司职工3人，签署了安置方案和解除劳动关系协议；接收管理国机集团北京共享服务中心有限公司（含中汽人才交流中心有限公司、北京国海惠享运营管理有限公司）从业人员83人，充分梳理人员情况和潜在问题，任命高级管理人员，为后续管理奠定基础；按照中汽胜嘉（天津）物业管理有限公司实体化工作方案，组建综合管理部、财务管理部和资产管理部3个部门并配备专职人员负责日常工作，组建洛阳项目现场销售团队负责抵债资产销售工作，设计中汽胜嘉派出人员奖励方案、人工成本管控方案和现场销售人员激励方案，搭建制度体系，促进中汽胜嘉合规经营。

（4）落实人才建设培养，打造高素质专业化干部队伍。组织10名新提任中层干部参加外部机构开展的“核心经理集训营”，进一步提高领导能力和履职能力，取得明显效果；开展国机资产半年和年度工作述职和考核工作，结合国机集团下达的任务指标，组织各部门完成部门内考核指标分解，组织干部职工签订年度业绩考核表，强化约束和激励机制；开展新提拔干部试用期考核测评工作，肯定成绩的同时帮助新提拔干部找准自身不足，促进其全面成长。

3. 继续推进财务管理提升三年行动 国机资产围绕《财务管理提升三年行动方案》，统筹规划 2023 年度财务工作要点，在国机集团七大方面措施的大框架下细化为 63 项措施，年内全面完成，有效提升财务管理能力。强化全面预算引领作用，推动国机资产完成经营业绩考核目标；坚持问题导向，以财务决算为抓手，会计信息质量进一步提高；国机资产及下属企业司库系统全面上线并顺利通过国务院国资委中期验收，实现对外对公资金结算率 100%；全面优化资产评估体制机制，评估工作质量和效率得到双提升；同时积极推进业财融合，税务管理工作服务效能进一步提升；完善财务人才队伍建设体系，财务人员履职能力得到提升。

4. 加强法治建设与合规管理

（1）健全领导责任体系。坚持国机资产党委对依法治企工作的全面领导，加强领导班子专题学法，审议、前置研究法治、合规、风控、审计等事项，持续指导有关工作不断深化；强化董事会定战略、作决策、防风险职能，董事会下设审计与风险委员会，负责指导、检查、评估国机资产合规、风控及审计等工作；充分发挥审计领导小组引领、协调作用，及时调整法治建设、审计整改、内控及风险合规与违规经营投资责任追究领导小组和工作小组组成人员，不断完善国机资产主要负责人履行推进法治、合规及风控体系建设第一责任人职责工作机制。

（2）健全合规管理体系。持续完善合规管理工作机制，健全企业主要负责人领导、合规管理机构牵头、相关部门协同联动的合规管理体系；成立合规委员会，设立首席合规官，设置合规管理员，不断健全管理机制，明确管理职责；修订发布《合规管理办法》，明确合规管理相关主体及“三道防线”职责，落实合规管理责任；召开合规审查委员会会议，完成对重大项目的合规审查，防范合规风险；从合规管理组织建设、制度建设、文化建设、信息化建设等方面开展合规管理体系有效性评价工作，明确提出改进措施，不断提升合规管理水平。

（3）提升引领支撑能力。加强法律合规审核把关，法务人员全程参与资产处置、资产运营、投资并购、产权转让等重大项目，实现国机资产章程、规章制度、合同、重要决策 100% 按法律审核，坚持依法依规操作，严控法律合规风险；加强普法宣传，提升法治合规氛围，不断增强全员法治合规意识，提高依法治企履职能力。

（4）提升风险管控能力。一是强化风险应对及预测。以建立完善、有效的内控体系为出发点，深入开展风险评估，识别风险因素，分析风险成因，研究应对策略，实施全方位管控；严格落实重大风险事件报告及风险预警制度，及时报告、持续跟踪重大风险及合规管理进展情况，不断完善风险应对措施；同时，通过法律建议、法律意见书等形式，及时开展风险预警，有效防范化解风险，不断提升风险管控能力。二是全面开展内控评价监督和审计监督。结合国机资产管理目标，统筹编制《国机资产 2023—2025 年内部控制体系监督评价工作规划》《国机资产 2024—2026 年审计项目三年滚动计划》，明确内控、审计监督长期目标、重点任务和举措等，指导内控监督工作开展；将合规检查工作纳入年度内控评价重点工作，融合开展内控合规评价工作；同时，选取 3 家企业，开展内控监督审计，针对不足及时改进，内控体系日趋完善；以问题和风险为导向，审计全覆盖和突出重点相结合，聚焦重点领域、关键环节，根据下属企业经营特点，统筹审计资源，压茬推进项目落实，做到项目同步安排、协同实施，实现审计全覆盖。三是强化下属企业审计整改主体责任，强化审计结果运用效果。对发现问题建立问题整改台账，推动企业制定一批基础性、关键性制度，下属企业管控成效显现，合规经营意识逐步提高。四是不断完善追责问责机制。及时修订国机资产《违规经营投资问题线索处置工作规则》，对问题线索分类进行细化、完善线索核查过程，进一步规范问题线索处置工作；建立违规举报邮箱及电话并在国机资产官网进行公布，畅通举报渠道，通过追责问责，促进管理体制不断优化、完善。

（5）提升主动维权能力。通过诉讼、仲裁、调解等方式，积极处理诉讼仲裁纠纷案件，依法保障国机资产合法权益；加大法律纠纷案件处置力度，加强积案清理，健全激励机制；深化案件管理“压存控增、提质创效”专项工作，通过对案件进行深入剖析，及时发现工作中存在的问题，进一步堵塞管理漏洞，积极推动“以案促管、以管创效”；严格落实案件报告制度，按季度报告重大法律纠纷案件进展及有关分析情况。

（6）提升数字化管理能力。深化合同管理、案件管理及合规管理等重点领域信息化、数字化建设，运用信息技术，将法律审核嵌入业务管理流程，有效提高管理效能；在 OA 系统设立合规管理员台账、合规风险事件台账、违规行为记录整改台账；协助开发 OA 系统合同范本功能、合同统计功能等，推动合同管理制度的落实和合同管理效能提升。

【重大项目】

1. 重大决策 2023 年 1 月 5 日，国机资产第四届董事会第八次会议审议通过了承接北京中机恒业资产管理有限公司股权项目。3 月 6 日，国机资产第四届董事会第九次会议审议通过了雍和宫大街 52 号锅炉房投资改造项目。5 月 12 日，国机资产第四届董事会第十一次会议审议通过了对中汽胜嘉实施实体化建设的方案。8 月 30 日，国机资产第四届董事会第十四次会议审议通过了转让阳江环保 33.33% 股权项目。10 月 7 日，国机资产第四届董事会第十五次会议审议通过了中机时代置业（北京）有限公司增资项目。

2. 重大项目

（1）聚焦主责主业，资产处置与盘活工作获得新突破。2023 年，积极推进存量项目处置。王府井 277 号院项目：2023 年 12 月 21 日与中交地产就王府井 277 号院合作权益收购事宜签署转让协议，标志着 277 号院历史遗留问题得到圆满化解，进入资产价值提升新阶段。华联汽车项目：经过前期不懈的努力，已完成华联汽车 30% 股权转让，这一历史疑难问题得到圆满解决。亦庄项目：完成对外出租亦庄办公楼所涉及的租金市场价值资产评估结果备案，面对持续恶化的市场环境，多措并举，制定 15 版运营方案，力求最优化盘活运营，并积极进行资产推介，寻找收购意向方。锅炉房改造项目：经过多方努力，在供暖季前完成锅炉煤基供暖改造，确保了居民按时供暖，以“保供热惠民生”的实际行动践行国机资产服务理念。国机丰盛项目：围绕以诉讼推动处置的整体思路，积极协同审法部督促、推进案件审理进程，定期组织项目专项研讨会，按时参加庭审，及时向法院、评估机构提供说明文件，并积极争取和把握案件发回重审对国机资产的有利因素，促进和谈，力争为国机资产争取最大利益。

（2）聚焦服务国机集团，各项工作取得新成效。瘦身健体专项：2023 年国机资产积极落实瘦身健体工作方案，一是加快自身存量资产清理处置，完成河南中昌置业有限公司、天津中昌源投资有限公司、洛阳中昌物业管理有限公司和国机时代置业（北京）有限公司 4 项股权清退工作，优于国机集团下达的年度目标，既展现了国机资产的专业能力，也为更好地服务国机集团创造条件。二是按照国机集团《关于将部分纳入瘦身健体企业集中托管至国机资产管理有限公司的通知》要求，完成首批集中托管 6 家瘦身健体企业，并协助国机集团制定集中托管机制，为后续进一步落实集中托管相关工作做好铺垫。三是积极与兄弟企业对接，服务其瘦身健体工作，积极对接多家兄弟企业，逐户梳理、尽调其拟托管至国机资产的瘦身健体企业，拟定托管方案，国机集团已于 2023 年年底前下达将 9 家瘦身健体企业托管至国机资产的批复。2023 年度托管的 15 家瘦身健体企业有 5 家已完成退出。四是 9 月中旬在北交所开展了国机集团优质资产专项推介活动，将国机集团内多项资产向潜在意向方进行了全方位推介，取得良好反馈。

参股清退及“两非”剥离专项：一是积极推动国机集团参股退出相关工作，10 家参股金融企业已实现退出 4 家，助力国机集团完成“保四”退出目标；其他 6 家已在 2023 年年底前完成挂牌，正在积极招商推介。二是紧跟国机集团内“两非”剥离企业清理工作进展，服务国机集团“两非”剥离专项。

集团交办的蓝科项目：按照国机集团部署，国机资产临危受命，在高度保密要求下，与时间赛跑、与未知市场竞争，先后落实资金来源、考核机制、管理模式等重点事项，办理司法拍卖、上市公司信息披露等一系列手续，严格按照集团时间表要求完成各项具体工作。最终通过司法竞拍获得蓝科高新相关股权并已完成股票过户，相关风险得以化解。

不动产管理系统：2023 年不动产管理系统进入日常的维护阶段，为有力保障系统稳定高效运行，国机资产聘请第三方信息技术服务机构提供日常运维服务，为系统验收和系统功能改善助力提效。2023 年 9 月，不动产管理系统通过国机集团验收，现已进入稳定的常态化运行阶段。

产权经纪业务：共服务兄弟企业成交产权项目 63 项，成交金额 31 亿元，成为服务国机集团改革发展重要支撑。国机资产还荣获北京产权交易所颁发的“2023 年度最佳产权经纪业务平台奖”“2023 年度优质服务奖”、上海联合产权交易所颁发的“2023 年度产权业务金奖”，以及广东联合产权交易中心颁发的“2023 产权交易组织创新金奖”等多项奖项。

（3）聚焦风险化解，托管企业盘活取得新进展。中汽胜嘉资产托管项目：在顺利完成中汽胜嘉下属河南中昌 60% 股权转让基础上，顺利完成 56 839m^2 房产抵押、资产抵债、河南中昌 100% 股权质押及酒店现房抵押等工作；并积极推进抵债资产变现和基坑重启施工，预计 2024 年封顶，从根源上化解基坑风险；同时，扎实落实托管协议任务，推动债权清收、僵尸企业处置等工作，其中中汽珠海、国机亿龙及一拖债权等债权清收项目共计回收资金 3 891 万元；阳江环保、四院云南玻璃钢厂等 2 家僵尸企业完成退出；3 套佛山账外房产也顺利完成处置。年度工作目标全面达成。

国机共享托管项目：国机集团下达批复将国机共享托管至国机资产，国机资产积极研讨托管方案，完善国机共享治理架构，加速建设国机共享服务体系架构，使国机共享业务进一步聚焦，以四大中心保障日常服务，力争建设为支撑集团转型升级、管理效率优化的综合服务平台。同时，进一步延伸物业、宣传、人力资源、员工关怀、信息化等拓展服务方案，在后勤、法律、信息化、融媒体、审计等方面探索共享服务模式。

中机恒业托管项目：在高效完成托管协议签署、托管接收、运营方案制定后，创新性地实施“整体股权委托中机置业、处置专项总部负责”的分类管理模式，与二重顺利完成中机恒业的托管移交工作，全面接管中机恒业日常运营管理工作。

武汉电器科学研究所有限公司托管项目：2023 年，国机资产围绕托管企业价值提升和经营转型，深入调研武汉所的业务、资产、人员和日常经营情况，认真研讨武汉所未来经营方向和发展思路，积极推动武汉所加快产业转型升级，实现企业可持续发展。武汉所 2023 年已实现扣非后盈利，经营质量明显改善。

中元国际及广州电器院资产托管项目：根据国机集团《关于中国电研对广州电器院实施托管的决定》和《关于中国中元对中元国际实施托管的决定》，全面完成广电院和中元国际的工作移交。

【科技创新】

国机资产下属托管企业武汉所 2023 年新增授权专利 3 项。

【安全生产】

1. 持续不断提升安全思想认识 国机资产党委以习近平总书记关于安全生产重要论述作为重点，总部和系统内各单位通过党委中心组学习、第一议题学习，党支部三会一课等形式，组织各级党政领导班子成员、安委会成员、安全生产专兼职管理人员等关键岗位开展安全论述专题学习。以“安全生产月”活动为契机，组织全员观看电视专题片，强化对习近平总书记关于安全生产重要论述的学习宣传贯彻，不断提升全员安全意识。根据年度安全培训教育计划，对员工持续不断地进行安全培训教育，促进作业人员安全生产知识和操作技能人岗匹配。加强特种作业人员资格培训，持证上岗。

2. 强化逐级落实安全生产责任制 国机资产根据安全生产责任制要求，对安全生产责任制逐级进行分解落实，由党委书记、安全生产主要负责人分别与国机资产领导班子成员、各子公司负责人、总部各部门签订《2023年度安全生产责任书》，国机资产总部全体职工、各子公司职工签订《安全生产承诺书》，实现安全生产责任的层层下沉。同时，根据国机资产部门及人员变动情况，重新确认各部门的安全生产联络员，做到安全生产管理全覆盖，真正实现安全管理责任的全员落实。明确下属子公司相关项目安全管理职责，要求子公司与第三方物业管理单位、租户签订安全管理协议，明确责任主体、责任内容、责任目标、责任处罚等相关内容，确保安全管控无盲区。

3. 持续完善安全生产制度体系 国机资产围绕安全生产管理目标、组织机构和职责、安全生产投入、法律法规和安全管理制度、隐患排查和治理、培训教育、物业监督管理、职业健康、应急救援、事故报告调查和处理、绩效评估和持续改进等要素，不断优化、完善、改进国机资产安全管理工作，完善制度管理体系，确保安全生产管理体系有效落地。2023年对国机资产总部及子公司体系内的共计76项安全管理制度实施有效监督，切实发挥安全管理的制度保障作用。

4. 不断加大隐患排查及整治力度 根据国机集团领导重要讲话精神和安全视频会议等主要指示，以及关于防洪防汛、地质灾害、建筑安全、事故通报、场所安全等领域通知文件要求，对总部各部门及下属企业进行重点宣传贯彻，组织各单位开展安全隐患排查治理工作。总部安全生产办公室按照年度检查计划对系统内各单位开展安全生产检查，实现安全生产检查全覆盖。组织开展安全生产隐患排查共计38次，共查出一般问题51项，无重大安全风险隐患项。督导各单位对发现的问题建立台账、立行立改、消除隐患、完成销号，确保防范化解重大安全风险。

5. 增强风险识别，建立预防机制 国机资产安委会办公室在日常安全生产管理工作中重点督导各子公司开展安全风险辨识与评估工作，结合行业特点制定风险控制措施，落实管控层级，进一步提升风险识别、分析研判和防范应对能力，使其成为常态化管理模式，让风险始终处于安全可控状态。组织一线员工参与应急演练，提高国机资产应对突发事件的能力，优化应急预案的针对性和可操作性，强化国机资产应急响应能力。

【党建工作】

2023年，国机资产以习近平新时代中国特色社会主义思想为指导，全面贯彻党的二十大精神，按照国机集团党委各项决策部署，以学习贯彻习近平新时代中国特色社会主义思想主题教育为主线，持续推动党建工作与生产经营深度融合，为国机资产高质量发展提供坚强政治保证。

1. 加强党的政治建设，为高质量发展提供坚强保证 一是做到“两个维护”。制定《贯彻落实习近平总书记重要指示批示和党中央决策部署工作规定》和《贯彻落实习近平总书记重要指示批示督查办法》，开展贯彻落实情况“回头看”；组织党委会“第一议题”学习31次，形成贯彻举措75项；修订“三重一大”制度，召开党委会23次，研究审议议题183项，其中前置研究“三重一大”议题94项。二是压实“两个责任”。制定印发《党委工作要点》《领导干部全面从严治党责任清单任务卡》、组织签订《党风廉政建设责任书》等；召开全面从严治党工作会议，开展集体谈话，督促党员领导干部认真履行“一岗双责”。三是贯彻落实重要决策部署。在瘦身健体专项、参股清退及两非剥离专项、不动产管理系统、产权经纪业务等国机集团交办的重点项目重点工作中取得新突破；在华联汽车项目、王府井项目、北起院锅炉房改造项目、亦庄项目等资产处置与盘活工作中获得新成果；在中汽胜嘉、中机恒业、国机共享、武汉所、中元国际及广电院等托管资产平稳交接与有效盘活中取得新进展；深入开展“十四五”发展规划修编工作，扎实推进国企改革深化提升行动、持续开展“财务管理提升三年行动”和深化合规管理等专项工作；聚焦乡村振兴，拨付帮扶资金44万元，消费帮扶14.33万元。

2. 扎实开展主题教育，用党的创新理论武装头脑指导实践 一是抓紧理论武装。组织专题辅导、专题党课、党委中心组研讨、集中学习等，坚持以“学”探索高质量发展思路；各党支部联学联建开展主题党日活动，群团统战组织联同开展学习，坚持以“联”提升互学互鉴学习成效；研讨主题从企业宏观层面延伸到各层级微观层面，坚持以“研”汇聚攻坚克难合力。二是抓实调查研究。制定《调研工作方案》，累计开展调研 23 次，召开各类调研访谈 30 场，形成 25 项调研报告；总部以国机西南大厦、东北创意产业园项目为正反典型案例，子公司（托管企业）重点关注提升不动产价值、考核方式及指标设定、干部人才队伍建设等方面重点问题，梳理两级问题清单共计 46 个。三是坚持实干担当。制定《专项整治方案》，总部完成华联汽车 30% 股权项目转让，子公司（托管企业）围绕重难点问题开展专项整治；建立两级民生项目清单共计 17 个，持续推进“我为群众办实事”实践活动。四是抓细检视整改。召开专题民主生活会和组织生活会；建立整改整治工作机制，国机资产两级问题清单、专项整治清单、民生项目清单已 100% 整改落实；制修订规章制度 17 项。得到国机集团党委第二巡回指导组“好”的评价。

3. 持续创建“党建 +”品牌，推进党建经营有机融合 一是国机资产党委持续开展“融课堂”党建品牌创建工作，以举办为期 7 天读书班为载体，通过党委书记讲党课、中心组专题研讨、主题党日、支部研讨等形式，把学习成果转化为谋划发展、破解难题的实际本领。二是各党支部深入开展“一支部一品牌”专项活动，打造“融先锋”“融资管”“四提升”“强党建、促经营”等“党建 +”品牌，推进企业生产经营任务完成。三是各党支部持续深化“党员示范岗、党员突击队、党员服务队”等岗位建功活动，深入推进党建经营有机融合。

4. 加强党的基层组织建设，筑牢筑强基层战斗堡垒 一是推进托管企业党建工作全覆盖。坚持“四同步四对接”，对国机集团北京共享服务中心有限公司、中汽人才交流中心有限公司等单位，“一企一策”明确党建工作思路；开展全级次混合所有制企业党组织设立、党建工作等情况排查梳理和专项整改。二是夯实基层党组织标准化规范化建设。深入开展党规执行情况检查、党建标识检查以及基层党支部建设“百千工程”“七抓工程”工作；完成成都投资党支部换届选举，中机置业党支部更名和支部书记任命。三是深化基层党建考核评价机制。完成国机资产 2023 年度党建述职评议和基层支部党建考核工作；深化日常党建信息系统监督、季度党建工作例会通报和年度党建工作督导检查“三位一体”的周期管理模式。

5. 加强干部人才队伍建设，着力激发创新创造活力 一是加强班子能力建设。完成成都投资、中机置业领导班子换届工作，实现党支部书记、执行董事“一肩挑”；完成武汉所领导班子任期考核测评。二是加强干部考核。组织国机资产领导、部门负责人、职工代表全面评价 2022 年总部新提拔的 11 名中层干部试用期综合表现。三是加强培训赋能。组织国机资产 2022 年新提任的中层干部参加“核心经理集训营”，开展“导师制”员工培养工程。四是加强项目制管理。为中汽胜嘉组建 4 人销售团队，并外派总部 3 名人员驻项目现场工作。

6. 加强宣传思想文化建设，充分发挥凝心聚力作用 一是强化思想引领。党委中心组开展 12 次 14 个专题学习研讨；对国机资产 2019—2023 年党员教育培训工作进行全面总结评估；围绕重要节点开展形势任务教育。二是强化文化建设。开展红色主题运动会、举办益智类棋牌比赛、参加国机集团气排球比赛等企业文化活动；通过发放夏日清凉包、防疫物资，配备咖啡机、健身器械，设立“职工之家”“爱心妈咪屋”等关心关爱职工身心健康。三是强化党建带群团。健全完善国机资产职工代表大会制度，召开首届职工代表大会；指导中机置业、成都投资、武汉所工会完成更名及选举等工作；召开统战成员学习交流座谈会，征集合理化建议 14 条。

7. 加强党风廉政建设，持续打造良好政治生态 一是落实中央八项规定精神。修订《关于持续落实中央八项规定精神进一步加强作风建设的实施意见》，开展专项督导检查，组织开展专项治理工作。二是强化政治监督和重点监督。对定点帮扶项目进展进行监督检查；摸底员工宗教信仰，排查风险隐患；紧盯重点工作，强化日常监督管理；修订《巡察工作规定》，制定《巡察工作规划（2023—2027年）》；召开党风廉政建设和反腐败工作协调小组工作会议。三是深化廉洁文化建设。扎实开展“廉洁宣传教育月”活动；持续做好经常性廉洁教育提醒；开展教育整顿工作；强化纪检队伍建设。

【信息化与数字化建设】

1. 持续优化升级OA办公系统，提升办公高效便捷水平 日常持续为员工进行系统使用培训、答疑，共计更新、流程干预各类流程230条。动态跟踪各部门需求变化，组织开发商与需求部门交流对接3次，研讨司库系统接口、预算模块、子公司业财模块等的功能。

2. 提供坚实技术支持，确保国机资产业务系统稳定运行 第一，做好不动产系统技术支持。积极支持国机资产不动产信息系统建设，提供技术支持，保障信息系统建设上线。第二，做好司库系统使用运维。为各公司搭建相关业务流程共计170余条，在司库系统运行中担任系统管理员角色，保障系统正常运行。第三，强化一体化管控，配合国机集团进行网络监管。全力配合国机集团一体化管控平台、管理看板、人力资源管理系统、司库管理系统、境外国资监管系统上线运行。全力配合国机集团对国机资产进行网络收口，积极防范化解国机资产的网络安全风险，完成国资安全在线监管要求。

3. 强化信息管理，提高网络安全水平 第一，积极组织落实网络安全攻防实战演练有关工作，网络攻防演习期间对IP封堵策略、系统危情处置流程等流程不断进行优化，其中在国机集团统一指挥下，累计封禁可疑IP达6 000多个，顺利完成网络安全演习相关工作。网络攻防演习结束后补短板、堵漏洞、强弱项，不断完善国机资产信息管理能力和安全保障水平。第二，推进等级保护测评，确保信息网络合规运行。积极落实国家信息安全等级保护法的规定，履行国机资产作为网络运营方的义务和责任，对国机资产网络安全设备进行升级完善，提升国机资产信息系统的安全水平，保障信息系统的正常运行和数据的完整性、可用性和保密性。第三，做好国机资产搬家过程中的信息化数据迁移工作，对国机资产机房设备进行重新上架和IP地址重新划分，对路由器、交换机、防火墙、服务器等设备重新配置并梳理，保障国机资产网络正常运维和信息系统的正常运行。

【履行社会责任】

1. 社会责任

（1）爱心基金捐助。开展“国机爱心日”活动，动员国机资产总部及下属企业职工积极参加，125名职工自愿签署“认捐书”，共募集捐助资金4.66万元，支援国机集团内特困家庭、家庭成员患重大疾病家庭和有子女上大学的困难家庭，共建“幸福国机”大家庭。同时，覆盖所有子公司及托管企业，认真做好国机资产内部符合条件职工“爱心基金”申请，切实为困难职工解决实际困难。

（2）定点帮扶。深入贯彻习近平总书记关于乡村振兴重要讲话和指示精神，全面落实国机集团党委决策部署，落实好定点帮扶地区乡村振兴相关工作。一是积极落实定点帮扶责任。国机资产工会主席积极参加国机集团对定点帮扶县河南省信阳市淮滨县的调研与座谈，深入帮扶地区了解实际情况和需要；国机资产对口帮扶资金44万元，比2022年增长20%；派出专职纪检人员作为督导检查组成员，跟随中国一拖前往淮滨县对国机集团2023年定点帮扶9个项目进展情况进行检查，并提出问题和不足。二是持续做好消费帮扶。通过采取优先采购、定向采购、以买代帮、员工福利、工会节日慰问品等方式，积极开展消费扶贫，并积极组织参加国务院国资委“央企消费帮扶兴农周”活动，号召广大干部职工积极购买定点扶贫县（区）农产品，全系统全年扶贫采购金额14.33万元，积极发挥工会组织的消费牵引作用，为贫困县缓解农产品滞销困难发挥力所能及的作用。

2. 离退休人员管理服务

2023年春节前夕，因受新冠疫情影响，通过电话连线、微信视频的方式对 9 名离退休老领导、老同志、生活困难的职工进行慰问，传递组织的温暖与关怀。重阳节前往 4 名年龄高、身体弱、生活困难的离退休人员家中进行看望慰问，送去国机资产领导和全体员工的亲切关怀和诚挚问候。

国机资本控股有限公司

【基本概况】

国机资本控股有限公司（简称国机资本）成立于 2015 年 8 月，是国机集团二级子公司，注册资本 23.7 亿元。国机资本作为国机集团产融投资平台，专业化运作基金管理、融资租赁、商业保理等业务，汇聚产融资源，服务集团战略，助力产业发展，打造产业资本投资平台和数字金融服务平台，构建“科技 + 产业 + 资本”一体化融会贯通能力体系，致力于成为机械工业极具价值创造力的产融投资平台。目前下属 4 家子企业，分别为国机融资租赁有限公司（简称国机租赁）、国机商业保理有限公司（简称国机保理）、国机资本香港有限公司（简称国机香港）和国机（北京）投资基金管理有限责任公司（简称国机基金）。

国机资本成立以来，不断丰富服务主业的手段，逐步形成产业基金、股权投资、融资租赁、商业保理四大业务板块。

产业基金业务：坚持服务主业，深化产融结合，充分发挥私募基金管理人的作用，以产业基金助力国机集团建设现代产业链“链长”、打造“原创技术策源地”、加快布局和发展战略性新兴产业，推动集团改革发展。到“十四五”期末，基本形成百亿元规模的产业投资基金。

股权投资业务：围绕集团先进装备制造、产业链关键环节及战略性新兴产业的战略性投资、并购、重组需求，开展直接投资，加快布局发展新兴产业，畅通科技产业资本循环，锻造国机所长，服务国家所需。

融资租赁业务：围绕集团主责主业，致力于为集团产业链上下游客户提供优质的融资租赁解决方案，定位于存量业务的“推进器”、增量业务的“孵化器”、业务风险的“降压器”和内部协同的“链接器”，努力实现“以融促产、以融助产、产融结合”。

商业保理业务：致力于挖掘国机集团内成员单位及其产业链上下游企业的融资需求，促进稳链保供和提高资金使用效率，为供应链上的企业提供多元化和差异化的融资服务，增加供应商的黏性，降低供应链风险，助力集团核心企业打造成为供应链“链长”。

【主要指标】

2022—2023 年国机资本主要经济指标完成情况见表 1。

表 1　2022—2023 年国机资本主要经济指标完成情况

指标名称	2022 年	2023 年	同比增长（%）
资产总额（万元）	762 235	754 921	-0.96
净资产（万元）	463 783	469 306	1.19
营业收入（万元）	7 234	15 504	114.32
利润总额（万元）	14 667	18 335	25.01
利税总额（万元）	15 858	19 242	21.34

（续）

指标名称	2022 年	2023 年	同比增长（%）
全员劳动生产率［万元/（人·年）］	471.09	445.91	-5.35
净资产收益率（%）	3.05	3.09	增加0.04个百分点
总资产报酬率（%）	2.98	2.79	减少0.19个百分点
国有资产保值增值率（%）	95.55	103.77	增加8.22个百分点

2023 年，国机资本实现净利润 14 303 万元，完成年度预算目标 13 450 万元的 106%，同比增长 14%。年末资产总额 75.49 亿元，负债总额 28.5 亿元，资产负债率 37.8%。

【改革发展】

1. 加快推进专业化整合，为赋能集团主业发展提供强有力的保障能力和专业支撑作用 为进一步深化产融结合，以融促产，强化战略支撑属性，实现产业为本、金融为用、产融有效互动的良性循环。根据集团工作安排和部署，2023 年国机资本加快推进国机资本、国机融资租赁有限公司、国机商业保理有限公司三家公司的股权结构调整事项，即专业化整合工作。专业化整合后，国机资本持有租赁、保理、基金三类金融牌照，作为集团“产融投资平台”的功能定位更加凸显，有利于关键资源配置，提高融资能力，增强品牌影响力，提升抗风险能力。国机资本将坚持服务集团主责主业，不断提升核心竞争力，增强核心功能，畅通“产业、科技、资本”循环，在严控风险前提下，实现资产规模稳定增长，盈利能力不断增强，服务集团主业发展不断取得新突破，更好支撑集团现代化产业体系建设。

2. 完善中国特色现代企业制度，形成科学有效的公司治理机制 国机资本以习近平新时代中国特色社会主义思想为指引，坚决贯彻落实党中央、国务院决策部署，以改革三年行动方案为抓手，不断完善中国特色现代企业制度，形成科学有效的公司治理机制。通过党委前置研究与董事会、经理层决策的有序衔接，进一步理顺决策流程，逐步形成了党委会、董事会和经理层权责法定、权责透明、协调运转、有效制衡的法人治理结构，确保党委“把方向、管大局、保落实”，董事会“定战略、作决策、防风险”，经理层“谋经营、抓落实、强管理”。

3. 完善人力资源制度体系，强化人才队伍建设

（1）确定标准，推进干部工作体系建设。一是完善干部选用标准，贯彻国机集团组织工作会议要求，明确“四用五不用”的用人导向，及时调整不适宜担任现职的干部。二是加强干部任期考核，持续提升经理层成员任期制和契约化管理工作质量，提升契约目标的科学性、挑战性；推行中层管理人员契约化管理，落实年度经营业绩责任，强化刚性考核。三是加大干部选拔培养，制定《年轻干部队伍建设实施方案》，通过持续优选、强化优培、及时优用，多维度推动优秀年轻干部成长，确保优秀年轻干部数量和质量提升。四是开展干部民主评议。组织召开“一报告两评议”大会，开展民主评议，组织选人用人工作进行专题报告，对选人用人工作评议结果进行通报和对照整改。

（2）多举措，保障人才发展体系建设。一是强化员工招聘与配置，通过社会招聘、校园招聘等多途径加强公司人员配置；及时调整退出业绩不达标、不胜任员工。二是强化专业人才建设，尝试“揭榜挂帅”，组织开展产融业务组长公开竞聘、组队竞争管理模式，让想为者“有位”，激发业务开拓的活力与潜力；设立业务支持组，实现“内行人管理内行人”，夯实风险防控第一道防线。三是加大员工培训力度，制定年度培训计划，分层分类，注重实效；组织中层干部参加青年干部培训班，提升青年干部履职专业水平。多渠道组织员工参加培训，2023 年组织 206 人次参加培训 334.5 课时。

4. 推进薪酬激励体系建设，提高员工工作热情和效率 一是开展岗位评价和人才盘点工作，梳理部门职责和岗位设置，修订完善了基于“一体化”管理的岗位说明书，为公司岗位管理、人才配置、队伍建设提供重要指引。二是探索多元化激励约束机制，完善《投资业务激励约束规则》，平衡投资业务风险，提升投资可持续收益；制定《项目跟投机制》，强化风险共担、利益共享。三是全面优化薪酬与绩效考核体系，聘请专业咨询机构，以“市场模式、战略导向、业绩核心、风险约束”为原则，全面优化薪酬与绩效考核制度，充分发挥考核的导向作用和激励约束作用。

【重大项目】

1. 投资板块围绕“调结构、创模式、增效益”，努力兼顾当下与长远 一是突出投资业务战略属性，推进战略性新兴产业项目，战略性投资资产保持在七成左右；结合市场趋势，进一步处置低效资产和非国机集团主业股票，截至2023年年末，非主业证券资产占比大幅下降。二是科学开展大类资产配置，挖掘全市场机会，构建“高收益–低波动”类固收资产配置池，在满足投资安全性、流动性、稳健性基础上，实现超过市场平均水平的投资组合收益率。三是以集团企业债券为突破口，开展战略投资，协助兄弟企业纾困，顺利回收恒天中票本息，积极承接苏美达中票，加强了国机集团内企业间业务协同。四是积极参与集团内上市公司定增认购，通过资金支持，促进集团企业扩大规模、增强竞争力和市场地位。协同筹办集团上市公司投资者交流大会，畅通投资者与上市公司间交流渠道，提供深入了解上市公司业务和战略的途径，增强投资者信心，协助上市公司价值发现。

2. 基金板块围绕“强基础、设基金、储项目”，加快推动国机（苏州）先进装备与产业基础投资基金（简称“产业基金”）落地 国机资本组建专业团队，完善规章制度，建立运营机制，为后续基金高起点、高标准运营夯实基础。为贯彻国机集团总体战略部署，培育专业领军企业集群，加快布局和发展战略性新兴产业，服务集团公司打造原创技术策源地和现代产业链“链长”，支撑上市公司高质量发展，锻造国机所长、服务国家所需，基金公司协助集团公司筹划设立产业基金，畅通资本、科技和产业的循环，助力集团公司高质量发展。产业基金总规模30亿元，首期规模20亿元。按照“募资到位就能投出”的要求，基金团队募资和储项目双管齐下，围绕集团产业链链长和原创技术策源地等相关产业挖掘优质项目，拜访了集团内多家二级企业或科研院所，已梳理出集团内外多个相对成熟的潜在投资项目。

3. 产融板块围绕“累资产、强基础、控风险”，加强市场开拓 2023年投放突破50亿元，同比增长85%，国机集团内部协同投放规模接近30亿元。在先进装备制造领域，着力支持集团振兴纺织机械三年行动，与经纬纺机开展8亿元保理业务合作，有效缓解其资金压力；在产业基础研制与服务领域，积极对接集团重点科研单位国机研究院，针对“两金”问题提供一揽子解决方案，与其下属沈阳仪表院、重材院、北强所首次达成合作，合计金额超过7 000万元；在工程承包领域，促成和带动工程板块稳外耕内业务超10亿元，与CMEC合作的开祥化工项目，使用直接融资租赁模式，有效助推成员企业实现项目快速落地的同时，又帮助其客户减轻支付压力，保障项目稳健安全运行。此外，公司与中机八院达成多个光伏EPC项目，使用融资租赁和保理两种模式，在维持中机八院现有负债水平的情况下，既为其撬动杠杆、扩大市场规模提供有力支持，又为国机租赁（国机保理）在新能源和绿色发展方面成功开辟新的赛道，迈出由“狩猎”向“放牧”的重要一步，取得很好的效果。

【安全生产】

国机资本坚决贯彻“安全第一，预防为主、综合治理”的方针，严格执行“党政同责、一岗双责、齐抓共管、失职追责”安全生产工作要求，以“全覆盖、零容忍、严执法、重实效”的态度，努力抓细抓实资金安全、网络安全、信息安全、办公室场所安全、证章及重要凭证安全以及员工安全等各项重点工作，在总结前期安全生产管理工作经验、弥补安全生产管理短板的基础上，进一步加强安全管理基础，健全规章制度，持续推进安全文化建设，落实安全主体责任，完善隐患排查机制，定期开展工作自查和总结，建立起安全生产全面保障体系，有效促进公司安全生产工作水平持续提升，保障公司安全健康发展，实现2023年安全生产无事故工作目标。

【党建工作】

1. 以“四抓”提“四力”，党建工作扎实有效

（1）抓主题教育，不断提升引领力。一是聚焦谋划部署，强化开局有动力。第一时间召开动员会，成立了主题教育领导小组，发出“动员令”，挂出“作战图”。领导小组下设办公室，办公室分设四个小组，建起“中军帐”，完善“责任链”。二是聚焦理论武装，明确目标有方向。注重“学、讲、研”结合，组织通过“沉浸式”读、“滴灌式”听、“结构式”研，感悟思想伟力。三是聚焦调查研究，破解难题有突破。组织开展内、外部调查研究活动，围绕12个方面，找“准”问题，“调”以务实、“研”以有效。四是聚焦问题检视，提升党性有成效。按期全部完成问题清单，制定专项整治方案，按期完成主题教育“回头看”专项工作，确保实实在在学有成效、落到实处。

（2）抓组织建设，不断提升组织力。一是推进党组织建设规范化。为更好地落实新时期加强和完善党对国有企业的领导的要求，及时完成临时党委转正式党委工作。二是推进党组织建设制度化。正式党委成立后，结合公司实际做好党建制度的“废”“改”“立”工作，完成党建所有制度的全面修订工作，形成了较为完善的党建工作制度体系。三是推进党组织建设标准化。加强支部月度自查、党委季度检查、季度台账式督办等重点管控。

（3）抓党建学习，不断提升战斗力。领导班子带头学：组织召开党委会36次，“第一议题”学习专题近50项；理论中心组专题交流研讨17次；干部骨干跟进学：开展“融易学”课堂12次，培训超600人次；支部广泛学：通过“月提示、季督查、年考核”方式，建立清单化、闭环式学习机制。

（4）抓党建融合，不断提升影响力。各党支部不断探索丰富联学联建模式，与中金公司党支部开展“锚定奋斗目标，服务主业发展”；与铁融租赁党支部联合开展“学习二十大、奋进新征程”；与中铁资本党支部联合开展“党建引领促发展联学联建聚合力”等特色联学联建主题党日活动。

2. 以“四抓”促“四提升”，从严治党有力有招 一是抓基础，提升强基筑牢工作。组织制定公司重点业务廉洁风险防控手册；修订《关于持续深化落实中央八项规定精神进一步加强作风建设的实施办法》等制度；制定2023年度党风廉政建设和反腐败工作要点及任务分工等工作方案；召开党风廉政建设和反腐败协调小组工作会，听取党风廉政情况汇报等。二是抓日常，提升重点责任落实。紧盯各节假日开展纠“四风”树新风工作，进行“四风”情况监督；聚焦“一把手”和领导班子等“关键少数”，聚焦重点岗位，聚焦日常工作等。三是抓特色，提升齐抓共管保障能力。召开警示教育大会，开展“知党规　严党纪”专题党课；打造廉洁文化，全体党员共同宣读“廉洁自律宣言”；组织特色“廉洁宣传教育月”活动，践行“学思想强党性，廉洁从业担当作为”；创办微信公众号一周“纪”录专刊等。

【信息化与数字化建设】

按照“总体规划、分级实施；统一规范、集成共享；成熟系统、保障安全”的顶层设计原则，持续推进“124”工程建设，不断深化数字化和信息化与业务全过程、全要素融合，进一步完善网络安全和信息化建设，切实提升信息化对管理的支撑作用。

1. 协同办公平台建设 国机资本作为国机集团的协同办公平台的唯一试点单位，落实“管理制度化、制度流程化”要求，全面梳理OA办公系统各项表单及流程，完成国机资本及下属子公司的单独组织架构设计，与国机集团实现同期上线，鉴于公司组织架构、应用场景具有典型性，为协同办公平台推广至国机集团全级次应用奠定基础。

2. “国机E链”建设 持续推进“国机E

链”建设，累计为百余家中小微供应商提供上千项国机E链服务，累计投放金额超过12亿元，有效畅通集团企业供应链，发挥出稳链强链的作用。2023年，一是申请并已取得国机E链软件著作权证书；二是实现同苏美达SRM系统互联互通，在国机E链平台实现电子债权凭证自动开立、确权、签收及自动兑付功能，在SRM系统实现电子债权凭证可视、可融、融资信息同步等功能，提升核心企业工作效率。

3. 司库管理系统 落实国机集团关于司库管理系统2023年度建设任务，全面上线国机集团要求的司库管理功能，实现账户统一管理和资金结算管理，上线资金集中管理、票据管理、银行存款管理、授信管理、内部借款管理等功能。

【履行社会责任】

积极履行中央企业社会责任，在乡村振兴工作中持续发力。一是公司工会组织多次“消费帮扶”特色活动，其中，举办的“情系边疆，农产品品鉴会”“兴农周，央企帮扶产品品鉴会”等主题活动，调动了广大职工帮扶产品热情。二是创新打造国机资本志愿服务品牌“融易帮”志愿服务团队，公司20多位青年员工报名参加，先后组织开展“交通疏导”“环境保护”“防火安全”“敬老服务”“爱心慰问”“爱心捐衣”等多次志愿服务，弘扬了志愿服务精神，展现了国机资本人的担当和社会责任。

中国农业机械化科学研究院集团有限公司

【基本概况】

2023年，中国农业机械化科学研究院集团有限公司（简称中国农机院）坚持以价值创造为中心，以价值需求为导向、围绕价值创造全过程、以价值评估为抓手，从顶层设计出发，着眼长期制约价值创造、企业发展的基础性、结构性、系统性、历史性难题，科学谋划、精心组织，重点突破、整体推进；坚持高端服务和研发，强化主责主业、适度多元化发展；着力强化凝聚力、执行力和创造力，建设一流人才队伍，营造激励和谐人文环境；在服务、科技创新、科技产业化等方面持续构建核心竞争力和竞争优势，不断提高经济效益和综合效益，创造价值最大化，以推进中国农机院健康、高效、持续发展壮大。公司结合业务发展方向，将业务归类划分为——高端装备、农业工程、创新与服务，三个板块分类施策、协同推进，确保企业高效有序发展。

高端装备板块：聚焦农机装备主业，精心培育打捆机、青饲机等拳头产品。现代农装科技股份有限公司优化生产基地中试能力，4MY3A采棉机和9360B青饲机迭代升级，成为主力新机型；呼和浩特分院成功完成9YFLD-2.2型六道绳方草捆捡拾压捆机研发试制及新产品布局，荣获国家级专精特新“小巨人”企业称号。特种装备与试验装备持续保持细分领域技术优势——中机试验装备股份有限公司入选全国首批创建世界一流领军示范企业名单，被认定为仪器仪表产业链材料性能测试仪链主企业，获工业和信息化部产业基础再造专项支持。

农业工程板块：中标河北省邯郸生态农业EPC总承包项目、黑龙江省桦南县“紫苏之乡”乡村振兴紫苏深加工项目、玻利维亚1 000t/d大豆副产品重点项目以及正大漯河现代农业示范园有机肥厂项目。城市更新业务规模不断扩大，中标河南省新乡市红旗区大学城片区城市更新项目，以及多个乡村建设、湿地保护与恢复勘察项目。

创新与服务板块：发挥价值创造能力，积极拓展创新业务模式。中国农机院机电技术应用研究所深耕科研产业协同发展，成果持续创新创效，2023年农机作业远程监测设备销售达1.2万余套，服务作业面积近 5 000 万亩（1 亩=666.67m^2）；“农业机器人及智能传感器试验检测服务平台”入选工业和信息化部第五批产业技术基础公共服务平台。行业中心全力打造以 PEMS 业务为核心的“一站式”服务平台；开辟汽车非量产核查新业务，建成天津平行进口车实验室，获得资质认定；联合提出一项排灌机械领域国际标准提案，为“一带一路”倡议提供技术支撑。试验站发挥红色资源作用，打造信仰党建品牌，阳早寒春故居被国家文物局、教育部认证为“大思政课”优质资源项目；产教融合获中国中央电视台等多家媒体报道，品牌价值持续提升。科创中心聚焦农机装备进口替代，气流输送式播种、玉米小区播种机等新产品实现生产应用，蓝莓收获机填补国内空白。中机农业发展投资有限公司立足东北分院建设，中标吉林省东辽县畜禽粪污资源化利用整县推进项目设备采购，合同金额 1 396 万元。规划咨询中心成功协办农业农村部“首届全国大豆产业博览会”，服务河北省张家口市宣化区国家现代农业产业园通过农业农村部创建认定。北京卓众出版有限公司聚焦农机产品数字化平台建设，积极构建行业数据生态体系，农机领域营业收入首次突破 1 000 万元。国合中心成功在萨尔瓦多举办首个国家援中美洲境外培训项目，为开拓中美洲业务打开新渠道。

【主要指标】

2022—2023 年中国农机院主要经济指标完成情况见表 1。

表 1　2022—2023 年中国农机院主要经济指标完成情况

指标名称	2022 年	2023 年	同比增长（%）
资产总额（万元）	535 610.60	548 432.09	2.39
净资产（万元）	183 145.16	191 467.45	4.54
营业收入（万元）	328 532.57	312 015.01	-5.03
利润总额（万元）	11 704.85	10 678.02	-8.77
技术开发投入（万元）	33 685.32	31 926.62	-5.22
利税总额（万元）	26 585.00	27 655.02	4.02
EVA 值（万元）	19 937.94	19 302.77	-3.19
全员劳动生产率 [万元 /（人・年）]	26.64	28.60	7.36
净资产收益率（%）	6.25	5.31	减少 0.94 个百分点
总资产报酬率（%）	3.40	2.98	减少 0.42 个百分点
国有资产保值增值率（%）	101.51	104.27	增加 2.76 个百分点

【改革发展】

制定新一轮国有企业改革深化实施方案；编制新型工业化和对标世界一流企业价值创造等实施方案，推动完善价值创造体系。

提升考核工作质量和水平，强化考核结果运用，充分发挥考核导向作用，助推高质量发展。一是下达“一利五率”指标。分解国机集团下达经营考核目标，组织完成所属二级考核单位 2023 年度“一利五率”指标的测算、确认和下达；并对完成情况进行日常跟踪、分析和全年指标预测。二是完成 2023 经营业绩考核。在科技及财务部门配合下，对各考核单位 2023 年度经营业绩考核结果进行分析计算及审核确认。三是完成 2023 年月度时序进度考核。充分征求考核单位意见，确定主要指标时序进度目标值；自年初开始，以月度为单位，根据时序进度计算计分结果，进行量化考核。

修订人力资源规划，构建复合型干部队伍和专业化人才梯队。建立人才工作目标责任制，明确二级企业党组织的主体责任和“一把手”的第一责任人责任，确保人力资源规划目标任务得到全面落实。

人力资源部完善组织人事制度体系，全年制修订人事管理制度 6 项，通过专题会议对干部管理等内容进行培训，指导所属企业规范选人用人程序。与外事、纪检部门协调联动，建立全级次因私事出国（境）管理体系，确保组织人事工作规范化、制度化。

坚持正确选人用人导向，选拔忠诚干净担当的高素质专业化优秀年轻干部，加强日常分析研判，严格执行干部选拔任用标准程序，推进干部交流工作常态化，加强对干部的全方位管理和经常性监督，强化考核结果运用，优化外派董事队伍建设，确保干部队伍活力和战斗力。

落实国机集团下达的人才队伍建设规划任务，加大人才引进和培养力度，优化人才结构，全面梳理高端人才需求，组织人才推荐工作，申报国家重大人才专项，打造高端人才培养平台，实施“人才提升工程”，打破高端人才引进壁垒，为公司发展提供强有力的人才支撑。

持续深入推进经理层成员任期制和契约化管理，深化“三能”机制，完善市场化薪酬分配机制，强化工资效益联动，落实中长期激励机制，充分调动企业负责人工作积极性，激发企业活力。

教育培训工作方面，积极选派干部参加上级单位专题培训，组织制定学习贯彻党的二十大精神培训方案，加大培训力度，创新培训形式，提高培训针对性和有效性，为干部能力素质提升提供有力保障。

组织人事管理基础工作方面，持续推进干部人事档案规范化管理和数字化，参与集团 HR 信息系统建设，做好人事调配、职称评审等工作，严格规范驻外人员管理和因公出访政审，做好老干部服务保障和企业年金等福利管理，确保人力资源工作精细化、智能化。

【科技创新】

围绕采棉机、青饲机、打捆机、播种机、植保机等重点产品，着力技术持续迭代升级，开展高速高效作业、作业质量提升、性能和可靠性提升、智能感知与控制等核心技术攻关，突破了 6 行圆包采棉作业、大喂入量青饲收获、捡拾装袋一体作业、采棉机及青饲机整机田间试验验证等技术，推进采棉机由 3 行升级为 6 行，实现了产品系列化，达到国际先进水平，采收效率提高 20% 左右；青饲机由 450 马力（1 马力 =735.5W）升级到 580 马力，达到国际先进水平，推进了我国大型作业收获机自主化发展；高地隙自走式喷杆喷雾机完成国四升级并保持行业领先；研制高速气流输送式免耕条播机、鲜食玉米低损收获机、马铃薯捡拾收获机等新装备，进一步丰富高端农机装备产品品种。

1. 棉花高效收获技术装备 针对我国规模化棉花生产需求，突破了棉花均匀喂入、棉包密度控制、点动进给缠膜、差速拉紧缠膜等技术；开发了自主知识产权带式打包装置、点刹进给式缠膜机构、基于 CAN 总线的圆包式采棉机智能控制系统；集成采棉系统、输棉系统、重载荷液压底盘、自动对行、在线测产等技术，研发了自主可控的 3 行 /6 行 2 种圆包采棉机，采收效率提高 20% 左右，采净率超过 95%，达到国际先进水平，替代进口；形成了 3 行棉箱 / 圆包，6 行棉箱 / 方包 / 圆包系列采棉机产品，满足不同规模用户需求，为棉花产业健康发展提供技术装备保障。

2. 智能饲草料收获技术装备 针对饲草高品质、高效收获技术装备需求，重点瞄准青饲玉米收获与秸秆收获，突破了打结器高可靠性、籽粒破碎与秸秆揉丝组合高效除尘、金属探测、割台自动仿形、滚筒自动磨刀智能对刀、喂入在线监测与作业智能化控制等关键技术；开发了单体齿盘驱动打结器、对辊式籽粒破碎装置和大型高效可折叠式割台等核心零部件；研发的秸秆切割揉丝除尘和小方捆、圆捆卷捆和秸秆切割揉丝圆捆卷捆 4 种打捆机已产业化，成捆率≥98%，打结器使用寿命≥150 000 捆，替代进口；研发 400kW 级大型智能自走式青饲料收获机，喂入量≥33kg/s，收获损失率≤3%，割茬高度≤150mm，自主化率≥ 95%，打破国外垄断，形成 9265/9335/9360/9458 系列产品。

3. 农机装备智能测控技术装备与云管理服务平台 针对农业增效提质、生态可持续发展需求，以信息化为核心，以装备智能化为支撑，突破了智能感知与作业质量测控检测技术，研发了多品种系列化耕种管收作业装备传感器与智能测控系统，为农机装上“五官”，装机应用10万多台，节省人力≥60%，节种≥10%，增产≥3%；创建了“互联网+智能农机”模式，面向农机合作社、政府管理部门、农机企业以及农场主不同业务管理需求，开发了具备农机产品、质量检测、作业管理的农业全程机械化云管理服务平台，应用于吉林、内蒙古、山东等全国22个省、自治区，提升农业生产管理效率≥50%；推动农机从单机作业进入机群协同管理，自主作业技术走向实用化，农机作业进入信息化少人化时代，支撑我国农业机械化和农机装备产业转型升级。

4. 特色作物装备与新材料 自主研发的自走式蓝莓收获机采用骑跨式单行作业模式，可一次完成果实的采收、输送、清选、装箱作业，经蓝莓、蓝靛果种植主产区田间试验，其采收效率、果实含杂率，作业效果得到用户认可；研发的莲座式精准切根喂入一体化技术，集成研制大白菜、甘蓝等结球蔬菜收获机，实现结球类蔬菜拔取、输送、切根、剥叶、装箱一次性收获，加快推进丘陵山区主要农作物生产全程机械化；开发了铁基WC熔覆材料、陶瓷喷涂材料等6种耐磨材料，纳米陶瓷+碳纤维涂层、水性三层体系涂层等4种低黏附材料，研发等离子熔覆、等离子喷涂等6种加工工艺，形成耐磨圆盘耙、波纹盘、旋耕刀等5种触土部件产品，总体技术达到国内先进水平，市场前景广阔。

【安全生产】

1. 安全生产管理 在安全生产管理方面，不断建立健全风险管控和隐患排查双重预防机制，安全管理强化年行动和重大事故隐患专项排查整治2023年行动两手抓，加强安全生产教育培训，不断提升安全生产管理水平和效果。

在安全生产隐患治理方面，持续推进“两个清单”常态化管控，每月动态更新问题隐患清单台账，明确责任部门、责任班组、责任人，逐一对排查出的风险隐患销号整改，形成闭环管理。全级次各单位排查出一般问题246项，整改完成240项，一般隐患417项，整改完成400项。2023年度排查了全级次企业重点领域产品设备能效水平，对不符合安全环保标准的老旧设施制定升级改造计划。在2023年4—5月，组织各所属企业结对子互查活动，对建筑施工、生产制造现场、园区等开展安全风险隐患检查，通过互查达到互鉴目的，提高了各单位安全管理水平。加强安全生产风险辨识评估，对各层级所属企业重大危险源情况进行梳理，建立了清单台账，加强管控。

在安全生产机制建设方面，深入推进双重预防机制建设，将风险分级管控与隐患排查治理贯彻落实到每一级企业、每一级班组，双重预防观念入脑入心。推动所属企业开展安全生产标准化建设，2023年有2家所属企业完成二级标准化审核工作。

“安全生产月”活动期间，加强宣传效果，在全级次企业范围内共设置宣传展板124块，电子屏等45块（条），张贴宣传海报216张，通过内部企业微信群等社交媒体推送安全类咨询和警示信息百余条，收听阅读量近4 000人次；筹划拍摄安全生产警示片项目，赴固安生产基地、园区2#楼项目等地进行取景拍摄，并在楼宇电视中进行展播。

2. 安全教育培训 2023年6月20—21日，组织年度安全生产主要负责人、安全生产管理人员取证培训，聘请安科院专家授课，并对管理层、各部门、各层级所属企业、业务中心安全生产主要负责人和管理人员进行答题考核。

2023年11月中旬，为了开展安全环保两体系年度审核工作，组织安全生产联络人进行内审员培训。

【党建工作】

1. 坚决贯彻落实习近平总书记重要指示批示精神和党中央的决策部署 健全完善“第一议题”工作机制，形成传达学习、研究部署、贯彻落实、跟踪督办、报告反馈的工作闭环。2023年“第一议题”学习36次，制定贯彻落实措施70余项，中心组学习14次，红色学堂7期。积极服务国家战略，聚焦“三大行动”，高质量完成“三张清单”和“1025”专项年度任务，得到多个部委的肯定。积极对接区域农业发展需求，持续开发适用农机，发挥平台优势，打造农业工程示范项目，用实际行动助力乡村全面振兴，加快农业强国建设。

2. 扎实开展主题教育，为企业高质量发展凝心聚力 以统一思想、凝聚人心作为主题教育的出发点，以取得实效、推动发展作为主题教育的落脚点，第一批主题教育围绕“6 个结合”、第二批主题教育围绕“5 个结合”，全院 10 家党委、18 个直属党支部，95 个党组织、1 300 余名党员分两批扎实有序开展主题教育。构建“6 学联动”模式，以党委会“第一议题”及时学、党委理论中心组学习研讨学、专家集中培训学、知识竞赛比拼学、红色课堂日常学、党员自主学等，推动党的创新理论入脑入心。围绕科技创新、乡村振兴、人才建设等组织 6 次专题学习研讨；党工团联动，开展“我与企业共成长”系列活动，就中国农机院的创新方向、核心竞争力、产业化道路、高质量发展的标准开展“四问”大讨论，各级党组织同题共答；结合“我为企业献良策”“科技工作者座谈”等活动，征集意见建议 108 条，归纳总结出 47 项内容，提出优化工作思路 82 条，全院上下集思广益，激发广大干部职工干事创业热情，促进企业健康发展。

3. 实施基层党建“七抓”工程，着力抓基层、强基础

（1）全面打造过硬基层党组织。以实施“七抓”工程、落实“百千工程”为切入点，开展基层党组织建设规范提升工作。通过党组织建设“回头看”、党建业务融合成效总结、“第一议题”制度落实自查、示范支部推荐评选、党员示范岗和党员先锋队建设等专项工作，不断探索党建三基和管理三基“两个三基建设”融合途径，提升基层党建工作水平。

（2）深化党建品牌创建。全院各级党组织结合业务特点，持续开展“一企一工程”党建品牌建设。中国包装和食品机械有限公司党委围绕农产品加工工程发展，提出“顶天立地，五子登科”党建品牌；呼和浩特分院党委以“德”文化为核心，打造“四力”提升，共铸“华德”党建品牌；中机试验党委紧密结合重大科技攻关、项目实施、市场拓展等创建 9 个党建品牌；中机十院国际工程有限公司党委以打造“学习型、实干型、服务型、创效型”党支部为重点，创建“城市更新”党建品牌；机电所党支部深入推动“三融入”与“三创建”党建品牌建设，北京金轮坤天特种机械有限公司党支部以重点科研项目为发力点创建党建品牌，行业中心党支部打造“勤于学习、勇于担当”党建品牌等，全院各级党组织以党建品牌打造为载体，实现党建业务融合互促，推动党建工作干在实处、走在前列。

（3）细化量化责任清单，压紧压实全面从严治党主体责任。制定党委工作要点和班子成员党建责任清单。以国机集团巡视、审计、党建考核为契机，通过年度自查、季度对标、定期跟踪的方式确保工作落实。高质量召开专题民主生活会。

4. 深入推进正风肃纪反腐，为改革发展营造良好政治生态 深入落实中央八项规定精神、纠“四风”树新风。开展形式主义问题集体约谈。修订印发《中国农机院党委关于持续深化落实中央八项规定精神进一步加强作风建设的实施意见》。开展违反中央八项规定精神问题专项治理工作，采取“四不两直”对总部及所属单位公车管理情况开展现场检查和抽查，实现京内、京外检查全覆盖。组织开展履职待遇、业务支出以及廉政档案专项检查。

推动“三不腐”同时发力、同向发力、综合发力。持续深入开展“廉洁宣传教育月”活动，召开警示教育大会，组织党员领导干部 40 余人参加国有企业人员职务违法犯罪案件庭审旁听活动，深化警示教育。加大力度推进问题线索处置，形成问题线索 17 件，运用第一种形态 6 人次，第二种形态 1 次，追缴违规所得 16.13 万元。

强化监督主责，促进各类监督贯通协调。落实党风廉政建设和反腐败工作制度机制，加强干部监督。制定印发《中国农机院廉洁采购监督指导意见》，防范采购领域廉洁风险。抓好巡视整改、审计整改和专项整治等贯通协调，督促各主责部门进行问题梳理整改，推动健全制度体系，堵塞管理漏洞。

创新性地开展政治巡察工作。制定印发《中国农机院党委巡察工作规划》，创新性地采用巡审联动工作模式，对现代农装科技股份有限公司、中机华丰（北京）科技有限公司、北京金轮坤天特种机械有限公司3家所属企业党组织开展常规巡察，通过巡察监督与审计监督的有机融合，构建强化震慑、贯通覆盖、协调融合、互促互补的格局。

【信息化与数字化建设】

1. 网信工作管理水平稳步提升 加强网络安全建设，高质量参与国机集团网络安全攻防演习。中国农机院积极派遣业务骨干参与集团演习指挥工作，在集团党委统一领导下，圆满完成演习工作，达到“发现人才、锻炼队伍、提升能力”的预期目标。踏实备战，高质高效参与网络攻防实战演习。中国农机院加固IT资产与网站服务103个；修复系统漏洞400余个；修复违规配置资产11个，收敛互联网暴露子域名及资产149个。实战阶段，监测到红队疑似攻击50.7万次，封堵可疑IP 3万个，处置安全事件308次。

推进基础设施更新升级，基础信息服务能力与安全能力稳步提升。根据国企三年改革行动方案，开展公司互联网带宽升级，完成“十四五”期间互联网出口带宽升级到1G的目标，用户上网体验提升43%。完成堡垒机系统、数据库审计系统建设，加强网络安全合规管理。推进财金管控系统信息安全等级保护测评工作。

2. 数字化转型走向实践，转型基础逐渐夯实 组织召开中国农机首次院网信工作会议。会议邀请国机集团信息化领导、外部专家就国机集团数字化转型工作方案、网络空间安全形势分析等主题进行解答与授课，公司领导班子及各所属企业班子成员参会。完成公司私有云平台建设。为公司经营管理、业务生产及设计研发数字化转型工作打下硬件基础，也为公司信息化数据集中管理创造条件。

推动公司仿真验证实验室建设。完成公司仿真验证实验室建设工作。降低所属企业重复投入，鼓励公司设计研发验证的主要方式由“样机验证”向“仿真验证”转型。

合同管理平台顺利上线。绘制公司合同管理业务全景流程图，打通多系统间的数据交换。建立公司三级合同管理门户，实现合同全过程追踪。2023年，系统新增合同审批1 100余个，纳管历史合同4 432份。启动“总部协同运营平台”的规划建设工作，逐步建立健全从商机到回款的项目成本管理闭环，逐步落实从计划到利润的全面成本管理，推动中国农机院总部实体化运营行动。

【履行社会责任】

1. 进一步服务国家区域发展战略 开展国家重大科技战略研究，主动承担并完成中国工程院、科技部、农业农村部等产业战略专题研究10余项，国家智库的作用进一步凸显。扎实推进全国重点实验室等“三大”国家级平台运行发展，成立实验室新一届学术委员会、战略指导委员会；成功获批农业农村部草原畜牧业装备技术、农产品加工装备重点实验室。积极承担国家重点研发计划攻关任务，日光温室、马铃薯规模化生产、露地蔬菜全程无人化生产等牵头项目获批6项。与5个省市地方政府、4家中央企业签订合作协议，与中粮贸易有限公司、中交建筑集团有限公司、航天凯天环保科技股份有限公司签订四方协议，推进高标准农田建设，护航国家粮食安全。

2. 服务国家乡村振兴 加强农机装备科技研发，解决国家农业装备短板弱项，推动高标准农田建设以及统筹内外部资源，结合原创技术策源地和产业链链长建设，打造全方位一站式乡村振兴业务服务模式。

首席专家杨学军多次赴集团定点帮扶地区四川广元朝天区实地调研，为当地农业发展提供技术和装备支持。2023年核桃采收机、清土机等作业机具已在朝天区各合作社进行广泛应用。在前期调研和收集农户需求的基础上，中国农机院对带状玉米、大豆精播机和丘陵山地多功能田园管理机进行了研发，完成小型单行玉米收获机试制；针对当地松子收获需求，对松子加工成套设备进行了研发，助力朝天区解决山区现代农业产业发展短板。

3. 落实“一带一路”倡议 2023 年是共建“一带一路”倡议提出 10 周年，农业援外培训是共建“一带一路”的重要内容之一，在国机集团“合力同行，创新共赢”的价值观引领下，2023 年中国农机院共获批 13 期商务部援外培训项目，成功执行 14 期（含 1 期延期），其中线上项目 6 期，来华项目 7 期，境外项目 1 期，执行率达 93.3%（所罗门群岛项目由于外方原因暂缓执行），培训总时长达 267 天。共有来自亚、非、欧、美洲的 39 个国家和地区的 417 名学员参加培训，培训语言涉及英语、葡语、西语、法语，培训内容涵盖农业工程（节水灌溉、设施农业、植保技术）、农机化发展、农产品加工（管理、包装、保藏及储藏、工业加工以及质量安全检测）、垃圾电站项目等主题。

4. 关爱员工，企业文化生活丰富多彩 持续开展“我为群众办实事”，举办健康讲座、免费义诊等，开设 4 期暑期假期托管班，解决职工后顾之忧；举办第 33 届职工运动会，举行“中秋节月饼 DIY 亲子活动”，丰富干部职工的文化生活，增强职工的归属感和主人翁意识。

国机集团科学技术研究院有限公司

【基本概况】

国机集团科学技术研究院有限公司（简称国机研究院）是国机集团向“创新型国机”迈进的重要战略部署，是充分发挥集团科技资源行业优势的高层战略执行平台，是增强集团整体技术创新能力的重要创新主体。

国机研究院现拥有 9 家转制院所和 2 支院士团队。截至 2023 年年底，国机研究院资产总额 41.58 亿元，净资产 21.1 亿元，当年主营业务收入 22.47 亿元。员工总数 2 376 人，其中，科技人才 1 276 人；入选“国家百千万人才工程”3 人，享受国务院政府特殊津贴 19 人，正高级职称 128 人，高级工程师 529 人，博士研究生学历 30 人，硕士学历 421 人，本科学历 1 224 人。

国机研究院现有国家工程（技术）中心 3 家，国家企业技术中心 3 家，国家地方联合工程研究中心 1 家，博士后工作站 3 家，国家和行业生产力促进中心 3 家，行业质检中心 9 个（其中国家级 6 个），国际标委会 1 家，全国标准化委员会 11 家，全国标委会分委会 2 家，行业标委会 4 家，各类省部级科研平台 25 家。

【主要指标】

2022—2023 年国机研究院主要经济指标完成情况见表 1。

表 1 2022—2023 年国机研究院主要经济指标完成情况

指标名称	2022 年	2023 年	同比增长（%）
资产总额（万元）	413 790.40	415 787.63	0.48
净资产（万元）	194 653.63	210 972.80	8.38
营业收入（万元）	190 195.15	224 743.02	18.16
利润总额（万元）	4 802.75	8 017.57	66.94
技术开发投入（万元）	30 561.57	42 746.12	39.87
利税总额（万元）	12 509.94	18 075.99	44.49

（续）

指标名称	2022 年	2023 年	同比增长（%）
EVA 值（万元）	11 404.07	16 510.69	44.78
全员劳动生产率 [万元 /（人·年）]	27.44	32.67	19.06
净资产收益率（%）	2.73	3.83	增加 1.10 个百分点
总资产报酬率（%）	1.91	2.51	增加 0.60 个百分点
国有资产保值增值率（%）	103.36	106.84	增加 3.48 个百分点

注：2022 年、2023 年合并口径：院本部、北京飞机强度研究所、沈阳仪表科学研究院有限公司、重庆材料研究院有限公司、济南铸造锻压机械研究所有限公司、沈阳真空技术研究所有限公司、杭州照相机研究所有限公司、秦皇岛视听机械研究所；托管企业天津电气科学研究院有限公司、兰州电源车辆研究所有限公司。

【改革发展】

1. 科改双百专项工程推进情况 2023 年，重材院成功入选国务院国资委“科改示范企业”，研究制定完善《重材院“科改行动”2023—2025 年综合改革方案》，严格遵照时限推进改革任务台账落实，努力健全现代化产业体系、布局战略性新兴产业、完善公司治理结构、深化三项制度改革，努力打造国企改革样板和创新尖兵。

公司治理体制机制方面，修订《重材院关于落实董事会职权实施方案》，在战略委员会中增加负责科技创新的职责；国机研究院对重材院专职外部董事配备到位，建设完成一支素质优良、专兼互补、结构合理的董事队伍；制定董事会相关制度。市场化经营机制方面，制定《重材院经理层成员任期制和契约化管理办法》；完善考核计分规则，取消了保底分设置；完成中层干部全体起立、竞聘上岗工作。科技创新制度体系建设方面，制修订《专利、论文及标准奖励管理办法》《科研项目经费管理办法》等制度，完善科技创新管理激励约束制度，持续营造良好的创新氛围；制定《产学研合作管理办法》《“揭榜挂帅”科研项目管理办法》等制度，进一步完善科研项目的管理体系；制修订《基础研究管理办法》《高层次人才引进管理》等办法，强化了基础研究、专家引进的制度遵循，进一步激发科技创新动能。

2. 国企改革三年行动计划执行情况 国机研究院 2020—2022 年国企改革三年台账任务全面完成，在国机集团改革三年检查中取得良好成绩。

强化战略引领，坚持产业基础研发主业。2023 年，全院统一思想、凝聚共识，以增强核心功能和提升核心竞争力为重点，重新调整编制了《国机研究院“十四五”规划》。组织召开全院战略与人才工作会，强化战略工作的顶层设计与统筹。调整后的规划，以提升服务国家战略能力为方向，明确“国家重大装备产业基础的战略科技力量”的战略定位，强化“提升机械工业产业基础”的使命，实施“培育原创技术策源地、加强专精特新发展、强化行业服务引领”三大战略，各项战略举措取得良好开端。

中国特色现代企业制度建设不断完善。把党建工作要求纳入公司章程，全面推行“双向进入、交叉任职”的领导机制，推进各级党委完善“三重一大”决策制度及事项清单，不断规范党组织前置研究讨论程序。推进董事会“应建尽建、配齐配强”，应建范围内 6 家企业全部完成董事会建设，均实现外部董事占多数，均建立了董事会、总经理办公室工作制度或议事规则，拓宽外部董事渠道，推进规范化运作。不断健全董事会工作制度和运行机制。制定《国机研究院关于落实董事会职权实施方案》和 8 项配套制度及办法；发布国机研究院《外部董监事管理办法》《专职董事管理办法（试行）》，支持外部董事履职尽责担当，选聘 3 名专职董事。规范落实董事会授权制度，建立健全董事会审议事项跟踪督办、授权事项经理层定期汇报机制，实现闭环管理。

积极推进“三项制度”改革。推动干部能上能下，对所属企业中业绩靠后、评价靠后的班子成员调整出领导岗位。持续深入推进经理层成员任期制和契约化管理，组织下属企业 18 家企业 49 位经理层成员按期签订 2023 年度经营业绩责任书。开展院本部及所属企业经理层年度考核和任期考核及兑现工作，合理拉开经理层成员的绩效差距。积极推动收入能增能减，修订所属企业经营业绩考核办法，“一企一策”制定考核指标，突出创新驱动，引导企业对标行业水平，不断提高经济效益、资本回报水平和价值创造能力；根据企业完成情况，对主要负责人薪酬进行及时调整，奖优罚劣；对未完成考核指标的企业，企业工资总额予以调整降低。市场化用工意识得到加强，新员工 100% 通过市场化招聘进入。

加快推进瘦身健体专项工作。严格落实国机集团“十四五”瘦身健体工作方案要求，推动历史遗留问题解决，加快推进减少法人户数专项工作。截至 2023 年年末，按计划完成了 5 家企业的瘦身健体工作，纳入“十四五”瘦身健体计划的其他 4 家企业正稳步推进清退注销工作。

持续推动改革深化提升。全面贯彻落实党中央、国务院关于国有企业改革深化提升行动有关决策部署，2023 年，研究制定《国机研究院改革深化提升行动实施方案》及“工作台账”，突出功能使命，进一步强化三大战略。扎实推进对标世界一流企业价值创造行动，结合院“十四五”规划和战略定位，形成《国机研究院对标世界一流企业价值创造行动实施方案》，明确整体目标、主要措施、进度安排，加快完善研究院价值创造体系，不断增强价值创造能力。组织天津电气院检测公司和沈真所实施岗位分红激励、天津工程机械研究院试验装备项目实施项目收益分红激励，加强对企业实施中长期激励的全过程指导与监督，及时总结经验，为中长期激励扩面打下基础。

【重大项目】

2023 年，围绕国家重大战略需求和重点领域产业链供应链安全需求，国机研究院组织所属企业加强需求对接和发展战略研究，积极申报科技部国家重点研发计划、工业和信息化部高质量发展专项、科工局配套科研专项等国家级科技项目，取得较好成绩，共获批各类国家级科技项目 22 项，获批中央财政资金 8 560 万元。其中，沈阳仪表院获批国家重点研发计划“智能传感器”重点专项“大型模锻压机运行状态监测传感器及系统应用”项目，获批国拨经费总额 3 000 万元；承担“3×× 专项”任务 4 项，其中沈阳仪表院 3 项，沈阳真空所 1 项；天津电气院签订“两机专项”重点工程“110MW 重型燃气轮机压气机试验平台”项目，将建设亚洲最大压气机试验平台，合同额共 1.8 亿元；重材院牵头配套科研项目 4 项、参研项目 1 项，参研核能开发专项 1 项。

另外，沈真所牵头承担的 2020 年工业和信息化部“重大短板装备”项目完成全部目标任务，顺利通过工业和信息化部验收。

【科技创新】

加强需求对接与战略研究。根据国务院国资委中央企业产业焕新行动和未来产业启航行动总体部署，围绕新一代信息技术、高端装备制造、新材料等战略性新兴产业，梳理编制了《国机研究院战略性新兴产业工作方案》；对接中核集团、中广核集团等中央企业总部及下属重点企业，对接清华大学、北京航空航天大学等知名高校院士专家，组织对接怀柔实验室、天府实验室等高端研发平台，组织所属企业与国机重装、中地装等集团兄弟单位的对接与业务协同，推动了所属企业的科技创新、行业服务与产学研合作；推荐研究院本部及下属企业有关领导、专家进入国家有关部委专家库，积极参与工业和信息化部、科工局、科技部、国家能源局等国家部委有关专项的立项论证、项目评审等工作；国机研究院专家参加国家科技项目评审次数大幅度增加，推进了重大需求对接和后续国家级科技项目策划申报。

加大科技创新支持力度。为推动院“十四五”科技规划“两份清单”的落地。落实 2023 年中央企业国有资本经营预算经费 4 000 万元；获批各类国家级科技项目22项，获批中央财政资金8 560万元；获批国机集团重大科技专项项目2项，获批支持经费1 500万元；获批国机集团青年科研基金3项，获批支持经费140万元。批准研究院科研专项第一批项目立项4项，共资助800万元；批准国机研究院2023年青年基金项目10项，支持经费220万元，为青年科研人员成长提供支持。

实施“专精特新”产业培育计划。根据国机研究院关于促进“专精特新”发展的实施意见，遴选重材院的“特种温度传感器”、天津电气院的“电控配电产品检测和服务”、沈真所的“高端真空装备”3个产业，沈阳仪表院的“专精特新”企业，共计4个项目列入第一批“专精特新”培养计划。2023年，4个产业培育项目均取得显著进展，其中重材院的“特种温度传感器”达到国机研究院“专精特新”产业考核指标，给予专项奖励60万元。

开展关键核心技术攻关。2023年，国机研究院承担了××25工程二期项目2项，组织实施创新联合体项目17项，其中2023年新增第三批任务9项；承担“零部件／元器件”专项任务4项并定期报送项目进展。

获得一批重要科技成果。沈阳仪表院科技成果获得辽宁省科技进步奖一等奖，天津电气院科技成果获得内蒙古自治区科技进步奖一等奖；推荐所属企业科技成果获国机集团科技进步奖二等奖1项、三等奖2项，国机集团优秀专利奖二等奖2项、三等奖1项；获得机械工业科技进步奖二等奖4项，其中牵头3项，参加1项。

加强科技创新平台和创新体系建设。“关键基础零部件原创技术策源地”的工业传感器、电机系统2个子项建设任务和“中央企业重大装备关键基础零部件创新联合体”的“工业传感器攻关协同体”子项建设任务按计划推进；天津电气院电气传动国家工程研究中心建设、沈阳仪表院传感器国家工程研究中心的优化重组取得实质性进展；沈阳仪表院、重材院、天津电气院3家单位参加合肥院牵头的国家制造业创新中心建设；根据《关于完善国机研究院科技人才激励的十八条措施》的有关规定，修订国机研究院“创新团队管理办法”，组建新一批国机研究院创新团队，批复院创新团队21个。

【安全生产】

国机研究院认真学习贯彻习近平总书记关于安全生产重要论述，将习近平总书记关于安全生产重要论述，以及安全生产方针政策和法律法规纳入党委理论学习中心组学习内容，定期召开安全生产工作会议，部署落实安全生产工作，全面完成国机集团《安全生产责任书（2023年度）》。

开展安全生产宣传教育培训；开展风险分级辨识和隐患排查整治；建立了应急管理体系，综合预案、专项预案及现场处置方案基本覆盖各级企业危险源和风险点；定期完成境外风险管控情况报送和境外突发事件应急演练；将安全生产规划纳入2023年中期调整的院“十四五规划”；制定了安全生产档案管理办法、职业病危害等多项制度。2023年投入安全生产费用735.27万元；2023年新增托管企业天工院列入管理并加强监督。组织开展了安全生产月、应急演练、专题隐患排查等活动，较好地完成了“安全管理强化年行动”和“重大事故隐患专项排查整治2023行动”等重点工作。

【党建工作】

1. 发挥党建引领作用，以开展主题教育为契机，进一步推动企业高质量发展 学习贯彻习近平总书记重要论述和指示批示精神，坚定拥护“两个确立”、坚决做到“两个维护”。院党委通过“第一议题”、党委理论中心组学习等形式，深刻学习领会习近平总书记重要论述的内涵要义，并贯穿到“十四五”战略规划中期调整、谋划改革深化提升行动等具体工作中。强化统筹衔接，主题教育有力有序有效开展。院党委牢牢把握主题教育“学思想、强党性、重实践、建新功”的总要求，将落脚点放在提升服务国家战略的能力、推动高质量发展上来，以“定方向、强考核，建机制、促活力，做投入、提能力”为具体措施，破解改革发展中的难题，加强检视整改，坚持问题导向，强化跟踪问效。加强基层组织建设，推动党建工作与生产经营深度融合。组织实施研究院“七抓”工程、“百千”工程，切实与《国机集团关于锻造国机所长，服务国家所需，积极担当新型工业化建设主力军的指导意见》“八大工程”相结合。深入开展党建“强基”工程，以“基础产业提升、基础研究提升、产品为基提升、管理基础提升”为蓝图，各企业党委围绕服务和融入新发展格局，结合实际、发挥自身优势，以高质量党建引领全院在助力高水平科技自立自强上实现更大突破。

2. 加强干部人才队伍建设，为企业发展提供坚强组织保障和人才支撑 2023 年，国机研究院积极贯彻落实国机集团人才工作会议精神，组织召开国机研究院人才工作会议，建立科技人才激励机制，强化战略与人才工作的顶层设计与统筹。针对全院科技创新与人才激励等方面存在的突出问题，制定《完善国机研究院科技人才激励的十八条措施》，做到政策、机制和资源配置能给尽给，全力支持，积极推动院科技人才激励机制落实落地。严格遵循干部选拔、任用、考核和评议制度，全力推进天工院领导班子换届和党委换届。不断完善干部评价体制机制，推动能上能下、能进能出。

3. 以落实国机集团“十四五”人才规划任务为目标，完善制度、建立晋升通道 制定《国机研究院首席专家管理办法（试行）》，修订《国机研究院创新团队管理办法》，畅通院科技人才晋升通道，2023 年获批入选国机集团首席专家 3 人，国机集团高级专家 11 人，技术能手 1 人，新一轮创新团队 21 支。

4. 扎实推进党风廉政建设和反腐败工作，着力加强大监督体系建设 深入贯彻落实二十届中央纪委二次全会部署和院党委工作安排，坚持目标导向、问题导向，聚焦“国之大者”“企之要者”，重点对“十四五”发展规划、两金管控、安全生产、换届选举等 12 项任务加强监督。

【履行社会责任】

组织各企业落实国机集团定点片区帮扶资金 29.6 万元，组织各级工会开展消费扶贫，累计 60 万余元。落实集团 2023 年“国机爱心日”捐助活动，共募集爱心基金 20 万余元，为困难职工争取保障，协助各企业申报国机集团“爱心基金”帮助 9 人。

机械工业规划研究院有限公司

【基本概况】

机械工业规划研究院有限公司（简称规划院）创建于 1987 年 5 月 13 日，原名为“国家机械工业委员会发展规划研究院”，定位于一类科研、正局级、全额拨款事业单位，历经机械电子工业部规划研究院、机械工业部规划研究院等发展时期，1999 年随着 242 家科研院所转制改企进入国机集团，更名为机械工业规划研究院。2003 年与中元国际工程设计研究院（原机械工业部设计研究总院）重组，2017 年改制为机械工业规划研究院有限公司。2021 年 11 月 5 日，经国机集团研究，决定将机械工业规划研究院有限公司 100% 股权划转至国机集团，成为国机集团直接管理的二级子企业。

规划院以助力中国机械工业高质量发展为使命，打造国机集团智库平台和机械工业智库平台，坚持以服务国家、服务行业、服务集团为宗旨，扎根机械行业，遵循“独立、公正、科学、可靠”的工作方针，在行业中塑造了良好口碑。规划院是国内最权威的咨询机构之一，连续 30 多年被评为国家甲级咨询单位，先后入选国家发展改革委、工业和信息化部委托投资咨询评估单位名单。

2023 年，规划院聚焦重点行业、重点领域，突出“主动服务、贴身服务、超前服务、体验式服务”服务理念，圆满完成了国家、集团安排的各项任务，实现了业绩翻番的良好起步。

【主要指标】

2022—2023 年主要经济指标完成情况见表 1。

表 1　2022—2023 年主要经济指标完成情况

主要指标	2022 年	2023 年	同比增长（%）
资产总额（万元）	23 918.41	10 972.62	-54.12
净资产（万元）	21 225.33	9 356.58	-55.92
营业收入（万元）	2 610.89	2 700.00	3.41
利润总额（万元）	117.47	277.36	136.11
技术开发投入（万元）	0	81.67	—
利税总额（万元）	146.84	346.57	136.02
EVA 值（万元）	-1 288.95	-724.72	43.77
全员劳动生产率 [万元 /（人·年）]	104.18	54.93	-47.27
净资产收益率（%）	0.42	1.36	增加 0.94 个百分点
总资产报酬率（%）	0.50	1.59	增加 1.09 个百分点
国有资产保值增值率（%）	100.42	100.98	增加 0.56 个百分点

【改革发展】

国机集团张晓仑董事长、罗乾宜总经理关心关怀国机智库的建立和成长，多次对规划院发展作出指示，为智库发展指明了方向。2021 年 7 月，张晓仑董事长在审议打造机械工业智库平台方案的议题时，指出：加强对规划院的建设运营，逐步打造机械工业智库平台，提升对国家战略、行业规划、集团战略发展的支撑能力。2023 年 10 月，罗乾宜总经理调研规划院时提出工作要求，指出规划院的发展定位是国机智库、行业智库、国家智库，一定要坚定信心，明确使命担当，建设高端智库，服务好国机集团，提升国机集团软实力。

按照国机集团党委的战略部署，规划院持续探索新的业务领域、业务模式，初步形成“上接天线、下接地方与企业、中间实现知识增值与传播”的高端智库业务战略发展态势。逐步培育出与当前乃至未来一个时期内外部发展环境相适应的、比较稳定的业务线。

1. 上接“天线”，与各大部委、国家科研机构、行业协会等建立密切关系　逐步建立了与工业和信息化部、国家发展改革委、科技部、国务院国资委等国家部委，中国科学院、中国工程院等国家科研机构，中国机械联、中企联、中国工经联、中国国际经济交流中心等协会、社团的密切关系，是中央企业智库联盟成员，洞悉政策与行业发展先机。

2. 下接地方，为地方政府和企业投资决策、区域规划、招商引资等提供智力支持　与广东、江苏、湖北、四川等 20 多个省级工业和信息化主管部门，深圳、武汉、南京、德阳等 50 余个市级工业和信息化主管部门建立了合作关系；作为发起单位组建中国机械工业联合会中小企业分会，强化对中小企业，尤其是专精特新企业的服务；与华工科技、南钢集团、迈瑞医疗、上海联影、机械总院等 300 余家企业形成了业务合作联系，为相关企业的 1 300 多个项目决策提供了智力支持；走出国门，为在德国、阿拉伯联合酋长国、白俄罗斯等国的一批企业提供投资咨询服务。

3. 办媒体、办论坛、做培训，促进知识传播与增值　与卓众传媒合作，初步构筑了知识传播平台，出版了以“培育先进制造业集群”为主题的论文集；参加了为中华人展共和国成立 75 周年献礼的《中国机械工业发展史》编纂工作，突出了国机集团作为我国装备制造领军企业的重要作用；举办了“国家重大项目申报与管理”专题培训、集团内部首台（套）重大装备保险补偿政策培训，牵头举办洛阳现代农机装备先进制造业集群圆桌论坛，参加中国经济年会、中国经贸形势报告会、中国产业转移发展论坛、机械工业大型重点骨干企业发展论坛、武汉工业技改示范推广会、中国中小企业投融资交易会、制造业中央企业链长数字化转型研讨会等知识增值与传播活动。

在 2023 年 11 月召开的中央企业智库联盟第四届理事会会议暨中央企业新型智库建设学习交流会上，国务院国资委分管智库的王宏志副主任专门肯定了规划院主动服务几千家制造业企业转型升级、助力企业高质量发展的工作业绩。

【深入一线，布局重点市场】

1. 布局重点区域市场 辟窗口、建分院，深入市场沃土，布局发达地区等重点市场。从 2023 年年初开始，规划院主动融入国家经济发展战略格局，深入广东、江苏、浙江、上海、湖北、山东等经济发达省市以及河南、四川、重庆等人口密集省市，研判市场形势，登门拜访，为规划院智库发展谋篇布局。根据规划院的资源禀赋以及地方发展的需要，在市场需求比较迫切、具有一定发展基础的武汉、深圳（广州）、南京、西安、郑州、长春等城市，逐步与地方政府共同建立轻资产的分支机构，初步形成国家智库的空间布局。

2023 年 7 月 18 日，在湖北成立武汉分院，服务辐射以武汉为中心的湖北地区。武汉分院成立以来，已签订《武襄十随汽车产业集群三年行动方案》编制、湖北工业母机与农机装备等产业研究、江汉平原纺织服装产业集群与荆襄宜动力储能电池产业集群培育等项目合同，中标湖北鼎龙光刻胶等国家高质量重大项目。为湖北省的战略规划、产业布局、项目评审、论坛培训等提供智力支持。

目前，正在谋划深圳（广东）分院、郑州分院的建设。深圳（广东）分院建设依托深圳市工业和信息化局、中国科学院深圳研究院等已有渠道，拓展合作的广度和深度，挖掘有效资源，承接国家项目验收和管理工作，积极与深圳理工大学合作，建立卓越工程师培训机制，稳步建设知识共享中心。郑州分院依托河南省相关政府部门，围绕战略规划、项目投资、产业链建设、先进制造业产业集群培育等方面开展工作。以“主动服务、贴身服务、超前服务、体验式服务”，更好地服务粤港澳大湾区建设、中部崛起战略。

2. 布局战略性新兴产业 未雨绸缪，抢占先机，规划院牢牢把握第四次工业革命新机遇，积极践行习近平总书记关于“促进数字技术和实体经济深度融合，推动数字化、绿色化协同转型发展”重要指示精神，进军数字经济、绿色经济领域。

（1）建设数字产业大脑。与湖北省合作，牵头联合相关企业，依托武汉超算中心，引入多模态大模型，建设湖北省汽车产业集群 AI 产业大脑，形成产业链全领域、全过程、全覆盖的数据资源库，提高汽车产业链供应链韧性和安全水平。

（2）推动工业软件自主创新。为实现国产嵌入式实时操作系统内核自主化率达到 100%，组织南京翼辉、中国中车、沈阳新松等企业，牵头编制国产工业操作系统攻关方案，推动工业母机、轨道交通等领域实现批量化应用。为南京软件集群、成都软件集群提供服务，推动国产操作系统、数据库、中间件批量应用。

（3）为中国光大集团、安徽合力、山东豪迈等企业绿色产业发展提供决策咨询，推动绿色低碳经济发展。

3. 拓展战略合作伙伴关系 与华工科技、南钢集团、阳光精机签订战略合作协议，为企业长期提供业务规划、技术咨询、重大项目申报等咨询服务。与华工科技合作，开展国家项目预验收以及集团相关子公司重大项目申报工作。与南钢集团合作，推动规划院承担江北新区新材料产业园规划工作。与力克川液压合作，承担企业国家发展改革委重大投资项目管理工作。与阳光精机合作，为企业申报国家级专精特新“小巨人”企业，并承担企业重大战略规划研究工作。

【服务国家，聚焦行业发展】

践行制造强国、科技强国、教育强国、农业强国、海洋强国等战略，努力承担由国家发展改革委、工业和信息化部、科技部、国务院国资委等委托的国家重大科技基础设施、国家先进制造业集群、重大技术装备首台（套）、国家制造业技术改造、技术改造升级导向计划等国家重大项目，为国民经济高质量发展贡献力量。

1. 推动产业政策制定和行业发展顶层设计 落实中央领导同志关于首台（套）保险政策的重要批示，受工业和信息化部直接委托，联合财政部和国家金融监管总局，完成国家重大技术装备首台（套）保险补偿政策的顶层设计，高起点助力重大技术装备的国产化应用。财政部对于规划院编制的国家重大技术装备首台（套）保险政策修订方案给予高度评价，指出该次政策修订工作是历史性的巨大进步，对我国推动首台（套）重大技术装备应用起到至关重要作用。

通过承担或参加国务院国资委、中国工程院等相关单位课题，为中央企业布局颠覆性技术、现代产业体系布局、中央企业境外资产监管等提供政策支持。

受中国机械联委托，完成机械工业“十四五”规划中期评估工作，为新时期机械工业高质量发展贡献智库力量。中国机械联执行副会长相关领导对规划院工作给予高度评价。

2. 推动国家基础科学研究 参与国家大科学设施项目。为上海交通大学深远海全天候浮式设施、中国科学院南海海洋研究所冷泉装置、中国科学院广州健康院细胞谱系等“十四五”期间一半以上的国家重大科技基础设施项目提供决策咨询。承接中国科学院上海应用物理研究所钍基熔盐堆设施重大科学项目。由规划院提供决策咨询的中国散裂中子源 2023 年 1 月 4 日登上中国中央电视总台《开讲啦》栏目，北京航空航天大学极弱磁场及惯性测量装置 2 月 3 日登上中国中央电视总台《对话》栏目，屏东地下实验室国家重大科学项目 12 月 7 日登上中国中央电视总台新闻，自然资源部中国地质调查局首艘大洋钻探船“梦想号”首次试航 12 月 18 日登陆新华社、《人民日报》、今日头条等媒体。

3. 推动国家“卡脖子”重大技术攻关 参加国家发展改革委重大专项，为无锡派克航空发动机锻件创新发展项目提供决策咨询。推动开展国家发展改革委重大装备攻关专项工作，落实有关中央领导的指示，为南京翼辉国产工业操作系统攻关项目提供决策咨询；为武汉菱电电控混合动力系统建设项目提供决策支持，项目在汽车动力控制系统领域打破了博世、电装等行业巨头的垄断，实现国货国用；推动开展工业和信息化部制造业高质量攻关专项工作，联合中交集团、上海电气、郑州机械所等，承担大型燃气轮机发电机及全断面竖井钻机驱动装置攻关项目，项目对我国燃气轮机和盾构机的国产化发展具有重要推动作用；为光刻胶上游光酸攻关项目提供决策咨询，项目打通了光刻胶上游材料全产业链自主供应布局，实现光刻胶国产替代；为突破中国工业“缺芯少魂”困境，受国务院国资委相关专班委托，完成芯片生产核心装备光刻机零部件产业生态专项研究，为国家布局中央企业光刻机零部件产业作决策支撑。

4. 推动国家重大产业举措落地实施 践行习近平总书记关于打造国际竞争力的先进制造业集群的批示精神，落实国务院《关于加快发展先进制造业集群的意见》，受工业和信息化部委托，规划院完成了《全国 45 个先进制造业集群的绩效评价报告》，为世界级产业集群的培育提供了指引。完成了《成都市、德阳市高端能源装备集群培育提升三年行动方案》，作为全国首个先进制造业集群行动方案，在 2023 世界清洁能源装备大会上发布。

5. 推动我国制造业转型升级 规划院以国家制造业技术改造投资专题调研为基础，提出新一轮技术改造一揽子方案，通过工业和信息化部上报国务院，得到了中央领导的批示，2024 年启动实施，为制造业“智改数转”、推进制造业高质量发展提供智力支持。

受工业和信息化部委托，承接 2023 年技术改造升级导向计划项目的评估任务，涉及高端装备、农业机械、智能制造等10多个行业领域的824个项目，总投资4 796亿元，融资需求864亿元。评审通过后的项目已进入金融机构重大项目库，为重点制造企业解决融资难题，为金融机构支持实体经济提供重要参考。

【服务国机，主动担当作为】

1. 为国机集团决策提供智力支持 承担《我国农机行业供应链安全情况研究》《国机集团支撑国家高端工业母机战略研究》《国机集团装备制造产业链高质量发展研究》《国机集团打造现代产业链链长研究》《产业集群对农机产业链发展的关系研究》和《国机集团重大技术装备攻关工程行动指南研究》等课题。

支撑国机集团深度调整“十四五”发展规划。在国机集团战略部的领导下，深入开展长达一年的调研、访谈、研究、文本撰写等工作，进一步明确国机集团在新时代新征程中的战略定位、主业布局、目标方向、重点任务、战略举措，确保以高质量发展规划引领国机集团高质量发展。

为实现国机集团投资项目闭环化管理，提高投资决策水平，规划院牵头完成了国机集团可行性研究报告编制指引，进一步规范了国机集团投资项目可行性研究报告的质量考核标准，提高了投资决策的科学性；编制了后评价案例集结，全面总结国机集团投资项目的经验与启示，并聚焦项目全过程管理，为国机集团和下属企业在项目投资决策方面提出了合理、可行的工作建议，受到国务院国资委的表扬。

规划院承担现代农机产业链链长建设工作，联合工业和信息化部、河南省工业和信息化厅、洛阳市工业和信息化局以及行业重点企业，成功举办洛阳现代农机装备先进制造业集群圆桌论坛，为洛阳打造国家农机产业集群提供顶层设计。

2. 为兄弟企业发展智力赋能

规划院先后到国机重装、中国电研、国机智能、苏美达、恒天集团、国机研究院、中国重型院、中联西北院、重材院、天工院、中汽工程、机勘院、中机国际、国机精工、中机六院、中国海航等国机集团多数二级企业调研，推进业务合作与协同。举办国机集团内部首台（套）重大装备保险补偿政策培训，为国机集团重大装备的发展提供支持；承担国机重装《一体化压铸业务发展》和《高温合金业务发展》两大项目的前期研究，为国机重装相关投资决策提供参考；支持苏美达智能技术公司成功申报成为第五批工业和信息化部专精特新“小巨人”企业；联合中国一拖成功入选国务院国资委和工业和信息化部农机装备自动驾驶技术一条龙推进单位名单；规划院发挥规划先行优势，与中机建设、中通公司、中汽工程等集团企业一起，顺利签约50亿元江苏如东绿色能源发展一揽子项目。

3. 实干兴企，业务翻番增长 2023年，在全体干部员工的努力下，咨询业务取得了突破性发展，主要经营指标和业务质量指标都实现了快速增长，实现了高质量发展。全年实现合同金额同比增长102%；单个项目平均合同额同比增长84%；到款金额同比增长65%；利润同比增长65%。论证国家项目投资金额超5 000亿元，增长67%；发表论文同比增长100%；申请专利10项，实现了大幅增长；软件著作权实现零的突破。申报项目获奖9项，获奖项目数同比增长200%，其中一等奖同比增长50%。总体来看，规划院业务实现量的增长的同时，还呈现“三个明显提升”，体现出规划院核心竞争力和核心功能的增强。

（1）宏观研究、规划类项目量明显增长。产业规划类咨询项目合同额大幅度增长，从成德能源装备产业集群行动方案，到南京江北新区石头河片区开发规划，再到江苏如东绿色能源产业规划，规划类项目合同额不断迈上新台阶。产业宏观研究水平提升，推动规划院从工程咨询单位向综合性咨询单位，再向以咨政建言为重大功能的国家智库迈出坚定步伐。

（2）单个项目合同额明显增长。2023年规划院平均每个项目合同额超百万元，同比增长84%，其中湖北鼎龙控股光刻胶决策咨询项目合同金额达到300万元，武汉开发区咨询服务项目合同金额达460万元，突破单个咨询合同历史新高。规划院重大项目承揽能力增强的背后，是高端咨询研究核心能力的提升。

（3）劳动生产率明显增长。虽然规划院提

级管理时间较短，但公司人均产值在国内咨询公司中已处于中上游水平。

【加强安全生产】

健全组织机构，成立安全生产管理委员会及安全生产办公室，将责任落实到每个部门及每个个人。增强安全责任意识，通过例行会议、体验活动、日常宣传等手段，让全体员工的安全生产意识入脑入心。完善相关制度，制修订《安全生产责任制度》《消防安全管理办法》等多项制度。推进安全检查，在北京市紫竹院办公区消防及空调系统工程改造中，积极开展安全隐患排查，下发安全隐患整改通知书 2 份，下发关于各类安全生产通知 3 份，有效保证了项目的顺利竣工。2023 年安全生产工作取得较好成绩，无任何安全生产事故发生。

【党建引领，强化企业建设】

1. 突出党建工作 以主题教育为重点，深入学习贯彻习近平新时代中国特色社会主义思想，深入学习贯彻党的二十大和二十届一中、二中全会精神，深化党建工作与生产经营融合提升，坚持知识建院、知识树人，创新方式方法，坚持向实践学习，特别是在结合国机集团党委部署的主题研讨活动中穿插了“完整、准确、全面贯彻新发展理念”“推进高水平科技自立自强”“建设现代化产业体系”等 10 余次专项研讨，并不断推动学习成效更好转化为做好工作的思路举措、解决问题的能力本领，由党员先锋模范带头的国家大科学工程咨询团队已经承担了“十四五”期间 50% 以上国家重点项目。强化纪律建设、作风建设，防范廉洁风险，打造学习型、知识型、创新型、廉洁型党支部。规划院党支部被评选为 2023 年国机集团先进基层党组织。

2. 优化组织机构 为适应规划院发展壮大、进一步做好智库建设的需要，调整优化组织机构。打造让业务一线对市场变化保持高度敏锐、让“听得见枪炮声的一线”呼叫炮火的快速响应组织机制。实行“大平台、小团队，扁平化两级管理”，大平台，强化监管与服务；小团队增强市场敏感性与创新活力；扁平化两级管理，提高工作效率，强化管理赋能。设立政策研究所、综合咨询所、产业规划所、知识共享与传播中心四大业务部门，成立武汉分院，并在财务部、综合管理部的基础上组建审计法律部、生产经营部、科技质量部，初步形成了精干高效的智库组织运营架构。

3. 完善制度体系 制定《公司章程》，制修订《“三重一大”事项管理办法》《资金支付授权管理办法》《货币资金管理办法》《固定资产管理办法》《印章管理办法》《风险管理办法》《安全生产责任制度》《消防安全管理办法》等 30 多项制度，涉及审批与授权、财务管理、采购管理、安全管理、风险管理、经营绩效核算与分配等运营管理的各个层面，基本形成了高效、安全的企业运营制度体系。

4. 强化团队建设 建立科技发展委员会，聘请一批在行业上具有重要影响力的省部级领导、院士、专家，强大了智库的导师团队；面向社会，引进一批高质量的咨询专家，充实了智库的中坚力量；走进校园，引进一批硕士、博士、博士后，形成充满活力的智库后备专家团队。

加强业务培训，选送业务骨干到部委、国机集团学习锻炼；实行开门办公，建立与员工的定期沟通交流机制，随时倾听员工诉求与建议，能改的，立行立改，不能改的说明原因；优化薪酬结构，提高薪酬待遇，力求达到全国智库的中上水平；提高福利待遇水平，强化高水平体检与医疗保障；关心、贴心服务老专家老干部。

5. 塑造智库品牌 建立宣传团队，完善宣传制度，微信订阅号推送频次由每周一期提高到每周两期以上，并做到重要新闻实时发布；微信订阅号、网站以及其他媒体平台 2023 年发布新闻近 500 篇，关注人数呈级数增长。向国机集团、部委报送的材料实现从无到有，迅速增加。规划院品牌逐步擦亮，熠熠生辉。

6. 提升质量管理 成功获得质量、环境、职业健康安全管理三体系认证证书，覆盖行业规划咨询、区域规划咨询、行业政策研究、专项课题研究、企业战略规划咨询等业务类型，形成了科技质量管理的基本制度，开启并完善质量管理线上流程，为可持续发展奠定了坚实的基础。

国机重型装备集团股份有限公司

【基本概况】

2023 年，面对国内外复杂严峻局面，国机重型装备集团股份有限公司（简称国机重装）全体干部职工坚持“创新超越、臻于至善”经营理念，统一思想、抢抓机遇，锚定目标、奋楫争先，深入推进“精益管理、数字赋能”提升年，主要经营指标保持高位增长，科技创新、市场开拓、精益管理、数字赋能、深化改革等各项工作成效显著，主题教育扎实推进，高质量党建引领保障高质量发展的局面进一步巩固夯实。

【主要指标】

2022—2023 年国机重装主要经济指标完成情况见表 1。

表 1　2022—2023 年国机重装主要经济指标完成情况

指标名称	2022 年	2023 年	同比增长（%）
资产总额（万元）	3 734 042.02	3 92 576.73	5.13
净资产（万元）	1 766 288.91	1 829 324.13	3.57
营业收入（万元）	1 352 369.54	1 543 585.06	14.14
利润总额（万元）	53 312.80	61 762.56	15.85
技术开发投入（万元）	79 898.68	91 370.14	14.36
利税总额（万元）	95 918.67	101 481.81	5.80
EVA 值（万元）	-18 246.66	-12 565.40	31.14
全员劳动生产率 [万元 /（人·年）]	32.92	38.09	15.70
净资产收益率（%）	2.87	2.93	增加 0.06 个百分点
总资产报酬率（%）	1.71	1.88	增加 0.17 个百分点
国有资产保值增值率（%）	104.53	103.26	减少 1.27 个百分点

注：表中数据包含国机重装托管企业。

【改革发展】

1. 改革三年行动取得丰硕成果　配合国机集团完成改革三年行动评估，取得优异成绩，3 项管理成果入选“国机集团改革优秀案例”。积极推进专业领军企业梯度培育工作。国机重装成功入选中证央企高端装备制造指数，入选首批四川省制造业领航培育企业；中国重型机械研究院股份公司“科改示范”考核获评“标杆”；中国第二重型机械集团德阳万航模锻有限责任公司、二重（镇江）重型装备有限责任公司成功入选“专精特新”中小企业。

2. 积极推进改革深化提升行动　高质量完成“十四五”发展规划中期调整，持续开展对标世界一流企业价值创造行动，完成三个总部扁平化改革。启动“新一轮国企改革深化提升行动”，围绕优化布局结构，助力现代化产业体系建设等 6 个方面，推动企业改革发展。在国机集团领导下，高质量做好联合重组 10 周年座谈会系列工作，举办专题图片展、推出《担当擎重器》《大国重器有我》宣传片。公司改革发展取得的十大变化成果令人瞩目。

3. 持续深化三项制度改革 狠抓四支人才队伍建设，全面推行经理层成员任期制和契约化管理，2023 年中层管理人员退出率近 15%，新提任 40 岁以下优秀年轻干部 25 人。员工市场化退出率 2.04%。所属企业主要负责人年度薪酬最高差距达 3.5 倍。实施项目分红、超额利润分享等中长期激励，持续激发和释放人才创新创效活力。2023 年员工平均工资同比增长 23.32%，员工获得感、幸福感持续增强。2023 年国机重装获集团人才队伍建设奖。

【重大项目】

2023 年，完成投资 7.5 亿元，申报并获批国有资本金 5 000 万元。例如：投资 24 900 万元，实施大型高端铸锻件炼钢工艺流程再造升级项目；投资 9 468 万元，实施重污染天气 B 级绩效企业创建二期项目。持续跟踪对外并购标的，对 3 家企业组织实施尽职调查。稳步推进瘦身健体工作，实现 4 家企业退出。持续推进参股投资整改，2 项退出难度较大的参股股权取得重大进展。

【国际合作】

1. 海外市场拓展取得重大突破 研发与制造板块，签约欧亚协同不锈钢冷轧、热轧工程项目，日铁名古屋 2 250mm 项目，5m 轧机支承辊等出口合同。工程总包业务板块，持续滚动开发柬埔寨市场，签订维玛康水电站和额勒赛中游水电站设计咨询服务工程项目。深度推进重点国别市场开拓，签订南非玛贝拉生物燃料酒精项目 EPC 合同、孟加拉年产 30 万 t 钢厂项目。服务业务板块，与日本三菱、德国西门子、韩国斗山、捷克斯柯达、法国赛峰等国际化大公司加强合作，冶金装备、电站铸锻件、航空模锻件出口订单实现大幅度增长。

2. 投资运营业务实现突破 达岱水电站保持稳定生产，2023 年发电量超 10 亿 kW · h，实现连续 9 年超设计能力发电。上达岱水电站项目 2023 年 11 月 30 日成功截流，按期完成重大里程碑节点任务，顺利进入大坝主体工程施工阶段。上达岱抽水蓄能项目被列入中柬产能与投资合作第三轮重点项目清单，MOU 成功签订，项目投资开发全面启动。

【科技创新】

1. 科技创新体系建设稳步推进 优化科技创新顶层设计，完成公司“十四五”科技发展规划的中期调整。制修订公司层面科技管理办法等 10 项制度，完善科技创新制度体系。获批建设四川省航空模锻件工程技术研究中心、江苏省超大型高压容器工程技术研究中心、四川省产业技术基础公共服务平台 3 个省级创新平台，牵头联合 26 家企业和高校共同组建的旌湖实验室揭牌成立，省部级以上高能级创新平台达到 30 个，战略科技力量持续得到强化。发布多个开放课题，与四川大学、合肥通用机械研究院等高校院所加强合作，探索技术与产品持续创新、服务延伸与增值新模式。2023 年授权发明专利 79 项，申请 PCT 国际专利 10 项，发布《连铸机安全技术条件》等国家标准 10 项、团体标准 1 项。获得省部级以上科技奖项 28 项，“8 万 t 模锻压力机”项目荣膺中国“好设计”金奖。

2. 关键核心技术攻关持续加强 围绕公司产品领域的关键共性技术、产品质量和可靠性技术、前沿技术等展开攻关，攻克 30 余项“卡脖子”技术。成功研制世界最大单机容量 500MW 级冲击式转轮中心体，实现 500MW 级马氏体不锈钢冲击式转轮锻件“从 0 到 1”的重大突破，为我国能源领域重大工程扎拉电站项目建设提供坚强保证。首次成功研制核反应堆一体化奥氏体不锈钢吊篮筒体，强力支撑国家核能利用重大工程建设。继 2021 年成功研制首件、2022 年成功研制首套国产化 1 000MW 核电常规岛汽轮机焊接低压转子锻件后，2023 年实现批量化交付，成为国内唯一具备批量交付能力的企业。成功研制世界最大的钛合金模锻件——TA15 钛合金锻件，实现首台关键锻件的自主可控；成功交付第 1 000 件空客 A320 主起落架外筒锻件，标志着超大型、异形大型客机起落架锻件实现从研制到批量生产的跨越式发展。成功研制的全球首台兼容方、圆、板多功能连铸机一次性热试成功，填补国内空白，引领行业发展方向。一系列在清洁能源、航空航天、先进冶金装备等领域的重大突破和创新成果有力支撑国家重大项目，彰显国机重装的使命担当。

3. 科研立项、在研项目有序开展 聚焦行业发展急需和公司重点业务，梳理形成五大领域短板环节“卡脖子”技术清单并组织攻关。“聚乙烯装置 260MPa 级基础件高可靠设计制造技术及应用”“10t 级高温合金盘锻件极限成形整体制造与组织均匀控制”等 40 余个项目获批立项国家、省市重点研发计划。“1025 专项”“数据驱动的大型航空模锻件智能成形工艺及控制技术研究”等国家级、省级重大项目顺利实施。国家科技重大专项“CAP1400 冷却剂主管道研制”课题顺利通过综合绩效评价。“复杂重型装备定制生产的制造企业网络协同制造平台研发”等国家、国机集团项目通过验收。

【安全生产】

安全管理强化年“六个强化”（强化安全生产思想观念、强化安全生产责任落实、强化安全生产隐患治理、强化安全生产机制建设、强化安全生产基础能力、强化本质安全建设）目标顺利实现，境外安全风险得到有效管控，安全生产专项工作实现全面整改闭环。精益现场管理取得阶段性成效，生产现场作业环境得到有效改善，吸烟管理实现全面规范。持续强化污染源治理，二重装备创 B 工作扎实推进，突出环境风险自查自纠问题整改取得阶段性成绩。职业健康安全和环境管理体系不断深化，能源管理体系建设初显成效，高耗能老旧设备逐步淘汰，能源利用效率有效提升。

【党建工作】

1. 全面从严治党向纵深推进 公司党委深入学习贯彻党的二十大精神，高质量开展学习贯彻习近平新时代中国特色社会主义思想主题教育，落实党委会“第一议题”、中心组首要议题制度。牢牢把握“学思想、强党性、重实践、建新功”的总要求，扎实推进主题教育走深走实。深入开展主题教育，深入学习运用“浦江经验”“四下基层”工作方法，深化“我对企业有话说”品牌活动，深入开展调查研究，第一批、第二批主题教育广泛收集职工意见和建议 500 余条，实施民生项目 47 个，推动解决制约企业高质量发展、群众急难愁盼问题。

2. 加强基层党组织建设 坚持大抓基层，落实“七抓”工程（抓组织、抓书记、抓党员、抓活动、抓制度、抓培训、抓保障）、“百千工程”（培育选树 100 个示范党支部对其余 1 000 多个基层党支部建设进行规范提升），培育选树 10 个示范党支部，推动基层党支部标准化规范化建设再提升。深入开展“贯彻落实党的二十大精神，做强做精主责主业”主题活动，实施 61 个“党建引领精益管理工程”党建品牌、57 个产业链供应链创新链党建共建、15 个“党建 +”融合提升等项目，党建工作赋能生产经营中心工作成效明显。

3. 建立高素质人才队伍 扎实推进人才强企支撑保障工程，建立实施人才工作目标责任制，加快建设“四支”人才队伍，着力实施年轻干部薪火工程，公司入选首批国家技能根基工程培训基地，省级以上人才计划入选者和省级以上荣誉获得者创历史新高。推动青年精神素养提升工程，选树培育以荣获第 27 届全国青年五四奖章为代表的一批优秀青年个人和集体。

4. 抓实党风廉政建设和反腐败工作 持续推进“清廉重装”建设，深入制造厂、工段、班组等开展警示教育 38 次，各级党组织、纪检组织对“一把手”和领导班子开展监督谈话 104 人次，紧盯重点领域、关键环节开展监督检查，下发监督建议、工作提示 20 项。各级纪委深入基层问廉问效 57 次，同 386 名干部职工开展问卷调查、个别访谈，主动发现问题、收集意见建议 115 条。

【信息化与数字化建设】

数智赋能逐渐在各领域见效。公司财务共享中心持续深化运行，实现全级次企业覆盖，公司财务职能管控进一步加强。二重装备建成机加厂二工区数字化车间，实现生产作业过程数字化管理，检测试样加工数字化产线进入试运行，加工效率提升 100%。中国第二重型机械集团德阳万航模锻有限责任公司建成水浸探伤自动化产线，设备效率提升 8%，人员效率提升 1 倍以上。中国重型机械有限公司初步建成“数字大坝”，运营效率提升显著。

【履行社会责任】

全面推进乡村振兴，划拨110万元帮扶资金，全力帮销四川省广元市朝天区农产品120万元，在鱼鳞村挂牌成立“国机重装鱼鳞村法律服务微驿站”，为村民免费提供法律服务。推进落实援建安徽省芜湖市白马村饮水工程改造提升项目建设、防返贫监测等重点工作。公司在2022年度巩固拓展脱贫攻坚成果同乡村振兴有效衔接考核评估中评定为优秀。完成创建B级绩效企业一期项目，履行中央企业环境保护社会责任。

中国一拖集团有限公司

【基本概况】

2023年，中国一拖集团有限公司（简称中国一拖）面对复杂严峻的外部环境、国四切换等带来的诸多不确定性，全体职工上下顶住外部压力、克服内部困难，团结一心、顽强拼搏，着力在拓市场稳增长、练内功促增效、强创新勇担当、深化改革增活力、强党建重引领等方面下功夫、求实效，各项工作取得积极进展，利润创建厂以来最好水平，稳居国机集团第一方阵，主导产品市场竞争优势持续扩大，职工收入稳步增长并荣获2023年度国机集团先进单位奖和科技创新、利润突出贡献、链长建设突出贡献3项单项奖，以及科学技术奖中的一、二、三等奖各1项。企业经济运行保持稳中向好、稳中提质的态势，高质量发展的基础不断夯实。

【主要指标】

1. 收入利润情况 2023年，中国一拖实现营业收入130.48亿元，同比下降5.55%；利润总额10.52亿元，同比增加7.13亿元。

2. 现金流量情况 2023年期初现金及现金等价物45.16亿元，期末现金及现金等价物31.31亿元，现金及现金等价物净增加额-13.85亿元。其中：经营活动现金流量净额11.98亿元，投资活动现金流量净额-18.35亿元，筹资活动现金流量净额-7.52亿元。

3. 资产负债情况 2023年期末资产总额169.09亿元，比年初增加5.15亿元；期末负债总额110.27亿元，比年初减少3.59亿元；期末所有者权益总额58.82亿元，比年初增加8.74亿元；资产负债率65.21%，比年初减少4.24个百分点。

2022—2023年中国一拖主要经济指标完成情况见表1。

表1　2022—2023年中国一拖主要经济指标完成情况

指标名称	2022年	2023年	同比增长（%）
资产总额（万元）	1 639 421	1 690 873	3.14
净资产（万元）	500 844	588 205	17.44
营业收入（万元）	1 381 579	1 304 846	-5.55
利润总额（万元）	33 924	105 176	210.03
技术开发投入（万元）	54 976	47 923	-12.83
利税总额（万元）	64 521	137 324	112.84

（续）

指标名称	2022 年	2023 年	同比增长（%）
EVA 值（万元）	46 269	103 183	123.01
全员劳动生产率 [万元 /（人·年）]	20.83	29.16	39.99
净资产收益率（%）	7.39	18.70	增加 11.31 个百分点
总资产报酬率（%）	3.29	7.12	增加 3.83 个百分点
国有资产保值增值率（%）	103.58	129.90	增加 26.32 个百分点

【改革发展】

2023 年，中国一拖以建设世界一流企业专项工作为抓手，深入推进改革深化提升行动，以及产权、分配、考核、薪酬等方面工作。

1. 加快推进世界一流企业建设 中国一拖成立由公司党委常委组成的领导小组和工作专班，以中国一拖为工作主体的对标世界一流企业价值创造行动和以第一拖拉机股份有限公司为工作主体的创建世界一流专业领军示范企业专项行动，均完成年度各项序时目标，企业核心竞争能力持续提升。

2. 积极开展改革深化提升行动 中国一拖成立领导小组，组织制定方案、台账，建立组织保障、推进落实机制，年度工作节点全部完成，在优化布局结构、完善科技创新机制、助力国家战略安全、推进重组整合、完善公司治理、全面加强党的领导和党的建设六个方面取得实效。

3. 聚焦主业优化产权布局 中国一拖聚焦主责主业，坚决退出非主业、非优势领域，优化产权布局结构。加快低效无效资产盘活和处置，压减法人户数 5 家；对东方红农业服务科技（广西）有限公司和江西东方红农业机械有限公司股权投资项目做出投资及运营调整；推进与洛阳市国资国有资产经营有限公司股权置换工作，为企业进一步开展内部资源整合创造条件。

4. 建立完善人力资源改革制度体系 制定实施《人力资源改革深化提升行动指导意见》，明确任期制契约化管理、竞争上岗、末等调整和不胜任退出等要求和目标，纳入人力资源管理考核办法，指导各企业深化市场化经营机制改革。

5. 优化绩效考核体系 按照“目标 + 增量”方式，完善“一厂一策”、差异化考核机制。推进公司和各所属企业经理层成员任期制和契约化管理。连续 4 年修订《员工伙食补贴管理办法》，提高伙食补贴标准，改善员工福利。加强全员绩效考核，持续推进以业绩为导向的收入分配机制。

6. 严格工资总额管理 一是完善工资总额决定机制，优化调整工资基数、考核目标及效益联动比率，制定实施《工资总额管理办法》。二是全面实施工资总额预算管理，强化过程管控。2023 年，从业人员人均工资 8.6 万元，同比增长 5.98%。

7. 加强人才队伍建设 按照“生产人员专项补充、专技人员更迭替换、管理人员提高专业性”的思路，编制公司各类人员优化配置方案，分类、动态地进行人才补充。一是开展国家级科技青年拔尖人才、新一批享受政府特殊津贴人员、农业农村部神农英才等推荐工作。二是构建协同用工管理模式。组织开展跨单位和单位内部突击队用工，实现单位之间和单位内部用工互补协同常态化。三是持续搭建技能人才培养平台，拓宽认定工种范围。2023 年开展 8 个职业工种的技能等级培训与认定工作，以及质检员、仓储管理员、消防设施操作员等培训取证工作。

【重大项目】

1. 重大项目进展情况

（1）年度投资实施的项目情况。一是智能多用途拖拉机能力提升项目，利用原有厂房，对动力换挡 / 无级变速装配车间、自制件车间、调试场及仓储配送中心等进行技术升级改造。二是二号厂房涂装线智能改造项目，对现有柴油机公司二号厂房原涂装线升级改造，实现空间利用合理、工艺能力充分发挥、质量管控严格、运行成本可控、排放达标。

（2）续建结转项目建设的情况。2023年，高效低排放YTN3柴油机智能制造建设项目一期非道路柴油机缸体和缸盖加工生产线、装配线投产及实现量产，3.5万台YTN3新平台国四柴油机成功下线。2023年，东方红（洛阳）国际陆港建设项目一期基本建成并投入使用，国际货运和铁海联运班列实现“双增长”。

2.股权处置及投资项目

（1）重点股权处置项目。完成一拖（新疆）东方红装备机械有限公司股权转让；一拖（洛阳）中成机械有限公司和中非重工南非装配厂进入破产清算/司法清算程序；完成中国一拖集团财务有限责任公司清算；完成东方红（河南）农业服务科技有限公司股权转让，中国一拖由控股转为参股。

（2）参股经营投资整改项目。完成一拖（洛阳）新东方汽车有限公司注销、北京中农网科技有限公司长期股权投资核销，以及洛阳商报有限责任公司、一拖（洛阳）标准零件有限公司破产终结；同时，按照金融业务优化调整专项工作要求，2023年年末在北京产权交易所对所持中原银行股份有限公司和洛银金融租赁股份有限公司股权实施公开转让挂牌。

【国际合作】

中国一拖坚持深耕“两个市场”，用好“两种资源”，不断扩大主导产品出口规模，深化国际合作，积极融入国内国际双循环。

1.主导产品出口再上新台阶 中国一拖持续深耕俄语区、南美等重点出口区域，加快新产品适应性改进，完善产品认证，优化产品组合，强化服务保障，海外市场布局不断拓宽和完善，2023年拖拉机产品出口销量同比大幅增长。

2.产能合作助力“一带一路”建设 中国一拖与刚果共和国当地企业合作共建的刚果共和国农业装备组装厂项目通过验收，使刚果共和国拥有首条拖拉机生产线，具备年产3 000台拖拉机的生产能力，能够满足当地及周边国家农业生产对农机装备的需求。该项目成功入选“2023年度央企海外十大瞬间”。此外，在哈萨克斯坦、塞尔维亚建立的拖拉机组装厂制造能力持续提升。

3.开展与国际知名企业的战略合作 为加快动力机械产品核心技术攻关和产业升级，2022年年末，中国一拖与国际知名企业博世动力总成有限公司、博世汽车系统（无锡）有限公司签订战略合作框架协议。2023年，三方主要围绕高效低排放柴油机研发、供应链配套等方面展开合作。

【科技创新】

1.研发工作总体情况 2023年，中国一拖研发立项100项，主要涵盖高端智能农机装备商品化、农机装备补短板研发、新产品升级及改进、大功率EGR路线柴油机开发、智慧农业及智能电控技术提升等方面。在承担国家项目上，牵头的科技部“十四五”国家重点研发计划“标准化果园智能化生产技术装备创制与应用”项目获批立项，是河南省农机装备领域唯一获得立项批复的项目；牵头的国家发展改革委“智能多用途拖拉机能力提升”项目等项目获批立项。

2.科研成果 2023年，中国一拖牵头申报各类科技奖励项目9项，获得一等奖2项、二等奖2项、三等奖5项，其中旱田耕作大中型农业动力与配套装备关键技术及应用项目获得2023年机械工业科技进步奖一等奖。参与申报各类科技奖励项目5项，获得一等奖3项、二等奖2项，其中大中型农机动力与配套旱作装备关键技术及产业化项目获得2023年河南省科技进步奖一等奖。主持制修订国家标准2项，申请专利141项，全年授权专利118项。

【安全生产】

1.安全生产 2023年，中国一拖以重大事故隐患专项排查整治行动为抓手，坚持标本兼治、综合治理、源头管控，持续完善和落实全员安全生产责任制及规章制度，深化推进风险分级管控和隐患排查治理双重预防工作机制，不断压紧压实所属单位主体责任和自主管理，强化安全生产、职业危害风险评估和预警防范措施，安全生产形势总体平稳。

2.生产管理 2023年，中国一拖以市场为导向，提前谋划、主动应对、突出重点、多措并举，强化产供销存高效协同。一是以市场为导向，调整订单模式，严肃需求计划提报节点，注重均衡生产，强化周计划锁定，推进准时化生产、准时化物流。二是强化生产协调，优化资源配置，推进内外部供应链间生产协同，提升供应链各环节履约能力。三是持续推进三级目标成本管控，加强生产七项费用管控，着力加强成本费用的分析和评估。四是按照控总量和调结构的思路深入开展存货管理，细化指标管控，强化源头控制和日常管理，加强过程监控，提升存货管控能力和水平。

【党建工作】

2023 年，中国一拖党委高标准推进主题教育，切实将党的建设优势转化为发展动能，为公司经济效益再创历史新高提供坚强保证。

（1）高标准高质量推进主题教育走深走实。中国一拖党委第一批做到“六个结合”，第二批做到“五个结合”。建立理论学习、四级联学、学习实践“三个体系”，各级党组织、领导班子积极开展学习调研，切实做到以主题教育实效引领农机装备高质量发展，得到中央指导组和国机集团充分肯定。

（2）推进党的二十大各项决策部署落地见效。HB2204 混合动力拖拉机商品化上市，高效低排放 YTN3 柴油机生产线获“中国标杆智能工厂”称号。大功率高端智能拖拉机交付北大荒，6M-EGR 拖拉机等多批国四产品投入市场，护航大国粮仓。成功承办高端农业机械现代产业链共链行动大会，关键零件国产化替代工作有序推进。积极践行共建“一带一路”倡议，首列中欧回程班列、中老（挝）班列相继开通，东方红国际陆港吞吐量增长 132%。

（3）推进党对国有企业领导持续落地见效。2023 年，中国一拖党委开展“第一议题”学习 18 次、党委理论学习中心组学习专题研讨 15 次；研究“三重一大”事项 111 项，建立工作台账跟踪推进；修订《党建工作责任制实施意见》等制度，25 项年度重点任务全部完成，全面从严治党更加深入。

（4）基层党建和融合提升成效持续提升。部署开展“党建基础再提升”专项行动，落实“百千工程”。加强混合所有制企业党建工作，对 45 家企业开展排查，并在国机集团交流发言；举办发展对象培训班；动态更新公司《党建制度汇编》；制定《关于推动党建工作与生产经营融合提升的实施意见》，形成 4 本案例汇编，指导各级党组织更好地推进党建与业务深度融合。

【企业文化】

2023 年，中国一拖持续加强企业文化建设，凝聚进取力量，为企业高质量发展提供文化支撑。

（1）深入开展“立足岗位，创造更大价值”大讨论活动。2023 年中国一拖党委继续在广大职工中深入开展“立足岗位，创造更大价值”大讨论活动。一是制定《服务国家乡村振兴的推进实施方案》，持续加快新产品、新工艺的研发与推广。二是聚焦一线最具体最紧迫的需求提供技术、人力和管理上的支持，通过强化一线各项基础管理提升产品质量，优化后勤服务保障，提升职工幸福感。三是着力促进职工综合素质和自身价值的提升，为职工搭建起学习交流与技能优化的有效平台，为企业高质量发展打造高素质人才队伍。

（2）发布经营管理理念。为持续推动企业在高质量发展中凝聚奋进力量，中国一拖党委集体研究讨论确定“质量第一，效益优先；用户至上，职工为重”的经营管理理念，更加符合企业当前发展实际，进一步充实中国一拖企业文化理念体系。

（3）多形式、常态化推进企业文化典型案例发布。中国一拖党委常态化推进优秀企业文化建设典型案例的挖掘、整理与发布，持续推进企业价值观的全面落地。同时，以近年来持续开展的“大讨论”活动为素材，梳理工作经验、亮点做法、创新启示和成果成效，形成《以“大讨论”集智攻坚，汇聚企业发展合力》文化案例，被国机集团评为“一企一工程”党建品牌创建工作优秀创新案例，先后获得中国政研会 2023 年度基层思想政治工作优秀案例、全国机械行业 2023 年度思想政治工作优秀案例等多项荣誉，并在全国机械政研会会员大会上作交流发言。

（4）深化职业化员工队伍建设。持续开展优秀职业化员工评选活动，组织召开推介评选会，评选出立足岗位创造价值的优秀职业化员工40名、团队10个。同时，有效利用“一拖人”微信号、报纸、网站等媒体开展宣传报道，持续激发广大职工争做职业化员工的内在动力和行动实践。

【纪检工作】

2023年，中国一拖纪委认真落实党委全面从严治党工作部署，一体推进不敢腐、不能腐、不想腐，充分发挥监督保障执行、促进完善发展作用。

（1）强化政治监督。聚焦习近平总书记最新重要讲话精神，监督推动各级党组织及时跟进学习。围绕贯彻落实党中央决策部署，推动实施改革深化提升行动、跨境腐败治理等专项整改，防范化解重大风险。落实对“一把手”和领导班子的监督实施办法。积极配合国机集团巡视，坚决整改反馈问题。

（2）强化正风肃纪。开展违反中央八项规定精神问题专项治理，开展自查自纠。把巡视检查中发现的违反中央八项规定精神及“四风”问题作为重点，对所属单位开展多轮次监督检查，推进整改落实。开展礼品问题专项治理，督促修订相关管理办法。

（3）一体推进“三不腐”。纪检机构受理信访举报44件，处置问题线索28件，立案7件，给予党纪处分7人。完成对金一军案件的审查调查，推进以案促改、以案促治。组织领导人员签订廉洁从业承诺书，动态更新廉政档案，建立监察对象信息库。深入开展“制度建设年”专项行动，对生产经营重点领域、关键环节廉洁风险防控情况进行调研监督。编制印发作风建设专题学习材料，组织集中学习和纪律教育。

（4）高质量推进政治巡察工作。制定印发《中国一拖党委巡察工作五年规划》《关于建立健全巡察工作协作配合机制的意见》《巡察成果运用办法》等制度。成立巡察组，对能源分公司和制造工程中心开展首轮常规巡察。制定《纪检机构加强巡视巡察整改落实监督工作暂行办法》，为做好巡视巡察“后半篇文章”提供有力支撑。

（5）打造政治过硬、本领高强的纪检铁军。统筹抓好主题教育和教育整顿，选派纪检干部参加国机集团纪委相关培训。制定《所属企业纪检工作考核评价办法》，高质量承办国机集团新进纪检监察干部培训班，开展年轻干部廉洁家访，选派抽调纪检干部参加中央纪委国家监委专案组、中央巡视组等工作，在反腐败斗争第一线锻炼干部。

【信息化与数字化建设】

2023年，中国一拖信息化建设坚持“管理驱动、规划统一、业务协同、风险控制”的原则，积极探索云计算、大数据、移动化、物联网和人工智能新技术应用，“两化”融合管理体系日趋完善，信息化高效、准确服务公司经营发展的作用逐步显现。在“两化”融合及基础设施建设成效方面，一是完成“两化”融合升级版AAA领域级贯标，打造贯穿企业业务流程的订单全流程管控能力。二是建立东方红营销服务云平台，提升企业运营效率，推动商业模式变革。三是开展智能工厂建设，通过MES、SAP的深化应用对柴油机公司YTN3产线开展数字化、智能化改造。四是完成物流公司东方红（洛阳）国际陆港多式联运“一单制”运营管理系统建设。五是优化SCM供应链管理平台，提升供应链一体化管控能力。六是持续推进业财一体化建设，实现业务单元应用全覆盖。在网络安全建设成效方面，建立IAM统一身份管理平台，提升数据中心安全认证管控能力；建立防勒索安全管控平台，加强工控安全管理，提升企业数据安全保障能力。

【履行社会责任】

2023年，中国一拖持续坚持把乡村振兴工作作为企业重点工作来抓，积极履行社会责任。一是加大帮扶走访力度，重点关注帮扶地区群众生产生活情况，帮助解决农户家庭实际困难，确保不发生规模性返贫现象，巩固帮扶地区的脱贫攻坚效果。二是大力开展“双节”期间消费帮扶活动，帮助销售和组织购买帮扶地区特色农副产品近140万元，保障脱贫攻坚成果与乡村振兴有效衔接。三是协助帮扶地区，在特色产业发展、基础设施建设、人才素质培训等方面，积极谋划，持续推动。尤其在农事服务推广、智慧农业平台管理、农机社会化服务提升等方面，充分发挥企业优势所长、服务帮扶地区所需，先后6次前往帮扶地区实地调研、考察，协助帮扶地区谋划落地特色产业、教育培训、基础设施、公共服务四大方面9个帮扶项目，项目总资金870万元，大力推动帮扶地区乡村振兴规划的全面开展。

苏美达股份有限公司

【基本概况】

苏美达股份有限公司（简称苏美达）成立于1978年，系国机集团的重要成员企业。经过46年的蓬勃发展和几代苏美达人的接续奋斗，已发展成为一家在产业链拓展与供应链运营领域颇具市场规模和品牌影响力的国际化、多元化企业集团。

苏美达以“打造数字化驱动的国际化产业链和供应链、成为国内国际相互促进的双循环标杆企业”为战略定位，坚持多元化发展、专业化经营、生态化共赢，聚焦供应链运营、大消费及先进制造、生态环保与清洁能源三大业务板块，重点培育孵化医疗健康、数字化产业两大新业务领域，践行“双循环发展、科技创新发展、绿色发展、品牌发展、数字化转型”五个应对不确定性的“确定性”，持续推动高质量可持续发展。

2023年，苏美达实现营业收入1 229.81亿元，进出口总额125.9亿美元，位列2023财富中国上市公司500强第97位，进出口总额连续多年位列江苏省属重点联系企业第一名，营业收入位列2023年江苏省上市公司营业收入第二名。

【主要指标】

2022—2023年苏美达主要经济指标完成情况见表1。

表1　2022—2023年苏美达主要经济指标完成情况

指标名称	2022年	2023年	同比增长（%）
资产总额（万元）	5 301 610.53	5 231 164.72	-1.33
净资产（万元）	1 339 273.21	1 317 734.25	-1.61
营业收入（万元）	14 114 791.27	12 298 080.96	-12.87
利润总额（万元）	377 191.38	395 823.66	4.94
技术开发投入（万元）	48 913.61	49 655.51	1.52
利税总额（万元）	466 253.51	460 566.64	-1.22
EVA值（万元）	240 119.31	262 038.62	9.13
全员劳动生产率[万元/（人·年）]	32.61	35.41	8.59
净资产收益率（%）	22.56	23.35	增加0.79个百分点
总资产报酬率（%）	7.74	8.01	增加0.27个百分点
国有资产保值增值率（%）	115.43	114.00	减少1.43个百分点

【改革发展】

2023年，苏美达全面完成国企改革三年行动收官总结工作，形成围绕改革重点成果的典型案例及典型制度，在国机集团内部分享交流。苏美达关于学习型赋能型组织新模式的探索实践案例入选中国企业改革发展研究会国企改革优秀成果奖一等奖。根据国务院国资委及国机集团总体部署，着手启动新一轮国企改革深化提升行动，形成围绕六大方面59项改革重点目标任务，改革目标任务以全面贯彻新发展理念，坚持和加强党的领导，坚持社会主义市场经济改革方向，以提高企业核心竞争力和增强核心功能为重点，相应形成工作方案及工作台账，对标对表、挂图作战、稳步推进。

【重大项目】

2023年，苏美达投资项目总金额约29.44亿元；资产处置类项目21个，涉及金额约5.56亿元，较同期减少约34.34亿元。

投资方面的重大项目主要涉及三个方面，一是通过增资增强子公司资本实力，该部分涉及年度未分配利润转增资本项目以及下属各业务公司为增强资本实力和降低资产负债率实施的增资项目，共计12.06亿元；二是践行“双循环”战略，持续开拓区域市场，该部分涉及金额1.41亿元；三是聚焦科技创新、做强主业，该部分涉及金额13.48亿元。

【国际合作】

苏美达积极优化市场布局，实施“走出去”战略，下属部分业务公司通过设立属地子公司，开拓海外市场，增强产业链供应链韧性。在国机集团严控新增法人户数的背景下，2023年公司上报2个设立海外子公司项目。一是苏美达轻纺公司设立美国子公司，寻找业务发展新增长极，该项目于6月成功获批，投资金额约2 100万元；二是苏美达纺织公司设立新加坡子公司项目，构建中长期“双循环”模式，为后续业务发展寻找增长空间，该项目投资金额约7 200万元。

【科技创新】

公司以客户需求为出发点，坚持科技创新发展，提升创新能力，在多个领域取得突破，助力打造新质生产力。形成三燃料发电机组、便携式储能产品、智能割草机器人、生物可降解材料等一批具有市场竞争力的科技创新成果。

截至2023年年末，苏美达共建立各类科研平台20个，包括1个国家地方联合工程研究中心、1个国家级工业设计中心、1个国家级博士后科研工作站、3个国家认可实验室（CNAS）共6个国家级技术平台；省级技术平台14个。拥有高新技术企业9家，国家级专精特新“小巨人”企业1家，省市级“专精特新”中小企业6家。累计获得专利授权1 079项，其中发明专利216项；2023年新获专利授权122项，其中发明专利58项。累计主持或参与制修订标准35项，其中国家标准23项、行业标准9项、团体标准3项；2023年参与制修订国家标准6项、团体标准3项。2023年，公司获专利奖项省部级1个、行业协会级2个，获科技奖项国际级1个、国家级5个、省部级3个、市级1个、行业协会级4个。

苏美达积极与高校科研院所开展合作，与东南大学、河海大学、南京工业大学等十余所高校、科研院所开展产学研合作，在高效节能电动机、生物基面料等领域开展联合攻关，形成紧密的市场化合作关系。

截至2023年年底，苏美达托管企业甘肃蓝科石化高新装备股份有限公司共建立各类科研平台13个，包括1个国家技术创新示范企业、1个国家级博士后科研工作站、2个省级企业技术中心、4个省级工程中心、2个省级设计中心、1个省级专家工作站和2个国家认可实验室（CNAS）。累计授权专利273项，其中发明专利58项；2023年新获专利授权45项，其中发明专利8项。累计发布标准48个，其中国家标准35个、行业标准10个、团体标准3个。完成修订标准13个，其中国家标准12个、行业标准1个。获甘肃省、河南省科技进步奖各1项，行业协会科技进步奖3项。与高校科研院所开展合作，与西安交通大学、兰州大学、兰州理工大学等十余所高校、科研院所开展产学研合作。其中，核动力系统分离式板式热管换热器（SPHP）研发项目获得上海市协同创新办公室立项。

苏美达托管企业中国浦发机械工业股份有限公司设立科研平台机构 4 个。其中省级企业研发中心 1 个、省市级企业技术中心 1 个、市级企业技术中心 1 个、市级工程研究中心 1 个。拥有 3 家高新技术企业，1 家省市级“专精特新”企业。累计授权专利数 225 项，其中发明 36 项；累计获得软件著作权 30 项。2023 年新授权专利 14 项，其中发明专利 5 项；新获软件著作权 1 项。累计发布标准 12 个，其中国家标准 3 个、行业标准 3 个、团体标准 6 个、2023 年新制定标准 3 个，其中国家标准 1 个、团体标准 2 个。2023 年，中国浦发下属中国空分工程有限公司获得中国农药工业协会创新贡献奖、石油优质工程奖和杭州市勘察设计行业优秀成果奖 3 项。

【安全生产】

1. 安全责任再压实 2023 年安全环保条线累计收文 135 份，公司不折不扣做好贯彻落实，结合实际做好差异化布置，以安全管理强化年、重大事故隐患排查整治行动为主线，下发各类方案、通知、预警、提醒近 130 余次，把工作要求和责任落实到具体工作中。

2. 制度体系再健全 公司坚持问题导向，深刻剖析制度和管理存在的不足，制定安全管理制度三年滚动修编计划，及时修订《安全生产管理办法》《生产安全事故报告和调查处理管理办法》《安全生产责任目标考核办法》《境外安全管理办法》4 项重要管理制度，各子公司迅速落实制度衔接修订，形成实施细则、作业指导书、管理手册等指导性文件，制度体系得到健全完善。

3. 双重预防再加强 2023 年两次开展全系统危险源辨识、评估工作，累计辨识危险源 4 701 项。针对 9 类作业现场重大危险源，组织专项检查 55 次，累计排查安全隐患 346 项，全部完成整改。各子公司领导班子以上率下，深入生产车间和项目现场，开展高处作业、动火作业、有限空间、燃气安全、消防安全等各类专项检查，全系统累计排查 9 363 项隐患，整改完成 9 293 项，整改闭环率达 99.2%，推动安全生产工作向纵深推进。

4. 专项攻坚再推进 在国机集团的指导下，公司开展安全生产专项整治行动，就思想理念、体制机制、职责能力、隐患排查等 7 个方面作出 20 项具体任务部署。江苏苏美达铝业有限公司建立“申请－审核－告知－检查－开锁－作业”的高处作业能量安全锁定管理流程，把牢高处作业风险。纺织有限公司梳理相关方全链条管理流程，明确各分包和相关方进入审批和管理的责任部门和人员。成套设备工程有限公司制定《出国人员公共安全管理指导手册》，对业务开展重点国别更新完善相应安全手册、安保方案及应急撤离专项方案，强化境外安全防范能力。

5. 专业技能再强化 公司以培训实效为金标准，以需求和问题为导向，针对性地开展重大事故隐患判定标准解读、新修制度宣传贯彻、特种设备安全管理等培训。2023 年全系统累计举办安全生产培训班 269 次，组织参加外部安全生产相关培训 85 次，全年接受安全生产教育培训的员工达 7.69 万余人次，年度全员安全培训率超 300%。各级单位创新培训方法，学、练、考、赛结合，公司工会、团委、办公室分别开展电工技能大赛、驾驶员技能竞赛，以赛促学、以学践行，机电公司推行“一月一培一考”机制，提升员工专业技术水平。

6. 应急能力再提升 公司修订印发《生产安全事故综合应急预案》，完善应急处置工作机制，确保应对不同情况做到有效发力。2023 年，全系统开展各类应急救援演练 175 次，累计参与员工 2 万余人次，不断增强预案的科学性和可操作性。中国浦发、船舶有限公司针对性地开展有限空间专项应急演练，轻纺公司积极举办实业消防比武竞赛，能源投股有限公司组织消防疏散逃生屋体验活动，提高应急疏散和应急救援能力。

2023 年，公司未发生生产安全责任事故、职业健康危害事件，为完成生产经营任务营造了安全稳定环境。

【党建工作】

2023 年，在国机集团党委和江苏省委的坚强领导下，公司党委坚定不移贯彻落实党中央方针政策和工作部署，以深入开展学习贯彻习近平新时代中国特色社会主义思想主题教育为主线，以贯彻落实党的二十大战略部署为重点，坚持党的全面领导，持续加强党的建设，把方向、管大局、保落实，着力把党建优势转化为竞争优势、创新优势、发展优势，以高质量党建引领保障高质量发展。

1. 学思想、强党性，推动主题教育走深走实走心 开展学习贯彻习近平新时代中国特色社会主义思想主题教育，是推动贯彻党的二十大战略部署的有力举措，是深入推进新时代党的建设新的伟大工程的必然要求。公司党委围绕学思想、强党性、重实践、建新功总要求，高标准推进两批主题教育。在第一批主题教育中，结合国机集团党委“一企一工程”党建品牌创建活动，公司党委策划开展学习、领航、攻坚、赋能“四大工程”，坚持不懈用党的创新理论凝心铸魂，着力提升党员干部的政治能力、思维能力、实践能力，以高质量发展成效检验主题教育成果。公司领导班子坚持读原著、学原文、悟原理，围绕习近平总书记关于主题教育系列重要讲话、关于国有企业改革发展和党的建设的重要论述，以及关于推动经济高质量发展、数字中国、科技创新、生态文明建设等重要论述，组织专题学习研讨 15 场，讲授专题党课 10 场；聚焦“质的有效提升和量的合理增长”“党建业务融合”等 8 个课题，赴业务子公司、海内外项目现场、对标企业、客户单位和政府部门开展实地调研 20 余场，调研发现问题 33 个，提出整改措施 80 项；发扬刀刃向内的自我革命精神，抓好采购管理、基层党建等 4 个方面突出问题的整改整治，确定 13 项具体整改措施，由党委班子成员结合分工牵头推进。在第二批主题教育中，公司党委坚持问题导向、实践导向和结果导向，认真念好“学、改、创、促”四字诀，一体推进理论学习、调查研究、推动发展、检视整改、建章立制等重点措施，推动学习往深里走、往实里走、往心里走，切实把党的创新理论贯彻落实到公司改革发展的各方面全过程。14 家二级企业领导班子累计组织专题学习研讨 95 场，讲授专题党课 101 场，聚焦 65 个课题开展实地调研 148 场，调研发现问题 205 个，梳理正反典型案例 68 个，开展党员志愿服务等活动 27 场，办理民生实事 31 件，检视整改整治问题 39 个，制定整改措施 106 项，111 个基层党支部累计查摆梳理问题 218 个，以上问题已全部完成销号。

通过开展主题教育，公司广大党员干部坚持学思用贯通、知信行统一，努力把习近平新时代中国特色社会主义思想转化为坚定理想、锤炼党性和指导实践、推动工作的强大力量，在以学铸魂、以学增智、以学正风、以学促干方面取得了实实在在成效。

2. 把方向、定战略，积极审势取势明确工作重点 面对不稳定不确定的外部环境，公司党委第一时间跟进学习中央大政方针，不断审势取势，确保公司始终航行在正确的方向上。一是深化落实“第一议题”制度。坚持把党的政治建设摆在首位，2023 年累计传达学习“第一议题”41 项，完善“第一议题”贯彻落实机制，形成工作闭环。围绕党的二十大精神、战略管理、习近平总书记关于党的建设的重要思想、习近平生态文明思想、作风建设等主题开展中心组学习 9 次，为公司高质量发展蓄积智慧和力量。二是着力打造学习型组织。依托“达人悦读荟”微信学习平台，创新开展“四个一”学习分享活动，即感悟一个论述、解析一个案例、分享一个体会、推荐一本好书（实现一个提升），发布学习分享成果 75 篇、24 万字，引导基层党支部深刻感悟习近平总书记有关重要论述，分享发挥自身优势服务国家战略的实践案例，交流应对外部环境不稳定性、不确定性的经验做法，从而不断增强危中寻机开新局、攻坚克难打胜仗的能力本领和信念信心。三是科学调整战略规划。根据中央大政方针，结合最新形势变化，围绕热点难点问题开展战略研讨，形成作战方案，进而完成公司及各子公司“十四五”规划中期修订，推进对标世界一流企业价值创造行动，让明确的目标成为前进的动力。

3. 管大局、做决策，服务国家战略践行中央企业担当 公司党委坚持围绕中心，服务大局，结合实际推动党的二十大精神在公司落地落实。一是积极服务国家战略。坚定走双循环发展道路，推动供应链运营业务高质量开展，供应链板块2023年营业收入915亿元，有效畅通国内国际循环，保障产业链供应链安全。积极投身高水平共建“一带一路”，在“一带一路”沿线国家和地区加强大宗商品、光伏工程、动力机械、船舶航运、纺织服装等产品和服务布局，为促进相关国家和地区经济发展、人民福祉、环境提升做出积极贡献。积极践行绿色发展理念，大力推进生态环保和清洁能源业务开展，服务美丽中国建设。坚持当好高水平对外开放排头兵，连续6年参加进博会，引进全球先进高端技术装备和优质大宗原材料，服务新型工业化，第六届进博会签约金额超21亿美元，创历史新高。二是持续提升发展质量。紧扣党的二十大战略部署，结合公司实际，提出双循环发展、数字化转型、科技创新发展、绿色发展、品牌发展五个应对不确定性的“确定性”，作为战略方向和工作重点，分别成立由班子成员牵头、相关职能部门和子公司负责人参加的5个学习小组，采取集体学习、专家授课、对标调研等多种方式，进一步明确“五个确定性”落地举措，提炼总结后纳入公司“十四五”规划中期修订，锻造自身所长，不断提升差异化核心竞争力，服务国家战略。三是不断完善公司治理。全年召开党委会31次，研究讨论“三重一大”事项315项，坚持季度督办，提高决策执行质量，充分发挥党委、董事会、经理层在谋划战略、保障发展、监督控制以及防范风险等方面的功能作用，努力构建权责法定、权责透明、协调运转、有效制衡的公司治理机制。

4. 保落实、防风险，高举两面旗帜奋力攻坚克难 公司党委坚持一手抓组织、抓队伍，保障落实、推动发展；一手抓问题、抓风控，防范化解重大风险。一是打造担当干部队伍。明确“价值观、业绩、面向未来学习”的用人导向，稳步推进“四个过硬”领导班子建设，加大优秀年轻干部选用力度。依托达人学院平台，广泛开展“达人启航”“达人初航”“达人春季修炼计划”等培训项目，推动各级干部增强政治素养、提升专业能力、强化合规意识。积极构建“小前端+大平台”赋能型组织，让各类人才在实战中锻炼成长，激活高质量发展“一池春水”。二是推进党建业务融合。树立大抓基层鲜明导向，扎实推进“百千工程”“七抓”工程，开展“两优一先”评比表彰，创建标准化规范化示范党支部，组织基层党支部经验交流会，不断增强基层党组织政治功能和组织功能。借助G12党建共建联盟平台，举办基层党组织书记和党务干部二十大精神专题培训班、党务干部井冈山和延安培训班、“我为群众办实事——G12幸福集市”等活动，以党建为载体深化业务拓展和企业联动。深入开展“三抓三促”基层党建提质增效专项行动，推动党的建设和生产经营融合提升，引导各级党组织聚焦生产经营中的重点难点问题，做实做亮党建责任田、党员攻关项目、党员战斗突击队、流动红旗等党建品牌项目，让基层党组织战斗堡垒作用和党员先锋模范作用两面旗帜在苏美达高高飘扬。三是防范化解重大风险。托管中国浦发和蓝科高新后，积极发挥苏美达平台作用和组织力量，全面对接赋能，把“直面问题、敢打硬仗”作为中国浦发和蓝科高新的攻坚重点，明确工作方针，一着不让，推动资产处置，化解风险隐患。

5. 兴文化、展形象，涵养清风正气保障健康发展 一是提升企业文化“软实力”。大力推进“信任和责任文化”“奋斗和关爱文化”等9大专项文化落地，评选企业文化建设示范点，举办品牌日暨知识产权日主题活动、首届品牌故事征文比赛，编辑出版《以品牌 筑未来》品牌故事文集。公司企业文化成果获评“文化强企优秀案例一等奖”“新时代十年企业文化典型经验”，YARDFORCE品牌、伊顿纪德品牌分别入选国务院国资委国有企业品牌建设典型案例和优秀品牌故事。二是传播企业发展“正能量”。全面推进宣传工作“中央厨房”体系建设，进博会参展、签约等亮点案例被CCTV、《人民日报》、国资小新等媒体报道超50次，广交会新能源车出口案例两次登上CCTV新闻联播、焦点访谈栏目，“走出海外抢机遇”案例被新华社、半月谈等主流媒体报道，FIRMAN品牌发电设备案例登上《人民日报》头版。三是涵养风清气正“好生态”。积极配合中央延伸巡视和国机集团党委巡视，对国机集团党委巡视反馈的4个方面62项具体问题，立行立改、标本兼治。以巡审联动方式对能源公司开展巡察，制定公司下一个五年巡察规划。持续加大查处腐败案件力度，2023年运用“四种形态”批评教育帮助和处理54人次。加强新时代廉洁文化建设，开展“青廉达人工程”“达人说纪”“廉洁宣传教育月”等活动，打造“达廉学堂”线上学习教育平台和廉洁文化资料库，不断浓厚风清气正、干事创业良好氛围。四是建设富足有爱“大家庭”。做好员工关爱工作，举办达人家属开放日、“自强·感恩”、龙舟健走、职工篮球赛、微创新大赛暨青年员工创新创效大赛等活动，轻纺公司淮滨实业、事业五部分别获评“全国巾帼建功先进集体”和“全国五一巾帼标兵岗”。发挥党建带团建制度机制作用，抓好团员和青年主题教育，打造“队号手岗赛”品牌，公司青年集体获“全国青年文明号”“全国青年安全生产示范岗”“振兴杯”全国青年职业技能大赛优胜奖3项国家级荣誉。团委书记当选团十九大全国代表。

【信息化与数字化建设】

2023年，苏美达持续提升数字化领域平台赋能能力，首次制定数字化转型专项规划，明确“十四五”期间数字化方面的计划书、时间表和路线图。

1. 信息化建设方面 创新开展数字化能力评估工作，从数基、数人、数经、数管、数态五个方面，建立一套指标体系，对标行业标杆，找出薄弱点，以问题为导向，推动数字化工作不断完善。

推进核心业财平台建设，完成能源公司、五金公司DTS平台上线，实现对ITS业财系统的替换升级。

推进实业板块信息化发展，完成纺织服装板块13家工厂信息化全面覆盖，实现订单线上化管理、精准穿透订单。苏美达五金公司打通物联网和互联网，通过产品的智能感知、数据积累，实现智能化产品的不断丰富，寻找生态机遇；苏美达船舶公司新大洋船厂深化CSS系统应用，实现船舶建造过程的生产数据在线管理，启动5G园区项目，打造船厂数字化一体平台。

2. 数字化转型方面 苏美达结合自身业务特点，通过数字化推动供应链和产业链优化升级，围绕创造客户价值的目标，建设和使用数字化技术，为打造产业新生态创造机会，为创造新的商业模式提供可能。

“苏美达达天下”平台成功入选国务院国资委数字化转型案例，依托其衍生的“数字进博”平台，成为苏美达首个对外输出的数字化载体，完成对国家级数字化平台的建设和运营，打响苏美达数字化品牌。

“伊学团”小程序成功入选2023年上市公司数字化转型典型案例。以“伊学团”为终端的数字中台，有效支撑线上业务增长，为提高产业发展效率、拉通产业链生态打下基础。

数智一体化的智能仓储系统项目荣获中国物流与采购联合会2023年科学技术奖一等奖。苏美达五金公司推动制造数字化的实践和探索，实现仓储高效管理。

大力推广“供享云”SRM供应链平台，实现供应链更高质量、更高效率协同，基于标准结算模式，探索供应链金融数字资产凭证，获得南京市建邺区优秀应用场景称号。

轻纺公司数字化业务系统DOP平台先后入选建邺区和南京市优秀应用场景，DOP平台打通设计、生产、贸易环节，提升了内部协同的效率，实现“业务便捷化，管理制度化，制度流程化，流程数字化”。

【履行社会责任】

公司秉持“责任达济天下”的公益理念，勇担中央企业社会责任，在乡村振兴、社会公益和志愿服务等领域持续做贡献，以实际行动助力社会和谐进步。2023年，公司对外捐赠总金额280.84万元。

（1）产业振兴。公司秉持“解决一份就业、培养一个工人、稳定一份收入、帮扶一个家庭”的“四个一”产业帮扶理念，充分发挥自身产业资源优势，大力发展纺织服装产业，创新探索“服装总厂＋加工车间”的产业帮扶模式。2023 年，公司在河南淮滨县、固始县实施的“2+6+*N*”产业帮扶项目获评“2023 年上市公司乡村振兴最佳实践案例”，成功入选国务院国资委社会责任局《中央企业社会责任》专刊。

截至 2023 年 12 月 31 日，公司产业帮扶项目累计投入设备超 4 000 万元，为 319 户建档立卡家庭提供了就业岗位，帮助 2 655 人次实现家门口就业；服装产业职工培训中心累计完成服装加工技能人才培训近 5 000 人次，其中培训女工超过 4 250 人次，实现助力产业发展、促进就业增收的“双丰收”。

（2）定点帮扶。按照江苏省委、省政府安排部署，公司定点帮扶江苏省泗阳县，先后选派 4 批干部在定点帮扶县泗阳县任驻村第一书记，聚焦当地特色资源，因地制宜、因村施策，持续开展产业帮扶、民生帮扶，为泗阳县经济社会建设、接续推进乡村全面振兴贡献苏美达力量。2023 年，苏美达与泗阳县庄圩乡红旗村代表签订了“城乡结对、文明共建”协议，共同书写乡村振兴的美好篇章。

公司积极推动数字赋能乡村振兴建设，2023 年 6 月，在 2023 江苏省数字乡村发展大会上，公司与泗阳县签署“数字乡村合作框架协议”，以数字乡村建设为抓手，赋能泗阳县乡村产业发展、乡村建设和乡村治理，推动泗阳数字乡村建设迈上新台阶。

（3）消费帮扶。2023 年，公司持续加大消费帮扶力度，拓宽消费帮促渠道，积极推动帮扶产品进工会、进食堂、进会务、进家庭、进员工福利采购和慰问走访名录，当年消费帮扶总金额达 420 万元。

（4）救灾捐赠。公司积极履行中央企业社会责任，帮助国内外受灾地区，以实际行动感恩回馈社会，为构建和谐社会贡献苏美达力量。2023 年 2 月，土耳其发生 7.8 级地震，当地受灾情况严重，公司迅速响应，协同客户向灾区捐赠冬季防寒物资，助力土耳其人民渡过难关。

（5）关爱儿童。公司坚持与社会共享企业发展成果，积极投身社会公益事业，持续关注福利院儿童、留守儿童等社会困难群体，开展多种多样的公益活动，用苏美达的温度温暖社会困难群体。

“故事田”儿童哲学公益项目：通过开展乡村教师培训、哲学教育课堂、捐赠哲学童话书，为乡村小学儿童带去哲学启蒙教育。项目累计惠及全国近 4 500 所农村小规模学校，50 余万个师生，入选第二届联合国可持续发展优秀实践。

UPCYCLE 弃物再造项目：组织黔东南少数民族地区农村妇女利用当地蓝靛染、蜡染、扎染等非遗传统手艺，将浅色裁损衬衫、耗料升级改造成桌旗、笔袋、书衣、收纳袋等手工文创品。项目累计为地球升级再造超过 43 745m 浅色纯棉耗料，入围凤凰公益行动者联盟“公益企业奖”。

衣公益“新衣福袋”公益捐赠项目：持续关注教育生态改善，聚焦农村小规模学校，联合北京感恩基金会、女童保护基金、爱心衣橱等，共同发起“美的守护”“我请你做梦”“暖烛行动”等服装捐赠公益项目。项目累计捐赠 69.2 万余件服装，惠及全国 25 个省、自治区的 4 400 余所乡村小学、近 33 万名乡村小学师生。

（6）社区共建。公司组织开展多样性的志愿活动，持续加强与社区的联系，深化和社区共建，携手共建和谐友好、互利共赢的社区环境。

开展香铺营社区慰问活动。2023 年 1 月，公司前往驻地所在社区香铺营社区开展“温暖送社区”活动，走访慰问社区内部分困难党员和社工，送去粮油、水果及慰问金，以实际行动传递公司的关怀与温暖，营造与社区和谐互动、共同发展的良好关系。

开展“小水滴”爱心关怀活动。2023 年 9 月，苏美达组织爱心志愿者到南京市社会儿童福利院开展“小水滴”爱心关怀行动，共计捐赠尿不湿、湿纸巾等日用品 40 余箱，为福利院的孩子们送去关爱。

参与海外项目属地学校建设和社区活动。苏

美达在菲律宾拉瓦格项目建设期间，参与当地社区建设活动，与社区共同发展。参与学校建设，深入当地小学开展关于安全学习的宣讲活动，主动为小学修葺屋顶、粉刷墙面，以实际行动支持教育事业；参与各类社区活动，与项目业主一同参加社区公益活动，宣传光伏项目，与当地社区建立了深厚友谊和合作关系。

中国联合工程有限公司

【基本概况】

2023 年是全面贯彻落实党的二十大精神的开局之年，在外部经济尚在恢复调整和市场竞争异常激烈的艰难环境下，中国联合工程有限公司（简称中国联合）以习近平新时代中国特色社会主义思想为指导，全面贯彻落实党的二十大精神，主动服务国家战略，加强党建引航，强化创新驱动，深化企业改革，通过全体干部员工齐心协力，各项主要经济指标再创历史新高。

【主要指标】

2022—2023 年中国联合主要经济指标完成情况见表 1。

表 1　2022—2023 年中国联合主要经济指标完成情况

指标名称	2022 年	2023 年	同比增长（%）
资产总额（万元）	1 241 550.14	1 417 091.49	14.14
净资产（万元）	404 740.18	469 254.15	15.94
营业收入（万元）	1 453 700.34	2 012 219.97	38.42
利润总额（万元）	81 091.90	100 251.72	23.63
技术开发投入（万元）	116 308.77	110 670.22	-4.85
利税总额（万元）	107 373.78	129 967.94	21.04
EVA 值（万元）	80 242.61	114 238.55	42.37
全员劳动生产率 [万元 /（人・年）]	49.61	60.35	21.65
净资产收益率（%）	17.99	20.60	增加 2.61 个百分点
总资产报酬率（%）	7.31	7.55	增加 0.24 个百分点
国有资产保值增值率（%）	119.09	122.20	增加 3.11 个百分点

【改革发展】

1. 牢牢把握高质量发展这个首要任务，经营业绩节节攀升　在住建部全国工程勘察设计企业勘察设计收入前 100 名排序中列第 5 位，在《工程新闻记录》和《建筑时报》“工程设计企业 60 强和中国承包商 80 强”最新排名中，分列第 8 位与第 48 位，均取得历史最好排名。

2. 坚持锻造业务优势，不断提高国有企业核心竞争力

（1）策产投建营模式取得突破，助力地方现代产业体系升级。逐步探索产业导入项目的边界和可行路径，已形成 EPC+O、投资 +EPC、投资 +EPC+O 三种成熟模式。成功中标的山西省临汾市吉县晋浙产业园项目，是公司第一个真正意义上的 EPC+O 类项目，标志着“策产投建营”模式的探索迈出了坚实的一步。重点推进公司首个以市场化机制运作的三产联动投融资项目的实施。发挥策划前端作用，协助完成多项政府投资项目的建议书、可研报告及初步设计等工作，参与国家及省市相关课题研究，以智库角色服务政府决策。加强产业联盟建设，与国药药材、科大讯飞和宝钢建科等共 60 多家企业和机构达成战略合作关系。

（2）加速区域市场开拓，助力区域协调发展。建立区域经营机制，成立区域市场总部，设立区域市场开拓基金，初步完成区域市场经营团队组建。五大区域市场开拓成绩显著，除浙江大本营外，在华东南、长三角、华西北及华西南市场分别合力中标厦门市象屿智慧供应链产业园、南通市海门区工业绿岛表面处理产业园、安徽美达伦年产 10 GW 新型高效太阳电池智慧工厂、西安航天综合保税区智慧冷链物流产业园和宜宾临港信息技术产业园等项目。内蒙古市场获得明显突破，中标内蒙古零碳产业园等项目。

【重大项目】

1. 工业领域 持续扩大在新能源领域的行业知名度和市场占有率，承接桂林经开区数字能源产业园项目（二期)、正泰年产 8 GW 高效电池和 8 GW 高效组件、江门隆基年产 10 GW 单晶组件厂房及配套设施等项目。积极开拓电子、芯片、半导体、新材料、生物医药、化工和智能制造等新领域。工程总承包业务再上规模，承接重庆仁宝智能制造基地、盈旺新能源精密结构件、定远县双创产业园和陕西宝鸡智能电子产业园等 EPC 工程。其中，中机中联重点实施的龙兴新城智能网联新能源汽车产业园项目，不到一年完成 80 余万 m^2 厂房建设并交付使用，刷新建设纪录，获得业主高度肯定。持续锻造装备工艺优势，在多个领域获得突破，中标德龙镍业不锈钢板材项目、大连华锐智能涂装线项目、上海特斯拉储能超级工厂储能柜喷粉线项目等。技术创新有新成果，研发的“智能工厂数字孪生系统融合技术”成功荣获首届工业互联网全国应用创新大赛一等奖。

2. 能源领域 抢抓绿色能源发展机遇，中标桐乡熔盐储能示范项目、克拉玛依光伏发电配套工程、浙能绍兴滨海热电厂集中供压缩空气增容改造项目、宁夏伽源 BDO 废液综合利用等多个清洁能源项目，在新能源、储能领域均具有重要示范性意义。中联西北院新签订基于氢能的多能互补综合能源供能系统关键技术研究及工程示范项目，标志着氢能业务领域取得突破。巩固传统行业优势，承接浙江巨化节能增效技改项目、盘锦石化动力站等重点工程；新中标荣盛新材料金塘电厂项目设计板块，电站设计单机规模获得历史性突破。持续拓展固废处置项目，中标山发龙城静脉产业园污泥资源化处置项目、松阳建筑垃圾资源化项目等工程，绿电业务稳步提升。

3. 民用领域 注重原创能力提升，重大建筑奖项有所突破，其中 1 个项目获世界六大建筑奖项之一的美国金块奖；2 项建筑方案荣获全国“好房子”设计大赛优秀奖。做优文旅科教特色，打造大熊猫公园平武虎牙入口示范社区、金义数字经济总部中心、东阳文化艺术中心、中共杭州市委党校余杭区分校等重点项目。医疗康养领域新中标绍兴高铁站前医疗综合体、河南西华经开区人民医院、重庆市沙坪坝区陈家桥医院等项目。提升未来社区业务行业地位，中标杭州萧山传化未来社区，主编《杭州市未来社区评价标准》和《杭州市未来社区验收办法》。擦亮城市更新品牌，承接杭州市棉北里片区文创基础设施改造、重庆美术公园重庆电厂区域改造等项目。打造民生精品工程，中标杭州市义蓬安置房四期等多个安置工程。建筑装饰领域积极开拓酒店设计业务。参与萧山体育中心等十多个亚运场馆提升及未来科技城亮化等配套建设。中联西北院获多项零能耗、超低能耗及近零能耗建筑设计认证，其中 1 个项目获 2023 年度全国唯一授牌零能耗建筑。

4. 基础设施领域 围绕基础设施建设发力，新中标杭州轨道交通四期 18 号线的重要工点段，是公司独自承接的第二条轨道交通快速线工程；

承接杭州市之江路西段提升改造工程，实现在市政道路明挖长隧道和综合管廊业绩的突破；承揽彬州市第二热源建设及城区供热节能改造项目，填补公司大高差长输供热管网类型项目的空白。推进长江入河排污口溯源整治工作，承接重庆市九龙半岛片区排口及老旧雨污管网整治项目勘察设计。改造提升旧城交通系统，签约九龙半岛龙吟路改扩建项目。中标浙江省千峡湖小溪流域外舍断面至大均段水生态修复工程，开拓实施农业节水举措大中型灌区业务，实现同类型业绩突破。

5. 全过程咨询服务 中机中联工程有限公司承接首个国家重点实验室全过程咨询服务——青藏高原动植物基因保护库与青稞、牦牛种质创新项目，助力国家种业振兴。重点实施好在手全过程咨询服务项目，其中湖州太阳酒店已竣工交付，国家超重力离心模拟实验室、浙大校友总部二期等项目实施进展顺利，为项目高质量完工打好基础。

【国际合作】

抢抓“工业出海”机遇期，发挥传统机械装备的资源牵引和产业优势，依托新能源电池业务优势，服务龙头企业在欧洲、东南亚及中北美地区设厂布局。海外市场多点开花，承接美国法雷奥新能源电池配件喷粉线和三花罗马尼亚汽车配件喷涂线。中标俄罗斯钢管精整线、抛光线项目，该项目将广泛应用于核电、火电和航空航天发动机等领域，是公司在俄罗斯不锈钢管行业的里程碑工程，凸显公司技术实力和服务水平。

【科技创新】

坚持把创新作为引领发展的第一动力，破解发展难题，厚植发展优势。

1. 创新体系建设持续完善 中国联合持续构建技术创新体系，对现有业务领域、已有核心技术及未来重点发展的技术方向进行梳理。完善科技创新体制机制，加大科技投入。修订完善外部技术标准制修订项目管理办法，专利、软件著作权管理办法，出版著作、对外发表论文管理办法。

2. 科研平台建设稳步推进 成立工程科学研究院，发布《工程科学研究院发展规划》(2023—2053年)，明确工程科学研究院是公司科技创新体系首位、最高层级研究院的建设定位，着力打造科学研究平台、学术交流平台、人才集聚平台。设立工程发展战略研究院等二三级专业研究机构共18个，明确“研究员、高级研究员、首席研究员、领军专家和科学专家”五个层次研究人员队伍，开展应用型工程技术研究。

3. 技术创新成果不断涌现 积极组织申报各类外部奖项，2023年度共获得科技、设计和咨询等各类工程技术奖213项，其中省部级及以上150项。重视专利技术保护，取得授权发明专利37项、实用新型专利155项、外观设计1项、软件著作权28项。持续推进主参编国家、行业、地方、团体标准143项。修订完善《特色技术和业务开发基金管理办法》，新立项特色技术开发专项5项、重点技术开发项目10项、一般科研业务建设项目21项。做好国家高新技术企业、省级研发平台的日常维护和管理。组织国家企业技术中心申报，浙江省省级企业研究院、省级高新技术企业研发中心绩效评价工作（评价等级为优秀）。组织申报并获批国机集团科技重大专项研究子课题2项、国机集团青年培育基金项目1项。

【人才队伍建设】

1. 人才引进渠道不断拓宽 持续扩展高校学生实践基地建设，积极参与卓越工程师专项硕博士计划，不断深化与浙江大学、哈尔滨工业大学等高校的研究生联合培养项目，开展本科生走进企业活动，推进“中联杯”品牌化，举办首期“中联杯”星火建筑师研学活动，多措并举深化产教融合。实施干部储备人才定向招聘专项、博士倍增专项和博士后专项等引才专项计划，为高素质专业化干部队伍和高水平科技人才队伍建设做好基础人才储备。

2. 组织服务战略的能力不断增强 加强科研引领，初步搭建形成公司科研机构组织框架，制定印发《工程科学研究院研究人员聘用管理办法》，聘请了 10 名科学专家。新增重庆市、陕西省勘察设计大师各 1 名。1 名获评杭州市第三届优秀青年建筑师、2 名获评杭州市第十届优秀青年设计师（建筑结构设计）培养资格。公司博士后科研工作站成功获得地方政策支持，首名博士后完成进站手续，博士后工作站开始实质性运行。组建建筑装饰事业部，聘用 4 名区域副总经理专职开展区域经营工作，聘用 7 名安全副总监派驻各部门专职开展安全管理工作，完成向重要子公司派出财务总监全覆盖工作。2023 年提拔干部 25 人，其中“90 后”7 人，占比 28%，18 名干部在各子公司、各部门以及政府机关之间交流。上线学习平台，共享 4 000 多个免费课程，结合公司 70 周年系列讲座逐步做强院士讲坛、大师讲坛，全年组织开展各类培训和交流活动 120 多场，6 000 人次参加。

3. 员工保障体系不断完善 共办理退休 45 人，制定和完善员工荣誉退休流程，新增退休谈话制度。加强对基层部门人事管理工作的统一管理，对关键制度和环节实施延伸管理，不断提升基层组织的合规管理水平。全面提升补充商业保险额度和保障范围，三地三院统一部署实施 EAP 服务计划，不断升级现有福利和保障体系，提高员工的获得感和满意度。

【企业管理】

1. 治理体系持续优化 梳理完善公司决策事项清单 148 项，“三重一大”决策事项清单 85 项，党委前置研究讨论重大经营管理事项清单 57 项，党委决策事项清单 41 项。编制《公司派出外部董事履职指南》，制定公司派出董事、股东代表报告任职企业重大事项工作机制，加强对参股企业的决策管理。

2. 专项行动稳步推进 制定《改革深化提升行动实施方案（2023—2025 年）》，明确 6 项重点任务和 21 项细化改革预期目标及若干条落实举措。制定《对标世界一流企业价值创造行动实施方案（2023—2025 年）》，明确 24 项行动举措，落实责任部门。推进规章制度与“四体系”深度融合，修订规章制度。

3. 平台建设不断加强 完成芜湖分公司、宁夏吴忠分公司、深圳宝安分公司等新设公司的工商注册。完成压力管道设计资质延续工作。新设浙江联宏市政环境建设有限公司，获得市政公用工程施工总承包壹级资质，为市政业务开拓奠定基础。积极主办承办协会学会会议，做好全国、省市 51 家行业学会和 95 家行业协会的日常管理工作，扩大行业影响力。

4. 财务管理持续提升 不断推进财务管理数字化建设，创建财务驾驶舱和工程项目财务管理系统。积极落实“两金”压减专项管理工作。持续落实资金集中管理专项工作、账户压减工作，两项工作均超国机集团标准完成。积极推进“十四五”瘦身健体工作，超前完成第一批压减清单。全面完成“三地三院”未分配利润转增注册资本金项目申报工作。持续落实业财融合工作，提升财务管理和服务水平。

5. 设计质量有效管控 制定年度质量管理计划，发布《设计人员质量信用体系管理办法》《公司重点管理项目设计评审及施工图审定管理办法》等制度，修订“三合一”管理体系手册。组织管理体系内审工作，完成质量、环境和职业健康安全、信息安全管理体系外部审核。上线“设计人员质量信用分”管理模块，加强对设计产品质量及人员信用的管控。运用信息化手段分级开展设计质量检查。

6. 经营支撑作用不断加强 按照国机集团“阳光采购”工程要求，持续加强采购管理，围绕总承包项目预计利润率目标的实现进行采购全过程管控。构建“企业级黑名单”供应商管理体系。做好公司区域经营与层面经营管理，积极协调经营冲突。完善合同管理信息化系统，实现报表数据统计分析的及时性和科学性。完成项目顾客满意度调查，满意度稳中有升。

7. 信息化管理持续优化 企业微信全员上线，全面拉通员工 PC 端、移动端线上办公能力。加强系统各管理流程与数据梳理，推动和支撑职能部门管理水平提升。构建网信安全保障能力，初步建立信息安全体系，获得信息安全体系认证证书。完成国家 2023 年网络攻防演练和 2023 年安全亚运网络保障工作。建设 5G 企业专网，优化核心服务器、防火墙网络架构，增强信息化基础支撑能力。

【安全生产】

1. 安全体系建设进一步加强 完善“三地三院”安全生产统筹协调管控机制，强化工程总承包项目实施过程规范管理以及公司重大项目的实施全过程风险管控。推进安全总监派驻制度实施，加强生产单元安全监管。成功举办国机集团2023年安全生产和节能环保双碳培训交流会，并受到国机集团表扬。公司获评国机集团2023年度“安全生产奖”。

2. 风险驾驭能力进一步增强 持续落实党委、董事会直接领导下的内部审计监督体系建设，推进审计标准化工作。加强审计人才队伍建设，新增全级次专职审计人员14人。加强审计问题整改质量管控，加强审计结果运用。建立重大风险季度监测机制，完善项目风险评估管理流程。加强保密管理工作，完成公司自主可控应用工作总体实施方案，实施保密工作计划，组织开展涉密项目现场人员的保密宣传贯彻教育，完成保密承诺书的签订工作。推进军工保密认证工作。

3. 合规管理建设进一步完善 组织编制《重点岗位合规职责清单》《合规风险识别清单》《流程合规管控清单》，层层压实责任主体。依托合规审查委员会加强重大项目承接合规审查，完成重大项目合规审查。加强诉讼风险管控，妥善处理公司诉讼及非诉纠纷。加强专项事务合规及风险管控，建立专项法律意见书审批信息化管控流程。重视风险管理、监控成果运用，总结、编制、印发指引性文件。积极推进法治建设及普法宣传工作。充分发挥派驻法务人员的合规风险管控效能，有效开展法律事务工作。

【党建工作】

1. 政治引领持续强化 始终把习近平总书记重要讲话和重要指示批示精神作为党委会“第一议题”、理论学习中心组学习首要议题，共组织完成13次理论中心组学习会（含读书班）和13次党委会专题学习，学习习近平重要讲话和重要会议精神61项。

2. 主题教育扎实开展 按照上级党委要求开展好学习贯彻习近平新时代中国特色社会主义思想主题教育。举办主题突出、特色鲜明、形式多样的学习活动。细化12项调研课题，开展42场次专题调研，制定6项民生项目清单、9项问题清单，详细制定34项整改落实举措并整改完成。

3. 党建与生产深化融合 修订《基层党支部考核办法》，推进党建与经营业绩考核有效联动。对基层党支部标准化、规范化工作进行验收，选树6个示范党支部。持续推动基层党组织开展“一支部一品牌”建设工作，编印《融合提升优秀案例汇编》，打造基层党建优秀样本。新设立5个临时党支部，修订《公司临时党支部管理办法》。加强对经营业绩、先进人物、典型项目和重大活动的宣传力度，中联西北院全面解析百余项经典项目，单篇公众号点击量突破10万次。

4. 企业文化不断塑强 举办工程科学研究院启航式暨企业历史文化展演，开展Logo设计大赛、书画摄影作品展、主题征文和论坛讲座等庆祝70周年院庆系列活动，总结改革发展历程中的宝贵精神、优良作风和文化内核。设计师公园和展厅投入使用，成为宣传重要阵地。开展“三八”“六一”“重阳”等节日系列特色活动，开设职工子女暑期体育兴趣班，承办浙江省省部属企事业工会迎亚运职工乒乓球比赛并荣获冠军。持续选派常驻干部对接温州黄坦镇，荣获浙江省乡村振兴结对帮扶考评“优秀”等级。获得陕西省工人先锋号、浙江省省部属企事业“六星职工之家”、浙江省省部属企事业“五星职工小家”、国机集团“工会工作先进集体”等荣誉称号。1名同志荣获2023年度“国机集团劳动模范”称号。积极开展青年岗位建功，开展第五届“新员工之星”及“青字号”申报备案活动，积极参加亚运会及亚残运会志愿活动，获得中央企业团工委五四红旗团支部、优秀共青团员；集团青年文明号、青年岗位能手和青年安全生产示范岗等荣誉。

5. 政治监督作用进一步强化 制定《公司党委党风廉政建设和反腐败工作要点及任务分工》，

强化对权力监督的全覆盖和有效性，持续构建大监督工作格局。组织签订《廉洁从业责任书》，督促落实“一岗双责”。

6. 监督治理效能进一步提升 成立专项监督小组，开展巡视巡察检查整改情况“回头看”专项监督。开展廉洁教育常态化全覆盖专项监督检查。加强对干部选拔任用情况监督，动态更新廉政档案 200 份。持续实施大额支付、设计分包流程事前“贴身”监督，点亮监督“探照灯”。

7. 廉洁文化氛围进一步形成 加强对采购经理和经营经理开展廉洁警示教育培训，多举措开展好“廉洁宣传教育月”活动，加强廉洁文化建设。扎实开展纪检干部教育整顿，多次组织纪检干部参加廉洁教育活动，加强与其他纪检机构的沟通交流，促进学习提升，着力打造纪检铁军队伍。

【履行社会责任】

1. 服务乡村振兴迈出新步伐 中国联合积极践行责任使命，主动在服务国家战略上走在前列，在落实国机集团部署上做出表率，在促进行业发展上展现担当。成立“规划先行促帮扶工作组”，运用“千万工程”经验，助力打造“国机模式”，得到上级认可和推广，获得国机集团 2023 年度“乡村振兴创新工作奖”。依托工程全生命周期服务能力，为乡村振兴工作提供全链条、全过程及系统化集成服务与解决方案。承接温岭粮食储备中心工程，云南彝良天麻一、二、三产业融合发展，永康市古山镇龙山镇万亩农田连片整治及乡村振兴建设，铜川市旱作种子产业融合示范园，宜宾长江半岛柑橘产业融合示范园等项目，助力和美乡村建设。

2. 助力产业智能化高端化升级 中机中联积极促进数字技术与各业务领域融合，首次承接一个大型化工类 BIM 正向设计项目，填补公司该类业绩空白。以数字化赋能工程项目全过程管理，提高生产效率和产品质量。打造“智慧 +”系列品牌，承接西藏那曲双湖县智慧城市、重庆大学智慧消防、渭南秦岭生态环境保护智慧化管控等工程。依托人工智能工程应用研究院，开发形成包括工业建筑鸟瞰等在内的 5 个 Lora 模型，加快推进人工智能技术在生产中的普及和应用。

机械工业第六设计研究院有限公司

【基本概况】

2023 年，机械工业第六设计研究院有限公司（简称中机六院）面对严峻复杂的内外部环境，坚持以习近平新时代中国特色社会主义思想为指导，认真贯彻落实国机集团和国机工程集团各项工作部署，大力弘扬“求真务实、进取作为、创新求变、追求卓越”的企业精神，紧紧围绕工程企业“承接项目、做好项目、创造利润”这一工作主线，着力加强市场开拓，统筹谋划转型发展，深入推进改革创新，迅速掀起“二次创业”新高潮，工程项目市场开拓捷报频传，主要经济指标实现大幅跃升。2023 年新签合同额 45 亿元，同比增长 26.44%；完成营业收入 28.93 亿元，同比增长 37.48 %，创历史新高；实现利润总额 2 亿元，同比增长 59.85%，主要经济指标实现大幅跃升，圆满完成全年各项目标任务，开创了高质量发展新局面。

【主要指标】

2022—2023 年中机六院主要经济指标完成情况见表 1。

表 1 2022—2023 年中机六院主要经济指标完成情况

指标名称	2022 年	2023 年	同比增长（%）
资产总额（万元）	248 918.74	265 849.62	6.80
净资产（万元）	128 970.40	141 815.14	9.96
营业收入（万元）	210 401.64	289 264.39	37.48
利润总额（万元）	12 539.95	20 045.20	59.85
技术开发投入（万元）	13 630.07	16 415.63	20.44
利税总额（万元）	19 216.36	27 538.29	43.31
EVA 值（万元）	12 624.13	20 878.18	65.38
全员劳动生产率 [万元 /（人・年）]	24.53	29.86	21.73
净资产收益率（%）	8.39	12.78	增加 4.39 个百分点
总资产报酬率（%）	5.45	7.81	增加 2.36 个百分点
国有资产保值增值率（%）	108.70	113.47	增加 4.77 个百分点

【改革发展】

围绕高质量发展首要任务，中机六院以改革破解难题，用创新打开局面，扎实开展对标世界一流企业价值创造行动、国企改革深化提升行动，深入推进年度“对标一流、深化改革、全面推进经营管理提升”十大专项行动和十大工作专班，持续推进一系列深层次改革举措，不断激发公司发展动力活力，取得了显著发展成效。

1. 调整优化职能管理机构 围绕公司战略布局和管理提升需要，进一步优化职能管理组织架构设置，综合管理部与战略发展部合署办公，强化战略统筹能力，更好地为公司决策提供支撑；成立工程管理部（安全生产部、全咨管理部），全面加强工程总承包项目过程管控和全过程工程咨询业务的管理支撑赋能作用；设立总工程师办公室，着力促进共性技术进步和工程质量提升；成立信息技术中心，支撑公司数字化转型。优化精简职能部门人员编制，科学精准定岗定编，完善绩效评价机制，进一步提高职能管理效率和服务水平，真正做到“积极服务，有效管理”。

2. 完善薪酬考核激励机制 全面优化业务和职能部门及负责人经营考核机制，建立全方位、多维度综合考核评价制度。为避免低价承接项目，提高项目经营效益，创新性地引入当量合同概念，把合同收益和合同规模纳入经营考核，增加效益系数和规模系数，鼓励承接大型优质高效项目。坚持倡导结果考核导向，坚持“按劳分配、效率优先、兼顾公平”的原则，完善优化全员薪酬考核激励机制，充分发挥考核激励“指挥棒”作用，全面调动全员工作积极性和主动性。制定公司年度评奖评优管理制度，表彰先进，鼓励进步，树立典型，鼓舞干劲。让公司所有集体和个人都有获奖机会，营造公平公正和比学赶帮超的良好企业氛围。

3. 健全完善公司制度流程 修订《公司规章制度管理办法》，深入开展管理制度完善管理流程优化专项行动，2023 年新制修订完善各项制度 52 项，优化简化管理流程 40 余项，持续提升经营管理水平和效率。建立完善经营管理和党建工作月度例会制度，及时互通重要有效信息，协调解决问题矛盾并安排部署重点工作，建立问题清单和任务台账，做好会议各项部署要求的跟踪督促检查落实，切实推动重要工作落地见效。

4. 强化业务转型和区域深耕 持续深化拓展业务链条，大力发展以工程设计为引领，以特色技术为支撑的工程总承包和全过程工程咨询业务。组建工程咨询与建设中心，成立工程建设公司，全力打造专业的工程总承包业务市场开拓和项目管理团队，全面提升工程总承包市场开拓能力及项目管理水平。承包类合同额同比增长

25%，全过程咨询类合同额同比增长 30%。深耕区域市场，积极对接融入国家区域发展战略，科学合理布局区域市场，确立了“3+8+N”的区域市场布局思路，立足中原大地、聚焦东南沿海，合力打造中原、华东和东南三大区域中心，深耕河南、广东、福建、浙江、江苏、上海、安徽和山东八大重点区域市场。组建完成广东、浙江和福建三大重点区域市场业务机构，通过分支机构考核激励机制创新，充分激发重点分支机构的经营窗口和市场带动作用，努力做大区域市场增量。2023 年八大重点市场新签合同额同比增长 28%，未来有望大幅提升。

【国际合作】

公司积极响应国家“设计咨询走出去”的号召，参与“一带一路”建设，2023 年承接了援喀麦隆国民议会大楼、韩国 5 万 t/a 三元前驱体项目等多个代表性境外项目。承担的援津巴布韦议会大厦项目等 4 个援外项目顺利竣工完成移交，为受援国增强经济和社会发展基础，改善当地人民的生活条件做出了积极贡献。

【科技创新】

1. 开展科技创新品牌建设 积极参与“设计河南”“设计郑州”重大专题工作，在“河南好房子”设计方案竞赛中取得一、二、三等奖各 1 项。2023 年公司获评河南首批建设工程勘察设计行业“专精特新”企业、河南省勘察设计行业科技创新企业和郑州市智能建造试点企业。公司新成为河南省工程勘察设计行业协会副会长单位和全过程咨询分会主任单位、全国绿色智能建造产教融合共同体理事长单位、河南先进装备产业联盟理事单位等。承办中国机械工业勘察设计协会技术质量工作委员会 2023 年会，来自 25 家会员单位的 40 名代表参会，持续提高行业地位和品牌影响力。

2. 加强科技创新顶层设计 组织开发公司的科研管理全生命周期数字化管理系统，开展科研立项、检查、验收及归档等的全周期数字化管理，推进科研管理数字化进程，提升研发管理质量。首次系统组织梳理了公司各大专业及业务领域的技术成果，发布了公司优势技术目录，涵盖非标设备、冷加工铸造等 16 大专业技术方向及智能工厂、医卫建筑、全过程咨询、市政和国际业务 5 大专业业务领域，促进科技成果赋能重点业务。

3. 加大科技成果转化 坚持市场需求导向，取得一系列成果。2023 年公司获省部级及以上奖项 112 项，其中，国家级工程质量奖 6 项、省部级科学技术奖 8 项；获授权专利 82 项，参与编制的标准发布 7 项，7 项科研成果被河南省科技厅认定为科学技术成果。牵头的国家科技部重点研发计划“面向纺织服装产业集聚区域的网络协同制造集成技术研究与示范”项目顺利通过课题综合绩效评价，国家级科研平台“工业互联网平台应用创新推广中心”通过项目验收，河南省智能制造系统中试基地通过年度绩效考核，河南省智能工厂系统集成创新中心在 2023 年定期评估中获评优秀（全省唯一）。持续推进全员 QC 小组活动，2023 年共计成立 10 个 QC 质量管理小组，完成 8 个课题成果的评优申报工作，获河南省勘察设计协会优秀质量管理小组二等奖 1 项、三等奖 2 项。

【安全生产】

2023 年，公司坚持以党的二十大报告和习近平总书记关于安全生产重要论述为指导，认真贯彻党中央、国务院安全生产工作部署，全面落实国务院国资委、国机集团安全生产历次电视电话会议精神和各项工作要求，坚持“人民至上、生命至上”，统筹发展和安全，扎实开展安全生产管理强化年、重大事故隐患专项排查整治 2023 行动，紧紧围绕“人人讲安全、个个会应急”主题开展安全生产月活动，认真落实企业主体责任，全面压实安全生产责任，坚决防范遏制各类安全事故发生，以务实的安全生产工作成效保障公司稳健发展。全年无生产安全责任事故发生，获评国机集团 2023 年安全生产责任目标考核 A 类企业，顺利通过郑州市住建局施工安全双重预防体系建设专项考核，三峡卷烟厂易地技术改造总承包项目等 5 项工程分别获得 10 余项省、市、县区级安全文明施工奖。

1. 完善责任体系，筑牢安全生产“防火墙”

（1）强化责任落实，逐级分解安全生产管

理目标，修订细化《安全生产责任书》为19个版本，组织签订新版《安全生产责任书》34份、安全生产承诺书3 299份，覆盖全体职工和岗位、全部生产经营和管理过程。

（2）强化党政同责，加强安全生产工作部署，首次召开公司年度安全生产工作会议，主要领导带班深入一线安全检查14次，公司在安全生产领域的认识和行动迈上了一个全新的高度。同时，还组织召开其他各类安全生产会议33次，编制发布管理、通知文件26项。

2. 完善安全生产管理体系，构建安全长效机制 新编《安全隐患报告和举报奖励办法》《工程总承包及境外项目生产（安全）例会实施办法》，更新修订《安全生产费用提取和使用管理规定》等多项安全生产规章制度，确保公司各项安全生产管理制度文件的实用性和有效性。

3. 聚焦重点工作，持续提升安全管理水平 扎实开展安全生产管理强化年、重大事故隐患专项排查整治2023行动、“安全生产月”等活动，组织开展新员工入职安全、消防安全知识培训等38场，培训员工2 225人次；开展各类隐患排查30次，查出整改各类安全隐患1 069项；投入安全生产费用计2 961.44万元（含支付工程分包商安全文明施工费用）；开展境外项目安全风险隐患排查4次、境外安全风险评估和出境前安全交底24次、98人；妥善开展应急处置，发布大风、大雨及海外安全预警70次，开展高处坠落、消防等各类应急演练29场，参演人数达915人次。

【党建工作】

2023年，公司党委紧紧围绕贯彻落实党的二十大精神，深入开展学习贯彻习近平新时代中国特色社会主义思想主题教育，紧扣改革发展重点工作，持续深化党建工作和生产经营融合提升，团结带领广大党员干部职工抓改革、谋创新、促发展，为公司高质量发展提供坚强政治保障。

1. 政治建设 以学习贯彻习近平总书记对本行业本领域的重要指示批示精神为首要政治任务，以提升核心竞争力、增强核心功能为重点，2023年就推进新型工业化、加强宣传思想文化建设等内容开展“第一议题”学习54次，持续完善“第一议题”三级贯通机制（集团－六院－基层党组织），进一步坚定“工程全链条服务的国家队、新型工业化建设的主力军、绿色与智能工程的引领者”的企业定位。严格贯彻落实“三重一大”决策制度，全年前置研究“三重一大”事项92项，对公司战略落地、专项行动、领导干部任免等重要事项进行研究讨论，充分发挥党委把方向、管大局、保落实的领导核心作用。

2. 思想建设

（1）深入开展主题教育。2023年4月以来，分两批组织公司23个党支部、925名党员、148名干部以“1+*N*”工作方案为总揽，以主题教育和中心工作融合为主线，以“双十行动”为抓手，扎实开展主题教育。理论学习方面，搭建“中心组＋党支部＋党员个人＋青马工程理论学习小组＋统战人士”的“五位一体、同学共研”体系。调查研究方面，广泛开展“聚焦问题谋发展　我为公司献良策”意见建议专题征集活动，征集职工意见建议1 300余条，确保了改革发展各项决策集中了群众的智慧和力量。推动发展方面，组织开展“对标一流　深化改革　全面推进经营管理提升”双十行动，专题解决影响企业长远发展的重大问题和困扰企业多年的棘手问题。检视整改方面，聚焦智能制造系统集成领域强势地位不突出等两批主题教育查摆出的12个问题，坚持上下联动、前后衔接，采取清单化、销账式管理方式，推进整改举措落实落地。建章立制方面，坚持“当下改”与“长久立”相结合，制修订有关规章制度、管理指引15项，以制度化、规范化推动主题教育成果长效化、常态化。

（2）集中开展理论学习。充分发挥党委理论学习中心组示范作用，开展11次中心组学习，跟进学习习近平总书记关于乡村振兴、人才工作、制造强国及数字中国等重要论述。组织各基层党组织结合业务定位开展专题研讨，深刻理解并深度参与制造强国、数字化转型等重点工作，通过“三联建”“三有”党支部建设等，发挥支部战斗堡垒作用，在打造场景、锻造产品、系统集成等领域精研技术、锻造品牌。

（3）分两批开展焦裕禄干部学院学习。组织近 200 名干部、党员赴焦裕禄干部学院开展 3 天的培训学习，利用影像教学、课堂讲授、现场教学、体验教学和情景教学等相结合的授课方式，引导党员干部学习弘扬焦裕禄的公仆情怀、求实作风、奋斗精神和道德情操。

3. 基层党组织建设

（1）结合组织机构变化，同步调整基层党组织设置，做好支部书记、委员补选工作，目前 90 名基层党组织书记及委员中，中层领导干部占比 74%，支委班子力量持续有效提升。

（2）结合落实“七抓工程”和“百千工程”创建工作，组织开展“学、查、改”各项工作，梳理查摆问题并形成整改清单、逐项整改，注重选树先进典型，推荐选树 6 个示范党支部，提炼出 15 个小而美、可推广的支部特色。

（3）围绕公司各阶段党建及生产经营任务，统筹发布 8 个主题党日清单，组织开展“汇聚党建合力　决胜全年目标”等主题党日活动。持续开展“三新三小”创新活动，提炼转化创新创效成果 70 余项；谋划实施“党建微课堂”27 次，系统提升党务干部和业务骨干的政治素养和业务能力。

4. 制度建设　健全完善“四同步”“四对接”机制，同步召开经营生产、党建及党风廉政建设年中工作会，每月组织召开经营管理与党建工作例会，每双月安排党建基础扎实的党支部在会上分享交流经验做法，深度推进党建和生产经营工作同步谋划、同步部署、同步检查、同步考核、同步表彰。

5. 文化宣传群团工作

（1）对公司企业文化理念体系进行全面梳理完善，构建以“六大核心价值理念、八大经营管理信条”为主体的理念体系，组织“贯彻落实二十大　文化赋能新发展”短视频创作大赛、制作帆布袋和鼠标垫文创产品等，多载体多形式宣传企业文化理念。

（2）新开通微信订阅号，由每周发布更新调整为每日发布更新，大幅提升新闻发布时效。开展“开门红”“双过半”“奋战三季度”“百日冲刺”“新型工业化”“中机六院作品”等主题宣传。

（3）持续完善“医食住行”职工服务平台，积极回应职工医疗、饮食、住房、出行和休闲等各方面诉求。持续开展“情满中秋　爱在六院”“情系桑榆晚　温心暖重阳”等六院开放日活动，首次在公司自有运动场召开第十三届职工运动会，吸引近 1 500 名职工参加活动，极大地凝聚了职工的奋斗激情。大力弘扬求真务实工作作风，深入挖掘宣传在生产经营、管理提升、科技攻关及党的建设等方面的典型案例，激励引导干部职工积极投身公司高质量发展各项工作中。

【信息化与数字化建设】

1. 根据管理工作需要，开发各项管理系统　新开发上线了重点任务管理、拍拍报销 App、经营通 App、司库系统、银行回款认领 App、学协会管理、员工离职管理、发展党员管理和线上培训管理应用系统。

2. 开展新版协同设计平台的推广应用　2023 年 4 月 17 日新版协同设计平台正式上线与老平台并行，通过集中培训、线上线下跟踪指导、暂停老平台版本更新及释放老平台服务器资源等措施，8 月实现设计类业务在新版协同平台使用率 100%。并适时开展新版协同设计平台二期建设，研发协同设计资源共享平台。

3. 赋能数字全过程咨询业务　组织开展数字全过程咨询研讨会，研究数字全过程咨询发展路径和举措；以业主价值为导向，依托公司莱西财富广场、国机中兴及河南中豫绿色智能科技研究院股份有限公司的全过程咨询项目进行完善开发，重点优化企业级通知管理、项目策划、竣工归档及统计分析、驾驶舱、智慧工地等功能模块。

4. 建立构件资源管理机制　2023 年 5 月发布实施了机械工业第六设计研究院有限公司构件标准文件，包含《构件模型设计标准》《构件模型测评标准》《构件模型管理标准》，规范和指导构件模型设计、几何图形表达、属性信息定义，促进公司构件模型资源整合和高效利用；同时完成了构件模型共享平台初版的发布，确定入库审批流程。

5. 加强 BIM 技术应用与交流 为工业一院、工业三院、民用一院、民用二院、民用三院及民用五院开展 BIM 技术定制化培训与跟踪指导 12 次；分别举办了企业构件标准体系宣传贯彻会议、构件入库审核要点培训会议、BIM 技术沙龙（第一期）；完成 BIM 设计平台功能和数据向新版二三维协同平台的迁移。

6. 积极参加信息安全管理体系认证和网络安全等级保护 2.0 测评 公司顺利通过了信息安全管理体系、信息技术服务管理体系和网络安全等级保护 2.0（二级）3 项测评与认证，提高了公司信息技术服务的可靠性和安全性。

【履行社会责任】

2023 年，中机六院牵头组织河南省信阳市固始片区 8 家成员单位深入学习贯彻党的二十大精神和习近平总书记关于乡村振兴工作的重要论述，认真贯彻落实国机集团党委工作部署，不断汇聚“七种力量”，在固始牵头完成了特色油茶产业发展、国机智能育秧工厂、帮扶国机励志学校、迎河村幸福人居提升和固始县乡村振兴规划 5 个帮扶项目，扎实推进定点帮扶固始县的乡村振兴工作迈上新台阶。

合肥通用机械研究院有限公司

【基本概况】

2023 年，合肥通用机械研究院有限公司（简称合肥通用院）在党中央、国务院国资委和国机集团的坚强领导下，着力推动“十四五”发展规划的动态调整与组织实施，坚持稳中求进、以进促稳、持续做强做优主责主业；坚持增强核心功能，提升核心竞争力，着力打造通用机械行业战略科技力量；坚持深入调研、稳妥改革、统筹高质量发展和高水平安全，连续 15 年获集团公司“先进单位”荣誉称号。

【主要指标】

2023 年，合肥通用院实现营业收入 22.28 亿元，利润总额 3.68 亿元，净利润 3.26 亿元；实现 EVA 值 2.69 亿元；2023 年年末资产总额 52.04 亿元，所有者权益 30.61 亿元，其中归属合肥通用院所有者权益 25.47 亿元；资产负债率为 41.18%，较为稳健。2022—2023 年合肥通用院主要经济指标完成情况见表 1。

表 1 2022—2023 年合肥通用院主要经济指标完成情况

指标名称	2022 年	2023 年	同比增长（%）
资产总额（万元）	445 937.08	520 375.94	16.69
净资产（万元）	270 564.38	306 065.37	13.12
营业收入（万元）	200 561.05	222 751.77	11.06
利润总额（万元）	34 165.49	36 768.83	7.62
研发投入（万元）	17 302.12	20 811.46	20.28
利税总额（万元）	42 321.72	50 249.03	18.73
EVA 值（万元）	26 025.42	26 884.91	3.30
全员劳动生产率 [万元 /（人·年）]	56.97	63.74	11.88

（续）

指标名称	2022 年	2023 年	同比增长（%）
净资产收益率（%）	11.87	11.29	减少 0.58 个百分点
总资产报酬率（%）	7.78	7.62	减少 0.16 个百分点
国有资产保值增值率（%）	113.55	113.23	减少 0.32 个百分点

【改革发展】

1. 完善规章制度，夯实依规治院基础 2023年，着力建立系统规范、科学完备、运转有效的规章制度体系，从治理和管理层面梳理上位法律法规，以“好用、实用、管用”为目标，完成32项规章制修订。如招投标管理办法规范了招投标范围，明确了招投标管理职责和办理流程；“三重一大”决策制度实施办法与决策事项及权限表，细化了党委前置讨论程序，明确各治理主体决策事项范围，进一步提升企业依法依规治院的规范化、现代化水平。

2. 提升管理水平，推进质量强院建设 管理体系认证方面，顺利完成年度民品质量管理体系监督审核，装备承制单位资格与质量管理体系“两证合一”换证审查，石油化工工程建设施工企业质量管理体系（GB/T 50430—2017《工程建设施工企业质量管理规范》）换证审核，环境管理体系、职业健康安全管理体系监督审核。作为合格供应商通过了中船集团、中国航空发动机研究所等重要客户的二方审核。质量管理荣誉与奖项方面，合肥通用院成功入列“2023 中国品牌价值评价信息发布”机械设备制造领域榜单，品牌强度值第二；荣获首届长三角 G60 科创走廊质量标准贡献奖；超高压水射流成套技术装备项目获“合力杯”第二届全国机械工业产品质量创新大赛金奖；低温环境下高精度、高可靠性流体测控技术研究与应用项目获中国质量技术协会质量技术奖优秀奖；超高压氢循环疲劳测试推动氢能产业发展项目入选江浙沪皖四地市场监督管理局联合公布的 2023 年长三角检验检测促进产业优化升级典型案例。

3. 启动深化改革提升行动，对标世界一流企业 响应国务院国资委和国机集团有关决策部署，深化落实新一轮国企改革深化提升行动，系统推进对标世界一流管理提升、价值创造、专业领军示范企业等系列行动，牢牢把握“三个总”，用好“两个途径”，发挥“三个作用”，全面制定了行动实施方案和工作台账，强化贯彻落实。成功入选全国首批 200 家创建世界一流专精特新示范企业、国机集团对标世界一流企业价值创造行动标杆企业及《国机集团专业领军企业优秀案例集（一）》。

4. 优化资源重组，推动瘦身健体行动 联合北起院，完成国机特检的重组，成为特检资质改革后，第一批获取 A1 资质的四家头部企业之一。联合集团公司内 7 家院所和 4 家行业厂，成立新型研发机构——通用机械关键核心基础件创新中心（安徽）有限公司，成功获批工业和信息化部“国家通用机械基础件创新中心”。聚焦主责主业，落实瘦身健体工作，推进无损公司、广州公司等的注销清算工作，拟定注销方案，筹划资质承接，妥善安排人员，清理未完成的合同，催收应收款项；完成了中通公司瓦鲁阿图公司的注销工作。

5. 完善风控体系，强化稳健合规经营 以“强内控、防风险、促合规”为目标，进一步加强内控、风险、合规管理。在国机集团任期审计、任期审计回头看、中央巡视的延伸检查和集团对院开展的各项专项审计和巡视巡查工作中，均未发现有重大内控问题或不合规事项造成的重大损失问题。

“两金”压控管理方面。2023 年调整“两金”领导小组和工作小组成员，督导“两金”清理回收工作。2023 年“两金”净额 16.17 亿元，虽较年初稍有增加，但主要源于一年内“两金”增长，存量“两金”总额压降超过 60%。

资金管理方面。秉承“现金为王”的经营理念，继续通过内部银行，加强对项目的现金流量管理；进一步加强债务风险管理，通过预算管控子企业带息负债和资产负债率；严格执行集团公司融资、担保等相关制度，控制担保抵押风险。

内控稽核方面。重点围绕合同评审、零星采购、业务招待和公务用车费用审核等内部控制流程，运用过程管理监督手段，实现事前稽核“治未病”，事中稽核“祛隐疾”，护航公司各项业务健康发展，促进审计与业务工作深度融合。

内部审计方面。确保审计全面覆盖与突出重点相结合，2023 年完成 33 项专项审计工作，全面完成国机集团各项任务部署。持续推动审计结果有效应用，以审计整改促管理提升，护航公司各项业务健康发展。

法治建设方面。2023 年共处置法律纠纷案件 11 起，依据判决可挽回和避免损失 4 346 万元；针对拟修改合肥通用院章程、投资国机特检、创新中心等事项共计出具专项法律意见书 10 余份；组织领导干部、相关人员参加国务院国资委、国机集团举办的合规经营等法律方面的视频培训 5 场次，通过培训进一步增强全员合规经营意识；各业务部门主张债权 7 项，开展法律咨询 60 余次，为合肥通用院业务发展提供法务保障。

【重大项目】

1. 高温压力容器与管道焊接结构蠕变疲劳损伤防控技术项目获 2023 年中国机械工业科学技术奖一等奖 该项目建立了基于延性耗竭理论的焊接结构蠕变疲劳强度设计方法，开发了焊接热处理工艺调控技术，开发了含缺陷焊接结构蠕变疲劳剩余寿命预测技术，系统解决了高温压力容器与管道焊接结构的寿命设计、工艺调控、失效判定三大难题，提升了我国高温承压设备蠕变疲劳损伤防控能力，社会效益显著。

2. 高效高可靠性离心泵关键技术及系列产品开发应用项目获 2023 年安徽省科技进步奖一等奖 该项目提出了离心泵严苛工况下高精度性能预测方法，发明了高效无过载叶轮及翼型叶片设计技术，建立了考虑动静载荷的离心泵转子部件随形设计与调控技术，突破了离心泵加工制造与可靠性装配技术，研制出高温液力透平机组、高温油浆泵、贫胺液泵、舰船用给水泵和舰船均衡泵等高效、高可靠性离心泵产品并实现了产业化。研究成果推动了我国石化和船用领域诸多关键装置用泵实现自主化，打破了国外在该领域的技术垄断，显著提升了我国高端离心泵行业的整体技术水平。

3. 高可靠性低噪声特种用途往复压缩机设计制造关键技术及应用项目获 2023 年中国机械工业集团科学技术奖一等奖 该项目突破了宽工况设计优化、关键零部件寿命预测与延寿、整机轻量化设计制造等关键技术，研制了空间站生保系统 CO_2 真空压缩机、海洋环境高压／中高压压缩机系列产品，为我国空间站任务顺利实施和相关国防装备可靠运行做出突出贡献。

4. 科学技术部重点研发计划重大自然灾害防控与公共安全专项“高风险工业管道损伤智能检测技术装备研发及应用示范”项目获批立项 该项目将攻克不可达管道内检测、薄壁小接管外检测、高温膨胀节损伤及法兰泄漏在线监测与诊断评估等关键技术，研制工业管道损伤和泄漏检测监测装备，建立监测数据智能化处理与诊断评估平台，解决高风险工业管道检测监测、诊断评估和风险预防控制难题，提高工业管道长周期运行的可靠性。

5. 工业和信息化部产业基础再造和制造业高质量发展专项“小口径工业管道多模态检测仪”项目获批立项 该项目将研发小口径工业管道多模态检测仪，研究高衰减、多散射粗晶材质复杂结构相控阵超声波传播规律，攻克多模态多路径检测参数优化及全聚集多视图融合成像、角焊缝多模全聚焦图像智能识别分类技术，建立角焊缝缺陷智能评估方法，开发出自适应模块化小接管角焊缝外检测工艺与装备，填补该类设备国内技术空白，提升我国工业管道安全保障能力。

6. 科学技术部重点研发计划氢能专项“车载复合材料储氢气瓶服役检测监测与诊断评估技术”项目获批立项 该项目将攻克缺陷和损伤在线检测监测、氢泄漏感知、车载储氢系统安全状态表征与参量测评、车载储氢系统安全状况诊断评价与寿命预测、车载储氢结构健康监测系统高可靠性一体化集成等关键技术，研制车载储氢系统在线检测监测装备，构建车载储氢系统监测诊断示范平台，形成车载复合材料高压储氢系统相关产品标准，解决不可拆卸气瓶缺陷和损伤的在线检测监测、安全状况诊断评价与剩余寿命预测难题，加快推动氢能及燃料电池汽车产业发展。

7. 科学技术部重点研发计划氢能专项“高可靠性高压储氢压力容器的设计制造技术”项目获批立项 该项目将攻克材料氢相容性测试评价、基于风险与寿命的设计、厚壁大曲率结构成形、焊接冷裂纹与再热裂纹防控、缺陷检测与修复等关键技术，构建高可靠性高压储氢压力容器设计制造成套技术方法，研制出单罐储氢量 800 kg 以上的高安全、低成本、大容量高压储氢压力容器，并进行工程示范应用。

【国内、国际合作】

合肥通用院充分发挥转制院所职能，开展国内、国际合作与交流。积极开展技术交流，持续提升行业影响力。在承压设备领域，承办中国机械工程学会压力容器分会常务委员会扩大会议、安徽省机械工程学会年会，参与承办第九届国际工程失效分析会议、第二届人工自愈与装备自主健康学术论坛、第二十五届中国科协年会“高端装备标准化闭门研讨会”、中国工程科技论坛——“氢能装备安全论坛”、中石协石油化工设备分会会员代表大会及理事会。组织参加第九届国际工程失效分析大会、氢能应用现代产业链建设推进会暨高质量发展论坛、国际氢能与燃料电池汽车大会（FCVC2023）、国际绿色低碳创新大会（GLCC2023）、世界制造业大会分论坛“新能源汽车产业创新发展大会”、中国工业锅炉行业发展高峰论坛、长江经济带江海联动发展论坛、世界工程师大会（WEC2023）、世界智能制造大会·中法制造业数智化高峰论坛、压力容器与管道国际学术会议（ASME PVP）、英国焊接研究所（TWI）中国年会、美国 ASME 锅炉及压力容器规范第Ⅷ卷中国国际工作组年会、ISO/TC 153 国际标准化技术委员会等国际国内会议与学术交流活动等。在流体机械领域，举办中国机械工程学会流体工程分会 2023 年年会，流体工程分会常务委员会扩大会议。

进一步加强与英国布里斯托大学（UoB）无损检测研究中心合作，开展高压储氢容器的超声相控阵全聚焦新技术装备研发工作，开展厚壁结构埋藏缺陷定量检测难题研究；持续与日本九州大学（KU）、比利时法语天主教鲁汶大学、丹麦奥胡斯大学合作，开展固态储氢材料改性与调控、材料－高压氢相容性方面研究。

利用挂靠的标委会，在关键技术、核心领域、新兴产业等方面积极组织行业企业开展标准制修订。2023 年，制修订并发布标准 79 项（国家标准 38 项、行业标准 35 项、团体标准 6 项）；在研标准 181 项，其中，国际标准 2 项、国家标准 63 项、国家军用标准 3 项、行业标准 101 项、团体标准 12 项，通过制修订标准不断规范和引领行业技术进步，助推产业优化升级。充分发挥承担的国际标准化组织秘书处、国内技术对口单位职能，1 人成功竞选并获批 IEC/PC 130 医用低温存储设备项目委员会主席，提名工作组注册专家 6 人，参加相关国际标准化工作组会议 17 次、年会 4 次，开展国际标准投票和评议工作 39 次，实质性参与国际标准化活动，助力实施标准国际化跃升工程。挂靠合肥通用院的全国包装机械标准化技术委员会、全国压缩机标准化技术委员会和全国食品包装机械标准化技术委员会，在 2023 年全国专业标准化技术委员会考核评估中被评为一级，受到国家标准化管理委员会通报表扬。

【科技创新】

合肥通用院认真贯彻落实党中央、国务院重大部署，强化战略咨询，建强创新平台，专注科技攻关，加快成果转化，建优科技期刊，注重将创新资源向重要行业和关键领域集中，增强核心功能，提升核心竞争力，着力发展新质生产力，打造通用机械行业的重要战略科技力量。

1. 强化战略咨询，服务国家更加有力 参与中国工程科技未来 20 年发展战略研究、新型工业化过程中产业基础高级化战略研究、制造强国背景下中央企业加快颠覆性技术布局战略研究、安徽省氢燃料电池汽车产业链发展战略研究，以及其他国家部委、行业和地方咨询项目共 21 项。完成了党中央、国家部委部署的多项研究任务，包括：参加工业和信息化部和工程院等组织的“新型工业化研究”调研、工业母机产业专题调研、农机产业链供应链安全调研；参与完成工业和信息化部《重大技术装备工作简报》、制造强国领导小组《制造强国简报》、工业和信息化部国家重大技术装备办公室《围绕新型工业化的重大技术装备工作专刊》关于推进新型工业化等领域的邀稿。

2. 建强科研平台，创新基础更加坚实 获批和升级组建工业和信息化部的“国家通用机械基础件创新中心”，并获得工业和信息化部的能力建设项目支持；获批国家市场监督管理总局的“国家标准验证点（通用机械领域的高端装备与智能制造）”；获批和启动建设安徽省科技厅的“氢能储运装备技术安徽省重点实验室”；联合广州机械科学研究院获批共建国防科工局的“先进密封技术 GF 科技工业创新中心”。国家企业技术中心在国家发展改革委组织的运行评价中获评优秀（全国共 1 814 家参评，排名第 6 位）；高端流体机械设备与压力容器服务型制造平台在工业和信息化部组织的首次评估中获评优秀；压力容器与管道安全安徽省技术创新中心和压缩机技术安徽省实验室在定期评估中均获优秀。推进“高端压缩机及系统技术全国重点实验室”建设，与共建单位中国石化工程建设有限公司（SEI）、西安陕鼓动力股份有限公司、北京化工大学多次开展高层互访、学术交流和实验室机构设置、分工合作、机制体制建设研讨活动。

3. 专注核心技术，科技创新更加聚焦 面向高端、绿色、智能和制造基础等国家重大战略需求，积极申报各类科研项目 / 课题 77 项，已获批和落实的各类科研项目 41 项（国家级 24 项）。主要包括中国工程院咨询研究项目 5 项、国家重点研发计划项目 4 项 / 课题 4 项 / 任务 6 项、工业和信息化部高质量发展专项项目 2 项、国家自然科学基金项目 1 项、安徽省科技计划项目 4 项、国机集团专项 5 项、国机集团青年科技基金项目 4 项、中石化项目 2 项、国防科工局军品配套项目 2 项等。不含创新中心，已获批和落实专项经费 2 亿多元，同比增长 7.53%。

聚焦高端制造，承担的科学技术部国家重点研发计划高性能制造专项“聚乙烯装置 260 MPa 级基础件高可靠设计制造技术及应用”项目，联合沈鼓集团、二重装备等单位，将研制超高压釜式反应器：二次压缩机、催化剂供料泵和控制阀等 4 类聚乙烯装置的高可靠性设备及零部件，并实现应用示范，打破国外垄断，形成相关标准，使我国相关超高压设备及零部件制造能力大幅提升至 260 MPa；承担的工业和信息化部高质量发展专项“小口径工业管道多模态检测仪”项目，将攻克多模态、多路径检测参数优化及全聚集、多视图融合成像技术，超声相控阵检测小接管角焊缝缺陷多模全聚焦图像识别分类技术等，研制小口径工业管道多模态检测仪产品，填补该类设备国内空白。

聚焦绿色制造，承担的国家重点研发计划氢能技术项目“高可靠性高压储氢压力容器的设计制造技术”“车载复合材料储氢气服役检测监测与诊断评估技术”，以及参与的安徽省发展改革委绿色低碳专项“高效低成本膜电解水制氢技术”项目，将开发大容量高压储氢球罐产品，攻克气瓶缺陷在线检测监测、氢泄漏快速感知、安全状态诊断评估等关键技术，研发船载固态储氢装置，助力我国氢能产业发展；承担的安徽省重点研发计划社发领域专项“高浓有机及稀贵金属废水资源化关键提取装备的研制及示范应用”，将开发材料整体成型、性能稳定的全氟型离心提取装备，推广多级溶剂萃取法处理工业废水工艺；承担的国机集团重大科技专项“大规模压缩空气储能系统效率评估方法与全工况优化技术研究”，为 100～300 MW 级压缩空气储能系统的工程应用提供技术支撑。针对试验室集群，研发大型制冷机组高效节能环境模拟和检测技术，入选国家工业节能技术推荐目录；万元营业收入综合能耗为 0.012 1t 标准煤，万元营业收入 CO_2 排放为 0.053 6t，无污染物排放。

聚焦智能制造，承担国家科学技术部重点研发计划工业软件专项“基于风险的承压设备设计制造运维一体化云服务平台”项目，将揭示极端条件件部分重要承压设备失效模式与损伤机理，构建统一数据架构与风险影响因素底层知识库，突破跨设计制造运维阶段风险智能识别与控制、跨软件多源异构数据融合与共享、微服务架构、创成式设计及数字孪生关键技术，开发基于风险的承压设备设计制造运维一体化云服务平台，集成风险评估、结构设计、强度分析、流场计算、安全评估、剩余寿命预测、创成式设计及数字孪生等功能，为推动承压设备基于风险与寿命的正向设计，提升承压设备行业高端化、绿色化、智能化水平，进一步增强重大承压设备自主可控能力，降低重大事故发生风险，为提升长周期安全运行水平提供重要技术支撑。

聚焦基础研究，新增 1 项国家自然科学基金青年项目，将开展气液固混相热流体动压机械密封端面成膜机理与减摩机制研究，为混相介质机械密封产品设计提供理论指导；承担的安徽省重大研究基础专项“大型印制电路板式换热器能流输运特性及影响效应研究”项目，将建立大印制电路板式换热器（PCHE）的全尺度分析模型，实现各种复杂换热场景下的 PCHE 高精度性能预测及评估，完成 50 MW 布雷顿循环系统 PCHE 设计；承担国家科学技术部重点研发计划质量基础专项“高强钢储存容器带覆盖层电磁阵列成像检测技术研究”“新型热质储能系统关键蓄换热设备损伤演化和材质适用性研究”等课题，为相关工业无损检测技术及系统研发、新型热质储能系统安全可靠性提升提供技术基础。

聚焦战略性新兴产业，围绕新材料、新能源、工业软件等领域急需，研发低焓高熵高密度储氢合金、高压储氢容器用超高强韧钢、超高压聚乙烯反应器用高强高韧钢、乙烯裂解炉用激光增材制造高温合金粉末、新型抗渗碳炉管材料等前沿新材料和先进基础材料，高压大容量氢能储运装备、太阳能热发电超临界 CO_2 布雷顿循环系统和高效熔盐泵等新能源装备，承压设备设计制造运维相关工业软件。针对污水处理、流域治理、清洁取暖等绿色环保方面，“合肥西部组团污水处理厂二期工程”“长江大保护，六安市水环境综合治理一期项目”等重大环保民生工程相继启动实施。面向未来空间（深海、深地等）领域急需，率先开展深潜装备和深层油气勘探装备基础件攻关，研发 1 500m 级超高压机械密封等新产品，助力实现高水平科技自立自强。

4. 加强成果凝练，创新实力更加彰显 39 项国家和省部级科研项目 / 课题通过验收。2023 年，获国家和省部级科技奖励 10 项，其中省部级一等奖 5 项。授权专利 90 件，其中发明专利 85 件，登记软件著作权 39 件；制修订并发布标准 79 项，其中国家标准 38 项，行业标准 35 项、团体标准 6 项。

5. 提升学术水平，建设一流科技期刊 《压力容器》《流体机械》和《包装与食品机械》继续被评为中国科技核心期刊。《压力容器》《流体机械》入选首届安徽省科技期刊“十佳科技期刊”（全省期刊 181 本，其中自然科技期刊 93 本），流体机械编辑部 1 人入选“十佳主编”。据中国科学技术信息研究所 2023 年最新发布信息，《压力容器》核心影响因子由 1.303 上升至 1.608，位列所在学科第一，累计已获得 10 次第一；《流体机械》核心影响因子由 1.487 上升至 1.709，位列所在学科第三；《包装与食品机械》核心影响因子由 1.203 上升至 1.747，位列所在学科第三。成功申办国际期刊 *International Journal of Fluid Engineering*（国际流体工程），入选中国科技期刊卓越行动计划高起点新刊，是入选的 50 本期刊中唯一由中央企业主管的高起点新刊。

【安全生产】

合肥通用院深入学习贯彻习近平总书记关于安全生产的重要论述和新安全生产法，切实履行安全生产管理职责。通过签署安全生产责任书，把责任落实到科研生产的各环节、全过程；通过加强安全生产培训，不断提升员工安全意识；通过开展安全风险分级管控和隐患排查治理双重预防机制建设，加强对危险源的管控；通过开展安全管理强化年行动，完善安全管理制度，提升安全管理水平。2023 年合肥通用院未发生安全生产事故。

【党建工作】

1. 深化主题教育，筑牢思想根基 抓实系统“谋”，党委会“第一议题”学习习近平总书记重要讲话精神，落实国机集团动员部署，成立领导小组和办公室，制定方案，细化任务。抓实全面“学”，党员干部参加上级党委举办的读书班、党课、报告会和研讨会；院党委采取“1+6+N”形式推进，紧扣学习贯彻习近平新时代中国特色社会主义思想主线，专题学习习近平经济思想、法治思想、生态文明思想、强军思想、外交思想、文化思想。跟进学习习近平总书记重要讲话和重要指示批示精神；基层党组织以围绕中心融学、主题党课领学、专题报告带学、红色教育深学等形式开展学习教育。党委会“第一议题”学习 23 次，编发学习参阅刊 12 期，党委中心组“首要议题”学习 11 次；基层党组织开展学习 370 余次，党员干部参加教育培训 6 000 余人次。抓实深入“研”，院领导班子成员围绕 12 个专题调研走访，召开调研成果交流会，提出推动工作的思路举措；以“四下基层”为抓手，党委书记带队到 13 个部门和下属企业调研，与大家共谋发展思路，共议发展对策。抓实联动“改”，把整改整治工作贯通主题教育，梳理问题清单 26 项并按时销号。抓实多层“宣”，院网站推出主题宣传信息 30 余条，院报刊出宣传文章 27 篇，微信公众号推出 19 篇宣传文章，编辑简报 23 期。

2. 突出政治引领，把稳前进方向 聚焦主责主业，推动高质量发展，发挥党委“把方向、管大局、保落实”作用，2023 年召开党委会（扩大）会议 51 次。聚焦人才建设，夯实“第一资源”，储备青年人才，从国内外知名高校招聘 60 余人；加强青年管理人才选拔任用，新增“80 后”院班子成员 2 名；柔性引进浙江理工大学流体机械团队；举荐优秀科技人才，新增国家、省部级人才 29 人次。

3. 着力强基固本，建强战斗堡垒 夯实基层基础，党建工作纳入年度考核、融入质量体系、嵌入专业发展，完成“三个层面”的党建述职；基层党组织按时换届、配强配优；强化党建与业务融合，推进基层支部标准化建设，1 个支部获安徽省百个“一支部一品牌”党建工作典型案例通报表彰，被评为省直机关“效能建设”先进单位。丰富文化建设，走访慰问获“光荣在党 50 年”纪念章的老党员，传递党组织的温暖；举办“五四青年奖”表彰大会暨博士和青年科技基金项目发布会，助力青年成长成才；撰写出版《工程师列传》书籍，致敬做出贡献的老一辈卓越工程师；强化意识形态工作，落实好各专项行动。加强群团统战工作，开展“青年大讲堂”、组织球类比赛等文体活动；召开职工代表大会和联席会 9 次，发挥职代会民主管理作用；加强统战工作，搭建参政议政、建功立业平台，3 名同志分别担任安徽省和蜀山区政协委员。

4. 全面从严治党，夯实主体责任 深化管党治党，压紧压实“两个责任”，督促班子成员履行“一岗双责”；与新任职干部进行提醒谈话，与重点岗位人员等监督谈话 21 人次，动态更新 109 名中层干部的廉政档案。深化纪律建设，出台持续深化落实中央八项规定精神的相关规定；对不作为、慢作为、假作为及乱作为等行为制定责任追究办法；制作发布 3 部廉洁宣传教育情景剧和视频集，开展廉洁格言警句共创活动。深化监督体系建设，调整充实党风廉政建设反腐败工作协调小组成员，定期召开协调小组会，强化大监督格局；聘任 9 名党风廉政监督员，出台管理办法和监督事项清单。

【信息化与数字化建设】

2023 年，合肥通用院贯彻落实党的二十大“数字中国”战略部署，加快信息化建设，积极推进网络安全与信息化、数字化转型工作，国机通用和环境公司率先试点财务付款报销审批流程上线，在全院范围内完成了司库系统上线，三卡（饭卡、打卡、门禁卡）合一和刷脸验证改造，完成了 OA 系统升级与合同管理流程建设，开展流程梳理、简化与印章电子化工作，提升合同与项目管理、会议室与资质等相关资源申请流程的敏捷化与信息化。

【履行社会责任】

1. 履行中央企业责任，助力乡村振兴 深入贯彻习近平总书记关于“三农”和乡村振兴工作重要精神，围绕“共同富裕、增进民生福祉”主题，务实践行中央企业社会责任，以安徽省和美乡村精品示范村建设为契机，顺势而为，探索创新帮扶举措，强化产业帮扶，培育帮扶品牌，打造和美乡村，扎实推动脱贫攻坚和乡村振兴取得新成效。持续深化教育帮扶，投入帮扶资金，助力对口帮扶河南固始县提升教育发展内生动力。发挥职业教育资源优势，推进合肥通用学院与信阳理工学院（筹）合作共建，助力帮扶县高职教育发展。接续做好驻村帮扶，聚焦产业发展，持续投入产业发展资金助力帮扶村——安徽省界首市舒庄镇大鲁村集体经济实现新发展。科技赋能乡村振兴，发挥科普专业资源优势，为帮扶村捐建乡村振兴科普馆。持续开展消费帮扶，通过“以消费代帮扶”的方式，实地解决农副产品销售难题，助力帮扶地区（村）实现经济持续稳定增收。

2. 发挥院所优势，办好职业教育 合肥通用学院持续深化教育教学改革，不断提高人才培养质量。机电一体化技术专业群获批安徽省高水平专业群，安全技术与管理等 2 个专业获评安徽省高水平特色专业；获批省级示范金课 1 门，省级精品课程 5 门，省级课程思政示范课程 2 门；学生参加省级以上技能大赛获奖 30 多项，教师荣获省级教学名师 2 人，省级教坛新秀 2 人，安徽省第三届江淮杰出工匠 1 人，“安徽省技能大奖”称号 1 人，省级教学创新团队 2 个，省级技能大师工作室 1 个；获批省级教研课题 5 项。深化产教融合、校企合作，持续提升服务行业企业能力。与合肥高新区南岗科技园签订政校企合作协议，与远大空调、上海三菱电梯等优质企业共建各类订单班 19 个，获批成为合肥市域产教联合体成员单位，承办安徽中烟工业有限责任公司钳工技术技能大赛。不断改善办学条件，招生就业达到动态平衡，学院实现稳定发展。新建公共机房 1 个，专业实验室 3 个，改造了学生食堂；新生入学 2 102 人，在校生总人数 6 888 人；毕业生 3 462 人，就业率 92%；加强辅导员队伍建设，提升学生管理水平，校园教学工作平稳有序。

国机精工集团股份有限公司

【基本概况】

国机精工集团股份有限公司（简称国机精工）是国机集团控股 A 股上市公司（股票代码：002046），注册资本 52 895.786 5 万元，总部设在郑州市新材料产业集聚区，现有职工 2 800 余人。

2023 年是国机精工顶压前行，攻坚克难的一年。在国机集团的正确领导下，国机精工坚持以习近平新时代中国特色社会主义思想为指导，高标准推进主题教育，牢牢把握高质量发展主线，紧紧抓住“科技引领、管理赋能、科改深化、能力提升、党建融合”等重点任务，推进“五型精工”建设，激发干事创业活力，较好完成了年度经营目标和各项重点任务。国机精工荣获国务院国资委“科改示范标杆企业”、国机集团经营业绩考核双 A 级等荣誉，科改示范、内部审计、公司治理及对标一流等多项工作在国机集团进行经验交流。

1. 有效推进“十四五”规划落地执行 修订发布“‘十四五’发展规划”，明确挑战性发展目标，统筹布局新材料、基础零部件、机床工具、高端装备、供应链管理与服务等业务板块发展。围绕“战略执行强化年”，聚焦目标市场关键领域，锚定规划目标，强化分解执行，优化绩效考核，实现“开门红”“双过半”及全年目标。

2. 不断加强前瞻性布局、专业化整合 布局新材料、新能源、高端装备等战略性新兴业务，落实国家“锻长板”战略，与河南省合作成立国机金刚石（河南）有限公司。优化资源配置，提升专业能力，深入推进精工博研测试技术（河南）有限公司、精工锐意科技（河南）有限公司（简称精工锐意）公司化运营。开展15项战略运营重点项目，着力推进电主轴、风电主轴轴承、超硬材料、特种装备、刀具材料等产品研发、产线建设及产业化发展。

3. 主要业务稳步增长，结构不断优化 新材料板块，郑州新亚复合超硬材料有限公司加大新产品市场开拓和产品质量提升，扣非归母净利润目标完成率147%。基础零部件板块，洛阳轴承研究所有限公司（简称轴研所）加强技术创新和考核激励，全员劳动生产率同比增长20%。洛阳轴研科技有限公司国产首台8MW全系列风电齿轮箱轴承、18MW风电主轴轴承研制成功投入市场。机床工具板块，郑州磨料磨具磨削研究所（简称三磨所）推进第三代半导体等增量市场开拓，利润总额同比增长26%。白鸽磨料磨具有限公司强化经营，降本增效，盘活资产，2023年首次实现扭亏为盈。高端装备板块，精工锐意声学共振混合仪、SPS烧结设备等新业务取得较大进展。供应链管理与服务板块，国机精工聚焦主责主业，主动压降非主业贸易，主营产品收入占比同比提高55个百分点。

【主要指标】

2022—2023年国机精工主要经济指标完成情况见表1。

表1 2022—2023年国机精工主要经济指标完成情况

指标名称	2022年	2023年	同比增长（%）
资产总额（万元）	649 752.04	657 087.04	1.13
净资产（万元）	363 607.44	386 793.75	6.38
营业收入（万元）	389 008.52	318 789.44	-18.05
利润总额（万元）	24 585.86	32 091.44	30.53
技术开发投入（万元）	47 065.21	41 613.37	-11.58
利税总额（万元）	35 877.20	43 960.86	22.53
EVA值（万元）	18 977.83	25 749.14	35.68
全员劳动生产率[万元/（人·年）]	30.42	33.20	9.14
净资产收益率（%）	6.41	7.54	增加1.13个百分点
总资产报酬率（%）	3.61	5.36	增加1.75个百分点
国有资产保值增值率（%）	109.20	105.29	减少3.91个百分点

【改革发展】

国机精工启动新一轮国企改革深化提升行动，积极主动担当，布局战新产业，落实国家战略，面向主责主业，对照国机集团实施方案制定新一轮改革深化提升方案，细化改革工作清单。

1. 完善公司治理建设 建立董事会动态授权机制，完善“三重一大”决策制度，贯通党委会把关定向、董事会战略决策、经理层经营承接的闭环流程。强化外部董事考核评价、激励约束，推动专职外部董事与企业领导人员双向交流。

2. 激发科技创新动能 针对技术研发重点项目，实施工资单列、成果奖励和项目分红等精准激励，5个科技创新分红激励项目获批实施。

3. 强化关键人才支撑 制定实施优秀年轻干部、高层次科技人才及技能人才建设方案，启动两期中高层干部政治素质提升培训班，实施“85后”“95后”青年干部“精锐·远航计划”，积极开展与高校联合培养工程硕士博士，一批优秀人才入选国家、省市、国机集团高层次人才库。

4. 深化提升国企改革 围绕国之所需，聚焦重点攻坚，制定实施新一轮科改方案、工作清单，加强组织领导、优化攻关机制，推进72项关键任务落地实施，以更强信心、更大决心、更实举措推进深化科改行动。

5. 完善中国特色现代企业制度

（1）优化治理工作机制。制修订公司治理相关制度，健全“1+1+*N*”管理制度体系，优化专职董事选用及评价考核工作机制，实施专职董事与企业领导人员双向交流，选优配强专职董事队伍。发挥专职董事“督导战略执行、提供专业意见、警示经营风险”的核心职责，坚持问题导向，探索专职董事课题研究及成果转化管理，初步建立定期报告、跟踪监督、动态调整的闭环管理机制。

（2）持续优化法人治理结构。贯彻两个“一以贯之”要求，加强党的领导，坚持分级分类管理原则，分类优化下属企业董事会设置，探索优化符合企业实际、高效管用的公司治理结构。推进完善“三重一大”管理体系，组织全级次企业修订三重一大决策制度实施办法及决策事项清单，差异化落实不同主体权责边界，持续优化权责法定、权责透明、有效制衡的公司治理架构。

6. 加强结构调整，推进主业做强 着力推进结构调整、促进新产品产业化、质量效率攻坚，优化高质量发展业务体系，不断提升企业核心竞争力。

（1）优化调整产品结构。以“十四五”战略规划为牵引，聚焦重点领域、重点行业、重大装备，着力推进战略运营重点项目落地实施，优化调整产品结构，取得高速、大功率电主轴、第三代半导体材料加工用减薄砂轮、精密倒边砂轮、研磨抛光液、18MW 海上风电主轴轴承和 5MW、8MW 全系列齿轮箱轴承等一批标志性成果。

（2）强力推进新产品产业化。强力推进新产品产业化。建立重点新产品两级管理模式，集中优势资源，加快推进产业化发展。2023 年，国机精工集团口径科技收入占比达 24.8%，同比增长 70.52%，下属企业三磨所获批河南省专精特新“小巨人”企业称号。

（3）持续提升质量效率。围绕重点领域、重点产品，确定质量效率提升项目，2023 年质量效率提升项目立项 16 项，均按项目计划任务进度正常开展。QC 小组活动立项 85 项，立项质量信得过班组 27 个，同比增长 22.7%；组织开展“质量信得过班组”评选、经验交流等，编制“三原色”班组——质量效率进班组培训教材，有效推动了质量信得过班组建设。形成 38 人内部质量审核人员队伍，人员同比增长 8.6%，完成 7 家下属企业质量过程审核，发现问题 93 项，提出整改建议 73 项，整改完成率 95.7%。三磨所入围第五届中国质量奖提名奖名单。轴研所的航空超越离合器组件产品质量创新项目和三磨所的半导体芯片高效精密划切超薄磨具质量提升关键技术应用于研究项目获第二届全国机械工业产品质量创新大赛金奖。轴研所的多孔聚酰亚胺保持架材料可靠性提升项目入选工业和信息化部 2023 年度可靠性提升攻关方向典型案例；三磨所获 2023 年实施卓越绩效先进组织荣誉；三磨所的提高光伏用硅锭磨削砂轮合格率成果获第 48 届国际质量管理小组会议（ICQCC）金奖；轴研所的提升氮化硅陶瓷球面滚子加工效率成果获 2023 年河南省国防科技工业质量管理小组一等技术成果奖，提高 6000XX 双半保持架铆结工序生产效率项目获 2023 年河南省国防科技工业质量管理小组二等技术成果奖，“精密轴承成检班组”获 2023 年河南省国防科技工业质量信得过班组称号。

7. 健全风险管理，强化合规经营

（1）持续加强全面风险管理，完善重大风险预警及监测机制。一是 2023 年为防范重大风险，促进信息共享，加强监督联动，强化管理闭环，国机精工组织开展了大监督体系建设，由治理部、审计法务部、纪委办公室和财务投资部共同参与，聚焦企业经营管理、党风廉政建设等领域，协同开展大监督工作，对重大风险及时预警；二是国机精工财务管理实施集中管控，由总部外派财务经理，负责财务管理工作，要求财务经理及时上报企业经营管理中的重大风险。三是组织开展年度重大风险评估工作和季度风险监测工作。每季度向国机集团报送《企业风险分类监测指标体系》《企业重大风险事件实时报送及季度跟踪监测表》，跟踪反馈重大风险事件的进展情况。

（2）风险内控合规管理相互协同，有效防范化解重大风险。一是编制完成《国机精工2023—2025年内控体系监督评价工作规划》，持续夯实内控体系管理基础。明确以“强内控、防风险、促合规”为目标，持续加强内控管理体制机制建设、内控制度体系建设、风险评估监测预警及处置应对、内控体系有效性监督评价、风险内控合规管理协同等方面的重点工作，提高内控体系工作质量，有效防范化解重大风险，切实提升国机精工内控体系规范化、法治化、专业化水平，推动国机精工发展实现质的有效提升和量的合理增长。二是将风险、合规管理的各项要求融入企业管理和业务流程中，保证国机精工有关规章制度和为实现经营目标而采取重大措施的贯彻执行，保障经营管理的有效性，提高经营活动的效率和效果，将风险控制在与国机精工总体目标相适应并可承受的范围内。

8. 实施强身健体，提高资产效率

（1）优化资产运营。根据国机集团有关资产管理办法及国机精工《非经营性资产运营管理办法》，严格按照相关审批权限、方式和流程，执行非经营性资产租赁、评估、转让及处置的有关规定要求，稳步推进资产压降专项工作；稳步推进租赁评估，强化资产内控管理，持续提升租赁场区安全管理，有效降低和规避运营风险；多措并举，房产租赁收入增幅显著，资产盘活成效初显；数字赋能，助力房产租赁信息化建设。进一步规范资产运营管理，促进资产管理水平显著提升。严格落实亏损治理方案，中国机械工业国际合作有限公司、阜阳轴研轴承有限公司剔除当期非经营性因素后盈利，全级次无亏损企业。

（2）推进资本运作。积极探索建立多渠道资本补充机制，优化资本结构，充分利用好资本市场实现内生外延增长；积极开展资本经营活动，通过资产盘活、间接融资等方式，推进资本运作，提高产业链资源整合价值；完善产资良性互动机制，以结构调整重点项目作为“产资结合”的着力点，构建主业做强与市值提升良性互动格局，推动产业结构优化升级，助力公司高质量发展。

（3）强化投资管理。完善投资制度体系建设，编制完成《投资、产权、评估、处置制度汇编》，提高投资系统化管理能力；提高政治站位，紧盯重点任务，积极主动作为，精心组织，迎难而上顺利完成瘦身健体等专项工作年度目标任务；强化投资制度执行落地，加强投资全过程监督，补齐投资管理后半篇，加大重大项目投后评价管理，对高速重载轴承精密加工用系列砂轮项目、高性能超硬材料制品智能制造新模式项目、新型高功率MPCVD法大单晶金刚石项目（一期）等开展后评价工作，出具后评价报告。

9. 创新管理机制，强化人力资源管理 围绕机制变革与人力资本等关键要素，扎实推进治理协调、目标契约、激励约束等机制建设，构建高质量发展治理与运行体系，不断增强企业发展的动力活力。

（1）创新目标契约机制。实施全级次战略目标契约管理，董事会、经理层逐级签订年度及任期经营业绩责任书。以全面预算和年度业务计划为载体，形成贯通董事会战略规划与经理层战略执行的闭环流程。

（2）创新激励约束机制。以“十四五”规划目标倒推分解年度增量目标，以增量效能考核推进战略规划落地，牵引发展质量提升。抓住“技术突破、产业发展、岗位创效”等关键环节，开展重大科技成果奖励、产品研发挂联提成、岗位分红等中长期激励。实施上市公司限制性股票激励计划。针对关键技术重点项目，实施绩效工资单列、项目成果奖励、项目分红等定向精准激励，5个项目获批国机集团科技创新项目分红激励项目，建立健全覆盖经营管理骨干和核心科研技术人员的激励机制，充分调动科技人员的积极性和创造性，更好地吸引和留住人才。

10. 以科改示范专项行动推进改革真抓实干 国机精工把“科改专项行动”作为公司高质量发展的创新变革工程，积极主动担当，布局战略性新兴产业，落实国家战略，围绕国之所需，聚焦重点攻坚，制定实施新一轮科改方案(2023—2025)、任务工作清单。成立科技创新、公司治理、激励约束、选人用人、混改及党建 6 个专项小组，加强组织领导、优化攻关机制，聚焦新材料、高端装备、新能源领域等战新兴产业，推进 72 项关键任务落地实施，以更强信心、更大决心、更实举措推进深化科改行动。国机精工连续荣获国务院国资委“科改示范标杆企业”荣誉，改革工作多次在国务院国资委及国机集团进行经验交流。

【经营管理】

1. 加强“两金”管控，提升风险防控能力 开展“两金”治理专项行动，下发各企业“两金”管理目标，明确两金控制指标，建立长效机制，制定“国机精工‘两金’管理办法”，加强同业务部门业财融合、产销协同，多手段、多渠道加强两金管控工作，完成国机集团“两金”治理专项工作要求。

开展高质量发展项目“构建重大贸易风险防范体系”，制定“国机精工贸易业务管理规范”，加强贸易业务内控管理、重大贸易准入机制管理，建立财务指标风险预警体系，提升风险防控能力。

2. 加快业财融合步伐，赋能高效高质发展 落实国机集团持续推进建设世界一流财务管理体系，深入贯彻国机集团的决策部署，大力推动业财融合，选取试点单位，全面调研深入研讨，明确业财融合思路，制定“业财融合三年提升方案”，进一步赋能业务，促进战略财务、业务财务与共享财务支撑体系的升级转型。

3. 持续开展“瘦身健体”“参股治理”，聚焦主业，提质增效 组织开展洛阳轴研精密机械有限公司破产清算注销、河南爱锐科技有限公司自行清算注销等压降工作，按时完成国机集团年度压降任务，聚焦主业，提质增效。

【重大项目】

1. 轴研所牵头承担的国家重点研发计划“制造基础技术与关键部件”2020 年度重点专项“高性能电机绝缘轴承关键技术研究及应用” 针对牵引电机、风力发电机等领域用绝缘轴承批量生产制造精度质量一致性差、寿命可靠性低及性能评价体系缺乏的难题，开展了轴承优化设计、涂层制备、精密加工、试验评价及应用验证等关键技术协同攻关，在轨道交通或风力发电机等领域实现了应用。

2. 轴研所承担的国家重点研发计划“制造基础技术与关键部件”2020 年度重点专项“高性能减速器轴承工业性验证平台搭建及性能评估技术” 开发了专用试验装备，搭建了机器人轴承工业性试验验证平台，开展了选择性多源信息融合方法及信息采集分析研究，形成减速器轴承性能及寿命的评估技术。

3. 轴研所牵头承担的国家重点研发计划“制造基础技术与关键部件”2018 年度重点专项“精密机床主轴轴承示范应用及工业试验平台” 研究了滚动轴承精度与轴承零件几何精度之间的传递特性、工作表面损伤机制，建立了精密机床主轴系统的多场耦合模型，提出了滚动轴承旋转精度预测方法和轴承零件几何精度分配方法，形成了轴承高精度保持性设计技术，建立了高精度轴承生产线和精密机床主轴轴承寿命预测及动态冲击模拟试验等测试与评价体系。

4. 工研所承担的国家重点研发计划“航空航天典型材料零部件清洁切削成套技术及示范应用” 研发出高功率三维超声辅助装置、智能化刀柄、自适应除尘装置、专用干切 / 微量润滑 / 湿切刀具等关键技术与装置，在航空、航天等领域开展了示范应用，解决了企业应对复杂制造环境下清洁切削领域关键技术问题，保障了航空航天领域高效清洁加工技术自主可控及批量化应用需求；研发出超细、富钴、高熵刀具材料和多元复合涂层、TiB2 涂层材料，研制出十余种专用干切 / 微量润滑 / 湿切刀具产品，实现了产业化，并在碳纤维复合材料，陶瓷基复合材料，高强度钢、铝合金、钛合金等航空航天材料清洁加工示范中形成应用，实现了航空航天典型零部件清洁加工刀具产品自主可控。

5. 工研所承担的四川省重大专项“数控刀具协同设计制造与服务关键技术研究及应用示范” 突破了基于 ISO 13399 信息模型的产品数据交互技术和刀具智能选用技术、基于开源内核的可视化技术、智能化切削加工整体解决方案技术，构建了国内首个基于国际标准的数控刀具在线协同设计与智能选用服务平台，打破了刀具智能选用系统被国外垄断的现状，对我国刀具行业数字化转型产生深远影响。

6. 三磨所承担的“IC 晶圆切割用划片刀的研制”项目 围绕芯片晶圆超精密划切需求，三磨所开展了刀刃配方和晶圆的匹配技术、改善初始切割质量新工艺技术、刀刃精度的提升技术等关键技术研究，开发出了 IC 晶圆切割用新型划片刀产品，解决了加工工件崩口、断刀等产品质量不达标、一致性差的行业共性技术难题，产品应用性能达到国外同等水平。

7. 三磨所承担的“大功率内燃机曲轴加工用大直径（≥1 000mm）陶瓷 CBN 砂轮的开发”项目 围绕船舶发动机、大型柴油发电机组等大功率（≥ 600kW）内燃机曲轴精密高效制造的需求，三磨所开展了高精度大直径砂轮基体轻量化设计、高耐磨陶瓷结合剂改性和量化表征技术、高效高保型性砂轮配方设计、大直径 LL 型节块均匀成型和小变形量烧成技术等关键技术研究，研制出大直径（≥1 000mm）陶瓷 CBN 砂轮，满足大功率内燃机曲轴加工各项要求，替代进口实现批量化应用，产品性能达到国际先进水平。

【科技创新】

1. 重点专项实施效果显著 国机精工坚持“锻造精工所长、服务国家所需、聚焦产业发展”，以服务国家战略为己任，以市场为导向和客户需求为目标，积极主动承担国家“1025 工程”“卡脖子、补短板”等重点专项，加强核心关键技术攻关。2023 年共安排 130 项科研项目，其中在研国家研发计划项目 18 项、国家 1025 二期项目 9 项、工业和信息化部高质量专项 4 项、省市级项目 16 项。2023 年完成科研项目 57 项，其中国家级项目 13 项，省级项目 3 项，2023 年度国机集团口径科技收入占比达 24.8%，同比增长 70.52%。

2. 专利与标准化大幅提升 2023 年授权专利 104 项，其中发明专利授权占比 72%。全年制修订标准计划 51 项，其中国际标准 2 项、国标 19 项；发布标准 48 项，其中国际标准 1 项、国标 28 项。

3. 完善落实科技创新机制 2023 年坚持不断优化完善国机精工研究院建设，并充分发挥公司各级研发创新平台优势资源，加强基础与关键、共性技术研究，完成“国机精工研究院管理办法”等相关制度修订，为整合公司高水平研发平台资源，加快推进公司战略性、前沿性、关键性技术研发，实现更具规模的科技价值创造提供了良好条件。

2023 年国机精工高性能工具全国重点实验室围绕航空航天、电子信息、新能源、海陆交通和工业母机等重点领域，强化实验室研究方向基础研究，突破了高性能工具切削 / 磨削机理、设计与先进制造技术、性能评价与标准等方面关键共性技术难题 35 项，成功开发新装备、新产品 16 项，进一步彰显了服务国家重大需求的特色，着力锻造制造领域国家战略科技力量。

2023 年三磨所获批建设“河南省超硬材料及制品产业研究院”，三磨所、轴研所、工具所均入选“工业和信息化部第五批产业技术基础公共服务平台”。

4. 取得重大科技成果情况 2023 年荣获省部级以上科技奖（含专利奖，不含集团奖）14 项，其中“一种微晶玻璃陶瓷结合剂及用其制备 CBN 砂轮的方法”荣获中国专利优秀奖，“硬脆复杂阵列构件精密微细加工用仿形磨具关键技术及应用”荣获河南省科技进步奖一等奖，“先进复合材料高性能加工用砂轮关键技术及应用”荣获河南省科技进步奖二等奖，“数据 - 知识驱动的变速器智能制造关键技术与应用”荣获机械工业科学技术奖一等奖，“一种中空堆积磨粒及其制备方法、超硬磨具”“角接触球轴承”荣获河南省专利二等奖。

【安全生产】

1. 安全生产

（1）深入开展2023年安全管理强化年行动。成立强化年行动领导小组，统一行动、全面部署，全面强化思想观念、责任落实、隐患治理、机制建设、基础能力和本质安全建设六个方面能力，把安全管理工作做实做细。

（2）落实全员安全生产责任。坚持“党政同责、一岗双责、齐抓共管、失职追责”，全面推进全员安全生产责任制，规范各层级安全管理生产职责，把安全责任细分到每一个岗位。

（3）持续健全安全管理体系。全面梳理安全生产制度，保障公司管理体系适宜性、充分性和时效性。高度重视质量、环境、职业健康、安全管理体系建立和运行，轴研科技、白鸽公司、轴研所完成管理体系认证及换证审核。

（4）开展危险源辨识及安全隐患排查整治。组织开展危险源辨识，将 13 项较大危险源（危险因素）纳入公司级管控，制定管控措施并明确管控单位和管控责任人，确保危险源处于受控状态。2023 年，公司各层级单位累计开展各类安全检查 981 项，已整改 963 项，整改完成率达 98.2%。

（5）强化安全生产宣传教育培训。积极开展“职业病防治法宣传周”“安全生产月”等活动，通过电子屏幕、展板、宣传画等形式多样地宣传普及安全知识，营造良好安全氛围。2023 年公司各层级企业累计组织培训 134 次，培训人员 7 056 人次，年度全员安全培训率 175%。

（6）加强应急能力建设。落实年度应急演练计划，修订《生产安全事故综合应急预案》，规范应急管理工作。2023 年，公司各层级企业开展各类应急演练 68 项，参演人员 2 072 人次，有效检验应急预案的可靠性，提升员工应急处理能力。

（7）持续推进班组安全建设。加强基层安全管理能力建设，开展安全 5S 进班组活动，加快安全管理标准化班组创建，基层班组安全管理能力提升明显。

（8）加强境外安全管理。强化境外安全风险管控，构建安全风险防范工作管理体系，配合国机集团完成境外应急指挥系统建立，境外安全形势保持稳定。

2. 能源节约与生态环境保护　建立健全能源节约与生态环境保护管理机构、人员及管理制度，完善“党政同责，一岗双责，失职追责”的责任体系，积极推进产业结构绿色化转型，紧抓产业升级和示范工程建设，严格落实能源节约与生态环境保护指标监管，组织开展“节能宣传周”和“全国低碳日”系列宣传教育培训和应急演练活动，有效改善公司能源节约与生态环境保护硬件设施和管理水平。

【党建工作】

1. 全面加强党的领导和党的建设　深入学习贯彻习近平新时代中国特色社会主义思想和党的二十大精神，不断增强“四个意识”，坚定“四个自信”，做到“两个维护”。强化政治引领，持续完善“第一议题”机制，形成传达学习、研究部署、贯彻落实、跟踪督办及报告反馈的工作闭环。

2. 扎实推进主题教育走实走深　牢牢把握“学思想、强党性、重实践、建新功”总要求，突出“六个结合”，将深入开展主题教育与推动企业改革发展紧密结合起来。把理论学习、调查研究、推动发展、检视整改和建章立制贯通起来，以解决实际问题、取得实际效果为出发点和落脚点，带领广大党员干部积极投身主题教育，为企业高质量发展注入强大的思想力量和精神动能。

3. 持续提升党建与经营融合成效　开展“三原色”班组体系建设，举办班组建设交流会，发布“三原色”班组建设蓝皮书，班组建设覆盖率达 100%，提前完成三年行动主要任务，特色做法被中国企业文化研究会评为“管理与文化建设典型经验”，班组长韩宝杰、王枫被评为郑州市和国机集团劳动模范。有效推动“双创”品牌创建，实施“双创”项目 351 个，参与人员 1 000 余人次，“双创”项目数量、质量、参与度显著提升。

4. 坚定不移推进全面从严治党　持续推进新时代党风廉政建设，锲而不舍学习贯彻中央八项规定精神及实施细则，坚持以严的基调强化正风肃纪反腐。整合监督力量构建大监督体系，推动监督工作与全面从严治党、依法合规治企相结合，深化境外腐败治理等专项行动。推进政治监督具体化、精准化、常态化，加强对“一把手”及领导班子成员的监督，着力营造风清气正的政治生态。

【纪检、巡察工作】

1. 强化政治监督，推动党的决策部署落实见效 通过主题教育和教育整顿等各种形式的理论学习研讨，强化政治理论武装，坚决做到“两个维护”。研究制订“强化政治监督清单”，督促党委会持续完善“第一议题”机制，围绕服务国家战略，聚焦“卡脖子”关键技术和基础前沿技术研究，监督检查国家重点研发计划、1025 工程项目、国机集团重大科技专项等 12 个重大项目进展，加快推进科技自立自强，提高核心竞争力。扎实推进政治监督具体化、精准化、常态化，采取多种切实有效的形式和做法压紧压实全面从严治党政治责任。制定巡察工作规划，完善巡察工作制度，不断推进巡察工作规范化。开展巡视巡察反馈问题整改监督检查。配合完成中央巡视下沉调研工作。坚守政治站位推动完善巡察工作。开展谈心谈话和廉政谈话，深入落实对“一把手”的监督，做实做细干部监督。

2. 整合监督力量，构建国机精工大监督体系 在党风廉政建设和反腐败工作协调机制的基础上，推动监督工作与全面从严治党、依法合规治企相结合，持续完善以党内监督为主导、各类监督贯通协调的大监督体系。制定和发布“国机精工大监督体系建设方案”，加强监督联动，形成监督合力，防范化解重大风险。统筹问题整改，举一反三，坚决杜绝纸面整改。

3. 推进作风建设，锲而不舍落实中央八项规定精神 持续加强学习宣贯，召开以案为鉴警示会，以案明纪，强化廉洁宣传教育。严格落实国机集团纪委纪律检查建议书，坚持问题导向，严查督改促治。主动开展全级次违规公款吃喝问题专项检查。督促总部及 5 家下属企业修订《业务招待工作管理办法》，堵塞漏洞、规范管理。开展了违反中央八项规定精神问题专项治理工作。

4. 强化执纪问责，不断提升“三不一体”综合效能 2023 年共处理问题线索 7 件，积极做好案件“后半篇文章”，以案促改，提升管理。

【信息化与数字化建设】

1. 完善网络安全体系 修订《网络安全管理办法》，明确网络安全管理主体责任，规范网络安全管理流程和操作规程。完善《网络安全应急预案》，建立健全网络安全应急响应机制，强化网络安全监测、预警和应急响应能力。持续开展下属企业网络安全检查，有效提升网络安全防护水平。

2. 统筹推进数字化建设 落实“十四五”数字化建设要求，推进经营管理一体化平台一期项目建设，完成国机精工总部、轴研所和工研所 3 家企业重点项目落地实施。制定国机精工数据标准，优化主数据管理系统，有效提升公司数据质量和数据治理水平。

【履行社会责任】

1. 捐赠帮扶 2023 年，国机精工积极贯彻国机集团定点帮扶片区工作会议精神，及时召开协调会议，落实帮扶资金 21.6 万元。

2. 消费帮扶 陆续开展春节、端午和中秋节等节日福利采购，结合职工福利采购定点帮扶县农副产品，助力乡村振兴。积极实施“以购代帮、以购代扶”，累计采购河南省固始县的稻米油、荷花香米、粉条、杂粮、土鸡蛋和麻鸭蛋等产品 136 万余元。

中国电器科学研究院股份有限公司

【基本概况】

2023 年，中国电器科学研究院股份有限公司（简称中国电研）认真贯彻落实党中央、国务院决策部署及国务院国资委工作要求，全面贯彻落实国机集团各项工作部署，重研发、稳增长、防风险、促改革、提效率、引人才、强党建，以担当实干，践行初心使命，以攻坚克难，服务科技强国。

2023 年，公司立足主责主业，积极推进各业务板块深耕拓展与协同合作，加快战略性新兴产业布局，进一步推动公司可持续发展。报告期内，公司较好地完成了年度经营目标任务，营业收入和净利润均实现稳健增长，全年实现营业收入 41.73 亿元，同比增长 9.97%；实现归属于上市公司股东的扣除非经常性损益的净利润 3.72 亿元，同比增长 19.39%，增速高于营业收入增速；实现扣除非经常性损益后的基本每股收益 0.92 元，同比增长 19.48%。通过强化科技创新，加强市场开拓，持续推进各业务板块深耕拓展与协同合作，整体经营保持稳中有升态势，各项工作取得了显著成绩。

【主要指标】

2022—2023 年中国电研主要经济指标完成情况见表 1。

表 1　2022—2023 年中国电研主要经济指标完成情况

指标名称	2022 年	2023 年	同比增长（%）
资产总额（万元）	624 883.06	731 934.09	17.13
净资产（万元）	267 632.05	293 151.52	9.54
营业收入（万元）	379 453.13	417 275.85	9.97
利润总额（万元）	38 213.75	45 391.42	18.78
技术开发投入（万元）	32 995.69	36 564.94	10.82
利税总额（万元）	56 161.72	66 002.80	17.52
EVA 值（万元）	40 808.80	46 988.71	15.14
全员劳动生产率 [万元 /（人·年）]	34.59	38.31	10.75
净资产收益率（%）	13.93	14.56	增加 0.63 个百分点
总资产报酬率（%）	7.05	6.75	减少 0.30 个百分点
国有资产保值增值率（%）	114.67	115.73	增加 1.06 个百分点

【改革发展】

1. 推进三项制度改革，落实“干部能上能下”　改革是公司激发活力、保持动力的源泉。对中国电研下属公司部分新设、新提任中层干部岗位组织公开竞聘，部分优秀青年人才脱颖而出。开展新提拔干部培训，设置新提拔干部半年期考核，加强干部队伍能力建设。年度免除职务或优化调离的干部合计 10 人。

2. 加大科研人员激励力度，加强人才队伍建设　持续开展机制创新，2023 年公司制定了《重大科技项目核心技术人员专项激励暂行办法》，对关键创新的提出人、主要完成人、重大项目负责人、核心技术人员进行专项激励，当年度激励金额合计 323.11 万元。加强人才引进和人才队伍建设，特别是高端人才引进，公司采取“一企一策”“一人一策”的方式，在薪资激励、发展空间、配套硬件方面给予支持。

3. 落实科改示范行动目标要求，持续深化企业改革　公司获国务院国资委“科改示范企业”2022 年度考评“标杆”称号。完善上市公司信息披露机制，获科创板首次年度信息披露工作评级“A 级”。2023 年首次披露 ESG 报告，获中诚信绿金评级为 A+。

4. 优化薪酬与考核激励机制　在薪酬总额预算和核定上，公司实施效益挂钩，探索效益、效率和薪酬的市场对标；在薪酬分配上，按照岗位价值、绩效考核和员工发展情况付薪，逐步提升关键岗位的薪酬竞争力，绩效考核和绩效奖金联动，价值分配向价值创造者倾斜；通过具有竞争力的考核激励机制推动公司市场竞争力的提升。

【重大项目】

1. 质量技术服务业务 公司质量技术服务业务持续拓展服务能力和服务半径，加快市场开拓，深化精益管理，持续推进智能家居、智能汽车、能源装备、医疗健康四大业务板块健康发展，其中智能家居等传统优势业务继续保持稳步增长，智能汽车、能源装备等战略性新兴业务受益于下游行业发展及前期的产能布局，为业绩增长带来新动能。2023 年，公司在各地新建新能源汽车压缩机、网联消费电器、电磁兼容计量校准等 22 个实验室，嘉兴新能源、温州、青岛、花都等检测基地相继投入运营。公司取得了多项国内外检测认证资质，行业竞争力进一步增强。在智能家居领域，公司成为沙特标准局（SASO）授权的沙特标准局质量标志认证（SQM）合格评定机构、阿拉伯联合酋长国国际认可中心（EIAC）产品合格评定机构、中国本土首家获阿曼标准和计量局（DGSM）批准的符合性认证机构。在能源装备领域，公司成为国家认证认可监督管理委员会指定的锂离子电池和电池组、移动电源产品强制性产品认证指定认证机构及实验室。

2. 电气装备业务 公司聚焦新能源领域，新能源电池后处理系统业务充分发挥技术领先优势，承接比亚迪、一汽弗迪、吉利极电、力神和国轩等知名企业订单，以技术带动市场份额提升，产品及服务获得新能源电池头部企业认可，获颁国轩“年度卓越供应奖”、力神“优秀设备供应商”、天能集团“优秀供应商奖”，行业领先地位进一步稳固。励磁装备业务一方面继续夯实稳固常规水电领域业务，保持在常规水电行业市场的优势地位，另一方面加大开拓力度，在火电、抽水蓄能市场领域取得一定的突破。2023 年，公司先后中标大唐龙滩电厂、华电金上公司叶巴滩水电站、能建新疆大石峡水电站、能建新疆乔巴特水电站等大中型水电励磁项目；中标大唐陕西蒲城、华电铁岭、东源科技等火电项目；中标南网惠州中洞、南网广西南宁、南网梅州二期等抽水蓄能项目。工业电源业务继续保持良好发展态势，在电解制氢、半导体等行业领域继续拓展市场，其中半导体生长材料电源市场开拓取得积极进展，成为工业电源业务新的经济增长点。

3. 成套装备业务 公司利用中国进出口商品交易会等平台加强 KINTE+ 系列品牌宣传推广，不断提升品牌影响力；进一步开拓土耳其、意大利、法国、塞尔维亚及其他“一带一路”沿线国家及南美洲巴西等市场；继续深耕家电核心业务，加大科研投入攻关核心技术，通过技术优势，稳固国内家电高端市场，与国内家电头部企业持续加深合作，中标海尔冷柜外箱线项目；家电产业链上游装备及零部件领域业务不断延伸，在印度、土耳其和北非市场取得新突破。

4. 环保涂料及树脂业务 公司自主研发的聚酯树脂在集装箱粉末涂料中的应用得到核心客户认可，并以此进一步巩固与中集集团的合作关系，联合开展技术攻关。公司的重点差异化产品超耐候树脂销量同比大幅增长，产品及客户结构进一步优化。粉末涂料继续保持与中信戴卡集团的稳固合作关系，继续加大轮毂市场拓展力度，成功开拓万丰奥威、金固股份等一批具有行业影响力的新客户。电池用绝缘阻燃粉末涂料、储能电柜防腐超耐候粉末涂料中标多家企业。4 类“粉末涂料及树脂”产品成功进入工业和信息化部《重点新材料首批次应用示范指导目录（2024 年版）》。

5. 募投项目取得进展 电器质量基础技术研发能力提升项目已完成“智能家居标准与技术国际创新联盟”“智能家居全产业链标准验证平台”“家电工业互联网应用研究平台”“智能家居射频性能评估测试平台”等多个平台及系统搭建与运用，推动研制标准 52 项，组织修订国际标准及提案 10 项，覆盖标准验证能力 400 余项，获取中国合格评定国家认可委员会（CNAS）认可资质和检验检测机构资质认定（CMA），完成美国 A2LA 认可资质审核，获得专利、论文等知识产权近 50 项，形成 2G/3G/4G/5G 手机及终端产品、物联网 IoT 射频和 EMC 检测能力；获得中国质量认证中心关于家电软件评估认证授权检测实验室资质、蓝牙资格认证测试机构授权，签约成为鸿蒙智联合作实验室（全国三家实验室之一）与华为携手上百家企业接入华为开发的智能家居开放互联平台。完成了 SmartMES 功能进一步优化，面向家电行业的多种智能装备及数字化车间解决方案进一步丰富完善，产业化推广应用规模扩大。

【国际化发展】

1. 服务国家“一带一路”倡议 公司在质量技术服务领域，依托五大国际合格评定体系，建设国际互认平台，获得多项国内外认证认可资质，出具的报告和证书获得全球 70 多个国家和地区的 100 多个权威机构的认可，多年来帮助众多企业突破贸易技术壁垒，快速将产品销往全球。截至 2023 年年底，已在全球 8 个国家和地区的 34 个城市，设立了 9 个大型综合检测基地、7 个典型气候试验站和 19 个服务网点，实验室面积超过 12 万 m^2，持续提升客户服务可及性和便利程度。

公司围绕国家“一带一路”倡议，积极布局“一带一路”沿线科学观测网络，开展产品服役环境条件和服役性能的长期监测分析和数据积累，支撑相关科研工作，提升我国工业产品质量，为我国工业产品“走出去”奠定技术基础。截至 2023 年年末，公司已在国内外设立科学观测站 11 个，其中海外站点 7 个，覆盖湿热、亚湿热、干热、地中海、干热沙漠、暖温和海洋等多种典型气候环境。

2. 为国内外电子电器产品提供出口认证检测服务 公司积极拓展海外检测认证授权，为产品出口国际市场提供本地化一站式服务，缩短认证检测周期，减少技术贸易措施对出口的影响，推动电子电器行业企业全球化进程。同时，公司为埃及、中东、东南亚等国家和地区的客户提供相关服务，帮助众多企业快速将产品销往全球。

3. 提升我国高端装备国际影响力 公司响应国家“一带一路”倡议，发挥行业技术优势，创新性地提出和实施“家用电器全产业链设计和技术服务”的理念，拓展与各国合作的深度和广度，助力我国与家电相关的设备、模具、零部件等行业扬帆出海。公司在“一带一路”沿线各国承接和建设多个标杆项目，在当地取得良好的口碑，推动我国高端装备“走出去”，带来良好的效益和国际影响力。

【科技创新】

1. 科技创新成果显著 公司继续强化科技创新，持续加大研发投入，不断完善科技制度，积极优化科技创新体系，加大科技创新激励力度，为公司产业发展提供有力支撑。2023 年，公司申请各类知识产权 229 项，其中发明专利 80 项；新增各类知识产权 183 项，其中发明专利 63 项；主持和参与制修订国际、国家、行业标准 41 项，其中国际标准 1 项、国家标准 30 项、行业标准 10 项。截至 2023 年 12 月 31 日，公司累计获得各类知识产权 1 325 项，其中发明专利 313 项。

公司作为项目牵头单位获批科技部国家重点研发计划项目 2 项，在研国家级科研项目及课题合计 47 项，创历史新高。公司多项优秀科技成果获得行业认可，其中广州擎天实业有限公司牵头主持完成的动力及储能电池化成分容高效低碳新路线、新工艺、新装备的研发及应用项目获机械工业科学技术奖一等奖。

公司持续完善“精准表征 - 精准试验 - 精准评价 - 精准防治”技术体系，进一步提升 NQI 能力，在“热带海洋复杂服役环境空调换热器翅片工况腐蚀机理研究”“湿热环境输变电外绝缘覆藻闪络机理研究”等项目上取得积极进展。

在研发成果转化方面，动力及储能电池化成分容技术继续引领行业，同时率先解决励磁系统“芯片级”自主可控难题，相关成果成功应用于我国首套 300MW 抽水蓄能机组。

2. 积极服务国家战略 公司确立了以全国重点实验室为平台，与质量技术服务、电气装备、成套装备、环保涂料及树脂四大业务构成“1+4”的战略布局，奠定了基础研究的重要地位，更好地服务国家战略。基础研究为公司产业提供科技支撑，助力产业健康发展；产业的良性发展，又反哺基础研究走深走实。

公司加强建设全国重点实验室，推进与北京科技大学、中山大学等共建单位的协同。面向“产业基础高级化”等战略需求，打造“工业产品特殊环境国家质量基础技术策源地”，聚焦突破“极端环境多因素长时耦合作用下产品性能－寿命－低碳等质量目标协同机制”等重大科学与技术问题。在智能电器、智能新能源汽车、智能电网装备、新能源装备等行业，围绕环境适应性基本规律与机理、先进环境试验技术、服役安全与寿命评价技术和产业应用技术等方向，积极开展产学研协同创新，广泛开展技术交流与合作，科研成果显著。

公司成功推动国际电工委员会批准，新设立国际电工委员会医用低温存储设备项目委员会（IEC/PC130）并承担秘书处工作，成为我国第12个IEC技术委员会／分技术委员会秘书处，也是公司第二个IEC技术委员会／分技术委员会秘书处。

3. 核心技术

（1）质量技术服务领域。在产品标准指标选取及测量技术、能耗产品多因素窜扰检测技术、新一代充电设施检验检测技术、电磁兼容测试技术及电磁兼容领域能力验证技术等方面处于国内领先地位。

（2）电气装备领域。公司在行业内率先自主研发成功的动力及储能电池串联化成分容新技术，应用于新能源电池后处理系统。相比传统并联电源，可以有效提升电芯的一致性，提高电芯品质；充放电效率提升超过20个百分点，大幅降低生产能耗，有效减少碳排放；大幅减少了调试检修维护工作量，提高了生产线利用率，缩短了设备交付周期，提升了运营效率；具备智能识别电芯微小缺陷功能，提高了系统安全性。

（3）成套装备领域。在工业设计、高精度运动控制、智能成型、智能检测、智能涂装、机器人柔性装配、制造运营管控、立体仓储等家电制造领域核心技术以及智能生产线、数字化车间系统集成技术研发方面，形成了一批具有自主知识产权的关键核心技术、重大装备和科技成果。

（4）环保涂料及树脂领域。高速预涂卷材用粉末涂料及树脂材料，保证了卷材在高速下进行喷涂，涂层快速固化又能保持优异的机械性能，大幅降低挥发性有机物排放和减少能耗，该项技术达到国际先进水平。汽车铝轮毂专用底粉，具有高上粉率、高流平、高性能、高平衡块粘贴力、易于施工等特点，中高端市场占有率超过50%。

【党建引领】

1. 党的领导与公司治理深度融合 公司修订《“三重一大”决策制度实施办法（试行）》和《企业决策事项及权限表》，进一步厘清党委会、董事会和经理层等治理主体权责边界，规范议事决策程序。党委会对重大经营管理事项进行前置研究把关。2023年召开党委会会议49次，前置研究重大经营管理事项50项。党的领导融入公司治理、嵌入经营管理更加深入。

2. 全面加强宣传思想文化建设 公司2023年投入64万元用于企业文化建设，以强化企业文化传播为先导，通过企业文化展厅、文化手册、文化上墙等方式，将企业文化实景融入员工办公环境。发掘各个阶段体现“和、专、实”企业文化的典型故事，对作品予以表彰并内部刊发，开设“青年力量、先锋榜样、文化故事”专栏，发布报道百余篇，增强员工对企业文化的认同感。

3. 以“党建＋科技创新”提升发展动力 中国电研将智能家居、新能源及智能汽车领域作为公司战略发展方向进行产业布局，沿着技术链和市场链进行拓展，公司党委深入贯彻创新驱动发展战略，着力打造“党建＋科技创新”品牌，通过“三个发挥”引领科技创新，增强自主创新能力，为高质量发展提供源源不断的动力，推进“科改示范行动”走深走实。

4. 全面从严治党永远在路上 中国电研按照《中国共产党章程》《中国共产党廉洁自律准则》《中国共产党纪律检查机关监督执纪工作规则》《国有企业领导人员廉洁从业若干规定》等党内法规和有关工作规定，坚持全面从严治党，严格落实廉洁建设，发挥党委巡察监督作用，为公司高质量发展营造风清气正的廉洁环境。

【安全生产】

公司持续完善安全生产制度体系，深入排查整改各类安全风险隐患，2023年平稳运行，零事故发生，在国机集团安全生产考核中评级为A。

1. 开展安全生产月活动 公司以安全生产月为契机，组织开展了各类安全生产主题培训活动。包括安全生产主题宣讲和培训、安全生产知识竞赛、安全演习等，有效增强了全员的安全意识和素养，为日常的安全生产保驾护航。

2. 开展安全生产大检查 公司联合注册安全工程师，在全公司范围内开展2023年第二季度安全生产检查和安全生产自查自纠，对检查出的问题建立隐患整改台账，各层级排查登记出安全隐患628项，已全部整改完毕。

3. 压实安全生产责任，全面筑牢安全生产防线 公司建立完善的安全生产组织架构，安全生产责任层层分解落实到位。结合《生产安全事故应急预案》，开展“三防”应急演练，开展应急演练48次，提升员工避险自救技能，确保安全生产常抓不懈。2023年共6 318人次参加安全生产培训，培训率达143%，为企业安全发展提供更加有力的保障。

【信息化与数字化建设】

为推进公司“数字化”转型，公司成立数字化领导小组，负责制定和推动公司数字化、信息化发展战略，统筹协调有关数字化、信息化工作重大事项，并引入专业咨询机构，完成公司数字化转型架构规划，强化总部归口管理职能，加强对下属企业数字化工作的统筹和支持。

1. 经营管理一体化 通过财务供应链与业务系统集成应用，实现经济业务与数据的实时共享。推进财务共享及司库系统建设和体系优化，实现财务管控和风险防范能力提升。持续重构公司现有业务板块的信息化系统，推动计量业务系统和全球认证服务系统建设，助力计量业务和国际认证业务全流程梳理和管理提升。

2. 生产运营智能化 开发实验室资源监控管理系统，对实验室高值设备进行维护和统计，通过提供真实可靠的设备使用数据，优化实验室资源管理。研制报告自动化生成平台，在重点领域实现原始记录和报告自动生成功能，并初步投入使用。

3. 研发设计数字化 重点开展家电产品仿真设计，缩短产品开发时间，优化产品性能，提高设计效率，整体提升工业设计水平。

4. 客户服务敏捷化 研制全球认证服务系统和持续优化客户自助服务平台（CSP），提升服务体验。同时推广二维码和电子签章，实现鉴定书、报告的二维码扫码，提高客户真伪查验效率。

【履行社会责任】

1. 助力行业绿色低碳转型 公司联合装备制造领域科研院所、龙头企业建成“重点装备制造行业碳达峰、碳中和公共服务平台”，为企业、机构、行业主管单位提供面向电机系统、电力变压器、电气传动系统、工业锅炉、内燃机、铸锻装备、通用机械和消费电器八大装备制造行业的产品碳足迹核算、产品碳效比核算、低碳产品认证、产品碳护照申领、企业碳排放核查、低碳企业评价、低碳技术评价、低碳项目评价等绿色低碳“一站式”公共服务。与此同时，公司继续加强“碳效比”概念宣传，研制“装备产品碳效比核算方法”系列团体标准，进一步完善装备制造行业双碳标准体系，科学评价装备产品低碳性能。平台将支撑行业企业聚焦高效节能技术，加速绿色低碳转型，助力装备制造行业率先实现碳达峰目标。

2. 发挥专长，服务社会 公司深入企业、学校、社区、乡村，开展30余场线下科普教育活动，通过质尚生活圈等自主创设的线上科普平台，发布智能家居和新能源智能汽车行业相关的科普视频，播放量达数千万次，惠及千家万户。公司下属企业威凯检测公司成功入选广东省科协省科技厅2024—2028年度“广东省科普教育基地”名单，成为广东省190家省级科普教育基地之一。连续多年开展青少年科普活动，受到社会各界的广泛赞誉。公司下属生产力促进中心获批“广东省‘产教评’产业技能生态链首批链主培育单位”等多项产业人才评价类资质授权。2023年生产力促进中心围绕格力电器、海信（广东）空调、三菱重工等重大行业客户的用工需求和职业工种培养特点，围绕产品质量安全、制冷剂替代技术等专业知识，开展高技术技能人才培养与评价工作，共计培养超 1 500 人，发放证书 1 084 张。

3. 回馈社会，奉献爱心 公司组织爱心献血、敬老、学雷锋等活动，2023 年公益慈善捐赠 6.3 万元，参与志愿服务 521 人次，志愿服务时长 2 064h，以微公益传递人间大爱。

4. 积极推进乡村振兴工作 巩固拓展广东省廉江市垭垉塘村脱贫攻坚成果同阳西县塘口镇乡村振兴有效衔接，积极服务集团定点帮扶对象四川省广元市朝天区，同时加大消费助农支持力度。2023 年，中国电研消费帮扶金额总计 239.28 万元，以有效的消费帮扶模式带动农民创收，促进产业升级和发展，加快农副产品标准化、规范化和品牌化建设。

国机智能科技有限公司

【基本概况】

国机智能科技有限公司（简称国机智能）由国机集团与广州市政府共同投资组建，于 2015 年 12 月揭牌成立。主体企业广州机械科学研究院（简称广州机械院）有 60 余年历史，是原机械工业部直属一类研究机构、国家机械行业技术归口单位，具有深厚的技术底蕴和较高的行业认可度。

国机智能主要聚焦工业基础件、检验检测、智能制造三大业务领域，从事密封（密封件、密封胶）、润滑（润滑油、润滑脂）、液压（机电液压系统）、油品检测、机器人及汽车零部件检测、智能装备及系统集成、智能工厂（iMOM）、传感器及智能运维等业务，主要服务于机械装备、能源电力、航空航天等国民经济重要领域。近几年公司积极拓展氢能、传感器、零碳工厂、环保液压和特种加工等新赛道，新能源汽车动力电池密封件业务稳居行业首位，以数字化、智能化构建的重大装备润滑安全远程监测预警云平台，服务保障长江三峡、白鹤滩等国家重大电力工程。

国机智能总部位于广州市，公司拥有国家橡塑密封工程技术研究中心、国家机器人检测与评定中心（广州）、工业摩擦润滑技术国家地方联合工程研究中心等 10 个国家级科研平台，28 个省部级平台，在十多个重量级行业组织担任秘书处单位、理事长单位及委员单位，承担了国家多项“卡脖子”技术攻关项目。

国机智能秉承“工业强基报国，智能引领未来”的使命，坚持“守正创新，行稳致远”核心价值理念，致力于打造成橡塑密封领域科技进步的引领者、重大装备润滑安全的引领者、智能制造创新发展的主力军，努力成为一流的工业基础件和智能制造集成服务提供商。

【主要指标】

2023 年，国机智能主要经济指标再创历史新高，获评集团 2023 年度先进单位、科技创新单项奖，获评 2022 年度和 2020—2022 年任期经营业绩考核双 A 级。2022—2023 年国机智能主要经济指标完成情况见表 1。

表 1 2022—2023 年国机智能主要经济指标完成情况

指标名称	2022 年	2023 年	同比增长（%）
资产总额（万元）	192 363	205 185	6.67
净资产（万元）	132 375	137 736	4.05
营业收入（万元）	135 067	137 252	1.62

（续）

指标名称	2022 年	2023 年	同比增长（%）
利润总额（万元）	12 801	15 047	17.55
技术开发投入（万元）	18 310	18 417	0.58
利税总额（万元）	22 226	23 498	5.73
EVA 值（万元）	17 536	19 731	12.52
全员劳动生产率［万元 /（人 · 年）］	45.97	47.26	2.81
净资产收益率（%）	9.71	10.16	增加 0.45 个百分点
总资产报酬率（%）	6.92	7.89	增加 0.97 个百分点
国有资产保值增值率（%）	106.72	107.64	增加 0.92 个百分点

【改革发展】

2023 年，国机智能聚焦行业形势，准确识变、科学应变、主动求变，加强对战略性新兴产业的系统谋划，推动公司业务向清洁能源、新能源汽车、氢能等战略性新兴产业转型延伸，积极布局新赛道、塑造新动能。

1. 改革三年行动高质量收官，改革深化提升行动高标准启动 改革三年行动获国机集团考核加分，以增强核心功能和提高核心竞争力为重点，确定公司新一轮改革深化提升工作方案，着力进一步破除制约公司高质量发展的体制机制障碍。

2. 完善市场化机制，推进三项制度改革 完善多项企业负责人薪酬与绩效制度，推进任期制契约化走深走实，创新经营实体负责人薪酬基准值确定规则，优化经营实体薪酬管理，实施精准激励，鼓励规模贡献。优化总部员工绩效管理，员工与部门绩效联动，绩效结果实行强制分布，推进末等退出，落实总部员工薪酬改革要求，加大绩效工资占比，拉开薪酬差距，强化业绩与薪酬挂钩，持续激发组织活力。

3. 系统谋划高质量发展蓝图 完成“十四五”发展规划的中期调整，确保“十四五”后半程战略目标更加符合公司实际、战略举措更加有效。研究制定公司高质量发展指标体系（2023 版），深入推进“十四五”瘦身健体专项工作，完成了对常州中汽零、中汽检测（长沙）和广州摩根的清算注销。

4. 加强党的领导和党的建设 推动党中央重大决策部署落地见效，在公司全级次党组织推行“第一议题”制度；持续优化党建考核机制，以考促建，推进党建工作与生产经营深度融合；制定了 MTP 管理人才培训方案，开展“青马工程”“双塔计划”等人才培养专项，不断加强国有企业领导班子建设和人才队伍建设。

5. 深入开展提升产权基础管理专项行动 及时做好产权变更登记工作，完成常州中汽零和中汽检测（长沙）两家企业的注销登记，完成苏州智能和宝力特密封两家企业减资的产权变动登记，同时推动产权历史遗留问题取得重大进展，完成了广州中机实业和苏州机床工具两家企业的注销登记。

【重大项目】

1. 国家重点研发计划“橡塑密封数字化设计及制造关键技术”项目通过绩效评价 2023 年 3 月 8 日，由广州机械科学研究院有限公司牵头承担的国家重点研发计划“橡塑密封数字化设计及制造关键技术”项目顺利通过绩效评价。项目组完成了橡塑密封多场耦合模型以及数字化设计软件平台研究，完成了橡塑密封关键工艺数字化及仿真技术研究和橡塑密封工艺智能化控制技术及示范应用，对促进橡塑密封基础理论研究体系建立具有重要推动作用，为密封行业数字化制造提供了技术支撑。

2. 国家重点研发计划“电控及核心部件功能恢复与升级技术”课题通过绩效评价 2023 年 3 月 10 日，由广州机械科学研究院有限公司联合河北京津冀再制造产业技术研究有限公司，共同承担的国家重点研发计划课题“电控及核心部件功能恢复与升级技术”通过绩效评价。课题开发了具有自主知识产权的兼容性强、可靠性高的开放式废旧机器人控制系统，研制了机器人综合检测装备，建成了废旧机器人再制造工程示范生产线，并实现对再制造机器人的推广应用，为发展循环经济以及建设资源节约型、环境友好型社会做出了重要贡献。

3. 国家重点研发计划“大型掘进机主驱动密封关键技术示范应用”课题通过绩效评价 2023年12月26日，由广州机械科学研究院有限公司牵头的国家重点研发计划课题“大型掘进机主驱动密封关键技术示范应用”通过绩效评价。课题组面向大直径、长距离、大埋深隧道工程对大型掘进机主驱动密封的配套需求，开发大直径唇形主驱动密封结构仿真设计方法，解决了大直径主驱动密封产品设计难题，提升了产品设计的可靠性，同时解决了聚氨酯密封成型工艺过程中存在的气泡、分层、接头强度低以及丁腈橡胶成型工艺过程中存在的接头强度低、缺陷多等技术难题，提升了产品加工尺寸精度和表面质量。研制的典型大型掘进机聚氨酯/丁腈橡胶密封材料大直径主驱动密封产品，密封性能稳定，实现了我国大型掘进机主驱动密封技术和产品的国产化。

4. 国家重点研发计划“油液黏度传感器及多参数在线监测系统研发与产业化”课题获批立项 2023年12月，该课题由广州机械院牵头，联合机械工业仪器仪表综合技术经济研究所共同承担。课题针对大型模锻压机流体系统的状态监测需求，开展油液黏度传感器及多参数油液在线监测系统研发与产业化应用。课题将攻克在复杂工况下，高精度微机电系统（MEMS）液压油黏度及宽量程润滑油黏度敏感单元的高稳定制备工艺、高可靠性封装、批量化标定补偿、可靠性强化及环境适应性提升等关键技术，开发适用于复杂工况的高可靠性、高稳定性油液黏度传感器，研制集成黏度、水分、污染度和磨损量等多参数油液状态监测系统，在大型模锻压机的流体状态监测系统中开展示范应用。

5. “基于工业互联网+数据驱动的动设备润滑安全监测预警平台”项目入选“工业互联网平台+安全生产试点示范”名单 2023年3月10日，广州机械院“基于工业互联网+数据驱动的动设备润滑安全监测预警平台”项目成功入选“工业互联网平台+安全生产试点示范”名单。项目实现了基于工业互联网平台的高安全性、高可靠性、高功率的工业动设备润滑安全的远程监测与预警工程化应用，保障了企业安全生产制造。目前，项目所建设的平台已为多家大型工业企业的关键设备提供实时在线监控与安全预警服务，同时也为国内外近8 000家大型企业的约15万台大型机械装备提供油液安全监测预警服务，为工业各领域关键动设备长周期安全、高效、经济运行提供了有效保障。

6. “iMOM工业互联网平台机械行业质量管控解决方案”项目入选“工业互联网平台+质量管理试点示范”名单 2023年3月10日，国机智能技术研究院有限公司的“iMOM工业互联网平台机械行业质量管控解决方案”项目入选“工业互联网平台+质量管理试点示范”名单。该项目以自主研发的iMOM（智能制造运营管理平台）为主体，通过对物料管理、状态跟踪、优化控制、现场生产情况智能调度、设备运行状态监控、质量追溯和管理、车间绩效、刀具全生命周期管理等多方面管控，实现机械行业制造过程的质量优化。项目在电力装备、农机装备、机床工具、汽车零部件和制药装备等各类细分行业应用中均具有良好的适应性和推广性。

7. “广东省工业摩擦企业重点实验室”通过验收 2023年9月27日，由广州机械院承担的“广东省工业摩擦企业重点实验室”通过验收。项目面向工矿企业关键装备运维需求，开展工业摩擦润滑共性基础技术研究以及装备润滑安全数字化建设与工程应用研究，应用人工智能技术，自主研制磨损颗粒智能诊断系统、全生命周期管理案例数据库等产品，搭建装备远程润滑安全监控与智能运维云平台，实现平台端、现场端、移动端、装备端的“数据中心+智能算法库+集成平台”的可视化展现与服务。

8.“广州市院士专家工作站”通过验收 2023年10月30日，由广州机械院承担的“广州市院士专家工作站”通过验收并获评优秀。项目与清华大学王玉明院士团队合作，组建了一支高水平研究团队，聚焦橡塑密封产业的关键、共性技术难题，开展技术攻关。以院士及其团队为纽带，与行业龙头企业、专家团队，建立联合攻关体，推动橡塑密封行业的良性发展。通过柔性引进院士及其团队，充分发挥院士及其团队的科技创新能力，抢占产业创新的制高点，加快我国智能制造基础件技术创新及转型升级。通过提升实际工程能力，推动自主创新能力建设，聚焦密封件产品，推陈出新，加快高端密封件的市场布局，实现产品市场占有率的提升。

【科技创新】

1. 关键核心技术攻关有新成果 高水平完成3项联合体任务年度考核，新承接联合体任务3项。有序推进6项国家重点研发计划、5项工业和信息化部高质量发展专项项目、1项工业和信息化部自然灾害防治技术装备工程化攻关专项。3项成果经鉴定整体技术达到国际先进水平，部分达到国际领先水平。6项产品获批广东省名优高新技术产品。9项科技成果获省部级科技奖项，其中作为第一完成单位荣获8项省部级科技奖。

2. 高端科技创新平台资质有新突破 先进密封技术创新中心获批筹建，实现国机集团和广东省国防领域该类创新平台零的突破。国机智能的“智能装备集成与智能工厂系统解决方案服务平台”、广州机械院的“基于工业互联网＋数据驱动的工业动设备润滑安全监测预警平台”入选2023年广州市“四化”赋能平台名单，广州机械科学研究院有限公司承制单位资格、二级保密资格通过评审。

3. 学术期刊影响力持续提升 2023年，《润滑与密封》《机床与液压》学术影响力大幅持续提升，再次入选《世界期刊影响力指数（WJCJ）报告》，《电加工与模具》时隔27年重新入选北大中文核心期刊。期刊复合影响因子（JIF）持续提升，其中《机床与液压》从2022年的1.092提升到1.339、提升了22.6%，下载量从2022年的49.07万次/年提升到53.84万次/年，核心总被引频次学科排名第2名（共25本期刊）。此外，《机床与液压》荣获中国机械工业联合会机械工业科学技术奖三等奖，被评为“第六届中国精品科技期刊”，刊发的1篇论文荣获中国机械工程学会优秀论文。《润滑与密封》获中国石油和化工自动化应用协会优秀科技期刊奖，刊发的3篇论文荣获中国机械工程学会优秀论文。

【安全生产】

2023年，国机智能未发生生产安全事故及突发事件，未发生轻伤、重伤、死亡、失踪人员情况，未在国内外媒体、互联网上被曝光，未受过应急管理部门通报批评等，荣获国机集团下属企业2023年度安全生产责任目标考核结果A级单位。

1. 在公司全体系范围内开展安全管理强化年专项行动 成立安全管理强化年行动领导小组和工作专班，企业主要负责人担任组长，将责任明确到部门，落实到岗位，压实到个人。安全管理强化年行动领导小组对各层级单位工作进行督导检查，确保各项工作落实到位。

2. 制定和发布《国机智能安全管理强化年行动实施方案》 制定推进思想认识强化实施方案、安全生产责任落实强化实施方案、推进安全生产专项整治三年行动效果强化方案、推进本质安全强化方案等五大方案，通过工作部署、自查自纠、专项攻坚和管理强化、总结巩固四个阶段工作的开展，筑牢安全屏障。推动建立健全安全隐患排查和安全预防控制体系，整治工作成效明显。

3. 搭建职业健康安全管理体系 建立健全全员安全生产责任制，明确各岗位责任人员、责任范围和考核标准等内容，加强对全员安全生产责任制落实情况的监督考核，保证全员安全生产责任制的落实。健全“党政同责、一岗双责、失职追责”的安全生产责任体系，严格落实行政领导班子及党委主要安全生产职责。

【党建工作】

2023年是学习贯彻党的二十大精神开局之

年。在国机集团党委的正确领导下，国机智能党委紧扣高质量发展主题，以贯彻落实党的二十大精神和推进主题教育为主线，不断强化政治引领作用，高质量完成各项任务，企业改革发展和党的建设取得明显成效，获国机集团2022年度党建工作提升奖。

1. 全面贯彻落实党的二十大精神，紧扣“六个结合”和“五个结合”，高质量推动主题教育取得实效　党委将主题教育作为首要政治任务，紧紧围绕“学思想、强党性、重实践、建新功”总要求，坚持把理论学习、调查研究、推动发展、检视整改、建章立制贯通起来，一体推进，通过两手抓、两促进，扎实推动两批主题教育取得实实在在的成效。对照高质量发展目标差距，从培育新动能新优势等六大方向，求真务实破解高质量发展实践难题，以改促建，推动完成高质量发展、群众关切、经营风险等方面问题清单整改整治。

2. 坚定不移地以党的政治建设为统领，推动落实重大决策部署执行更加有力　着力健全完善贯彻落实习近平总书记重要指示批示精神和党中央决策部署的长效机制；严格执行“第一议题”制度，推进全级次“第一议题”标准化规范化，推动形成有跟踪问效工作闭环；着力完善公司治理机制，重新修订“三重一大”决策制度及事项清单，规范董事会运作，建立董事会授权制度，持续优化完善权责法定、权责透明、协调运转、有效制衡的中国特色现代化企业治理机制，有力提升公司治理能力和水平。

3. 树立大抓基层鲜明导向，扎实推进“七抓”工程，基层党建工作质量明显提升　紧盯党建工作短板弱项，以点带面统筹推进“七抓工程”，突出从有形覆盖到有效覆盖抓组织，突出选优配强基层组织抓书记，突出队伍整体素质提升抓党员，突出能力水平提升抓培训，突出打造党建品牌抓活动，突出落实党建工作责任抓制度，突出两个1%抓保障。

4. 以党建品牌创建为载体，纵深推动党建与业务融合提升，党建引领保障作用显著增强　紧扣集团党委“一企一特色、一支部一品牌”的部署，推动基层党组织用好各类融合提升载体，聚焦主责主业，各基层党组织创建12个党建品牌，推动开展18个“党建+”项目，组建9个党员突击队，通过打好党建品牌“组合拳”，以“创建”促“创新”，以“活动”带“活力”，以“品牌”提“品质”，深度推动党建与业务融合提升。

5. 坚持人才强企，大力实施“双塔”计划，组织保证和人才支撑作用更加坚强有力　坚持“人才是第一资源”，常态化推进实施“双塔”计划，2023年度“双塔”人才“双一流”“985”“211”及海外Top200高校毕业生占比提升到47.5%；优化人才引进政策，全年博士引进从0突破到3人，硕士人才较上年提升163%。构建市场化激励约束机制，实行强激励硬约束，制修订优化4项激励约束制度，全员绩效结果实行强制分布。

6. 凝聚发展合力，宣传思想文化，群团统战工作打开新局面　扎实推进企业文化提升行动，初步凝练“强、创、精、诚”的企业文化，推出60年科研院所和细分行业优势技术的创新发展3期专题报道，培育昂扬向上的院所文化，持续强化工会服务职工能力建设，扎实推进职工素质提升和岗位建功活动，丰富职工业余文化生活。常态长效召开统战人士座谈会，健全完善聚智机制。

7. 保持永远在路上的清醒，正风肃纪反腐，多措并举护航企业高质量发展更加平稳坚定　自觉践行“两个维护”，保障重大决策部署落实落地，督促贯彻落实安全生产各项要求，防范化解安全生产风险。着力培育特色廉洁文化，多维度抓实廉洁宣传教育月活动，加强对“一把手”的监督，发挥政治巡察利剑作用，制定国机智能党委巡察工作规划（2023—2027年）。

【信息化与数字化建设】

2023年，公司全面加强信息化基础设施及网络安全管理、增强财务信息化运维能力、推进财务BI分析等应用系统建设工作，从管理规范化、设备升级替换、策略完善、运维时效提升、增强技术能力、构建开发能力体系等方向对公司各项信息化工作进行优化完善。同时积极推进从研发生产到经营管理全链条的数字化能力提升，服务国机智能数字化赋能及蓄能行动。

1. 全面规范技术设施管理 完成公司信息化基础设施的全面梳理和规范整顿，并将在后续持续优化完善；深化动力环境监控系统建设，针对广州 3 个院区的环境状况开展实时监控和异常报警；完成公司机房及弱电间等基础设施的安防监控系统部署、服务器及网络运维监控平台建设，实现核心 IT 设备的资源监控及异常告警。

2. 提升公司网络安全能力 始终将网络安全能力提升作为重要工作之一，提出以“常合规、能力全，强对抗”为目标的网络安全建设规划；深入推进 VPN 链路安全性改造、防火墙安全性升级、终端防护系统升级等网络安全专项提升工作，查漏补缺，持续完善网络安全缺口及薄弱点。

3. 扎实做好财务系统运行维护 秉承“业务主导、需求驱动、技术落地”的原则，做实做细公司财务信息化工作，推动公司经营管理信息化赋能工作迈上新台阶。2023 年共处理财务信息化运维问题 1 500 余个，完成财务共享平台的年度版本升级，更新多个功能模块。

4. 建设完善各项信息化系统 公司于 2023 年全面开展财务分析 BI 系统建设工作，辅助提高财务数据汇总分析效率，直观可视化掌控财务运行状况；通过对企业信息门户平台的版本升级，成功解决功能缺陷，扩展系统功能；开启应用中心区域，实现公司层面应用系统集中管理。

【履行社会责任】

2023 年，公司消费帮扶 170 万元，多途径解决广东省潮州市红花村红薯滞销问题；全力配合大埕镇东埕村完成活动广场、鸿程大道等多项民生项目；组织参与“饶平有礼　湾区共享”主题展销会；国机智能“彰显国企担当　共绘振兴新画卷”被评选为 2022 年“千企帮千镇　万企兴万村”典型案例。

桂林电器科学研究院有限公司

【基本概况】

桂林电器科学研究院有限公司（简称桂林电科院）始建于 1954 年，1999 年 7 月转制为科技型企业，2013 年整体改制为有限责任公司，现隶属于中国机械工业集团有限公司。

桂林电科院经过专业与产业重组，现已发展成为集科技创新、科技服务和科技产业于一体的创新型企业，聚焦电工电子材料、薄膜制造装备及特种电机的研发与制造，检测及行业技术服务三大主业；是我国电工合金、绝缘材料、模具行业的技术归口单位，担负着全国相关行业发展规划、情报信息、产品标准、产品质量监督检测及组织行业进行科技攻关等行业工作，在国内外同行业中享有较高的知名度和行业地位；主导产品的中高端用户市场占有率在行业中名列前茅，是用户替代进口实现国产化的首选供应商。

2023 年公司实现营业收入约 8.9 亿元，同比增长 1.19%；利润总额 1 924 万元，同比下降 4.75%；净利润 1 619 万元，同比增长 7.78%；经济增加值完成 2 607 万元，同比下降 16.04%；全员劳动生产率为 29.84 万元 / 人，同比增长 16.70%。

【主要指标】

2022—2023 年桂林电科院主要经济指标完成情况见表 1。

表 1　2022—2023 年桂林电科院主要经济指标完成情况

指标名称	2022 年	2023 年	同比增长（%）
资产总额（万元）	110 307	112 321	1.83
净资产（万元）	59 241	60 351	1.87
营业收入（万元）	87 785	88 833	1.19
利润总额（万元）	2 020	1 924	-4.75
技术开发投入（万元）	7 054	6 702	-4.99
利税总额（万元）	5 193	6 372	22.70
EVA 值（万元）	3 105	2 607	-16.04
全员劳动生产率 [万元 /（人・年）]	25.57	29.84	16.70
净资产收益率（%）	2.56	2.71	增加 0.15 个百分点
总资产报酬率（%）	2.44	2.08	减少 0.36 个百分点
国有资产保值增值率（%）	102.54	102.86	增加 0.32 个百分点

【改革发展】

1. 推动组织架构扁平化　撤销下属全资公司董事会，实行财务统一垂直管理。构建三级管理干部架构，减少管理层级，缩短管理链条。变法人管理为主为业务管理为主，建立管控有力、灵活高效的经营机制。

2. 调整总体研发方向　聚焦主责主业，将总体研发方向调整到绝缘行业关键共性基础技术研究和关键核心技术攻关，以发挥自身优势，希望能够重建绝缘行业影响力。探索实施重大科技专项，建立与市场需求、自身基础紧密结合的研发创新机制。

3. 调整重点业务方向　经反复研讨慎重考虑，决定关停存在重大环保隐患且持续亏损的聚酰亚胺薄膜制造业务。

4. 深化三项制度改革　推进考核激励市场化改革，推动核心骨干人才薪酬水平与市场接轨，探索实施薄膜装备业务中长期专项激励，激发企业活力提升组织效能，全员劳动生产率和人均薪酬逐年提升。2023 年全员劳动生产率比 2022 年提升 16.7%，人均薪酬增幅超过社会平均工资增长水平。

5. 开展“十四五”规划中期调整，聚焦主责主业　根据深化国有企业改革要求，公司在“十四五”规划调整中强调，在增强核心功能上，重建绝缘技术研发能力，为行业技术进步服务。在提升核心竞争力上，优化产业布局，集中资源发展电工材料、装备制造、科技服务三大主业。基于自身优势，沿“技术路径”“市场路径”积极向战略性新兴产业方向拓展。

6. 获得国有资本金增资　在国机集团的大力支持下，组织实施“机械工业双向拉伸薄膜成型工程研究中心能力、电工材料应用创新和检测能力提升建设”国有资本金项目。

【重大项目】

2023 年，桂林电科院电工电子新材料产业基地建设完成，除薄膜厂房外所有单体建筑完成消防验收，并完成主要在用建筑不动产权证办理。

【科技创新】

1. 积极服务国家战略　公司牵头申报“锂电池产业链‘锻长板’LZ 企业攻关——高性能隔膜成套自动化生产线”任务，参与“工业母机产业链 LZ 攻关”任务、“基础制造工艺装备原创技术 CYD”“有色金属材料原创技术 CYD”等工作。获得集团支持，正在实施“新一代锂电池干法隔膜拉伸生产线研制及产业化”“绿色环保聚乳酸薄膜专用成套生产线产业化技术”两项集团重大专项项目和“电器设备海洋环境损伤传递机制与寿命预测研究”集团创新专项项目。

2. 有序开展科研管理 2023 年新增科研项目立项 24 项，提交专利申请 22 项，获授权专利 19 项。组织实施了重大科技专项立项，首批申报的 9 个储备项目均为各业务紧密结合市场需求和自身能力提出的可落地项目，助力各业务未来可持续发展。“特高压高端绝缘纸板微米级检测与国产化应用”获广西科学技术进步奖三等奖；公司的“1.6m 幅宽双向拉伸聚酰亚胺薄膜生产线”，被广西科技厅认定为广西国内首台（套）重大技术装备。

3. 积极参与国际标准工作 2023 年主持或参与制修订国家标准 15 项、行业标准 29 项。国际标准方面，IEC 提案《矿物油变压器替代绝缘液换油技术导则》已正式立项并成立 JWG46 工作组，这是我国首次在 TC10 中成功立项；在 IEC TC15 争取组织牵头 IEC 60554-3-4《电解电容器纸》国际标准的修订；主持的国际标准修订项目《冲模　氮气弹簧　第 1 部分：附件规格》已通过 DIS 投票，计划在 2024 年发布；ISO/TC29/SC8 提案《成型模　方导柱和耐磨板》正在投票中。

4. 获得新资质平台和荣誉 2023 年桂林电科院被工业和信息化部认定为国家专精特新“小巨人”企业、确定为“产业技术基础公共服务平台”；赛盟公司获得国家高新技术企业认定；公司“广西高性能膜材料成套装备创新中心”被广西工信厅列为 2023 年广西制造业创新中心试点培育对象；广西电工材料工程技术研究中心成功转建为广西电工材料技术创新中心；《绝缘材料》杂志荣获“2023 年广西优秀出版物奖”，并再次入选《中文核心期刊要目总览》；桂林电科院被评为“桂林市科技创新先进集体”。

【安全生产】

桂林电科院以人为本，坚持人民至上、生命至上，把保护人民生命安全摆在首位，树牢安全发展理念，坚持安全第一、预防为主、综合治理的方针，从源头上防范化解重大安全风险。坚持“党政同责、一岗双责、齐抓共管、失职追责”的工作原则，党政团工会逐级落实全员安全生产责任制和双向承诺制度，做到安全生产责任体系“五落实”“五到位”，坚决执行“谁主管、谁负责”的原则，做到“纵向到底、横向到边”，公司与工程承包单位签订专门的安全生产管理协议，明确各自的安全生产管理职责，并对承包单位的安全生产工作统一协调、管理，定期进行安全检查，发现安全问题及时督促整改。

2023 年，桂林电科院未发生一般及以上生产安全事故、重大特种设备事故、重大火灾事故、重大爆炸事故、重大环境污染事故和社会影响较大的职业危害事故；未发生违反《中央企业安全生产禁令》的行为。全年投入安全生产费用 488 万元，环保治理费用 44 万元，通过安全生产标准化三级达标认定，安全环保目标均顺利达成，在国机集团安全目标考核中获评良好。成功处理桂林市经三路建设拟拆除辰山园区部分房屋设施的问题，保证公司园区的完整性。

【党建工作】

1. 扎实开展主题教育 桂林电科院党委高度重视，统筹谋划精心部署，成立主题教育工作领导小组和办公室，建立“4433”工作机制，挂图作战、动态更新、逐一落实。创新理论学习形式，突出“五学”联动并举，大兴调查研究，做好检视整改，两批主题教育共梳理出 39 项问题，采取 68 条措施，均已完成“销号”，以整改推动主题教育动真章、见实效。认真做好第二批主题教育督促指导工作，坚持一周一汇报、一月一总结，定期召开工作推进会、列席下属公司各环节的重要活动，高标准、严要求地提出指导意见，确保第二批主题教育“不走样”；同时做好主题教育专题宣传，在微信公众号、OA 内网、宣传栏进行主题教育宣传，网上网下持续加力升温，营造了浓厚学习氛围。

2. 坚持不懈用党的创新理论武装头脑 2023 年组织党委理论中心组学习 7 次会议 11 个专题，深入学习习近平总书记重要讲话和指示批示精神；在党委会上认真执行“第一议题”学习制度，全年共开展“第一议题”学习 21 次，建立工作台账，形成传达学习、研究部署、贯彻执行、跟踪落实的工作机制。

3. 推动党建工作提质增效升级 强化“三基”建设，落实“七抓”工程，圆满完成公司党委换届选举和基层党支部调整及换届选举工作；组织落实国机集团“百千工程”要求，开展党支部标准化规范化建设“回头看”以及国机集团示范党支部推荐工作；2023 年组织 4 次党建检查，通过交叉检查加强支部间交流，落实经常性督查指导要求；开展党费专项检查，规范基层党支部的党费收缴、管理和使用。

4. 持续推进党建工作与生产经营融合提升 公司组织党支部与产业链供应链上单位党组织结对共建，加强职能部门党支部与生产经营一线党支部的对话交流，促进资源共享；党员带头认领党建项目，推动党员攻坚克难与聚焦解决企业重点难点问题相融合；广泛开展立足岗位建功活动，开展党员承诺践诺活动，推动解决公司经营发展难题。

5. 深化全面从严管党治党，不断加强党风廉政建设 聚焦“关键少数”，签订《党风廉政建设责任书》，逐级压实领导干部“一岗双责”。完善制度机制，组织或推动制修订制度规定 29 项，推动作风建设持续向好。开展好国企改革提升行动、境外腐败治理、落实中央八项规定精神专项治理等专项工作，做好差旅费、业务招待费、公车管理等专项监督检查，不断巩固风清气正的良好政治生态。从实做好日常监督，聚焦重点领域、关键环节和重要岗位，严肃查处违纪违法案件，对党员干部监督提醒常态化。持续深入开展“廉洁宣传教育月”活动，开展党性教育、纪律教育和警示教育，推动公司廉洁文化走深走实。

【信息化与数字化建设】

桂林电科院积极落实“十四五”规划，启动智能化、数字化赋能工程，持续加强“智能智造”建设，积极开展工业互联网构建和基于工业互联网的管理优化系统建设。2023 年，持续深化费控系统应用，实现财务对公、对私支付业务的全覆盖，进一步优化运营合同和技改专项流程管理方案，提升管理人员的工作效率；司库系统完成多个模块的上线应用，紧跟集团建设进度；新建子公司“链铗工时管理”可视化管理系统，实现了显示屏上实时、滚动播放链铗任务完成情况及公司宣传信息；开发子公司实时数据采集系统，实现对主要生产设备的实时数据采集和质量监控，有效提高了数据可溯源性，赢得更多客户信赖。

【履行社会责任】

2023 年桂林电科院积极履行社会责任，积极参与四川省广元市朝天区扶贫工作，投入帮扶资金 16.5 万元，采购对口支持地区帮扶产品 39.91 万元，助力乡村振兴；坚持到龙胜县乐江乡西腰小学开展慰问帮扶，开展知识科普和传统文化传播活动，捐赠爱心慰问品；积极组织学雷锋、创城、保护绿水青山等志愿服务活动。

国机海南发展有限公司

【基本概况】

2023 年，国机海南发展有限公司（简称国机海南）贯彻落实党的二十大精神，扎实开展习近平新时代中国特色社会主义思想主题教育，团结带领公司广大干部职工，秉承“敢闯拼搏、为公利他”的核心价值观，以奋发有为的状态和改革创新的精神，推动公司“二次创业”高质量发展迈上新台阶。

国机海南在深入研判国内国际产业发展大势基础上，按照国机集团战略规划和国务院国资委战略部署要求，逐步清晰厘定农业、自贸港建设、战略性新兴产业作为公司三大主责主业，总体经营运行呈现稳中向好的态势，2023 年资产总额、净资产、利税总额、全员劳动生产率等主要指标比 2022 年同期实现正增长。

【主要指标】

2022—2023 年国机海南主要经济指标完成情况见表 1。

表 1 2022—2023 年国机海南主要经济指标完成情况

指标名称	2022 年	2023 年	同比增长（%）
资产总额（万元）	261 475.13	337 339.91	29.01
净资产（万元）	93 146.21	97 638.13	4.82
营业收入（万元）	173 879.24	69 721.81	-59.90
利润总额（万元）	13 225.43	5 789.16	-56.23
利税总额（万元）	16 566.97	18 454.18	11.39
EVA 值（万元）	3 869.34	-2 346.01	减少 6 215.35 万元
全员劳动生产率［万元 /（人·年）］	109.97	112.88	2.65
净资产收益率（%）	10.88	4.02	减少 6.86 个百分点
总资产报酬率（%）	4.65	2.00	减少 2.65 个百分点
国有资产保值增值率（%）	115.16	104.84	减少 10.32 个百分点

【改革发展】

国机海南健全中国特色现代企业制度体系，在完善公司治理中加强党的领导，持续完善董事会运行评价机制、加强外部董事队伍建设，落实董事会职权，重点深化三项制度改革、加强风险防控体系建设、提升公司运转效率和资金管理能力、推动公司技术和产品创新，打造充满活力、健康高效的现代央企。

1. 抓紧抓实队伍建设 实施“激励关爱”行动，修订人才引进、培养、管理等制度 12 项，尤其是出台新的薪酬、奖金和考核方案，不断激发和释放人才效能，完善按业绩贡献决定薪酬的分配机制，以薪酬配置优化强化正向激励，助推企业效益增长。明确公司全体中层及以下员工 221 人的岗位职责和要求，并根据岗位等级核定工资。实施“雁阵齐飞”人才行动，努力做到“选好头雁、壮大群雁、培育雏雁”；实施“充电赋能”行动，2023 年组织开展各类培训 70 余次，打造专业化管理人才、业务人才队伍，为公司高质量发展提供人力资源保障。

2. 不断强化经营管理 持续提升运转效率，出台新的印章管理办法，优化用印审批流程，最快做到 15min 用印；加快推进数字化技术与公司经营管理深度融合，启动 ERP 管理系统建设工作；加强资金管理能力建设，与中国出口信用保险公司、交通银行、国家开发银行、中国进出口银行、中国农业发展银行和海南银行等金融机构广泛建立业务对接机制；严格执行国务院国资委关于“十不准”的要求，先后编制、修订贸易业务制度 17 项，创建设立项目及合同评审小组预评审模式和专门物权管理机构，全面加强业务全过程风险防控，不断前移风险管控关口，坚决杜绝虚假贸易、融资性贸易和托盘贸易发生，进一步完善案件管理机制，强化案件管理，实现以案促管；全面推进企业经营合规培训宣贯，以“制度 + 队伍建设”双管齐下，不断提升贸易项目物权、合格供方、优质客户管理质量。

3. 突出品牌文化传播 加强宣传阵地建设，推进国机海南中英文官方网站上线，开通微信视频号，着力提升公司微信公众号内容质量，微信公众号发布信息 146 篇；加大品牌建设力度，建立与重点主流媒体及地方主要媒体的沟通工作机制。2023 年进博会期间，央视新闻对公司与巴西马州签署农产品进口合作协议进行专访报道，全网浏览量近 20 万次，提升了公司品牌形象和行业地位。对国机海南 VI 进行优化升级，研究提炼出公司的企业文化、理念，提升了公司品牌形象和凝聚力。

【重大项目】

国机海南充分贯彻落实党中央、国务院关于把海南建设成为新时代全面深化改革开放新标杆，形成更高层次改革开放新格局的战略部署和习近平总书记对海南自由贸易港建设的重要指示精神，锚定成为“数字化驱动的农业和新能源集成服务商、海南自贸港建设的重要力量”战略定位，积极投入海南自由贸易港建设。

1. 农产品贸易与农业工程 2023 年 10 月，国机海南成功完成首单 6.3 万 t 巴西大豆进口贸易合同签约，总金额 3.15 亿元；11 月在第六届中国国际进口博览会上，国机海南与巴西马托格罗索州政府签署农业现代化一揽子合作协议，并与马州大豆和玉米生产商协会达成 300 万 t 粮食进口合作协议；12 月底，首批巴西大豆顺利抵达国内，在巴西市场耕耘初见成效。2023 年完成粮食内贸收储约 4 万 t，不断夯实粮食收储领域的基础性能力建设，并逐步将业务面拓展至高端水产品（北欧、北美北极虾等）、冻品（南美牛肉等）、坚果（东南亚腰果）、干果（东南亚芒果干）、糖类（巴西白糖）、水果（智利车厘子）等特色农产品品类，不断丰富公司农产品贸易业务体系。创新贸易业务模式，在国务院国资委、国机集团的指导支持下，积极推进与中国路桥公司及中国能建葛洲坝贸易公司的特殊贸易合作，完成首批总金额 1 461 万元 1 000t 莫桑比克芝麻进口贸易合同的执行，帮助兄弟单位在海外消化沉淀当地货币。与中国一拖在广东省兴宁市、陆丰市共同推进土地整治项目，在建设宜机化高标准农田基础上，开展“耕、种、管、收、储、售”农业社会化服务，现已完成 11 个村 13 000 亩（1 亩 ≈ 666.67m^2）土地流转沟通和协调工作，以及 500 亩的农业示范园规划建设。

2. 海南自贸港建设 国机海南与海南潭门渔歌公司签署首批 3 000 万元南海礁类鱼产品贸易合同，打造南海渔业 2C 端自有品牌，帮助海南自贸港推广具有海南和南海地域特色的农渔产品，积极传播南海渔民敢闯拼搏的渔歌文化，助力弘扬新时代自贸港精神。稳步推进海南省琼中县湾岭农产品加工物流产业园（北区）标准复式厂房建设、海南省五指山市海南省第二人民医院胡大一心脏中心扩建等与国机集团下属企业在海南的协同业务，助力岛内基础设施及民生工程建设。紧抓绿色自贸港建设机遇，充分响应国家“碳达峰、碳中和”政策号召，与大唐海南等合作伙伴积极开发岛内新能源建设项目。

3. 新战略领域业务 充分发力战略性新兴产业，大力推动数字贸易出口跨境电商、高端机械装备出口等产业发展。自 2023 年 4 月起，出口跨境电商业务年业务量超过 2 700 万美元。推出海汇云商平台，以数字贸易驱动出口跨境电商业务发展，推动产业数字化和数字产业化，实现“中国制造”向“中国创造”、“中国商品”出口向“中国品牌”出口的阶梯式跃升。高端机械装备出口业务持续快速增长，2023 年完成价值 1 亿元的新能源汽车、农业机械等高端机械装备产品出口。

【国际合作】

2023 年，国机海南深入研判国内外经济行业发展形势，努力克服俄乌战争持续不停等困难，以国际农产品合作、出口跨境电商、高端机械装备出口、国际能源合作等战略及经营业务为抓手，在巴西、蒙古国、东南亚三大战略区域市场奋发新作为，在乌克兰、安哥拉、赞比亚三大传统区域市场实现新突破。

1. 努力推进乌克兰农贸一揽子项目恢复 俄乌战争导致国机海南乌克兰农贸一揽子项目被迫中断。国机海南成立乌粮食贸易工作小组，与乌粮集团、中国驻乌使馆、乌驻华使馆等多方保持紧密沟通，积极推进项目恢复。2023 年 9 月 1 日，乌粮集团新任董事长致信公司，表示将继续推动中乌粮贸合作，并考虑扩大农业领域互利合作。国机海南成立专门业务工作组与乌粮集团新任领导层保持密切沟通，积极推动项目重启、向国家发展改革委申请新一期进口玉米配额等工作。

2. 探索农业工业化种植、农业社会化服务转型 2023 年 6 月，国机海南与巴西马州政府、当地农业企业签订一系列农业基础设施建设协议，涵盖农业机械、仓储设施、灌溉设施和物流设施建设等事项，正积极推进有关合作。在 11 月举办的中非农业合作论坛期间，国机海南同十余个与会非洲国家农业管理部门负责人、驻华使节等进行深入沟通交流，推动国机海南充分发挥深耕非洲市场经验，以农业工业化种植、深加工项目等为抓手助力非洲国家农业工业化种植建设。

3. 高端机械装备出口 2023 年，国机海南协同兄弟单位——农机装备出海国际市场，助力提升国机集团整体竞争优势与价值创造能力；与中国一拖开展农机出口协同业务，将 20 台农用拖拉机销售给瑞士 Daniel Trading 公司（终端用户位于波兰），合同总金额 34.95 万美元，已签约生效；与农机院下属企业现代农装科技股份有限公司保定分公司协同推进首批 11 套采棉机采棉头出口南非项目，总金额约 150 万元，后续积极促成整机出口业务落地，不断将国机集团优质现代农机产品推向世界舞台。扎实做好与新加坡、土耳其、日本、澳大利亚等多个客户执行光伏产品出口业务，累计实现销售金额约 1.2 亿元。

4. 与海南及南中国海国家共商蓝色合作大计 以清洁生产、绿色技术、海洋装备、循环经济为基础，铸造可持续发展“蓝色引擎”，与海南及南中国海国家开展合作，促进海洋产业发展和转型升级；已收到来自南太平洋岛国瓦努阿图、萨摩亚等国家大使在新能源设施、海水淡化设施等方面的合作意愿，后续将积极推动落实有关合作。

5. 国际能源合作 积极响应中蒙两国政府联合声明，积极参与蒙古国煤炭进口、煤炭网上竞买，累计进口煤炭超 50 万 t，一定程度上弥补了国内煤炭战略性缺口。

6. 海外工程承包 坚守赞比亚和安哥拉市场，扎实推进在手的 14 个国机集团非实体工程承包业务、自主承包业务履约，截至 2023 年 12 月 31 日，各项目均有序推进。

【安全生产】

2023 年，国机海南始终贯彻“安全第一，预防为主、综合治理”的方针和“党政同责、一岗双责、齐抓共管、失职追责”的原则，安全生产稳定有序，未发生生产安全事故及各类突发事件。

健全完善安全管理体系，逐级落实各级安全管理职责，定期召开安全生产委员会会议，研究部署安全生产工作。重视对员工的安全教育培训，通过定期组织安全知识培训、应急演练等活动，增强员工的安全意识和操作技能。持续强化境外安全风险管控，定期开展境外安全排查、境外风险与安保匹配性评估及应急演练。以“安全管理强化年”为主线，深入查摆问题短板，制定任务清单，逐一整改落实、强化提高，全面提升公司安全生产整体水平。

【党建工作】

2023 年，国机海南落实新时代党的建设总要求，把坚持党的领导，加强党的建设贯穿到公司改革发展全过程，以高质量党建引领保障企业高质量发展。

1. 坚持以习近平新时代中国特色社会主义思想为指导 贯彻落实党的二十大精神，扎实开展学习贯彻习近平新时代中国特色社会主义思想主题教育，定期召开领导班子专题民主生活会，紧密联系思想、作风和工作实际，深入检视问题，开展党性分析，不断提高班子治企能力和领导水平，坚决捍卫“两个确立”，增强“四个意识”、坚定“四个自信”、做到“两个维护”。

2. 不断强化公司临时党委“把方向、管大局、保落实”的领导作用 高标准履行管党治党主体责任、党建入章程、落实“第一议题”制度，先后召开党委会 37 次，研究审议涉及公司党的建设、公司治理、市场开拓等“三重一大”议题 78 项；出台《国机海南临时党委贯彻落实习近平总书记重要指示批示和党中央决策部署工作规定》，确保党中央、国机集团党委决策部署在国机海南落地见效和一贯到底。

3. 注重全面从严治党和党风廉政建设 制定《党风廉政建设责任制暂行办法》《关于落实党风廉政建设监督责任的意见》，组织开展廉洁教育，逐级签订“党风廉政建设责任书”；认真贯彻国机集团党委关于推进巡视整改和违反中央八项规定精神问题专项治理工作会议部署，累计受理处置信访举报和问题线索8件；建立中央纪委国家监委通报警示提醒机制，开设“指间警示课堂”，编印警示周报28期。

4. 抓牢抓实基层党组织建设 制定出台《国机海南领导班子成员基层联系点工作制度》《国机海南发展有限公司领导干部“四下基层”工作方案》，常态化推进抓党建促基层治理能力提升。制定《国机海南基层党支部建设标准化规范化建设工作方案》《国机海南基层党建工作考核评价办法》，结合国机海南、中国成套一体化管理实际，对10个基层党组织进行科学优化调整；先后选派5名党务干部参加业务能力培训，组织6名同志参加党员发展对象培训，公司临时党委班子成员为基层党员职工群众开展5次党课宣讲。2023年，公司1个基层党组织、1名党务工作者、3名党员受到海南省国资委党委表彰。

5. 始终坚持党建与经营相融合 制定完善“三重一大”决策制度和权限事项清单，出台《基层党支部党建与业务深度融合实施细则》。以推动“二次创业”高质量发展为主题，以改革创新为根本动力，开展党建文化综合品牌和核心元素创建：确立“数字化驱动的农业集成服务商、海南自贸港建设的重要力量”战略定位，标定“三个艰难转型”的发展方向，厘定具有国机海南特色的“六个成为”“六个建设”发展战略，提出“融汇全球资源、共享人类文明”的公司愿景，确立“敢闯拼搏、为公利他”的核心价值观，明确“粮食安全的保障者、绿色发展的推动者”的使命任务和要努力发扬的“四千四万”吃苦精神，努力把党的政治优势转化为公司的发展优势、竞争优势。

【履行社会责任】

2023年，国机海南积极参加中央企业消费帮扶行动，全力助力乡村振兴，人均消费帮扶金额位列国机集团二级企业前3名。

国机海南积极参与社区日常事务，公司两名员工分别担任党员居民小组长、社区事务监督委员会成员，参与社区民主议事；选派员工担任辖区垃圾分类卫生管理督导员，工作之余参与社区垃圾分类督导工作；协助社区做好安全、禁毒、社会救助等政策宣传。2023年海南省政府推行“2+3”疾病免费筛查服务民生工程，国机海南积极协助驻地海口珠江社区在国机海南大厦设点提供免费筛查服务。通过筛查服务，提高大厦办公人员、公寓楼业主及周边群众对高血压、糖尿病、病毒性肝炎等疾病防治意识，实现对疾病“早发现、早诊断、早治疗、早管理”。

国机数字科技有限公司

【基本概况】

为深入贯彻党的二十大关于建设“制造强国”“农业强国”“数字中国”的战略部署，贯彻落实国务院国资委关于加快推进国有企业信息化建设和数字化转型的工作要求，国机集团强化顶层设计，精心组织实施，立足国务院国资委首批批准的两项行业公有云——“农机云”“机械装备行业云”（简称两朵云）平台建设运营，设立国机数字科技有限公司（简称国机数科），加快推进国机集团数字化、网络化、智能化转型发展，以数字技术赋能农业农村现代化和新型工业化发展。

2023年8月9日，国机数科在江苏省南京市玄武区完成工商注册。围绕战略方向与核心主业，国机数科稳步推进“两朵云”建设，重点跟进农业农村部“全国农机作业指挥调度平台”“国机集团一体化管控平台建设项目”等，打造形成“2+2+N+X”（第一个2指的是“农机云”“机械装备行业云”两朵云，第二个2指的是“全国农机作业指挥调度平台”“国机集团一体化管控平台建设项目”两个重点项目，N指的是赋能N个行业，X指的是开发X个场景和项目）的业务发展格局。

【主要指标】

截至2023年12月31日，国机数科实现营业收入1 788.56万元，亏损110.07万元，2023年国机数科主要经济指标完成情况见表1。

表1　2023年国机数科主要经济指标完成情况

指标名称	2023年
资产总额（万元）	34 262.31
净资产（万元）	29 889.93
营业收入（万元）	1 788.56
利润总额（万元）	-110.07
技术开发投入（万元）	0
利税总额（万元）	4.41
EVA值（万元）	-1 082.06
全员劳动生产率[万元/（人·年）]	31.62
净资产收益率（%）	-0.74
总资产报酬率（%）	-0.59

【改革发展】

国机数科积极贯彻“人才强企”战略，全方位打造人才队伍建设“梧桐计划”，着力构筑数字人才新高地。

1. 采用多样化方式吸纳人才　夯实公司开局起步的人才支撑，采用挂职、借调、社会化招聘等方式吸纳各类优秀人才，保障各项工作的全面高效推进。同时，持续推进行业数字化人才招聘，吸引知名企业的数字化人才加盟。

2. 构建多通道人才职业发展体系　“梧桐计划”员工发展通道分为管理、运营、技术三类，晋升职级分基础层、骨干层、中枢层、高管层、“云”层级共五层九级体系。其中，技术人才设立高于高管层的行业战略专家、数字化一流人才的“云”层级，给予最大力度政策保障。

3. 构筑市场化考核激励机制，激活人才发展能量　实行中层管理人员聘期制管理模式，明确干部考核涵盖综合考核评价和经营管理责任考核。同时，搭建员工能进能出市场化用工机制、薪酬能增能减的差异化激励机制，强化季度考核和年度考核结果运用。

【重大项目】

在“两朵云”的基础上，国机数科坚持“以云促产”“云产共生”，实现重点项目零的突破。

1. 承接“全国农机作业指挥调度平台”，实现国家级项目零的突破　国机数科注册当天，受农业农村部农机化司邀请，参加“全国农机作业指挥调度平台”建设工作。国机数科快速组建团队，专项推动平台建设方案编制。截至2023年12月31日，项目已印发建设“全国农机作业指挥调度平台”通知、方案及说明，稳步推进平台建设，确保于2024年“三夏”前上线使用。

2. 推进“国机集团一体化管控平台建设项目”，实现国机集团该类项目零的突破　国机数科围绕国机集团“十四五”网信规划，落实推动“一中心三平台”（数据资源中心、协同办公平台、综合管控平台、国资监管平台）建设。截至2023年12月31日，国机集团一体化管控平台1.0上线试运行，完成人力资源一期组织库、人员库信息的收集和建设，覆盖国机集团近12万人员信息。启动建设产业协同模块，构建产业地图1.0。

【安全生产】

国机数科全面贯彻习近平总书记关于安全生产的重要论述，强化安全生产责任落实。全面梳理当前安全生产风险隐患，重点强化项目建设现场、南京办公场所安全管控，保障办公、公寓等场所安全，并针对特殊天气及岁末年初工作进行部署，提醒做好极端天气下的安全生产工作，统筹发展和安全。

【党建工作】

2023年10月26日，国机数科召开干部大会，宣布国机集团党委关于成立国机数科临时党委的决定。自成立以来，国机数科临时党委坚持以习近平新时代中国特色社会主义思想为指引，推进党建重点任务落实落地，为公司开局起步提供坚实保障。

1. 党业融合同步谋划，党建责任进一步压实 国机集团结合两个重点项目，组织设立国机集团全国农机作业指挥调度平台工作组临时党支部、国机集团一体化管控平台项目建设工作组临时党支部，加强重点项目领域党的领导。同时，临时党委严格落实党建工作责任制，健全党建工作机制，严格执行“三重一大”决策制度，促进科学民主决策。

2. 理论学习不断夯实，理想信念更加坚定 结合国机数科多地办公实际，线上依托国机数科微信公众平台，推送习近平总书记关于数字经济发展的重要论述、国机集团公司党建工作会议精神等，巩固学习重点，明确工作方向；线下打造党员活动室，悬挂党旗，设置学习图书角，分类摆放党章党规、《习近平总书记重要讲话精神学习辅导读本》等，为党员学习教育打造专属“充电”空间。

3. 全面从严治党持续推进，作风建设不断强化 从严开展违反中央八项规定精神问题专项治理的自查自纠工作，成立专项治理工作小组，制定专项工作方案，坚持“四个主体”“四个责任”，探索形成“临时党委带头、各部门协同配合、全体党员干部严格落实”的自查自纠体系。

【信息化与数字化建设】

国机数科围绕服务“数字中国”建设核心功能，立足“两朵云”建设运营，积极服务农业农村现代化与新型工业化，为机械工业数字化、网络化、智能化发展提供支持。

1. 完善“两朵云”建设方案，明确路线图 聚焦农机调度等场景，率先开展“农机云”建设方案完善工作。积极对接全国相关省市研究落地场景，并在2023中国国际农业机械展览会上正式对外发布“农机云”建设战略；强化“机械装备行业云”内部资源整合与行业调研，与国际装备制造、过程管控及国内双跨平台对接，初步形成“机械装备行业云”方案。

2. 探讨云平台底座搭建，做实支撑点 深耕平台建设方案与底座搭建，塑造“两朵云”核心功能，已与“天翼云”团队探讨确定“农机云”底座搭建方案；中央企业行业云联合工作组现场考察调研“两朵云”建设及未来发展情况，探讨云平台底座对行业云应用、知识、模型支撑完善方向，同时，代表国机集团参加中央企业行业云建设推进大会，对“两朵云”建设推进情况进行汇报。

3. 积极对外拓展，提升影响力 与上下游企业交流智慧农业、合作社管理、滴滴农机等业务，协同产业链企业发展；作为副主任单位加入“中国农业机械流通协会智慧农业产教融合专委会”和“精准农业技术装备分会”，打造数字农业生态体系，受到行业普遍关注。

2024

中国机械工业集团有限公司年鉴

CHINA NATIONAL MACHINERY INDUSTRY CORPORATION LTD. YEARBOOK

第四篇

规章制度选编

中国机械工业集团有限公司
党委理论学习中心组学习实施意见

（2023 年 12 月修订）

为贯彻落实《中国共产党党委（党组）理论学习中心组学习规则》和《关于进一步提高党委（党组）理论学习中心组学习质量的意见》，进一步推进中国机械工业集团有限公司（以下简称国机集团）各级党委理论学习中心组（以下简称党委中心组）学习制度化、规范化，持续提高党委中心组学习质量，推动理论武装工作深入开展，提高领导干部的政治素质、理论水平和工作能力，不断加强领导班子思想政治建设，制定本实施意见。

一、重大意义

党委中心组学习是国机集团各级党委领导班子和领导干部在职理论学习的重要组织形式，是加强党的政治建设、严肃党内政治生活、强化党性修养的重要制度安排。面对新形势新任务，必须从深入推进党的新的伟大事业和党的建设新的伟大工程的战略高度，充分认识党委中心组学习的重要意义，着力提高党委中心组学习质量；必须把加强学习、增强本领摆在更加突出的位置，充分发挥党委中心组学习示范引领作用，使广大党员干部思想、能力、行动跟上党中央要求，跟上时代前进步伐，跟上事业发展需要。

二、指导思想和主要原则

（一）指导思想

坚持马克思列宁主义、毛泽东思想、邓小平理论、“三个代表”重要思想、科学发展观，全面贯彻习近平新时代中国特色社会主义思想，坚持思想建党、理论强党，突出党委中心组学习的政治性、理论性、实效性，全面提高学习质量和水平，推动集团各级党组织和广大党员更好用党的创新理论武装起来，深刻领悟“两个确立”的决定性意义，增强“四个意识”，坚定“四个自信”，做到“两个维护”，以实际行动筑牢理想信念，践行初心使命，为建设世界一流企业提供坚强政治保证和强大精神动力。

（二）主要原则

坚持正确方向，坚定自觉用党的创新理论统一思想，统一意志，统一行动，始终在政治立场、政治方向、政治原则、政治道路上同以习近平同志为核心的党中央保持高度一致。坚持质量为先，辩证把握党委中心组学习数量和质量、形式和内容、过程和效果的关系，确保学在新处、学在深处、学在实处。坚持守正创新，聚焦提升核心竞争力、增强核心功能，发挥科技创新、产业控制、安全支撑作用，不断推进观念理念、体制机制、方法手段、平台载体等创新，使党委中心组学习更好地体现时代性，把握规律性，富于创造性。坚持从严治学，压实学习责任，健全学习制度，强化学习管理，进一步提高学习制度化、规范化水平。

三、牢牢把握党委中心组学习的根本要求

（一）坚守政治定位

党委中心组学习要以政治学习为根本，把旗帜鲜明讲政治的要求体现到学习全过程。科学设置学习内容，时刻关注党中央在关心什么、强调什么，时刻关注党中央确定的大政方针和作出的决策部署，时刻关注新时代坚持和发展中国特色社会主义、以中国式现代化全面推进中华民族伟大复兴面临的重大课题，使学习的内容紧扣“国之大者”，充分体现党中央精神和要求。学习中要始终坚持从政治上看问题，善于把握政治大局，深刻理解政治逻辑，使讲政治从外部要求转化为内在主动，不断提高政治判断力、政治领悟力、政治执行力，真正做政治上的明白人。注意区分政治学习与业务学习，防止以工作部署、业务培训等代替党委中心组学习，弱化党委中心组学习的政治性。

（二）突出理论底色

党委中心组学习要着眼提高领导干部理论素养，努力掌握和运用马克思主义立场观点方法，真正把马克思主义看家本领学到手。把学习贯彻习近平新时代中国特色社会主义思想作为首要任务，坚持读原著、学原文、悟原理、知原义，在全面系统、学深悟透上下功夫，既准确掌握这一思想的科学体系、丰富内涵、实践要求，又深入领会这一思想的世界观、方法论和贯穿其中的立场观点方法，做到知其言更知其义，知其然更知其所以然。学习中要发扬学到底的钻研精神，紧扣党的二十大报告提出的推进新型工业化重大战略部署和习近平总书记关于推动装备制造业高质量发展的相关重要论述，围绕集团先进装备制造、产业基础研制与服务、工程承包与供应链主责主业，自觉加强战略性、基础性、前沿性研究思考，使党委中心组学习的过程成为不断厚实理论功底、提高科学思维能力、推动决策制定的过程。注意区分党委中心组学习与党委常委会学习等其他学习形式的不同功能，深刻把握党委中心组学习的思想理论特色，防止以一般性传达学习代替理论学习。

（三）强化问题导向

党委中心组学习要弘扬理论联系实际的马克思主义学风，把研究解决问题作为学习的出发点和落脚点，更好地把科学理论转化为推动企业高质量发展、增强职工群众幸福感获得感、防范化解风险的思路举措，转化为全面从严治党、推进自我革命的实际行动。坚持带着问题抓学习，聚焦实践遇到的新问题、企业改革发展稳定存在的深层次问题、职工群众急难愁盼问题、党的建设面临的突出问题等。把自己摆进去，把职责摆进去，把工作摆进去。做到学思用贯通，知信行统一。学习中要坚持实事求是、求实务实，研究真问题、真研究问题，找到应对风险考验、克服本领恐慌的有效办法，防止凌空蹈虚、流于形式，真正做到学以致用，用以促学，学用相长。

四、进一步明确党委中心组学习的内容和方法

（一）党委中心组学习内容

（1）马克思列宁主义、毛泽东思想、邓小平理论、“三个代表”重要思想、科学发展观、习近平新时代中国特色社会主义思想和习近平总书记关于本行业本领域本单位重要指示批示精神。

（2）党章、党规、党纪和党的基本知识。

（3）党的路线、方针、政策和决议。

（4）党中央重大决策部署和深化国企改革总体部署。

（5）国家法律法规。

（6）社会主义核心价值观。

（7）党的历史、中国历史、世界历史和科学社会主义发展史。

（8）推进中国特色社会主义事业所需要的经济、政治、文化、社会、生态、科技、军事、外交、民族及宗教等方面知识。

（9）改革发展实践中的重点、难点问题，特别是涉及企业改革发展的相关知识。

（10）党中央和上级党组织要求学习的其他重要内容。

（二）党委中心组可以通过以下适当形式，开展切实有效的学习活动

（1）用好个人自学。个人自学是党委中心组学习的重要基点。要把个人自学作为党委中心组开展集体学习研讨的前置环节，研讨主题确定后，党委中心组成员要安排一定时间认真自学。党委中心组成员应当根据形势任务的要求，强化爱读书、读好书、善读书的自觉意识，经常性阅读马克思主义经典著作和中华优秀传统文化著作、理论辅助读物及其他相关理论书籍，善于做读书笔记，撰写读书心得或理论文章。积极参加学习讲坛、读书会、报告会等学习活动，并充分利用网络学习平台开展学习，拓宽学习渠道，提升学习效果。党委书记要适时对中心组成员的自学情况进行督促检查。

（2）做实集体研讨。各企业党委中心组应当将集体学习研讨作为学习的主要形式，原则上每季度至少要组织1次专题学习研讨，党委中心组成员每年重点发言不少于1次。要坚持以专题化研讨为主，采用学习会、读书班等形式，提前确定主题、安排充足的时间开展研讨式学习。党委中心组成员要做到自己写、主动讲，在深入思考的基础上，认真撰写发言提纲，积极参加研讨交流，确保研讨有深度、有质量、有收获。集体研讨在安排重点发言的同时，倡导随机式、互动式发言，在充分讨论、思想碰撞中互相启发、深化共识。党委中心组学习以中心组成员自己学、自己讲为主，适当组织专题讲座、辅导报告。

（3）加强调查研究。调查研究是党委中心组学习的重要环节。要把调查研究贯穿学习始终，联系学习主题开展务实有效的调研活动，以更强的现实针对性推动学习不断深入。党委中心组成员要结合本职工作，采取实地走访、座谈交流、小组讨论、线上互动等方式，把情况摸清，把问题找准，把对策提实，用扎实的调研成果为党委中心组学习提供有力支撑。党委中心组学习每年至少开展1次专题调查研究，党委中心组成员每年至少撰写1篇高质量的调研报告。

（4）拓展形式载体。党委中心组可适当邀请领导干部、专家学者、先进模范人物等作专题辅导或事迹报告。要充分利用红色资源、科创资源、文化资源和各级各类党员教育培训基地等，组织开展情景式、沉浸式、体验式、案例式学习。用好“学习强国”学习平台、“共产党员”教育平台、中国干部网络学院等网络学习平台，开展形式多样的网上学习。倡导开展跨部门、跨企业、跨层级主题联学、上下联学、共建联学，共享学习资源，共同提升学习质量和效果。

五、健全完善党委中心组学习的工作机制

（一）严格组织管理机制

国机集团各级党委中心组每年年初要按照国资委党委、国机集团党委的要求，结合本企业实际，制定年度学习计划并做出阶段性学习安排，明确学习内容和要求。除党中央和上级党组织部署、本级党委统筹安排之外的学习内容，原则上不纳入党委中心组统一学习。年度学习计划由本级党委审定后施行，并报送上级党委备案。要严格落实党委中心组学习的各项管理制度，做到年初有计划、季度有研讨、年终有报告、学习有签到、请假有程序、缺席有补学、会议有记录。探索采用数字化手段加强学习管理。严格授课人和授课内容的政治把关，确保学习严肃规范、有序有效。

（二）抓好列席旁听机制

建立健全列席旁听工作机制，加强对党委中心组学习的督促指导。国机集团党委采取定期或不定期方式，对二级企业党委中心组学习情况进行督促检查。二级企业党委按照管理权限对下级党委中心组学习情况进行督促检查。通过现场旁听、座谈调研、查阅资料等方式，深入了解党委中心组学习的组织实施、制度建设、实际效果等情况，并以适当形式反馈。党委工作部门会同组织部等有关部门，负责党委中心组学习列席旁听工作。二级企业党委应在每年12月30日前向国机集团党委专题报送本年度党委中心组学习情况总结。

（三）强化考核问责机制

国机集团党委将根据企业党委中心组学习情况，把党委书记履行党委中心组学习第一责任人情况，党委中心组成员坚持学习制度、完成学习任务的情况等内容纳入企业党建工作考核评价、意识形态工作责任制考核，党委书记抓党建述职评议，作为巡视巡察重要内容。对党委中心组学习开展不力，出现错误倾向产生恶劣影响的，应当按照有关规定问责。

（四）坚持情况通报机制

国机集团党委每年通报二级企业党委中心组学习情况。各级党委也要通过企业内部报刊、办公网络等宣传载体，及时向广大党员和干部职工通报党委中心组学习的情况和成果，增强党委中心组学习的影响力和推动力。

（五）落实成果转化机制

聚焦学习成果转化质量，建立健全有效工作机制，努力把党委中心组学习成效转化为推动

工作的具体行动。对党委中心组学习中形成的重要成果，相关工作部门要抓好转化运用，及时进行总结梳理，宣传部门采取适当方式开展宣传推介，形成学干结合，以学促干的良好局面。

六、着力加强党委中心组学习的组织领导

（一）明确党委中心组范围

国机集团各级党委要成立理论学习中心组，主要由各级党委领导班子成员组成，可以根据学习需要适当吸收有关人员参加。集团党委中心组由集团领导班子成员和总部各部门主要负责人（含）以上党员领导干部组成。

（二）压实领导责任

国机集团各级党委对本级党委中心组学习承担主体责任，应当把党委中心组学习列入重要议事日程，纳入党建工作责任制，经常研究学习情况，及时解决突出问题，抓好督促落实。要对照《中共中国机械工业集团有限公司委员会全体会议及党委会会议管理办法》（国机党〔2021〕96 号），把中心组学习会议与党委（常委）会议进行区分，明确界限，分开安排，突出党委中心组的思想理论武装、政治素质提升、学习交流研讨的重要平台作用，防止“两会同开”“一会两记”。党委书记作为党委中心组学习第一责任人，带头学习，作出表率，切实担负起提高学习质量，增强学习实效的领导职责，及时审定学习计划，确定学习主题和研讨专题，提出学习要求，主持集体学习研讨，指导和检查中心组成员的学习。党委书记不能参加学习时，由副书记或主持党委日常工作的负责人代行职责。专职党委副书记是党委中心组学习的直接责任人，协助党委书记做好学习的组织、管理等工作。党委其他成员应当积极参加学习，自觉遵守党委中心组学习制度，按照学习安排或者受委派承担相应职责，发挥示范带动作用。

（三）做好服务保障

各级党委中心组要配备学习秘书，由党委职能部门负责人担任，充分发挥学习秘书作用，落实好组织协调、服务保障等工作，提供学习专题、计划安排、重点发言安排等建议。各职能部门要结合职责分工，有针对性地推荐学习书目，提供政策支持和材料保障，为党委中心组成员深入开展个人自学和集体研讨创造良好条件。有计划地开展学习秘书培训，提高学习秘书理论素养和业务能力。中心组学习要指定专人记录，记录应当规范、全面、详实，明确时间、地点、主题、主持人、参加人员、学习形式、发言人、发言要点及记录人等要素。财务预算要充分保障党委中心组学习经费。

（四）加强经验交流

各企业党委中心组要立足实际，积极探索，深入总结提炼工作中形成的创新做法和有益经验。搭建形式多样的学习交流展示平台，不定期组织召开学习交流会，加强互学互鉴，实现互促共进。做好党委中心组学习的典型宣传，运用多种媒体形式广泛宣传报道好经验、好做法，增强党委中心组学习的示范效应，营造学习的浓厚氛围。

中国机械工业集团有限公司党委关于加强党务干部队伍建设的指导意见

为建设高素质专业化的党务干部队伍，根据《中国共产党章程》《中国共产党国有企业基层组织工作条例（试行）》有关要求，结合中国机械工业集团有限公司（以下简称集团）实际，现就加强集团党务干部队伍建设提出如下意见。

一、重要意义

高质量党建引领保障企业高质量发展，是国有企业党的建设工作的职责定位和目标方向。作为这一工作的具体组织者、执行者和推动者，加强党务干部队伍建设，提高党务干部能力素质，是深入学习贯彻习近平新时代中国特色社会主义思想的必然要求，是贯彻落实习近平总书记关于党的建设的重要思想、深入推进新时代党的建设新的伟大工程的重要举措，是加强基层党建工作的重要基础。新时代新征程，新任务新挑战，对党务干部的工作能力和工作质量提出了新要求，党务干部需要明确目标，加强学习，全面提升党建工作水平，增强党组织政治功能和组织功能，解决工作中遇到的新矛盾、新问题，为实现企业高质量发展提供坚强的组织保证和人才支持。

二、总体要求

（一）指导思想

以习近平新时代中国特色社会主义思想为指导，深入贯彻落实习近平总书记关于党的建设的重要思想，全面落实新时代党的建设总要求和新时代党的组织路线，努力构建一支政治素质好、熟悉经营管理、作风正派、在职工群众中有威信的党务干部队伍。充分发挥示范表率作用，把对党忠诚作为首要政治品质，自觉做坚定拥护“两个确立”，坚决做到“两个维护”的排头兵。带头提高政治站位，带头强化理论武装，带头执行党的组织生活制度，带头改进工作作风。带领广大党员不懈奋斗，扎实工作，坚决完成各项工作任务。全面提升集团党的建设工作质量，为推动集团高质量发展，建设具有全球竞争力的世界一流企业，提供坚强的组织保证。

（二）基本原则

（1）坚持德才兼备，以德为先。突出德在干部标准中的优先地位和主导作用，将德作为培育干部、考察干部、选拔干部、使用干部的首要标准，严把政治关、廉洁关，大力选用树立正确世界观、权力观和事业观的党务干部，大力选用政治过硬，作风过硬，廉洁过硬的党务干部。

（2）坚持增强队伍活力。加大竞争性选拔力度，注重从履行岗位职责、完成急难险重任务、关键时刻表现及对待个人名利等方面考察党务干部。建立健全党务干部流动渠道，全面培养锻炼党务干部，为干部成长拓展空间。

（3）坚持优化队伍结构。建立健全党务干部日常发现，选拔培养，适时使用的工作机制，严格标准条件，拓宽来源渠道，加大年轻干部选用力度，着力建设高素质专业化党务干部队伍。

三、主要职责

（1）坚持马克思主义指导地位，组织党员深入学习贯彻习近平新时代中国特色社会主义思想，坚定政治信仰，教育引导党员、干部在思想上、政治上、行动上同以习近平同志为核心的党中央保持高度一致。

（2）宣传和执行党的路线方针政策，组织党员、干部贯彻落实习近平总书记关于国有企业改革发展和党建重要论述，以及对本行业、本企业的重要指示批示精神，贯彻执行党中央、上级党组织和本级党组织的重大决策部署。

（3）贯彻落实新时代党的建设总要求和党的组织路线，积极推动本企业、本部门党的政治建设、思想建设、组织建设、作风建设和纪律建设，将制度建设贯穿其中，努力推进党支部标准化、规范化建设，加强党员教育、管理、监督和服务。

（4）坚持以党建工作与生产经营深度融合为导向，通过参与决策，宣传发动，组织实施和保证监督等环节工作，把党的建设贯穿于企业改革发展全过程，充分发挥党组织战斗堡垒作用和党员先锋模范作用，团结组织党员、干部努力推动企业发展。

（5）加强思想政治引领，坚持服务党和国家工作大局，坚持创新方式方法，把思想政治工作与生产经营管理、人力资源开发、精神文明创建和企业文化建设等各项工作结合起来，为中心工作提供有力的政治保障和思想保障。

四、基本条件

（1）自觉坚持以马克思列宁主义、毛泽东思想、邓小平理论、“三个代表”重要思想、科学发展观、习近平新时代中国特色社会主义思想为指导，增强“四个意识”，坚定“四个自信”，做到“两个维护”，坚决拥护党的路线、方针、政策，遵守党章、党规、党纪和国家法律法规。

（2）具有一定的马克思主义理论水平和党

务工作知识，有实践经验，熟悉本企业或本部门的业务工作情况。

（3）具有强烈的事业心和责任感，有胜任工作的思想教育、组织协调、语言表达及基层调研能力，以及文化水平、身体条件和心理素质。

（4）具有良好的职业操守和个人品行，勇于坚持原则，敢于动真碰硬，严于修身律己，善于团结同志，乐于联系群众，甘于自我奉献，在党员中发挥先进典范和示范引领作用。

五、组织设置

（一）规范组织机构

按照有利于加强党的工作和精干高效协调原则，在岗职工人数 1 000 人以上的企业，应单独设立党建工作部门；在岗职工人数 1 000 人以下的企业，党建工作部门可单独设立，也可与职能相近的工作部门合署办公。党建工作部门合署办公的，必须保证职能齐全，岗位设置清晰，人员配备到位，切实做好党建工作的人力与组织保障。领导人员管理和基层党组织建设一般由一个部门统一负责，分属两个部门的应当由同一个领导班子成员分管。

（二）强化人员配备

各企业党委应根据工作需要，本着有利于党建工作的原则，按照不少于在岗职工人数 1% 的比例，不低于同级部门平均编制的要求，配备专职党务干部，保证队伍相对稳定。进一步完善组织架构，推进党支部标准化规范化建设，配备足够数量的兼职党务干部，不断优化党务干部队伍结构。强化基本工作保障，落实同职级、同待遇政策。

（三）规范选配程序

选配党务干部应着重体现政治素质、理论功底和党务水平，把强化政治素质考察、政治把关摆在第一位。专职党务干部中各级党委、纪委的书记、副书记按照干部选配相关程序产生，其他专职从事党务工作的人员的选配，根据岗位需要及基本要求，确定具体条件，一般通过组织推荐、内部选拔和公开招聘等方式进行。兼职党务干部按照岗位要求和人员条件，由基层党组织选举或相关部门选配产生。二级企业党群工作部正职任职后 3 个工作日内报集团党委工作部备案。

六、培养激励

（一）优化人才战略

落实将专兼职党务工作经历纳入干部履历的要求，把党务干部作为企业的一支重要人才队伍进行培养培训、选拔启用、吸引储备。将党务干部队伍建设纳入干部队伍建设整体规划，优秀党务干部尤其是年轻干部纳入优秀年轻干部库。把党务工作岗位作为进一步培养锻炼企业管理人员的重要平台，有计划地安排优秀年轻干部到党务工作岗位历练成长。

（二）强化学习培训

基层党组织书记和班子成员每年参加集中培训和集体学习时间不少于 56 学时、至少参加 1 次集中培训，新任基层党组织书记一般应在半年内接受任职培训。采取外部培训和内部培训相结合的形式，以培养既懂业务又懂党建的复合型党务人才为重点，围绕习近平新时代中国特色社会主义思想、党章党规、党的路线方针政策和形势任务教育、业务知识和职业技能等方面有计划、分类别、高质量开展党务干部培训，注重围绕贯彻新发展理念，构建新发展格局，推动高质量发展，开展企业主责主业发展的相关培训，集团和二级企业党委每年至少组织 1 次集中培训，着力培养一批党务工作骨干。

（三）增强履职本领

持续开展“党务干部上讲台”活动，结合企业实际开展党务知识竞赛，业务技能比武等活动，着力拓展业务知识，提高理论素养、政策水平和思维能力。建立集团党建内训师队伍，鼓励在全系统范围内进行讲课、交流，使全系统党务干部都能成为党建工作的行家里手。引导党务干部学习企业生产经营各方面知识，为实现业务协同发展，推动党建工作与生产经营深度融合拓宽思路，提供方法。把加强斗争精神和斗争本领养成作为党务干部历练的重要内容，引导干部着力增强防风险，迎挑战，抗打压能力。

（四）推动双向交流

在保留一定骨干力量的前提下，按照干部管理权限，注重在科研、生产、经营管理等业务岗位和党务工作岗位遴选政治坚定、素质优良、工作突出、群众认可和作风过硬的优秀干部，有计划地安排党务干部与业务干部双向交流，把党务工作岗位作为培养企业复合型人才的重要平台，做到优化结构，增强活力，相对稳定，合理流动，切实发挥党建工作在生产经营、科技创新和企业改革等方面的引领和促进作用。

（五）加强轮岗锻炼

畅通集团总部与基层企业之间、不同企业之间的党务干部轮岗渠道，定期从基层选调优秀党务干部尤其是年轻干部到集团总部或二级企业进行交流学习，适时从集团总部或党建工作基础较好的基层企业选调综合素质高、经验丰富的党务干部到党建工作较为薄弱的基层企业挂职或任职。通过多岗位锻炼丰富党务干部的经历经验、知识技能和综合能力，进一步带动和提升集团党建工作整体水平。

（六）健全激励机制

坚持精神激励与物质激励相结合，对党务干部既严格要求又热情关怀，既压担子又教方法，既大力培养又大胆使用，为党务干部排忧解难、创造条件，进一步形成“拴心留人”的机制和氛围。结合集团党建工作考核评价、基层党组织书记述职评议考核，落实党务干部年度考核评价，对连续评价结果为优秀的党务干部要在职务晋升、绩效薪酬及培训进修等方面予以优先考虑。对考核结果较差、群众反映较多的党务干部要给予提醒教育或调离党务工作岗位，失职渎职、问题严重的进行追责。

七、责任落实

（一）落实主体责任

各企业党委要把党务干部队伍建设作为一项重要任务来抓，将党务干部队伍建设列为领导班子调研选题，党委书记要带头抓队伍建设，党委专职副书记或分管党建工作的班子成员要主动落实责任，纪委书记落实监督责任，推动问题解决，加强队伍建设。

（二）抓好述职评议

要从党的事业长远发展的角度，强化党务干部队伍建设的意识，把党务干部队伍建设情况纳入二级企业党委书记抓基层党建工作述职评议考核中，作为评价企业党建工作整体情况的参考依据。

（三）加强监督检查

集团党委定期通过现场调研、党建信息平台检查等方式，加大对各二级企业党务干部队伍建设情况进行检查指导，并列入年度党建工作考核评价。各企业党委对本企业和下级企业抓党务干部队伍建设情况要及时监督检查、反馈发现问题、督促整改落实，推动建设集团高素质专业化党务干部队伍。

中国机械工业集团有限公司党委
关于建立听取职工群众意见长效机制的指导意见

为深入贯彻落实党的二十大精神，进一步改进工作作风、密切党群干群关系，持续推动联系服务职工群众工作常态化、长效化和制度化，根据《中国共产党章程》和党内有关文件精神，运用学习贯彻习近平新时代中国特色社会主义思想主题教育的有效做法，进一步健全完善直接联系群众相关制度机制和具体办法，结合中国机械工业集团有限公司（以下简称集团）实际，现就建立听取职工群众意见长效机制，提出如下指导意见。

一、总体要求

以习近平新时代中国特色社会主义思想为

指导，深入践行以人民为中心的发展思想，走好新时代党的群众路线，巩固拓展“我为群众办实事”实践活动成果，在深化学习贯彻习近平新时代中国特色社会主义思想主题教育中大兴调查研究之风的工作方法，学习好、坚持好、运用好“浦江经验”，持续广泛听取职工群众意见和建议，畅通职工群众表达意愿渠道，帮助职工群众解决实际困难，做好职工群众思想政治工作，进一步增进党群干群关系，着力引导集团各级党组织把立党为公、执政为民的要求贯穿于党的工作的全过程，体现在集团高质量发展的全过程，把听取职工群众意见长效机制建设与确保企业健康发展、努力为职工群众服务工作结合起来，切实提高集团职工群众的满意度，为建设具有全球竞争力的世界一流企业而努力奋斗。

二、基本原则

（1）坚持紧紧依靠职工群众办企业，坚持企业发展依靠职工群众，企业发展为了职工群众。

（2）坚持广泛凝聚职工群众智慧和力量，采取走下去请上来、定期与不定期、日常和集中等途径，面向基层、一线听取意见和建议。

（3）坚持领导带头，形成一级抓一级，层层抓落实的工作格局。

（4）坚持把职工群众对美好生活的向往作为奋斗目标，针对职工群众最关心、最直接、最现实的利益问题，最困难、最忧虑、最急迫的实际问题，加强协调，纾难解困，提供服务。

（5）坚持第一时间回复职工群众关切，做到“件件有落实，事事有回音”，确保意见和建议落到实处。

三、职责任务

按照谁主管、谁负责的原则，集团公司和各企业分别做好本单位职工群众意见和建议的收集分析、办理回复、跟踪督办和整改落实等工作，确保职工群众意见有提出，有办理，有回复，有跟踪，有督办。

（一）集团公司层面

集团党委工作部负责具体对职工群众意见和建议的收集、分析、梳理，形成请示，定期向集团党委报告。负责办理回复职工群众的意见和建议的协调，组织相关部门负责人参加办理职工群众意见和建议工作协调会。负责对职工群众意见和建议办理回复的跟踪督办，采取召开座谈会、党建例会、内网公示等方式通报办理回复情况。

集团公司各部门负责办理回复职工群众的意见和建议的落实工作。能立行立改的、立行立办的、立行立复的，要尽快办理；需要一定时间解决的，要明确时限，限期予以办理；需要持续整改的，要坚持不懈地进行整改。对办理不了的，要及时向职工群众做好解释、说明工作。

（二）集团各企业层面

各二级企业党委要高度重视，精心组织，结合本企业、本部门实际，确定听取职工群众意见和建议工作整体统筹部门，有序组织做好职工群众意见和建议的收集、分析、梳理和跟踪督办等工作，各部门根据职责分工协调配合。各企业党委要组织召开办理职工群众意见和建议工作协调会，推动职工群众意见和建议有效落实。各有关单位要及时办理回复职工群众意见和建议，定期跟踪督办，并以适当的方式向本企业、本单位职工群众予以回复。涉及集团层面的意见和建议，由各企业党委上报至集团党委，集团公司各部门按照职责分工，负责做好办理回复工作。

四、意见征集方式

集团公司各部门和各企业要围绕企业改革发展、生产经营、党的建设和“急难愁盼”问题等方面征集职工群众意见和建议，收集意见和建议渠道分为定期、专项工作和日常三种方式。

（一）定期收集方式

1.“三八”女职工座谈会

（1）责任单位：各级企业工会。

（2）工作方式：每年“三八”国际劳动妇女节前后召开女职工座谈会，听取女职工意见和建议。各级企业工会要负责意见、建议收集整理和报送，落实情况以适当的方式予以回复。

2.“五一”劳动模范座谈会

（1）责任单位：各级企业工会。

（2）工作方式：每年“五一”国际劳动节前后召开劳动模范座谈会，听取劳动模范意见和建议。各级企业工会要负责意见、建议收集整理和报送，落实情况以适当的方式予以回复。

3.“五四”青年职工座谈会

（1）责任单位：各级企业团委。

（2）工作方式：每年“五四青年节”前后召开青年职工座谈会，听取青年职工意见和建议。各级企业团委要负责意见、建议收集整理和报送，落实情况以适当的方式予以回复。

（二）专项工作收集方式

1.年度党建考核评价

（1）责任单位：集团党委工作部、各企业党委。

（2）工作方式：结合年度党建考核评价，对被考核企业领导班子成员、党委相关部门负责人、部分党支部书记和委员、党员群众代表进行个别访谈，听取被访谈人对集团和本企业的意见和建议。各考核组负责意见、建议收集整理和报送。

2.“解放思想”大讨论等专题研讨

（1）责任单位：各级企业党委。

（2）工作方式：集团公司各部门要立足基层需要和问题导向，立足自身更好履职尽责，听取职工群众的意见和建议，了解基层企业和对口部门的需求。各企业党委结合实际，组织引导职工群众围绕企业改革发展、生产经营、党的建设等方面建言献策。各级企业党委负责对意见、建议收集整理和报送，落实情况以适当的方式予以回复。

3.“爱企业、献良策、做贡献”主题活动

（1）责任单位：各级企业党委统战部门。

（2）工作方式：按照《中国机械工业集团有限公司党委关于进一步加强和改进统一战线工作的实施意见》有关规定，结合“爱企业、献良策、做贡献”主题活动，召开党外代表人士座谈会，引导统战成员围绕企业改革发展、生产经营建言献策。各级企业党委统战部门负责意见、建议收集整理和报送，落实情况以适当的方式予以回复。

（三）日常收集方式

1.领导干部联系服务职工群众

（1）责任单位：各级企业党委。

（2）工作方式：按照本企业基层联系点制度规定，各级企业领导人员要到基层联系点调研走访，通过听取情况介绍，参与学习讨论、召开座谈会等方式，了解真实情况，掌握第一手资料，指导和协助基层单位解决企业在改革发展和党建工作的突出问题。各级企业党委负责意见、建议收集整理和报送，落实情况以适当的方式予以回复。

2.领导干部联系服务专家

（1）责任单位：各级企业党委。

（2）工作方式：按照《中国机械工业集团有限公司高层次科技人才队伍建设实施意见》相关规定，各级企业领导人员应严格落实联系服务专家制度，密切思想联系和感情交流，定期听取高层次科技人才意见和建议，当好“后勤部长”，为专家办实事、做好事、解难事。各级企业党委负责意见、建议收集整理和报送，落实情况以适当的方式予以回复。

3.党委书记、董事长、总经理信箱

（1）责任单位：党委办公室、党委工作部、各企业党委。

（2）工作方式：各企业党委按照本单位党委书记、董事长、总经理信箱工作程序开展工作。

4.听取职工代表意见

（1）责任单位：各级企业工会。

（2）工作方式：按照本企业职工代表大会制度有关规定，发挥职工代表的桥梁纽带、参政议政、献计献策等作用，通过召开座谈会、个别访谈、走访慰问和合理化建议征集等多种渠道和途径，常态化听取职工代表意见和合理化建议，引导广大职工积极参与企业民主管理。各级企业工会负责意见、建议收集整理和报送，落实情况以适当的方式予以回复。

5.信访渠道

（1）责任单位：各级企业信访部门。

（2）工作方式：按照信访工作程序和渠道开展工作。

6.基层党支部开展谈心谈话

（1）责任单位：各基层党支部。

（2）工作方式：按照《中国机械工业集团有限公司党委进一步规范落实谈心谈话制度的实

施意见（暂行）》有关规定，各基层党支部负责听取党支部委员、党员意见和建议，及时了解他们的学习、思想、工作、生活情况，涉及企业整体发展的意见和建议，需纳入各级企业领导班子民主生活会征求意见中；涉及基层党支部建设和部门业务工作的意见和建议，结合支部年度组织生活会整改落实。

五、工作要求

（一）提高认识，加强组织领导

集团各级企业党委要把听取职工群众意见作为一项重要任务来抓，切实加强组织领导，精心部署，党委工作部门要统筹协调，强化日常工作指导，相关部门和相关企业要履行职能职责，做好协调配合。基层党支部要抓好工作落实，主动收集职工群众提出的意见和建议，关心、关爱、关注职工群众所思所想，帮助协调解决实际问题。各企业可结合实际，制定本企业听取职工群众意见工作细则，加强对听取职工群众意见工作的领导和指导。

（二）完善机制，强化督查指导

集团各级企业党委要以发现问题为导向，解决问题为目的，结合工作实际，建立落实跟踪台账，明确责任部门，定期反馈落实情况，形成有提出、有解决、有反馈、有成效的工作闭环，真正为基层企业和职工群众办实事、解难题。要及时通报所征集意见和建议的落实情况，主动接受职工群众监督。要通过每年年底述职评议考核等方式，听取集团公司各部门和各企业党委落实听取职工群众意见和建议开展情况，激发基层党组织及党员、干部联系服务职工群众的积极性和主动性，真正使职工群众意见和建议收集办理工作机制有效运转。

（三）宣传引导，营造良好氛围

集团各级企业党委要切实做好职工群众工作，积极调动和激发广大职工群众的工作热情、创造热情，坚持正面报道，正向鼓劲，充分运用集团系统自有新闻媒体和宣传阵地，大力总结宣传党员干部在听取职工群众意见和建议工作的经验做法和成效，及时发掘和宣传工作中涌现出的典型人物、典型事例和典型经验，形成正确的工作导向和良好的舆论氛围。

中国机械工业集团有限公司
自有新闻宣传平台管理办法

第一章　总　则

第一条　为深入贯彻落实习近平总书记关于宣传思想工作的重要论述精神，进一步发挥中国机械工业集团有限公司（以下简称集团）自有新闻宣传平台作用，强化舆论阵地管理，推进媒体融合发展，根据中宣部、国资委关于新闻宣传工作的部署和要求，和《国机集团党委关于持续深化落实中央八项规定精神进一步加强作风建设的实施意见》（国机党〔2022〕138 号）有关要求，结合集团实际制定本办法。

第二条　集团自有新闻宣传平台的指导思想是：以习近平新时代中国特色社会主义思想为指导，坚持党管宣传、党管意识形态、党管媒体，增强“四个意识”、坚定“四个自信”、做到“两个维护”，加强阵地建设，把握正确舆论导向，服务中心工作，为集团高质量发展营造良好舆论氛围。

第三条　集团自有新闻宣传平台的管理原则是：在集团党委统一领导的“大宣传”格局下，党政齐抓共管，宣传部门组织协调，集团各部门和各下属企业共同参与。

第四条 本办法所称的集团自有新闻宣传平台，指集团层面的报纸、杂志、官方网站、微信公众号、学习强国号、海外社交账号及楼宇电视等由集团开设、管理的媒体。

第二章 管理职责

第五条 集团党委宣传部为集团自有新闻宣传平台归口管理部门。主要职责是：

（一）研究制定各项规章制度。

（二）研究制订和组织实施年度工作计划。

（三）有关内容在集团自有新闻宣传平台的发布、统计、考核和归档等工作。

（四）牵头负责新闻信息更新和舆论阵地清理工作。

（五）开展重点新闻的策划、调研。

（六）集团重大专题稿件的采访、撰写工作。

（七）开展宣传平台队伍建设，组织宣传平台工作交流、业务培训和评比表彰等活动。

（八）指导各下属企业相关平台内容建设。

第六条 集团各部门负责提供本部门有关内容。主要职责是：

（一）本部门举办和本部门牵头举办的活动新闻宣传稿件撰写、审核和报送，相关稿件的核实、修改。

（二）提供与本部门相关的重大新闻事件线索及背景资料。

（三）协同集团党委宣传部共同策划相关的主题宣传，对相关内容进行审核把关。

第七条 集团相关部门协助提供有关支持和保障。主要职责是：

（一）办公室负责提前提供领导重要活动安排信息，协调安排相关部门、企业及时撰写报送新闻稿件。

（二）信息化部门负责自有新闻宣传平台信息化建设，提供相关技术、软件、数据库系统维护等。

（三）经营管理、战略投资、科技等部门提供有关集团业务介绍和集团官方网站有关栏目内容，推荐、确定重点宣传的业务、产品等，与集团党委宣传部共同对集团业务宣传进行策划和把关。

（四）涉及集团整体情况介绍的有关信息、数据发生变化，有关部门要及时通知集团党委宣传部进行更新。

第八条 集团设立及调整自有新闻宣传平台由集团党委宣传部统筹布局、统一管理，其他部门原则上不再设立单独新闻宣传平台，如确属工作需要，须提前向集团党委宣传部报批。已设立的新闻宣传平台，按照“谁设立、谁管理、谁负责”原则进行日常维护；发布涉及国家政治经济事件、外交等重大事件的表态、声明、信息公布等内容，应报集团党委宣传部审批。

第九条 集团各下属企业负责提供本企业相关内容。主要职责是：

（一）涉及本企业的新闻宣传稿件撰写、审核和报送，相关稿件的核实、修改（多企业举办活动时，由牵头企业负责）。

（二）提供本企业重大新闻事件线索，共同策划并提供背景资料。

第十条 集团各下属企业不得以集团名义设立新闻宣传平台，如确属工作需要，须提前向集团党委宣传部报批。

第三章 新闻发布流程

第十一条 事前沟通。

（一）举办会议、签约、会见等活动时，主办部门、下属企业要一体考虑宣传工作，需要刊发新闻报道时，一般应提前 48 小时以上与集团党委宣传部联系，用于发稿排期及拍摄准备。

（二）集团重大活动，需安排工作人员跟随报道的，经集团主管领导批准后，主办部门应及时向集团党委宣传部发出工作联系单进行确认。主办部门负责跟随报道人员的各项随行安排。其他活动集团党委宣传部一般不跟随报道，主办部门、下属企业须及时向集团党委宣传部提供审核后的完整新闻稿件、清晰照片或视频。

第十二条 投稿审核。

（一）集团各部门、下属企业向集团自有新闻宣传平台投稿前，须由相关负责人对稿件、图片、视频等的准确性、政策性及发布范围进行审核把关。集团各部门由部门主要负责人审核，重要稿件由分管领导审核；集团各下属企业须经企业党委分管领导审核，重要稿件须由企业党委主要负责人审核。

（二）涉及集团领导的稿件，如需集团领导本人审核，主办部门应先送集团党委宣传部审核后，再送集团领导本人审定。

（三）集团党委宣传部跟随写稿和拍摄的报道完成后，经集团党委宣传部审批后，须经主办部门、下属企业复核确认后方可发布。

第十三条 平台报送。集团各部门、下属企业统一通过集团新闻信息管理平台，向集团党委宣传部投稿。无特殊情况下，集团领导参加的各类新闻一般应保证 24 小时内报送，其他新闻一般应保证 48 小时内报送。

第十四条 筛选编辑。集团党委宣传部根据稿件题材和集团融媒体定位进行筛选、确定刊发平台范围。相应新闻宣传平台对稿件文字、照片或视频等进行优化编辑。

第十五条 审校发布。集团党委宣传部按照各新闻宣传平台审校流程（见附件 1）进行最终审校和发布。

第十六条 集团领导调研下属企业及在下属企业参加有关活动的新闻稿件，应遵循在集团新闻宣传平台首发原则；下属企业新闻报道中涉及集团领导的相关表述，应与集团自有新闻宣传平台一致。

第四章 稿件编审规范

第十七条 新闻消息稿应反映事件的核心内容，不能遗漏重要议程、重要讲话精神等。非核心内容如参会人员、交流讨论内容、其他议程等应适当简化。涉及外界不熟悉的下属企业名称、专有名词等，应在报道中写明隶属关系，进行详细说明。

第十八条 国家领导人接见集团领导或集团领导参加有国家领导人出席的重要活动稿件，涉及国家领导人的内容均以新华社通稿为准，不添加删减。

第十九条 集团参加重要外事活动、国家部委办和各级政府相关活动的稿件，编审时以外事活动主办方、国家部委办和地方政府具体要求为主，关键信息应与外事活动主办方、国家部委办和地方政府的报道一致。

第二十条 集团主要领导出席的会议活动，新闻消息稿原则上不超过 800 字；其他领导班子成员参加的会议活动，新闻消息稿一般不超过 400 字。集团各部门组织的会议活动，新闻消息稿一般不超过 300 字，确需超出的，报请分管领导批准。集团主要领导的调研活动，新闻消息稿原则上不超过 900 字；其他领导班子成员的调研活动，新闻消息稿原则上不超过 600 字。同一主题的调研活动，除主要领导外，其他领导班子成员可合并报道。新闻通讯和其他纪实性报道不作字数要求。

第二十一条 常规新闻报道稿件一般只提及集团助理级以上领导的姓名、职务和活动情况。

第二十二条 图片、视频、报道及其中使用的字体等应具有完全版权或取得权利人的授权许可，图片内容、设计风格及标准须符合品牌一体化要求。

第二十三条 反映科技能力和创新成果的专业学术论文，须在公开学术刊物上已发表。

第二十四条 严格新闻宣传保密管理。新闻宣传稿件按照“谁提供、谁把关”原则，严格履行保密审查程序。

第五章 考核和激励

第二十五条 对采用稿件实行评分统计制度（附件 2）。集团党委宣传部每季度向集团各部门、各下属企业通报结果。

第二十六条 每年由集团党委宣传部组织新闻报送先进单位、优秀通讯员、优秀新闻采编人员和优秀新闻宣传稿件评选和表彰。

第二十七条 集团党委宣传部定期举办培训，提高新闻宣传队伍的专业水平。对于表现优秀的人员，视情况选送参加上级单位举办的培训。

第二十八条 因报送稿件审核把关不严引发宣传事故或负面舆情的，对相关部门、企业党委通报批评，取消集团新闻宣传评优资格，并按照《中国机械工业集团有限公司党委意识形态工作责任制实施办法》规定追究责任。

第六章 附 则

第二十九条 本办法自印发之日起施行。原《中国机械工业集团有限公司自有新闻宣传平台管理办法》（国机党〔2021〕113号）《中国机械工业集团有限公司总部内部新闻宣传工作实施细则（试行)》（国机党〔2019〕166号）同时废止。

第三十条 各下属企业可根据本办法制定本企业的实施细则。

第三十一条 本办法由集团党委宣传部负责解释并组织实施。

附件（略）：

1.新闻宣传平台审校流程

2.稿件评分统计规则

3.新闻稿件发布审批

2024

中国机械工业集团有限公司年鉴

CHINA NATIONAL MACHINERY INDUSTRY CORPORATION LTD. YEARBOOK

第五篇

荣誉汇编

2023年全国及省部级、中央企业和国机集团先进集体及先进个人

中国机械工业集团有限公司主要排名及荣誉

1. 综合排名

2024年度世界500强企业排名第326位

2024年度中国500强企业排名第82位

2. 对外贸易排名

2020年度中国对外贸易企业500强第24位

3. 国际工程设计公司排名

2024年度ENR“国际工程设计公司225强”第67位

2024年度ENR“全球工程设计企业150强”第29位

4. 国际工程承包商排名

2024年度ENR全球250家最大国际工程承包商第40位

全国及省部级、中央企业和国机集团先进集体及个人

一、全国先进集体

1. 全国工人先锋号

二重（德阳）重型装备有限公司核电石化公司核电容器厂铆焊工段核电班

2. 全国五四红旗团支部

中国第二重型机械集团德阳万航模锻有限责任公司万航模锻综合团支部

3. 全国青年文明号集体

江苏苏美达轻纺国际贸易有限公司事业四部

江苏苏美达能源控股有限公司新能源研究院

4. 全国五一巾帼标兵岗

中国一拖集团有限公司能源分公司氧气车间运行班组

江苏苏美达轻纺国际贸易有限公司事业五部

5. 全国优秀突击队

二重（德阳）重型装备有限公司铸锻公司炼钢厂“钢龙勇士”突击队

6. 全国青年安全生产示范岗

中国一拖集团有限公司大拖公司机一车间100后箱班

中国机械工业机械工程有限公司伊拉克卡尔巴拉炼化一体化项目安全团队

江苏苏美达五金工具有限公司锂电智能车间

江苏苏美达机电有限公司铝业生产部机加工青年班组

7. 全国优秀质量管理小组

恒天重工股份有限公司

8. 全国质量信得过班组

青岛宏大纺织机械有限责任公司

9. 全国纺织劳动关系和谐企业

中恒大耀纺织科技有限公司

10. 全国机械冶金建材行业职工技术创新成果优秀组织单位

中国一拖集团有限公司工会委员会

11. 科改示范标杆企业

国机精工集团股份有限公司

12. 全国纺织行业党建工作先进单位

恒天重工股份有限公司

中国纺织工业对外经济技术合作公司党委

13. 全国纺织行业思想政治工作先进单位

恒天重工股份有限公司

14. 第五批国家级专精特新“小巨人”企业

桂林电器科学研究院有限公司

15. 国家级工业设计中心

恒天重工股份有限公司

16. 第十七届“振兴杯”全国青年职业技能大赛研发创新类优胜奖

恒天重工股份有限公司技术开发中心研发一室

17. 第十七届“振兴杯”全国青年职业技能大赛车工铜奖

陈丙有　中国一拖集团有限公司

18. 第十七届“振兴杯”全国青年职业技能大赛铣工优胜奖

陈丹丰　中国一拖集团有限公司

19. 国家知识产权优势企业

恒天重工股份有限公司

20. 第五届“中国质量奖”提名奖

郑州磨料磨具磨削研究所有限公司

21. 全国海关贸易景气统计调查（出口）样本企业

苏美达国际技术贸易有限公司

22. 全国海关贸易景气统计调查（进口）样本企业

苏美达国际技术贸易有限公司

23. 中国农业企业 500 强第 396 位

国机海南发展有限公司

二、全国先进个人

1. 全国五一劳动奖章

张德友　合肥通用机械研究院有限公司

雷　军　中国一拖集团有限公司

2. 全国五一巾帼标兵

张秀平　合肥通用机械研究院有限公司

3. 全国巾帼建功标兵

黄文秀　中国电器科学研究院股份有限公司

4. 中国青年五四奖章

叶林伟　中国第二重型机械集团德阳万航模锻有限责任公司

5. 第五届“杰出工程师奖”

任玉成　中国重型机械研究院股份公司

6. 国家海外高层次人才计划（青年）

李　晓　合肥通用机械研究院有限公司

7. 全国机械冶金建材行业“最美职工”

陈浩然　中国一拖集团有限公司

三、中央企业先进集体

1. 中央企业五四红旗团支部

中汽工程建筑工程二院团支部

中国一拖集团有限公司大拖公司分装车间团支部

2. 中央企业青年文明号

中国电研威凯公司战略与营销中心

中国重型机械研究院股份公司冶金装备研究所智能连铸创新团队

四、中央企业先进个人

1. 中央企业优秀共青团干部

伍　洋　国机重装集团股份有限公司

2. 2021—2022 年度中央企业“青年岗位能手”

牛　铮　合肥通用机械研究院有限公司

司实现　中国一拖集团有限公司

3. 中央企业优秀青年科技人才

刘孝亮　合肥通用机械研究院有限公司

五、省部级先进集体

1. 河南省国资委先进基层党组织

中共中国机械工业第四建设工程有限公司委员会

2. 上海市经济信息化系统先进基层党组织

中共机械工业上海蓝亚石化设备检测所有限公司上海基地支部委员会

3. 2023 年度河南省住房和城乡建设厅先进基层党委

机械工业第六设计研究院有限公司党委

4. 安徽省百个“一支部一品牌”党建工作典型案例

合肥通用机电产品检测院有限公司党支部

5. 安徽省工人先锋号

上海海虹实业（集团）巢湖今辰药业有限公司检测中心

合肥通用机械研究院有限公司压力容器与管道技术基础研究部石油耐热合金炉管应用基础研究团队

6. 安徽省五四红旗团支部

合肥通用机电产品检测院有限公司团支部

7. 安徽省直机关五四红旗团支部

合肥通用机械研究院有限公司压力容器与管

道技术基础研究部团支部

8. 河南省五四红旗团委

中国一拖集团有限公司能源分公司团委

9. 安徽省三八红旗集体

合肥通用机械研究院有限公司传热技术与装备研究所高效节能设备研发团队

10. 安徽省巾帼文明岗

合肥通用机电产品检测院有限公司机电产品检测运营岗

11. 安徽省直机关青年文明号

合肥通用机械研究院有限公司传热技术与装备研究所热控系统集成团队

12. 四川省五四红旗团支部

二重（德阳）重型装备有限公司检测中心无损检测团支部

13. 江苏省共青团工作先进单位

苏美达股份有限公司团委

14. 2023 年度河南省住房和城乡建设厅先进基层工会

机械工业第六设计研究院有限公司工会

15. 河南省绿色工厂

郑州磨料磨具磨削研究所有限公司

16. 河南省制造业单项冠军企业

恒天重工股份有限公司

第一拖拉机股份有限公司

17. 河南省制造业头雁企业

第一拖拉机股份有限公司

18. 河南首批建设工程勘察设计行业“专精特新”企业

机械工业第六设计研究院有限公司

19. 北京市专精特新中小企业

中设集团装备制造有限责任公司

20. 河南省专精特新中小企业

郑州磨料磨具磨削研究所有限公司

郑州新亚复合超硬材料有限公司

白鸽磨料磨具有限公司

21. 广东省专精特新中小企业

立信门富士纺织机械（中山）有限公司

22. 黑龙江省专精特新中小企业

哈尔滨电站设备成套设计研究所有限公司

23. 北京市创新型中小企业

中设集团装备制造有限责任公司

24. 黑龙江省创新型中小企业

哈尔滨电站设备成套设计研究所有限公司

25. 河南省工业产品绿色设计示范企业

恒天重工股份有限公司

26. 海南省省级农业产业化重点龙头企业

国机海南发展有限公司

27. 黑龙江省数字化示范标杆平台

哈尔滨电站设备成套设计研究所有限公司

28. 广西高性能膜材料成套装备创新中心

桂林电器科学研究院有限公司

29. 广西电工材料技术创新中心

桂林电器科学研究院有限公司

30. 广西国内首台（套）重大技术装备产品

桂林电器科学研究院有限公司

31. 安徽省劳动竞赛先进集体

合肥通用机电产品检测院有限公司

32. 安徽省直机关青年志愿者优秀项目

合肥通用机械研究院有限公司“合小通”志愿服务项目

33. 山东省 2023 年新一代信息技术与制造业融合发展工业互联网标杆工厂

山东凯马汽车制造有限公司（车联网数据中心）

34. 山东省高新技术企业

山东凯马汽车制造有限公司

35. 河南省科技创新优秀企业

机械工业第四设计研究院有限公司

36. 山东省机械工业科技创新突出贡献奖

国机铸锻机械有限公司

37. 2023 年北京市汽车租赁行业“6+4”一体化综合监管试点企业

中进汽贸服务有限公司

38. 河南省和谐劳动关系创建示范企业

中国一拖集团有限公司

39. 河南省勘察设计行业“科技创新企业”

机械工业第六设计研究院有限公司

40. 河南省第二批 5G 应用场景示范项目

第一拖拉机股份有限公司

41. 第五届“绽放杯”5G 应用征集全国赛河南赛区一等奖

第一拖拉机股份有限公司

42. 陕西省安康杯竞赛优胜单位

中国三安建设集团有限公司工会

43. 陕西省机械冶金建材系统先进班组

中国三安建设集团有限公司兰州中川机场钢结构施工班组、南昌华勤管道安装班组

44. 安徽省职工先进文明家庭

中国机械工业第五建设有限公司张露家庭

45. 四川省教育工作先进集体

德阳安装技师学院

46. 广西 2023 年第一批高新技术企业

桂林电器科学研究院有限公司

六、省部级先进个人

1. 上海市经济信息化系统优秀共产党员

陈志强　中国浦发机械工业股份有限公司

2. 河南省五一劳动奖章

曹　林　中国一拖集团有限公司

3. 安徽省五一劳动奖章

刘　寅　上海海虹实业（集团）巢湖今辰药业有限公司

4. 江苏省五一劳动奖章

刘汉林　苏美达国际技术贸易有限公司

5. 四川省五一劳动奖章

向　伟　中国第二重型机械集团德阳万航模锻有限责任公司

6. 安徽省军民融合系统劳动模范

姚佐权　合肥通用机械研究院有限公司

7. 陕西省机械冶金建材系统五一巾帼标兵

熊赖娟　中国三安建设集团有限公司

王　敬　机械工业勘察设计研究院有限公司

8. 2021—2022 年度安徽省直机关“优秀共青团干部”

霍筱纯　陈　虹　刘华蕾　合肥通用机械研究院有限公司

9. 江苏省优秀共青团干部

张　欣　苏美达国际技术贸易有限公司

10. 四川省优秀共青团员

魏小鹏　二重（德阳）重型装备有限公司

11. 2021—2022 年度安徽省直机关“优秀共青团员”

程永强　合肥通用机械研究院有限公司

12. 上海市经济和信息化系统优秀共青团员

麻雪娜　上海蓝亚石化设备检测所有限公司

13. 2021—2022 年度安徽省直机关“青年岗位能手”

王　璐　宋嘉梁　合肥通用机械研究院有限公司

14. 江苏省青年岗位能手

常鹏飞　江苏苏美达成套设备工程有限公司

马　煜　江苏苏美达机电有限公司

15. 2021—2022 年度河南省青年岗位能手

陈丙有　陈丹丰　耿晓春　中国一拖集团有限公司

16. 2021—2022 年度安徽省直机关“青年志愿者优秀个人”

江用胜　合肥通用机械研究院有限公司

17. 江苏省共青团工作先进工作者

陈子尧　苏美达股份有限公司

18. 陕西省机械冶金建材工会先进女职工工作者

郑　园　机械工业勘察设计研究院有限公司

19. 安徽省最美科技工作者

汪　兵　合肥通用机械研究院有限公司

20. 2023 年度陕西省中青年科技创新领军人才

杨　超　机械工业勘察设计研究院有限公司

21. 安徽省“创新创业领军人才特殊支持计划”创新领军人才

刘孝亮　合肥通用机械研究院有限公司

22. 陕西省委宣传部三秦企业文化领军人物

杨永林　机械工业勘察设计研究院有限公司

23. 第九批安徽省学术和技术带头人

樊海彬　董　杰　合肥通用机械研究院有限公司

24. 河南省勘察设计行业“科技创新带头人”

卢家鑫　龙文新　机械工业第六设计研究院有限公司

25. 第十四批“四川省学术和技术带头人”

谢　静　中国第二重型机械集团德阳万航模

锻有限责任公司

26. 2023 年度陕西省土木建筑青年科技奖

曹　杰　机械工业勘察设计研究院有限公司

27. 第十四批安徽省学术和技术带头人后备人选

刘孝亮　昝世超　贾　磊　合肥通用机械研究院有限公司

28. 安徽全省保密系统先进个人

郭兰齐　合肥通用机械研究院有限公司

29. 安徽省技能大奖

李　正　合肥通用机械研究院有限公司

30. 陕西好青年

宁　博　中国重型机械研究院股份公司

31. 陕西省土木建筑优秀总工程师奖优秀总工

夏玉云　机械工业勘察设计研究院有限公司

32. 2023 年度陕西省土木建筑优秀总工程师奖优秀项目总工

刘　东　机械工业勘察设计研究院有限公司

33. 陕西省劳动竞赛先进个人

韦生波　机械工业勘察设计研究院有限公司

34. 中国机械工程学会青年科技成就奖

刘孝亮　合肥通用机械研究院有限公司

35. 陕西省厂务公开民主管理工作先进个人

王文波　中国三安建设集团有限公司

36. 江苏省部属企业职工十大科技创新成果

马家忠等人　江苏苏美达机电有限公司

37. 陕西省机械冶金建材系统“带徒名师”

杨纪文　中国三安建设集团有限公司

38. 陕西省机械冶金建材系统优秀班组长

张园动　贺嘉豪　中国三安建设集团有限公司

39. 陕西省机械冶金建材系统先进女职工工作者

王　蓉　中国三安建设集团有限公司

40. 江苏省省部属企业职工十大先进操作法

王丽芹等人　江苏辉伦太阳能科技有限公司

七、其他

1. 2023 年工程建设质量管理小组活动竞赛（境外）二等奖

中国机械工业机械工程有限公司

2. 2023 年中国家用纺织品行业优秀专利铜奖

江苏苏美达纺织有限公司

3. 第十六届中国农药工业协会技术创新奖三等奖

中国空分工程有限公司

4. 2022 年度营销能力及钢材销售五十强企业

苏美达国际技术贸易有限公司

5. 2023 年度优秀国际钢铁贸易企业

苏美达国际技术贸易有限公司

6. 锰行业第三方优质服务企业

苏美达国际技术贸易有限公司

7. 2022—2023 年度 Mysteel 焦煤价格指数诚信采价单位

苏美达国际技术贸易有限公司

8. 锌铝镁产品年度卓越合作伙伴

苏美达国际技术贸易有限公司

9. 2023 年度十佳钢铁综合贸易企业

苏美达国际技术贸易有限公司

10. 2023 年度安全管理标准化班组

苏美达能源公司下属辉伦太阳能公司测试中心

苏美达船舶公司下属新大洋造船公司涂装部外场油漆班组

苏美达股份有限公司车队

苏美达成套公司环境修复事业部无锡项目组

苏美达船舶公司下属新大洋造船公司总装部起重 2 组

苏美达轻纺公司下属创元制衣智能模板组

苏美达五金公司下属动力产品公司仓储物流班组

苏美达伊顿公司下属供应服务中心电商事业部班组

苏美达纺织公司下属创意家纺公司被子班组

苏州苏福马机械有限公司仓储中心班组

11. 2023 年度安全管理标准化班组优秀组长

乔纯高　苏美达股份有限公司车队

赵美冉　苏美达成套公司环境修复事业部无锡项目组项目经理

严　明　苏美达船舶公司下属新大洋造船公

司涂装部外场油漆班组长

王丽芹　苏美达能源公司下属辉伦太阳能公司测试中心

12. 2023 年四川省中等职业学校班主任能力比赛三等奖

胡　娴　黄欣茹　德阳安装技师学院

13. 首届四川省退役军人职业技能大赛一等奖

李　涛　德阳安装技师学院

14. 四川省技工教育表现优秀教师

叶　楠　呙　伟　德阳安装技师学院

15. 四川省技工教育表现优秀工作者

曹利琴　德阳安装技师学院

八、国机集团先进单位、先进个人及单项奖

（一）2023 年度先进单位

苏美达股份有限公司

中国联合工程有限公司

中国一拖集团有限公司

合肥通用机械研究院有限公司

中国电器科学研究院股份有限公司

国机智能科技有限公司

（二）2023 年度单项奖

科技创新奖

合肥通用机械研究院有限公司

中国农业机械化科学研究院集团有限公司

中国电器科学研究院股份有限公司

国机智能科技有限公司

中国一拖集团有限公司

利润突出贡献奖

苏美达股份有限公司

中国机械设备工程股份有限公司

中国一拖集团有限公司

中国联合工程有限公司

深化改革奖

中国机械工业工程集团有限公司

安全生产奖

中国机械工业建设集团有限公司

中国联合工程有限公司

服务国机重大工程奖

国机重型装备集团股份有限公司

链长建设突出贡献奖

中国一拖集团有限公司

“两金”“两非”治理进步奖

苏美达股份有限公司

国机汽车股份有限公司

人才队伍建设奖

国机重型装备集团股份有限公司

乡村振兴工作创新奖

中国联合工程有限公司

（三）2023 年度国机集团先进基层党组织

中国机械设备工程股份有限公司中设巴林有限公司联合党支部

中国机械设备工程股份有限公司中机国际工程设计研究院有限责任公司电池一党支部

中工国际工程股份有限公司中工环境科技有限公司党总支

中工国际工程股份有限公司中国中元国际工程有限公司建筑工程设计研究三院党支部

中国恒天集团有限公司经纬智能纺织机械有限公司党委

中国恒天集团有限公司邯郸宏大化纤机械有限公司党委

中国恒天集团有限公司中恒纺织交易市场（广东）有限公司党支部

中国福马机械集团有限公司江苏林海动力机械集团有限公司科室党支部

中国海洋航空集团有限公司上海海虹实业（集团）巢湖今辰药业有限公司部室党支部

中国地质装备集团有限公司中地装（北京）科学技术研究院有限公司第二党支部

中国机械工业建设集团有限公司广东分公司党总支

中国机械工业建设集团有限公司四川分公司党支部

国机财务有限责任公司第三党支部

国机汽车股份有限公司中国进口汽车贸易有限公司职能第一党支部

国机汽车股份有限公司中国汽车工业工程有限公司中汽装备党支部

中国机械国际合作股份有限公司零部件展览

及广州中汽党支部

国机资产管理有限公司中机时代置业（北京）有限公司党支部

中国农业机械化科学研究院集团有限公司中机试验装备股份有限公司党委

中国农业机械化科学研究院集团有限公司科技创新中心党支部

国机集团科学技术研究院有限公司重庆材料研究院有限公司党委

国机重型装备集团股份有限公司二重装备检测中心党委

国机重型装备集团股份有限公司中国第二重型机械集团德阳万航模锻有限责任公司模锻厂党总支

中国一拖集团有限公司第一拖拉机股份有限公司国际业务党总支

中国一拖集团有限公司一拖（洛阳）福莱格车身有限公司党委

中国一拖集团有限公司一拖（洛阳）物资装备有限公司采购业务党支部

苏美达股份有限公司江苏苏美达能源控股有限公司党总支

苏美达股份有限公司江苏苏美达五金工具有限公司党总支

苏美达股份有限公司中国空分工程有限公司党委

中国联合工程有限公司工业和物流工程设计研究院党支部

中国联合工程有限公司中机中联工程有限公司工业四院党支部

机械工业第六设计研究院有限公司第二工业工程院党支部

合肥通用机械研究院有限公司合肥通用机电产品检测院党总支

国机精工股份有限公司洛阳轴承研究所有限公司精密部件事业部党总支二党支部

中国电器科学研究院股份有限公司威凯检测技术有限公司党总支

国机智能科技有限公司检测党支部

桂林电器科学研究院有限公司赛盟党支部

中国机械工业集团有限公司战略发展部党支部

机械工业规划研究院有限公司党支部

（四）2023 年度国机集团优秀共产党员

于　帅　中国农业机械化科学研究院集团有限公司北京卓众出版有限公司卓众出版纪委委员、农机商用车党支部宣传委员、农业机械事业部部长

于永堂　中国联合工程有限公司中联西北工程设计研究院有限公司华岩工程公司副总经理（主持工作）

于改革　合肥通用机械研究院有限公司传热技术与装备究所副所长

马　迁　国机精工股份有限公司洛阳轴承研究所有限公司装备试验事业部试验机开发部装配组班组长

马洪飞　中国机械设备工程股份有限公司中国自控系统工程有限公司中自控自动化技术有限公司工程管理部副经理

王宏宽　中国电器科学研究院股份有限公司成套装备公司机电分公司副总经理

王建平　中国一拖集团有限公司一拖（洛阳）铸锻有限公司销售一部副部长（主持工作）

王培杰　国机智能科技有限公司密封研究所开发部部长

王尉华　中国海洋航空集团有限公司海南榆海实业发展有限公司琼海物业管理分公司党支部书记、经理

王　鹏　中国机械设备工程股份有限公司第七事业部玻利维亚分公司总经理

田　武　国机汽车股份有限公司中进汽贸服务有限公司总经理

田保伟　中国机械工业集团有限公司人力资源部（党委组织部）干部监督与激励处处长

付春晖　中国机械国际合作股份有限公司西麦克国际展览有限责任公司董事会秘书、综合业务事业部总经理

吕亚倩　中国地质装备集团有限公司北京海光仪器有限公司软件工作组组长

刘明雨　国机汽车股份有限公司中国汽车工

业工程有限公司涂装工程院高级工程师

衣宝龙　中工国际工程股份有限公司北京起重运输机械设计研究院有限公司索检中心行业办公室主任

祁　伟　中国一拖集团有限公司一拖（洛阳）液压传动有限公司党委委员、总经理助理

孙　克　国机集团科学技术研究院有限公司沈阳仪表科学研究院有限公司总经理助理、科技发展部部长兼国机传感科技有限公司执行董事、总经理

孙　岑　中国机械工业建设集团有限公司综合管理部后勤物业处处长

孙晓山　中国恒天集团有限公司青岛宏大纺织机械有限责任公司副总经理

杜晓旭　国机精工股份有限公司郑州磨料磨具磨削研究所有限公司党委委员、总经理助理，兼任制品三部部长、特材二部部长

李　举　苏美达股份有限公司江苏苏美达成套设备工程有限公司党总支委员，总经理助理兼成套工程事业部总经理

李　虓　国机海南发展有限公司中国成套工程有限公司第一工程与贸易事业部部门助理

李海琴　中国恒天集团有限公司财务部副总经理

杨红东　国机重型装备集团股份有限公司二重（德阳）重型装备有限公司核电石化公司安全生产部业务主管

杨秀光　中国农业机械化科学研究院集团有限公司中机试验装备股份有限公司副总工程师

杨建康　国机精工股份有限公司成都工具研究所有限公司数控刀具事业部副总经理

杨璐畅　国机重型装备集团股份有限公司成都重型机械有限公司国际贸易事业部项目工程师

吴　匡　国机资产管理有限公司企业服务部部长

吴　旻　国机资本控股有限公司综合管理部副部长

岑　文　中国机械工业建设集团有限公司中国机械工业第二建设工程有限公司总经理助理、宜昌分公司经理

沈国方　中国联合工程有限公司智能装备工程公司总经理

宋青竹　国机集团科学技术研究院有限公司沈阳真空技术研究所有限公司研发部部长兼服务事业部部长

张元位　中国机械设备工程股份有限公司哈尔滨电站设备成套设计研究所有限公司热电分院院长

张巧凤　苏美达股份有限公司江苏苏美达轻纺国际贸易有限公司业务总监兼事业一部总经理

张光辉　合肥通用机械研究院有限公司合肥通用环境控制技术有限责任公司环保工程事业部副部长

张红战　中国恒天集团有限公司恒天重工股份有限公司技术中心产品研发室主任

张芸晖　苏美达股份有限公司苏美达船舶有限公司人力党务总监兼综合管理部（党群工作部）经理

张　克　中国一拖集团有限公司一拖（洛阳）物流有限公司铁路运输分公司经理、党支部书记

张　敏　国机重型装备集团股份有限公司二重（镇江）重型装备有限责任公司工段长

张　煜　中工国际工程股份有限公司中国中元国际工程有限公司国际工程设计研究院副总建筑师

张　赟　中工国际工程股份有限公司第六工程事业部伊拉克九区油气中央处理设施项目现场经理

范寒光　中国机械设备工程股份有限公司机械工业勘察设计研究院有限公司工程勘察一院院长、总工程师

罗　成　中国海洋航空集团有限公司上海海虹实业（集团）巢湖今辰药业有限公司销售二部经理

金　磊　中国福马机械集团有限公司党委工作部（党委组织部）高级主管

周　峰　中国一拖集团有限公司第一拖拉机股份有限公司齿轮传动公司安全环保部部长

周爱民　中国恒天集团有限公司立信染整机

械（广东）有限公司控制及自动化经理

赵 宁 国机汽车股份有限公司汇益租赁（天津）有限公司副总经理

赵 婷 国机财务有限责任公司业务部经理助理、团支部书记

秦承斌 桂林电器科学研究院有限公司桂林格莱斯科技有限公司工程与服务部经理

徐 伟 机械工业第六设计研究院有限公司副总规划师、市政工程院党支部书记

奚爱儒 中国恒天集团有限公司宏大研究院有限公司营销工程部副部长

凌军峰 中国机械工业建设集团有限公司中国机械工业机械工程有限公司伊拉克九区油气中央处理设施项目经理、临时党支部副书记

高中稳 苏美达股份有限公司甘肃蓝科石化高新装备股份有限公司石化装备研究部副部长

郭要兵 中国一拖集团有限公司一拖（洛阳）汇德工装有限公司党委书记、董事长

黄桢钢 苏美达股份有限公司江苏苏美达纺织有限公司副总经理（主持工作）、党总支委员

盛 伟 中国联合工程有限公司工业一院院长助理

梁立康 中国农业机械化科学研究院集团有限公司北京金轮坤天特种机械有限公司技术中心副主任

梁胜新 中国电器科学研究院股份有限公司广州擎天实业有限公司电气制造中心副主任

寇永乐 国机重型装备集团股份有限公司中国重型机械研究院股份公司高级工程师

谢长江 国机重型装备集团股份有限公司中国重型机械有限公司第七事业部副总经理

熊正清 中国联合工程有限公司中机中联工程有限公司项目负责人

魏新生 机械工业第六设计研究院有限公司第三工业工程院党支部书记、院长兼经营总负责人

瞿国富 中国福马机械集团有限公司苏州苏福马机械有限公司党委副书记、总经理

（五）2023 年度国机集团优秀党务工作者

王 刚 中国机械设备工程股份有限公司党委工作部副部长

王 林 合肥通用机械研究院有限公司传热技术与装备研究所副所长、党支部书记

王 波 国机智能科技有限公司人力资源部（党委组织部）部长

王海滨 中国联合工程有限公司中联西北工程设计研究院有限公司工业工程院院长、工业医药装备联合党支部书记

勾兆强 苏美达股份有限公司党委工作部党务综合主任专员

尹延经 国机精工股份有限公司洛阳轴承研究所有限公司技术中心科研办公室主任、技术中心党支部宣传委员

石 强 中国农业机械化科学研究院集团有限公司巡察办副主任

田丽娜 中国机械工业集团有限公司党委工作部党建综合岗、党委工作部党支部组织委员

史鑫楠 国机资产管理有限公司国机投资管理成都有限公司党务专员、党支部组织委员兼宣传委员、团支部书记

边超然 中国一拖集团有限公司第一拖拉机股份有限公司中小拖公司党委工作部部长

向 彪 国机重型装备集团股份有限公司中国第二重型机械集团副总经理，中国第二重型机械集团德阳万航模锻有限责任公司党委书记、董事长

刘旭升 中工国际工程股份有限公司北京起重运输机械设计研究院有限公司索道工程事业部副总经理、党支部书记

刘 斌 国机重型装备集团股份有限公司二重（德阳）重型装备有限公司铸锻公司党务干事

汤元龙 苏美达股份有限公司苏美达国际技术贸易有限公司纪委副书记、行政总监、党委工作部（纪委办公室）主任、综合管理部（战略投资部）总经理

孙 娇 中国农业机械化科学研究院集团有限公司中国农业机械化科学研究院呼和浩特分院有限公司党委工作部部长、团委书记、纪委委员、职能部门党支部书记

李林韬 苏美达股份有限公司中国浦发机械

工业股份有限公司党委委员、党群支持部副部长（主持工作）、向心党支部书记

李　桐　国机海南发展有限公司办公室副主任、中国成套工程有限公司乌克兰代表处党支部书记

李　鹏　中国一拖集团有限公司第一拖拉机股份有限公司大拖公司党委书记、总经理

肖正良　中国地质装备集团有限公司衡阳中地装备探矿工程机械有限公司党群工作部副部长、纪委办公室主任

吴玉杰　中国恒天集团有限公司中国纺织对外经济技术合作有限公司综合管理部副总经理、工会副主席、党群工作部部长、纪委办公室主任

沈士彦　中国联合工程有限公司策划管理咨询公司党支部副书记

宋　南　机械工业第六设计研究院有限公司国机中兴工程咨询有限公司党总支组织委员兼纪检委员、第一党支部书记、副总经理兼组织人事部（党群工作部）部长

宋　哲　中工国际工程股份有限公司人力资源部总经理、党委组织部部长、第一支部委员会书记

张文娟　国机汽车股份有限公司中国汽车工业工程有限公司党委工作部部长、董事会办公室（战略投资部）主任

张　钰　国机资本控股有限公司党务主管（纪检干事）

张　雯　中国海洋航空集团有限公司党委工作部党建综合处处长、党支部宣传委员

张筱欣　国机财务有限责任公司党委委员、工会主席、党委工作部主任

陈子辉　中国恒天集团有限公司常德经纬摇架科技有限公司执行董事、总经理、党总支书记

罗莹莹　中国机械工业建设集团有限公司德阳安装技师学院纪委委员、党委工作部部长

罗　敏　国机汽车股份有限公司工会主席、党委工作部（党委宣传部、工会办公室）部长（主任）党支部书记

周　洁　中国电器科学研究院股份有限公司党委工作部副部长

侯丽丽　中国机械国际合作股份有限公司零部件展览及广州中汽党支部组织委员、第三事业部（零部件展览事业部）副总经理

姜芳芳　国机重型装备集团股份有限公司中国重型机械研究院股份公司党群工作部党务干事

袁　媛　国机集团科学技术研究院有限公司天津电气科学研究院有限公司智能装备研究所所长、党支部书记

顾　袤　中国机械工业建设集团有限公司党委工作部企业文化处处长

高　洋　中国一拖集团有限公司党委工作部企业文化科科长

高　翔　中国福马机械集团有限公司林海集团公司党委委员、党委工作部部长、林海股份公司党委工作部部长

黄世强　中国恒天集团有限公司恒天重工股份有限公司加工事业部总经理、党总支书记

黄　慧　中国机械设备工程股份有限公司中国电力工程有限公司党群办（离退办）副主任、党支部组织委员

蒋易蓉　桂林电器科学研究院有限公司党委工作部党务主管

（六）2023 年度国机集团劳动模范

杨志刚　中工国际第六工程事业部总经理

陈美霞　国机汽车外派财务总监

刘立晶　中国农机院科技创新中心主任

叶林伟　中国二重万航模锻 8 万吨模锻压力机班组班长

栾　林　中国一拖齿轮传动公司大齿车间磨齿组组长

刘　盼　苏美达股份纺织公司总经理助理

匡中付　中国联合第二工业工程设计研究院常务副院长、北京设计研究院常务副院长

王　渭　合肥通用院环境公司阀门与石油装备事业部部长、集团首席专家

王　枫　国机精工轴研所制造服务事业部保持架坯料班组组长、轴研所“首席技术专家”

秦　茂　中国电研首席专家、电气控制研究所所长

（七）2023 年度国机集团巾帼标兵岗

中国机械设备工程股份有限公司机械工业勘察设计研究院有限公司土工试验所

中工国际工程股份有限公司中国中元国际工程有限公司建筑工程设计研究三院科学工程中心

中工国际工程股份有限公司法律合规部

中国恒天集团有限公司恒天重工股份有限公司非织造布工程事业部产品开发部水刺设计室

中国恒天集团有限公司经纬智能纺织机械有限公司技术中心细纱机产品开发室

中国海洋航空集团有限公司苏州工业园区天龙制药有限公司生产部灌装组

中国机械工业建设集团有限公司中国三安建设集团有限公司审计部

国机汽车股份有限公司资产财务部

国机汽车股份有限公司中国汽车工业工程有限公司信息建筑工程室

国机集团科学技术研究院有限公司重庆材料研究院有限公司质量管理部

国机集团科学技术研究院有限公司天津电气科学研究院有限公司智能装备研究所科研办公室

国机集团科学技术研究院有限公司沈阳仪表科学研究院有限公司光学中心产品部

国机重型装备集团股份有限公司二重装备检测中心理化检测部金相试验室

中国一拖集团有限公司一拖（洛阳）铸锻有限公司消失模分厂组模班

中国一拖集团有限公司技术中心发动机仿真分析攻关组

苏美达股份有限公司江苏苏美达轻纺国际贸易有限公司事业一部

中国联合工程有限公司策划管理咨询公司乡村振兴工作组

机械工业第六设计研究院有限公司市政工程院乡村振兴规划业务组

合肥通用机械研究院有限公司合肥通用学院“机电一体化技术高水平专业群”教学团队

国机精工股份有限公司洛阳轴承研究所有限公司保持架坯料班组

中国电器科学研究院股份有限公司生产力促进中心

国机智能科技有限公司广州机械科学研究院有限公司设备润滑与检测研究所检测实验室

（八）2023 年度国机集团巾帼标兵

丁思云　合肥通用机械研究院有限公司流体机械事业部副部长

于龙英　桂林电器科学研究院有限公司桂林赛盟检测技术有限公司总经理

王礼华　国机精工股份有限公司郑州磨料磨具磨削研究所有限公司制品二部

王宜萍　中国福马机械集团有限公司林海股份有限公司福马高新公司技术开发主管工程师

方　羽　中国联合工程有限公司中机中联工程有限公司党委委员、总经理助理

冯　皓　中国电器科学研究院股份有限公司威凯检测技术有限公司技术研究院副院长

吕一丹　中工国际工程股份有限公司第一工程事业部高级市场开发经理

吕秋贻　国机集团科学技术研究院有限公司天津电气科学研究院有限公司采购管理部副部长（主持工作）兼任采购管理部党支部书记

吕程序　中国农业机械化科学研究院集团有限公司机电技术应用研究所室主任

吕燕红　机械工业第六设计研究院有限公司副总建筑师

朱诗卉　国机重型装备集团股份有限公司二重（镇江）重型装备有限责任公司辅助工段行车班班长

朱铁蕾　中工国际工程股份有限公司中国中元国际工程有限公司建筑工程设计研究二院总建筑师、分工会主席、党支部委员

刘晓红　中国一拖集团有限公司第一拖拉机股份有限公司中小拖公司质量部检查员

李忠霄　中国机械国际合作股份有限公司北京国机联创广告有限公司总经理

李秋秋　国机智能科技有限公司广州机械科学研究院有限公司设备润滑与检测研究所诊断中心主任

李俊连　中国机械设备工程股份有限公司机勘院文物保护研究所所长

杨伟博　中国一拖集团有限公司第一拖拉机股份有限公司大拖公司产品研发部工程师

肖　宇　中国联合工程有限公司建工七院党支部书记、院长

吴　彦　中国机械设备工程股份有限公司中机国际数智技术设计研究院院长、科技发展部部长、数字工程研究所所长

张　昕　国机精工股份有限公司郑州磨料磨具磨削研究所有限公司特材一部技术负责人

张敏芳　国机汽车股份有限公司中国汽车工业工程有限公司建工一院副院长

张燕娇　中国机械设备工程股份有限公司第二工程成套事业部工程一部业务员、商务经理

岳　阳　国机资产管理有限公司资产管理一部职员

郑　杨　国机财务有限责任公司信息科技部副经理（主持工作）

赵玉兰　机械工业第六设计研究院有限公司第一工业工程院高级总设计师

赵俊彩　中国地质装备集团有限公司中地装（无锡）钻探工具有限公司党委工作部主任

赵　雁　国机精工股份有限公司洛阳轴承研究所有限公司空间轴系开发部部长

南桂玲　中国机械工业建设集团有限公司中国机械工业第四建设工程有限公司审计部员工

夏伟丽　中国海洋航空集团有限公司上海海虹实业（集团）

巢　湖　今辰药业有限公司质量部副经理兼QC主任

崔春杰　中国恒天集团有限公司北京经纬纺机新技术有限公司图像检测事业部总经理

（九）国机集团总部 2023 年度先进集体

战略发展部（全面深化改革办公室、产业链链长办公室）

人力资源部（党委组织部）

党委工作部（党委宣传部、党委统战部、企业文化部、工会工作办公室）

财务部

科技发展部（军工管理办公室）

国机集团纪委、国家监委驻集团监察专员办公室

（十）国机集团总部 2023 年度先进个人

王锡岩　沈瑞宏　李赐犁　王小虎　王惠芳
王　晖　闫卫红　禹　权　王　刚　毕　磊
秦　一　徐　玮　孟　超　田保伟　马　君
贺思雄　李　晶　吴　祎　冯雪峰　楼明慧
刘　维　林　萌　谢胡萍　石　琼　曹建红
何　云　董丽红　姚晓南　张　宏　朱绍勇
彭　鹏　张大亮　焦迪清　吕乐乐　张永君
杨渊博　杨学贵　厉　楠　王　正　李良寿
常　乐　薛吉林　吴　璇　王变娜　岳德高
陈　欢　苏　晔　严　慧　刘　婷　刘钰辰
王　蕾　曾维佳

（十一）国机集团监督办公室 2023 年度先进个人

张光远　臧晓逊　王海英

（十二）国机集团总部管培生 2023 年度先进个人

申　晨　胡　晓　申屠舒展　胡行健
马超然　钟璐媛

2023 年全国、机械行业及省部级科学技术奖

一、2023 年全国质量标杆

实施以“三个第一”为核心的管理模式经验　第一拖拉机股份有限公司

二、高等学校科学研究科技进步奖

一等奖

大型风电机组提升服役性能关键技术及应

用　中机国际工程设计研究院有限责任公司

三、中国工业大奖

“航空万吨级铝合金板张力拉伸装备”项目　中国重型机械研究院股份公司

四、中国标准创新贡献奖

二等奖

GB/T 37393—2019《数字化车间　通用技术要求》　国机智能科技有限公司

五、第二届全国机械工业产品质量创新大赛金奖

航空超越离合器组件产品质量创新项目　洛阳轴承研究所有限公司

半导体芯片高效精密划切超薄磨具质量提升关键技术应用与研究项目　郑州磨料磨具磨削研究所有限公司

六、2023 年度可靠性提升攻关方向典型案例

多孔聚酰亚胺保持架材料可靠性提升项目　洛阳轴承研究所有限公司

七、第 48 届国际质量管理小组会议（ICQCC）金奖

“提高光伏用硅锭磨削砂轮合格率”成果　郑州磨料磨具磨削研究所有限公司

八、首届“国企数字场景创新专业赛”

一等奖

纺纱行业全流程成套装备机器人和物联网技术应用　经纬纺织机械股份有限公司

二等奖

基于工业物联网的智慧纺纱车间全流程管理系统　经纬纺织机械股份有限公司

九、2023 年度智能制造标准应用试点工作

电站智能化远程辅助运维系统标准应用试点　哈尔滨电站设备成套设计研究所有限公司

十、2023 年度机械工业科学技术奖

一等奖

多场景高效协同物流输送系统关键技术研究与应用　北京起重运输机械设计研究院有限公司

高温压力容器与管道焊接结构蠕变疲劳损伤防控技术　合肥通用机械研究院有限公司

数据－知识驱动的高性能变速器智能制造关键技术与应用　郑州磨料磨具磨削研究所有限公司

绿色低损高效除草关键技术装备研发与集成应用　中国农业机械化科学研究院集团有限公司

旱田耕作大中型农业动力与配套装备关键技术及应用　中国农业机械化科学研究院集团有限公司

复杂机械载荷与多场耦合材料力学性能测试技术及应用　中机试验装备股份有限公司

《风能发电系统　第 5 部分：风力发电机组风轮叶片》（IEC 61400-5:2020）中国农业机械化科学研究院呼和浩特分院有限公司

二等奖

高效高精成型磨削用长寿命砂轮关键技术开发及应用　郑州磨料磨具磨削研究所有限公司　洛阳轴承研究所有限公司

高可靠大型精密风电轴承关键共性技术自主研发及应用　洛阳轴研科技有限公司　洛阳轴承研究所有限公司

控制力矩陀螺系列化轴承组件关键技术研究及产业化　洛阳轴承研究所有限公司

《农业机械学报》　中国农业机械化科学研究院集团有限公司

新能源汽车全铝车身制造柔性机器人自动化生产线关键技术开发和应用　中国汽车工业工程有限公司

高端汽车数字化智能化绿色化制造技术升级整体解决方案　中国汽车工业工程有限公司

机械装备行业产排污核算体系构建及应用　机械工业第四设计研究院有限公司

《润滑技术手册》　广州机械科学研究院有限公司

基于工业机器人的高速高精施胶关键技术研究及应用　国机智能科技有限公司

2 450mm 钦板热轧机研制及应用项目　二重（德阳）重型装备有限公司

高品质汽车面板高效精整线工艺装备开发及应用项目　中国重型机械研究院股份公司

城市空间开发中空地协同智能测量监测系统研发与应用　机械工业勘察设计研究院有限公司

冻土地区桩基承载特性研究与应用　机械工

业勘察设计研究院有限公司

舟山绿色石化基地海水淡化项目二期工程 中国联合工程有限公司

“零碳”体育建筑关键技术研究与应用示范 中国联合工程有限公司

服务器智能工厂系统集成关键技术研究及应用 机械工业第六设计研究院有限公司

三等奖

面向固废协同处置的多功能组合机群上料系统关键技术装备与工程应用 北京起重运输机械设计研究院有限公司

GB/T 28264—2017《起重机械 安全监控管理系统》 北京起重运输机械设计研究院有限公司

ISO/TR 20051:2020《关节轴承 额定载荷系数的推导》 洛阳轴承研究所有限公司

航空航天用紧凑轻量化薄壁轴承关键技术研究及应用 洛阳轴承研究所有限公司

用于难加工金属材料的高性能硬质合金刀具关键技术及应用 成都工具研究所有限公司

车身车间数字化关键技术开发与应用 中国汽车工业工程有限公司

多车型涂装智能组合柔性输送方式关键技术 中国汽车工程工业有限公司

汽车工业涂装车间智能输送装备关键技术创新及应用 中国汽车工程工业有限公司

《机床与液压》 广州机械科学研究院有限公司

超高压高起始磁控型可控并联电抗器系统关键技术与应用 中国机械设备工程股份有限公司

良信电器（海盐）有限公司智能型低压电器研发及制造基地项目 中国联合工程有限公司

杭州临江环境能源工程 中国联合工程有限公司

悦来海绵生态展示中心绿色低碳技术集成创新工程示范 中国联合工程有限公司

十一、2023 年华夏建设科学技术奖

一等奖

消防给水系统可靠性与智慧运维关键技术研究与应用 中国中元国际工程有限公司

十二、2023 年度中国工程建设标准化协会标准创新奖

一等奖

T/CECS 752—2020《健康医院建筑评价标准》 中国中元国际工程有限公司

GB/T 51228—2017《建筑振动荷载标准》 中国中元国际工程有限公司

GB 51076—2015《电子工业防微振工程技术规范》 中国中元国际工程有限公司

三等奖

建标 110-2021《综合医院建设标准》 中国中元国际工程有限公司

十三、中国纺织工业联合会科技进步奖

一等奖

聚乳酸高效生物合成及纤维制备与应用技术 恒天纤维集团有限公司 恒天长江生物材料有限公司

二等奖

超高速低能耗棉纺锭子关键技术及其运用 经纬智能纺织机械有限公司

大容量粘胶短纤维成套装备关键技术研究及产业化 恒天重工股份有限公司 邯郸宏大化纤机械有限公司

十四、“合力杯”第二届全国机械工业产品质量创新大赛

金奖

风电夹布油封的快速开发及质量保证 广州机械科学研究院有限公司、广州国机密封科技有限公司

航空万吨级铝合金板张力拉伸装备 中国重型机械研究院股份公司

1 000MW 级高标准大型水电铸锻件制造技术研发及生产应用 二重（德阳）重型装备有限公司

“华龙一号”反应堆压力容器冷却剂泵（RSR750）泵壳项目 二重（德阳）重型装备有限公司

中功率拖拉机智能化制造工厂项目 中国一拖集团有限公司

银奖

拖拉机动力换挡（CVT）传动系检验检测技

术研究及应用　中国一拖集团有限公司

优秀奖

50～80 马力丘陵山地拖拉机开发　中国一拖集团有限公司

LF2204 拖拉机研发生产及推广　第一拖拉机股份有限公司

东方红 YTN3 系列柴油机开发及应用　第一拖拉机股份有限公司

自走式智能辣椒直播机开发及推广应用　第一拖拉机股份有限公司

十五、中国钢结构协会技术创新奖

树形柱钢铝组合屋盖结构施工技术研究与应用　中国中元国际工程有限公司

十六、2023 年度全国机械行业思想政治工作优秀案例

理论与实践相结合，“大讨论”凝心聚力，推动企业发展　中国一拖集团有限公司

十七、农业机械科学技术奖

二等奖

保护性耕作作业质量智能云监管技术及应用　中国农业机械化科学研究院集团有限公司

三等奖

秸秆方形系列压捆机产业化开发与应用　中国农业机械化科学研究院呼和浩特分院有限公司

十八、国家标准制定有突出贡献单位

第八届全国液压气动标准化技术委员会（2019—2023）国家标准制定有突出贡献单位　广州机械科学研究院有限公司

十九、中国专利

发明专利

一种多方位可调节工装　中国三安建设集团有限公司

一种多功能测量工具　中国三安建设集团有限公司

一种钢结构安装登高装置　中国三安建设集团有限公司

一种钢结构拆卸托架　中国三安建设集团有限公司

一种混凝土保养装置　中国三安建设集团有限公司

一种建筑墙体刮平器　中国三安建设集团有限公司

一种建筑施工模板锁定夹具　中国三安建设集团有限公司

一种建筑施工支架　中国三安建设集团有限公司

一种建筑施工组合模板　中国三安建设集团有限公司

一种建筑用楼板浇筑支撑杆　中国三安建设集团有限公司

一种建筑砖块用砖夹结构　中国三安建设集团有限公司

一种新型钢筋弯箍机　中国三安建设集团有限公司

一种水力耦合作用下土体试验系统及方法　机械工业勘察设计研究院有限公司

一种湿陷性土、溶陷性土或复合型土的判定方法　机械工业勘察设计研究院有限公司

一种基于三维激光扫描的土方填筑监控装置及方法　机械工业勘察设计研究院有限公司

一种城市轨道交通隧道变形监测系统及方法　机械工业勘察设计研究院有限公司

一种天然地基加压后浸水试验地基承载力计算方法　机械工业勘察设计研究院有限公司

一种用于古建筑的裂缝检测装置及其使用方法　机械工业勘察设计研究院有限公司

一种钻孔灌注桩断桩接桩结构及方法　机械工业勘察设计研究院有限公司

一种原位土体分层沉降监测装置及方法　机械工业勘察设计研究院有限公司

一种黄土高填方沟谷地基排水结构及其铺设方法　机械工业勘察设计研究院有限公司

一种增强榫卯节点抗震性能的粘弹性阻尼器及其加固结构　机械工业勘察设计研究院有限公司

一种挤密桩施工质量监控系统及方法　机械工业勘察设计研究院有限公司

一种市政道路地下排水管线探测方法　机械工业勘察设计研究院有限公司

一种古建筑振动控制装置　机械工业勘察设计研究院有限公司

一种土壤源地源热泵地温监测系统中测温电缆的施工方法　机械工业勘察设计研究院有限公司

一种装配式综合管廊穿越湿陷性黄土场地模型试验系统及试验方法　机械工业勘察设计研究院有限公司

一种预制拼装综合管廊企口式接头防水构造及方法　机械工业勘察设计研究院有限公司

一种建筑物 mesh 模型立面修整方法　机械工业勘察设计研究院有限公司

一种地下水位测量装置及测量方法　机械工业勘察设计研究院有限公司

基于静压沉管成孔的填分一体装置　机械工业勘察设计研究院有限公司

一种深层沉降监测装置及埋设沉降标的方法　机械工业勘察设计研究院有限公司

一种墩式基础加固结构及方法　机械工业勘察设计研究院有限公司

一种外钻孔注浆提高已成桩承载力的结构及方法　机械工业勘察设计研究院有限公司

一种既有盐穴腔体的水密封性检测方法　机械工业勘察设计研究院有限公司

实用新型专利

一种岩土工程勘察用原位测试装置　机械工业勘察设计研究院有限公司

一种用于深基坑支护的装配式混凝土结构　机械工业勘察设计研究院有限公司

一种测斜探管装置　机械工业勘察设计研究院有限公司

一种智能多感知轨道检测机器人　机械工业勘察设计研究院有限公司

一种城市生活垃圾智能分类装置　机械工业勘察设计研究院有限公司

一种黏弹塑性力学模型教学示范仪　机械工业勘察设计研究院有限公司

一种带有照明装置的铟瓦条码水准标尺　机械工业勘察设计研究院有限公司

一种用于可回收锚索的锁头装置　机械工业勘察设计研究院有限公司

一种单环渗水装置　机械工业勘察设计研究院有限公司

一种既有建筑物打磨装置　机械工业勘察设计研究院有限公司

一种盐穴腔体内沉渣破碎钻头　机械工业勘察设计研究院有限公司

一种磁电式倾角测量系统　机械工业勘察设计研究院有限公司

一种牙轮钻头　机械工业勘察设计研究院有限公司

一种光电式倾角测量系统　机械工业勘察设计研究院有限公司

一种灌注桩钢筋笼悬挂支撑装置　机械工业勘察设计研究院有限公司

适用于起重吊车的调向装置　机械工业勘察设计研究院有限公司

一种基坑支护钢腰梁　机械工业勘察设计研究院有限公司

一种预制管桩填芯混凝土防漏装置及防漏结构　机械工业勘察设计研究院有限公司

一种深基坑变形监测预警系统　机械工业勘察设计研究院有限公司

竖井地下车库逆作法用装配式壁板结构　机械工业勘察设计研究院有限公司

一种地下岩穴储气库双膜密封结构　机械工业勘察设计研究院有限公司

一种旋喷锚索水泥浆液的回收装置　机械工业勘察设计研究院有限公司

一种拆卸铆钉用手工工具　机械工业勘察设计研究院有限公司

一种控压取土器　机械工业勘察设计研究院有限公司

一种基于柔性防护面层的可回收锚头装配结构　机械工业勘察设计研究院有限公司

一种钻孔内管线触探装置　机械工业勘察设计研究院有限公司

二十、2023 年度拖拉机奖（山地）

东方红 MH804 丘陵山地拖拉机　中国一拖集团有限公司

二十一、2023 年度技术创新奖

东方红 MF904-7（G4）轮式拖拉机　中国一拖集团有限公司

二十二、2023 年度基层思想政治工作优秀案例

弘扬国有企业先进精神谱系研究　中国一拖集团有限公司

二十三、山东省机械工业科学技术奖

一等奖

XZ4415B 静压造型数字化成套装备　国机铸锻机械有限公司

二十四、河南省科学技术进步奖

特等奖

智能高效、绿色节能的机器人滑撬清洗系统　中国汽车工业工程有限公司

一等奖

硬脆功能阵列元件精密加工用高性能超硬磨具关键技术及应用　郑州磨料磨具磨削研究所有限公司

大中型农机动力与配套旱作装备关键技术及产业化　中国农业机械化科学研究院集团有限公司

二等奖

先进复合材料高效高质高可靠磨削用长寿命超硬砂轮关键技术及应用　郑州磨料磨具磨削研究所有限公司

高效精密超硬刀具的制备技术研发及应用　郑州磨料磨具磨削研究所有限公司

涂装车间智能柔性滑橇输送系统关键技术创新及应用　中国汽车工业工程有限公司

三等奖

航空用离合器轴承组件系列化开发及产业化　洛阳轴承研究所有限公司

高端装备主轴关键技术及应用　洛阳轴承研究所有限公司

二十五、安徽省科学技术进步奖

一等奖

高效高可靠离心泵关键技术及系列产品开发应用　合肥通用机械研究院有限公司

流程工业在线光谱检测关键技术及系列仪器开发应用　合肥通用机械研究院有限公司

二十六、浙江省科学技术进步奖

二等奖

工厂化种植智能管理技术装备研发与产业化应用　中国农业机械化科学研究院集团有限公司

二十七、广东省科学技术奖

一等奖

面向汽车及 3C 行业高速高精施胶关键技术研究与应用　国机智能科技有限公司

二十八、陕西省土木建筑科学技术奖

特等奖

关中地区地源热泵系统关键技术研究与工程应用　机械工业勘察设计研究院有限公司

一等奖

巴基斯坦塔尔矿区湿陷性砂土工程特性与评价方法研究　机械工业勘察设计研究院有限公司

二十九、2023 年河南省国防科技工业质量管理小组

一等技术成果奖

“提升氮化硅陶瓷球面滚子加工效率”成果　洛阳轴承研究所有限公司

二等技术成果奖

“提高 6000XX 双半保持架生产效率”成果　洛阳轴承研究所有限公司

三十、河南省勘察设计行业科技进步奖

一等奖

多层高精度医疗光学厂房设计关键技术的研究与应用　中国汽车工业工程有限公司

冲击式机器有阻尼瞬态分析方法及其应用　中国汽车工业工程有限公司

智慧农批市场建设关键技术及应用　机械工业第六设计研究院有限公司

二等奖

焊装生产线数字化关键技术开发与应用　中国汽车工业工程有限公司

涂装工业机器人的智能绿色节能新应用　中国汽车工业工程有限公司

振动噪声控制技术在汽车研发工程中的应用　中国汽车工业工程有限公司

全模块化汽车柔性焊接生产系统关键技术研发与应用　中国汽车工业工程有限公司

现代农业装备智能驾驶舱数字化涂装生产线　中国汽车工业工程有限公司

全预制装配整体式 PC 框架建筑技术创新及

应用　机械工业第六设计研究院有限公司

三十一、安徽省专利奖

金奖

一种用于三元材料的集成式生产工艺（ZL 202010704391.0）　合肥通用机械研究院有限公司

三十二、河南省专利奖

二等奖

一种中空堆积磨粒及其制备方法、超硬磨具　郑州磨料磨具磨削研究所有限公司

角接触球轴承　洛阳轴承研究所有限公司

三十三、第一届“新九”质量创新成果发表赛优胜奖

“技术改造促进内壁刮刀的产能提升”成果　成都工具研究所有限公司

三十四、内蒙古自治区专利奖

优秀奖

三道捆绳恒压方草捆捡拾压捆机　中国农业机械化科学研究院呼和浩特分院有限公司

2023 年全国及行业、省区市优秀工程奖

全国及行业奖项

一、国家优质工程

鲁班奖

光明文化艺术中心项目　中国机械工业建设集团有限公司

金奖

深圳市东部环保电厂项目　中国机械工业建设集团有限公司　中国机械工业机械工程有限公司

优质工程奖

宜昌市港窖路（桔乡路－峡州大道）及节点互通工程　中机三勘岩土工程有限公司

华晨宝马汽车有限公司产品升级项目（大东厂区）NEX 车身车间（二期）　机械工业第四设计研究院有限公司

洛阳职业技术学院新校区一期一组团图文信息中心及地下车库（一）一期　中汽智达（洛阳）建设工程咨询管理有限公司

邵阳市中心医院东院项目一期工程（医疗综合地下室、门急诊医技楼、妇儿分院病房楼）　中国机械设备工程股份有限公司

2 000t/a 高端硬质合金棒型材生产线技术改造项目　中机国际工程设计研究院有限责任公司

长沙市留置场所升级改造项目　中机国际工程设计研究院有限责任公司

张家界综合客运枢纽建设　中机国际工程设计研究院有限责任公司

湘潭市岳塘区湖湘学校项目　中机国际工程设计研究院有限责任公司

杭州临江环境能源工程　中国联合工程有限公司

年产 13 000t 高能量密度动力锂离子电池正极材料项目——1# 生产厂房　机械工业第六设计研究院有限公司

原阳县人民医院综合建设项目　机械工业第六设计研究院有限公司

郑州市渠南路（西四环－陇海路）道路工程　机械工业第六设计研究院有限公司

二、2023 年度石油优质工程奖

豫东 LNG 应急储备中心项目　中国空分工程有限公司项目

三、2023 年度市政工程最高质量水平评价

宜昌市港窖路（桔乡路－峡州大道）市政工程 K6+520-K7+472.123 段　中机三勘岩土工程有限公司

四、2023 年度机械工业优秀工程勘察设计咨询成果奖

一等奖

三一智能装备有限公司智能制造产业园建设项目可行性研究报告　中国联合工程有限公司

（中机中联工程有限公司）

林州产业集聚区智能管理综合系统实施方案　机械工业第六设计研究院有限公司

二等奖

中国汽研国家氢能动力质检中心项目（一期）可行性研究报告　中国联合工程有限公司（中机中联工程有限公司）

悦来国际会展城集中供能项目（7号能源站及社会停车场）可行性研究报告　中国联合工程有限公司（中机中联工程有限公司）

创新中心及智+C9:C28　中机国际工程设计研究院有限责任公司

海口市餐厨垃圾及粪便无害化处理扩建项目可行性研究报告　中机国际工程设计研究院有限责任公司

湖北兴友新能源科技有限公司30万t/a电池级磷酸铁项目可行性研究报告　中机国际工程设计研究院有限责任公司

昆明空港垃圾焚烧发电厂二期工程项目申请报告　中机国际工程设计研究院有限责任公司

衢州市污水处理厂一期、二期提标改造工程项目申请报告　中机国际工程设计研究院有限责任公司

无锡惠山区直湖港片区排污口整治示范工程可行性研究报告　中机国际工程设计研究院有限责任公司

无锡市区管道燃气特许经营中期评估报告（2019—2020）　中机国际工程设计研究院有限责任公司

鑫政新能源新材料“双循环”项目可行性研究报告　中机国际工程设计研究院有限责任公司

异龙湖沿湖区域产业转型升级与布局　中机国际工程设计研究院有限责任公司

云南省城镇生活垃圾分类和处理设施建设“十四五”规划　中机国际工程设计研究院有限责任公司

星邦智能国际智造城项目可行性研究报告　中机国际工程设计研究院有限责任公司

力神（青岛）新能源有限公司滁州新能源产业基地建设项目（一期）可行性研究报告　中机国际工程设计研究院有限责任公司

当升科技（攀枝花）新材料产业基地首期项目可行性研究报告　中机国际工程设计研究院有限责任公司

长沙市内涝判定标准研究　中机国际工程设计研究院有限责任公司

宜宾天原锂电新材有限公司年产10万t磷酸铁锂正极材料项目可行性研究报告　中机国际工程设计研究院有限责任公司

扬州城镇燃气发展规划（2021—2035）编制　中机国际工程设计研究院有限责任公司

弥勒市高原生态农业全域旅游推动乡村振兴建设规划　中机国际工程设计研究院有限责任公司

三等奖

洛阳星耀新能源有限公司年产10万t锂离子电池硅碳负极材料项目　中机十院国际工程有限公司

西北轴承有限公司高端精密轴承产业化升级改造项目可行性研究报告　中机十院国际工程有限公司

宁阳县基础零部件产业园暨先进绿色智能智造示范工厂建设项目可行性研究报告　中机十院国际工程有限公司

安康高新汉能科技有限公司年产1 500t钒材循环经济产业园项目地下水环境影响评价水文地质勘查　机械工业勘察设计研究院有限公司

咸阳市装备制造产业园区域地质灾害危险性评估　机械工业勘察设计研究院有限公司

广阳岛国际会议中心节能报告　中国联合工程有限公司（中机中联工程有限公司）

五、2023年度有色金属建设行业优秀工程咨询成果奖

沾益工业园区20万t磷酸铁和5万t废旧磷酸铁锂回收标准厂房及附属设施项目可行性研究报告　中机国际工程设计研究院有限责任公司

云天化年产50万t磷酸铁锂项目　中机国际工程设计研究院有限责任公司

宜宾天原锂电新材料有限公司年产10万t磷酸铁锂正极材料项目可行性研究报告　中机国际工程设计研究院有限责任公司

退役锂电材料资源循环再生利用项目可行性研究报告　中机国际工程设计研究院有限责任公司

宁波图锐新材料科技有限公司 7.5 万 t/a 电池级磷酸铁及 0.6 万 t/a 磷酸铁锂生产项目可行性研究报告　中机国际工程设计研究院有限责任公司

年产 25GW・h 汽车动力锂电池制造项目可行性研究报告　中机国际工程设计研究院有限责任公司

年产 12 万 t 正极磷酸铁锂项目可行性研究报告　中机国际工程设计研究院有限责任公司

年产 2 万 t 磷酸（锰）铁锂正极材料项目可行性研究报告　中机国际工程设计研究院有限责任公司

年产 1 万 t 三元前驱体资源综合利用项目　中机国际工程设计研究院有限责任公司

贵州嘉尚新能源有限公司年产 25 万 t 锂离子正极材料产业园项目　中机国际工程设计研究院有限责任公司

当升科技（攀枝花）新材料产业基地首期项目　中机国际工程设计研究院有限责任公司

六、2023 年度机械工业优秀工程勘察设计成果奖

一等奖

汽车工业绿色厂房评价标准　中国汽车工业工程有限公司

汽车工业污染防治可行技术指南　机械工业第四设计研究院有限公司

无锡透平叶片有限公司百万等级核电特大叶片制造基地及航空锻件项目技术改造　中国联合工程有限公司

特变电工沈阳变压器集团有限公司特高压交直流输变电装备产业技术升级项目　中国联合工程有限公司

东方电气集团东方汽轮机有限公司汉旺生产基地灾后异地重建工程建设项目　中国联合工程有限公司

二等奖

广州大学减震控制与结构安全实验大楼基坑支护设计　机械工业第四设计研究院有限公司

年产 25 万 t 玻璃纤维池窑拉丝生产线建设项目　机械工业第四设计研究院有限公司

余姚吉润汽车部件有限公司双班年产 30 万台（套）汽车车身生产项目　中国汽车工业工程有限公司

浙江鼎力机械股份有限公司大型智能高空作业平台建设项目　中国联合工程有限公司

神华宁煤 400 万 t/a 煤炭间接液化项目大件组装厂　中国联合工程有限公司

哈尔滨锅炉厂有限责任公司燃烧试验中心建设项目　中国联合工程有限公司

三等奖

洛阳市廉政宣教基地（中心）项目　机械工业第四设计研究院有限公司

上海汽车集团股份有限公司新建年产 24 万台乘用车宁德产能项目　机械工业第四设计研究院有限公司

山西阳煤丰喜化工机械有限责任公司现代煤化工装备太原研发制造基地　中国联合工程有限公司

核电主泵测试回路、钢结构及水系统　中国联合工程有限公司

浙江师范大学行知学院迁建项目图书馆项目　中国联合工程有限公司

良渚遗址申遗——中联・华能厂（良渚考古与保护中心）改造及西侧景观提升工程　中国联合工程有限公司

萧政储出〔2010〕46 号、〔2011〕45 号地块（杭州博地中心）　中国联合工程有限公司

七、2022 年度机械工业优秀工程勘察设计奖

一等奖

洛阳市轨道交通 1 号线工程勘察 LYGD-KC-03 标段　机械工业勘察设计研究院有限公司

西安市地铁五号线一期工程（和平村－纺织城）初步勘察、详细勘察 D5KC-5 标段　机械工业勘察设计研究院有限公司

汉寿县人民医院异址新建项目　中机国际工程设计研究院有限责任公司

电磁能高端装备产业化基地建设项目（一期工程）　中机国际工程设计研究院有限责任公司

张家界市阳湖坪污水处理厂　中机国际工程设计研究院有限责任公司

航发优材（镇江）钛合金精密成型有限公司年产 1 000 台（套）钛合金中介机匣等航空关键零部件智能制造项目（一期）　中国联合工程有限公司

昆明市五华区垃圾焚烧发电厂异地重建项目　中国联合工程有限公司

网盛互联网金融软件产业化基地　中国联合工程有限公司

浙江师范大学行知学院迁建项目　中国联合工程有限公司

梅城镇美丽城镇建设项目　中国联合工程有限公司

丝路（西安）前海园项目　中国联合工程有限公司（中联西北工程设计研究院有限公司）

高新·天谷雅舍幼儿园　中国联合工程有限公司（中联西北工程设计研究院有限公司）

沣东新城第一初级中学项目　中国联合工程有限公司（中联西北工程设计研究院有限公司）

二等奖

延安新区全民健身运动中心　机械工业勘察设计研究院有限公司、中国联合工程有限公司

上饶宁能生物质发电有限公司铅山生物质发电项目　中国联合工程有限公司

佛山市生活垃圾资源化处理提质改造项目（第一阶段）　中国联合工程有限公司

富阳区循环经济产业园生活垃圾焚烧处置项目　中国联合工程有限公司

福建申远新材料有限公司二期年产 40 万 t 聚酰胺一体化项目动力车间　中国联合工程有限公司

宿州市生活垃圾焚烧发电二期扩建项目　中国联合工程有限公司

杭州市钱学森学校、钱学森纪念馆项目（望江单元 SC0403-A33-11 地块 48 班九年一贯制学校项目）　中国联合工程有限公司

2018 平 -23 号酒店（暂定名）平湖卓越铂尔曼酒店　中国联合工程有限公司

传化国际科创园　中国联合工程有限公司

山水时代［萧储（2009）10 号地块项目］　中国联合工程有限公司

重庆机动车强检试验场—试验室及配套设施设计项目　中国联合工程有限公司（中机中联工程有限公司）

沣东新城第八小学　中国联合工程有限公司（中机中联工程有限公司）

骊山·枫林香溪项目一期　中国联合工程有限公司（中机中联工程有限公司）

西安高新创汇社区 B 区　中国联合工程有限公司（中机中联工程有限公司）

西安航天城第十一小学（枣园南小学）　中国联合工程有限公司（中机中联工程有限公司）

西安市高新区草堂基地新建中学（现更名为西安市高新区第五学校）　中国联合工程有限公司（中机中联工程有限公司）

三等奖

西安地铁 5 号线 10 标项目南稍门站 - 文艺路站盾构区间下穿地铁 2 号线自动化变形监测　机械工业勘察设计研究院有限公司

二重（德阳）重型装备股份有限公司新增 125t 级大型电渣重熔炉改造厂房配套辅助用房　中国联合工程有限公司

神华榆林循环经济煤炭综合利用项目（一阶段工程）动力装置　中国联合工程有限公司

浙江鼎力“未来工厂”——臂式智能高空作业平台总装、涂装设备总承包项目　中国联合工程有限公司

杰克高端缝制装备制造基地项目（一期）　中国联合工程有限公司

湖南华菱涟源钢铁有限公司热处理板厂热处理二期工程　中国联合工程有限公司

申通快递智慧示范基地项目　中国联合工程有限公司

德清开元森泊度假乐园项目（中央设施）　中国联合工程有限公司

秀湖全民健身中心 A 楼（南区）一期　中国联合工程有限公司

暨阳金石书画博物馆建设工程　中国联合工程有限公司

海盐县妇幼保健院迁建工程　中国联合工程有限公司

贵州省桐梓县中医院建设工程　中国联合工程有限公司

三一（北京）桩机扩大产能技术改造项目　中国联合工程有限公司（中机中联工程有限公司）

皇城坊　中国联合工程有限公司（中机中联工程有限公司）

云检科创园　中国联合工程有限公司（中机中联工程有限公司）

年产 8 000t 中药材加工与物流体系建设项目　中国联合工程有限公司（中机中联工程有限公司）

八、2023 年度机械工业优秀工程咨询成果奖

一等奖

洛阳美伦色彩科技有限公司年产 27 000t 新型环保染料退城入园技术升级改造项目节能报告　机械工业第四设计研究院有限公司、中国汽车工业工程有限公司

沣西新城游泳馆项目近零能耗建筑专题研究报告　中国联合工程有限公司（中联西北工程设计研究院有限公司）

陶瓷基复合材料智能制造厂区建设项目可行性研究报告　中国联合工程有限公司（中联西北工程设计研究院有限公司）

二等奖

极电能源科技有限公司极电科技电池电驱项目　中国汽车工业工程有限公司、机械工业第四设计研究院有限公司

常州进和理标准厂房建设有限公司厂房建设项目　中国汽车工业工程有限公司、机械工业第四设计研究院有限公司

安塞区高桥镇农光互补产业项目可行性研究报告　中国联合工程有限公司（中联西北工程设计研究院有限公司）

长安电力王渠则 100MW 风电项目可行性研究报告　中国联合工程有限公司（中联西北工程设计研究院有限公司）

兰州新区新材料产业园区产业规划　中国联合工程有限公司（中联西北工程设计研究院有限公司）

三等奖

西安交通大学第一附属医院榆林医院建设项目　中国联合工程有限公司（中联西北工程设计研究院有限公司）

《富阎产业合作园区规划管控技术规定（修订版）》　中国联合工程有限公司（中联西北工程设计研究院有限公司）

留坝至凤县天然气输气管道工程规划选址论证报告　中国联合工程有限公司（中联西北工程设计研究院有限公司）

商洛经济技术开发区产业发展规划　中国联合工程有限公司（中联西北工程设计研究院有限公司）

九、中国工程建设焊接协会优秀焊接工程

一等奖

智能网联（新能源）重卡项目物流园　中国机械工业建设集团有限公司、中国机械工业第四建设工程有限公司

福建百宏石化有限公司年产 250 万 t 二甲酸项目　中国机械工业第一建设有限公司

优秀奖

凯傲（济南）叉车 C2H 项目一期建筑安装工程　中国机械工业建设集团有限公司、中国机械工业第四建设工程有限公司

宜昌姚家港化工园区集中供热公用热力管廊建设工程（一期）项目　中国机械工业建设集团有限公司　中国机械工业第四建设工程有限公司

重庆蓬威石化 PTA 节能减排技改项目　中国机械工业建设集团有限公司、中国机械工业第四建设工程有限公司

加拿大 LNG 项目　中国机械工业机械工程有限公司

卡尔巴拉炼化一体化项目　中国机械工业机械工程有限公司

十、全国优秀焊接工程

一等奖

常山县城南小区道路及配套工程一期　中国机械工业建设集团有限公司

优秀奖

徐圩新区干散货输送栈桥一期项目工程　中国机械工业建设集团有限公司

宜昌姚家港化工园区集中供热公用热力管廊建设工程（一期）项目　中国机械工业建设集团有限公司

十一、2023 年工程建设质量管理小组活动竞赛

三等奖

武汉威盛合力同行 QC 小组（提高热熔型防水卷材施工合格率）　中国机械工业第二建设工程有限公司

齐河梦溪园矢志向学 QC 小组（提高 SSE-喷涂防水质量合格率）　中国机械工业第二建设工程有限公司

十二、2022 年度中国国际照明 / 灯具设计大赛景观照明专项（工程类）

二等奖

中国人寿大厦建设项目　中国联合工程有限公司

三等奖

龙游县博物馆建设项目　中国联合工程有限公司

十三、第十五届第二批“中国钢结构金奖”入选工程

中国国家版本馆杭州分馆建设工程（一期）　中国联合工程有限公司

衢州市文化艺术中心和便民服务中心工程　中国联合工程有限公司

十四、2022 年度湖南省优秀工程勘察设计奖

湘宾项目古建加固及平移工程（工程总承包）　中机国际工程设计研究院有限责任公司

大厂、盘城街镇片区雨污分流工程总承包（EPC）　中机国际工程设计研究院有限责任公司

伏龙洲旅游综合开发项目规划设计　中机国际工程设计研究院有限责任公司

韶山市污水处理厂改扩建工程（水系统）　中机国际工程设计研究院有限责任公司

定远县南城河水环境治理工程 EPC+O（设计、采购、施工 + 运营维护）总承包项目（生态治理）　中机国际工程设计研究院有限责任公司

常德市污水净化中心 PPP 项目（更新改造工程总承包）　中机国际工程设计研究院有限责任公司

象房村净水站工程总承包　中机国际工程设计研究院有限责任公司

江苏沙钢集团有限公司 36MW 屋顶分布式光伏电站项目（工程总承包）　中机国际工程设计研究院有限责任公司

株洲汽车博览园汽车贸易板块装修装饰工程设计（建筑装饰工程）　中机国际工程设计研究院有限责任公司

中车株洲电机有限公司永磁同步牵引电动机试验系统设备采购项目（工程总承包）　中机国际工程设计研究院有限责任公司

湖南省公共建筑节能设计标准（建设工程标准）　中机国际工程设计研究院有限责任公司

斯里兰卡大库鲁内格勒供水与污水处理项目（水系统）　中机国际工程设计研究院有限责任公司

文山市德厚河流域重金属污染治理项目（生态治理）　中机国际工程设计研究院有限责任公司

保靖县芙蓉学校建设项目全过程工程咨询　中机国际工程设计研究院有限责任公司

草海片区湖滨生态湿地修复建设工程（新、老运粮河入湖口湿地）设计项目　中机国际工程设计研究院有限责任公司

2019 年首阳山项目热再抽汽综合利用改造工程总承包（EPC）　中机国际工程设计研究院有限责任公司

入园新区搬迁项目　中机国际工程设计研究院有限责任公司

伊拉克 SAMAN 50MW 重油电站项目　中机国际工程设计研究院有限责任公司

电磁能高端装备产业化基地建设项目（一期工程）　中机国际工程设计研究院有限责任公司

梅溪湖国际新城区域能源站项目基坑支护　中机国际工程设计研究院有限责任公司

十堰市餐厨垃圾无害化处理建设项目　中机国际工程设计研究院有限责任公司

景德镇市自来水公司洋湖水厂搬迁建设项目　中机国际工程设计研究院有限责任公司

泰州－姜堰－戴南天然气管道工程　中机国际工程设计研究院有限责任公司

佛山市高明区现代有轨电车示范线首期工程（站房及加氢罩棚、轻轨加氢罩棚）　中机国际工程设计研究院有限责任公司

马栏山视频文创产业园区域能源项目（一期）北区智慧能源站　中机国际工程设计研究院有限责任公司

衡阳市城南水厂提质改造工程（一期）　中机国际工程设计研究院有限责任公司

浏阳市永安污水处理厂改扩建工程　中机国际工程设计研究院有限责任公司

云浮市新区水厂一期工程　中机国际工程设计研究院有限责任公司

长沙经济技术开发区星沙污水处理厂扩容（四期）提标工程　中机国际工程设计研究院有限责任公司

吉首市海绵城市（新区）PPP 项目（乾州新区排水系统及路面提质改造项目）　中机国际工程设计研究院有限责任公司

运城市 LNG 应急储气调峰中心项目　中机国际工程设计研究院有限责任公司

衡阳市演武坪水厂提质改造工程　中机国际工程设计研究院有限责任公司

长沙保利西海岸项目 CD 区　中机国际工程设计研究院有限责任公司

溆浦城南医院　中机国际工程设计研究院有限责任公司

湘潭市岳塘区湖湘学校项目　中机国际工程设计研究院有限责任公司

珠海市斗门区珠峰科创中心　中机国际工程设计研究院有限责任公司

湖南安化中国黑茶博物馆　中机国际工程设计研究院有限责任公司

芙蓉区社会福利中心　中机国际工程设计研究院有限责任公司

十五、2021 年度工程勘察、建筑设计行业和市政公用工程优秀勘察设计奖

张家界市阳湖坪污水处理厂　中机国际工程设计研究院有限责任公司

隆平水稻博物馆　中机国际工程设计研究院有限责任公司

湖北航天电缆有限公司湖北航天电缆产业园建设项目　中机国际工程设计研究院有限责任公司

大丰城北污水处理厂迁（扩）建工程　中机国际工程设计研究院有限责任公司

长沙市第六水厂建设项目　中机国际工程设计研究院有限责任公司

清水塘地区重金属污染水塘治理工程——大湖重金属污染治理工程　中机国际工程设计研究院有限责任公司

长沙铜官窑遗址博物馆　中机国际工程设计研究院有限责任公司

伊拉克卡拉乔 6 000TPD 水泥生产线项目岩土工程勘察　机械工业勘察设计研究院有限公司

十六、2022 年度重庆市优秀工程咨询成果奖

一等奖

重医附一院第一分院改扩建工程实施天然气分布式能源及合同能源管理项目可行性研究　中国联合工程有限公司（中机中联工程有限公司）

二等奖

广州中远海运空运白云机场仓储项目可行性研究报告　中国联合工程有限公司（中机中联工程有限公司）

三等奖

《新华日报》总馆旧址排涝调蓄池工程可行性研究报告　中国联合工程有限公司（中机中联工程有限公司）

万州区科技馆展教工程可行性研究报告（北滨公园展陈项目可行性研究报告）　中国联合工程有限公司（中机中联工程有限公司）

十七、2023 年度重庆市优秀工程勘察设计成果等级评定活动

一等奖

融创大竹林项目（O21-10 地块，重庆融创

壹号院） 中国联合工程有限公司（中机中联工程有限公司）

悦来新城会展公园（悦来会展公园配套服务用房） 中国联合工程有限公司（中机中联工程有限公司）

重庆保利生态体育公园配套设施——保利皇冠假日酒店项目 中国联合工程有限公司（中机中联工程有限公司）

仙桃数据谷二期项目S78-1/02地块9号楼 中国联合工程有限公司（中机中联工程有限公司）

《公共建筑节能（绿色建筑）设计标准》 中国联合工程有限公司（中机中联工程有限公司）

二等奖

宜简饮品生产项目一期 中国联合工程有限公司（中机中联工程有限公司）

中国石化润滑油有限公司合成油脂分公司桥口坝厂区污水提升改造项目 中国联合工程有限公司（中机中联工程有限公司）

仙桃数据谷二期一标段 中国联合工程有限公司（中机中联工程有限公司）

重庆市《居住建筑节能65%（绿色建筑）设计标准》 中国联合工程有限公司（中机中联工程有限公司）

三等奖

中机中联正向设计协同平台 中国联合工程有限公司（中机中联工程有限公司）

贵州仁怀经济开发区坛厂现代服务园区二期路网坛厂大道-综合管廊工程中国联合工程有限公司（中机中联工程有限公司）

保利云禧Q23-1号地块项目 中国联合工程有限公司（中机中联工程有限公司）

西部（重庆）科学城金凤实验室 中国联合工程有限公司（中机中联工程有限公司）

重庆新闻传媒总部大厦 中国联合工程有限公司（中机中联工程有限公司）

重庆市万州区高铁配建学校（万州区高铁初级中学、万州区高铁第一小学） 中国联合工程有限公司（中机中联工程有限公司）

长寿区生活垃圾填埋场功能完善项目（填埋库区C区） 中国联合工程有限公司（中机中联工程有限公司）

重庆三爱海陵实业有限责任公司退城进园整体搬迁项目 中国联合工程有限公司（中机中联工程有限公司）

龙湖大学城U2项目五期8-8号楼及地下车库（C）区工程 中国联合工程有限公司（中机中联工程有限公司）

十八、2023年度河南省优秀勘察设计奖

一等奖

跑诗达新能源汽车有限公司成都汽车零部件项目一期工程 中国汽车工业工程有限公司

重庆市快件集散中心（一期）项目B区分拨中心及配套工程 机械工业第六设计研究院有限公司

中科院两大科学装置配套工程总部区一期工程 机械工业第六设计研究院有限公司

新郑市第一人民医院 机械工业第六设计研究院有限公司

建业华谊兄弟电影小镇一期工程 机械工业第六设计研究院有限公司

重庆邮电大学一场所两高地建设项目设计方案 机械工业第六设计研究院有限公司

河南大学郑州校区科学馆、国际科技合作大厦、科创园区设计项目方案设计 机械工业第六设计研究院有限公司

重庆元宇宙中心项目概念设计方案 机械工业第六设计研究院有限公司

南阳市鸭河工区科技创新产业园设计方案 机械工业第六设计研究院有限公司

援马里职业技术培训中心方案设计 机械工业第六设计研究院有限公司

智慧农批市场建设关键技术及应用 机械工业第六设计研究院有限公司

二等奖

南召县餐厨垃圾收运及处理工程 中机十院国际工程有限公司

新安县中医院迁建工程项目 中机十院国际工程有限公司

益阳国家级高新区通信装备及零部件研发生

产基地项目（一期） 中机十院国际工程有限公司

栾川印象田园综合体示范区设计方案 中机十院国际工程有限公司

天元中心 中机十院国际工程有限公司

蜂巢能源动力锂离子电池项目（二期） 机械工业第四设计研究院有限公司

南京汽车集团有限公司建设工业厂房项目 中国汽车工业工程有限公司

瑞江·滨河麗暻北侧边坡支护设计 机械工业第四设计研究院有限公司

上汽大众 MEB 工厂厂房及辅助设施配套项目 中国汽车工业工程有限公司

伊川县青铜文化创意项目 机械工业第四设计研究院有限公司

上汽正大有限公司泰国工厂项目 中国汽车工业工程有限公司

三等奖

北京市平谷区刘家店镇生态桥治理工程 中机十院国际工程有限公司

南召县云阳镇铁佛寺村村庄规划 中机十院国际工程有限公司

南召县乔端镇洞街村村庄规划 中机十院国际工程有限公司

江苏万达特种轴承股份有限公司轴承（非P0 级，直径 60mm 以上）生产项目 中机十院国际工程有限公司

华晨宝马汽车有限公司新建 10m 法电磁兼容实验室项目及配套超级充电光伏项目场地管线探测工程 机械工业第四设计研究院有限公司

建业鸾州府（北区）项目 机械工业第四设计研究院有限公司

建业住总定鼎府三期 机械工业第四设计研究院有限公司

鲁南新能源产业园建设项目 机械工业第四设计研究院有限公司

静载试验系统试验研究 中国汽车工业工程有限公司

十九、2023 年度河南省工程勘察设计行业奖

一等奖

安阳市集中供热天然气调峰热源工程 机械工业第六设计研究院有限公司

江山市人民医院迁建项目设计方案 机械工业第六设计研究院有限公司

新乡市大数据产业园整体规划及（一期）工程设计 华为新乡云计算数据中心 机械工业第六设计研究院有限公司

中海·锦苑 机械工业第六设计研究院有限公司

中航光电基础器件产业园项目设计方案 机械工业第六设计研究院有限公司

徐州徐工精密工业科技有限公司徐工集团高端零部件产业基地项目 机械工业第六设计研究院有限公司

基于建筑信息模型统一数据管理的机电工程设计及清单算量系统 机械工业第六设计研究院有限公司

“高科技信息园项目”智能化深化设计 机械工业第六设计研究院有限公司

国家生物育种产业创新中心创新能力建设项目试验地田间工程 机械工业第六设计研究院有限公司

二十、2022 年度浙江省建设工程钱江杯优质工程奖

杭政储出〔2010〕32 号地块商业金融用房（中国人寿大厦） 中国联合工程有限公司

中电海康集团总部基地建设项目（1-A、1-B、1-C、1-D、1-E、1-H、2-F、2-G、门卫、集中式地下室） 中国联合工程有限公司

年组装 2 万套数字设备项目（一期） 中国联合工程有限公司

未来科技城第四小学 中国联合工程有限公司

祥符单元 GS0905-A33-08 地块九年一贯制学校及社会停车库（二期） 中国联合工程有限公司

德清县公安局业务技术用房暨社会应急联动中心用房及德清县五里牌商务综合楼工程 中国联合工程有限公司

富阳区循环经济产业园生活垃圾焚烧处置工程 中国联合工程有限公司

二十一、2022年浙江省数字建造创新应用大赛

一等奖

余政储出〔2020〕25号地块（长三角创新研发总部基地）项目数字信息化整体解决方案　中国联合工程有限公司

二十二、2024年河南省“中原杯”BIM技术应用大赛

一等奖

BIM技术助力刚果（金）金沙萨中部非洲国家文化艺术中心精细化设计　机械工业第六设计研究院有限公司

红河卷烟厂易地技改项目BIM技术设计应用　机械工业第六设计研究院有限公司

莱西城投财富广场项目BIM设计应用　机械工业第六设计研究院有限公司

老河口市第一医院外迁项目（含传染病病区）工程总承包（EPC）BIM技术综合应用　机械工业第六设计研究院有限公司

二等奖

内黄县文化体育图书馆（文化馆图书馆1#楼、体育馆2#楼、会展中心3#楼）　中国机械工业第四建设工程有限公司

二十三、2022—2023年度河南省工程建设优质工程奖

荥阳市人民医院整体建设项目　机械工业第六设计研究院有限公司

郑州市四环线及大河路快速化工程PPP项目南四环标段南三环东延立交隧道工程　机械工业第六设计研究院有限公司

郑州东站地区综合调度研发指挥中心　机械工业第六设计研究院有限公司

国家生物育种产业创新中心创新能力建设项目新中心综合实验室建设项目A1综合信息服务中心　机械工业第六设计研究院有限公司

郑州市民活动中心项目第一标段　机械工业第六设计研究院有限公司

轨道交通测控科技园研发楼、地下车库工程（设计+监理）　机械工业第六设计研究院有限公司

正商国际大厦　机械工业第六设计研究院有限公司

鲁山县人民医院新院区门诊医技楼项目　机械工业第六设计研究院有限公司

二十四、2023年度河南省建设工程中州杯优质工程奖

内黄县第二人民医院门急诊医技综合楼　机械工业第六设计研究院有限公司

河南省职工文体中心项目　机械工业第六设计研究院有限公司

建业华谊兄弟电影小镇一期工程　机械工业第六设计研究院有限公司

河南省信息安全产业示范园项目4#、6#、14#楼　机械工业第六设计研究院有限公司

郑州市渠南路（西四环－陇海路）道路工程　机械工业第六设计研究院有限公司

二十五、2023年“海河杯”天津市优秀勘察设计奖

一等奖

陕汽集团车架生产基地建设项目　中国汽车工业工程有限公司

华晨宝马汽车有限公司研发中心建设项目　中国汽车工业工程有限公司

台州吉利罗佑发动机有限公司年产40万台1.5TD发动机项目　中国汽车工业工程有限公司

二等奖

广西汽车集团有限公司专用车及非道路车迁建项目工程总承包　中国汽车工业工程有限公司

上海汽车集团股份有限公司乘用车郑州分公司新增24万台产能项目　中国汽车工业工程有限公司

三等奖

肇庆小鹏新能源智能驾驶配套及零部件建设项目　中国汽车工业工程有限公司

NGC印度斯里城工厂项目NGC INDIA SRI CITY FACTORY CONSTRUCTION　机械工业第四设计研究院有限公司

致优年产16 000t医疗无纺布及医疗产品深加工项目　中国汽车工业工程有限公司

二十六、2023 年度浙江省勘察设计行业优秀勘察设计成果综合类

一等奖

中国（杭州）算力小镇（年组装 2 万套数字设备项目） 中国联合工程有限公司

下渚湖宝塔山旅游度假项目 A1、A2 标段（开元森泊度假酒店） 中国联合工程有限公司

四川时代动力电池项目一期 中国联合工程有限公司

义乌市阳光大道立交化改造提档工程（二阶段） 中国联合工程有限公司

年组装 2 万套数字设备项目工程总承包（中国杭州算力小镇） 中国联合工程有限公司

二等奖

开化公共文化广场 中国联合工程有限公司

西投万科·开物创新大厦（杭政储出〔2018〕29 号地块商业商务用房兼社会停车场） 中国联合工程有限公司

绍兴市循环生态产业园（二期）工程焚烧厂项目 中国联合工程有限公司

松阳火车站站前大道工程设计 中国联合工程有限公司

绍兴市循环生态产业园（二期）工程焚烧厂项目 中国联合工程有限公司

三等奖

杭氧·武林之星博览中心工业历史遗产保护利用项目（杭政储出〔2013〕79、80、81、82 号地块） 中国联合工程有限公司

数智恒生中心［恒生金融云产品生产基地（一期）］ 中国联合工程有限公司

中国南方电网广州特高压试验研究 / 检修基地项目 中国联合工程有限公司

祥符单元 GS0905-A33-08 地块九年一贯制学校及社会停车库 中国联合工程有限公司

二十七、2022 年浙江省勘察设计行业协会优秀成果专业专项类

二等奖

杭州未来科技城亮灯首期工程 中国联合工程有限公司

中国人寿大厦建设项目 中国联合工程有限公司

二十八、2022 年度陕西省优秀工程勘察设计奖

一等奖

西安地铁 5 号线岩土工程勘察 机械工业勘察设计研究院有限公司

西安北客站至机场城际轨道交通项目桩基试验与检测 机械工业勘察设计研究院有限公司

高新·天谷雅舍幼儿园 中国联合工程有限公司（中联西北工程设计研究院有限公司）

西安高新软件新城小学（现更名为西安高新第二十小学） 中国联合工程有限公司（中联西北工程设计研究院有限公司）

二等奖

西安市地铁五号线一期工程（和平村 - 纺织城火车站）D5JCFW-1 标第三方监测 机械工业勘察设计研究院有限公司

皇城坊 中国联合工程有限公司（中联西北工程设计研究院有限公司）

西安高新创汇社区 B 区 中国联合工程有限公司（中联西北工程设计研究院有限公司）

三等奖

印度尼西亚巨港水泥中转项目岩土工程勘察、地形图测量与水文气象观测 机械工业勘察设计研究院有限公司

沣东新城第一初级中学 中国联合工程有限公司（中联西北工程设计研究院有限公司）

骊山·枫林香溪项目一期 中国联合工程有限公司（中联西北工程设计研究院有限公司）

沣东新城第八小学 中国联合工程有限公司（中联西北工程设计研究院有限公司）

西安市高新区草堂基地新建中学（现更名为西安市高新区第五学校） 中国联合工程有限公司（中联西北工程设计研究院有限公司）

陕西新元洁能有限公司 8MWp 分布式光伏发电项目 中国联合工程有限公司（中联西北工程设计研究院有限公司）

二十九、2023 年陕西省工程勘察设计优秀质量管理小组成果大赛

一等奖

主体结构竖向管道孔洞预留设备的研制 机

械工业勘察设计研究院有限公司

二等奖

提高浸水试验中水分传感器埋设成活率　机械工业勘察设计研究院有限公司

振弦式频率测量系统的研发　机械工业勘察设计研究院有限公司

建筑物监测管理平台的研发　机械工业勘察设计研究院有限公司

三等奖

提高可回收锚索锚具的回收利用率　机械工业勘察设计研究院有限公司

提高DDC法桩基施工质量　机械工业勘察设计研究院有限公司

三十、2023年陕西省优秀城市规划设计奖

二等奖

富阎产业合作园区控制性详细规划　中国联合工程有限公司（中联西北工程设计研究院有限公司）

兰州新区城市矿产与表面处理产业园总体规划　中国联合工程有限公司（中联西北工程设计研究院有限公司）

三等奖

商洛经济技术开发区总体发展规划（2022—2035年）　中国联合工程有限公司（中联西北工程设计研究院有限公司）

商洛经济技术开发区产业发展规划　中国联合工程有限公司（中联西北工程设计研究院有限公司）

留坝至凤县天然气输气管道工程规划选址论证报告　中国联合工程有限公司（中联西北工程设计研究院有限公司）

岚皋县民主镇乡村振兴示范镇规划　中国联合工程有限公司（中联西北工程设计研究院有限公司）

三十一、2023年度湖北省勘察设计成果评价认定成果

二等奖

武汉云景山医院　中机三勘岩土工程有限公司

武汉航天城同济医院（筹）建设项目　中机三勘岩土工程有限公司

诚功新时代K6基坑支护设计　中机三勘岩土工程有限公司

三等奖

常青五路停车场基坑设计　中机三勘岩土工程有限公司

新建居住、公共设施项目（福星惠誉东湖城K2地块建设项目）　中机三勘岩土工程有限公司

姑嫂树村城中村改造K5地块　中机三勘岩土工程有限公司

绿岛广场基坑支护设计　中机三勘岩土工程有限公司

三十二、2022年度四川省安装工程优质奖

滨恒民生热电联产项目　中国机械工业第一建设有限公司

福建百宏石化有限公司年产250万t精对苯二甲酸项目安装工程　中国机械工业第一建设有限公司

斑布健康竹产业园百万吨竹材生物质精炼项目安装工程　中国机械工业第一建设有限公司

三十三、2023年北京市优秀工程勘察设计成果评价

二等奖

甘肃海林中科科技股份有限公司搬迁改造产业技术升级项目　中机十院国际工程有限公司

三十四、2022年度广东省建设工程

优质奖

光明文化艺术中心项目　中国机械工业建设集团有限公司

金匠奖

光明文化艺术中心项目　中国机械工业建设集团有限公司

三十五、2023年度杭州市勘察设计行业优秀成果

三等奖

金周农居新社区南地块项目　中机联合投资发展有限公司

常山县城东新区污水处理厂及管网建设工程　中国空分工程有限公司项目

中国空分河南安钢周口钢铁 30 000N·m^3/h 制氧站项目　中国空分工程有限公司

三十六、2023 年度安徽省建设工程“黄山杯”优质工程奖

安徽中烟工业有限责任公司阜阳卷烟厂易地技术改造项目 1# 联合工房　机械工业第六设计研究院有限公司

三十七、第五届山东省建设工程 BIM 应用成果“高速德建杯”竞赛

三等奖

烟台卫生健康职业学院项目　中国机械工业第二建设工程有限公司　中机建（上海）钢结构股份有限公司

三十八、湖北省建筑结构优质工程项目

奥锦花园安置房（三期）建设项目（23# 楼）　中国机械工业建设集团有限公司

三十九、山东省质量管理标准化示范工程

万华化学高性能材料创新中心及孵化基地 2# 楼及地下车库工程　中国机械工业建设集团有限公司

四十、安徽省市政工程优质奖

南淝河中游重点排口初雨污染控制工程　中国机械工业第五建设有限公司

四十一、浙江省优秀安装质量奖

宁波金海晨光化学股份有限公司 18 万 t/a 碳五分离项目　中国机械工业机械工程有限公司

四十二、2023 年度山东省工程质量管理标准化示范工程（优质结构工程）

烟台卫生健康职业学院 A2 图书馆、信息中心工程　中国机械工业机械工程有限公司山东分公司

四十三、2023 年度山东省建筑施工安全文明标准化工地

中节能万润（蓬莱）新材料有限公司一期建设项目　中国机械工业第二建设工程有限公司

四十四、广东省绿色施工示范工程

光明文化艺术中心项目　中国机械工业建设集团有限公司

四十五、广东省第五届 BIM 应用大赛

一等奖

湛江文化中心及配套设施项目三馆及地下室　中国机械工业建设集团有限公司

2024

中国机械工业集团有限公司年鉴

CHINA NATIONAL MACHINERY INDUSTRY CORPORATION LTD. YEARBOOK

第六篇

重大经营项目汇编

工 程 承 包

（2023 年完工，合同金额 5 000 万美元以上）

一、凯得新能源产业化生产基地（标段一）勘察设计施工总承包项目

承建单位：中国汽车工业工程有限公司

签约时间：2021 年 6 月

项目概况：凯得新能源产业化生产基地（标段一）项目位于广州市黄埔区知识城，占地面积 412.2 亩（1 亩≈666.67m^2），建筑面积约 15 万 m^2，总投资 25 亿元。建有涂装车间、总装车间、生产准备车间、质量管理中心等子项，主要承担小鹏汽车高端 SUV 及 MPV 车型的生产制造。建成后年产 10 万辆新能源汽车整车。

经济或社会效益：项目建设大量采用梁、柱预制化，使项目建设克服了广州雨季长、雨量大对工期、质量、安全的不利影响；采用机电设备安装、软件编程预制化，大幅缩短设备安装调试周期；采用 BIM 建模、project 辅助等建造技术，高质量完成项目建设，实现了汽车工厂建设赶超世界速度的目标。该项目采用 BAS 能源管理系统，将所有生产运行数据数字化，并在管理后台统一呈现，为业主的节能降耗提供了有效手段，并大幅减少使用方运行管理人员，获得业主广泛好评。该项目建成以来，累计生产整车超 7 万辆，产值突破 150 亿元，并带动一体压铸等零部件企业入驻，带动产业链上下游就业 5 000 余人，有效实现产业链“链主”的带动作用，产生了较好的社会效益。

二、奇瑞青岛涂装车间工艺设备总承包项目

承建单位：中国汽车工业工程有限公司

签约时间：2021 年 6 月

项目概况：奇瑞青岛超级工厂坐落于青岛市即墨区汽车新城产业园，占地面积 50 万 m^2，建筑面积 26 万 m^2，涵盖冲压、焊接、涂装、总装四大工艺柔性生产车间及动力中心、污水处理站、食堂、办公楼、研发中心，集研发、生产、办公于一体，是青岛汽车产业新城建成投产的第四个整车项目，也是奇瑞集团最先建成、配置最高、要求最严、投产即量产的超级工厂。

涂装车间采用先进紧凑型水性免中涂 B1B2 工艺，年产能 15 万辆。前处理电泳采用薄膜 + 高泳透力阴极电泳技术，高效 IGBT 分布式整流设备。新型干式喷房纸盒设备及高达 85% 以上循环比的循环风空调系统。车身内外喷涂机器人、自动涂胶机器人、滑撬自动清洗机器人工序，大幅提升了产品质量及系统的稳定性。同时采用先进的智能控制系统（生产管理、质量 ANDON、中控管理、EHS 安全管理、车身信息识别管理、能源管理、工艺信息化管理、设备管理）、空调 APC 控制节能管理、Unity3D 模拟仿真及数字孪生系统，是集数字化、自动化、智能化、柔性化为一体的“黑灯”无人工厂。

经济与社会效益：该项目投产以来累计生产整车超 5.2 万辆，带动多家企业入驻，以及产业链上下游就业人员，为青岛的汽车产业注入了新动能，助力青岛打造成为全球最大新能源汽车产业基地和世界工业互联网之都。

三、华晨宝马大东 NEX 涂装车间 15JPH 设备总承包项目

承建单位：中国汽车工业工程有限公司

签约时间：2021 年 8 月

项目概况：华晨宝马大东 NEX 涂装车间坐落于沈阳华晨宝马大东工厂，主要生产 BMW 5 系与 X5 车型，项目依托于宝马全球 Blueprint 标准建成，代表了世界先进的生产工艺与技术。

该项目采用水性 B1B2 工艺，集中应用了翻转机、干式喷房、Cross Bar 激光清洗、夹具四门两盖检测机器人等新一代产品与技术。项目实施过程中精心策划，从工艺布局规划、方案设计、仿真验证、详细设计及预制、试验线验证，到实际项目中的安装、调试等过程中攻坚克难，打破了国外技术壁垒，克服了新冠疫情影响、芯片短缺等困难，最终完成并达产，整体实施效果得到宝马客户一致好评，巩固了与宝马集团的战略合作关系。

经济或社会效益：项目的成功实施，从技术层面摆脱了对国外技术的依赖，打破了此类高端项目一直被国外公司垄断的现状，达成降本增效、绿色节能的目标，极大地推动了中国汽车工业工程有限公司（简称中汽工程）国际品牌力建设、海外市场开拓、管理技术标准升级，同时大大促进了汽车产业链发展，为与宝马开展更广、更深合作及进军欧洲高端市场做了充分储备。

四、蔚来汽车 F2 涂装车间 M+E 设备项目

承建单位：中国汽车工业工程有限公司

签约时间：2021 年 5 月

项目概况：蔚来汽车 F2 涂装车间 M+E 设备项目位于安徽省合肥市新桥智能电动汽车产业园区，该园区定位为世界级高端智能电动汽车产业集群。项目业主方为蔚来汽车（安徽）有限公司，生产纲领为 60 小时工作量（JPH），年产 30 万台，生产包含 ES8、EC7、ET5 等多款高端智能电动车型。

该项目采用涂装车间整体 EPC 总承包模式，中汽工程提供设计、采购、制造、安装、调试、培训、陪产、维保等项目全生命周期的服务。该项目新技术多，是中汽工程涂装新技术研发成果应用最为全面的一次，车间充分展现了中汽工程自主产品特色。采用高端车型水性 3C2B 喷涂工艺，工艺布局先进合理，节能环保，智能化、柔性化程度高。项目使用新型翻转输送机、智能 RGV 立体库、AGV 纸盒干式喷房、新型节能型烘房、漆膜缺陷自动检测、废气浓缩转轮等绿色高效节能装备，100% 自动喷漆，90% 自动涂胶等工艺，减少废水废气排放，降低能源消耗，实现低碳绿色环保生产。

经济或社会效益：项目顺利地交付使用，成为蔚来汽车最为先进的涂装车间，也是全球先进的涂装车间，该车间不仅成为蔚来汽车一张靓丽的名片，也成为中汽工程涂装业务营销以及技术展示的重要参观基地。该项目不仅带动了当地汽车业上下游相关产业的发展，还产生了重大的经济效益和社会效益，赢得了当地政府与客户的全面认可和高度赞扬。

五、陕汽重型载货汽车扩能（EPC）总承包一期项目

承建单位：中国汽车工业工程有限公司

签约时间：2020 年 10 月

项目概况：陕汽重型载货汽车扩能（EPC）总承包一期项目坐落于西安经济技术开发区泾渭新城桑军大道 1 号，属于陕西省重点建设项目，占地面积 983 亩，分两期实施，其中一期建设车架、总装、研发试验及公用配套设施等，建成后年新增 10 万辆重型载货汽车整车及年产配套 20 万辆车架总成。

该项目引入安全智慧工地系统，整合设计、采购、施工管理、设备调试、移交各工序，打造智慧软件应用和硬件物联系统一体化平台；项目采用的装配式工艺，工厂化预制极大地提升了施工质量及进度。同时，项目实施过程中进行了诸多创新：研究出适合导槽重载 AGV 技术应用的传统混凝土耐磨地坪大面积整体一次性浇注工艺，平整度控制在 ±2mm 以内；发明预制柱柱帽，安全，施工快；提升井采用逆作法施工，减少土方开挖，保证雨天不停工；高度 12m 的圆形蓄冷罐采用拼装焊接，整体提升，减少脚手架搭设，避免安全隐患，缩短施工周期；线上装配 AGV 系统和无线充电系统为国内首次采用。

经济或社会效益：陕汽重型载货汽车扩能项目是目前重型载货汽车行业建设集约化、生产精益化、装备智能化、物流信息化、管理可视化的示范工厂，2023 年入选国家级智能制造示范工厂。

六、长安渝北工厂置换及绿色智能升级建设项目涂装生产线线体总承包项目

承建单位：中国汽车工业工程有限公司

签约时间：2022 年 10 月

项目概况：长安渝北工厂置换及绿色智能升级建设项目坐落于重庆市渝北区，占地面积约 1 159 亩，总建筑面积 41 万 m^2。从传统的冲压、焊接、涂装、总装四大工艺，拓展到软件封测、电池 PACK、一体化压铸等七大工艺能力，生产效率提升 20%，整车制造加工工时约 10h。主要承担阿维塔、深蓝、启源等新能源车型生产制造。

长安渝北新工厂基于 5G+ 工业 PON，链接工厂 12 000 多台设备，部署百万级数据采集；统一数字底座，构建“感知 + 数据 +AI”驱动的智能排产、AI 质检、设备维护、质量管理、能源管理。

涂装车间前处理电泳采用阴极电泳技术与高泳透力电泳漆，对应摆杆输送采用中间返回结构，设备操作维护更加便捷。喷漆采用国际最先进的水性 3C2B 工艺，节能、减排、降耗，VOC 较传统工艺减排约 30%。涂胶及喷涂工艺全部采用机器人，大幅提升效率，车身外观、油漆感官比肩国际一流车企。

经济或社会效益：长安渝北新工厂是渝北老工厂的置换升级搬迁工厂，工厂建成后直接带动渝北区 16 家零部件企业入驻、产业链上下游就业 5 000 余人，有效实现产业链延链、补链、强链。

七、福田戴姆勒 H6 涂装车间总承包项目

承建单位：中国汽车工业工程有限公司

签约时间：2020 年 8 月

项目概况：福田戴姆勒 H6 涂装车间项目位于北京市怀柔区，车间占地面积 21 700.25m^2，总建筑面积 22 403.64m^2，二层、三层全部由装配式钢结构搭建而成，生产线设计纲领 6 万辆 / 年，主要车型为 H6 及 H6XT。

项目于 2021 年 5 月 10 日进场安装，克服土建滞后、能源短缺、新冠疫情等影响因素，于 2022 年 1 月 28 日完成安装调试并实现全工艺首车下线，2022 年 10 月 1 日实现标准作业程序（SOP），2023 年正式完工。

H6 涂装生产线是国内首个全面采用全新戴姆勒 Integra6 的标准车间，工序完善，工艺设备先进、成熟、可靠，自动化程度高，达到高端载货汽车车身涂装要求。前处理电泳首次采用垂直循环布局的载货汽车翻转输送系统，在柔性化、轻量化、可靠性及可维护性方面达到国际先进水平。喷漆为 3C2B 工艺，搭配新型 7 轴轨道机器人和矩阵式快速换色系统，对内外板进行高效喷涂。漆雾处理装置采用 AE-CARTON3 新型干式喷房和袋式过滤器，总漆雾处理效率可达到 98%。

经济或社会效益：国产的奔驰重型载货汽车全生命周期总成本更具竞争力，各方面更贴合中国客户的需求。助力客户转型突破，推动中国高端重型载货汽车的市场迈入新的发展阶段。

八、比亚迪焊装生产线秦 PLUS 二期自动线分拼项目

承建单位：中国汽车工业工程有限公司

签约时间：2021 年 7 月

项目概况：比亚迪长沙雨花区工业园坐落于湖南省长沙市雨花区环保东路 88 号，占地面积 283 万 m^2，主要承担海豚、驱逐舰、秦 PLUS 等车型的生产制造，涵盖冲压、焊装、涂装、总装等汽车制造工艺，实现了从单一汽车产业到电子、电池、零部件等全产业布局的转变。

比亚迪焊装生产线秦 PLUS 二期自动线分拼项目全部为新建，包括主线、地板线、侧围线、四门三盖、二级总成自动线、调整线及配套的钢结构，以及输送线体。厂房结构为双层承载式钢结构，一层工艺净高 10.5m，二层工艺净高 9.2m。为中汽工程承建项目中首次采用基于高速升降机的柔性化焊装生产线方案，将生产线进行模块化、平台化，生产线底层系统一次建设、工业机器人等标准设备一次投资，结合夹具立体库，打开焊装柔性的边界，充分利用厂房高度，实现夹具的立体存储，不仅可以减少单车型产线占地面积，而且后续可不断导入新车型，且只需导入与车型相关的夹具和抓手，达到减少重复性

投资、降本增效的目的。

经济或社会效益：比亚迪长沙雨花区工业园是比亚迪重点发展建设的集乘用车、客车、载货汽车及专用车等产品线齐全的全球新能源战略基地，也是在整车、三电核心技术和智能终端等产业链最齐全的华中总部基地。同时，工厂还通过大数据分析和人工智能技术，实现了生产过程的智能化控制，为工业 4.0 时代的到来做好了准备。

九、比亚迪合肥三线焊装建设项目

承建单位：中国汽车工业工程有限公司

签约时间：2022 年 11 月

项目概况：比亚迪合肥基地二期三线项目位于安徽省合肥市长丰县下塘镇，占地面积 189 亩，建筑面积 130 万 m^2。按照规划，比亚迪合肥基地一期和二期项目主要涵盖了冲压、焊装、涂装、总装等汽车制造工艺，全部建成达产后，可实现年产整车 132 万辆，实现了从单一汽车产业到电子、电池、零部件等全产业布局的转变。

比亚迪合肥工厂二期焊装三线建设项目全部为新建项目，该生产线规划产能 60JPH，预留未来 6～8 个车型的切入；设计节拍 57s，一共投入 600 台机器人。

经济或社会效益：该项目是比亚迪汽车里程碑式的标杆工程，代表着目前汽车焊装行业全新的设计理念及领先的工艺技术水平。该项目自 2022 年 11 月 15 日开始，到 2023 年 3 月 15 日首辆白车身总成下线，项目团队通力合作，克服困难，在土建未完工、设备物资缺货的条件下认真落实公司各项管理目标，以及安全零事故、质量无缺陷、进度大大超前的项目管理目标，首次完成三线、四线同时施工，多车型同时投入、同时调试、同时投产及自动切换的项目目标。

十、金龙大道（惠城区段）快速化改造工程

承建单位：中国机械工业建设集团有限公司

签约时间：2020 年 10 月

项目概况：金龙大道（惠城区段）快速化改造工程项目起点在云山东路与新沥路交叉口，终点与广惠高速惠州北互通，全长 8.7km，主要是对云山东路与新沥路交叉口、云山立交、新寮北路与新湖一路交叉口、金龙大道沿线等 8 处主要道路交叉口增设跨线高架桥或下沉通道，6 处次要道路交叉口路段增设人行过街天桥及相应地面道路改造。全线共新建大桥 6 座、中桥 1 座、小桥 2 座，桥梁总长 2 622m，面积 57 132m^2；新建人行天桥 6 座，总长 2 508m，面积 11 289m^2；新建下沉通道 5 处，闭口段总长 460m，面积 10 306m^2；开口段总长 1 970m，面积 37 959m^2。项目于 2023 年 4 月完工。

经济或社会效益：该项目为惠州市首条快速化城市主干道，投入运营后，城区车辆行驶速度可达 60km/h，主线双向 6 车道的连续通行能力将缩短 50% 以上的通行时间，极大缓解惠城中心区上下高速难、交通拥堵的问题，改善群众出行环境，对补强惠州市市域网格型骨干快速路支撑体系、带动区域经济发展具有重要意义。

十一、中海光明枢纽西全期项目土建总承包工程

承建单位：中国机械工业建设集团有限公司

签约时间：2022 年 3 月

项目概况：中海光明枢纽西全期项目土建总承包工程位于深圳市光明区凤凰街道，光侨路与规划凤兴路交汇处，南至春晖路，北至凤兴路，西至光侨路，东至规划路，南路对面是在建的住宅小区及麒麟山公园。用地面积为 32 344.2m^2，项目总建筑面积 268 543m^2，其中地上建筑面积 189 093m^2，地下建筑面积 79 450m^2，商业建筑面积 2 450m^2，人防面积 11 000m^2，规划设计为 8 栋超高层住宅塔楼及沿街底商、公共配套用房，1 个 12 班幼儿园，1 层半地下车库及 2 层地下车库，场地北侧设计有 1 620m^2 的公共开放空间及 800m^2 的社区体育活动场地。其中，1 至 2 栋、5 至 8 栋为商品房，3 栋为安居房（包含 280 套安居房），4 栋为自持租赁房，高度不超过 120m，最大层数为 39 层；9 栋为 12 班幼儿园，共 3 层。半地下室至地下二层为地下车库及设备用房，人防设在地下二层，为全埋式地下人防，一层为屋顶花园。项目于 2023 年 12 月完工。

经济或社会效益：该项目位于深圳光明区，南接南山科技园，北接东莞松山湖，引领深圳从城市科技园走向国际科学城，完成从市级战略跃进国家战略，成为世界一流科学城及深圳北部中心，打造“开放创新之城、人文宜居之城、绿色智慧之城”。

十二、齐河县 2017 年新城社区片区、桃园二期片区、开鑫花园二期片区棚改项目

承建单位：中国机械工业建设集团有限公司

签约时间：2017 年 10 月

项目概况：该项目位于山东省齐河县经济开发区永雅路以东，四分干渠以南，国道 308 以北。占地面积 160 亩，规划用地性质为居住用地。建设规模约 33.6 万 m^2，需建设 18.6 万 m^2 的安置房。项目由 23 栋高层住宅楼组成。建筑地上 18 层、地下 2 层；建筑高度 54m。主要结构形式：采用静压管桩（PHC-AB400）、1 000mm 厚筏板为基础，主体结构采用钢筋混凝土剪力墙结构、楼板采用装配式叠合构件。设计使用年限 50 年，抗震设防烈度 7 度。项目于 2023 年 12 月完工。

经济或社会效益：开鑫花园二期棚改项目为棚户区改造项目，位于齐河县经开区，合同建筑面积 33.6 万 m^2，安置村民 2 000 余户、6 000 余人，让经开区的整体面貌焕然一新，有效改善了蛮子营等村村民的生活、住房条件，提高了村民的幸福感。

十三、伊拉克萨拉哈丁 2×630MW 燃油气电站项目

承建单位：中国机械设备工程股份有限公司

签约时间：2011 年 12 月

项目概况：2011 年 12 月 15 日，中国机械设备工程股份有限公司（简称中设集团）与业主伊拉克电力部正式签署了伊拉克萨拉哈丁 2×630MW 燃油气电站项目 EPC 总承包合同，2012 年 8 月 14 日生效，2014 年 6 月因伊拉克当地安全局势突变，现场中方人员转移回国，现场施工活动暂停。2018 年 5 月，经中伊两国政府的批准，萨拉哈丁电站项目正式恢复现场施工工作，项目继续执行。2023 年 1 月，中设集团已完成萨拉哈丁电站项目两台机组的临时移交工作并拿到业主签发的两台机组的临时完工证书。

经济或社会效益：该项目的顺利发电，帮助当地解决多年的用电问题，实现了伊拉克电力部多任部长的愿望。同时，也为中设集团继续耕耘伊拉克市场打下坚实的基础，为国机集团在中东电力市场的业绩添砖加瓦。

十四、马尔代夫住房三期项目

承建单位：中国机械设备工程股份有限公司

签约时间：2015 年 11 月

项目概况：该项目于2017年9月生效，2023年1 月获得临时验收证书，2024 年 1 月获得项目完工证书。项目规划建设 10 栋楼 1 344 套住宅（包括建设场地内底商），工期 1 761 天。在项目执行过程中无任何质量、安全事故。

经济或社会效益：马尔代夫第二大岛胡鲁马累距离首都约 8km。10 多年前，这里水资源匮乏，交通不便。为应对气候变化和人口增长压力，2009 年中设集团与马尔代夫方签署谅解备忘录，承接约 4 000 套住房项目建设，分三期完成，帮助超过 1 万名当地居民改善了居住条件。

住房三期项目的建筑使用概念和住房硬件条件较住房一期和二期乃至马尔代夫全国都有着很大的提升。项目完成后，将会影响整个马尔代夫居民“一户房屋多家庭共用”的住房理念，改进 1 344 户家庭长期住房简陋的生活和居住环境，对解决历史遗留的住房问题具有重大意义。为改善马尔代夫人民的生活做出了贡献，让马尔代夫从共建“一带一路”倡议中受益。在 2022 年 6 月举行的项目移交仪式上，时任第七十六届联合国大会主席兼马尔代夫外交部部长的沙希德专门发来视频致辞。

十五、赤道几内亚 700 套房建项目

承建单位：中国机械设备工程股份有限公司

签约时间：2006 年 9 月

项目概况：该项目于 2008 年 11 月 23 日生效，2012 年 3 月 20 日首个地块获得临时验收证书，2013 年 4 月 4 日首个地块获得项目完工证书。项目总建筑面积为 98 400m^2，工作范围包括 5 个地块的设计、土建安装、装饰装修、水电安装、交付使用、质保等交钥匙工程，工期为 30 个月，质保期 1 年。工程部分交付被认定为在规定工期内完成。该项目是中设集团在赤道几内亚的首个房建 EPC 项目。

经济或社会效益：该项目的顺利实施有助于提高当地居民的生活质量，满足住房需求。该项目的成功执行为中设集团在中西非市场增添了一个新业务开发领域，并为后续项目开发积累了经验。项目执行过程中无任何质量、安全事故。

十六、玻利维亚乌尤尼碳酸锂工厂建设项目

承建单位：中国机械设备工程股份有限公司

签约时间：2018 年 9 月

项目概况：该项目于 2018 年 9 月 19 日生效，2023 年 6 月 18 日实现机械完工，2023 年 7 月 25 日取得项目临时接收证书，2023 年 12 月 6 日成功实现带料调试，生产出第一批合格的碳酸锂产品，锂纯度达到 99.16%，并于 2024 年 1 月 18 日取得项目最终接收证书。项目范围包括碳酸锂工业厂房的工艺包完善和施工图设计、土建施工、设备供货和运输、设备安装及清水调试、设备操作和维护培训及设备的质保，以建成 1 条年产量 15 000t 的电池级碳酸锂生产线，工期 58 个月。该项目在执行过程中无任何质量、安全事故，项目如期完工。

经济或社会效益：该项目是中设集团在化工行业签约并执行的第一个国际项目，也是中设集团在玻利维亚承建的首个关乎当地经济、民生的国家战略型项目，其成功执行不仅可以全面助力玻利维亚的锂资源工业化开发，促进该国经济的多元化发展，为当地提供就业机会，带动当地的经济发展和民生改善，间接提升当地政府的财政收入和税收，同时为中设集团开拓了南美新市场和行业新领域，树立了公司良好的品牌形象，扩大了公司在当地的影响力。

十七、尼日利亚宗格鲁水电站项目

承建单位：中国电力工程有限公司与中国水电建设集团国际工程有限公司联合体

签约时间：2012 年 12 月

项目概况：该项目于 2013 年 3 月 9 日生效，2013 年 9 月 13 日正式开工，2023 年 8 月 14 日获得临时验收证书，进入质保期。项目包括挡水建筑（碾压混凝土重力坝与沥青混凝土心墙堆石坝组合坝）、坝式进水口及坝后背管、坝后厂房及尾水渠、坝身溢洪道及消力塘等。坝顶长度 2.36km，最大坝高 101m，坝顶宽度 10m。宗格鲁水电站正常蓄水位 230m，机组形式为混流式，总装机容量为 4×175MW。项目还包括 330kV 输电线路 33.64km，132kV 线路 25km。

经济或社会效益：宗格鲁水电站兼具发电、防洪、灌溉、养殖、航运等多种功能。该电站的成功投产运行，对缓解尼日利亚电力紧缺局面、增强电网稳定性和持续供电能力、改善人民生活质量等具有重要意义。该电站是尼日利亚乃至西非地区在建的最大规模水电站，是我国“一带一路”倡议非洲区域的重要项目，也是尼日利亚使用中国进出口银行“两优贷款”的最大规模电站融资项目，宗格鲁水电站项目工程的优质履约，为中国电力工程有限公司在尼日利亚铸造了一座具有国际影响力的重大工程，有力地促进了尼日利亚经济社会发展，为推动中尼两国经贸务实合作做出贡献。

十八、赣榆污水处理厂项目设备采购及安装项目

承建单位：苏美达股份有限公司

签约时间：2023 年 3 月

项目概况：江苏苏美达成套设备工程有限公司（简称苏美达成套公司）负责该项目的工艺、电气、仪表、自控及监视系统设备的采购及安装、水厂的调试、试运行和第一年运营等工作。该项目采用水解酸化池、高级催化氧化、高密度沉淀池、反硝化深床滤池等处理工艺，在实施过程中，面临时间紧、任务重、土建等配合单位专业度不高、工业污水调试难度大等困难，苏美达成套公司积极加速履约，推动项目于 2023 年 12 月 30 日竣工。

经济或社会效益：项目建成后缓解了连云港市赣榆区工业园污水处理压力，有助于提高赣榆区招商引资竞争力。

十九、竹园污水处理厂四期工程工艺设备采购及伴随服务项目

承建单位：苏美达股份有限公司

签约时间：2021 年 2 月

项目概况：苏美达成套公司负责污水处理厂污水泵房、雨水泵房、二沉池、加氯间、紫外消毒池、出水泵房等构筑物工艺设备供货及伴随服务，于 2023 年 11 月 30 日竣工。

经济或社会效益：项目建成扩大了竹园污水处理厂的处理规模，有效地保障了长江口近岸水环境质量。

二十、竹园污水处理厂四期工程污泥处理地块工艺设备采购及伴随服务项目

承建单位：苏美达股份有限公司

签约时间：2021 年 8 月

项目概况：苏美达成套公司负责污水处理厂污泥处理区域的工艺设备供货及伴随服务，推动项目于 2023 年 11 月 30 日竣工。

经济或社会效益：项目建成扩大了竹园污水处理厂的污泥处理规模，为其扩容提供强力的服务和污泥处理能力，增强污泥处理厂工艺运行的稳定性，有效保障了长江口近岸水环境质量。

二十一、竹园第一、第二污水处理厂提标改造（升级补量）**概算调整**（污水调蓄池）**工程工艺设备采购标及伴随服务**（50 万 m^3）**项目**

承建单位：苏美达股份有限公司

签约时间：2021 年 1 月

项目概况：苏美达成套公司负责污水调蓄池的工艺设备供货及伴随服务。该项目是全国第一个超大型调蓄池工程，结构纵深大，设备设计结构复杂、安装难度巨大、大型设备多、设备数量众多、时间紧、供货任务重，苏美达成套公司积极克服各项困难，推动项目于 2023 年 12 月 10 日竣工。

经济或社会效益：项目建成极大增强了竹园污水处理厂的抗洪蓄水能力、污水调配能力，完善了竹园污水处理厂和白龙港污水厂的互联互通和联合处理能力，有效保障长江口近岸水环境质量。

二十二、无锡市玉祁永新污水处理厂二期工程设备采购及安装项目

承建单位：苏美达股份有限公司

签约时间：2022 年 2 月

项目概况：该项目是苏美达成套公司首个无锡水处理项目，苏美达成套公司充分发挥自身在水处理业务上的经验优势，稳步推进履约，推动项目于 2023 年 7 月 18 日竣工。

经济或社会效益：该项目对开发当地环保市场具有重要意义，有力助力无锡市工业集聚区的发展。

二十三、湖州市新建西部、南部水厂工程西部水厂设备采购项目

承建单位：苏美达股份有限公司

签约时间：2021 年 3 月

项目概况：苏美达成套公司负责该项目预处理、常规处理、排水排泥和深度处理工程等工作，深度处理工艺采用“臭氧 + 炭滤池”工艺，运行稳定、水质优良，项目于 2023 年 11 月 20 日竣工。

经济或社会效益：项目建成后将提高供水水质和水量，实现区域集约化安全供水。

二十四、金坛区工业污水处理厂及尾水湿地一期工程设备采购及相关服务

承建单位：苏美达股份有限公司

签约时间：2022 年 8 月

项目概况：该项目由苏美达成套公司负责实施，项目在建设过程中两条生产线同时建设，时间紧任务重，工业污水处理复杂工艺段多、设备数量及种类多，苏美达项目团队短时间内快速熟悉各工艺段，迅速合理安排设备进场及安装施工顺序，推动项目于 2023 年 9 月 26 日竣工。

经济或社会效益：项目建成服务于经济建设，为新材料科技园招商引资提供保障，实现经济可持续发展，对改善区域水系水环境质量、提高人民生活质量具有重要意义。

二十五、宜昌市厨余垃圾资源化处理项目设备供货及安装工程

承建单位：苏美达股份有限公司

签约时间：2022 年 3 月

项目概况：该项目由苏美达成套公司负责实施，主要工艺包括预处理、厌氧发酵、沼气净化、污水处理、臭气处理等，可将居民厨余垃圾进行无害化、减量化、资源化利用，将厨余垃圾转化为毛油和清洁电力，于 2023 年 12 月 20 日竣工。

经济或社会效益：该项目填补了宜昌城区缺乏大型厨余垃圾资源化处理设施的空白，对宜昌打造“无废城市”，建设绿色低碳发展示范区具有重要意义。

二十六、徐州远强化工科技有限公司原厂址污染地块修复项目

承建单位：苏美达股份有限公司

签约时间：2022 年 5 月

项目概况：该项目由苏美达成套公司负责实施，是其在徐州承建的首个土壤及地下水污染修复项目。修复过程中，苏美达成套公司克服 NAPLs 污染特性复杂、重污染区域识别难、土质情况较差、修复难度较大等困难，实现污染土壤修复方量 19 075m^3，地下水污染修复方量 43 537m^3，于 2023 年 5 月 19 日竣工。

经济或社会效益：该项目对承担徐州老工业区修复责任、推动绿色美好彭城发展具有重要意义。

二十七、济源恒通年产 12 万 t 生物降解塑料（PBAT）项目

承建单位：苏美达股份有限公司

签约时间：2021 年 3 月

项目概况：该项目由苏美达成套公司负责实施，项目建设内容包括 2 条 6 万 t PBAT 生产线、1 条 12 万 t THF 回收装置生产线及所有的公辅系统设计、采购、安装及调试，项目于 2022 年 10 月 13 日竣工，于 2023 年 1 月 19 日生产线一次性开车成功。

经济或社会效益：该项目是目前国内建成的大规模、河南省首家生物降解塑料项目。

二十八、越南黄河 10 万 t/a 造纸厂项目

承建单位：苏美达股份有限公司

签约时间：2021 年 11 月

项目概况：该项目由苏美达成套公司负责实施，建设内容包括 10 万 t/a 造纸厂项目设计、供货、安装指导、技术服务。项目建设过程中，苏美达成套公司克服工艺流程复杂、设备种类繁多等困难，于 2023 年 12 月 10 日竣工。

经济或社会效益：该项目是苏美达成套公司在越南的第一个造纸项目的 EP 总包项目，出纸速度创近年越南同类项目新高。

二十九、菲律宾 65MW 库里马奥光伏电站项目

承建单位：苏美达股份有限公司

签约时间：2022 年 1 月

项目概况：该项目由苏美达成套公司负责实施，项目建设内容包括光伏区（装机容量 83MWdc）、69kV 变电站和开关站，以及 69kV 输电线路（9km）的设计、采购、土建、安装、测试、调试等。项目建设过程中，苏美达成套公司克服劳工短缺、自然灾害、新冠肺炎疫情影响，全沙地质施工条件等多重困难，科学安排施工，推动项目于 2023 年 1 月顺利并网发电。

经济或社会效益：该项目建成后每年可为当地电网提供电力 1.45 亿 kW · h，满足当地 1.5 万户年用电需求，极大缓解当地用电紧张的局面。

三十、厄瓜多尔保障房项目第 3、第 4 组

承建单位：苏美达股份有限公司

签约时间：2019 年 12 月签约保障房 4 组，2020 年 5 月 29 日签约保障房 3 组

项目概况：苏美达成套公司负责在厄瓜多尔洛斯里奥斯省、玻利瓦尔省、钦博拉索省及亚斯省共建设 10 个小区 1 425 套保障房及小区内相关配套设施，项目于 2023 年 8 月 30 日顺利竣工交付。

经济或社会效益：该项目为苏美达成套公司首个房建项目。项目建成后，缓解了厄瓜多尔国内住房困难问题，可解决当地近 4 000 人的生活住房问题，是解决厄瓜多尔民生问题的重要工程，为苏美达股份有限公司在国际房建项目领域积累了经验和业绩。

设计、咨询、勘察项目

（2023 年完成，合同金额在 500 万元以上）

一、益阳国家级高新区通信装备及零部件研发生产基地项目（一期）

设计单位：中国农业机械化科学研究院集团有限公司

签约时间：2021 年 12 月

项目概况：该项目总建筑面积约 539 934.68m^2，项目总投资为 159 881.220 5 万元。主要建设内容：①食堂（1#）包含基础、主体、给排水、消防、电气、弱电、暖通、防雷接地、精装修工程，宿舍（3#、4#）包含地基与基础、主体、给排水、消防、强弱电、防雷接地、精装修，达到入住条件，不含家具、电器；②办公楼、多功能厅、展厅、培训中心、活动中心、宿舍区地下室、公寓（1#、2#）、厂房（1#、2#、3#、4#、5# 表面处理）、门卫（1#、2#）、参观连廊、看台（包括高低压配电房）、动力站（1#）、废水处理站、危化品库（1#、2#）、生产垃圾房、生活垃圾房（1#、2#）等项目，包含地基与基础、主体、给排水、消防、电气、弱电、防雷接地、一次装修（建筑地面，墙面为粗粉刷，防水，门窗、节能及外墙装饰等）；③室外道路、排水、路灯、绿化景观等附属工程；④气站。

经济或社会效益：该项目是湖南省省级重点项目，也是益阳产业项目建设“一号工程”，项目立足高端元件国产自主化，深化“从材料到元件”的一站式研发制造能力，聚焦“卡脖子”高端贴片电容（MLCC），在益阳全力打造中国最大、全球第二的高端 MLCC 研发和生产基地。项目建成投产后，可解决近万人就业，成为益阳数字经济产业的重要支撑。

二、武汉市黄陂区滠水河系统治理工程项目

设计单位：中国农业机械化科学研究院集团有限公司

签约时间：2022 年 12 月

项目概况：该次治理主要包括滠水河干流及姚集河、大城潭河、李集河等支流，涉及人口 22.6 万人，耕地面积 18.3 万亩（1 亩 ≈ 666.67m^2）。滠水河干流及主要支流部分河段存在岸坡垮塌、脱坡、河道淤积、行洪不畅、建筑物损毁等问题，防洪安全隐患突出，影响区域经济社会的可持续发展。本次综合治理河道长度 57.98km，其中干流 38.55km，支流 19.43km，治理河道长，治理内容复杂。

经济或社会效益：中标金额 10 170 000 元。该项目勘察报告对治理范围内的河道、涉河建筑物、天然建筑材料等进行了工程地质评价，分析评价了主要工程地质问题，并调查天然建材供应条件，为设计人员提供了合理的河道治理方案的地质资料。该工程通过清淤、护岸、生态修复等措施，构建安全水通道、健康水生态、宜居水环境，提高河道行洪能力、堤防防洪能力，有效减轻洪涝灾害对两岸 22.6 万人、18.3 万亩耕地的安全的威胁。

三、2007 江苏 BOPET 项目

承建单位：桂林电器科学研究院有限公司下属格莱斯公司

签约时间：2020 年 12 月

项目概况：桂林电器科学研究院有限公司下属格莱斯公司于 2020 年 12 月成功承揽一条幅宽 6.7m 双向拉伸聚酯（BOPET）薄膜生产线设备设计加工项目，此条生产线是格莱斯首条幅宽超过 6m 的 BOPET 光学级薄膜生产线，该条生产线先后生产出 75μm、50μm、38μm、12μm 等多种厚度薄膜产品，均实现了收卷机上大膜卷切边后净宽 6 700mm。此外，此条生产线项目超额完成了在线生产 8μm BOPET 薄膜、12μm BOPET 涂覆膜的工作，产出薄膜产品获得客户高度认可，于 2023 年 6 月成功完成项目验收。

社会或经济效益：该项目的成功实施，为后续承揽幅宽更宽的 6.8mBOPET 光学薄膜生产线奠定了基础，成为格莱斯在 BOPET 薄膜生产线领域一个示范性成功案例。

四、2105 安徽锂电池隔膜项目

承建单位：桂林电器科学研究院有限公司下属格莱斯公司

签约时间：2020 年 12 月

项目概况：桂林电器科学研究院有限公司下属格莱斯公司于 2020 年 12 月成功承揽一条 4.2m 湿法锂电池隔膜生产线项目，此条生产线打破以往湿法隔膜生产线使用萃取的常规性方法，采取了新的无萃取工艺方法进行生产。该项目于 2023 年 1 月进行投料试车，设备运行顺利且一次投料成功，提高产品质量使得项目成功完成验收工作。

社会或经济效益：该项目采用创新性工艺方法，使设备投资成本、厂房投资成本等与传统采用萃取的湿法相比下降一半以上，产品的成品率得到大幅提升，通过燃烧回收热能的方式，使得设备能耗减小，实现零排放无污染。这不仅是锂电池隔膜领域的一个创新性工艺技术开拓，同时也是对“十四五”工业绿色发展规划的贯彻执行。

五、2211 江苏锂电池隔膜项目

承建单位：桂林电器科学研究院有限公司下属格莱斯公司

签约时间：2022 年 11 月

项目概况：桂林电器科学研究院有限公司下属格莱斯公司 2022 年 11 月成功承揽 2 条 1.3m 干法单项拉伸锂电池隔膜生产线项目，另一同行竞争对手也同时承揽客户同样的订单。面对激烈的竞争局面，格莱斯公司第一时间成立项目组，坚持“一切围绕项目转、一切聚焦项目干”。为了使项目按期交付，项目组边设计、边加工、边采购，全公司通力合作、积极配合，克服了 2022 年年底桂林地区新冠疫情的严重影响，努力抢设计、制造进度，在合同要求的交货期前完成全部交货工作，交货时间比竞争对手提早近一个月时间，交货速度获客户高度赞赏。生产线稳定运行，项目于 2023 年 12 月完成验收工作。

社会或经济效益：该项目采用多层同时拉伸方式，提高了锂电隔膜拉伸生产效率和良品率，并为进一步采用新的在线热处理拉伸工艺积累了经验。

六、翔蜂新能源产业园一期项目

实施单位：中国汽车工业工程有限公司

签约时间：2022 年 8 月

项目概况：该项目为蜂巢能源科技股份有限公司在江苏常州设立的领先行业技术水平、符合当地产业政策规划的总部基地及研发生产项目。计划建成年产能 26GW · h 动力电池生产线，年生产乘用车及储能模组（PACK）43.44 万套。其中，电芯产品涵盖 135A · h、115A · h、149A · h、117A · h 等多种容量规格。机械工业第四设计研究院有限公司承担了该项目的整体设计工作，并于 2022 年 9 月完成规划报批，2022 年 11 月完成施工图审查。该项目于 2023 年 10 月完成竣工验收。项目采用成熟的生产工艺和制造技术，搭建了电芯的整个生产工序。其中，电极装配车间完成制胶到二次注液的生产工序，化成车间完成电芯的静置到检测后入库的生产工序；原材料库、成品库集中设置，集中管理。电芯生产设备采用国内外知名的设备品牌，核心生产工序及精度要求高的工序采用全进口设备，确保产品质量和品质竞争力。电芯制造工艺成熟，单体电芯体积能量密度和重量能量密度均达到国内外领先水平，电池生产制造过程严格控制水分管理与粉尘管理，60% 生产工艺均在洁净车间内进行，从电池的制造管理、品质管理、成本管理等方面进行全方位把控，产品竞争力国内外领先。

社会和经济效益：该项目工程设计方案科学

合理，致力于通过数字化、智能化、信息化、生态化的工厂设计，打造国内一流的新能源动力电池生产基地。项目符合常州当地产业规划政策，产品选型适销对路，对于拉动地方经济发展、促进地方就业具有重要意义。同时，项目也符合国家产业政策、市场发展需求以及企业自身的战略发展需要，经济效益和社会效益均极为显著。

七、宜兴市人民医院新院区

设计单位：中国中元国际工程有限公司

签约时间：2015 年 9 月

项目概况：该项目位于江苏省无锡市宜兴市环科园东南侧，规划建设用地面积 141 277.4m^2，总建筑面积约 25 万 m^2，总投资 22.9 亿元。设计床位 1 600 张，停车位 1 600 个。项目启动设计后，发现了历史遗迹，进行了为期两年的开挖和保护工作。项目从“整体”的角度出发，将建筑纳入城市整体环境中进行布局。利用地形高差和功能需求，采用集约式布局手法，将医疗功能主体集中设置，西侧、北侧预留发展空间。使医院内部实现较高的使用效率，近期可为医院提供开阔的视野景观，远期可结合医院功能需求和学科规划进行延伸和拓展。

经济或社会效益：宜兴市人民医院是宜兴市最大的综合性医疗机构三级甲等综合性医院，也是全市的医疗急救中心，担负了本地区近 40% 的门急诊和住院量，承担了近 80% 的急危重症患者收治任务。该项目从工程设计、医院管理角度注意合理安排和使用有限的卫生资源，缩短流程，降低能耗，获得最大的医疗服务效益，创造最大的社会和经济效益。

八、宁夏回族自治区人民医院重大疫情救治基地项目

设计单位：中国中元国际工程有限公司

签约时间：2020 年 11 月

项目概况：宁夏回族自治区人民医院重大疫情救治基地总建筑面积 38 000m^2，其中地上 30 200m^2、地下 7 800m^2，为一栋独立的综合医疗建筑。该项目医疗功能满足重大疫情救治，兼顾平时可用。疫时设置负压床位 210 张，设置平时床位 389 张。项目采用新型护理单元模式设计，严格三区划分，不同分区通风空调独立设置。新冠疫情期间，通过对建筑空间进行局部封堵隔离，同时开启部分通风阀门进行风量调节，从而达到平疫转换的目的。该方案无空间浪费。改造过程简单，保证了平疫转换的时效性。同时，平疫时期的病房均能自然通风采光，使患者诊疗期的舒适度最大化。

经济或社会效益：国家层面，是布局公共卫生防控救治体系的重要节点；地区层面，多方面提升所在地区重大疫情救治和防控能力。一种能够快速平疫转换的病区建筑结构获得实用新型专利。

九、首都医科大学附属北京友谊医院通州院区二期工程

设计单位：中国中元国际工程有限公司

签约时间：2019 年 6 月

项目概况：该项目于 2019 年 12 月开工，建设周期约 4 年。总建筑面积 90 000m^2，其中主体建筑干保医技综合楼地下 37 256m^2，地上 52 145m^2。地下 4 层，地上医技楼 5 层，干保楼 14 层，总高 59.95m。二期项目功能定位主要包含急诊医技综合楼和医疗保健中心，新增床位 200 张。作为一期功能的整合补充，建设内容主要包含急诊医技楼、医疗保健中心及配套用房等，新增床位 200 张。二期工程建成后，通州院区总床位 1 050 张，总建筑面积 20.13 万 m^2。工程结构形式为桩筏基础，地下为混凝土结构，地上为钢结构（医技楼采用增幅机构粘滞阻尼器，为“十三五”国家重点研发计划项目“工业化建筑隔震及消能减震关键技术”示范工程）。

经济或社会效益：北京友谊医院作为第一家落地北京城市副中心的市属三级甲等综合医院，随着二期的开诊，将进一步完善以西城院区、通州院区、顺义院区和副中心门诊部为一体的“三区一部”格局，为推进非首都功能疏解、促进京津冀协同发展持续助力，为带动医院高质量发展、更好地服务广大人民群众保驾护航。

十、海东市人民医院提档升级建设项目

设计单位：中国中元国际工程有限公司

签约时间：2017 年 11 月

项目概况：该项目于 2019 年 3 月完成初步设计工作，4 月通过初步设计审查，5 月完成项目施工图设计工作，7 月全专业设计图纸通过施工图审查；截至 2023 年 5 月，经过多轮协调配合，已完成合同约定的各专项工程设计工作。

新建医疗综合楼总建筑面积为 49 850m^2，地上建筑面积 41 650m^2，地下建筑面积 8 200m^2。属于一类高层建筑，耐火等级一级。

医疗综合楼的主要功能有：门诊部、急诊部、住院部（445 张床位）、部分医技科室、体检中心、设备机房、病案室、地下车库等。地上 12 层（包括设备层），地下 1 层，建筑高度 48.95m（室外地面最低点至屋面面层）。该项目为老院区改扩建工程，在设计初期充分考虑利用原有的医疗资源进行优化整合。从总体布局到细节设计处处体现“以人为本，以病人为中心”的设计理念。另外，建设的同时不能影响医院正常的医疗服务，包括建设中不能停床停诊，建设中需要考虑现有用房的周转等。因此方案设计在体现先进、合理的同时，充分考虑实施的可行性，以及医院自身周转的可操作性，合理安排建设步骤，做到“一次规划，分期实施，分轻重缓急统筹安排”。

经济或社会效益：优化与整合医院现有资源，使其成为设施一流的现代化医院，提升了海东市整体医疗服务条件。

十一、桐城市人民医院新区建设项目

设计单位：中国中元国际工程有限公司

签约时间：2016 年 9 月

项目概况：该项目位于桐城市东部生态新区，项目规划用地 200 亩。项目规划总建筑面积 15 万 m^2，地上建筑面积 12 万 m^2，地下建筑面积 3 万 m^2；项目分期实施，一期医疗建筑面积 12 万 m^2，其中地上 10 万 m^2，地下 2 万 m^2。二期养老建筑面积 3 万 m^2，其中地上 2 万 m^2，地下 1 万 m^2。设置停放机动车 1 000 辆，其中地上 200 辆，地下 800 辆。建设医疗床位 1 000 张，养老设施 200 个。

项目特点：以基地现存水塘为设计起点，利用现代建筑语汇营造以“水、田、山、筑”为主旨的、桐城文人世代向往的生活意境。高层建筑群体沿基地内水系呈线形展开，形成“内静外动”的空间环境的同时寄寓如黛远山，方便了不同需求患者的快速到达，避免交叉感染；裙房设计中的徽州村落建筑形式是对龙眠古建筑的直接传承；院区中心宽阔的水域与田地景观为病患提供了安全、舒适的康复疗养环境。

经济或社会效益：有效促进桐城市医疗卫生资源的合理均衡分布，作为东部新区基础设施规划建设的排头兵，为新区发展注入了强劲的新动力。其中医疗综合楼是目前安庆地区医疗系统最大的单体建筑，同时引入智能物流轨道系统，在安庆地区医疗机构尚属首家。

十二、乐清港湾区保税物流中心（b 型）及配套建设工程

设计单位：中国中元国际工程有限公司

签约时间：2020 年 12 月

项目概况：总建筑面积 55 280.04m^2。建设 A1-A6 仓库（A1、A2 为冷库，A3-A6 为常温库），集装箱（件）杂货堆场，海关卡口（1$^{\#}$ 和 2$^{\#}$），查验场地，巡逻通道，“保税一日游”场地，海关监管仓库及现场办公用房，检验检疫设备用房，停车场，道路及其他配套设施等；非保税物流中心区域主要包括展示中心和货车、客车停车场等。该项目具有前瞻性，考虑必要的设施预留条件和设施功能升级的可能性，给未来中心进行功能升级、适应新的发展需求提供可能性。项目的工艺设计在满足业态差异需求和满足通用共性需求中做好平衡，提升设施适应市场需求的灵活性。

经济或社会效益：有利于改善企业未来货物的运输组织，降低社会物流成本，更好地满足经济发展的需要，必将对区域经济的保障起到良好的促进作用，也将带来良好的社会综合效益；将充分地发挥温州港口岸能力，提升物流综合效益，加强浙江省物流枢纽建设，满足了本地及周边地区货物的仓储及物流需要；产生集聚效应，通过市场与产业联动发展促进相关市场的互动，为温州港的发展带来充足的货运需求，也为温州市的产业带来便捷的运输保障。

十三、天津市滨海新区妇女儿童医院生态城院区工程

设计单位：中国中元国际工程有限公司

签约时间：2018 年 9 月

项目概况：工程建设用地位于中新天津生态城安明路与海博道交口。设计总规模 380 张床位，日门诊量 2 000 人次；容积率为 1.32，建筑密度 28.08%。设计单体有医疗综合楼、污水处理站及垃圾站、液氧站和 3 个门房。主体建筑高度 56.2m（室外地坪至屋顶）。

该项目绿色建筑等级达到《绿色建筑评价标准》要求的三星级，《中新天津生态城绿色建筑评价标准》要求的白金级；建筑立面风格现代大气，建筑体量高效集约，层次变幻富有动感；该项目采用装配式设计，其中高层部分为钢框架－偏心支撑结构体系，多层部分为部分装配式混凝土框架－剪力墙结构体系。

经济或社会效益：该项目地理位置重要，服务人群众多，从工程设计、医院运营管理角度都十分注意合理安排和有效使用有限的卫生资源，缩短流程，降低能耗，提高效率，使医院的人力、物力、财力达到合理消耗，获得最大的医疗服务效益，创造最大的社会效益。同时在不增加病人负担的前提下，使医院达到收支平衡，略有结余。

十四、长征数字科技艺术馆

设计单位：中国中元国际工程有限公司

签约时间：2021 年 5 月

项目概况：长征数字科技艺术馆项目是长征国家文化公园贵州段的重点项目，位于贵州省贵阳市龙洞堡，项目总建筑面积 5.5 万 m^2，是一座行进式数字演出场馆，包含行进式展演厅、机械互动剧场、三折幕影院及飞行影院等。中国中元国际工程有限公司作为项目的设计总承包方，全面参与了该项目方案创作至施工图阶段的全过程建筑设计、工艺设计和后期管理配合等工作。项目于 2020 年开始设计，2021 年开工建设，2022 年结构封顶，2023 年第四季度开业演出。该项目以“地球的红飘带”为建筑主题，以“高昂的旗帜，不绝的队伍”为核心主旨，以“一面红旗，一盏马灯”作为视觉线索，由全域行浸数字演艺《红飘带 · 伟大征程》《红飘带 · 多彩飞越》两大部分组成。《红飘带 · 伟大征程》整体以无名英雄、血火洗礼、伟大转折、砥砺征途、胜利丰碑以及新时代新长征 6 个篇章构成。以观演空间为中心，以形象突出、安全可靠为宗旨，以提高效率、降低成本为准则。

经济或社会效益：建成开业以来赢得各方好评，已接待数十万名观众。场馆采用基于史实、贴近时代、创新高科技承载的艺术创作表现形式，集文化、科技、艺术于一体，力争打造成为全国红色文化旅游新高地、闪耀世界的贵州新名片。

十五、“只有红楼梦”戏剧幻城核心剧场区项目

设计单位：中国中元国际工程有限公司

签约时间：2021 年 10 月

项目概况：“只有红楼梦”戏剧幻城，是一座以《红楼梦》文本和丰富的文化内容、时代背景、读者群落为依托的大型综合沉浸式戏剧主题公园。位于河北省廊坊市，总占地面积 228 亩，分为 4 个大型室内剧场，8 个小型室内剧场，108 个情景空间及室外剧场，剧目时长超 800min。以东方美学特有的“亦真亦假、虚实留白、轮回穿越”为创作手法，采用移步异景、迷宫幻境的景观设计理念，融合最新情景装置艺术与舞台沉浸技术，倾情上演一幕幕关乎《红楼梦》读者的故事，不拘泥于《红楼梦》故事本身，历时 8 年匠心创造，以中国审美讲述中国故事，讲述人人心中的《红楼梦》——每个人心中都有一本读不尽的《红楼梦》。该项目带有强烈中国文化符号，融入当代艺术语汇，展现中国文化之美，是以奇特建筑空间组合构建而成的新型戏剧幻城。

经济或社会效益：建成开业以来赢得各方好评，已接待近百万名观众。

十六、国网湖北省电力有限公司新基地

设计单位：中国中元国际工程有限公司

签约时间：2021 年 6 月

项目概况：该项目基地位于武汉市城市西部东西湖区，主城西侧极具发展潜力的新城地段。总用地面积 135 667.32m²。项目是国网湖北省最具生态特色的总部园区，综合运用光储直柔技术、建筑光伏一体化技术、海绵城市技术。

经济或社会效益：助力实现“双碳”目标，打造国网绿色智慧建筑示范项目。

十七、北京中关村生命科学园研究型国际医学转化平台项目

设计单位：中国中元国际工程有限公司

签约时间：2020 年 4 月

项目概况：该项目为北京市 2020 年度、2021 年度重点建设项目，北京市“三个 100”重点工程。项目从概念设计到开工历时 4 个月，从开工建设到竣工验收，历时 2 年 2 个月，均创造出了昌平区建设项目的新纪录。该项目总体定位为突破传统“研究 + 临床”各自闭环发展的体系，打造“临床发现 - 基础科研 - 产业转化 - 临床应用”的闭环体系，全面加速临床研究转化，构筑符合中国国情的国际化研究型医院，打造生物医药领域的一站式平台。

经济或社会效益：作为北京市重点项目已建成并投入运营，成为国内第一家新建的研究型三级综合医院。

十八、轻元素量子材料交叉平台

设计单位：中国中元国际工程有限公司

签约时间：2019 年 4 月

项目概况：该项目属于国际子午圈大科学计划总部等 9 个第二批交叉研究平台项目之一，按照“一会三函”工作流程办理相关手续。项目于 2019 年开始设计，于 2020 年 9 月开工建设，2023 年 5 月工程竣工验收。该项目运用全量子材料的核心思想，按照“材料设计 - 精准可控制备 - 精准探测表征 - 量子器件研发”的一体化技术路线，以开放平台的形式精准制备出特定结构的量子材料，在多维度高分辨性质表征、量子器件加工和应用等各个环节实现高效、共享和集成。交叉平台在轻元素材料体系重点布局，利用轻元素各自独特的电子结构和物理性质，构造全新的量子体系和器件，实现单独碳元素无法实现的性质和功能，为我国率先进入“后碳基时代”打下坚实基础。

经济或社会效益：该项目作为首个以轻元素为核心研究对象的量子材料平台，可以充分利用怀柔科学城同步辐射光源、综合极端条件、生物成像等大科学装置和设施，与周边装置和其他研究平台形成互补和纽带关系，在轻元素量子材料领域产生一批原创的新思想、新方法、新成果，以基础研究的重大突破带动关键技术革新。

十九、北京激光加速创新中心

设计单位：中国中元国际工程有限公司

签约时间：2019 年 4 月

项目概况：总建筑面积 30 000m²，拟建设世界技术最先进、功能最完整的激光加速技术及应用研发平台。项目于 2019 年设计，于 2020 年 4 月正式开工，2023 年竣工。

国际大科学计划以实现重大科学问题的原创性突破为目标，是基础研究在科学前沿领域的全方位拓展，对于推动世界科技创新与进步起到支撑作用。建设激光加速国家实验室充分发挥大科学装置、交叉研究平台的聚集作用，创办国际合作联盟，鼓励国内外创新型企业研究机构的集聚发展。努力创造一个功能合理、流程科学、技术先进、环境优美的现代化交互科学创新平台。

经济或社会效益：该实验平台主要用于建设高能激光质子加速器和高亮度连续能谱伽马光源应用平台，支撑新一代光源预研，培育新型加速器产业，成为国内首例采用先进设计理念搭建的激光加速器科学研究平台，为我国激光加速器领域国际交流合作提供环境。

二十、援赞比亚利维·姆瓦纳瓦萨医院项目

设计单位：中国中元国际工程有限公司

签约时间：2015 年 5 月

项目概况：该项目位于赞比亚国首都卢萨卡市东北方向的杰纳玛地区，总建筑面积 4.25 万 m²，床位 826 张，其中新建建筑面积 3.5 万 m²，改造原有（卢萨卡综合医院）建筑面积 7 500m²。新建内容包括医院门诊部、急诊部、医技部、住院部、办公科研区和后勤服务区。项目于 2017 年 5 月 12 日开工，2020 年 1 月 11 日新建工程部分竣工，由于新冠疫情暴发，新建工程部分紧急交付赞比亚卫生部投入使用。

经济或社会效益：完善卢萨卡市医疗资源的配备，解决当地人民的就医问题，体现了我国援助医疗项目的先进水平，为推进中赞两国友谊发展贡献中国中元力量。该项目获得2023年度中国机械工业集团有限公司科学技术奖。

二十一、成都天府国际空港综合保税区（一期）设计初步设计（含方案设计、估算）

设计单位：中国中元国际工程有限公司

签约时间：2022年1月

项目概况：该项目为成都天府国际空港综合保税区的首开区（即满足海关验收要求区域），位于保税功能区范围内。建设功能不限于满足海关封关验收要求以及运营使用要求。该项目为空港型综合保税区，满足海关监管要求的海关特殊监管区域。

经济或社会效益：该项目为四川省首个空港型综合保税区，项目的建成有利于进一步完善天府国际机场口岸和产业承载功能，助推成都加快建设国际门户枢纽城市。

二十二、前海国际医院一期项目精装修设计

设计单位：中国中元国际工程有限公司

签约时间：2021年8月

项目概况：总建筑面积21.25万m^2，精装设计面积14.01万m^2，规划床位1 160张。

该项目设计方案以人文、艺术、低碳为原则，服务于泰康保险集团企业理念、深圳地域文化、高客人群的深层需求，致力打造国内第一家高端国际化的"艺术医院"。

经济或社会效益：泰康前海国际医院的建成，对泰康保险集团大健康生态体系、泰康保险集团医疗服务体系的深度建设具有里程碑意义。获得第五届中国十佳医院室内设计方案。

二十三、中航光电高端互连科技产业园

设计单位：机械工业第六设计研究院有限公司

签订时间：2023年11月

项目概况：该项目总用地面积155亩，总建筑面积23万m^2，总投资27亿元。

经济或社会效益：该项目按照三星级绿色建筑、装配式建筑、海绵城市标准进行设计，建成后将成为高端、智能、绿色的产业社区。

二十四、酒泉一重风电集团有限公司西北高端装备制造基地

设计单位：机械工业第六设计研究院有限公司

签订时间：2023年3月

项目概况：该项目总投资15亿元，总建筑面积16.5万m^2。

经济或社会效益：该项目采用先进的智能化设备和运营管理系统，打造绿色智能工厂，建成后将成为新能源高端装备生产基地。

二十五、辉县市南湖新区医院建设项目

设计单位：机械工业第六设计研究院有限公司

签订时间：2023年2月

项目概况：该项目总投资6.4亿元，用地面积6.5万m^2，建筑面积8.1万m^2，设计床位550张。

经济或社会效益：该项目建成后将成为集医疗、保健、教学、科研和预防于一体的三级甲等综合医院。

二十六、郑州国际铁路港

设计单位：机械工业第六设计研究院有限公司

签订时间：2023年5月

项目概况：该项目总投资31亿元，占地面积1 351.6亩。

经济或社会效益：该项目是河南省重点项目，也是郑州国际陆港航空港片区正式启动的首个项目。

二十七、西安国际港铁海国际物流园

设计单位：机械工业第六设计研究院有限公司

签订时间：2023年3月

项目概况：该项目以海铁联运、国际贸易、冷链物流、供应链服务为核心业态，总投资30亿元。

经济或社会效益：该项目致力打造国家多式

联运示范工程、国家冷链骨干基地和国内一流的绿色智慧物流示范园区。

二十八、中农储·川东智慧国际农博城

设计单位：机械工业第六设计研究院有限公司

签订时间：2023 年 5 月

项目概况：该项目总投资 22 亿元，总建筑面积 60 万 m^2。

经济或社会效益：该项目涵盖川东特色农产品交易及展览中心、农业产品检验及研发中心、农产品区域性冷链物流中心、农业产业中小企业孵化中心四大中心，具有良好的品牌示范作用。

二十九、长三角农产品冷链智慧物流中心

设计单位：机械工业第六设计研究院有限公司

签订时间：2023 年 9 月

项目概况：该项目以 10 万吨级冷链物流为核心打造综合性一级农产品批发市场，总投资 21 亿元，总建筑面积 34 万 m^2。

经济或社会效益：该项目为浙江省重点建设项目、省重大产业类项目、省服务业重大项目和省“千项万亿”项目。

三十、开封中医药职业学院建设项目

设计单位：机械工业第六设计研究院有限公司

签订时间：2023 年 7 月

项目概况：该项目总投资 7.5 亿元，占地面积 33.5 万 m^2，建筑面积约 21 万 m^2，含教学楼、宿舍楼、体育馆等。

经济或社会效益：该项目建成后将成为开封地区乃至河南省内重要的医药类大专院校。

三十一、荥阳市人民医院整体建设项目二期

设计单位：机械工业第六设计研究院有限公司

签订时间：2023 年 10 月

项目概况：该项目总投资 4.4 亿元，建筑面积约 7.4 万 m^2。

经济或社会效益：该项目是荥阳市重点民生工程，是荥阳市整合县域内医疗资源、全面提升“县乡医疗服务体系”、满足群众健康需求的重要举措。

三十二、封丘县人才小区建设项目

设计单位：机械工业第六设计研究院有限公司

签订时间：2023 年 3 月

项目概况：该项目占地面积 105 亩，总建筑面积 15 万 m^2。

经济或社会效益：该项目建成后将为高级人才扎根新乡营造“栓人留心”的创业环境，助力新乡经济社会高质量发展。

三十三、中原智慧冷链物流园

设计单位：机械工业第六设计研究院有限公司

签订时间：2023 年 6 月

项目概况：该项目一期总建筑面积 24 万 m^2，总投资 17.8 亿元。

经济或社会效益：该项目旨在打造豫东地区冷链物流行业标杆示范园区、国家区域性冷鲜食品仓储集散物流基地。

三十四、濮阳市示范区地热能供暖工程

设计单位：机械工业第六设计研究院有限公司

签订时间：2023 年 9 月

项目概况：该项目总投资 13.93 亿元，供暖面积约 605 万 m^2。

经济或社会效益：该项目综合利用中深层、浅层地热能、空气能等可再生能源，实现能源的梯级利用，建成投运后，将有力助推当地实现“双碳”战略目标。

三十五、郑州国际金贸港专项设计项目

设计单位：机械工业第六设计研究院有限公司

签订时间：2023 年 3 月

项目概况：该项目总投资约 130 亿元，总建筑面积约 150 万 m^2。

经济或社会效益：该项目是集商务办公、会议展览、特色商业、国际酒店、公寓于一体的高品质国际商务区。

三十六、漳州九龙江医院

设计单位：机械工业第六设计研究院有限

公司

签订时间：2023 年 2 月

项目概况：该项目总投资 43 亿元，建筑面积 21.8 万 m^2，规划床位 1 000 张。

经济或社会效益：该项目旨在打造集医疗、教学、科研等功能为一体的综合性三级甲等医院。

三十七、广州市黄埔区龙湖街何棠下村旧村改造项目

设计单位：机械工业第六设计研究院有限公司

签订时间：2023 年 4 月

项目概况：该项目总建筑面积 108.9 万 m^2，建筑高度 152m，为超高层装配式建筑。

经济或社会效益：该项目是目前广州市已批复实施的体量最大的旧改项目之一。

三十八、滁州动力电池基地建设项目一期工程（竣工验收盖章阶段）

承建单位：中机国际工程设计研究院有限责任公司

签约时间：2022 年 3 月

项目概况：本次天津力神电池股份有限公司（简称力神公司）安徽滁州动力电池基地建设项目总投资 152 亿元，总规划用地近 1 600 亩，建设年产能 36GW・h。其中，滁州动力电池基地建设项目一期工程位于安徽省全椒经济开发区，用地面积约 1 183.49 亩，建筑单体 24 栋，总建筑面积约为 29 万 m^2，年产动力电池和储能电池 16.62GW・h，配套模组（PACK）11.72GW・h。

经济或社会效益：该项目是力神公司继力神青岛和苏州电池生产基地项目之后的扩大再生产。项目通过合理规划，实现了新能源电池储能、生物质和屋面光伏分布式能源在厂区的综合使用，将对当地新能源产业发展起到关键作用，同时项目将创造大量就业岗位，有助于拉动地方经济。

三十九、四川时代动力电池生产基地 P5 项目

承建单位：中机国际工程设计研究院有限责任公司

签约时间：2022 年 2 月

项目概况：该项目于 2022 年 2 月生效，2023 年 8 月获得竣工验收报告。项目包含电芯厂房，电芯、模组成品仓、设施房（1，2，3），食堂，宿舍，以及活动中心等，总建筑面积约为 70 万 m^2，设计历时 2.5 个月，高效高质量交付成果，为工厂顺利投产赢得了宝贵的时间。其中电芯厂房宽度约为 167m，长度约为 860m，其单体建筑面积约为 26 万 m^2，电芯产能最高为 30GW・h。

经济或社会效益：该项目是中机国际工程设计研究院有限责任公司（简称中机国际）在宜宾电池工业园区目前规模最大、单体产能最高的电芯生产厂房，项目的成功执行为中机国际在锂电池领域增添了一个新的名片。

四十、贵州时代动力电池生产基地（贵安一期）（生产区已竣工，生活区完成一部分）

承建单位：中机国际工程设计研究院有限责任公司

签约时间：2022 年 1 月

项目概况：该项目一期主要为生产区及生活区，生产区包括电芯厂房（1）、容量厂房（1）、极片工厂（1）、MP 生产车间（1）+ 中转车间、前工序原料仓、后工序原料仓、成品仓（1）、MP 成品仓（1）、办公楼、食堂、门岗、物料连廊及风雨连廊、配套辅房等，总建筑面积 626 503.64m^2；一期生活区主要包括宿舍（1-15）、活动中心、生活区设施房及风雨连廊等，建筑面积 102 745.99m^2。

经济或社会效益：该项目为宁德时代独资，一期用地 885 亩，建设年产 30GW・h 动力及储能电池生产线，一期达产后预计实现年产值 150 亿元、创税 10 亿元，带动就业 3 000 余人。

四十一、宁德蕉城时代锂离子动力电池生产基地项目（车里湾一期）

承建单位：中机国际工程设计研究院有限责任公司

签约时间：2021 年 3 月

项目概况：该项目位于蕉城区车里湾塘，规划用地面积 2 316 亩，建筑总面积约 100 万 m^2，项目厂区及周边配套设施建设总投资约 135 亿元。项目采用国际先进、国内领先的锂离子动力电池设计、制造技术，主要生产新能源汽车动力电池及储能电池，规划总产能约 45GW·h。

经济或社会效益：项目采用国际先进的锂电池制造技术，具备从研发试制到生产的全阶段能力，项目达产后年新增产值约 500 亿元，增加就业岗位 4 000 多个。

四十二、50 000t/a 锂电正极材料项目二期

承建单位：中机国际工程设计研究院有限责任公司

签约时间：2021 年

项目概况：该项目位于四川省遂宁市射洪市，项目产品为三元正极材料，规划总产能 5 万 t/a（本次设计 4 万 t/a）。项目一期已建成部分单体，本次设计内容包括 10 个单体：三元厂房（三、四、五）、压缩空气站（二、三）、水洗车间、废水处理站、冷冻水站、连廊、综合库（二）。该项目总建筑面积 182 600.09m^2，其中新增建筑面积 84 632.7m^2，建筑系数 43.43%，绿地率 19.68%，容积率 1.09。

经济或社会效益：该项目总投资 260 820 万元，作为锂电产业链的重要一环，其完善了射洪市锂电园区产业生态，有助于遂宁市加快构建“多方共建、多方共赢”的锂电产业发展新格局，为区域经济发展注入强劲动力。四川新锂想能源科技有限责任公司依靠团队 10 余年锂电池材料研发、成果转化、生产经营的成功经验和已有的专利技术，生产包括动力型、高电压型三元 NCM523 产品、三元 NCM622 产品、高能量密度三元 NCM811、NCA 产品。依托各出资人的资金和资源优势，将在射洪市分三期逐步建成锂电正极材料项目和正极材料前驱体项目。两个项目整体建成后，将形成年产值 150 亿元以上、利税 15 亿元以上，从业人员超 2 000 人的规模。

四十三、时代吉利动力电池生产基地宜宾项目一期建设工程设计合同

承建单位：中机国际工程设计研究院有限责任公司

签约时间：2021 年 11 月

项目概况：主要包括电芯厂房（1）、容量车间（1）、凹版车间（1）、模组厂房（1）、设施房/消防泵房、CELL 成品仓、CELL 原料仓（立库）、食堂、宿舍、办公楼、门岗、物料连廊及风雨连廊、配套辅房等，总建筑面积 395 872.13m^2。

经济或社会效益：时代吉利是宁德时代与极氪汽车的合资公司，一期用地 500 亩，建成年产 15GW·h 动力电池生产线，一期达产后预计实现年产值 1 510 亿元、创税 8 亿元，带动就业 2 500 余人。

四十四、江苏时代动力及储能锂离子电池研发与生产项目（四期）

承建单位：中机国际工程设计研究院有限责任公司

签约时间：2021 年 1 月

项目概况：项目总用地面积为 704 500.82m^2，其中生产区规划用地面积 625 576.44m^2，生产区总建筑面积 827 526.70m^2，计入容积率建筑面积 1 081 184.11m^2。

经济或社会效益：该项目投资 120 亿元，建成 12 条全球先进的锂离子大电芯生产线及相应模组、电池包生产线，建成后可新增产能 40GW·h。该项目是溧阳在“十三五”期间引进的第 7 个百亿项目，也是“十四五”开局之年第一个开工的百亿项目，致力于把溧阳建设成为全国乃至全球最大的锂离子电池制造基地。

四十五、66 万 t/a 磷酸铁锂联产 66 万 t/a 磷酸铁项目一期 24 万 t/a 工程（已投产，未竣工验收）

承建单位：中机国际工程设计研究院有限责任公司

签约时间：2021 年 5 月

项目概况：在山东省滨州市无棣县建设 24 万 t/a 磷酸铁锂联产 24 万 t/a 磷酸铁项目，新建磷酸铁及磷酸铁锂生产车间、制氮站、危废间、固废间、办公楼、检测楼、食堂、中水回收系统及 220kV 变电站等配套及辅助设施。新增六列式混道窑、喷雾式干燥器等各类设备 2 000 余台（套），形成 24 万 t/a 磷酸铁锂联产 24 万 t/a 磷酸铁产能。

经济或社会效益：鲁北万润智慧能源科技（山东）有限公司“24 万 t/a 磷酸铁锂联产 24 万 t/a 磷酸铁项目”的实施，对增加地方财政收入、解决就业、优化完善地方经济产业结构，产生积极的推动作用。同时，该项目生产品种合理，生产规模合理，不仅填补了山东省锂电材料市场，同时还运用相关专利技术实现了技术含量高，生产工艺先进、成熟、可靠，原材料供应完全有保障等优势。项目的实施有利于环境保护、安全生产和降低单位产品能耗。项目的财务评价较指标先进，投资省，见效快，偿还贷款能力强，风险小。

四十六、中交博雅春风小区住宅项目施工图设计合同

承建单位：中机国际工程设计研究院有限责任公司

签约时间：2018 年

项目概况：该项目规划用地位在长沙市望城区，建设总建筑面积为 385 689.07m^2（其中地上总计容面积约 302 098m^2，地上不计容面积约 4 341.78m^2，地下室建筑面积约 74 000m^2）的住宅小区。由 1 栋 8 层、9 栋 11 层的多层住宅，2 栋 18 层、2 栋 24 层和 13 栋 27 层的高层住宅，1～2 层商业配套，2～3 层的幼儿园及一层地下室组成。

经济或社会效益：项目定位为高档小区，配套及小区环境均为望城区标杆。

四十七、四川仁寿经济开发区园区及基础设施建设项目（EPC）设计、施工总承包（未竣工，设备安装收尾中）

承建单位：中机国际工程设计研究院有限责任公司

中标时间：2022 年 10 月 8 日

项目概况：该项目于 2022 年 10 月启动，2023 年 7 月投产试运营，工期 8 个月。该项目由 CMIE 设计，项目范围包括 2 栋磷酸铁锂正极材料厂房及相关配套的生产、生活用房，项目总产能 12 万 t/a。在项目执行过程中无任何质量、安全事故，项目按时完工。

经济或社会效益：该项目定员 600 人，主要在当地对外招聘，部分由内部调配，项目的顺利实施为当地提供了众多就业岗位。项目主要产品为磷酸铁锂电池的关键中间原料磷酸铁锂和磷酸铁，能有效服务于新能源汽车电池、储能电池和 5G 基站电池等的发展，符合国家有关部委的政策要求，为国家鼓励发展的产业范畴。

四十八、湖北兴友新能源科技有限公司 30 万 t/a 电池级磷酸铁项目一期工程（已投产，未竣工验收）

承建单位：中机国际工程设计研究院有限责任公司

签约时间：2022 年 1 月

项目概况：该项目年产 30 万 t 磷酸铁，位于湖北省宜都市枝城镇兴发集团宜都绿色生态产业园内，主要建设磷酸铁一车间、配置车间、磷酸铁二车间、磷酸铁三车间、危废间、固废间、水处理一车间、水处理二车间、机修间、罐区、门卫一、门卫二、事故池及初期雨水池等。

经济或社会效益：该项目生产品种合理，生产规模合理，同时运用相关专利技术实现了技术含量高，生产工艺先进、成熟、可靠，原材料供应完全有保障等优势。项目的实施有利于环境保护、安全生产和降低单位产品能耗。该项目的财务评价较指标先进，投资省，见效快，偿还贷款能力强，风险小。

四十九、中创新航锂电正极材料项目设计合同（未竣工验收）

承建单位：中机国际工程设计研究院有限责任公司

签约时间：2022 年 4 月

项目概况：该设计主要包括磷酸铁锂厂房、磷酸铁厂房、污水处理站、蒸发结晶车间、罐区和 110kV 变电站、制氮站、成品库房、固废库、甲类库、办公楼、食堂和活动中心、门卫、物料连廊及风雨连廊，总建筑面积 146 562.82m^2。

经济或社会效益：该项目通过采用先进的生产技术和工艺设备，使企业生产技术水平提高（较行业平均水平），提高了企业的市场竞争力。项目产品质量指标在国内处于领先地位，部分产品及性能达到世界同类型先进水平，技术水平先进可靠，技术方案合理，技术可行。项目建设实施后，企业成本大幅降低，盈利能力大幅提高。通过经济分析，项目各项财务指标均较好，并具有较强的抗风险能力，经济效益和社会效益显著。该项目技术先进，工程方案合理，经济及社会效益好，抗风险能力强，对环境的影响小。

五十、广东深圳中国科学院大学深圳医院（光明）新院项目（原光明区人民医院新院建设工程）

承建单位：中机国际工程设计研究院有限责任公司

签约时间：2021 年 2 月

项目概况：该项目于 2021 年 2 月 4 日生效，2022 年 1 月主体施工图出图，2022 年 3 月取得工程规划许可证，2022 年 4 月取得施工许可证，2024 年 4 月进行主体验收并通过。该工程位于深圳市光明新区公明北环大道与富利路交汇处东南部，西临富利路、北临光明北环大道，总用地面积 49 962m^2，总建筑面积为 336 944m^2，总床位规模 1 500 张。1$^{\#}$住院部、行政综合部为 16 层，高度 72.5m；2$^{\#}$住院部、3$^{\#}$住院部为 20 层，高度 89.3m，均为框架剪力墙结构。医疗综合楼（裙楼）为 5 层，高度 24.8m；感染楼为 4 层，高度为 16.7m，污水处理站 1 层，高度为 6.25m，均为框架结构。

经济或社会效益：该项目按照三级甲等综合医院标准要求建设，是缓解光明新区卫生医疗资源短缺现状、完善公共服务体系需要。力争建设成为集医疗、教学、科研、康复、预防保健功能为一体的现代化的区域性医疗中心，建成后可提高深圳市医疗卫生、医学教育、科研资源的实力，为光明新区人民群众提供高水平的医疗服务。该项目的成功执行为中机国际在深圳地区医疗领域增添了一个新的市场和收入增长点。

五十一、湖南省人民医院马王堆院区住院门诊医技综合楼建设项目（中机国际做方案和初步设计，湖南省人民医院做施工图，现在还在施工基坑）

承建单位：中机国际工程设计研究院有限责任公司

签约时间：2021 年 1 月

项目概况：该项目于 2021 年 1 月生效，位于湖南省人民医院马王堆院区内。院区东临万家丽路，北靠晚报大道，南依古汉路，总用地面积 104 361.60m^2。本次新建总建筑面积 90 401.55m^2，地上建筑面积为 61 941.55m^2，地下建筑面积为 28 460m^2，设计床位数 740 张。

经济或社会效益：项目贯彻“高效医疗、持续发展、多元疗愈、以人为本”的设计理念，将方正紧凑的用地结合马王堆汉墓文化，通过“让、借、延、造”的设计手法使之成为彰显地域文化的医疗新标杆。

五十二、湘城名庭项目

建设单位：中机国际工程设计研究院有限责任公司

签约时间：2022 年 4 月

项目概况：该项目位于长沙市天心区，基地北临环保大道、西临港子河路、南临新电路、东临托子冲南路，紧邻长沙理工大学，北侧为友阿奥特莱斯和三甲医院，交通畅通、配套完善、景观优越。该项目于 2023 年 7 月全部通过施工图审查。项目建设用地面积为 219 985.68 m^2，设计范围分为 A、B、C、D 四个地块，总建筑面积 658 583.93m^2；B 地块包含 23 栋高层住宅及相关配套用房，建筑面积 283 029.08 m^2；C、D 地块包含 23 栋高层住宅，3 栋多层住宅及相关配套用房，建筑面积 275 452.42m^2。

经济或社会效益：湘城名庭项目位于长沙市天心区省府南 · 理工旁 · 师大附中双语旁，由湖南省中海控股有限公司精心打造，已斩获四大设计奖项（2023 第九届 CREDAWARD 地产设计大奖、2023 法国巴黎 DNA 设计大奖、2023 美国 MUSE 缪斯设计奖、2023 金堂奖年度杰出售楼处设计大奖）。项目销售金额位居长沙市九个县区项目前列，彰显该项目的强劲实力和市场认可度。项目整体完成率高，细节品质出众，项目周边学校、医疗、交通、景观资源齐备，良好的外部环境和优质的设计施工为项目带来了强大的推动力。建设、设计、施工均体现出了对产品高标准的极致追求，关注用户体验和人性化居住细节，独具匠心的产品打造了引领行业标准的产品。

五十三、株洲央著项目（一期已完工，三期未完工）

承建单位：中机国际工程设计研究院有限责任公司

签约时间：2021 年 1 月

项目概况：该项目位于株洲市天元区，南邻黄河北路，东至神农大道。项目共 14 栋高层住宅、2 栋物管用房及 1 层地下室。总建筑面积 241 556.09m^2，计容面积 196 255.6m^2，容积率为 2.75。14 栋住宅中有 10 栋设有 1 层或 2 层商业裙房，商业面积共计 11 244.26m^2，地下室面积 42 362.82m^2。

经济或社会效益：住房建设对于改善居民的生活品质起到至关重要的作用。高质量的住房建设则为居民提供了安全、舒适的居住环境，提升了生活质量。同时，合理规划的公共绿地和休闲设施为居民提供了健康、宜人的生活空间，有助于人们的身心健康，提高生活幸福感。

五十四、四川时代动力电池生产基地 P4 项目

承建单位：中机国际工程设计研究院有限责任公司

签约时间：2021 年 3 月

项目概况：该项目于 2021 年 3 月开工，2022 年 5 月完成竣工验收。项目建筑面积 746 939.09m^2。

经济或社会效益：该项目建设完成后动力电池年产能达到 30GW・h。

贸 易 项 目

（2023 年完成，合同金额 5 000 万元以上）

一、6.3 万 t 巴西转基因大豆进口贸易项目

实施单位：国机海南发展有限公司

签约时间：2023 年 10 月

项目概况：2023 年 6 月，国机海南发展有限公司（简称国机海南）党委书记、董事长蔡济波率团亲赴巴西考察，与巴西农业重镇马托格罗索州政府及多家大型企业建立了良好合作关系；10 月，成功完成首单 6.3 万 t 巴西转基因大豆进口贸易合同签约，货值 3.15 亿元。

经济或社会效益：2023 年 11 月第六届中国国际进口博览会上，国机海南与巴西马托格罗索州政府签署了农业现代化一揽子合作协议，并与马州大豆和玉米生产商协会达成 300 万 t 粮食进口合作。2023 年 12 月底，首批巴西大豆顺利抵达国内，标志着公司从世界粮仓——巴西正式开启进口谷物粮食，巴西市场耕耘初见成效。

二、4 万 t 东北农作物内贸收储项目

实施单位：国机海南发展有限公司

签约时间：2022 年 12 月

项目概况：2023 年 9 月，国机海南顺利完成吉林白城地区 4 万 t 东北玉米收储项目，累计购储销玉米约 4 万 t，销售金额 1.13 亿元。

经济或社会效益：该项目是国机海南在内贸农产品商业收储市场做出的初步尝试，项目周期长、规模大，为国机海南探索、推进自身农业主责主业战略业务发展书就新篇。国机海南将在此基础上持续努力加强农产品贸易主责主业产业链上下游延伸，进一步开发内贸农产品商业收储市场。

三、欧洲新能源车辆出口贸易项目

实施单位：国机海南发展有限公司

签约时间：2023 年 8 月

项目概况：2023 年，国机海南与西班牙、葡萄牙、斯洛文尼亚等“一带一路”沿线友好国家优质客户精诚合作，成功执行欧洲新能源车辆出口贸易项目，累计完成向西班牙出口新能源汽车 500 辆，向葡萄牙、斯洛文尼亚出口新能源公交车共 14 辆，合同总金额约 1.3 亿元，努力推动中国制造高端机械装备“出海”。

经济或社会效益：欧洲新能源汽车出口贸易项目得到海南省政府大力支持，推动了中国制造高端机械装备及相关组装线出口，帮助当地奠定农业现代化和工业化基础，助力所在国产业发展和转型升级。荣获海南省颁发的第一批新能源汽车特许出口证照；新能源客车出口项目在 2023 年中国企业家博鳌论坛“碳达峰碳中和创新创造大会”上入选新华网 2023 年度“双碳”创新产业探索案例。

四、出口跨境电商项目

实施单位：国机海南发展有限公司

签约时间：2023 年 4 月

项目概况：2023 年，国机海南与中国出口信用保险公司、南京鲸汇电商科技有限公司等行业核心参与方、头部企业积极开展合作，成功完成中国出口信用保险公司项下出口跨境电商业务合作框架搭建。2023 年 8 月，海汇云商跨境数字贸易服务平台在第六届全球跨境电商节正式亮相，年内实现了出口跨境电商业务的快速发展；2023 年 5—12 月，国机海南与全球 30 多个客户累计签订出口跨境电商贸易合同逾 400 份，累计销售金额约 2 亿元。

经济或社会效益：海汇云商跨境数字贸易服务平台以“融全球、惠天下”为宗旨，以“更强、更快、更值得信赖”为特点，并具备海外仓直接发货、为中小型贸易商提供账期等突出优势，以数字贸易助力出口跨境电商业务发展，努力推动“中国制造”向“中国创造”，“中国商品”出口向“中国品牌”出口阶梯式跃升。

五、捷豹路虎进口汽车项目

实施单位：中国进口汽车贸易有限公司

签约时间：2023 年 1 月

项目概况：中国进口汽车贸易有限公司（简称中进汽贸）继续为捷豹路虎（中国）投资有限公司提供车辆进口、自理 / 代理清关、仓储、物流服务，并在此基础上，不断探讨业务延伸的可能。

经济或社会效益：2023 年实现营业收入 67.79 亿元。

六、阿斯顿马丁认证、进口、物流服务项目

实施单位：中国进口汽车贸易有限公司

签约时间：2023 年 8 月

项目概况：中进汽贸作为阿斯顿马丁品牌国内唯一授权进口商，为阿斯顿马丁公司提供车辆的车型认证、一般贸易车辆进口、物流及特殊车辆进口服务，并提供 CCC 认证及目录维护管理服务。2023 年 8 月，签署阿斯顿马丁物流服务合同。

经济或社会效益：2023 年实现营业收入 6.37 亿元。

七、特斯拉物流服务项目

实施单位：中国进口汽车贸易有限公司

签约时间：2023 年 7 月

项目概况：2023 年，中进汽贸继续为特斯拉中国提供国产车物流服务，并根据厂家需求提供天津港、上海港进口特斯拉车辆的清关、商检、仓储、检测、车辆维护、运输服务。2023 年 7 月，签署特斯拉国产车物流服务延期协议。

经济或社会效益：2023 年实现营业收入 1.51 亿元。

八、斯泰兰蒂斯项目

实施单位：中国进口汽车贸易有限公司

签约时间：2023 年 2 月

项目概况：2023 年 2 月，中进汽贸与斯泰兰蒂斯（上海）汽车有限公司签署了为期 5 年的车辆批售协议，开启与 Jeep、阿尔法罗密欧、DS 品牌的全面合作。年内，中进汽贸与斯泰兰蒂斯（上海）汽车有限公司共同合作开发的全国首家直销系统正式上线，Jeep、阿尔法罗密欧品牌 D2C 直销模式正式启动。中进汽贸在保持原有港口整备、仓储、物流、批售服务的基础上，全新提供零售协议签订、购车款项收取、机动车零售发票开具、代理店展车管理等多方面服务。在直销模式推进过程中，发挥中进汽贸在厂家和代理商之间的桥梁纽带作用，承担贯穿销售服务链条的重要角色。

经济或社会效益：2023 年实现营业收入 25 亿元。

九、大众进口汽车项目

实施单位：中国进口汽车贸易有限公司

签约时间：2023 年 1 月

项目概况：2023 年，中进汽贸在批售贸易服务长期合作协议下，继续配合大众汽车（中国）销售有限公司提升、完善批售管理能力体系，不断加强资金风险、合同风险等管控，协助品牌完成年度销售目标。

经济或社会效益：2023 年实现营业收入 42 亿元。

十、依维柯改装车项目

实施单位：中国进口汽车贸易有限公司

签约时间：2023 年 5 月

项目概况：2023 年 5 月，中进汽贸与依维柯品牌签署 4×4 车型引进合作协议，进一步深化双方战略合作关系；荣获依维柯（中国）商用车销售有限公司年度唯一的“突出贡献经销商”奖项。

经济或社会效益：2023 年实现含税销售收入 5 500 万元。

十一、保时捷项目

实施单位：中国进口汽车贸易有限公司

签约时间：2023 年 2 月

项目概况：2023 年，中进汽贸继续为保时捷（中国）汽车有限公司提供车辆进口清关、仓储、运输服务，配合保时捷（中国）汽车有限公司新的管理要求完成各项服务提升，助力品牌在中国的可持续发展。

经济或社会效益：2023 年实现营业收入 8 100 万元。

十二、上汽大众批售项目

实施单位：中国进口汽车贸易有限公司

签约时间：2022 年 11 月

项目概况：2023 年，中进汽贸着力开拓与上海上汽大众汽车销售有限公司的合作，以批售合作为突破口，通过“批发 + 零售”的方式努力延伸服务链条，拓展合作深度，全年销售车辆近 3 万台。

经济或社会效益：2023 年实现营业收入 35.2 亿元。

十三、一汽丰田批售项目

实施单位：中国进口汽车贸易有限公司

签约时间：2023 年 8 月

项目概况：2023 年 8 月，中进汽贸实现与一汽丰田合作的突破，依托全链条服务能力体系，与厂家在威尔法车型的批售、仓储物流、渠道分销、零售等环节全面合作，年内累计订购威尔法车辆超 1 200 台，货值超过 11 亿元。2023 年 12 月，双方合作延伸至国产车领域，采购一汽丰田国产车辆 7 237 台，货值 14 亿元。

经济或社会效益：2023 年，实现营业收入 0.6 亿元，年内累计订货超 25 亿元。

十四、博世汽车零配件项目

实施单位：中国汽车工业进出口有限公司

签约时间：2023 年 1 月 1 日

项目概况：中国汽车工业进出口有限公司（简称中汽进出口）从 2007 年开始向丹麦的 HOLGER CHRISTENSEN 公司出口汽车零配件产品，至 2023 年已有 17 年，贸易额从最初的几千美元逐年递增。从 2019 年开始，中汽进出口作为丹麦 HOLGER CHRISTENSEN 公司起动机、发电机第一大供应商，参与到母公司博世集团的起动机、发电机项目中。业务主要产品包括：汽车起动机、发电机、压缩机、冷凝器，以及相关配件。后续双方会继续探讨增加产品品类，增加业务量。

经济或社会效益：2023 年中汽进出口全年出口至博世集团的产品总金额达到 1.5 亿元。

十五、进口福特、林肯整车批售项目

实施单位：中进汽贸（天津）进口汽车贸易有限公司

签约时间：2021 年 2 月 1 日

项目概况：中进汽贸（天津）进口汽车贸易有限公司在 2021 年 2 月 1 日与福特中国签订“福特、林肯品牌进口整车分销合同”，作为福特及林肯全系进口车型国内唯一分销商，从事福特、林肯进口车分销工作。合同有效期至 2023 年 12 月 31 日。

经济或社会效益：2023 年实现销售数量 5 796 台（进口福特及林肯），销售收入 33.32 亿元。

十六、一汽智行集采项目

实施单位：汇益租赁（天津）有限公司

签约时间：2023 年 4 月

项目概况：一汽智行 474 台亚洲龙汽车集采项目，于 2023 年 4 月签约并完成全部车辆采购，供应商为一汽集团全资孙公司一汽智行科技（长春）有限公司。该项目通过租赁出行方式获得优质车源，提前规划分销渠道实现快速销售，获得供应商及客户认可，为后续与一汽集团出行板块合作打下坚实基础。

经济或社会效益：采购总金额约 8 200 万元。

十七、广汽本田皓影型、冠道型汽车集采项目

实施单位：汇益租赁（天津）有限公司

签约时间：2023 年 6 月

项目概况：1 000 台广汽本田皓影型、冠道型汽车集采项目于 2023 年 6 月签约，7 月初完成全部车辆采购，供应商为吉林市瀚驰汽车销售服务有限公司。吉林市瀚驰汽车销售服务有限公司隶属吉林瀚星集团有限公司，主销广汽本田、广汽丰田等畅销合资品牌车型，与主机厂要客部门沟通紧密，具备整合优质车源能力，为汇益租赁（天津）有限公司（简称汇益租赁）集采业务核心供应商。

经济或社会效益：采购总金额约 1.71 亿元。

十八、一汽奔腾集采项目

实施单位：汇益租赁（天津）有限公司

签约时间：2023 年 6 月

项目概况：1 684 台奔腾 NAT 型汽车集采项目于 2023 年 6 月签约并完成全部车辆采购，供应商为一汽奔腾轿车有限公司销售分公司。该项目系汇益租赁首次与主机厂销售公司开展直采合作，双方共享分销渠道资源，推动采购车辆销售去化工作。通过该项目，汇益租赁与一汽奔腾轿车有限公司销售分公司建立了良好顺畅的沟通渠道，为未来深化双方合作奠定基础。

经济或社会效益：采购总金额约 1.58 亿元。

十九、一汽出行集采项目

实施单位：汇益租赁（天津）有限公司

签约时间：2023 年 9 月

项目概况：2 000 台奔腾 T55/T77 型汽车集采项目于 2023 年 9 月签订总体协议，12 月完成全部车辆采购，供应商为一汽智行科技（长春）有限公司。该项目系 2023 年上半年亚洲龙汽车集采项目后，汇益租赁与一汽智行科技（长春）有限公司又一合作落地业务，采购数量大、提车进度急，双方克服各自困难，保障了项目顺利实施。

经济或社会效益：采购总金额约 1.24 亿元。

二十、1 158 台宝来商品车采购项目

实施单位：汇益租赁（天津）有限公司宁波分公司

签约时间：2023 年 4 月

项目概况：汇益租赁宁波分公司在 2023 年 4 月 25 日与中都物流有限公司北京分公司签订车辆采购合同，约定汇益租赁宁波分公司向其分批次采购 1 158 台宝来汽车，双方积极配合实现双赢。

经济或社会效益：1 158 台宝来汽车已全部销售完毕，采购金额 83 269 464 元，已完成销售毛利 127.7 万元。

二十一、400 台上汽大众帕萨特商品车采购项目

实施单位：汇益租赁（天津）有限公司

签约时间：2023 年 11 月

项目概况：汇益租赁在 2023 年 11 月 18 日与上海翔世行汽车销售服务有限公司签订车辆采购合同，约定汇益租赁向其分批次采购 400 台帕萨特汽车，双方达成密切友好的合作。

经济或社会效益：400 台帕萨特汽车已全部销售完毕，采购金额 63 746 750 元，销售毛利 70 万元。

二十二、1 300 台哪吒商品车采购项目

实施单位：汇益租赁（天津）有限公司

签约时间：2023 年 12 月

项目概况：汇益租赁在2023年12月27日与哪吒合智（上海）汽车销售服务有限公司签订车辆采购合同，约定汇益租赁向其一次性采购1 300台哪吒汽车，双方达成长期战略合作。

经济或社会效益：1 300台哪吒汽车已全部销售完毕，采购金额108 496 000元，已完成销售毛利223万元。

二十三、与德国布鲁克纳机械有限公司签订薄膜生产线设备采购协议

实施单位：苏美达股份有限公司

签约时间：2023年11月

项目概况：第六届中国国际进口博览会期间，苏美达国际技术贸易有限公司（简称苏美达技术公司）与德国布鲁克纳机械有限公司签订8亿美元合同，为民营企业锂电池制造等新能源产业、高端显示器等电子产品提供优质薄膜原料。

经济或社会效益：该项目有助于提升国内产业的技术水平和自主创新能力，助力绿色低碳产业发展。

二十四、与哈萨克斯坦客户签订"一带一路"农产品合作意向书

实施单位：苏美达股份有限公司

签约时间：2023年9月

项目概况：在江苏省代表团考察访问哈萨克斯坦期间，苏美达技术公司与哈萨克斯坦客户签订了"一带一路"农产品合作意向书。货物由"一带一路"首倡地哈萨克斯坦发出，通过中欧班列运输，2023年大麦进口价值超330万美元，内贸项下自有资源大麦、小麦粉价值超5 000万元。

经济或社会效益：该项目是苏美达技术公司深入践行"一带一路"倡议，着力推进在"一带一路"沿线国家和地区的市场拓展和业务布局，不断提升海外一手商品资源获取能力的成果，将助力保障国家粮食安全与稳定。

二十五、交付挪威船东Uthalden一艘皇冠63系列散货船

实施单位：苏美达股份有限公司

签约时间：2021年7月

项目概况：2023年1月11日，苏美达船舶有限公司（简称苏美达船舶公司）交付挪威船东Uthalden一艘皇冠63系列散货船。皇冠63系列散货船是苏美达船舶公司主打产品，在国际市场上享有良好的声誉。

经济与社会效益：已经交付的93艘皇冠63系列散货船按年均航行230天计算，每年可减少50多万t的二氧化碳排放，相当于每年种植2 900万棵树，皇冠63系列散货船是名副其实的脱碳标兵。

二十六、交付芜湖长能物流1艘59 990载重吨内贸散货船

实施单位：苏美达股份有限公司

签约时间：2021年3月

项目概况：由苏美达船舶公司建造的59 990载重吨散货船总长199.98m，型宽34m，型深16.6m，结构吃水12m，服务航速12.5节（1节=1.852km），最大载重接近61 000t，排放可达环保部国Ⅰ标准。该系列船是苏美达船舶公司针对国内客户优化设计的新船型，采用节能高效桨和消窝鳍设计，配置高效灵敏的襟翼舵，将目前内贸进江的限制条件用到了极致，有着宜江、适海特点，可以实现江海直达，能够节省物流成本，缩短物流周期，为船东带来更加丰厚的经济收益。

经济与社会效益：苏美达船舶公司积极响应以国内大循环为主体、国内国际双循环相互促进的新发展格局，在深耕外贸船的同时，积极开拓内贸船市场，实现5.1万吨级、6万吨级和7.5万吨级三个主流内贸船型全覆盖，从2020年开始交付内贸船，至2023年已经交付各型内贸船23艘，已经交付的内贸船型除散货船外，还包括4 000t起重船和4 500TEU集装箱等高附加值船型。

二十七、交付国银金租首制皇冠63 3.0版本散货船

实施单位：苏美达股份有限公司

签约时间：2021年9月

项目概况：苏美达船舶公司为国银金融租赁股份有限公司建造的首制皇冠63 3.0版本散货船，船型大量采用节能降耗设计，可满足国际海事组织（IMO）船舶能效设计指数EEDI 3要求和 Tier 3 排放标准，同时通过提高船舶智能化水平，确保船岸之间的有效沟通和交流，为船舶的安全和高效运行提供有效的技术支撑。

经济与社会效益：皇冠 63 3.0 版本散货船是苏美达船舶公司升级迭代的新产品，该船型从 2021 年 5 月确定首单合作意向开始，广受市场船东青睐。

二十八、交付华光海运 1 艘皇冠 63 3.0 版本散货船

实施单位：苏美达股份有限公司

签约时间：2021 年 8 月

项目概况：华光海运是中国香港顶尖的航运企业，经营一支多元化船队，为客户和业务伙伴提供技术管理和商务管理等全方位服务，在国内造船厂和租赁公司以及国际承租人之间发挥桥梁作用，并且通过在国内提供专业的监造与技术管理服务，在业界赢得极好声誉。

经济与社会效益：华光海运在苏美达船舶公司共订造 4 艘皇冠 63 3.0 版本散货船，该批订单将为苏美达船舶公司带来收益，为当地带来新的税收和就业机会。

第七篇

大事记

2023 年中国机械工业集团有限公司大事记

1 月

4 日，国机集团党委书记、董事长张晓仑在集团总部会见来访的中国东方电气集团有限公司党组书记、董事长俞培根一行。双方就深化多个领域的战略合作进行了探讨、交流。

11 日，国机集团党委召开会议，听取党委常委 2022 年履行全面从严治党责任、落实“一岗双责”情况。

11 日，国机集团党委常委会召开会议，学习贯彻习近平总书记在中央政治局民主生活会上的重要讲话精神，为开好领导班子民主生活会进一步奠定思想基础、营造良好氛围。

11 日，国机集团召开总部员工大会，全面学习贯彻落实党的二十大精神，对标世界一流企业建设目标，围绕“战略管控、价值创造、服务支撑”的总部定位，研究部署加强总部建设相关工作。

17 日，国机集团召开领导班子民主生活会，全面贯彻习近平新时代中国特色社会主义思想，深刻领悟“两个确立”的决定性意义，增强“四个意识”、坚定“四个自信”、做到“两个维护”，团结带领党员干部群众以奋发有为的精神贯彻落实党的二十大作出的重大决策部署。

18 日，国机集团召开 2023 年财务工作会，深入学习贯彻党的二十大精神和中央经济工作会议精神，贯彻落实国务院国资委中央企业财务工作会议精神和集团 2023 年工作会议部署，全面总结 2022 年主要工作，研究部署 2023 年财务工作。

18 日，国机集团以视频会议形式召开 2023 年安全生产工作会议。会议深入贯彻落实党的二十大精神和习近平总书记关于安全生产的重要论述，学习传达全国安全生产电视电话会议和中央企业安全生产工作会议精神，总结 2022 年安全生产和境外安全工作，分析面临的形势和问题，部署 2023 年安全生产和境外安全重点工作任务。

18 日，国机集团召开 2023 年定点帮扶工作专题会议，全面学习贯彻党的二十大精神、中央经济工作会议精神和中央农村工作会议精神，贯彻落实国家乡村振兴局、国务院国资委社会责任局有关工作要求，立足发挥国机所长、助力全面推进乡村振兴，精心谋划 2023 年定点帮扶工作。

20 日，国机集团召开 2023 年海外员工新春慰问暨座谈会，向海外职工送去组织的关怀和温暖。

31 日，国机集团党委常委会召开会议，专题研究经营发展举措，确保实现“开门红”。

2 月

2 日，国机集团总经理、党委副书记罗乾宜在集团总部会见了来访的中国太平保险集团有限责任公司副董事长、总经理尹兆君一行。双方就深化多个领域的战略合作进行探讨、交流。

3 日，国机集团召开 2023 年全面从严治党工作会议暨廉洁教育大会，全面学习、全面把握、全面落实党的二十大精神，认真贯彻二十届中央纪委二次全会精神和中央有关部门工作安排，总结 2022 年集团党的建设、党风廉政建设和反腐败工作，安排部署 2023 年工作。

3 日，国机集团党委组织召开 2022 年度二级企业党委书记抓基层党建工作述职评议会。

5 日，生态环境部副部长、党组成员，国家核安全局局长董保同到国机集团下属企业国机重型装备集团股份有限公司调研指导工作，并实地调研国家核安全局华北核与辐射安全监督站驻二重装备核设备监督办公室及二重装备核电容器厂、8 万 t 模锻压力机等生产现场。

11—13 日，国机集团召开 6 家国家重点实验室学术年会，总结 2022 年度国家重点实验室主要工作和学术成果，开展学术交流，谋划国家重点实验室未来建设与发展。

13 日，国机集团党委书记、董事长张晓仑与安徽省委书记郑栅洁在合肥市举行工作会谈，与安徽省政府副省长、党组成员张曙光就深化农机装备领域合作进行交流探讨。

14 日，国机集团党委书记、董事长张晓仑率队访问中国电子信息产业集团有限公司，与中国电子党组书记、董事长曾毅举行工作会谈，双方就进一步深挖合作潜力、拓展合作空间进行深入交流。

14 日，国机集团和招商局集团在深圳召开中白工业园项目第七次高层协调会。集团党委书记、董事长张晓仑与招商局集团党委书记、董事长缪建民就中白工业园建设、运营和管理等相关工作进行了深入沟通。

16 日，国机集团与南京航空航天大学在京签署战略合作框架协议。集团党委书记、董事长张晓仑，南航校长、中国工程院院士单忠德举行会谈并出席签约仪式。集团党委常委、副总经理黎晓煜与南航副校长宋迎东代表双方签约。

23 日，国机集团纪委监察专员办召开学习贯彻二十届中央纪委二次全会精神会议暨二级企业纪检机构述职会。会议传达了二十届中央纪委二次全会精神，听取了集团部分二级企业纪检机构履职情况汇报，对集团纪委监察专员办 2023 年工作要点进行了简要解读。

25—26 日，国机集团领导干部高级研修班暨对标世界一流企业价值创造行动启动会在京举行。此次研修班旨在进一步深入贯彻落实党的二十大精神和中央经济工作会议、中央农村工作会议、中央企业负责人会议等重要会议精神，传达学习习近平总书记在学习贯彻党的二十大精神研讨班开班式上的重要讲话精神，对党的二十大精神进行再学习再提升，对集团“十四五”规划进行再研讨再谋划，对企业深化改革、提升管理、争创一流进行再部署再落实，不断推动集团高质量发展，为全面建设社会主义现代化国家开好局起好步贡献国机力量。

28 日，国机集团召开改革三年行动总结大会，深入学习习近平新时代中国特色社会主义思想，全面贯彻落实党的二十大精神，贯彻落实全国国有企业改革三年行动总结电视电话会议、国务院国资委国企改革三年行动经验成果交流会议精神，对集团改革三年行动进行全面总结，对下一阶段持续深化改革工作进行动员部署。

28 日，国机集团总经理、党委副书记罗乾宜在集团总部会见来访的白俄罗斯共和国工业部部长罗戈日尼克一行。

3 月

10 日，国机集团研制的第三批 23 台东方红大功率智能拖拉机交付北大荒农垦集团有限公司。集团党委常委、副总经理黎晓煜，北大荒集团党委副书记、总经理杨宝龙出席交车仪式，代表双方交接产品钥匙并举行会谈。

14 日，国机集团召开党委全委会，传达学习全国两会精神。全国政协委员张晓仑第一时间向与会人员传达了习近平总书记在参加江苏代表团审议时的重要讲话精神、在十四届全国人大一次会议闭幕会上的重要讲话精神，以及全国政协十四届一次会议精神和十四届全国人大一次会议精神。

14 日，国机集团党委书记、董事长张晓仑在集团总部会见了来访的中国一重集团有限公司党委书记、董事长刘明忠一行。双方就进一步深化多领域合作进行探讨、交流。

21 日，国机集团纪委监察专员办召开学习贯彻党的二十大和二十届中央纪委二次全会精神专题报告会，邀请中央纪委国家监委有关室领导以“时刻保持解决大党独有难题的清醒和坚定、一刻不停推进全面从严治党”为题作辅导报告。

28 日，国机集团党委书记、董事长张晓仑应邀出席海南省“服务构建新发展格局　加快建设中国特色自由贸易港”座谈会。会议深入学习贯彻习近平总书记重要指示精神，全面贯彻落实党的二十大战略部署，进一步深化中央企业与海南的全方位合作，携手推动海南中国特色自由贸易港建设，为加快构建新发展格局做出更大贡献。

30 日，共青团中国机械工业集团有限公司第三次代表大会在京召开。国务院国资委党建工作局副局长吴新明，国机集团党委书记、董事长张晓仑出席会议并讲话。

31 日，国家发展改革委产业发展司司长卢卫生一行到国机集团调研农业机械、纺织机械等工作。集团党委副书记丁宏祥出席并主持调研座谈会。

31 日，国机集团以线上和线下结合的形式召开振兴纺织机械三年行动启动会，深入学习贯彻习近平总书记关于着力提升产业链供应链韧性和安全水平等重要指示精神。会议邀请政府主管部门领导、行业专家、客户代表等产业链上下游合作伙伴，共同研究探讨我国纺织机械行业发展，携手推进纺织机械产业链供应链安全稳定和高质量发展。

31 日，国机集团党委书记、董事长张晓仑在集团总部会见来访的南京市委副书记、市长陈之常一行。双方就进一步深化战略合作进行探讨、交流。

4 月

4 日，国机集团党委召开常委会会议，第一时间传达学习习近平总书记在学习贯彻习近平新时代中国特色社会主义思想主题教育工作会议上的重要讲话精神，研究贯彻落实措施。

6 日，国机集团党委书记、董事长张晓仑作为中法企业家委员会中方理事单位、绿色产业与智能制造工作组中方组长单位代表，应邀参加中法企业家委员会第五次会议。国家主席习近平同法国总统马克龙出席会议闭幕式并致辞。

11 日，国机集团召开学习贯彻习近平新时代中国特色社会主义思想主题教育动员部署会，深入学习贯彻习近平总书记在学习贯彻习近平新时代中国特色社会主义思想主题教育工作会议上的重要讲话精神，对集团主题教育进行动员部署。中央第五十二指导组组长刘明忠及指导组成员到会指导。

12 日，国机集团党委召开巡视工作会议暨第一轮巡视动员部署会。深入学习习近平总书记关于巡视工作的重要论述精神和党的二十大精神，贯彻落实二十届中央纪委二次全会精神、全国巡视工作会议精神和《中央巡视工作规划(2023—2027 年)》要求。

15 日，第 133 届中国进出口商品交易会正式开门迎接全球采购商。国机集团作为最大的央企交易分团，在做好服务保障的基础上，统筹下属 24 家企业多领域参展，并组织举办多场行业论坛，获得社会各界认可。

17 日，国机集团与中国机电产品进出口商会共同主办的第 133 届中国进出口商品交易会行业论坛——“双碳背景下出口制造型企业绿色发展之道”在广州举行。集团党委常委、副总经理黎晓煜，中国机电商会会长张钰晶出席论坛并致辞。

22 日，国机集团党委副书记丁宏祥应邀出席中国网络媒体论坛机构力量平行论坛暨第九届中国企业新媒体年会，并作为嘉宾参加“我们这十年 @ 坐标中国”网络主题宣传同名图书《坐标中国》首发启动仪式。国务院国资委党委委员、副主任谭作钧出席会议并致辞。

25 日，国机集团党委常委、副总经理黎晓煜出席绿色经济战略投资与合作机遇高层圆桌会暨机电商会副会长单位与驻华大使对话活动并发言。

27 日，第六届数字中国建设峰会在福建省福州市开幕。国机集团党委书记、董事长张晓仑在云生态大会发表视频讲话，党委常委、副总经理、总工程师陈学东出席开幕式主论坛并在国有企业数字化转型分论坛上发表题为“加快数字化网络化智能化促进我国制造业高质量发展”的主题演讲。

28 日，国机集团党委举办学习贯彻习近平新时代中国特色社会主义思想主题教育专题党课报告会，同时也是集团主题教育读书班的开班动员会。集团党委书记、董事长，集团党委主题教育领导小组组长张晓仑以“学思想、强党性、重实践、建新功，加快世界一流企业建设　奋力开启高质量发展新征程”为主题作专题党课报告。中央第五十二指导组组长刘明忠及指导组成员列席指导。

5 月

4 日，国机集团团委召开学习贯彻习近平新时代中国特色社会主义思想主题教育团日活动暨青年精神素养提升工程品牌工作交流会，深入学习贯彻习近平新时代中国特色社会主义思想和党的二十大精神，学习贯彻主题教育有关安排，深入推进青年精神素养提升工程，引领集团广大团员青年始终听党指挥、跟党奋斗，勇挑重担、奋勇前进，为集团高质量发展贡献青春力量。

4 日，国机集团党委副书记、总经理罗乾宜在集团总部会见了来访的浙江省副省长卢山一行，双方就进一步深化战略合作进行探讨、交流。

4 日，国机集团党委书记、董事长张晓仑一行赴四川省广元市朝天区，围绕“共同富裕、增进民生福祉”主题，聚焦“如何持续发挥国机所长，找准乡村振兴的结合点、发力点，在农机、特色产业等方面探索新模式”，实地调研集团定点帮扶乡村振兴工作，充分运用调查研究解决问题，推动学习贯彻习近平新时代中国特色社会主义思想主题教育走深走实。

8 日，国机集团党委举办主题教育读书班专题辅导报告会，特别邀请中央第五十二指导组组长刘明忠以“深入学习贯彻习近平新时代中国特色社会主义思想以新思想为引领迈向高质量发展新征程”为题，作专题辅导报告。

10 日，国机集团党委书记、董事长张晓仑在《学习时报》发表署名文章《打造世界一流纺机企业　保障国家纺织产业安全》，讲述集团加快推动纺机产业高质量发展，推进高端化、智能化、绿色化转型，以实际行动推动“三个转变”落实落地的思考与实践。

10—14 日，国机集团党委书记、董事长张晓仑受邀出席中国品牌发展国际论坛并率队参观品博会，党委常委、副总经理黎晓煜受邀出席中国品牌发展国际论坛及国有企业品牌建设论坛等活动，与各央企、省市参展单位充分交流，共话创建品牌卓著的世界一流企业建设之路，凝聚中国品牌发展共识。

11—12 日，国机集团主题教育读书班专题研讨会暨党委理论学习中心组学习扩大会召开。会议围绕学习贯彻习近平总书记关于推动高质量发展、加快建设世界一流企业、支持“专精特新”企业发展、实现高水平科技自立自强等相关重要论述，分别以“增强核心功能、提升核心竞争力，更好服务制造强国和新型工业化”“开展打造‘专精特新’企业（集）群培育”“开展科研平台体系建设和产业基础再造”“开展现代产业链‘链长’建设”四个专题进行研讨。

16 日，国机集团与华东理工大学在京签署战略合作框架协议。集团党委副书记、总经理罗乾宜，华东理工大学校长轩福贞举行会谈并出席签约仪式。集团党委常委、副总经理、总工程师陈学东与华东理工大学副校长朱为宏代表双方签约。

16 日，国机集团与杭州市人民政府签订战略合作框架协议。集团党委书记、董事长张晓仑，浙江省委常委、杭州市委书记刘捷出席签约仪式并讲话。集团党委常委、副总经理黎晓煜与杭州市副市长孙旭东代表双方签约。

19 日，国机集团与南京市人民政府签订战略合作协议。集团党委书记、董事长张晓仑，江苏省委常委、市委书记韩立明，南京市长陈之常出席签约仪式。集团党委常委、副总经理黎晓煜与南京市委常委、副市长邓智毅代表双方签约。

20 日，国机集团党委书记、董事长张晓仑受邀参加第三届江苏发展大会。会上，国机集团与江苏省人民政府签订战略合作协议。张晓仑与江苏省委常委、常务副省长马欣代表双方签约。

23 日，国机集团与中国中车集团有限公司在京签署战略合作框架协议。集团党委书记、董事长张晓仑与中国中车集团有限公司党委书记、董事长孙永才举行会谈并出席签约仪式。集团党委常委、副总经理、总工程师陈学东与中国中车党委常委、副总裁王宫成代表双方签约。

23 日，国机集团与中国农业发展银行签订战略合作协议。集团党委书记、董事长张晓仑，中国农业发展银行党委书记、董事长钱文挥出席签约仪式。集团党委常委、副总经理黎晓煜与中国农业发展银行党委委员、执行董事、副行长孙兰生代表双方签约。

30日，国机集团党委常委、副总经理周开荃受邀出席中关村论坛-智能制造创新发展论坛，并以“坚持创新驱动，担当央企使命，以高水平‘国机智造’助力行业高质量发展”为题作主旨发言。工业和信息化部党组成员、副部长辛国斌，北京市委常委、副市长靳伟出席并致辞。

6月

2日，国机集团党委书记、董事长张晓仑在集团总部会见了来访的苏州市委常委、市政府常务副市长顾海东一行。双方就进一步深化战略合作进行探讨、交流。

5日，国机集团学习贯彻党的二十大精神，深入开展学习贯彻习近平新时代中国特色社会主义思想主题教育领导干部高级研讨班（第一期）在京开班。集团党委书记、董事长张晓仑出席并作动员讲话，集团董事、党委副书记丁宏祥主持开班式；中国大连高级经理学院党委书记、常务副院长邱宝林出席开班式并致欢迎辞。

6日，国机集团党委书记、董事长张晓仑在总部会见了来访的中国机械工业联合会党委书记、会长徐念沙一行。双方就进一步深化战略合作进行探讨、交流。

6日，国机集团与河南省信阳市固始县召开乡村振兴工作座谈会，集团党委书记、董事长张晓仑，信阳市人大常委会副主任、固始县委书记王治学出席会议并讲话。

14日，国机集团以“合力同行 共创价值”为主题，举办2023年上市公司集体投资者交流活动。集团党委副书记、总经理罗乾宜出席活动并致辞。

16日，国机集团党委召开理论学习中心组扩大会议，深入学习贯彻习近平新时代中国特色社会主义思想，围绕服务国家战略，结合集团相关主业领域发展，开展工程设计提升工程和供应链服务保障能力提升工程专题研讨，推动主题教育理论学习一以贯之。

21日，国机集团党委书记、董事长张晓仑作为中法企业家委员会中方理事单位、绿色产业与智能制造工作组中方组长单位代表，应邀参加中法工商界晚餐会。国务院总理李强出席会议并致辞。法国经济、财政及工业、数字主权部部长勒梅尔和100多名两国工商界代表出席。

25日，国机集团在京召开安全生产紧急视频会议，深入学习贯彻习近平总书记关于安全生产重要指示批示精神，深刻吸取宁夏银川市燃气爆炸事故教训，落实国务院安委会、应急管理部和国务院国资委有关工作部署，深入开展重大事故隐患排查整治和安全生产月专题宣传活动。

25日，国机集团党委书记、董事长张晓仑会见北大荒农垦集团有限公司党委书记、董事长王守聪一行。双方围绕全面贯彻落实习近平总书记关于“三农”工作的重要论述，确保国家粮食安全，加大自主创新，推动农业现代化发展等开展深入交流。

25日，国机集团党委常委、纪委书记，国家监委驻集团监察专员雷光华在集团总部会见了中国东方电气集团有限公司纪检监察组组长、党组成员袁明刚一行，双方就企业纪检监察工作进行了深入交流，并签署了纪检监察工作合作共建框架协议。

26日，国机集团党委书记、董事长张晓仑在集团总部会见了来访的河北省委书记、省人大常委会主任倪岳峰一行。双方围绕贯彻落实习近平总书记视察河北重要讲话精神，深化央地合作，推进京津冀协同发展和雄安新区建设等开展深入交流。

29日，国机集团召开“学习贯彻习近平新时代中国特色社会主义思想，推动企业高质量发展——庆祝中国共产党成立102周年”大会暨主题教育工作交流会，回顾党的成功经验和奋斗历程，深入学习贯彻习近平新时代中国特色社会主义思想，全面推进党的二十大战略任务落实，持续推动主题教育走深走实。

6月29日—7月1日，国机集团党委常委、副总经理黎晓煜出席2023年中国商品和服务（白俄罗斯）展览会开幕式并发表致辞。

30 日，国机集团党委书记、董事长张晓仑会见中国工业经济联合会党委书记、执行副会长兼秘书长熊梦一行。双方围绕产业链建设、共链行动、制造业高质量发展等进行了深入探讨、交流。

7 月

3 日，国机集团党委书记、董事长张晓仑在集团总部会见了来访的德阳市委副书记、市长刘光强一行，双方就进一步深化合作进行探讨、交流。

4 日，国机集团党委理论学习中心组开展第八次专题学习研讨。以理论学习中心组学习扩大会的形式，结合服务国家战略，学习贯彻习近平总书记关于加快建设数字中国相关重要论述，就集团数字化转型工程进行学习研讨。

4 日，国机集团党委书记、董事长张晓仑应邀参加特种设备安全法颁布实施十周年座谈会并发言。全国人大常委会副委员长肖捷出席。

6 日，国机集团党委书记、董事长张晓仑出席驻华使节“步入国企”系列活动并致辞，总经理罗乾宜介绍国机集团整体情况，外交部礼宾司副司长李响主持活动。近 70 位驻华使节步入国机集团，深入了解集团矢志推动中国工业化进程、积极参与全球经贸合作，促进世界经济发展的实践与成果。

19 日，国机集团召开 2023 年年中工作会议，深入学习领会习近平总书记重要指示批示精神，扎实推进主题教育走深走实、见行见效，传达全国国有企业改革深化提升行动动员部署电视电话会议精神和中央企业负责人研讨班工作要求，总结上半年工作，对集团开展改革深化提升行动和下半年重点工作进行部署。

20 日，国机集团党委书记、董事长张晓仑在集团总部会见了来访的保定市委书记党晓龙一行。双方围绕贯彻落实习近平总书记视察河北重要讲话精神，推进京津冀协同发展进行深入交流。

21 日，国机集团党委副书记、总经理罗乾宜在集团总部会见了来访的申万宏源证券有限公司党委书记、董事长刘健一行。双方围绕推动产融结合，促进实业发展等开展深入交流。

24 日，国机集团党委常委会召开扩大会议，认真学习习近平总书记在全国生态环境保护大会上的重要讲话精神、主持召开中央财经委员会第二次会议时的重要讲话精神及对防汛救灾工作作出的重要指示精神，紧密结合实际研究贯彻落实措施。

月内，国机集团下属企业中国农业机械化科学研究院集团有限公司成功研制出国内首台自走式蓝莓（蓝靛果）收获机，填补了我国蓝莓（蓝靛果）机械化采收作业装备的空白。

28 日，国机集团党委以中心组学习会的形式，开展深入学习领会习近平总书记关于党的建设的重要思想专题研讨。

31 日，国机集团党委副书记、总经理罗乾宜在集团总部会见了来访的宜昌市委副书记、市长马泽江一行。双方围绕进一步深化央地合作进行深入交流。宜昌市副市长杨卫华参加会见。

8 月

7 日，国机集团召开“十年共奋进、担当擎重器”——国机集团机械工业纪念日暨与中国第二重型机械集团公司（简称中国二重）联合重组十周年座谈会，深入贯彻落实党的二十大精神，坚持锻造国机所长、服务国家所需，守实业、树匠心、兴所长、永创新，总结国机集团与中国二重联合重组十年以来的成绩与经验，共谋建设世界一流企业、推进高质量发展之策，凝聚奋进新征程的前行力量。

8 日，国机集团在京召开安全生产视频会议，深入学习贯彻习近平总书记对防汛救灾工作作出的重要指示精神，贯彻落实全国安全生产电视电话会议精神，对当前和下一阶段安全生产工作进行再强调、再部署。

9 日，国机集团党委书记、董事长张晓仑应邀出席中央广播电视总台财经节目中心 2023 年下半年精品节目片单发布，并与中宣部副部长、中央广播电视总台台长慎海雄，中央网络安全和信息化委员会办公室副主任、国家互联网信息办公室副主任牛一兵，水利部副部长田学斌，以及中国工程院副院长、中国工程院院士李仲平等嘉宾共同发布总台系列财经纪录片。

10 日，国机集团与中国交通建设集团有限公司（简称中交集团）在京签署战略合作协议。国机集团党委书记、董事长张晓仑与中交集团党委书记、董事长王彤宙举行会谈并出席签约仪式。国机集团党委常委、副总经理黎晓煜与中交集团党委常委、总会计师彭碧宏代表双方签约。

15 日，国机集团召开协同办公平台上线启动会。集团党委书记、董事长张晓仑出席会议并讲话，党委副书记丁宏祥出席会议，党委常委、副总经理周开荃主持会议。

15 日，国机集团下属企业洛阳轴研科技有限公司研制的国产首台 18MW 海上风电主轴轴承顺利下线，刷新了我国国产风电主轴轴承最大单机容量的纪录。

16 日，国机集团党委副书记、总经理罗乾宜在集团总部会见了来访的上海证券交易所党委委员、副总经理王泊一行。双方围绕进一步深化合作进行交流。

17 日，国机集团下属企业苏美达船舶有限公司建造的全国首艘支线甲醇双燃料集装箱船顺利下水。

22 日，国机集团召开领导班子专题民主生活会，全面贯彻习近平新时代中国特色社会主义思想，深刻领悟“两个确立”的决定性意义，增强“四个意识”、坚定“四个自信”、做到“两个维护”，团结带领集团党员干部群众以奋发有为的精神贯彻落实党的二十大作出的重大决策部署。

23 日，国机集团再次上榜 2023 年美国《工程新闻纪录》杂志（ENR）各项排名。在全球最大 250 家国际承包商排名中，国机集团列第 33 位，在 81 家上榜中国企业中列第 9 位。在全球最大 225 家国际工程设计公司排名中，国机集团列第 64 位，在 23 家上榜中国企业中列第 8 位。

26—28 日，国机集团党委常委、副总经理周开荃出席由工业和信息化部、四川省人民政府主办的 2023 世界清洁能源装备大会，在大会开幕式上作为企业代表签署《全球清洁能源装备产业开放与合作共识》，并在大会主论坛上发表主题演讲。全国人大常委会副委员长、民盟中央主席丁仲礼出席大会开幕式并致辞。四川省委书记王晓晖，工业和信息化部副部长辛国斌，以及欧盟委员会前主席、葡萄牙前总理巴罗佐先后致辞。四川省委副书记、省长黄强主持开幕式。

30 日，国机集团召开改革深化提升行动启动会议，深入学习贯彻党中央、国务院关于实施国有企业改革深化提升的重大决策部署，落实国务院国资委党委工作要求，对新一轮改革深化提升行动进行动员部署和系统培训。

30 日，国机集团召开帮扶干部工作座谈会。集团党委副书记丁宏祥主持会议。

9 月

1 日，国机集团党委常委、副总经理、总工程师陈学东参加主题为“经济复苏中的质量变革与合作”的中国质量（成都）大会。中共中央政治局委员、国务院副总理张国清出席大会并发表讲话。

5 日，国机集团党委书记、董事长张晓仑作为深耕印度尼西亚市场多年的中方企业代表，应邀参加中国—印度尼西亚工商界晚餐会有关活动。国务院总理李强出席并致辞。印度尼西亚对华合作牵头人、统筹部长卢胡特和约 200 名两国工商界代表出席。

6 日，国机集团召开第一批主题教育总结暨第二批主题教育部署工作研讨会，交流第一批主题教育主要做法和存在问题，将第一批主题教育的好经验、好做法充分运用在第二批主题教育中，把主题教育成效转化为推动企业改革发展的成果。

11 日，国机集团党委常委会召开会议，认真学习习近平总书记在黑龙江考察并主持召开新时代推动东北全面振兴座谈会时的重要讲话精神，紧密结合实际研究贯彻落实措施。

13 日，国机集团召开学习贯彻习近平新时代中国特色社会主义思想主题教育第一批总结暨第二批部署会。中央第 22 巡回指导组组长陆东福出席会议并讲话；集团党委书记、董事长、主题教育领导小组组长张晓仑作主题教育第一批总结暨第二批部署讲话，集团党委副书记、总经理、主题教育领导小组副组长罗乾宜主持会议并作总结讲话。

14 日，国机集团党委副书记、总经理罗乾宜应邀出席中央企业产业链融通发展共链行动启动会。国务院国资委党委书记、主任张玉卓，中国工业经济联合会会长、工业和信息化部原部长李毅中，以及工业和信息化部党组成员、副部长王江平出席并讲话。会议由国务院国资委党委委员、副主任苟坪主持。来自国家部委、中央企业、单项冠军和专精特新“小巨人”中小企业的 300 余名嘉宾参加本次会议。

17 日，国机集团党委书记、董事长张晓仑应邀出席第 20 届中国—东盟博览会、中国—东盟商务与投资峰会开幕式，并在企业家座谈会上作主题发言。中共中央政治局常委、国务院总理李强出席并致辞。东盟国家领导人和高级官员、工商界负责人出席。

20 日，国机集团党委书记、董事长张晓仑应邀出席 2023 世界制造业大会开幕式并致辞，集团党委常委、副总经理、总工程师，中国工程院院士陈学东出席大会并在多个论坛作主题演讲。全国政协党组成员、副主席王勇致辞并宣布开幕。安徽省委书记、安徽省人大常委会党组书记韩俊，工业和信息化部党组成员、副部长辛国斌，以及福建省人民政府党组成员、副省长林瑞良等致辞。安徽省委副书记、省长王清宪主持开幕式。

21 日，国机集团组织工作会议在京召开。会议以习近平新时代中国特色社会主义思想为指导，围绕全面贯彻党的二十大精神，深刻领会习近平总书记关于党的建设的重要思想，认真学习贯彻全国组织工作会议精神，总结工作，分析形势，部署今后一段时期集团组织工作。

22—23 日，国机集团党委副书记、总经理罗乾宜受邀出席由国务院国资委和全国工商联、山东省人民政府、新华通讯社有关单位共同承办的第六届中国企业论坛，并发表题为“锻造国机所长　服务国家所需　以新型工业化推进中国式现代化”的演讲。

22—23 日，国机集团党委书记、董事长张晓仑参加全国新型工业化推进大会并接受新闻联播采访。会上传达了习近平总书记就推进新型工业化作出的重要指示，深刻阐述了新时代新征程推进新型工业化的重大意义、重要原则、重点任务，为做好相关工作指明了方向。

24 日，国机集团在定点帮扶的河南省信阳市固始县举办乡村振兴工作交流会，发布乡村振兴三级规划，并以“发挥国机所长，探索固始模式”为主题，围绕运用“千万工程”经验、科学规划赋能乡村振兴等进行交流研讨。

25 日，国机集团党委常委会召开会议，认真学习习近平总书记就推进新型工业化和对新时代办公厅工作的重要指示精神以及全国新型工业化推进大会精神，紧密结合实际研究贯彻落实措施。

26 日，国机集团与自然资源部中国地质调查局召开“地质装备支撑找矿突破战略行动研讨会”，并举行“中国地质调查局—国机集团战略合作协议签约仪式”，共同谋划构建世界一流的地质装备体系，服务新一轮找矿突破战略行动。

26 日，国机集团下属企业洛阳轴研所主导制定的国际标准 ISO 24652《关节轴承　液压缸用杆端关节轴承》正式发布。这标志着我国继首次主导制定滚动轴承领域国际标准化文件 ISO/TR 20051：2020《关节轴承　额定载荷系数的推导》后，又首次主导制定了滚动轴承领域正式国际标准，实现了我国滚动轴承国际标准化工作的又一次突破。

27 日，国机集团党委书记、董事长张晓仑在集团总部会见了来访的湖南省央企合作对接暨重大招商引资驻京工作专班主任郑建新一行，双方就进一步加强合作进行深入交流。集团党委常委、副总经理黎晓煜参加会见。

10 月

9 日，国机集团党委常委会召开会议，认真学习习近平总书记在浙江和山东枣庄考察时的重要讲话精神及 9 月 27 日中共中央政治局会议精神，传达学习习近平总书记对宣传思想文化工作的重要指示和全国宣传思想文化工作会议精神，紧密结合实际研究贯彻落实措施。

10—15 日，国机集团党委常委、副总经理、总工程师陈学东赴捷克布拉格出席 2023 第七届世界工程师大会（WEC）。本次会议由世界工程组织联合会与捷克科学技术联合会共同主办，共有来自全球 300 多名工程领域专家与工程师代表参加。开幕式上，陈学东作了题为“中国承压设备绿色设计与维护技术进展”的报告。

12 日，国机集团党委书记、董事长张晓仑在集团总部会见了来访的锦州市委书记刘克武一行，双方就进一步加强合作进行深入交流。集团党委常委、副总经理黎晓煜参加会见。

12 日，国机集团召开党委理论学习中心组学习会，围绕再学习再领会习近平总书记在全国国有企业党的建设工作会议上的重要讲话精神，以高质量党建引领保障企业高质量发展这一主题进行学习研讨。

13 日，国机集团召开“深化‘靠企吃企’专项整治、跨境腐败治理和境外廉洁风险防控”廉洁教育大会。中央纪委国家监委国际合作局有关负责同志到会指导。

16 日，中央第十二巡视组巡视中国机械工业集团有限公司党委工作动员会召开。中央第十二巡视组组长祝树民作了动员讲话，对深入学习贯彻习近平总书记关于巡视工作重要讲话精神，扎实开展巡视工作提出要求。国机集团党委书记、董事长张晓仑主持会议并讲话。

16 日，国机集团党委书记、董事长张晓仑接受国务院国资委新闻中心联合 CGTN 推出年度重点访谈节目《丝路新国企》采访，讲述集团始终牢记“国之大者”，坚定不移、全力以赴推动共建“一带一路”高质量发展中做出的积极贡献，共话中央企业十年间在海外的融合与发展。

18 日，国家主席习近平在人民大会堂出席第三届“一带一路”国际合作高峰论坛开幕式并发表题为“建设开放包容、互联互通、共同发展的世界”的主旨演讲。国机集团党委书记、董事长张晓仑参加第三届“一带一路”国际合作高峰论坛开幕式、“一带一路”企业家大会和贸易畅通专题论坛等活动。

19 日，国机集团党委书记、董事长张晓仑在集团总部会见了来访的南光(集团)有限公司董事长傅建国一行，双方介绍了各自业务优势，回顾了近年合作历程，并就后续合作达成共识。南光集团副总经理宋晓冬参加会见。

19 日，国机集团党委书记、董事长张晓仑会见了安哥拉能源水利部部长若昂·博尔热斯。双方就深化在安哥拉多个领域务实合作进行交流，并达成共识。

23 日，国机集团党委常委会召开会议，认真传达学习习近平总书记在出席第三届“一带一路”国际合作高峰论坛开幕式上的重要讲话精神以及全国干部教育培训工作会议精神，紧密结合实际研究贯彻落实措施。

26 日，国机集团党委书记、董事长张晓仑参加由农业农村部、工业和信息化部在湖南郴州联合召开的全国农机装备补短板暨农业机械稳链强链工作会议并作为央企代表发言。工业和信息化部党组书记、部长金壮龙出席会议并讲话，湖南省委副书记、省长毛伟明致辞。

30 日，国机集团党委书记、董事长张晓仑在集团总部会见了来访的河北省委常委、唐山市委书记武卫东一行。双方围绕贯彻落实习近平总书记视察河北重要讲话精神，推进京津冀协同发展进行深入交流。唐山市委常委、秘书长陈宇，市政府副市长郝志军参加会见。

11 月

5 日，国机集团党委书记、董事长张晓仑应邀参加第六届中国国际进口博览会（简称进博会）暨虹桥国际经济论坛开幕式，现场聆听习近平主席致信。

5 日，国务院国资委党委委员、副主任苟坪现场视察进博会国机集团中白工业园展台。集团党委书记、董事长张晓仑汇报中白工业园经贸合作新成果、新业绩以及园区连续六年深度参与进博会情况。

6 日，中白工业园展台举办开馆仪式和剪彩活动。白俄罗斯经济部部长切尔维亚科夫·亚历山大，白俄罗斯驻华大使先科·尤里，国机集团党委书记、董事长张晓仑，招商局集团副总经理冯波鸣，以及中白工业园管委会主任亚罗申科·亚历山大等嘉宾出席活动。

6日，集团党委书记、董事长张晓仑出席第六届进博会国机集团交易分团签约仪式并致辞，与多家合作伙伴签署23项、总金额近23亿美元的合作协议。签约仪式由党委常委、副总经理周开荃主持。

7日，国机集团苏美达股份有限公司与重庆市商务委在南京举行战略合作协议签约仪式。集团党委常委、副总经理周开荃和重庆市商务委、市中新项目管理局党组书记、主任（局长）章勇武见证签约。

8日，国机集团与中国工业经济联合会在河南省洛阳市举办了高端农业机械现代产业链共链行动大会。大会以“融通共链、开放繁荣，合力打造高端农业机械现代产业链”为主题，旨在搭建开放共享、互利互赢的产业发展融通平台，打造产业链生态圈，共同建设自主可控、融会贯通、繁荣共生的高端农机产业链。

10日，由国机集团、南光（集团）有限公司、澳门会议展览业协会共同主办，国机集团下属企业中国机械国际合作股份有限公司参与承办的第十三届中国（澳门）国际汽车博览会在澳门开幕。国机集团党委常委、副总经理周开荃出席开幕式并致辞。

15日，国机集团党委副书记、总经理罗乾宜在集团总部会见了到访的芬兰国家商务促进局局长尼娜·科波拉一行，双方就进一步加强合作进行了深入交流。

23日，国机集团在京举办学习宣传贯彻习近平总书记重要讲话精神、落实中国工会十八大和中国妇女十三大精神暨工会工作交流会，强化思想政治引领、凝聚奋进力量。集团党委书记、董事长张晓仑出席并讲话，党委副书记、工会主席丁宏祥主持会议。

24日，国机集团党委副书记、总经理罗乾宜在集团总部会见来访的河南省国资委党委书记、主任李涛一行。双方围绕进一步深化合作进行深入交流。集团党委常委、副总经理黎晓煜，洛阳市委常委、常务副市长张玉杰参加会见。

25—26日，国机集团党委书记、董事长张晓仑应邀出席由保定市人民政府、河北省工业和信息化厅、中国制造强国论坛组委会主办的“2023（第八届）中国制造强国论坛”并作主题演讲。

28日，国机集团党委书记、董事长张晓仑受邀出席首届中国国际供应链促进博览会开幕式并参加相关活动。国务院总理李强出席开幕式暨全球供应链创新发展论坛及相关活动，并发表主旨演讲。

29日，国机集团下属企业中国机械国际合作股份有限公司参与主办的第18届上海国际汽车零配件、维修检测诊断设备及服务用品展览会（Automechanika Shanghai）在国家会展中心（上海）开幕。国机集团党委常委、副总经理周开荃出席展会开馆仪式，并调研汽车全产业链发展现状和趋势。

12月

1日，国机集团召开党委理论学习中心组学习会，深入学习领会习近平文化思想，贯彻落实全国宣传思想文化工作会议精神，按照中央企业学习贯彻习近平文化思想交流推进会要求，不断开创集团宣传思想文化工作新局面，为推动企业高质量发展提供坚强思想保证、强大精神力量和有利文化条件。

4日，国机集团党委书记、董事长张晓仑在广州会见广东省委副书记、省政府省长、党组书记王伟中。双方围绕新征程上加强央地合作、实现共赢发展进行深入交流。广东省委常委、省政府副省长、党组成员王曦，中国工程院院士、国机集团党委常委、副总经理陈学东参加会见。

4—5日，国机集团在广州召开2023年度6家国家重点实验室学术年会，总结2023年国家重点实验室主要工作和学术成果，开展学术交流，谋划实验室未来建设与发展。集团国家重点实验战略指导委员会委员、6家实验室学术委员会委员与战略指导委员会委员、特邀代表、共建单位代表，包括30余位两院院士、200余位行业专家在内近300人参加了年会。

6日，国机集团与南京市政府、达索系统签署战略合作备忘录，集团党委书记、董事长张晓仑，南京市委书记韩立明、市长陈之常，达索系统董事会主席夏伯纳见证签约。集团党委常委、副总经理周开荃代表集团签署战略合作备忘录。

12日，国机集团党委书记、董事长张晓仑应邀出席中国机电产品进出口商会成立35周年庆典，并代表副会长单位发表致辞。

12日，国机集团党委常委、副总经理、总工程师陈学东率队赴拉萨，与西藏自治区党委常委、自治区政府常务副主席任维就建设高原地区机电装备环境适应性实验室进行会谈。

13日，国机集团召开高质量完成主题教育交流推进会，学习中央主题教育近期工作部署，对主题教育取得的成效和存在问题进行总结，部署推动下一阶段主题教育重点工作，以高质量主题教育、高质量党建引领企业高质量发展。

13日，国机集团党委书记、董事长张晓仑与河南省委书记楼阳生在北京举行工作会谈。河南省省长王凯出席并介绍省企合作有关情况，省委领导陈星、刘尚进，国机集团党委副书记、总经理罗乾宜，党委常委、副总经理黎晓煜参加会谈。

18日，国机集团党委常委会召开会议，认真传达学习中央经济工作会议精神、习近平总书记在广西考察时的重要讲话精神，紧密结合实际研究贯彻落实措施。

19日，国机集团与淮滨县乡村振兴座谈会在京举行。集团党委副书记丁宏祥出席会议。

20日，国机集团党委副书记、总经理罗乾宜在集团总部会见了来访的三峡大学党委书记何伟军一行。双方就加强人才培养、科技研发等方面的合作进行了深入探讨。三峡大学副校长黄悦华参加会见。

20日，国机集团与河南省战略合作推进会在集团下属企业机械工业第六设计研究院有限公司召开。会议传达了12月13日国机集团与河南省工作会谈精神，并围绕落实会谈精神进行讨论。集团党委常委、副总经理黎晓煜出席并讲话。

26日，国机集团主编的国家标准《建筑工程容许振动标准》修订组成立暨第一次工作会议在北京召开。住房和城乡建设部标准定额司司长王玮、处长范苏荣、高工毕敏娜，中国机械工业勘察设计协会理事长郭伟华，集团党委常委、副总经理黎晓煜，标准主编、集团首席科学家、中国工程院院士徐建出席会议。会议由中国机械工业勘察设计协会脱鹏主持。

28—29日，国机集团在京召开2024年工作会议。会议以习近平新时代中国特色社会主义思想为指导，全面贯彻落实党的二十大精神和中央经济工作会议、中央企业负责人会议精神，总结2023年工作，分析研判面临的形势，谋划部署2024年重点工作。

第八篇

附录

国家科学技术奖励条例

（1999年5月23日中华人民共和国国务院令第265号发布　根据2003年12月20日《国务院关于修改〈国家科学技术奖励条例〉的决定》第一次修订　根据2013年7月18日《国务院关于废止和修改部分行政法规的决定》第二次修订　2020年10月7日中华人民共和国国务院令第731号第三次修订　根据2024年5月26日《国务院关于修改〈国家科学技术奖励条例〉的决定》第四次修订）

第一章　总则

第一条　为了奖励在科学技术进步活动中做出突出贡献的个人、组织，调动科学技术工作者的积极性和创造性，建设创新型国家和世界科技强国，根据《中华人民共和国科学技术进步法》，制定本条例。

第二条　国家设立下列国家科学技术奖：

（一）国家最高科学技术奖；

（二）国家自然科学奖；

（三）国家技术发明奖；

（四）国家科学技术进步奖；

（五）中华人民共和国国际科学技术合作奖。

第三条　国家科学技术奖应当坚持国家战略导向，与国家重大战略需要和中长期科技发展规划紧密结合。国家加大对自然科学基础研究和应用基础研究的奖励。国家自然科学奖应当注重前瞻性、理论性，国家技术发明奖应当注重原创性、实用性，国家科学技术进步奖应当注重创新性、效益性。

第四条　国家科学技术奖励工作坚持党中央集中统一领导，实施创新驱动发展战略，贯彻尊重劳动、尊重知识、尊重人才、尊重创造的方针，培育和践行社会主义核心价值观。

国家科学技术奖励工作重大事项，应当按照有关规定报党中央。

第五条　国家维护国家科学技术奖的公正性、严肃性、权威性和荣誉性，将国家科学技术奖授予追求真理、潜心研究、学有所长、研有所专、敢于超越、勇攀高峰的科技工作者。

国家科学技术奖的提名、评审和授予，不受任何组织或者个人干涉。

第六条　国务院科学技术行政部门负责国家科学技术奖的相关办法制定和评审活动的组织工作。对涉及国家安全的项目，应当采取严格的保密措施。

国家科学技术奖励应当实施绩效管理。

第七条　国家设立国家科学技术奖励委员会。国家科学技术奖励委员会聘请有关方面的专家、学者等组成评审委员会和监督委员会，负责国家科学技术奖的评审和监督工作。

国家科学技术奖励委员会的组成人员人选由国务院科学技术行政部门提出，报党中央、国务院批准。

第二章　国家科学技术奖的设置

第八条　国家最高科学技术奖授予下列中国公民：

（一）在当代科学技术前沿取得重大突破或者在科学技术发展中有卓越建树的；

（二）在科学技术创新、科学技术成果转化和高技术产业化中，创造巨大经济效益、社会效益、生态环境效益或者对维护国家安全做出巨大贡献的。

国家最高科学技术奖不分等级，每次授予人

数不超过 2 名。

第九条 国家自然科学奖授予在基础研究和应用基础研究中阐明自然现象、特征和规律，做出重大科学发现的个人。

前款所称重大科学发现，应当具备下列条件：

（一）前人尚未发现或者尚未阐明；

（二）具有重大科学价值；

（三）得到国内外自然科学界公认。

第十条 国家技术发明奖授予运用科学技术知识做出产品、工艺、材料、器件及其系统等重大技术发明的个人。

前款所称重大技术发明，应当具备下列条件：

（一）前人尚未发明或者尚未公开；

（二）具有先进性、创造性、实用性；

（三）经实施，创造显著经济效益、社会效益、生态环境效益或者对维护国家安全做出显著贡献，且具有良好的应用前景。

第十一条 国家科学技术进步奖授予完成和应用推广创新性科学技术成果，为推动科学技术进步和经济社会发展做出突出贡献的个人、组织。

前款所称创新性科学技术成果，应当具备下列条件：

（一）技术创新性突出，技术经济指标先进；

（二）经应用推广，创造显著经济效益、社会效益、生态环境效益或者对维护国家安全做出显著贡献；

（三）在推动行业科学技术进步等方面有重大贡献。

第十二条 国家自然科学奖、国家技术发明奖、国家科学技术进步奖分为一等奖、二等奖两个等级；对做出特别重大的科学发现、技术发明或者创新性科学技术成果的，可以授予特等奖。

第十三条 中华人民共和国国际科学技术合作奖授予对中国科学技术事业做出重要贡献的下列外国人或者外国组织：

（一）同中国的公民或者组织合作研究、开发，取得重大科学技术成果的；

（二）向中国的公民或者组织传授先进科学技术、培养人才，成效特别显著的；

（三）为促进中国与外国的国际科学技术交流与合作，做出重要贡献的。

中华人民共和国国际科学技术合作奖不分等级。

第三章 国家科学技术奖的提名、评审和授予

第十四条 国家科学技术奖实行提名制度，不受理自荐。候选者由下列单位或者个人提名：

（一）符合国务院科学技术行政部门规定的资格条件的专家、学者、组织机构；

（二）中央和国家机关有关部门，中央军事委员会科学技术部门，省、自治区、直辖市、计划单列市人民政府。

香港特别行政区、澳门特别行政区、台湾地区的有关个人、组织的提名资格条件，由国务院科学技术行政部门规定。

中华人民共和国驻外使馆、领馆可以提名中华人民共和国国际科学技术合作奖的候选者。

第十五条 提名者应当严格按照提名办法提名，提供提名材料，对材料的真实性和准确性负责，并按照规定承担相应责任。

提名办法由国务院科学技术行政部门制定。

第十六条 在科学技术活动中有下列情形之一的，相关个人、组织不得被提名或者授予国家科学技术奖：

（一）危害国家安全、损害社会公共利益、危害人体健康、违反伦理道德的；

（二）有科研不端行为，按照国家有关规定被禁止参与国家科学技术奖励活动的；

（三）有国务院科学技术行政部门规定的其他情形的。

第十七条 国务院科学技术行政部门应当建立覆盖各学科、各领域的评审专家库，并及时更新。评审专家应当精通所从事学科、领域的专业知识，具有较高的学术水平和良好的科学道德。

第十八条　评审活动应当坚持公开、公平、公正的原则。评审专家与候选者有重大利害关系，可能影响评审公平、公正的，应当回避。

评审委员会的评审委员和参与评审活动的评审专家应当遵守评审工作纪律，不得有利用评审委员、评审专家身份牟取利益或者与其他评审委员、评审专家串通表决等可能影响评审公平、公正的行为。

评审办法由国务院科学技术行政部门制定。

第十九条　评审委员会设立评审组进行初评，评审组负责提出初评建议并提交评审委员会。

参与初评的评审专家从评审专家库中抽取产生。

第二十条　评审委员会根据相关办法对初评建议进行评审，并向国家科学技术奖励委员会提出各奖种获奖者和奖励等级的建议。

监督委员会根据相关办法对提名、评审和异议处理工作全程进行监督，并向国家科学技术奖励委员会报告监督情况。

国家科学技术奖励委员会根据评审委员会的建议和监督委员会的报告，作出各奖种获奖者和奖励等级的决议。

第二十一条　国务院科学技术行政部门对国家科学技术奖励委员会作出的各奖种获奖者和奖励等级的决议进行审核，报党中央、国务院批准。

第二十二条　国家最高科学技术奖报请国家主席签署并颁发奖章、证书和奖金。

国家自然科学奖、国家技术发明奖、国家科学技术进步奖颁发证书和奖金。

中华人民共和国国际科学技术合作奖颁发奖章和证书。

第二十三条　国家科学技术奖提名和评审的办法、奖励总数、奖励结果等信息应当向社会公布，接受社会监督。

涉及国家安全的保密项目，应当严格遵守国家保密法律法规的有关规定，加强项目内容的保密管理，在适当范围内公布。

第二十四条　国家科学技术奖励工作实行科研诚信审核制度。国务院科学技术行政部门负责建立提名专家、学者、组织机构和评审委员、评审专家、候选者的科研诚信严重失信行为数据库。

禁止任何个人、组织进行可能影响国家科学技术奖提名和评审公平、公正的活动。

第二十五条　国家最高科学技术奖的奖金数额由国务院科学技术行政部门会同财政部门提出，报党中央、国务院批准。

国家自然科学奖、国家技术发明奖、国家科学技术进步奖的奖金数额由国务院科学技术行政部门会同财政部门规定。

国家科学技术奖的奖励经费列入中央预算。

第二十六条　宣传国家科学技术奖获奖者的突出贡献和创新精神，应当遵守法律法规的规定，做到安全、保密、适度、严谨。

第二十七条　禁止使用国家科学技术奖名义牟取不正当利益。

第四章　法律责任

第二十八条　候选者进行可能影响国家科学技术奖提名和评审公平、公正的活动的，由国务院科学技术行政部门给予通报批评，取消其参评资格，并由所在单位或者有关部门依法给予处分。

其他个人或者组织进行可能影响国家科学技术奖提名和评审公平、公正的活动的，由国务院科学技术行政部门给予通报批评；相关候选者有责任的，取消其参评资格。

第二十九条　评审委员、评审专家违反国家科学技术奖评审工作纪律的，由国务院科学技术行政部门取消其评审委员、评审专家资格，并由所在单位或者有关部门依法给予处分。

第三十条　获奖者剽窃、侵占他人的发现、发明或者其他科学技术成果的，或者以其他不正当手段骗取国家科学技术奖的，由国务院科学技术行政部门报党中央、国务院批准后撤销奖励，追回奖章、证书和奖金，并由所在单位或者有关部门依法给予处分。

第三十一条 提名专家、学者、组织机构提供虚假数据、材料，协助他人骗取国家科学技术奖的，由国务院科学技术行政部门给予通报批评；情节严重的，暂停或者取消其提名资格，并由所在单位或者有关部门依法给予处分。

第三十二条 违反本条例第二十七条规定的，由有关部门依照相关法律、行政法规的规定予以查处。

第三十三条 对违反本条例规定，有科研诚信严重失信行为的个人、组织，记入科研诚信严重失信行为数据库，并共享至全国信用信息共享平台，按照国家有关规定实施联合惩戒。

第三十四条 国家科学技术奖的候选者、获奖者、评审委员、评审专家和提名专家、学者涉嫌违反其他法律、行政法规的，国务院科学技术行政部门应当通报有关部门依法予以处理。

第三十五条 参与国家科学技术奖评审组织工作的人员在评审活动中滥用职权、玩忽职守、徇私舞弊的，依法给予处分；构成犯罪的，依法追究刑事责任。

第五章 附 则

第三十六条 有关部门根据国家安全领域的特殊情况，可以设立部级科学技术奖；省、自治区、直辖市、计划单列市人民政府可以设立一项省级科学技术奖。具体办法由设奖部门或者地方人民政府制定，并报国务院科学技术行政部门及有关单位备案。

设立省部级科学技术奖，应当按照精简原则，严格控制奖励数量，提高奖励质量，优化奖励程序。其他国家机关、群众团体，以及参照公务员法管理的事业单位，不得设立科学技术奖。

第三十七条 国家鼓励社会力量设立科学技术奖。社会力量设立科学技术奖的，在奖励活动中不得收取任何费用。

国务院科学技术行政部门应当对社会力量设立科学技术奖的有关活动进行指导服务和监督管理，并制定具体办法。

第三十八条 本条例自 2020 年 12 月 1 日起施行。

（摘自中华人民共和国国务院令第 782 号）

〔来源：中国政府网〕

加快构建碳排放双控制度体系工作方案

为贯彻落实党中央、国务院决策部署，建立能耗双控向碳排放双控全面转型新机制，加快构建碳排放总量和强度双控（以下简称碳排放双控）制度体系，积极稳妥推进碳达峰碳中和、加快发展方式绿色转型，制定本工作方案。

一、总体要求

以习近平新时代中国特色社会主义思想为指导，深入贯彻党的二十大和二十届二中、三中全会精神，全面贯彻习近平经济思想、习近平生态文明思想，完整准确全面贯彻新发展理念，加快构建新发展格局，着力推动高质量发展，将碳排放指标及相关要求纳入国家规划，建立健全地方碳考核、行业碳管控、企业碳管理、项目碳评价、产品碳足迹等政策制度和管理机制，并与全国碳排放权交易市场有效衔接，构建系统完备的碳排放双控制度体系，为实现碳达峰碳中和目标提供有力保障。

到 2025 年，碳排放统计核算体系进一步完善，一批行业企业碳排放核算相关标准和产品碳足迹标准出台实施，国家温室气体排放因子数据库基本建成并定期更新，相关计量、统计、监测能力得到提升，为“十五五”时期在全国范围实施碳排放双控奠定基础。

“十五五”时期，实施以强度控制为主、总

量控制为辅的碳排放双控制度，建立碳达峰碳中和综合评价考核制度，加强重点领域和行业碳排放核算能力，健全重点用能和碳排放单位管理制度，开展固定资产投资项目碳排放评价，构建符合中国国情的产品碳足迹管理体系和产品碳标识认证制度，确保如期实现碳达峰目标。

碳达峰后，实施以总量控制为主、强度控制为辅的碳排放双控制度，建立碳中和目标评价考核制度，进一步强化对各地区及重点领域、行业、企业的碳排放管控要求，健全产品碳足迹管理体系，推行产品碳标识认证制度，推动碳排放总量稳中有降。

二、完善碳排放相关规划制度

（一）推动将碳排放指标纳入规划

将碳排放指标纳入国民经济和社会发展规划，充分考虑经济发展、能源安全、群众正常生产生活以及国家自主贡献目标等因素，合理确定五年规划期碳排放目标，并对重点任务和重大工程进行统筹部署。“十五五”时期，将碳排放强度降低作为国民经济和社会发展约束性指标，开展碳排放总量核算工作，不再将能耗强度作为约束性指标。

（二）制定碳达峰碳中和有关行动方案

围绕国民经济和社会发展五年规划纲要有关部署，研究制定碳达峰碳中和有关行动方案，细化碳排放目标控制的工作举措、重点任务和保障措施。“十五五”时期，细化落实《2030年前碳达峰行动方案》部署，确保2030年前实现碳达峰。

（三）完善碳排放双控相关法规制度

全面清理现行法规政策中与碳排放双控要求不相适应的内容。加快修订固定资产投资项目节能审查办法、重点用能单位节能管理办法等制度，纳入碳排放双控有关要求。

三、建立地方碳排放目标评价考核制度

（四）合理分解碳排放双控指标

五年规划初期，综合考虑经济社会发展水平、区域和功能定位、产业和能源结构等因素，将碳排放双控指标合理分解至各省份。各省份可进一步细化分解碳排放双控指标，压实地市及重点企业控排减排责任。

（五）建立碳达峰碳中和综合评价考核制度

制定出台碳达峰碳中和综合评价考核办法，明确评价考核工作程序及结果运用方式，对各省份开展评价考核。统筹建立评价考核指标体系，以碳排放总量和强度指标为重点，纳入能源结构、能耗强度、资源利用效率、生态系统碳汇、重点领域绿色转型等指标。

（六）推动省市两级建立碳排放预算管理制度

推动各地区结合实际开展碳排放核算，指导省市两级建立碳排放预算管理制度，按年度开展碳排放情况分析和目标预测，并加强与全国碳排放权交易市场的工作协同。2025年底前，指导各地区开展碳排放预算试编制工作。“十五五”时期，指导各地区根据碳排放强度降低目标编制碳排放预算并动态调整。“十六五”时期及以后，推动各地区建立碳排放总量控制刚性约束机制，实行五年规划期和年度碳排放预算全流程管理。

四、探索重点行业领域碳排放预警管控机制

（七）完善重点行业领域碳排放核算机制

发挥行业主管部门及行业协会作用，以电力、钢铁、有色、建材、石化、化工等工业行业和城乡建设、交通运输等领域为重点，合理划定行业领域碳排放核算范围，依托能源和工业统计、能源活动和工业生产过程碳排放核算、全国碳排放权交易市场等数据，开展重点行业碳排放核算。

（八）建立行业领域碳排放监测预警机制

摸清重点行业领域碳排放底数与减排潜力，常态化开展碳排放形势分析监测，对碳排放增长较快的行业领域进行形势预警，并视情采取新上项目从严把关、全国碳排放权交易市场从严管控、重点用能和碳排放单位从严管理等措施。条件成熟时，将重点行业领域碳排放管控要求纳入碳达峰碳中和综合评价考核指标体系。

五、完善企业节能降碳管理制度

（九）健全重点用能和碳排放单位管理制度

制修订电力、钢铁、有色、建材、石化、化

工等重点行业企业碳排放核算规则标准。制定出台重点用能和碳排放单位节能降碳管理办法，将碳排放管控要求纳入现行重点用能单位管理制度，推动重点用能和碳排放单位落实节能降碳管理要求，加强能源和碳排放计量器具配备和检定校准。

（十）发挥市场机制调控作用

完善全国碳排放权交易市场调控机制，逐步扩大行业覆盖范围，探索配额有偿分配机制，提升报告与核查水平，推动履约企业减少碳排放。健全全国温室气体自愿减排交易市场，逐步扩大支持领域，推动更大范围减排。加快健全完善绿证交易市场，促进绿色电力消费。

六、开展固定资产投资项目碳排放评价

（十一）完善固定资产投资项目节能审查制度

将碳排放评价有关要求纳入固定资产投资项目节能审查，对项目用能和碳排放情况开展综合评价，将有关审查评价意见作为固定资产投资项目开工建设以及竣工验收和运营管理的重要依据。

（十二）完善建设项目环境影响评价制度

将温室气体排放管控纳入环境影响评价，对建设项目温室气体排放量和排放水平进行预测和评价，在电力、钢铁、建材、有色、石化、化工等重点行业开展温室气体排放环境影响评价，强化减污降碳协同控制。制定重点行业建设项目温室气体排放环境影响评价技术规范，健全环境影响评价技术体系。

七、加快建立产品碳足迹管理体系

（十三）制定产品碳足迹核算规则标准

制定发布产品碳足迹量化要求通则等国家标准，对产品碳足迹核算原则、核算方法、数据质量等明确统一要求。按照急用先行原则，聚焦电力、燃油、钢铁、电解铝、水泥、化肥、氢、石灰、玻璃、乙烯、合成氨、电石、甲醇、煤化工、动力电池、光伏、新能源汽车、电子电器等重点产品，组织相关行业协会、企业、科研单位等制定发布产品碳足迹核算行业标准或团体标准。

（十四）加强碳足迹背景数据库建设

加快建设全国温室气体排放因子数据库，建立定期更新发布机制，为地方、企业开展产品碳足迹核算提供基准数据。行业主管部门和有条件的地区可以根据需要建设重点行业碳足迹背景数据库，鼓励相关行业协会、企业、科研单位探索建设细分行业领域产品碳足迹背景数据库。

（十五）建立产品碳标识认证制度

制定产品碳标识认证管理办法，研制碳标识相关国家标准，组织有条件的城市聚焦重点产品开展先行先试，鼓励企业按照市场化原则开展产品碳标识认证。

八、组织实施

各地区、各有关部门要深入贯彻落实党中央、国务院决策部署，加快构建碳排放双控制度体系，结合实际细化落实方案，按照职责分工扎实推进各项重点任务，持续夯实工作基础。国家发展改革委要切实履行“双碳”有关协调职责，强化调度督促和推进落实，加强前瞻性政策研究，及时优化有关任务举措，抓紧补齐制度短板，并会同有关部门加强宣传解读和教育培训。重大事项及时请示报告。

国务院办公厅

2024 年 7 月 30 日

（摘自国发办〔2024〕39 号文，本文有删减）

〔来源：中国政府网〕

2024—2025 年节能降碳行动方案

节能降碳是积极稳妥推进碳达峰碳中和、全面推进美丽中国建设、促进经济社会发展全面绿色转型的重要举措。为加大节能降碳工作推进力度，采取务实管用措施，尽最大努力完成“十四五”节能降碳约束性指标，制定本方案。

一、总体要求

以习近平新时代中国特色社会主义思想为指导，深入贯彻党的二十大精神，全面贯彻习近平经济思想、习近平生态文明思想，坚持稳中求进工作总基调，完整、准确、全面贯彻新发展理念，一以贯之坚持节约优先方针，完善能源消耗总量和强度调控，重点控制化石能源消费，强化碳排放强度管理，分领域分行业实施节能降碳专项行动，以更高水平更高质量做好节能降碳工作，更好发挥节能降碳的经济效益、社会效益和生态效益，为实现碳达峰碳中和目标奠定坚实基础。

2024 年，单位国内生产总值能源消耗和二氧化碳排放分别降低 2.5% 左右、3.9% 左右，规模以上工业单位增加值能源消耗降低 3.5% 左右，非化石能源消费占比达到 18.9% 左右，重点领域和行业节能降碳改造形成节能量约 5000 万吨标准煤、减排二氧化碳约 1.3 亿吨。

2025 年，非化石能源消费占比达到 20% 左右，重点领域和行业节能降碳改造形成节能量约 5000 万吨标准煤、减排二氧化碳约 1.3 亿吨，尽最大努力完成“十四五”节能降碳约束性指标。

二、重点任务

（一）化石能源消费减量替代行动

1. 严格合理控制煤炭消费。加强煤炭清洁高效利用，推动煤电低碳化改造和建设，推进煤电节能降碳改造、灵活性改造、供热改造“三改联动”。严格实施大气污染防治重点区域煤炭消费总量控制，重点削减非电力用煤，持续推进燃煤锅炉关停整合、工业窑炉清洁能源替代和散煤治理。对大气污染防治重点区域新建和改扩建用煤项目依法实行煤炭等量或减量替代。合理控制半焦（兰炭）产业规模。到 2025 年底，大气污染防治重点区域平原地区散煤基本清零，基本淘汰 35 蒸吨 / 小时及以下燃煤锅炉及各类燃煤设施。

2. 优化油气消费结构。合理调控石油消费，推广先进生物液体燃料、可持续航空燃料。加快页岩油（气）、煤层气、致密油（气）等非常规油气资源规模化开发。有序引导天然气消费，优先保障居民生活和北方地区清洁取暖。除石化企业现有自备机组外，不得采用高硫石油焦作为燃料。

（二）非化石能源消费提升行动

1. 加大非化石能源开发力度。加快建设以沙漠、戈壁、荒漠为重点的大型风电光伏基地。合理有序开发海上风电，促进海洋能规模化开发利用，推动分布式新能源开发利用。有序建设大型水电基地，积极安全有序发展核电，因地制宜发展生物质能，统筹推进氢能发展。到 2025 年底，全国非化石能源发电量占比达到 39% 左右。

2. 提升可再生能源消纳能力。加快建设大型风电光伏基地外送通道，提升跨省跨区输电能力。加快配电网改造，提升分布式新能源承载力。积极发展抽水蓄能、新型储能。大力发展微电网、虚拟电厂、车网互动等新技术新模式。到 2025 年底，全国抽水蓄能、新型储能装机分别超过 6200 万千瓦、4000 万千瓦；各地区需求响应能力一般应达到最大用电负荷的 3%～5%，年度最大用电负荷峰谷差率超过 40% 的地区需求响应能力应达到最大用电负荷的 5% 以上。

3. 大力促进非化石能源消费。科学合理确定新能源发展规模，在保证经济性前提下，资源条件较好地区的新能源利用率可降低至 90%。“十四五”前三年节能降碳指标进度滞后地区要实行新上项目非化石能源消费承诺，“十四五”后两年新上高耗能项目的非化石能源消费比例不得低于 20%，鼓励地方结合实际提高比例要求。加强可再生能源绿色电力证书（以下简称绿证）交易与节能降碳政策衔接，2024 年底实现绿证核发全覆盖。

（三）钢铁行业节能降碳行动

1. 加强钢铁产能产量调控。严格落实钢铁产能置换，严禁以机械加工、铸造、铁合金等名义新增钢铁产能，严防“地条钢”产能死灰复燃。2024 年继续实施粗钢产量调控。“十四五”前三年节能降碳指标完成进度滞后的地区，“十四五”后两年原则上不得新增钢铁产能。新建和改扩建钢铁冶炼项目须达到能效标杆水平和环保绩效 A 级水平。

2. 深入调整钢铁产品结构。大力发展高性能特种钢等高端钢铁产品，严控低附加值基础原材料产品出口。推行钢铁、焦化、烧结一体化布局，大幅减少独立焦化、烧结和热轧企业及工序。大力推进废钢循环利用，支持发展电炉短流程炼钢。到 2025 年底，电炉钢产量占粗钢总产量比例力争提升至 15%，废钢利用量达到 3 亿吨。

3. 加快钢铁行业节能降碳改造。推进高炉炉顶煤气、焦炉煤气余热、低品位余热综合利用，推广铁水一罐到底、铸坯热装热送等工序衔接技术。加强氢冶金等低碳冶炼技术示范应用。到 2025 年底，钢铁行业能效标杆水平以上产能占比达到 30%，能效基准水平以下产能完成技术改造或淘汰退出，全国 80% 以上钢铁产能完成超低排放改造；与 2023 年相比，吨钢综合能耗降低 2% 左右，余热余压余能自发电率提高 3 个百分点以上。2024—2025 年，钢铁行业节能降碳改造形成节能量约 2000 万吨标准煤、减排二氧化碳约 5300 万吨。

（四）石化化工行业节能降碳行动

1. 严格石化化工产业政策要求。强化石化产业规划布局刚性约束。严控炼油、电石、磷铵、黄磷等行业新增产能，禁止新建用汞的聚氯乙烯、氯乙烯产能，严格控制新增延迟焦化生产规模。新建和改扩建石化化工项目须达到能效标杆水平和环保绩效 A 级水平，用于置换的产能须按要求及时关停并拆除主要生产设施。全面淘汰 200 万吨 / 年及以下常减压装置。到 2025 年底，全国原油一次加工能力控制在 10 亿吨以内。

2. 加快石化化工行业节能降碳改造。实施能量系统优化，加强高压低压蒸汽、驰放气、余热余压等回收利用，推广大型高效压缩机、先进气化炉等节能设备。到 2025 年底，炼油、乙烯、合成氨、电石行业能效标杆水平以上产能占比超过 30%，能效基准水平以下产能完成技术改造或淘汰退出。2024—2025 年，石化化工行业节能降碳改造形成节能量约 4000 万吨标准煤、减排二氧化碳约 1.1 亿吨。

3. 推进石化化工工艺流程再造。加快推广新一代离子膜电解槽等先进工艺。大力推进可再生能源替代，鼓励可再生能源制氢技术研发应用，支持建设绿氢炼化工程，逐步降低行业煤制氢用量。有序推进蒸汽驱动改电力驱动，鼓励大型石化化工园区探索利用核能供汽供热。

（五）有色金属行业节能降碳行动

1. 优化有色金属产能布局。严格落实电解铝产能置换，从严控制铜、氧化铝等冶炼新增产能，合理布局硅、锂、镁等行业新增产能。大力发展再生金属产业。到 2025 年底，再生金属供应占比达到 24% 以上，铝水直接合金化比例提高到 90% 以上。

2. 严格新增有色金属项目准入。新建和改扩建电解铝项目须达到能效标杆水平和环保绩效 A 级水平，新建和改扩建氧化铝项目能效须达到强制性能耗限额标准先进值。新建多晶硅、锂电池正负极项目能效须达到行业先进水平。

3. 推进有色金属行业节能降碳改造。推广高效稳定铝电解、铜锍连续吹炼、竖式还原炼镁、大型矿热炉制硅等先进技术，加快有色金属行业节能降碳改造。到 2025 年底，电解铝行业能效标杆水平以上产能占比达到 30%，可再生能源使用比例达到25%以上；铜、铅、锌冶炼能效标杆水平以上产能占比达到50%；有色金属行业能效基准水平以下产能完成技术改造或淘汰退出。2024—2025年，有色金属行业节能降碳改造形成节能量约500万吨标准煤、减排二氧化碳约1300万吨。

（六）建材行业节能降碳行动

1.加强建材行业产能产量调控。严格落实水泥、平板玻璃产能置换。加强建材行业产量监测预警，推动水泥错峰生产常态化。鼓励尾矿、废石、废渣、工业副产石膏等综合利用。到2025年底，全国水泥熟料产能控制在18亿吨左右。

2.严格新增建材项目准入。新建和改扩建水泥、陶瓷、平板玻璃项目须达到能效标杆水平和环保绩效A级水平。大力发展绿色建材，推动基础原材料制品化、墙体保温材料轻型化和装饰装修材料装配化。到2025年底，水泥、陶瓷行业能效标杆水平以上产能占比达到30%，平板玻璃行业能效标杆水平以上产能占比达到20%，建材行业能效基准水平以下产能完成技术改造或淘汰退出。

3.推进建材行业节能降碳改造。优化建材行业用能结构，推进用煤电气化。加快水泥原料替代，提升工业固体废弃物资源化利用水平。推广浮法玻璃一窑多线、陶瓷干法制粉、低阻旋风预热器、高效篦冷机等节能工艺和设备。到2025年底，大气污染防治重点区域50%左右水泥熟料产能完成超低排放改造。2024—2025年，建材行业节能降碳改造形成节能量约1000万吨标准煤、减排二氧化碳约2600万吨。

（七）建筑节能降碳行动

1.加快建造方式转型。严格执行建筑节能降碳强制性标准，强化绿色设计和施工管理，研发推广新型建材及先进技术。大力发展装配式建筑，积极推动智能建造，加快建筑光伏一体化建设。因地制宜推进北方地区清洁取暖，推动余热供暖规模化发展。到2025年底，城镇新建建筑全面执行绿色建筑标准，新建公共机构建筑、新建厂房屋顶光伏覆盖率力争达到50%，城镇建筑可再生能源替代率达到8%，新建超低能耗建筑、近零能耗建筑面积较2023年增长2000万平方米以上。

2.推进存量建筑改造。落实大规模设备更新有关政策，结合城市更新行动、老旧小区改造等工作，推进热泵机组、散热器、冷水机组、外窗（幕墙）、外墙（屋顶）保温、照明设备、电梯、老旧供热管网等更新升级，加快建筑节能改造。加快供热计量改造和按热量收费，各地区要结合实际明确量化目标和改造时限。实施节能门窗推广行动。到2025年底，完成既有建筑节能改造面积较2023年增长2亿平方米以上，城市供热管网热损失较2020年降低2个百分点左右，改造后的居住建筑、公共建筑节能率分别提高30%、20%。

3.加强建筑运行管理。分批次开展公共建筑和居住建筑节能督查检查。建立公共建筑运行调适制度，严格公共建筑室内温度控制。在大型公共建筑中探索推广用电设备智能群控技术，合理调配用电负荷。

（八）交通运输节能降碳行动

1.推进低碳交通基础设施建设。提升车站、铁路、机场等用能电气化水平，推动非道路移动机械新能源化，加快国内运输船舶和港口岸电设施匹配改造。鼓励交通枢纽场站及路网沿线建设光伏发电设施。加强充电基础设施建设。因地制宜发展城市轨道交通、快速公交系统，加快推进公交专用道连续成网。完善城市慢行系统。

2.推进交通运输装备低碳转型。加快淘汰老旧机动车，提高营运车辆能耗限值准入标准。逐步取消各地新能源汽车购买限制。落实便利新能源汽车通行等支持政策。推动公共领域车辆电动化，有序推广新能源中重型货车，发展零排放货运车队。推进老旧运输船舶报废更新，推动开展沿海内河船舶电气化改造工程试点。到2025年底，交通运输领域二氧化碳排放强度较2020年降低5%。

3.优化交通运输结构。推进港口集疏运铁路、物流园区及大型工矿企业铁路专用线建设，推动大宗货物及集装箱中长距离运输“公转铁”“公转水”。加快发展多式联运，推动重点行业清洁运输。实施城市公共交通优先发展战略。加快城市货运配送绿色低碳、集约高效发展。到 2025 年底，铁路和水路货运量分别较 2020 年增长 10%、12%，铁路单位换算周转量综合能耗较 2020 年降低 4.5%。

（九）公共机构节能降碳行动

1. 加强公共机构节能降碳管理。严格实施对公共机构的节能目标责任评价考核，探索能耗定额预算制度。各级机关事务管理部门每年要将机关节能目标责任评价考核结果报告同级人民政府。到 2025 年底，公共机构单位建筑面积能耗、单位建筑面积碳排放、人均综合能耗分别较 2020 年降低 5%、7%、6%。

2. 实施公共机构节能降碳改造。实施公共机构节能降碳改造和用能设备更新清单管理。推进煤炭减量替代，加快淘汰老旧柴油公务用车。到 2025 年底，公共机构煤炭消费占比降至 13% 以下，中央和国家机关新增锅炉、变配电、电梯、供热、制冷等重点用能设备能效先进水平占比达到 80%。

（十）用能产品设备节能降碳行动

1. 加快用能产品设备和设施更新改造。动态更新重点用能产品设备能效先进水平、节能水平和准入水平，推动重点用能设备更新升级，加快数据中心节能降碳改造。与 2021 年相比，2025 年工业锅炉、电站锅炉平均运行热效率分别提高 5 个百分点以上、0.5 个百分点以上，在运高效节能电机、高效节能变压器占比分别提高 5 个百分点以上、10 个百分点以上，在运工商业制冷设备、家用制冷设备、通用照明设备中的高效节能产品占比分别达到 40%、60%、50%。

2. 加强废旧产品设备循环利用。加快废旧物资循环利用体系建设，加强废旧产品设备回收处置供需对接。开展企业回收目标责任制行动。加强工业装备、信息通信、风电光伏、动力电池等回收利用。建立重要资源消耗、回收利用、处理处置、再生原料消费等基础数据库。

三、管理机制

（一）强化节能降碳目标责任和评价考核

落实原料用能和非化石能源不纳入能源消耗总量和强度调控等政策，细化分解各地区和重点领域、重点行业节能降碳目标任务。严格实施节能目标责任评价考核，统筹考核节能改造量和非化石能源消费量。加强节能降碳形势分析，实施能耗强度降低提醒预警，强化碳排放强度降低进展评估。压实企业节能降碳主体责任。在中央企业负责人经营业绩考核中强化节能降碳目标考核。

（二）严格固定资产投资项目节能审查和环评审批

加强节能审查源头把关，切实发挥能耗、排放、技术等标准牵引作用，坚决遏制高耗能、高排放、低水平项目盲目上马。建立重大项目节能审查权限动态调整机制，研究按机制上收个别重点行业特大型项目节能审查权限，加强节能审查事中事后监管。将碳排放评价有关要求纳入固定资产投资项目节能审查，对项目用能和碳排放情况开展综合评价。严格落实建设项目环境影响评价制度，开展重点行业建设项目温室气体排放环境影响评价。重大能源工程建设依法开展规划环境影响评价。

（三）加强重点用能单位节能降碳管理

建立重点用能单位节能管理档案，强化能源利用状况报告报送审查，完善能耗在线监测系统建设运行。开展重点领域能效诊断，建立健全节能降碳改造和用能设备更新项目储备清单。将可再生能源电力消纳责任权重分解至重点用能单位。实行重点用能单位化石能源消费预算管理，超出预算部分通过购买绿电绿证进行抵消。

（四）加大节能监察力度

加快健全省、市、县三级节能监察体系，统筹运用综合行政执法、市场监管执法、特种设备监察、信用管理等手段，加强节能法律法规政策标准执行情况监督检查。到 2024 年底，各地区完成 60% 以上重点用能单位节能监察；到 2025 年底，实现重点用能单位节能监察全覆盖。

（五）加强能源消费和碳排放统计核算

建立与节能降碳目标管理相适应的能耗和碳排放统计快报制度，提高数据准确性和时效性。

夯实化石能源、非化石能源、原料用能等统计核算基础。积极开展以电力、碳市场数据为基础的能源消费和碳排放监测分析。

四、支撑保障

（一）健全制度标准

推动修订节约能源法，适时完善固定资产投资项目节能审查办法、重点用能单位节能管理办法、节能监察办法等制度，强化激励约束，实施能源消费全链条管理。完善全国碳市场法规体系。结合推动大规模设备更新和消费品以旧换新，对标国内国际先进水平，加快强制性节能标准制修订，扩大标准覆盖范围。按照相关行业和产品设备能效前5%、前20%、前80%水平，设置节能标准1级、2级、3级（或5级）指标。

（二）完善价格政策

落实煤电容量电价，深化新能源上网电价市场化改革，研究完善储能价格机制。严禁对高耗能行业实施电价优惠。强化价格政策与产业政策、环保政策的协同，综合考虑能耗、环保绩效水平，完善高耗能行业阶梯电价制度。深化供热计量收费改革，有序推行两部制热价。

（三）加强资金支持

发挥政府投资带动放大效应，积极支持节能降碳改造和用能设备更新，推动扩大有效投资。鼓励各地区通过现有资金渠道，支持节能降碳改造、用能设备更新、能源和碳排放统计核算能力提升。落实好有利于节能降碳的财税政策。发挥绿色金融作用，引导金融机构按照市场化法治化原则为节能降碳项目提供资金支持。

（四）强化科技引领

充分发挥国家重大科技专项作用，集中攻关一批节能降碳关键共性技术。扎实推进绿色低碳先进技术示范工程建设。修订发布绿色技术推广目录，倡导最佳节能技术和最佳节能实践。积极培育重点用能产品设备、重点行业企业和公共机构能效“领跑者”。

（五）健全市场化机制

积极推广节能咨询、诊断、设计、融资、改造、托管等“一站式”综合服务模式。推进用能权有偿使用和交易，支持有条件的地区开展用能权跨省交易。稳妥扩大全国碳排放权交易市场覆盖范围，逐步推行免费和有偿相结合的碳排放配额分配方式。对纳入全国碳排放权交易市场的重点排放单位实施碳排放配额管理。有序建设温室气体自愿减排交易市场，夯实数据质量监管机制。加快建设绿证交易市场，做好与碳市场衔接，扩大绿电消费规模。

（六）实施全民行动

结合全国生态日、全国节能宣传周、全国低碳日等活动，加大节能降碳宣传力度，倡导简约适度、绿色低碳的生活方式，增强全民节能降碳意识和能力。充分发挥媒体作用，完善公众参与制度，加大对能源浪费行为的曝光力度，营造人人、事事、时时参与节能降碳的新风尚。

各地区、各部门要在党中央集中统一领导下，锚定目标任务，加大攻坚力度，狠抓工作落实，坚持先立后破，稳妥把握工作节奏，在持续推动能效提升、排放降低的同时，着力保障高质量发展用能需求，尽最大努力完成“十四五”节能降碳约束性指标。国家发展改革委要加强统筹协调，做好工作调度，强化节能目标责任评价考核。生态环境部要加强“十四五”碳排放强度降低目标管理。各有关部门要按照职责分工细化举措，压实责任，推动各项任务落实落细。地方各级人民政府对本行政区域节能降碳工作负总责，主要负责同志是第一责任人，要细化落实方案，强化部署推进。重大事项及时按程序请示报告。

国务院

2024年5月23日

（摘自国发〔2024〕12号文，本文有删减）

〔来源：中国政府网〕

工业和信息化部等八部门
关于加快传统制造业转型升级的指导意见

工信部联规〔2023〕258号

传统制造业是我国制造业的主体，是现代化产业体系的基底。推动传统制造业转型升级，是主动适应和引领新一轮科技革命和产业变革的战略选择，是提高产业链供应链韧性和安全水平的重要举措，是推进新型工业化、加快制造强国建设的必然要求，关系现代化产业体系建设全局。为加快传统制造业转型升级，提出如下意见。

一、发展基础和总体要求

党的十八大以来，在以习近平同志为核心的党中央坚强领导下，我国制造业已形成了世界规模最大、门类最齐全、体系最完整、国际竞争力较强的发展优势，成为科技成果转化的重要载体、吸纳就业的重要渠道、创造税收的重要来源、开展国际贸易的重要领域，为有效应对外部打压、世纪疫情冲击等提供了有力支撑，为促进经济稳定增长作出了重要贡献。石化化工、钢铁、有色、建材、机械、汽车、轻工、纺织等传统制造业增加值占全部制造业的比重近80%，是支撑国民经济发展和满足人民生活需要的重要基础。与此同时，我国传统制造业“大而不强”“全而不精”问题仍然突出，低端供给过剩和高端供给不足并存，创新能力不强、产业基础不牢，资源约束趋紧、要素成本上升，巩固提升竞争优势面临较大挑战，需加快推动质量变革、效率变革、动力变革，实现转型升级。

加快传统制造业转型升级要以习近平新时代中国特色社会主义思想为指导，深入贯彻党的二十大精神，落实全国新型工业化推进大会部署，坚持稳中求进工作总基调，完整、准确、全面贯彻新发展理念，加快构建新发展格局，统筹发展和安全，坚持市场主导、政府引导，坚持创新驱动、系统推进，坚持先立后破、有保有压，实施制造业技术改造升级工程，加快设备更新、工艺升级、数字赋能、管理创新，推动传统制造业向高端化、智能化、绿色化、融合化方向转型，提升发展质量和效益，加快实现高质量发展。

到2027年，传统制造业高端化、智能化、绿色化、融合化发展水平明显提升，有效支撑制造业比重保持基本稳定，在全球产业分工中的地位和竞争力进一步巩固增强。工业企业数字化研发设计工具普及率、关键工序数控化率分别超过90%、70%，工业能耗强度和二氧化碳排放强度持续下降，万元工业增加值用水量较2023年下降13%左右，大宗工业固体废物综合利用率超过57%。

二、坚持创新驱动发展，加快迈向价值链中高端

（一）加快先进适用技术推广应用

鼓励以企业为主体，与高校、科研院所共建研发机构，加大研发投入，提高科技成果落地转化率。优化国家制造业创新中心、产业创新中心、国家工程研究中心等制造业领域国家级科技创新平台布局，鼓励面向传统制造业重点领域开展关键共性技术研究和产业化应用示范。完善科技成果信息发布和共享机制，制定先进技术转化应用目录，建设技术集成、熟化和工程化的中试

和应用验证平台。

（二）持续优化产业结构

推动传统制造业优势领域锻长板，推进强链延链补链，加强新技术新产品创新迭代，完善产业生态，提升全产业链竞争优势。支持传统制造业深耕细分领域，孵化新技术、开拓新赛道、培育新产业。持续巩固“去产能”成果，依法依规淘汰落后产能，坚决遏制高耗能、高排放、低水平项目盲目上马。完善高耗能、高排放、低水平项目管理制度，科学细化项目管理目录，避免对传统制造业按行业“一刀切”。

（三）深入实施产业基础再造工程

支持企业聚焦基础零部件、基础元器件、基础材料、基础软件、基础工艺和产业技术基础等薄弱领域，加快攻关突破和产业化应用，强化传统制造业基础支撑体系。深化重点产品和工艺“一条龙”应用，强化需求和场景牵引，促进整机（系统）和基础产品技术互动发展，支持企业运用首台（套）装备、首批次材料、首版次软件实施技术改造，扩大创新产品应用市场。

（四）着力增品种提品质创品牌

聚焦消费升级需求和薄弱环节，大力开发智能家居、绿色建材、工艺美术、老年用品、婴童用品等领域新产品。推动供给和需求良性互动，增加高端产品供给，加快产品迭代升级，分级打造中国消费名品方阵。实施卓越质量工程，推动企业健全完善先进质量管理体系，提高质量管理能力，全面提升产品质量。加快企业品牌、产业品牌、区域品牌建设，持续保护老字号，打造一批具有国际竞争力的“中国制造”高端品牌。推动传统制造业标准提档升级，完善企业技术改造标准，用先进标准体系倒逼质量提升、产品升级。

三、加快数字技术赋能，全面推动智能制造

（五）大力推进企业智改数转网联

立足不同产业特点和差异化需求，加快人工智能、大数据、云计算、5G、物联网等信息技术与制造全过程、全要素深度融合。支持生产设备数字化改造，推广应用新型传感、先进控制等智能部件，加快推动智能装备和软件更新替代。以场景化方式推动数字化车间和智能工厂建设，探索智能设计、生产、管理、服务模式，树立一批数字化转型的典型标杆。加快推动中小企业数字化转型，推动智改数转网联在中小企业先行先试。完善智能制造、两化融合、工业互联网等标准体系，加快推进数字化转型、智能制造等贯标，提升评估评价公共服务能力，加强工业控制系统和数据安全防护，构建发展良好生态。

（六）促进产业链供应链网络化协同

鼓励龙头企业共享解决方案和工具包，带动产业链上下游整体推进数字化转型，加强供应链数字化管理和产业链资源共享。推动工业互联网与重点产业链“链网协同”发展，充分发挥工业互联网标识解析体系和平台作用，支持构建数据驱动、精准匹配、可信交互的产业链协作模式，开展协同采购、协同制造、协同配送、产品溯源等应用，建设智慧产业链供应链。支持重点行业建设“产业大脑”，汇聚行业数据资源，推广共性应用场景，服务全行业转型升级和治理能力提升。

（七）推动产业园区和集群整体改造升级

推动国家高新区、科技产业园区等升级数字基础设施，搭建公共服务平台，探索共享制造模式，实施整体数字化改造。以国家先进制造业集群为引领，推动产业集群数字化转型，促进资源在线化、产能柔性化和产业链协同化，提升综合竞争力。探索建设区域人工智能数据处理中心，提供海量数据处理、生成式人工智能工具开发等服务，促进人工智能赋能传统制造业。探索平台化、网络化等组织形式，发展跨物理边界虚拟园区和集群，构建虚实结合的产业数字化新生态。

四、强化绿色低碳发展，深入实施节能降碳改造

（八）实施重点领域碳达峰行动

落实工业领域和有色、建材等重点行业碳达峰实施方案，完善工业节能管理制度，推进节能降碳技术改造。开展产能置换政策实施情况评估，完善跨区域产能置换机制，对能效高、碳排放低的技术改造项目，适当给予产能置换比例政策支持。积极发展应用非粮生物基材料等绿色低碳材料。建立健全碳排放核算体系，加快建立产品碳足迹管理体系，开展减污降碳协同创新和碳捕集、封存、综合利用工程试点示范。有序推进重点行业煤炭减量替代，合理引导工业用气增长，提升工业终端用能电气化水平。

（九）完善绿色制造和服务体系

引导企业实施绿色化改造，大力推行绿色设计，开发推广绿色产品，建设绿色工厂、绿色工业园区和绿色供应链。制修订一批低碳、节能、节水、资源综合利用、绿色制造等重点领域标准，促进资源节约和材料合理应用。积极培育绿色服务机构，提供绿色诊断、研发设计、集成应用、运营管理、评价认证、培训等服务。发展节能节水、先进环保、资源综合利用、再制造等绿色环保装备。强化绿色制造标杆引领，带动更多企业绿色化转型。

（十）推动资源高效循环利用

分类制定实施战略性资源产业发展方案，培育创建矿产资源高效开发利用示范基地和示范企业，加强共伴生矿产资源综合利用，提升原生资源利用水平。积极推广资源循环生产模式，大力发展废钢铁、废有色金属、废旧动力电池、废旧家电、废旧纺织品回收处理综合利用产业，推进再生资源高值化循环利用。推动粉煤灰、煤矸石等工业固废规模化综合利用，在工业固废集中产生区、煤炭主产区、基础原材料产业集聚区探索工业固废综合利用新模式。推进工业废水循环利用，提升工业水资源集约节约水平。

（十一）强化重点行业本质安全

引导企业改造有毒、有害、非常温等生产作业环境，提高工作舒适度，通过技术改造改善安全生产条件。深化“工业互联网＋安全生产”，增强安全生产感知、监测、预警、处置和评估能力。加大安全应急装备在重点领域推广应用，在民爆等高危行业领域实施“机械化换人、自动化减人”。支持石化化工老旧装置综合技术改造，培育智慧化工园区，有序推进城镇人口密集区危险化学品生产企业搬迁改造和长江经济带沿江化工企业“搬改关”。

五、推进产业融合互促，加速培育新业态新模式

（十二）促进行业耦合发展

推进石化化工、钢铁、有色、建材、电力等产业耦合发展，推广钢化联产、炼化集成、资源协同利用等模式，推动行业间首尾相连、互为供需和生产装置互联互通，实现能源资源梯级利用和产业循环衔接。大力发展生物制造，增强核心菌种、高性能酶制剂等底层技术创新能力，提升分离纯化等先进技术装备水平，推动生物技术在食品、医药、化工等领域加快融合应用。支持新型功能性纤维在医疗、新能源等领域应用。搭建跨行业交流对接平台，深挖需求痛点，鼓励企业开展技术产品跨行业交叉应用，拓展技术产品价值空间，打造一批典型案例。

（十三）发展服务型制造

促进传统制造业与现代服务业深度融合，培育推广个性化定制、共享制造、全生命周期管理、总集成总承包等新模式、新场景在传统制造业领域的应用深化。推动工业设计与传统制造业深度融合，促进设计优化和提升，创建一批国家级工业设计中心、工业设计研究院和行业性、专业性创意设计园区，推动仓储物流服务数字化、智能化、精准化发展，增强重大技术装备、新材料等领域检验检测服务能力，培育创新生产性金融服务，提升对传统制造业转型升级支撑水平。

（十四）持续优化产业布局

支持老工业基地转型发展，加快产业结构调整，培育产业发展新动能。根据促进制造业有序转移的指导意见和制造业转移发展指导目录，充分发挥各地资源禀赋、产业基础优势，结合产业链配套需求等有序承接产业转移，提高承接转移承载力，差异化布局生产力。在传统制造业优势领域培育一批主导产业鲜明、市场竞争力强的先进制造业集群、中小企业特色产业集群。支持与共建“一带一路”国家开展国际产能合作，发挥中外中小企业合作区等载体作用，推动技术、装备、标准、服务等协同走出去。

六、加大政策支持力度，营造良好发展环境

（十五）加强组织领导

在国家制造强国建设领导小组领导下，加强战略谋划、统筹协调和重大问题研究，推动重大任务和重大政策加快落地。各地区各部门协同联动，鼓励分行业、分地区制定实施方案，细化工作举措、出台配套政策、抓好推进落实，形成一批优秀案例和典型经验。充分发挥行业协会等中介组织桥梁纽带作用，加强政策宣贯、行业监测、决策支撑和企业服务。

（十六）加大财税支持

加大对制造业技术改造资金支持力度，以传统制造业为重点支持加快智改数转网联，统筹推动高端化、智能化、绿色化、融合化升级。落实税收优惠政策，支持制造业高质量发展。支持传统制造业企业参与高新技术企业、专精特新中小企业等培育和评定，按规定充分享受财政奖补等优惠政策。落实企业购置用于环保、节能节水、安全生产专用设备所得税抵免政策，引导企业加大软硬件设备投入。

（十七）强化金融服务

充分利用现有相关再贷款，为符合条件的传统制造业转型升级重点项目提供优惠利率资金支持。发挥国家产融合作平台、工业企业技术改造升级导向计划等政策作用，引导银行机构按照市场化、法治化原则加大对传统制造业转型升级的信贷支持，优化相关金融产品和服务。鼓励产业投资基金加大传统制造业股权投资支持力度。发挥多层次资本市场作用，支持符合条件的传统制造业企业通过股票、债券等多种融资方式进行技术改造或加大研发投入，通过并购重组实现转型升级。

（十八）扩大人才供给

优化传统制造业相关中职、高职专科、职业本科专业设置，全面实践中国特色学徒制，鼓励建立校企合作办学、培训、实习实训基地建设等长效机制，扩大高素质技术技能人才培养规模。实施“制造业人才支持计划”，推进新工科建设，布局建设一批未来技术学院、现代产业学院、专业特色学院，建设“国家卓越工程师实践基地”，面向传统制造业领域培养一批数字化转型人才、先进制造技术人才、先进基础工艺人才和具有突出技术创新能力、善于解决复杂工程问题的工程师队伍。

工业和信息化部
国家发展改革委
教育部
财政部
中国人民银行
税务总局
金融监管总局
中国证监会
2023年12月28日

（本文略有删减）

〔来源：工业和信息化部官网〕

机械行业[⊖] 稳增长工作方案（2023—2024年）

机械行业是为国民经济发展、国防军工建设和民生事业提供技术装备的基础性和战略性行业，是稳住工业经济大盘的“压舱石”，拉动内需和推动内循环的重要引擎。当前，国际形势复杂多变，国内经济发展“三重压力”依然存在，我国机械行业发展面临新的形势，行业稳增长压力较大。贯彻落实党的二十大精神和中央经济工作会议精神，把稳增长摆在首要位置，推动质的有效提升和量的合理增长，促进机械行业稳增长、提质量、促升级、保安全，实现主要

⊖ 不含汽车、电工电器、内燃机、石化通用、重型矿山机械。

预期目标，特制定本方案，实施期限为 2023—2024 年。

一、指导思想

坚持以习近平新时代中国特色社会主义思想为指导，坚决贯彻落实党中央、国务院决策部署，坚持稳中求进工作总基调，更好统筹供给侧结构性改革和扩大内需，引导产业上下游一体化协同发展，通过高质量供给创造有效需求，强化系统思维、问题导向，坚持多措并举、分业施策，优化供给、提振需求、稳定预期，推动机械行业运行保持在合理区间，为加快推进新型工业化，建设制造强国，全面建设社会主义现代化国家打好坚实基础。

二、主要目标

2023—2024 年，机械行业运行保持平稳向好态势，重点产业链供应链韧性和安全水平持续提升，产业发展质量效益不断增强。具体目标有：力争营业收入平均增速达到 3% 以上，到 2024 年达到 8.1 万亿元；重点行业呈现规模稳中有升，新增长点不断涌现，企业竞争力进一步增强，供给能力显著提升；产业集群建设不断推进，培育一批具有竞争力的中小企业特色集群和 10 个左右千亿级具有国际竞争力的产业集群。

三、工作举措

（一）持续扩大有效需求，做稳做强行业稳增长牵引力

落实扩大内需战略，以提升有效需求为导向，着力扩投资、促消费、稳出口，充分激发需求潜力，做实做强拉动行业持续增长的引擎。

1. 深挖国内市场潜能

开展工业母机、仪器仪表、农机装备、高端医疗装备、智能检测装备、机器人等创新产品推广应用系列行动，打造一批应用验证单元、产线或典型场景，形成创新成果持续应用迭代的良好生态。充分发挥农机购置与应用补贴政策引导作用，支持购置先进适用农机。推动建设“一大一小”农机装备研发制造推广应用先导区。开展农机研发制造推广应用一体化试点。编制工业母机、高端仪器、智能检测装备应用推广目录，深化在机械、汽车、航空航天、电子等领域的规模化应用。发挥中央财政资金牵引作用，支持科技、教育、医疗机构日常采购和重大项目建设中优先采购高端仪器仪表创新产品。加大对首台（套）机械产品的政府采购力度。

2. 着力扩大有效投资

加快推动战略骨干通道、高速铁路、普速铁路、高速公路、港航设施、现代化机场、物流枢纽等现代物流交通体系，以及清洁能源基地、电力外送通道、沿海核电等现代能源体系，城市智慧停车设施、新能源汽车充换电设施等城市基础设施建设，持续拉动工程机械、轨道交通装备、仪器仪表、民用机械等智能装备发展。加快推进智能制造与机器人技术、重大技术装备、新能源汽车和智能网联汽车、农机装备、高端医疗装备和创新药等“十四五”规划纲要重大工程项目建设，持续扩大工业母机、仪器仪表、制药装备、工业机器人等的需求。充分发挥国家制造业转型升级基金、工业母机基金、中小企业发展基金等政府投资基金作用，引导社会资金加大对制造业的投入力度，尽快形成实物工作量，形成对机械装备的需求带动。各地要建立重大投资项目协同保障机制，对纳入重大项目清单的项目用地、用能需求，协同做好要素保障支持。

3. 积极开拓国际市场

加大出口信用保险和信贷支持，引导农机装备、基础零部件等行业优质企业“走出去”，提升产品、服务质量和国际竞争力，巩固传统优势产品出口市场。鼓励企业用好《区域全面经济伙伴关系协定》等自贸协定，积极参与共建“一带一路”，充分发挥综保区、行业性区域性展会等平台作用，优化出口产品结构，进一步拓展新兴市场。支持工程机械、轨道交通装备等企业开展全球化经营，积极参与国际标准制修订，推进中国标准海外认可与应用，完善全球品牌服务体系。跟踪研究相关国家技术性贸易措施，积极助企纾困，跨越和打破国外技术性贸易壁垒，推动机械设备出口。鼓励机械行业外贸企业探索发展贸易数字化，稳定出口增长韧性。鼓励各地积极利用现有资金渠道支持中小微企业参加境外展会，扩大海外订单。鼓励行业组织加强国际贸易规则和贸易形势研究，帮助企业提高风险应对能力，增强海外经营合规、安全和可持续发展能力。

4. 搭建高水平供需对接平台

组织开展中国国际工业博览会、世界智能制造大会、世界机器人大会等国际品牌会展，支持行业组织举办机床工具、仪器仪表、工程机械等细分领域会展论坛，促进技术交流、国际合作、产业链上下游对接，激发市场需求。办好中国国际进口博览会、中国进出口商品交易会、中国国际消费品博览会等重大国际性展会，促进供需对接，支持行业组织定期举办信息交流会、技术成果交易会等对接交流活动，帮助企业及时获取有效市场信息，推广创新成果。鼓励互联网平台企业构建一批符合机械装备及零部件特点的专业化线上交易平台，形成线上展示展览、交流对接、商务谈判、物流运输、售后服务一站式供需对接机制，提高供需对接效率。鼓励行业组织和地方联合开展“走出去请进来”活动，鼓励地方对主办国际展览、论坛和去国外参展、观展给予政策资金等支持。

（二）推动制造业智能化，做实做硬行业稳增长支撑力

坚持智能制造主攻方向不动摇，以推动制造业智能化转型升级为主线，以新模式应用推广和先行区建设为引领，带动关键技术突破和模式创新，充分释放制造业设备更新改造需求，做实做硬机械行业稳定增长的底座。

1. 加快推广智能制造新模式

持续实施智能制造试点示范行动，打造一批世界级智能工厂和智慧供应链，探索企业形态和产业模式变革。面向原材料行业，突破先进过程控制、能耗排放优化等，实现高效、安全、绿色生产。面向装备制造业，开展模型驱动研发、数字虚拟中试等，打造敏捷高效的高端装备研制能力。面向消费品行业，探索用户直连制造、分布式制造等，满足多样化、高品质消费需求。面向电子信息行业，实施供应链风险预警与智能管控，构建韧性强、弹性大的供应体系。实施工业企业技术改造升级导向计划，支持企业加快推进技改升级项目实施。

2. 推动智能制造系统解决方案攻关

研制一批关键智能制造系统解决方案，带动制造装备、工业软件整体突破。依托重大项目和骨干企业，聚焦重点行业典型场景、关键工艺等共性需求，攻关一批智能制造成套装备，开发一批行业专用软件，打造一批标准化、易推广、自主化的智能制造系统解决方案，推进智能制造装备、软件、解决方案协同创新，支撑智能工厂建设运维、生产过程优化、产品全生命周期管理和供应链协同。面向制造业重点产业链安全可控需求，依托智能工厂建设，带动智能制造系统解决方案试验验证、工程应用和迭代升级，大幅提升智能工厂建设自主可控水平。培育壮大系统解决方案供应商队伍，健全系统解决方案供应商分级分类体系，进一步规范集成服务内容、流程和质量要求，引导供应商规范发展。

3. 推进中小企业数字化转型

发挥技术改造的牵引带动作用，面向精益管理、在线检测、智能仓储、质量追溯等典型场景，推动适合中小企业的低成本解决方案的大规模推广应用。发挥龙头企业供应链引领作用，推动上下游企业普及智能制造装备和软件、先进管理理念、关键制造工艺，全面提升重点行业的数字化、智能化水平。鼓励地方择优选择数字化服务商，为中小企业提供评估诊断、规划咨询、设备改造、标准应用、检验检测等服务，帮助中小企业实现数字化、智能化转型。

4. 探索智能制造先行区建设

鼓励有条件的地方加大政策支持力度，开展智能制造政策机制和制造业未来发展模式的创新探索，在主导产业数字化转型、智能化升级，智能制造技术创新和供给能力提升等方面先行先试，形成特色鲜明的区域智能制造发展路径并向全国复制推广。支持基础雄厚、要素齐全的区域，全面提升智能制造创新、应用、供给和支撑能力，打造引领效应显著的全面发展标杆。支持主导产业特色鲜明的区域，深入开展智能工厂和智慧供应链建设，形成制造能力突出的普及样板。支持装备、软件、系统解决方案等供给资源集聚的区域，推进优质供应商培育，构建自主供给能力强大的产业基础。支持创新资源禀赋和优势突出的区域，推进技术创新攻关，打造创新驱动典型。

（三）全面提升供给能力，做优做精行业稳增长驱动力

坚持深化供给侧结构性改革，以全面提升供给能力为主线，强化产业生态体系建设，提高产业链供应链韧性，以高质量供给引领和创造有效需求，推动供需在更高水平上实现良性循环。

1. 稳定畅通重点产业链供应链

统筹推进产业基础再造工程和重大技术装备攻关工程，开展工艺“一条龙”应用示范。加快推进先进轨道交通装备、机器人、高性能医疗器械、农机装备等国家制造业创新中心建设，布局建设一批工业母机、仪器仪表等产业基础共性技术中心，推动行业共性技术研发和推广应用。部署一批中试验证单元、产线，推动重点机械装备创新成果成组连线、串珠成链。系统梳理重点行业和关键产品短板环节，开展重点产品产业链强链补链工作。鼓励“整零”协作，引导整机企业与基础零部件企业构建成果共创、路径共探、风险共担、利益共享的新型合作机制，在零部件研发、试验检测等方面实现技术研发与制造工艺提升相结合，增强协同制造能力，共同推动产品产业化，实现提质降本增效。

2. 加快推进装备数字化发展

研究制定加快推进装备数字化发展的意见，促进人工智能、大数据、工业互联等新一代信息技术与装备技术深度融合，提升装备数字化智能化水平。构建高效能创新体系，推动工业控制、智能检测等创新中心和国家产业计量测试中心建设，加强智能装备和关键短板研制攻关，开展工业软件工程化试验验证，进一步激活数据价值。面向智能农业、智能医疗、智能制造、智能交通、智能能源、智能建造等数字中国典型场景，推动改造提升一批在役设备，升级换代一批新型装备，原创发展一批前沿装备。打造智能装备应用熟化基地，加快高能级试验验证平台、检验检测平台建设，推动智能装备工程化产业化。组织开展智能装备示范应用，有力支撑重点行业数字化转型、智能化升级。加快推动机械行业服务型制造转型，强化示范推广，拓展服务业务新空间，培育新动能。

3. 加强质量品牌建设

开展机械产品可靠性提升行动。实施基础产品可靠性“筑基”工程，重点提升工业母机用丝杠、导轨、主轴，农业机械用精密排种器，工程机械用数字液压件，工业机器人用精密减速器等专用零部件，高端轴承、精密齿轮等通用基础零部件可靠性、一致性、稳定性。实施整机装备与系统可靠性“倍增”工程，着力提升五轴联动加工中心、大型高端智能农机、工业机器人、工业控制装置等高端产品可靠性水平。开展机械装备质量、性能对比评价活动，制定工业母机、农机装备、医疗器械等国际对标清单，促进整机装备可靠性关键指标提升。开展机械行业全国质量标杆遴选活动，支持专业机构组织开展制造关键过程质量控制能力提升经验交流、培训等活动，总结形成一批制造关键过程能力提升优秀案例试点推广。鼓励开展机械产品高端品质认证，组织开展中国品牌向上发展专项活动，加强工业母机、医疗装备、机器人、农机装备等重点行业品牌宣传培育，提升中国品牌竞争力。

4. 完善优质企业梯度培育体系

遴选一批处于产业链核心优势地位的“链主”企业，用好专项资金、国家产融合作平台、基金等现有政策渠道资源，“一企一案”支持企业做强做优做大。支持行业组织开展机械工业百强和零部件百强企业培育。在工业母机、机器人、医疗装备、农机装备、仪器仪表、轨道交通、基础零部件等战略性基础性领域，加强专精特新“小巨人”、单项冠军企业、领航企业培育，支持企业专业化、差异化发展，打造“独门绝技”。建立优质中小企业梯度培育平台，加强企业培育名单动态管理，着力提升培育质效。落实落细助力中小微企业稳增长调结构强能力若干措施，实施“一链一策一批”中小微企业融资促进行动。深化“一起益企”中小企业服务行动，开展“中小企业服务月”活动。实施大中小企业融通创新“携手行动”，举办“百场万企”大中小企业融通对接活动。支持“链主”企业整合产业链资源，推进建设一批大中小企业产业技术创新联盟或创新联合体，开展上下游企业协同攻关，形成稳定配套和协同创新，强化产业链配套韧性。

5. 推进重点区域协调发展

推动东、中、西部和东北地区充分利用资源要素禀赋，实现协同化、差异化发展。东部地区机械大省在保持增速稳定的同时要注重增长质量，发挥创新引领作用，聚力突破一批关键零部件和成套装备。东北地区要加快传统优势产业高端化智能化绿色化改造，提升产业运行效率，提高市场和服务能力，推动行业稳增长和转型升级。中西部地区要提升区域配套支撑能力，有序承接战略性、基础性产业转移，加快产业链延伸布局，打造一批具有国际竞争力的机械装备制造基地。落实促进制造业有序转移的指导意见和制造业转移发展指导目录，开展“1+N”制造业转移发展对接活动，加强示范推广和服务，开展产业转移典型合作模式遴选，创建一批装备产业转移试点园区，推动东部沿海产业向中西部及东北地区有序转移。鼓励地方在风险可控和坚持市场化前提下，设立产业转移基金。推进产业集群化发展，培育建设一批机械装备制造中小企业特色产业集群、新型工业化产业示范基地，以及工业母机等领域先进制造业集群，推动轨道交通、工程机械、智能装备等10家千亿级先进制造业集群创新发展，建设具有国际竞争力的产业集群。

（四）坚持分业精准施策，激发重点行业稳定增长活力

强化精准施策，以推动重点细分行业高质量发展为主线，统筹推进补短板、锻长板、强基础、育新兴，激发工业母机等重点细分行业内生持续增长动力。

1. 补链升链，推动基础装备提质增效

工业母机。强化顶层设计，坚持问题导向、场景牵引、中试验证、成组连线，开展关键核心技术攻关，提升工业母机产业创新能力、供给能力和支撑保障能力。推动工业母机数字化发展，支持标准研制和成果转化。完善工业母机企业和用户企业间产需对接机制，聚焦新能源汽车、航空航天、工程机械、基础零部件等重点用户需求，开展产需对接活动，鼓励重点用户大胆试用创新产品，推动高端工业母机批量化应用。指导和鼓励工业母机企业积极拓展海外市场，优化出口品种结构，持续提升中高端工业母机产品国际竞争力。

仪器仪表。加大对仪器仪表产业创新攻关的支持。支持优势企业更好地整合行业资源，提升产业集中度，培育拥有自主知识产权、具有国际竞争力的龙头企业。组织开展国产与进口产品对比测试分析，研究制定高端仪器及零部件创新产品目录。研究推动产业聚集区建设，结合地方基础条件和意愿，支持地方打造产业集聚区。支持龙头企业和科研院所联合打造共性技术平台，提高高端仪器研发效率。

农机装备。组织农机装备补短板行动，聚焦大型大马力高端智能农机和丘陵山区适用小型农机，加快推进短板机具研发和薄弱环节技术创新，优化农机装备产品结构，全力推进农机装备提档升级。围绕大豆油料作物和丘陵山区农机装备需求，鼓励企业、科研院所、推广机构、应用主体等组成联合体开展协同攻关。采用“揭榜挂帅”模式开展急需农机装备研制攻关和推广应用。支持北斗智能监测终端及辅助驾驶系统集成应用，培育形成链条式、体系化智能作业和指挥调度能力，推动智能农机与智能农场、云农场协同创新，持续推进无人农业作业试点，促进智慧农业发展。

基础零部件和基础制造工艺。开展创新能力提升、工程化应用验证、产业链强链补链、优质企业和产业集群培育、先进制造模式推广行动，推动重点领域核心基础零部件、系统控制技术和基础制造工艺取得突破。推动基础零部件质量提升工程向纵深发展，扩大品种规格覆盖范围，提高大批量供给的基础零部件一致性、安全性、可靠性，运用质量预警机制，推动产业结构和市场生态优化。强化基础零部件与整机协同发展，聚焦重点领域，发挥专业大型企业和科研院所牵引作用，推进基础零部件和整机产品技术标准协同，联合建设共性技术合作开发平台。落实推动铸造和锻压行业高质量发展的指导意见，促进加工工艺向高效化、精细化升级，推动铸造锻造企业规范、创新、绿色和智能发展。

2. 固链强链，巩固优势产业发展势头

工程机械。着力提升产业基础能力，突破系统控制、液压等关键核心技术和零部件，补齐产业发展短板。引导企业加强新能源工程机械用电池、电机、电控等关键核心零部件攻关和规模应用。研究开展新能源工程机械应用试点和推广支持政策，探索老旧工程机械退出机制，支持有条件的地区率先推行工程机械备案管理和退出机制。聚焦矿山、港口等典型应用场景及川藏铁路等重大工程建设需求，开展电动挖掘机、电动装载机等电动化产品的示范应用。支持企业强化工程机械品牌培育与国际推广，完善全球品牌服务体系，稳定出口增长韧性。

轨道交通装备。广泛应用新材料、新技术和新工艺，打造具有国际竞争力的自主化、智能化和绿色化轨道交通装备产品。加强车辆、牵引、制动、信号、供电等系统核心零部件的攻关。支持有条件的轨道交通整车及核心零部件企业建设智能工厂。开展轨道交通装备制造基础研究和绿色智能装备研制，拓展“制造＋服务”模式。支持轨道交通装备企业“走出去”，开展全球化经营，构建“产品＋服务＋技术＋投资”全方位国际化经营能力。

3. 建链延链，持续培育壮大新兴产业

机器人。推动组建一批产用协同创新联合体，以企业为主体建立产需协同合作攻关机制，以需求为牵引带动整机和零部件加快迭代升级。深入实施“机器人＋”应用行动，提高汽车、电子、航空航天、轨道交通、新能源、医疗、农业等应用领域机器人产品和系统解决方案的供给能力。推动建立跨部门协同推进机制，建设“机器人＋”产业链供需对接与应用推广公共服务平台。在成熟应用领域，遴选一批应用成效突出、具有较强影响力的标杆企业和典型场景。在新兴应用和潜在需求领域，通过“揭榜挂帅”征集一批机器人应用创新技术和解决方案。

医疗装备。推动建立工业和信息化、卫生健康、药监等部门协同工作机制，着力打通高端医疗装备研制、注册审批和临床创新链条。搭建产学研医协同创新平台，加强关键核心技术攻关，加快补齐高端医疗装备产业链短板，提升产业链供应链韧性和安全水平。推进医疗装备与 5G、人工智能、大数据、物联网等融合发展，培育远程医疗、智慧医疗、移动医疗等新模式新业态，促进优质医疗资源惠及广大人民群众。创建一批高端医疗装备应用示范基地，促进医疗装备临床验证和应用推广，遴选一批远程医疗、智慧医疗优秀应用场景。

四、保障措施

（一）加大政策支持。利用现有资金渠道支持机械制造企业开展关键核心技术攻关、智能化绿色化改造。充分发挥国家产融合作平台作用，引导金融机构加大信贷支持力度，针对机械行业特点，综合运用各类金融工具，提升金融服务质效。

（二）加强标准供给。加强通用零部件、主机装备配套的核心专用零部件、通用型制造工艺、仪器仪表和专用装备等标准制修订，完善工业母机、医疗装备、农机装备、机器人等标准体系。瞄准产业升级，加快数据安全标准体系建设，推动重点行业关键核心产品可靠性设计、分析、试验、评估、运维和应用等产品全生命周期可靠性标准研制。加快智能制造关键技术和行业应用标准研制，组织实施标准领航行动，开展标准应用试点和贯标活动。鼓励行业协会联合龙头企业研制先进团体标准，积极参与国际标准化工作，推动机械行业标准国际化。

（三）强化监测调度。利用“数字工信”等信息化平台强化运行监测调度分析，及时发现运行中苗头性、潜在性、倾向性问题。组织召开重点行业、重点地区经济运行分析会，强化分析研判，及时掌握区域、行业、企业发展情况。贯彻落实党中央关于大兴调查研究的精神，组织开展稳增长专题调研，深入基层和行业一线，了解制约行业企业发展的痛点难点堵点，协调解决企业“急难愁盼”问题。加强信息共享和经验总结，挖掘地方和行业稳增长典型案例，提炼和推广可借鉴的经验做法。

（四）加强组织实施。各部门要深刻认识推动机械行业稳增长对稳住经济基本盘的重要意义，压实责任，强化协调配合，形成工作合力，细化落实各项举措，狠抓落实，统筹推进机械行业稳增长。各地方要立足实际，出台本地区机械行业稳增长针对性政策，稳住重点行业、重点企业发展，力争达到预期目标。推动建立央地联动和会商交流机制，坚持目标和问题导向，协调解决机械行业发展中遇到的重大问题。各行业协会、产业联盟等行业组织要发挥服务和支撑作用，加大政策解读和正向宣传，加强调查研究，研判国内外形势对本行业本领域的影响，特别是中小微企业的冲击影响，及时反映并帮助企业纾困解难，积极搭建行业交流展示平台，强化供需对接。各地区工业和信息化主管部门、有关全国性行业协会每年定期报送本地区、本行业稳增长工作实施进展。

工业和信息化部
财政部
农业农村部
商务部
海关总署
金融监管总局
国家药监局
2023 年 8 月 17 日

（摘自工信部联通装〔2023〕144 号文，本文有删减）

〔来源：工业和信息化部官网〕

电力装备行业稳增长工作方案（2023—2024 年）

为深入贯彻习近平总书记关于电力装备产业发展的重要指示批示精神，认真落实党中央、国务院决策部署，把稳增长摆在首要位置，发挥电力装备行业带动作用，推动质的有效提升和量的合理增长，努力实现工业经济发展主要预期目标，制定本方案。

一、指导思想

以习近平新时代中国特色社会主义思想为指导，全面贯彻落实党的二十大和中央经济工作会议精神，完整、准确、全面贯彻新发展理念，更好统筹供给侧结构性改革和扩大内需，深入落实碳达峰、碳中和战略，加快构建新型电力系统，坚持问题导向、目标导向、结果导向，按照远近结合原则，通过强化重大工程引领、保障高质量供给、加快装备推广应用、继续开拓国际市场、提升产业链竞争力，夯实电力装备行业增长基础，推动电力装备行业高质量发展。

二、发展形势

2023—2024 年，我国积极践行碳达峰、碳中和战略，加快构建新型电力系统，为电力装备行业高质量发展带来新动能，电力装备行业稳增长形势良好。

从供给侧来看，电力装备供给结构不断改善，近年来在“十四五”相关规划、《加快电力装备绿色低碳创新发展行动计划》等政策文件引领下，电力装备高端化、智能化、绿色化发展不断加快。

从需求侧来看，一方面国内装备需求旺盛，预计新增风电、光伏装机容量大幅增加；积极安全有序发展核电；新开工多条输变电工程。另一方面国际市场不断开拓，国内龙头企业与“一带一路”国家签订一批风电、光伏、水电项目，将带动一批电力装备“走出去”。

电力装备虽然需求旺盛，但从短期看，下半年行业营收增速存在回落压力，“走出去”环境还存在不确定性；从长期看，仍然存在关键核心零部件受制于人等问题，一定程度上制约着电力装备行业持续增长。

三、主要目标

发挥电力装备行业带动作用，同时考虑目标可实现性，通过实施一系列工作举措，稳定电力装备行业增长，力争2023—2024年电力装备行业主营业务收入年均增速达9%以上，工业增加值年均增速9%左右。

四、工作举措

（一）强化重大工程引领

发挥牵引带动作用。依托国家风电、光伏、水电、核电等能源领域重大工程建设，鼓励建设运营单位加大对攻关突破电力装备的采购力度，依托重点工程建设推动攻关成果示范应用，通过示范引领，促进电力装备推广应用。

保障电力装备供应。引导装备制造企业提高供给质量，保障好大型风电光伏基地项目，“华龙一号”示范工程广西防城港等核电项目，雅砻江、金沙江上游等流域水风光一体化示范基地，金上—湖北、陇东—山东、川渝主网架等特高压工程等一批国家重大工程项目建设。

（二）加快装备推广应用

强化政策引导。修订首台（套）重大技术装备推广应用指导目录，支持将符合条件的电力装备纳入目录。组织实施能源领域首台（套）评价和评定政策，引导地方政策支持方向和社会资源流向。

推动验证应用。加快大型风机叶片应用验证平台建设，推动攻关突破的风电叶片使用平台进行应用验证。聚焦行业急需，继续支持在电力装备领域建设首台（套）重大技术装备应用验证平台，推动资源开放共享，有效搭建电力装备研制与产业化间桥梁。

加快产业化应用。尽快优化完善首台（套）重大技术装备保险补偿政策，提高政策支持精准性，聚焦电力装备等重点领域，重点支持攻关突破的创新产品加快推广。

（三）继续开拓国际市场

推动电力装备“走出去”。统筹推进巴基斯坦卡拉奇核电站等现有海外工程建设，着力打造标杆项目，形成海外工程品牌。引导企业加强与发展中国家能源领域合作，因地制宜采取贸易、工程承包、投资、技术合作等方式开展双方、三方和多方市场合作，推动更多电力领域项目落地。

深化国际交流合作。发挥多双边合作和高层对话机制作用，加强技术标准、检验检测、认证等方面的国际互认，强化与国际组织的交流和经验分享。支持企业与境外机构在技术开发、经贸往来、人才培养等方面加强交流合作。

（四）提升产业链竞争力

加快产业链锻长补短。推动电力装备锻长板、补短板，研究制定风电、核电装备产业高质量发展行动计划，利用相关机制推动核电装备关键零部件攻关，依托相关专项统筹推进特高压换流变压器有载分接开关等项目研发，继续支持攻关突破一批关键核心零部件。

推动电力装备智能化升级。加快推进装备数字化，开展智能制造试点示范行动，提升数字化智能化水平。加快与新一代信息技术融合，推动“5G+工业互联网”典型场景在电力装备领域应用。推广远程运维服务、全生命周期管理，加快电力装备网络化服务化发展。

推进先进制造业集群建设。支持成德高端能源装备产业集群、南京新型电力（智能电网）产业集群、保定电力及新能源高端装备集群、温州乐清电气集群等国家先进制造业集群做大做强，加快向世界级集群提升。支持东北、长三角和西部地区立足区域发展基础和比较优势，依托行业龙头企业和重点产业园区等，开展省级电力装备先进制造业集群培育。

促进大中小企业融通发展。支持“链主”企业做大做强，发挥引领带动作用，推动将配套中小企业纳入重要供应链管理，建立长期战略合作。实施“一链一策一批”中小微企业融资促进行动，加快培育专精特新“小巨人”企业、制造业单项冠军企业和中小企业特色产业集群，推动大中小企业融通发展。

五、保障措施

（一）加大统筹协调力度。充分发挥国家重大技术装备办公室作用，依托国家重大技术装备工作协调机制，加强部门协同，形成政策合力，强化央地联动，指导地方行业主管部门结合实际出台配套措施。依托国家重大技术装备专家委员会开展深入研究，提供重要决策支撑。创新组织形式，发挥行业协会作用，助力创新发展、推广应用等方面的政策落实。

（二）强化财税金融支持。推动制造业企业所得税抵扣，研发费用加计扣除，节能节水、资源综合利用等税收优惠政策落实。鼓励相关金融机构根据电力装备实际，创新金融产品，为符合条件的电力装备企业提供贷款、担保等金融服务。发挥国家产融合作平台作用，加强相关企业数据对接共享，挖掘数据增信价值，引导金融机构为电力装备提供精准有效支持。

（三）营造良好发展环境。鼓励国有企业提供电力装备首台（套）应用场景、试用环境并先试先用。推动各地加快建设全国统一大市场。尽快研究出台规范首台（套）招投标的相关措施，破除首台（套）招标采购的隐形壁垒。利用大国重器万里行活动，依托相关展览展示平台，强化电力装备质量品牌宣传，加强供需对接，为电力装备发展营造良好环境。

（四）加强专业人才培养。大力实施人才强国战略，加大人才培养力度，鼓励科研机构、高校和企业开展联合培养，建立人才实训基地等，引导专业服务机构创新人才培养模式，培育一批高端复合型人才。拓展海外引才渠道，加大急需紧缺高层次人才引进力度。完善人才评价体系，推进以创新为价值，能力、贡献为导向的人才评价体系。

工业和信息化部

2023年8月9日

（摘自工信部重装〔2023〕119号文，本文有删减）

〔来源：工业和信息化部官网〕

汽车行业稳增长工作方案（2023—2024年）

汽车产业是国民经济的重要支柱产业，产业链长、关联度高、带动性强，发挥着工业经济稳增长的“压舱石”作用。当前，国际不稳定不确定因素增多，国内需求收缩、供给冲击、预期减弱三重压力仍然存在，行业稳增长任务较为艰巨。为贯彻落实党的二十大和中央经济工作会议精神，努力实现汽车行业经济发展主要预期目标，特制定本方案，实施期限为2023—2024年。

一、指导思想

以习近平新时代中国特色社会主义思想为指导，全面贯彻党的二十大精神，坚持稳中求进工作总基调，完整、准确、全面贯彻新发展理念，加快构建新发展格局，从供需两端发力，以高质量供给创造有效需求，推动汽车行业稳定增长，支撑工业经济平稳健康运行。

二、主要目标

2023年，汽车行业运行保持稳中向好发展态势，力争实现全年汽车销量2700万辆左右，同比增长约3%，其中新能源汽车销量900万辆左右，同比增长约30%；汽车制造业增加值同比增长5%左右。2024年，汽车行业运行保持在合理区间，产业发展质量效益进一步提升。

三、工作举措

（一）支持扩大新能源汽车消费。落实好现有新能源汽车车船税、车辆购置税等优惠政策，抓好新能源汽车补助资金清算审核工作，积极扩大新能源汽车个人消费比例。组织开展公共领域车辆全面电动化先行区试点工作，加快城市公交、出租、环卫、邮政快递、城市物流配送等领域新能源汽车推广应用，研究探索推广区域货运重卡零排放试点，进一步提升公共领域车辆电动化水平。组织开展新能源汽车下乡活动，鼓励企业开发更多先进适用车型，充分挖掘农村地区消费潜力。鼓励开展新能源汽车换电模式应用，推动新能源汽车与能源深度融合发展。深入推进燃料电池汽车示范，稳步提升燃料电池汽车应用规模。

（二）稳定燃油汽车消费。各地不得新增汽车限购措施，鼓励实施汽车限购地区在 2022 年购车指标基础上增加一定数量购车指标，进一步促进汽车消费。加强产业发展监测与市场动态评估，鼓励有条件的地方在公平、公正、公开的前提下研究制定相关支持政策，消除地方保护行为，维护全国统一大市场。鼓励企业以绿色低碳为导向，积极探索混合动力、低碳燃料等技术路线，促进燃油汽车市场平稳发展。鼓励企业加大高端化、定制化的房车、皮卡等产品供给，深挖细分市场消费潜力。

（三）推动汽车出口提质增效。鼓励汽车企业加快研发和生产面向国际市场的汽车产品，建立和完善国际营销服务体系，加强与航运企业、国内外金融机构合作，巩固扩大重点国家和地区市场汽车出口，加大“一带一路”沿线国家和新兴市场开拓力度，培育汽车出口优势。指导行业机构组建汽车企业国际化发展创新联盟，促进企业之间实现信息资源、网络渠道等共建共享。研究建设海外政策、法规、标准等信息共享服务平台，推动与主要出口目的国检测认证标准的统一。加强与重点国家和地区的全产业链低碳发展合作，推动形成互相认可的碳排放、碳足迹核算体系，为汽车企业海外发展创造更好环境。

（四）促进老旧汽车报废、更新和二手车消费。鼓励地方综合运用经济、技术等手段推动国三及以下排放标准乘用车、违规非标商用车淘汰报废，有条件的地区可以开展汽车以旧换新，加快老旧车辆淘汰更新。推动完善报废机动车回收利用体系，畅通报废回收利用渠道。支持二手车流通规模化发展，各地严格落实全面取消对符合国五排放标准小型非运营二手车的迁入限制，促进二手车自由流通和企业跨区域经营。

（五）提升产品供给质量水平。支持开展车用芯片、固态电池、操作系统、高精度传感器等技术攻关和推广应用，进一步提升产品性能。优化完善汽车技术标准和汽车产品质量认证供给体系，引导企业通过提高汽车产品安全技术水平、降低传统燃油汽车油耗、提高新能源汽车低温适应性能等，持续提升汽车产品质量，让消费者放心购买、安心使用。引导企业加快 5G 信息通信、车路协同、智能座舱、自动驾驶等新技术的创新应用，开发更多适合消费者的服务功能，持续提升驾乘体验，催生更多购买需求。

（六）保障产业链供应链稳定畅通。发挥产业链供应链畅通协调平台作用，引导上下游企业加强供需对接和深度合作，形成战略联盟、签订长单、技术合作等长效机制稳定供给。组织开展大企业“发榜”中小企业“揭榜”工作，推动形成大中小企业协同创新合力。组织开展“1+N”制造业转移发展对接活动，提升产业链供应链韧性和安全水平。建立健全汽车产业链供应链安全监测评估公共服务平台，动态监测链上企业供应变化趋势，及早识别供应链安全风险。

（七）完善基础设施建设与运营。落实《关于进一步构建高质量充电基础设施体系的指导意见》，优化配套环境。鼓励各地科学预测新能源汽车充电需求，做好城市及周边县乡村公共充电网络布局规划，推动充电设施布局建设、配套电网扩容改造有序开展。鼓励大功率充电、智能有序充电、“光储充放”一体站等新技术推广应用，提升充电服务保障能力。引导地方对高速公路、乡镇等保障型充电基础设施的补贴支持，加大行业扶持力度。鼓励地方加快氢能基础设施建设，推动中远途、中重型燃料电池商用车示范应用。

四、保障措施

（一）加强统筹协调。在国家制造强国建设领导小组指导下，发挥新能源汽车产业发展部际协调机制作用，深入实施《新能源汽车产业发展规划（2021—2035年）》，统筹推动产业发展全局性工作。加强产业发展新阶段重大问题系统研究，及时研究提出政策举措建议。加强央地联动，抓好各项任务落实。

（二）强化运行调控。构建央地协同监测预警机制，针对重点地区、主要企业、关键领域加强苗头性、倾向性问题预警研判。定期召开运行分析会、开展专题调研，及时掌握行业发展情况和企业痛点难点堵点，帮助企业纾困解难。

（三）加大政策支持。落实新能源汽车车辆购置税优惠政策，稳定行业预期。鼓励利用社会资本设立汽车产业发展基金，加大对核心技术攻关的支持力度。综合运用信贷、债券、保险等各类金融工具，支持企业发展。

工业和信息化部
财政部
交通运输部
商务部
海关总署
金融监管总局
国家能源局
2023年8月25日

（摘自工信部联通装〔2023〕145号文，本文有删减）

〔来源：工业和信息化部官网〕

工业领域数据安全能力提升实施方案（2024—2026年）

数据作为新型生产要素，是数字化、网络化、智能化的基础，已快速融入生产、分配、流通等各环节，保障数据安全，事关国家安全大局。为贯彻落实习近平总书记关于数据安全的重要指示精神和党中央、国务院决策部署，推动《中华人民共和国数据安全法》《中华人民共和国网络安全法》《工业和信息化领域数据安全管理办法（试行）》等在工业领域落地实施，加快提升工业领域数据安全保护能力，助力工业高质量发展，夯实新型工业化发展的安全基石，制定本方案。

一、总体要求

（一）指导思想

以习近平新时代中国特色社会主义思想为指导，全面贯彻落实党的二十大精神，坚定不移贯彻总体国家安全观，坚持统筹发展和安全，坚持底线思维和极限思维，坚持目标导向和问题导向，以构建完善工业领域数据安全保障体系为主线，以落实企业主体责任为核心，以保护重要数据、提升监管能力、强化产业支撑等为重点，提高数据安全治理能力，促进数据要素安全有序流动和价值释放，为加快推进新型工业化，建设制造强国、网络强国和数字中国提供坚实支撑。

（二）基本原则

统筹推进，重点突破。加强顶层谋划，系统推进数据安全组织架构、政策制度、管理机制、标准规范、技术手段建设和产业发展工作。以强化重点行业、重点企业、重要系统平台、重要数据保护为切入点，以点带面促进整体保护水平提升。

政府引导，协同共治。综合运用正向激励和反向约束等方式，选树标杆典型，强化监管执法，压实企业主体责任。充分发挥行业协会、龙头企业、专业机构、高等院校等各方力量，形成数据安全协同治理的良好局面。

场景牵引，分业施策。摸清数据处理重点环节风险易发场景的特点规律，紧贴业务场景数据保护需求，强化科学防控。结合行业特色、数据特征等，差异化指导、精准化施策，加速提升行业数据安全管理水平。

创新驱动，技管结合。不断创新管理模式、技术、产品与服务，适应新时期工业领域数据安全保护新形势、新特点和新需求。注重“以技管数”手段建设和运用，与日常监管形成合力。

（三）总体目标

到 2026 年年底，工业领域数据安全保障体系基本建立。数据安全保护意识普遍提高，重点企业数据安全主体责任落实到位，重点场景数据保护水平大幅提升，重大风险得到有效防控。数据安全政策标准、工作机制、监管队伍和技术手段更加健全。数据安全技术、产品、服务和人才等产业支撑能力稳步提升。

——基本实现各工业行业规上企业数据安全要求宣贯全覆盖。

——开展数据分类分级保护的企业超 4.5 万家，至少覆盖年营收在各省（区、市）行业排名前 10% 的规上工业企业。

——立项研制数据安全国家、行业、团体等标准规范不少于 100 项。

——遴选数据安全典型案例不少于 200 个，覆盖行业不少于 10 个。

——数据安全培训覆盖 3 万人次，培养工业数据安全人才超 5000 人。

二、重点任务

（一）提升工业企业数据保护能力

1. 增强数据安全保护意识

加大数据安全法律法规和政策标准宣贯培训力度，提高各行业企业数据安全意识。督促企业依法依规落实数据安全主体责任，压实各单位法定代表人或主要负责人数据安全第一责任，建立健全数据安全管理体系和工作机制，配足数据安全岗位和人员队伍，定期开展数据安全教育培训。引导企业贯彻发展与安全并重原则，将数据安全管理要求融入本单位发展战略和考核机制，加强数据安全工作与业务发展同谋划、同部署、同落实、同考核。

2. 开展重要数据安全保护

指导企业建立健全数据分类分级保护等安全管理制度，定期梳理识别重要数据和核心数据，形成目录并及时报备。督促重要数据和核心数据处理者明确数据安全负责人和管理机构，落实数据分级防护要求，每年至少开展一次数据安全风险评估，及时发现整改安全隐患，按要求报送评估报告。指导企业加强重要数据和核心数据安全风险监测与应急处置，及时报告重大风险事件。推动各行业企业加强商用密码应用保护数据安全。

3. 强化重点企业数据安全管理

遴选掌握关键核心技术、代表行业发展水平、关系产业链安全稳定或关乎国家安全的企业，滚动编制工业领域数据安全风险防控重点企业名录。将名录内企业作为数据安全监管重点，督促其在落实数据安全要求基础上，着重提升风险监测、态势感知、威胁研判和应急处置等能力。发挥部省两级主管部门作用，统筹各方数据安全监测预警手段和技术力量，加强技术支持，协同做好企业数据安全保护。

4. 深化重点场景数据安全保护

指导企业围绕数据汇聚、共享、出境、委托加工等重点数据处理场景，排查数据安全保护薄弱点，实施贴合行业特点的数据保护措施。聚焦供应链上下游协作、服务外包、上云上平台等典型业务场景，厘清多主体数据安全责任界面和衔接模式，建立全链条全方位数据安全保护体系。针对勒索病毒攻击、漏洞后门、人员违规操作、非受控远程运维等易发频发风险场景，加强风险自查自纠，采取精准的管理和防护措施。面向数据要素大规模流通交易典型场景，打造一批安全解决方案。

专栏 1 数据安全保护筑基工程
1. 夯实数据分类分级基础。分行业分领域研究制定重要数据和核心数据识别细则，形成“1+N”的工业领域数据分类分级规范体系，科学指导各行业落地实施。持续迭代重要数据和核心数据目录，逐步摸清行业重要数据规模、分布、处理等情况，明确行业重点保护数据对象。 2. 编制数据保护实践指南。结合重点数据处理场景、典型业务场景、易发频发风险场景等数据安全保护需求和难点，研究制定工业领域数据安全保护实践系列指南，为企业数据保护和风险防范提供实操参考。面向数据出境需求较大的重点行业，分类制定数据出境安全指引，指导企业依法依规开展数据出境安全评估。 3. 分业推进数据安全保护能力跃升。在有序推进宣贯培训、分类分级保护等工作基础上，立足钢铁、汽车、纺织、集成电路等行业实际，聚焦重点场景、重点环节、重要系统平台、重要数据等，进一步加强行业数据安全主体责任落实和保护力度，实现行业数据安全保护能力整体跃升。

（二）提升数据安全监管能力

5. 完善数据安全政策标准

建立健全工业领域数据安全管理制度，推动出台风险评估实施细则、应急预案、行政处罚裁量指引等政策文件。持续完善重要数据识别、备案、分级防护、风险评估等全流程监管机制，加强监督检查。组建工业领域网络与数据安全行业标准化组织，发布数据安全标准体系建设指南，加快研制重要数据识别、安全防护、风险评估、产品检测、密码应用等亟需标准。鼓励地方参照制定本地区数据安全政策。

6. 加强数据安全风险防控

完善工业领域数据安全风险信息报送与共享工作机制，组建数据安全风险分析专家组，动态管理风险直报单位库，协同加强地方力量，常态化开展风险监测、报送、预警、处置等工作。摸排数据安全风险事件特点和规律，建立重大风险事件案例库，加强案例剖析和风险提示。面向重点行业开展“数安护航”专项行动，定期组织“数安铸盾”应急演练，提升事件快速反应、规范处置、协同联动水平。

专栏 2 打造数据安全风险防控品牌
1.“数安护航”专项行动。分行业、分批次集中开展数据安全风险排查和防范，聚焦数据泄露、篡改、滥用、违规传输、非法访问、流量异常等突出风险，利用企业自查、远程检测、现场诊断等手段，针对性增强风险应对处置能力。 **2.“数安铸盾”应急演练。**面向重点行业，模拟勒索病毒攻击、供应链攻击等易发典型数据安全风险事件，组织开展全要素、全流程应急演练，持续优化事件响应流程和机制，锻炼培养一批应急支撑队伍。

7. 推进数据安全技术手段建设

统筹建设工业和信息化领域数据安全管理平台，建立工业领域数据安全工具库，形成集数据资源管理、态势感知、风险信息报送与共享、技术测试验证、事件应急响应等功能于一体的技术能力，加强与网络安全技术、密码技术手段协同。推动有条件的地方、行业、企业等加快建立数据安全风险监测与应急处置等技术手段，强化“部－省－企业”技术能力三级联动，不断提升技术保障水平。

专栏 3　数据安全技术保障工程

1. 统筹建设工业和信息化领域数据安全管理平台。建立完善工业领域数据安全监测、信息报送与共享、应急管理、安全评估等系统功能，强化风险统一汇集、分析、研判和通报，支撑事件应急处置、辅助决策、跟踪追溯等工作，提供风险评估、出境安全评估、防护能力评估等服务，覆盖不少于 20 个省级（行业级）节点和 500 个企业节点。

2. 建立工业领域数据安全工具库。围绕数据分类分级、安全防护、检测评估、合规检查、应急处置、攻击追溯、密码应用等方面，研发一批规范化、便携式的工具，为高效开展数据安全监管和保护工作提供支撑。

8. 锻造数据安全监管执法能力

规范数据安全事件调查处置程序，丰富取证方法和手段。加快完善数据安全执法流程和工作机制，推动地方工业和信息化主管部门将数据安全纳入本地区行政执法事项清单，指导各行业、各地方依法严格处置违法行为，加强执法案例宣介与警示教育。建立健全数据安全违法违规行为投诉举报机制，多渠道收集违法违规线索。加大监管执法人员培训力度，推动地方工业和信息化主管部门强化数据安全监管力量，打造专业化、规范化监管执法队伍。

（三）提升数据安全产业支撑能力

9. 加大技术产品和服务供给

加强工业数据智能分类分级、工业数据库审计、低时延加密传输等共性技术优化升级。加大适配工业业务场景和数据特征的轻量级数据加密、隐私计算、密态计算等关键技术攻关。支持使用商用密码技术保障工业领域数据安全。围绕工业数据泄露、窃取、篡改等风险，推动流量异常监测、攻击行为识别、事件追溯和处置等产品研发。加强面向工业云、工业大数据、工业互联网平台等新兴应用的数据安全架构设计。支持工业领域数据安全“产品 + 服务”供给模式创新。

10. 促进应用推广和供需对接

加大多方安全计算、数据防勒索、数据溯源、商用密码等技术产品在工业领域的试点应用。组织遴选一批在各行业具有广泛应用价值的通用数据安全技术和产品，打造一批面向行业、面向场景、面向中小企业的数据安全解决方案，形成一批工业领域数据安全典型案例，分行业、分地区开展宣传推广。推动各行业利用主题沙龙、路演等渠道开展数据安全技术产品和服务供需对接活动。发挥数据安全产业公共服务平台作用，强化信息共享、资源对接等服务。

11. 建立健全人才培养体系

面向不同行业、岗位、层级数据安全工作需求，推动专业化、特色化数据安全教材课程开发，规范化开展职业人才资格认定。支持产学研用各方加强合作，依托培训中心、实训基地、网络学习平台等联合培养复合型管理人才和实战型技能人才，通过技能竞赛、技术交流、学习进修、岗位练兵等形式持续促进人才知识更新和能力提升。鼓励工业企业建立健全数据安全绩效评价机制，加强数据安全人才激励。

三、保障措施

（一）加强组织协调

工业和信息化部加强工作统筹，做好与国家数据安全工作协调机制的衔接。各地工业和信息化主管部门负责组织实施本地区实施方案。鼓励各地结合实际制定细化工作方案，加强与相关部门合作，确保目标任务落实。充分发挥高校、科研院所、第三方机构等在实施方案宣贯、手段建设指导、技术交流合作、成果应用推广等方面的专业作用，引导企业加强数据安全能力建设。

（二）加大资源保障

统筹利用现有资金渠道，加大工业领域数据安全工作投入，支持关键核心技术攻关和公共服务平台建设。深化产融合作，支持数据安全企业参与“科技产业金融一体化”专项，通过国家产融合作平台获得便捷高效的金融服务。鼓励各地将数据安全纳入地方工业领域数字化转型发展相关规划，在支持数字化、网络化、智能化等项目时，同步明确数据安全要求。引导企业在信息化建设中为数据安全防护安排一定比例资金。

（三）强化成效评估

各行业、各地区及时跟踪调度实施方案落实情况，总结经验做法，评估工作成效，加强沟通交流，及时报告重大进展情况或问题。工业和信息化部对工作推动有力、取得明显成效的地区、企业和单位予以表扬，对优秀经验做法加强提炼总结和推广应用。

（四）做好宣传引导

综合利用产业活动、国际合作等方式，宣传普及工业领域数据安全理念和举措，提高地方、企业和公众对工业领域数据安全的认可度。充分调动行业协会、学会、产业联盟等力量，引导企业加强自律、凝聚共识，营造行业数据安全保护良好氛围。

工业和信息化部

2024 年 2 月 23 日

（本文摘自工信部网安〔2024〕34 号文）

〔来源：工业和信息化部官网〕

制造业中试创新发展实施意见

中试是把处在试制阶段的新产品转化到生产过程的过渡性试验，是科技成果产业化的关键环节，是制造业创新体系的有机组成部分和现代化产业体系的重要支撑。党的十八大以来，制造业中试持续推进，促进了技术迭代、工艺改进和产品创新。但中试服务体系不健全、自主可控能力不强等问题日益突出，为科技成果产业化提供软硬件产品和服务的中试产业发展滞后，难以满足高质量发展的现实需求。为打造现代化中试能力，支撑产业科技创新和高质量发展，提出如下意见。

一、指导思想

以习近平新时代中国特色社会主义思想为指导，全面贯彻党的二十大精神，立足新发展阶段，完整、准确、全面贯彻新发展理念，加快构建新发展格局，遵循产业发展规律，以建设先进的中试能力为目标，坚持需求导向和场景牵引，健全服务平台体系，创新发展中试产业，优化中试发展生态，促进中试与创新链、产业链同步发展，为推动制造业高质量发展、加快实现新型工业化、建设现代化产业体系提供有力支撑。

二、基本原则

坚持创新发展。以创新驱动引领中试发展，推动中试全链条持续升级，实现技术高端化、能力现代化、管理精细化、服务高效化，支撑高质量研发和成果产业化。

坚持系统布局。注重远近结合、分类实施、软硬协同，按产业门类建设相适应的中试能力，按产业集群布局中试服务，推动中试线建设与产业链深度融合，支撑产业迈向中高端。

坚持供需联动。围绕产业实际和企业中试需求，推动中试平台提供精准有效的服务。围绕中试平台能力需求，扩大精密测量仪器、高端试验设备、设计仿真软件等产品供给。

坚持经济高效。指导中试能力集约建设、规范管理，适度超前布局现代化中试能力。科学配置中试资源，推动中试服务网络化，提高中试验证效率，实现提质增效。

坚持安全可靠。坚持技术和管理并重，将安全保障贯穿中试全过程，加强风险识别、监测预警、应急处置和分析评估，确保中试发展安全可靠、自主可控。

三、发展目标

到 2025 年，我国制造业中试发展取得积极进展，重点产业链中试能力基本全覆盖，数字化、网络化、智能化、高端化、绿色化水平显著提升，中试服务体系不断完善，建设具有国际先进水平的中试平台 5 个以上，中试发展生态进一步优化，一批自主研发的中试软硬件产品投入使用，中试对制造业支撑保障作用明显增强。

到 2027 年，我国制造业中试发展取得显著成效，先进中试能力加快形成，优质高效的中试服务体系更加完善，中试发展生态更加健全，为产业高质量发展提供有力支撑。

四、布局现代化中试能力

（一）加快中试能力体系全覆盖

科学规划覆盖重点行业的先进中试能力，形成完善的中试技术体系、先进的中试服务网络和有效的中试软硬件产品供给。建设一批有较强行业带动力的重大中试项目。支持产业链龙头企业将中试和研发生产一体谋划，形成行业完整中试能力。

（二）促进中试能力建设工程化

实施制造业中试能力提升工程，按照谋划一批、建设一批、储备一批的思路实现阶段式突破。引导企业制定中试能力提升计划，推动流程型制造企业建设面向产品试制和批量生产的中试能力，提升产品质量和生产效率；推动离散型制造企业建设面向新产品研发和持续迭代的中试能力，提高产品可靠性和环境适应性。

（三）推进中试数字化

加强新一代信息技术融合应用，开展试验设备和流程的数字化改造，优化试验方式和管理模式，推广数字技术在工艺工装测试、缺陷检测、预测性维护等试验场景的解决方案。鼓励企业挖掘数据价值，构建数字孪生系统，开展虚拟仿真实验，强化基于模型的系统工程规模应用，缩短研发周期，降低试验成本，实现无实物样机生产。

（四）推进中试网络化

开展网络化的协同中试，深化工业互联网、物联网、5G 等技术在中试环节的应用，推进企业中试资源的网络化连接、平台化汇聚，提升设备和系统的互操作水平，实现生产实验管控一体化。推动企业与供应商云上共享试验数据资源。推广中试云服务，满足中试云化需求。

（五）推动中试智能化

推动智能中试线建设，加快中试智能化改造，全面提升试验过程、管理服务、安全保障的智能化水平。推动机器视觉、机器学习、人工智能大模型在中试环节的应用，通过全面感知、实时分析、科学决策和精准执行，优化工艺过程，提升试验效率。

（六）推动中试高端化

持续提升中试技术和试验质量，满足不断升级的产品中试需要。加快高精度测量仪器、高端试验设备等产品研制，加强设计仿真软件攻关，支撑高水平中试。对具有重大应用前景、高附加值的试验材料、高端产品和装备，优先纳入首批次材料、首台（套）装备应用指导目录。

（七）推动中试绿色化

将中试与工业绿色低碳安全同步推进，加快中试绿色转型，推广资源消耗低、环境影响小、本质安全可靠的新模式。引导企业建设绿色安全中试线，推进绿色技术软件化封装，开展中试资源能源和污染物全过程动态监测、精准控制和优化管理，提升中试资源综合利用效率。

五、构建中试服务平台体系

（八）推动龙头企业建设产业链中试平台

支持龙头企业提供应用场景和试验环境，搭建自主产品中试平台，带动产品研发设计和验证试验，与产业链上下游企业共同制定中试技术规则和标准，着力解决中试共性问题。推动国有企业加强中试自主创新技术和产品推广，在关键领域率先落地应用。

（九）建设综合性中试公共服务机构

布局建设技术领先、世界一流的综合性中试公共服务机构，提供跨行业、跨领域的高水平中试服务。聚焦京津冀协同发展、粤港澳大湾区建设、长三角一体化发展等国家区域重大战略，统筹指导有优势、有条件的科研力量建设区域综合性中试公共服务机构。在产业集群和园区建设综合性的中试公共服务能力，全方位支撑产业发展，满足企业多样化需求。

（十）建设专业化中试公共服务机构

布局建设特色鲜明、优势突出的专业化中试公共服务机构，提供具有行业特色、满足特殊场景需要的专业化服务。结合资源禀赋，集聚专业力量参与建设，完善特殊应用场景下的试验能力和极端环境试验能力，有效满足行业发展及特殊应用场景需求。

（十一）建设高水平多层次中试载体

支持有条件的地方基于产业基础和比较优势打造辐射范围大、转化能力强、发展机制好的中试中心。强化现有创新和服务平台中试功能，加强技术研发转化，开放试验能力、试验场地和研究成果。引导各类载体重视知识产权管理，建立和完善知识产权保护制度。

六、创新发展中试产业

（十二）强化政策协同

完善中试政策体系，促进中试与高新区、工业园区、新型工业化产业示范基地、安全应急产业示范基地、先进制造业集群、中小企业特色产业集群等政策有机结合，加强中试信息交流、资源共建共享、产业链对接协同，优化配置要素资源。

（十三）加快关键技术攻关

以产业化为目标，凝练中试共性需求，推动中试科研平台体系建设，重点突破极端复杂环境试验、可靠性仿真分析、数字孪生等中试关键技术和计量、标准、试验检测、分析评价等基础共性技术。支持企业加大研发投入，鼓励用户单位联合攻关，解决中试瓶颈问题。

（十四）突破软硬件产品

推动中试软硬件补短板、锻长板，以解决堵点卡点断点问题为导向，推进软硬件产品标准化、系列化、模块化、成套化发展。组织实施一批满足应用场景要求的软硬件产品示范项目，推进中试软硬件产品增品种、提品质、创品牌，增加高质量产品和服务供给。

（十五）打造自主中试线

提升中试线系统集成能力，促进优质自主产品在建设中试线过程中先行先试，提升中试线自主可控水平。推动中试线软硬件产品与工业互联网、数字基础设施的集成应用。打造行业中试线示范样板，遴选一批中试示范线，并组织推广。

（十六）培育优质企业

对标国际先进水平，培育一批具有生态主导能力的仪器仪表、计量标准装置、试验检测设备、设计仿真软件等领域龙头企业。支持中小企业聚焦主业、精耕细作，不断增强中试软硬件产品创新能力和核心竞争力，促进大中小企业融通创新，培育更多专精特新中小企业。

（十七）拓展全链条服务

鼓励各类平台形成覆盖工程开发、技术熟化、工艺创新、样品试制、试验检测等功能的全链条服务能力，加大对专精特新中小企业的支持力度。鼓励发展设备租赁、远程运维、共享实验等新型服务业态。发布中试服务资源目录，遴选中试服务解决方案和典型案例，形成可复制可推广的先进经验。

七、优化中试发展生态

（十八）强化标准支撑引领

实施中试发展标准提升计划，建立健全中试标准体系并发布一批关键标准。包括：模拟仿真、工艺工装、检验检测等关键技术标准，仪器仪表、中试线等试验设备标准，术语定义、人才培养、服务机构等支撑基础标准。推动成立中试行业标准化技术组织，支持专业机构、行业协会等利用多种形式开展标准制定和宣贯。

（十九）打造专业人才队伍

坚持引培并举，深化产教融合，支持产学研合作，培养懂产品、懂制造、懂试验、懂设备、懂安全的复合型人才队伍和善于解决复杂工程问题的卓越工程师，健全中试专业人才体系。支持具备条件的高校设置中试相关学科专业，建设中试实训基地、专家工作站等平台。完善中试人才的评价、保障和激励机制。

（二十）加强计量服务保障

强化中试仪器设备的计量溯源性，建立一批中试发展急需的高准确度、高稳定性计量标准装置和计量标准物质库，研制专用计量测试方法和标准规范。充分发挥计量的技术支撑和保障作用，加强国家产业计量测试中心和计量器具型式评价实验室建设，为中试发展提供全寿命周期的计量测试服务，确保中试量值准确、试验有效。

八、保障措施

（二十一）加强组织协调

发挥国家制造强国建设领导小组办公室作用，加强对中试发展的统筹协调。加强央地联动，引导各地发挥特色优势，制定有效的落实举措，对成效显著地区加大激励支持力度。发挥专业机构、行业协会等作用，加强信息发布、供需对接、技术服务等工作。

（二十二）强化资源保障

充分运用现有资金、基金等政策渠道，带动社会资本，支持中试创新发展。落实研发费用加计扣除、增值税留抵退税等政策。用好首台（套）、首批次保险补偿政策。发挥国家产融合作平台作用，支持金融机构在依法合规、风险可控的前提下，积极做好金融服务。将中试纳入“科技产业金融一体化”专项，引导金融资本和社会资本加大支持力度。鼓励各地对中试给予资金、土地、人才、金融等多方面保障。

（二十三）完善管理机制

各地要加强统筹协调，强化产业、应急、环保等政策协同，规范中试项目落地流程，优化准入条件、用地规划、环保安全、建设运营等环节的程序，加强指导和服务。鼓励采用集中办理、联席审核、并联审批等方式，探索实施部分事项承诺备案制等新型管理机制，提升项目审批效率，提高管理规范化水平。

（二十四）开展效能评价

建立科学的评价指标体系，对中试能力、服务水平、规范管理、综合效益等进行监测分析和评价，动态反映综合发展趋势。加强中试服务平台效能评估，确保规范运行、安全可靠、科学发展。强化评价结果应用，将评价结果作为政策支持、资源配置的重要依据。

工业和信息化部
国家发展和改革委员会
2024 年 1 月 16 日

（本文摘自工信部联科〔2024〕11 号文）

〔来源：工业和信息化部官网〕

工业和信息化部　财政部　金融监管总局
关于进一步完善首台（套）重大技术装备首批次
新材料保险补偿政策的意见

工信部联重装〔2024〕89 号

为深入贯彻党中央、国务院关于推进制造强国建设的战略决策，落实中央金融工作会议和全国新型工业化推进大会精神，加快推动重大技术装备和新材料产业高质量发展，现就进一步优化完善保险补偿政策提出以下意见：

一、总体要求

以习近平新时代中国特色社会主义思想为指导，深入贯彻党的二十大精神，完整、准确、全面贯彻新发展理念，加快构建新发展格局，着力推动高质量发展，统筹发展和安全，聚焦国家重点支持领域，坚持问题导向、结果导向、目标导向，推动首台（套）重大技术装备、首批次新材料〔以下简称首台（套）、首批次〕创新发展和推广应用。

突出应用牵引作用，明确政策定位。拓展首台（套）、首批次概念内涵，聚焦国家重大战略需求，扩展支持数量和年限，增强用户信心，以应用带动首台（套）、首批次迭代更新、实现批量稳定生产、形成成本竞争优势。

突出保险保障作用，优化制度设计。推动首台（套）、首批次保险扩大保障范围、提升服务水平，通过保险风险管理的制度设计，破解初期市场信任不足导致的应用瓶颈。

突出财政资金效能，严格申报审核。规范申报程序，严格审核标准，稳定各方预期，加强总结评估，及时完善政策，有效提升政策精准性、实效性，切实发挥财政资金作用。

突出事前事后监管，加强监督管理。压实各实施主体责任，加强规范指导，开展绩效评价，强化执纪问责，有效提升政策执行制度化、规范化水平，更好保障财政资金安全。

二、明确政策支持范围

（一）加快首台（套）推广应用

首台（套）重大技术装备是指国内实现显著技术突破，拥有自主知识产权，进入市场初期尚未形成竞争优势的整机装备、核心系统及关键零部件产品。装备可按照台（套）数或批次数予以投保。

（二）加快首批次推广应用

首批次新材料是指国内实现原始创新或显著技术突破，拥有自主知识产权，进入市场初期尚未形成规模化应用和竞争优势的新材料产品。

（三）重点支持国家战略领域

聚焦制造业重点产业链创新成果，聚焦国家重大战略发展需求，聚焦国家重大项目建设需要，以《首台（套）重大技术装备推广应用指导目录》《重点新材料首批次应用示范指导目录》（以下统称《目录》）中装备、新材料产品为基础，重点支持国家战略且质量风险大的领域，动态调整支持范围、补助额度和补贴比例。

三、优化政策制度设计

（四）明确资格审定机制

采取“先资格审定、后资金申请”的方式。首先确定首台（套）、首批次资格，明确资格有效的年限，并按装备、新材料产品价值一定比例计算保费补助资金额度上限。

（五）调整资金申请机制

根据生产制造企业的资格审定、投保、装备和新材料交付、保费实际缴纳及当年财政预算额度情况，严格审核确定应拨付补助资金。对于已投保质量保障类保险的首台（套）、首批次，一般不再收取质量保证金。

（六）提升保险保障支持

聚焦生产企业推广应用及迭代更新阶段面临的主要风险，拓展适用保险险种，为首台（套）、首批次提供综合保险保障方案。支持生产制造单位根据装备、新材料产品特性和实际需要，在政策框架下自主决定投保险种、投保数量和投保年限。保险公司按照“保本微利”与“精算平衡”原则，定期开展保险费率回溯和动态调整。

四、强化政策监督管理

（七）依法依规投保承保

生产制造单位、保险公司、用户单位等应严格遵守国家法律法规和相关政策规定，在保险补偿项目资格申报、资金申请、资金使用、承保理赔等方面加强业务管控，确保相关材料真实、完整、有效，相关工作合法合规。

（八）切实加强规范指导

工业和信息化部做好《目录》动态调整、项目组织审核等工作，财政部按规定及时分配和拨付补助资金，金融监管总局负责保险市场监督管理。地方相关部门、中央企业做好项目审核、推荐工作。工业和信息化部、财政部、金融监管总局加强政策评估、绩效评价等工作。

（九）强化政策执纪问责

生产制造单位、保险公司、用户单位存在通过提供虚假申报材料、虚假理赔等方式骗补骗保，以及其他弄虚作假等违法违纪行为的，应当按照有关规定追究相应责任，收缴财政资金，涉嫌犯罪的移送司法机关处理。

本意见自发布之日起执行。此前印发的《关于开展首台（套）重大技术装备保险补偿机制试点工作的通知》（财建〔2015〕19号）、《关于深入做好首台（套）重大技术装备保险补偿机制试点工作的通知》（财办建〔2018〕35号）、《关于进一步深入推进首台（套）重大技术装备保险补偿机制试点工作的通知》（财建〔2019〕225号）、《关于开展重点新材料首批次应用保险补偿机制试点工作的通知》（工信部联原〔2017〕222号）等文件同时废止。

工业和信息化部
财政部
金融监管总局
2024年5月24日

（本文略有删减）

〔来源：工业和信息化部官网〕

工业和信息化部　国家发展改革委　国务院国资委关于支持首台（套）重大技术装备平等参与企业招标投标活动的指导意见

工信部联重装〔2023〕127号

为支持首台（套）重大技术装备平等参与企业招标投标活动，促进首台（套）重大技术装备推广应用，根据《招标投标法》等相关法律法规及政策文件，现提出如下意见。

一、规范招标要求

（一）国有资金占控股或者主导地位的企业项目，招标首台（套）重大技术装备同类型产品的，适用本意见。本意见所指首台（套）重大技术装备需符合重大技术装备推广应用目录（以下简称推广应用目录）内装备及主要参数。推广应用目录可在中国招标投标公共服务平台、省级招标投标公共服务平台、重大技术装备招标投标信息平台查询。

（二）招标投标活动要严格执行招标投标法律法规及有关政策文件，不得要求或者标明特定的生产供应商，不得套用特定生产供应商的条件设定投标人资格、技术、商务条件，不得变相设置不合理条件或歧视性条款，限制或排斥首台（套）重大技术装备制造企业参与投标。

（三）招标活动不得超出招标项目实际需要或套用特定产品设置技术参数，鼓励通过市场调研、专家咨询论证等方式，深入开展需求调查，形成需求研究报告。招标首台（套）重大技术装备同类型产品时，招标文件中应公布推广应用目录中涉及的主要参数指标，并按照招标项目的具体特点和实际需要，提出技术条件，可以参考引用推广应用目录中的主要参数。

（四）对于已投保的首台（套）重大技术装备，一般不再收取质量保证金。

二、明确评标原则

（五）首台（套）重大技术装备参与招标投标活动，仅需提交首台（套）相关证明材料，即视同满足市场占有率、应用业绩等要求。评标办法应当有利于促进首台（套）重大技术装备推广应用，不得在市场占有率、应用业绩等方面设置歧视性评审标准。

（六）评标办法应明确重大技术装备不得在境外远程操控，在中国境内运营中收集和产生的个人信息和重要数据应当在境内存储。对于不符合《网络安全法》《数据安全法》《个人信息保护法》等有关国家安全法律法规的，经评标委员会认定，应否决其投标。

（七）评标办法应落实支持重大技术装备攻关创新、促进绿色低碳循环发展、维护产业链供应链安全稳定等要求，将技术创新、资源能源利用效率、售后服务、后续供应、特殊或紧急情况下的履约能力等纳入评审指标范畴。

三、加强监督检查

（八）工业和信息化主管部门联合有关部门及各省级工业和信息化主管部门，充分利用现有检查队伍和资源，通过“双随机、一公开”等方式对相关重大技术装备招标投标活动实施监督检查。鼓励通过政府购买服务方式获取必要的支撑服务。

（九）各级工业和信息化主管部门要加强与招标投标行政监督、纪检监察、财政税收、国有资产监督管理等部门的沟通联系和协作配合。建立首台（套）重大技术装备参与招标投标问题线索联合处置、督导督办机制，依法从严查处违法违规行为。

（十）开通首台（套）重大技术装备招标投标领域妨碍全国统一大市场建设问题线索和意见建议征集窗口，畅通市场主体信息反馈渠道，归集首台（套）重大技术装备招标投标负面行为。负面行为清单等信息在重大技术装备公共服务平台、重大技术装备招标投标信息平台上公布。

工业和信息化部

国家发展和改革委员会

国务院国有资产监督管理委员会

2023年8月16日

（本文略有删减）

〔来源：工业和信息化部官网〕

中央企业安全生产考核实施细则

为深入贯彻习近平总书记关于安全生产的重要论述，落实党中央、国务院有关决策部署，督促引导中央企业落实主体责任，强化安全生产管理，将中央企业较大及以上生产安全责任事故纳入中央企业负责人经营业绩考核，制定本细则。

一、基本原则

（一）坚持依法依规。根据各级政府有关部门对事故调查认定的性质、级别、责任等，在中央企业负责人经营业绩考核中依法依规予以降级或扣分。

（二）坚持分类分级。根据《中央企业安全生产监督管理办法》，将中央企业划分为三类进行安全生产监管；事故责任分为主要责任、次要责任和相关责任三个等级。

（三）坚持从严从实。进一步加大对生产安全责任事故企业的降级考核力度，考核期内同一企业发生多起事故的，按照先降级再扣分的顺序考核；充分考虑事故中的外部因素、中央企业在事故中承担的责任情况，实事求是开展考核。

二、降级

（一）考核年度内发生下列情况之一的企业，对其负责人年度经营业绩考核结果予以降级。

1.第一类企业。发生重大及以上生产安全责任事故且承担主要责任的，发生特别重大生产安全责任事故且承担次要责任的。

2.第二类企业。发生重大及以上生产安全责任事故且承担主要责任或次要责任的。

3.第三类企业。发生重大及以上生产安全责任事故且承担责任的。

4.存在瞒报生产安全事故行为的。

5.发生承担主要责任的较大生产安全责任事故起数累计达到降级规定的。

（二）考核任期内发生2起及以上瞒报事故或1起及以上特别重大生产安全事故且负主要责

任的企业，对其负责人任期经营业绩考核结果予以降级。

三、扣分

（一）承担事故主要责任但未达到降级标准的企业，按以下标准对其负责人年度经营业绩考核进行扣分。

1. 第一类企业。发生较大生产安全责任事故，每起扣 0.4—0.8 分。

2. 第二类企业。发生较大生产安全责任事故，每起扣 0.8—1.2 分。

3. 第三类企业。发生较大生产安全责任事故，每起扣 1.2—2.0 分。

（二）承担事故次要责任但未达到降级标准的企业，按以下标准对其负责人年度经营业绩考核进行扣分。

1. 第一类企业。发生较大生产安全责任事故，每起扣 0.2—0.4 分；发生重大生产安全责任事故，每起扣 0.8—1.2 分。

2. 第二类企业。发生较大生产安全责任事故，每起扣 0.4—0.8 分。

3. 第三类企业。发生较大生产安全责任事故，每起扣 0.8—1.2 分。

（三）承担事故相关责任但未达到降级标准的企业，按以下标准对其负责人年度经营业绩考核进行扣分。

1. 第一类企业。发生较大生产安全责任事故，每起扣 0.1—0.2 分；发生重大生产安全责任事故，每起扣 0.2—0.4 分；发生特别重大生产安全责任事故，每起扣 0.4—0.8 分。

2. 第二类企业。发生较大生产安全责任事故，每起扣 0.2—0.4 分；发生重大生产安全责任事故，每起扣 0.4—0.8 分；发生特别重大生产安全责任事故，每起扣 0.8—1.2 分。

3. 第三类企业。发生较大生产安全责任事故，每起扣 0.4—0.8 分。

（四）受到降级处理的企业，若还发生其他事故，其他事故按照降级扣分标准继续考核。

（五）一个月内连续发生 2 起较大及以上生产安全责任事故或同类事故在同一区域同一企业重复发生的，按照同级别的事故扣分标准上限进行扣分。

四、其他

（一）本细则中事故责任等级依据政府部门出具的事故调查报告认定：主要责任是指对事故发生负有首要责任、直接责任；或事故调查报告中明确为主要责任、直接责任，或未明确主要责任但单独认定承担重要责任的情形。次要责任是指不承担主要责任，但对事故发生负有重要责任；或事故调查报告明确为重要责任、管理责任、监管责任等的情形。相关责任是指事故调查报告认为基于其他原因需承担一定责任的情形。

（二）考核期内，政府部门未出具事故调查报告的，由企业申请延期考核。未申请延期考核的，按主要责任标准在当期进行考核。

（三）组织机构不健全、不按照规定设置安全生产总监、安全投入不到位的企业，发生较大及以上生产安全责任事故的，按照事故扣分标准上限进行考核。

（四）发生造成重大影响的火灾、爆炸等其他事件，且经调查应承担责任的，参照生产安全责任事故进行考核。

（五）对生产作业过程中应预见的风险，未采取必要的防范措施，导致在地质灾害、自然灾害中造成人员伤亡的以及在非生产作业环节发生责任事故的，参照同级别的生产安全事故进行考核。

（六）国务院国资委组织中央企业开展安全生产管理评价，评价结果为优秀的企业，按照有关规定在中央企业负责人年度经营业绩考核中予以加分。

（七）企业要制定完善本企业的安全生产考核相关制度，将安全生产考核与企业负责人年薪、企业年度薪酬总额挂钩。安全生产风险较高的企业应当建立过程考核与事故考核相结合的安全生产考核体系。

（八）本细则自 2024 年度考核起施行，《关于印发〈中央企业安全生产考核实施细则〉的通知》（国资发综合〔2014〕107 号）同时废止。

（九）本细则由国务院国资委负责解释。

较大生产安全责任事故累计起数降级规则

类型	规模（亿元）	较大责任事故（起数≥）
第一类企业	营业收入≥ 7000	6
	3500 ≤营业收入＜ 7000	5
	营业收入＜ 3500	4
第二类企业	营业收入≥ 7000	4
	3500 ≤营业收入＜ 7000	3
	营业收入＜ 3500	2
第三类企业	所有规模	2

国务院国资委

2024 年 2 月 1 日

（本文摘自国资发社规〔2024〕15 号）

〔来源：国务院国有资产监督管理委员会官网〕

2024 年中国 500 强前 100 强排行榜

2024 年 500 家上榜的中国公司在 2023 年的总营业收入达到 14.6 万亿美元，和 2023 年上榜公司相比，下降约 3%；净利润达到 7 064 亿美元，较 2023 年上榜公司下降约 1.5%。2024 年上榜公司的年营业收入门槛约为 37.4 亿美元，较 2023 年的上榜门槛提升约 9%。按美元计算，2023 年中国的 GDP 总量达到 17.89 万亿美元，2024 年榜单中 500 家公司的收入总和超过中国当年 GDP 的 81%。

国家电网有限公司以 5 459 亿美元的营业收入位居榜首，中国石油化工集团有限公司（简称中国石化）和中国石油天然气集团有限公司（简称中国石油）分列榜单第 2 位和第 3 位，列第 4 位的是中国建筑集团有限公司。中国工商银行股份有限公司位列第 5，排名较 2023 年上升 1 位。苹果公司的最大代工企业鸿海精密工业股份有限公司位列第 7，较 2023 年下降 2 位，仍是排名最高的中国台湾地区公司。由于中国平安保险（集团）股份有限公司较 2023 年下降 5 位至第 14 位，2024 年前 10 位中没有中国大陆民营企业。位列第 13 的京东集团股份有限公司则成为排位最高的大陆民营企业。

2024 年共有 60 家新上榜和重新上榜公司，新上榜公司中排位最高的是杭实集团，位列第 103。得益于旅游热潮，携程集团再次回到榜单，该公司 2023 年营业收入增长 122%，以超过 62 亿美元的营业收入列第 351 位。

新能源领域的两家头部公司，排名均较 2023 年继续大幅提升。比亚迪股份有限公司列第 40 位，排名较 2023 年上升 26 位。宁德时代新能源科技股份有限公司列第 68 位，排名较 2023 年上升 18 位。作为造车新势力的代表，理想汽车排名较 2023 年上升 140 位，同时也在过去一年实现扭亏为盈。

理想汽车也是此次排位跃升幅度最大的公司。仅次于理想汽车的是两家航空公司——中国国际航空股份有限公司和中国东方航空股份有限公司。他们的排名均有超过百位的提升，分别排在第 169 位和第 191 位。在利润方面，中国国际航空股份有限公司、中国东方航空股份有限公司和中国南方航空集团有限公司虽然尚未扭亏为盈，但是在收入和榜单排位提升的同时已经大幅减亏。

在盈利能力方面，最赚钱的 10 家上榜公司中，除 5 家商业银行和中国石油、中国移动、中海油外，两家私营企业也进入了利润榜前 10 位，其中台积公司以 273.5 亿美元净利润排在利润榜第 5 位，腾讯控股有限公司 2023 年的净利润同比下降约 39%，但是仍以超过 162 亿美元的净利润排在利润榜第 8 位。这 10 家公司在 2023 年的总利润约为 2 847 亿美元，约占上榜公司利润总和的 40%。

净利润率方面，排位前 10 家公司中，有 3 家来自饮料行业中的酒企，分别是贵州茅台酒股份有限公司、泸州老窖股份有限公司和山西杏花村汾酒厂股份有限公司，其中贵州茅台酒股份有限公司以超 49% 的利润率在利润率榜中居首。因为多元化业务的加持，饮料行业中排位最高的是四川省宜宾五粮液集团有限公司，排在第 151 位。

排在利润率榜第 3 位的是台积公司，他们拥有超过 39% 的利润率。该榜前 10 位中有两家房地产公司，分别是总部均位于中国香港的长实集团和新鸿基地产集团，其中长实集团以超 36% 的利润率排在利润率榜第 4 位，该公司也是上榜房地产企业中利润率最高的公司。

在净资产收益率（ROE）榜前 10 位中，有 3 家公司来自饮料行业，分别是农夫山泉股份有限公司、山西杏花村汾酒厂股份有限公司和贵州茅台酒股份有限公司。其中农夫山泉股份有限公司以超过 42% 的 ROE 位居榜首。饮食服务业的四川海底捞餐饮股份有限公司以超过 39% 的 ROE 列第 2 位。互联网企业拼多多控股公司以 32% 的 ROE 列第 10 位。

2024 年《财富》中国 500 强中有 57 家上榜公司未能盈利。亏损榜前 10 家公司中，有 1 家化学品公司、2 家车企和 7 家房地产公司。中国房地产企业遭遇的流动性危机是导致行业持续减速的重要原因。

2024 年上榜公司数量最多的行业是金属产品行业，共有 55 家公司上榜，上榜公司收入总额达 1.3 万亿美元。

值得关注的是中国几家互联网代表企业，重新进入了增长轨道：京东集团股份有限公司列第 13 位，较 2023 年上升 3 位；腾讯控股有限公司列第 38 位，较 2023 年上升 7 位；阿里巴巴集团控股有限公司排位未发生改变，排在第 21 位；而美团则上升了 35 位，排在第 99 位；拼多多控股公司排名较 2023 年大幅上升 56 位，列第 119 位，同时盈利超过 84 亿美元。2024 年中国 500 强前 100 强排行榜见表 1。

表 1 2024 年中国 500 强前 100 强排行榜

排名		公司名称	营业收入（百万美元）	利润（百万美元）
2024 年	2023 年			
1	1	国家电网有限公司	545 947.50	9 204.30
2	3	中国石油化工集团有限公司	429 699.70	9 393.40
3	2	中国石油天然气集团有限公司	421 713.60	21 294.70
4	4	中国建筑集团有限公司	320 430.50	4 371.50
5	6	中国工商银行股份有限公司	222 484.20	51 417.00
6	7	中国建设银行股份有限公司	199 826.10	46 990.00
7	5	鸿海精密工业股份有限公司	197 876.00	4 562.90
8	8	中国农业银行股份有限公司	192 398.30	38 048.70
9	11	中国铁路工程集团有限公司	178 562.90	2 152.50
10	15	中国银行股份有限公司	172 327.60	32 758.30
11	13	中国铁道建筑集团有限公司	160 847.40	1 701.00
12	14	中国宝武钢铁集团有限公司	157 216.30	2 493.80
13	16	京东集团股份有限公司	153 217.40	3 413.80
14	9	中国平安保险（集团）股份有限公司	145 759.10	12 100.90
15	10	中国中化控股有限责任公司	143 240.00	−3 666.00

（续）

排名		公司名称	营业收入（百万美元）	利润（百万美元）
2024 年	2023 年			
16	18	中国移动通信集团有限公司	142 832.40	15 253.40
17	12	中国海洋石油集团有限公司	141 731.80	14 559.20
18	17	中国人寿保险（集团）公司	139 615.90	-841.20
19	19	中国交通建设集团有限公司	136 670.70	1 672.30
20	20	中国五矿集团有限公司	132 019.70	766.00
21	21	阿里巴巴集团控股有限公司	131 337.90	11 165.10
22	31	中国中信集团有限公司	131 242.30	4 124.60
23	24	中国华润有限公司	126 169.50	3 797.50
24	23	山东能源集团有限公司	122 383.20	829.60
25	26	中国南方电网有限责任公司	118 813.50	2 342.20
26	37	恒力集团有限公司	114 664.50	980.80
27	28	中国邮政集团有限公司	112 778.50	5 884.50
28	25	国家能源投资集团有限责任公司	112 048.70	6 339.10
29	22	厦门建发集团有限公司	110 665.60	1 057.60
30	27	上海汽车集团股份有限公司	105 195.70	1 992.60
31	33	华为投资控股有限公司	99 470.30	12 274.40
32	29	中粮集团有限公司	97 765.10	1 270.20
33	32	中国电力建设集团有限公司	97 034.90	775.90
34	34	中国医药集团有限公司	96 072.20	1 149.50
35	39	中国第一汽车集团有限公司	89 485.00	2 864.20
36	40	中国电信集团有限公司	87 961.50	2 150.80
37	41	浙江荣盛控股集团有限公司	86 535.60	74.60
38	45	腾讯控股有限公司	86 028.30	16 275.20
39	30	厦门国贸控股集团有限公司	85 818.80	178.90
40	66	比亚迪股份有限公司	85 082.00	4 243.50
41	46	中国航空工业集团有限公司	82 654.10	1 644.10
42	42	物产中大集团股份有限公司	81 952.40	510.90
43	48	交通银行股份有限公司	78 757.10	13 098.60
44	54	江西铜业集团有限公司	78 243.20	371.20
45	36	中国人民保险集团股份有限公司	78 181.70	3 153.20
46	44	中国兵器工业集团有限公司	76 506.90	1 933.00
47	47	太平洋建设集团有限公司	76 433.00	5 035.30
48	53	陕西煤业化工集团有限责任公司	74 776.70	1 113.70
49	68	盛虹控股集团有限公司	74 700.80	548.50
50	60	中国保利集团有限公司	73 998.50	988.20

（续）

排名		公司名称	营业收入（百万美元）	利润（百万美元）
2024年	2023年			
51	55	山东魏桥创业集团有限公司	73 484.40	1 192.30
52	58	招商银行股份有限公司	71 514.60	20 708.70
53	50	广州汽车工业集团有限公司	71 386.10	345.40
54	70	浙江吉利控股集团有限公司	70 356.80	812.60
55	52	台积公司	69 415.80	27 350.40
56	43	厦门象屿集团有限公司	69 286.90	14.50
57	62	北京汽车集团有限公司	67 852.20	328.10
58	56	万科企业股份有限公司	65 789.40	1 718.10
59	49	晋能控股集团有限公司	63 639.80	993.60
60	51	中国铝业集团有限公司	63 595.40	876.50
61	69	兴业银行股份有限公司	59 152.30	10 893.30
62	65	中国华能集团有限公司	57 890.80	1 632.10
63	75	中国能源建设集团有限公司	57 708.10	600.00
64	59	东风汽车集团有限公司	57 595.90	-391.60
65	72	浙江恒逸集团有限公司	57 468.00	23.50
66	67	联想集团有限公司	56 863.80	1 010.50
67	71	河钢集团有限公司	56 728.30	23.70
68	86	宁德时代新能源科技股份有限公司	56 632.80	6 232.50
69	74	中国电子科技集团有限公司	56 083.80	2 563.00
70	78	国家电力投资集团有限公司	54 484.60	1 615.80
71	76	青山控股集团有限公司	53 980.00	1 554.20
72	35	中国远洋海运集团有限公司	53 929.60	3 584.40
73	82	美的集团股份有限公司	52 789.60	4 763.20
74	79	中国联合网络通信股份有限公司	52 632.30	1 154.50
75	80	陕西延长石油（集团）有限责任公司	51 525.90	997.30
76	63	绿地控股集团股份有限公司	50 897.00	-1 349.90
77	77	上海浦东发展银行股份有限公司	50 864.50	5 184.50
78	85	金川集团股份有限公司	49 900.70	1 359.50
79	73	中国建材集团有限公司	49 088.80	198.20
80	81	中国船舶集团有限公司	48 890.00	2 408.40
81	89	敬业集团有限公司	48 120.00	248.90
82	83	中国机械工业集团有限公司	46 482.20	181.60
83	87	浙江省交通投资集团有限公司	45 772.00	763.60
84	61	中国太平洋保险（集团）股份有限公司	45 759.90	3 850.30
85	90	中国华电集团有限公司	45 534.10	1 909.50

（续）

排名		公司名称	营业收入（百万美元）	利润（百万美元）
2024 年	2023 年			
86	88	苏商建设集团有限公司	45 265.40	1 142.00
87	93	中国兵器装备集团公司	44 790.20	1 136.80
88	91	中国民生银行股份有限公司	43 553.60	5 060.30
89	96	上海建工集团股份有限公司	43 031.10	220.10
90	—	广州市建筑集团有限公司	42 403.20	152.00
91	—	紫金矿业集团股份有限公司	41 445.60	2 983.30
92	—	深圳市投资控股有限公司	41 025.20	1 412.50
93	84	鞍钢集团有限公司	40 684.60	−83.10
94	92	和硕联合科技股份有限公司	40 356.80	504.60
95	100	新希望控股集团有限公司	39 988.00	−93.00
96	—	中国核工业集团有限公司	39 632.90	1 297.40
97	—	泰康保险集团股份有限公司	39 411.60	1 786.10
98	95	江苏沙钢集团有限公司	39 241.30	227.70
99	—	美团公司	39 092.50	1 957.20
100	—	奇瑞控股集团有限公司	39 091.70	585.70

注：1. 本榜单制榜方法与《财富》世界 500 强一致。排行榜按截止日不晚于 2024 年 3 月 31 日财务年度的营业总收入对公司进行排名。所有上榜公司必须公布其财务数据并将部分或全部数字报告给政府机构。数字以报告为准，比较对象为最初报告的上一年数字。《财富》杂志不会因会计准则的变化而重新确定上一年的数字。

2. 营业收入数字包括合并子公司的收入以及已报告的已终止运营业务的收入，但未计入营业税。银行的营业收入为利息毛收入和非利息毛收入之和。保险公司的营业收入计入保费、养老金收益、投资收益、已实现的资本利得或损失以及其他收益，但未计入存款。

3. 利润为税后利润，并扣除损益表上的非正常赊销或非正常费用、会计准则变动累积影响数、非控股股东（即少数股东）权益，但未扣除优先分红。利润降幅超过 100%，表示该公司由 2022 年盈利变为 2023 年亏损。由于税基不具有可比性，本表只列出股份合作公司和合伙企业的利润，而不将之与其他上榜公司的利润比较。互助保险公司的利润依据法定会计准则计算。非美国公司的营业收入和利润均按各公司财务年度的平均汇率转换成美元（除注明外，财务年度截止日均为 2023 年 12 月 31 日）。

4. 榜单所列资产为各公司财务年度截止日时的数字。非美国公司公布的数字均按各公司财务年度截止日的汇率转换成美元。

〔来源：财富中文网〕

2024 年世界 500 强中国上榜企业名单

2024 年《财富》世界 500 强排行榜企业的营业收入总和约为 41 万亿美元，相当于全球 GDP 的 1/3，比 2023 年增长了约 0.1%。此次上榜门槛（最低销售收入）从 309 亿美元增长至 321

亿美元。所有上榜企业的净利润总和同比增长 2.3%，约为 2.97 万亿美元。500 家企业除了盈利总额略低于 2022 年上榜企业，包括资产总额、净资产总额以及雇佣员工总数等其他指标均达到自《财富》世界 500 强排行榜创立以来的最高峰。

沃尔玛连续第十一年成为全球最大公司，亚马逊重回第 2 位，中国的国家电网有限公司继续位列第 3。排在第 4 位和第 5 位的分别是沙特阿拉伯国家石油公司（简称沙特阿美）和中国石油化工集团有限公司。

500 家企业的整体利润重回增长轨道。2023 年，世界 500 强企业利润总额接近 3 万亿美元，相较 2022 年增长 2.3%。沙特阿美利润虽然同比下降约 24%，却仍然以约 1 207 亿美元的利润蝉联利润榜榜首；三家美国科技企业——苹果公司、谷歌母公司 Alphabet 和微软分别居最赚钱公司（利润榜）的第 2 位、第 4 位和第 5 位。伯克希尔 - 哈撒韦公司作为 2023 年世界 500 强榜单上亏损最多的企业，以超过 962 亿美元的利润，居 2024 年利润榜第 3 位。三家中国企业进入利润榜前 10 位，均为商业银行，分别是中国工商银行股份有限公司、中国建设银行股份有限公司和中国农业银行股份有限公司，其中中国工商银行股份有限公司的利润超过 514 亿美元。

1. 中国、美国和日本

2024 年，加上中国台湾地区企业，中国共有 133 家企业上榜，比 2023 年减少 9 家。美国 2024 年共有 139 家企业上榜，比 2023 年增加 3 家，大公司数量位居各国之首。这是自 2018 年以后，中国上榜的企业数量首次少于美国。

进入榜单的中国大陆及中国香港企业数量为 128 家，比 2023 年减少 7 家。日本上榜企业数量排第 3 位。2024 年，日本一共有 40 家上榜企业，较 2023 年减少 1 家，延续了其下降的趋势。美国、中国和日本 3 个国家，合在一起为榜单贡献了大约 2/3 的企业数量、营业收入和利润。

2024 年榜单中，中国 133 家上榜企业 2023 年营业收入总额约为 11 万亿美元，比 2023 年的 142 家上榜企业营业收入总额下降约 6%；平均销售收入约为 830 亿美元，低于上榜美国企业的平均销售收入的 990 亿美元，略高于全榜 500 家企业的平均数；美国企业平均利润是 88 亿美元，上榜中国大陆及中国香港企业的平均利润为 39 亿美元，未达到全榜单 500 家企业的平均利润——59 亿美元。而 139 家美国企业盈利总额达 12 236 亿美元，占据《财富》世界 500 强全部盈利的 41%。

2. 汽车行业崛起，互联网回暖

在上榜中国企业所在的 15 个领域中，“汽车和零部件”的发展较为突出。

共有 10 家中国汽车及汽车部件企业进入 2024 年《财富》世界 500 强。这 10 家企业中，奇瑞控股集团有限公司第 1 次上榜，以 391 亿美元营业收入列第 385 位。其他 9 家企业的排位同比多数都有上升。2024 年，比亚迪股份有限公司是排名提升最多的中国企业。2023 年，这家企业的营业收入从 2022 年的 630 亿美元增长到 851 亿美元，比 2023 年排位提升 69 位。同时，宁德时代新能源科技股份有限公司继 2023 年首次上榜后，2023 年营业收入从 488 亿美元增长到 566 亿美元。浙江吉利控股集团有限公司的营业收入提升 40 位，从 604 亿美元增长到 704 亿美元。这几家企业带动中国汽车，尤其是电动汽车走向世界市场。

在 128 家中国大陆及中国香港企业中，除去 5 家新上榜和重新上榜企业，以及 6 家位次不变的企业，有 46 家企业位次上升，71 家位次下降。其中，互联网领域大企业位次整体上升。5 家互联网巨头中，除了阿里巴巴集团控股有限公司下滑 2 位之外，京东集团股份有限公司、腾讯控股有限公司和美团的排位均有提升，同时拼多多控股公司首次上榜。受益于中国互联网行业的回暖，美团成为榜单中位次提升最多的中国企业，位次跃升 83 名，居第 384 位。排在第 47 位的京东集团股份有限公司首次进入前 50 名，取代中国平安保险（集团）股份有限公司成为中国大陆最大民营公司。

3. 经营领域中分析

《财富》世界 500 强排行榜将所有企业按照其经营领域进行分类。经营领域（sector）包括了若干细分产业。上榜128家中国大陆及中国香港企业分属15个经营领域。在这15个经营领域中，仅有4个领域的企业整体销售收益率超过5%，即金融、零售、电信和高技术领域。

高技术领域是全球技术发展的前沿，也是全球竞争的焦点。按照《财富》的分类，这个经营领域包括网络、通信设备、互联网服务、计算机、电子电气设备、半导体元器件、计算机软件、人工智能等细分产业的企业。

进入2024年《财富》世界500强排行榜的高技术企业共33家，它们的平均营业收入为882亿美元，平均盈利达146亿美元。高技术企业的营业收益率最高。华为投资股份有限公司依然是这个领域中国企业的龙头，2023年销售额接近1 000亿美元，盈利约为123亿美元。

在33家高技术企业中，美国有16家，平均营业收入1 026亿美元，盈利236亿美元。进入2024年排行榜的非美国高技术企业共17家（包括中国大陆企业6家），平均营业收入746亿美元，平均盈利63亿美元。显然，美国高技术企业在该高度竞争的领域中占据优势，仅苹果公司、Alphabet、微软和Meta Platforms就创造了2 822亿美元的净利润。

此次《财富》世界500强排行榜一共有43家"新上榜和重新上榜"企业，其中有5家中国公司，它们分别是奇瑞控股集团有限公司、杭州市实业投资集团有限公司、海亮集团有限公司、拼多多控股公司、友邦保险控股有限公司。奇瑞控股集团有限公司、杭州市实业投资集团有限公司和拼多多控股公司均为首次上榜。43家公司中有15家来自银行业。凭借人工智能热潮带来的强劲需求，英伟达首次上榜，居第222位，在2024年首次上榜企业中排位最高。

在净资产收益率（ROE）榜上，家得宝公司以超过1 450%的净资产收益率蝉联榜首，甲骨文公司跃升至第2位，净资产收益率超过792%。Cencora公司和苹果公司分别列第3位、第4位。净资产收益率最高的50家企业中，只有两家中国公司——奇瑞控股集团有限公司以35%的净资产收益率列第40位，拼多多控股公司则列第47位。在ROE方面，中国企业中排位前10的分别是奇瑞控股集团有限公司、拼多多控股公司、台积公司、宁德时代新能源科技股份有限公司、比亚迪股份有限公司、广达电脑公司、美的集团股份有限公司、紫金矿业集团股份有限公司、立讯精密工业股份有限公司、联想集团有限公司。

在利润率榜上，Visa公司以超52%的净利润率位居榜首。利润率最高的前5家企业中，有3家来自半导体、电子元件行业，分别是英伟达、台积公司和博通公司，位居第2至第4位。

在排名位次的变化上，2024年上升幅度最大的是瑞银集团，跃升165位，列第182位。德意志银行上升149名，列第205位，是排名上升幅度第2大的公司。排名上升幅度前10位的企业中，除1家保险公司外，其余9家均为银行。2024年有4家中国企业上升至少50位，分别是美团、比亚迪股份有限公司、盛虹控股集团有限公司和泰康保险集团股份有限公司。

2024年共有33家企业未能实现盈利，其中有6家中国大陆企业。亏损榜中排名第1的是英美烟草集团，亏损额超过178亿美元。受俄乌冲突及欧盟制裁影响，俄罗斯天然气工业股份公司排名第2，亏损额超过73亿美元。相比2023年，2024年榜单中亏损企业的亏损总额大幅下降。2024年世界500强中国上榜企业名单见表1。

表1　2024年世界500强中国上榜企业名单

排名		公司名称	营业收入（百万美元）
2024年	2023年		
3	3	国家电网有限公司	545 947.5
5	5	中国石油化工集团有限公司	429 699.7

（续）

排名		公司名称	营业收入（百万美元）
2024 年	2023 年		
6	6	中国石油天然气集团有限公司	421 713.6
14	13	中国建筑集团有限公司	320 430.5
22	28	中国工商银行股份有限公司	222 484.2
30	29	中国建设银行股份有限公司	199 826.1
32	27	鸿海精密工业股份有限公司	197 876.0
34	32	中国农业银行股份有限公司	192 398.3
35	39	中国铁路工程集团有限公司	178 562.9
37	49	中国银行股份有限公司	172 327.6
43	43	中国铁道建筑集团有限公司	160 847.4
44	44	中国宝武钢铁集团有限公司	157 216.3
47	52	京东集团股份有限公司	153 217.4
53	33	中国平安保险（集团）股份有限公司	145 759.1
54	38	中国中化控股有限责任公司	143 240.0
55	62	中国移动通信集团有限公司	142 832.4
56	42	中国海洋石油集团有限公司	141 731.8
59	54	中国人寿保险（集团）公司	139 615.9
63	63	中国交通建设集团有限公司	136 670.7
69	65	中国五矿集团有限公司	132 019.7
70	68	阿里巴巴集团控股有限公司	131 337.9
71	100	中国中信集团有限公司	131 242.3
72	74	中国华润有限公司	126 169.5
75	72	山东能源集团有限公司	122 383.2
78	83	中国南方电网有限责任公司	118 813.5
81	123	恒力集团有限公司	114 664.5
83	86	中国邮政集团有限公司	112 778.5
84	76	国家能源投资集团有限责任公司	112 048.7
85	69	厦门建发集团有限公司	110 665.6
93	84	上海汽车集团股份有限公司	105 195.7
103	111	华为投资控股有限公司	99 470.3
106	87	中粮集团有限公司	97 765.1
108	105	中国电力建设集团有限公司	97 034.9
112	113	中国医药集团有限公司	96 072.2
129	131	中国第一汽车集团有限公司	89 485.0
135	132	中国电信集团有限公司	87 961.5

（续）

排名		公司名称	营业收入（百万美元）
2024 年	2023 年		
138	132	浙江荣盛控股集团有限公司	86 535.6
141	147	腾讯控股有限公司	86 028.3
142	95	厦门国贸控股集团有限公司	85 818.8
143	212	比亚迪股份有限公司	85 082.0
147	150	中国航空工业集团有限公司	82 654.1
150	138	物产中大集团股份有限公司	81 952.4
154	161	交通银行股份有限公司	78 757.1
157	171	江西铜业集团有限公司	78 243.2
158	120	中国人民保险集团股份有限公司	78 181.7
160	146	中国兵器工业集团有限公司	76 506.9
161	157	太平洋建设集团有限公司	76 433.0
170	169	陕西煤业化工集团有限责任公司	74 776.7
171	222	盛虹控股集团有限公司	74 700.8
173	191	中国保利集团有限公司	73 998.5
175	172	山东魏桥创业集团有限公司	73 484.5
179	179	招商银行股份有限公司	71 514.6
181	165	广州汽车工业集团有限公司	71 386.1
185	225	浙江吉利控股集团有限公司	70 356.8
186	168	台积公司	69 415.8
187	142	厦门象屿集团有限公司	69 286.9
192	193	北京汽车集团有限公司	67 852.2
206	173	万科企业股份有限公司	65 789.5
213	163	晋能控股集团有限公司	63 639.8
214	166	中国铝业集团有限公司	63 595.4
232	223	兴业银行股份有限公司	59 152.3
238	209	中国华能集团有限公司	57 890.8
239	256	中国能源建设集团有限公司	57 708.1
240	188	东风汽车集团有限公司	57 595.9
243	244	浙江恒逸集团有限公司	57 468.0
248	217	联想集团有限公司	56 863.8
249	229	河钢集团有限公司	56 728.3
250	292	宁德时代新能源科技股份有限公司	56 632.8
253	252	中国电子科技集团有限公司	56 083.8
256	262	国家电力投资集团有限公司	54 484.6

（续）

排名		公司名称	营业收入（百万美元）
2024 年	2023 年		
265	257	青山控股集团有限公司	53 980.0
267	115	中国远洋海运集团有限公司	53 929.6
277	278	美的集团股份有限公司	52 789.6
279	267	中国联合网络通信股份有限公司	52 632.3
285	269	陕西延长石油（集团）有限责任公司	51 525.9
291	205	绿地控股集团股份有限公司	50 897.0
292	260	上海浦东发展银行股份有限公司	50 864.5
300	289	金川集团股份有限公司	49 900.7
307	247	中国建材集团有限公司	49 088.8
309	272	中国船舶集团有限公司	48 890.1
314	320	敬业集团有限公司	48 120.0
326	279	中国机械工业集团有限公司	46 482.2
330	310	浙江省交通投资集团有限公司	45 772.0
331	192	中国太平洋保险（集团）股份有限公司	45 759.9
336	323	中国华电集团有限公司	45 534.1
340	313	苏商建设集团有限公司	45 265.4
343	341	中国兵器装备集团公司	44 790.2
351	329	中国民生银行股份有限公司	43 553.6
354	351	上海建工集团股份有限公司	43 031.1
361	380	广州市建筑集团有限公司	42 403.2
364	373	紫金矿业集团股份有限公司	41 445.6
370	391	深圳市投资控股有限公司	41 025.2
371	283	鞍钢集团有限公司	40 684.6
375	333	和硕	40 356.8
378	363	新希望控股集团有限公司	39 988.0
380	381	中国核工业集团有限公司	39 632.9
381	431	泰康保险集团股份有限公司	39 411.6
383	348	江苏沙钢集团有限公司	39 241.3
384	467	美团	39 092.5
385	—	奇瑞控股集团有限公司	39 091.7
394	414	广州工业投资控股集团有限公司	38 345.2
397	360	小米集团	38 276.8
402	—	杭州市实业投资集团有限公司	37 398.0
407	419	海尔智家股份有限公司	36 928.8

（续）

排名		公司名称	营业收入（百万美元）
2024 年	2023 年		
410	411	杭州钢铁集团有限公司	36 772.3
411	438	上海医药集团股份有限公司	36 768.8
412	440	山东高速集团有限公司	36 743.8
414	427	广东省广新控股集团有限公司	36 608.9
415	377	顺丰控股股份有限公司	36 502.4
417	426	广州医药集团有限公司	36 309.8
418	396	中国大唐集团有限公司	36 266.4
421	395	怡和集团	36 049.0
429	—	海亮集团有限公司	35 701.8
435	368	中国电子信息产业集团有限公司	35 390.9
436	389	蜀道投资集团有限责任公司	35 379.3
437	356	中国中煤能源集团有限公司	35 364.0
438	436	铜陵有色金属集团控股有限公司	35 244.5
439	453	长江和记实业有限公司	35 199.8
442	—	拼多多控股公司	34 981.1
444	345	广达电脑公司	34 860.2
446	—	友邦保险控股有限公司	34 851.0
451	434	中国中车集团有限公司	34 519.7
452	451	上海德龙钢铁集团有限公司	34 399.5
458	465	北京建龙重工集团有限公司	34 069.6
460	432	陕西建工控股集团有限公司	34 060.9
465	378	台湾中油股份有限公司	33 903.7
467	476	通威集团有限公司	33 731.3
470	410	首钢集团有限公司	33 621.3
471	359	山西焦煤集团有限责任公司	33 533.2
472	495	广西投资集团有限公司	33 428.1
475	466	湖南钢铁集团有限公司	33 344.8
483	483	中国航空油料集团有限公司	32 984.2
488	479	立讯精密工业股份有限公司	32 758.5

〔来源：财富中文网〕

2024 年度 ENR 全球最大 250 家国际承包商中国企业上榜名单

2024 年度美国《工程新闻纪录（ENR）》“全球最大 250 家国际承包商”榜单于美国当地时间 9 月 12 日发布。由中国对外承包工程商会统一组织参与申报的中国内地企业（以下简称中国企业）中，共有 81 家企业入围 2024 年度“全球最大 250 家国际承包商”。

榜单情况显示，2024 年中国企业上榜数量与 2023 年持平，继续蝉联各国榜首。土耳其以 42 家上榜企业居第 2 位，美国列第 3 位（38 家），意大利列第四位（13 家），韩国列第五位（11 家）。从各国上榜企业国际营业总额来看，中国上榜企业 2023 年国际营业额合计 1 229.7 亿美元，同比增长 4.3%，占全部上榜企业国际营业总额的 24.6%，较 2022 年下降 2.9 个百分点。法国企业以 849 亿美元位居次席，同比增长 35.2%，占比 17%，较 2022 年增长 2.3 个百分点。西班牙企业以 593.8 亿美元列第 3 位，与 2022 年基本持平，占比 11.9%，较 2022 年下降 2 个百分点。美国企业以 342.7 亿美元列第 4 位，同比增长 28.6%，占比 6.9%，较 2022 年增长 0.7 个百分点。韩国企业以 341.7 亿美元列第 5 位，同比增长 29.8%，占比 6.8%，较 2022 年增长 0.7 个百分点。面对不断变化的全球市场环境，中国上榜企业整体业务规模保持相对稳定发展，上榜企业数量与业务规模在各国企业中均保持首位，体现出较强的外部环境适应能力，展现了行业发展的强大韧性。

4 家中国企业进入榜单前 10 强，与 2023 年度持平，分别是中国交通建设集团有限公司（排名第 4 位，国际营业额 248.4 亿美元）、中国建筑股份有限公司（排名第 6 位，国际营业额 153.4 亿美元），中国电力建设集团有限公司（排名第 8 位，国际营业额 115.6 亿美元）、中国铁建股份有限公司（排名第 10 位，国际营业额 100.2 亿美元）；共有 11 家中国企业进入榜单 50 强，数量与 2023 年度持平。法国企业万喜（VINCI）以 427.3 亿美元的国际营业额蝉联榜首，西班牙企业 ACS（自 2022 年度起，其与控股的德国企业霍赫蒂芙联合申报）以 416.2 亿美元国际营业额居第 2 位。值得关注的是，法国企业布依格（BOUYGUES）以 301.5 亿美元的国际营业额列第 3 位。布依格（BOUYGUES）2023 年国际营业额较上年实现 45% 的增长（2022 年国际营业额 208 亿美元），与其 2022 年完成收购另一家法国公司 ENGIE 的电力工程业务相关。入围榜单前 10 强的其他企业有：奥地利 STRABAG SE、瑞典 SKANSKA AB、意大利 SAIPEM SPA。其中，SAIPEM SPA 为近年来首次入围榜单前 10 强。

上榜的 81 家中国企业的平均国际营业额为 15.2 亿美元，同比增长 4.1%，平均国际业务占比（国际营业额 / 全球营业额）为 8.5%，较 2022 年增长 0.5 个百分点。上榜的前 10 家中国企业平均国际营业额为 89.6 亿美元，平均国际业务占比为 9.6%，较 2022 年增长 0.7%。榜单前 10 家外国企业平均国际营业额为 188.8 亿美元，平均国际业务占比为 66.9%，较 2022 年增长 1%。国际业务占比方面，中外企业差距目前仍较为明显。同时，2024 年度上榜中国企业平均国际营业额及平均国际业务占比均出现增长，说明中国企业在国际化发展的道路上不断尝试，持续发力。

根据榜单显示，250 家上榜企业 2023 年的国际新签合同总额为 6 761 亿美元，较 2022 年增长 15.1%；国际营业总额为 4 997 亿美元，较 2022 年增长 16.6%；在近两年连续上榜的 237 家企业中，63.3% 的上榜企业国际营业额有所提升。

地区市场业务规模方面，欧洲市场占据首位，250 家上榜企业在该地区的营业额合计 1 307.6 亿美元，占营业总额的 26.2%，较 2022 年下降 0.1%；亚洲市场排第 2 位，250 家上榜企业在该地区的营业额合计 895.8 亿美元，占营业总额的 17.9%，较 2022 年下降 1.7%；排第 3 位的是美国市场，250 家上榜企业在该地区的营业额合计 715 亿美元，占营业总额的 14.3%，较 2022 年提高 1.3%；其次是中东市场、非洲市场、拉丁美洲和加勒比市场，占比分别为 12.9%、10.5%、6.9%。在地区市场业务前 10 强榜单中，中国企业除未能进入美国、加拿大市场外，其他市场均占有席位。在亚洲市场，中国建筑、中国交建、中国电建、中国中铁、中冶科工、中国能建、国机集团、中国铁建 8 家企业入围；在非洲市场，中国交建、中国铁建、中国电建、中国中铁、中国建筑、中材国际 6 家企业入围；在拉丁美洲和加勒比市场，中国交建、中国铁建、中国电建 3 家企业上榜；在中东市场，中国电建、中国能建 2 家企业上榜；在澳大利亚市场，中国交建上榜；在欧洲市场，中国化学工程上榜。各国承包商在各区域市场各有所长，在非洲、亚洲和中东市场，中国企业业务继续保持领先地位，份额分别达到 56.8%、55.8% 和 25.3%；欧洲企业在欧洲、美国、澳大利亚、拉丁美洲和加勒比市场优势依旧明显，市场份额分别达到 77.9%、73%、65.1% 和 54.5%；美国企业业务主要集中在加拿大、拉丁美洲和加勒比市场，市场份额分别为 50.1%、13.6%；日韩企业在中东市场、亚洲市场具备一定竞争力。

专业业务领域方面，交通运输建设仍是业务规模最大的领域，上榜企业在该领域营业额合计 1 545.5 亿美元（占营业总额的 30.9%，较 2022 年下降 2.4%）；其次是房屋建筑领域，上榜企业的营业额合计 969.8 亿美元（占营业总额的 19.4%，较 2022 年下降 2%）；石油化工领域居第 3 位，上榜企业的营业额合计 810.9 亿美元（占营业总额的 16.2%，较 2022 年提升 2.9%）；电力工程领域，上榜企业的营业额合计 519.5 亿美元（占营业总额的 10.4%，较 2022 年下降 0.1%）。上述四个领域营业额合计占比 76.9%。在各专业业务领域排名前 10 强榜单中，除通信工程领域外，均有中国企业入围。其中，在交通运输建设领域，中国交建、中国铁建、中国中铁 3 家企业上榜；在电力工程领域，中国电建、中国能建、特变电工 3 家企业上榜；在水利工程领域，中国交建、中国电建、国机集团 3 家企业上榜；在房屋建筑领域，中国建筑、中国交建 2 家企业上榜；在石油化工领域，中国化学工程、中油工程 2 家企业上榜；在制造加工领域，中材国际、中国交建 2 家企业上榜；在工业建设领域，中冶科工、中钢设备 2 家企业上榜；在供排水与污水处理领域，中国交建上榜。表明中国企业在上述各业务领域均具有一定竞争力。

与 2023 年度相比，81 家上榜中国企业中，有 26 家排名上升，46 家排名出现下滑，7 家排名持平，2 家为新上榜企业。其中，排名升幅较大的企业有：中电装备（排名从 94 位上升至 72 位）、中国有色（排名从 168 位上升至 114 位）、中铝国际（排名从 203 位上升至 125 位）、陕西建工（排名从 172 位上升至 142 位）、四川路桥（排名从 174 位上升至 149 位）、中亿丰建设（排名从 222 位上升至 179 位）、河北建工（排名从 241 位上升至 213 位）。值得一提的是，中国十五冶、杰瑞石油作为新上榜企业，分别列第 111 位和第 130 位。

在 ENR 同期发布的 2024 年度“最大 250 家全球承包商”榜单中（以国内与国际营业额合计排序），共 7 家中国企业进入前 10 强，较 2023 年度减少 2 家，其中中国建筑、中国中铁、中国铁建、中国交建、中冶科工包揽前 5 位，中国电建排名第 7 位、上海建工排名第 8 位。此外，中国能建、陕西建工、北京城建、山西建投、中国化学工程、绿地大基建、湖南建工、北京建工、中国核建、浙江建投、特变电工、安徽建工、山东高速、上海城建、国机集团、中油工程、中石化炼化等企业进入榜单前 50 强，体现了中国企业在全球基建行业的重要地位。2024 年度 ENR 全球最大 250 家国际承包商上榜中国企业名单见表 1。

表 1　2024 年度 ENR 全球最大 250 家国际承包商上榜中国企业名单

序号	排名		企业名称
	2024 年	2023 年	
1	4	3	中国交通建设集团有限公司
2	6	6	中国建筑股份有限公司
3	8	8	中国电力建设集团有限公司
4	10	9	中国铁建股份有限公司
5	15	13	中国中铁股份有限公司
6	19	17	中国能源建设股份有限公司
7	23	16	中国化学工程集团有限公司
8	40	33	中国机械工业集团有限公司
9	41	31	中国石油集团工程股份有限公司
10	43	43	中国中材国际工程股份有限公司
11	44	39	中国冶金科工集团有限公司
12	60	79	特变电工股份有限公司
13	65	64	山东高速集团有限公司
14	66	75	北方国际合作股份有限公司
15	72	94	中国电力技术装备有限公司
16	75	71	中国江西国际经济技术合作有限公司
17	77	78	中钢设备有限公司
18	80	74	中国东方电气集团有限公司
19	85	68	海洋石油工程股份有限公司
20	89	73	浙江省建设投资集团股份有限公司
21	90	87	青建集团股份公司
22	92	100	中石化炼化工程（集团）股份有限公司
23	94	84	中信建设有限责任公司
24	96	72	江西中煤建设集团有限公司
25	98	86	北京城建集团有限责任公司
26	99	101	哈尔滨电气国际工程有限责任公司
27	101	97	中国地质工程集团有限公司
28	102	105	中石化中原石油工程有限公司
29	103	125	中国通用技术（集团）控股有限责任公司
30	107	108	新疆生产建设兵团建设工程（集团）有限责任公司
31	109	109	中国河南国际合作集团有限公司
32	111	—	中国十五冶金建设集团有限公司

（续）

序号	排名		企业名称
	2024年	2023年	
33	114	168	中国有色金属建设股份有限公司
34	116	116	烟建集团有限公司
35	118	122	威海国际经济技术合作股份有限公司
36	122	62	上海电气集团股份有限公司
37	124	128	上海城建（集团）有限公司
38	125	203	中铝国际工程股份有限公司
39	126	126	中鼎国际工程有限责任公司
40	127	104	中国航空技术国际工程有限公司
41	128	131	北京建工集团有限责任公司
42	129	111	中地海外集团有限公司
43	130	—	杰瑞石油天然气工程有限公司
44	132	129	山西建设投资集团有限公司
45	133	143	中国江苏国际经济技术合作集团有限公司
46	136	124	上海建工集团股份有限公司
47	137	132	江苏省建筑工程集团有限公司
48	142	172	陕西建工控股集团有限公司
49	143	149	云南省建设投资控股集团有限公司
50	148	146	中国武夷实业股份有限公司
51	149	174	四川公路桥梁建设集团有限公司
52	160	158	西安西电国际工程有限责任公司
53	166	150	龙信建设集团有限公司
54	167	134	中国核工业建设股份有限公司
55	168	162	湖南建工集团有限公司
56	169	165	湖南路桥建设集团有限责任公司
57	174	169	山东淄建集团有限公司
58	175	173	山东高速德建集团有限公司
59	177	167	沈阳远大铝业工程有限公司
60	179	222	中亿丰建设集团股份有限公司
61	182	184	中国甘肃国际经济技术合作有限公司
62	193	195	江苏中南建筑产业集团有限责任公司
63	194	181	安徽建工集团股份有限公司
64	197	197	重庆对外建设（集团）有限公司
65	200	199	南通建工集团股份有限公司
66	201	200	浙江交工集团股份有限公司
67	203	176	山东电力工程咨询院有限公司

（续）

序号	排名		企业名称
	2024 年	2023 年	
68	207	224	龙建路桥股份有限公司
69	210	207	中国瑞林工程技术股份有限公司
70	213	241	河北建工集团有限责任公司
71	214	230	中天建设集团有限公司
72	215	237	蚌埠市国际经济技术合作有限公司
73	217	191	江苏通州四建集团有限公司
74	218	202	正太集团有限公司
75	221	135	江西省水利水电建设集团有限公司
76	226	157	江西省建工集团有限责任公司
77	230	229	天元建设集团有限公司
78	233	228	江联重工集团股份有限公司
79	239	189	中国建材国际工程集团有限公司
80	242	227	浙江省东阳第三建筑工程有限公司
81	245	246	绿地大基建集团有限公司

注：“—”表示该企业 2023 年度未入围榜单。

（本文略有删减）　〔来源：中国对外承包工程商会官网〕

2023 年度机械工业科学技术奖授奖项目目录

技术发明奖

（注：按项目编号排序）

一等奖（14 项）

序号	项目编号	项目名称	完成单位
1	2301038	航空航天能源装备关重件加工用刀具“形－性－用”一体化设计及管控技术	哈尔滨理工大学、中国航发哈尔滨东安发动机有限公司、株洲钻石切削刀具股份有限公司、国宏工具系统（无锡）股份有限公司、哈尔滨新力光电技术有限公司、航天科工哈尔滨风华有限公司
2	2303044	复杂机械载荷与多场耦合材料力学性能测试技术及应用	吉林大学、中机试验装备股份有限公司*、北京大学
3	2303048	微细切削加工与测量共体技术、仪器及应用	浙江大学、中国工程物理研究院激光聚变研究中心

（续）

序号	项目编号	项目名称	完成单位
4	2306088	中型液氧甲烷运载火箭双低温涡轮泵关键技术及应用	浙江理工大学、蓝箭航天技术有限公司、蓝箭航天空间科技股份有限公司
5	2307064	高端环面蜗杆蜗轮副主动设计与精密加工关键技术	重庆大学、重庆机床（集团）有限责任公司、南京工大数控科技有限公司、重庆水泵厂有限责任公司、内蒙古北方重工业集团有限公司、重庆机电智能制造有限公司
6	2307066	乘用车串并联混合动力变速系统关键技术及应用	北京航空航天大学、广州汽车集团股份有限公司、蜂巢传动系统（江苏）有限公司、北京航空航天大学宁波创新研究院、蜂巢传动科技河北有限公司、内蒙古工业大学
7	2309015	运载车体复杂薄壁结构高强韧智能电阻点焊工艺及装备系统	上海交通大学、中车青岛四方机车车辆股份有限公司、上汽通用五菱汽车股份有限公司、上汽通用汽车有限公司、上海治崍工业装备有限公司
8	2309065	核岛内燃料元件自主化关键制造技术及应用	湖南大学、中核北方核燃料元件有限公司、中国核电工程有限公司
9	2309115	面向大型难加工材料构件装配的螺旋铣孔技术与装备	大连理工大学、上海飞机制造有限公司、中航西安飞机工业集团股份有限公司、大连理工江苏研究院有限公司
10	2309116	高性能纤维复合材料构件结构仿生关键技术及应用	吉林大学、中国航发北京航空材料研究院、中车长春轨道客车股份有限公司、长春路通轨道车辆配套装备有限公司、山东圣泉新材料股份有限公司、威海光威复合材料股份有限公司、山东中航泰达复合材料有限公司
11	2309117	超高强钢结构件数字化热成形技术与成套装备	北京机科国创轻量化科学研究院有限公司、合肥合锻智能制造股份有限公司、济南奥图自动化股份有限公司、东实（武汉）实业有限公司、一汽模具制造有限公司、比亚迪汽车有限公司
12	2311011	绿色柴油机高适应性智能控制关键技术	广西玉柴机器股份有限公司、天津大学、广西大学、北京工业大学、常州易控汽车电子股份有限公司、卓品智能科技无锡股份有限公司
13	2315028	脑损伤患者神经环路重塑的康复机器人装备与技术	华中科技大学、哈尔滨工业大学、北京航空航天大学、华中科技大学同济医学院附属同济医院、南京医科大学第一附属医院、南京麦澜德医疗科技股份有限公司、广州科莱瑞迪医疗器材股份有限公司、合肥哈工艾斯德康智能科技有限公司、苏州好博医疗器械股份有限公司
14	2315059	精密机械系统装配质量保障技术与工程应用	西安交通大学、上海宇航系统工程研究所、中国航发上海商用航空发动机制造有限责任公司、秦川机床工具集团股份公司、内蒙古第一机械集团有限公司、中国航发四川燃气涡轮研究院

二等奖（16项）

序号	项目编号	项目名称	完成单位
1	2301023	中小型航空发动机典型零件成套加工装备及关键技术	北京工研精机股份有限公司、中国航发南方工业有限公司、天津大学、通用技术集团机床工程研究院有限公司

（续）

序号	项目编号	项目名称	完成单位
2	2301037	开放式数控系统二次开发平台关键技术与产品及应用	沈阳中科数控技术股份有限公司、北京机床研究所有限公司、山东大学、沈阳机床股份有限公司、沈阳飞机工业（集团）有限公司、天津宝涞精工集团股份有限公司、济南奥图自动化股份有限公司
3	2302171	大容量城轨安全保障供电系统及工程应用	华南理工大学、广州智光电气技术有限公司、广东创电科技有限公司、广州爱申特科技股份有限公司、广州科技贸易职业学院
4	2302172	光伏直流升压汇集接入系统关键技术与装备	云南电网有限责任公司电力科学研究院、中国科学院电工研究所、华北电力大学、云南电网有限责任公司红河供电局、天津大学、北京四方继保工程技术有限公司、中国三峡新能源（集团）股份有限公司
5	2303046	两相流动多参数同步测试关键技术及应用	上海理工大学、上海仪器仪表自控系统检验测试所有限公司、上海海立电器有限公司、湖南五凌电力科技有限公司、上海明华电力科技有限公司、江苏迅创科技股份有限公司、上海盈诺精密仪器有限公司
6	2306027	热轧高温粉尘协同控制关键技术与装备	武汉科技大学、武汉大学、黄冈师范学院、武汉钢铁有限公司、山东钢铁集团有限公司、江苏博际喷雾系统股份有限公司
7	2307006	高冲击负载长寿命精密谐波减速器关键技术及应用	北京工业大学、北京精密机电控制设备研究所、北京中技克美谐波传动股份有限公司
8	2308018	新一代大承载高稳定静止轨道卫星平台结构技术	上海卫星工程研究所、上海复合材料科技有限公司、上海航天技术研究院
9	2309003	7 系 Al-Zn-Mg-Cu 高强铝合金丝材开发与应用的关键技术及其装备	江苏理工学院、中车戚墅堰机车车辆工艺研究所有限公司、常州市蓝托金属制品有限公司
10	2309007	高温合金高效切削陶瓷刀具的微波制造装备与技术	南京理工大学、南京多特工具有限公司、南京天科仪器科技有限公司
11	2309014	高效爪极式发电机关键构件成形制造与磁性能无损检测技术	上海交通大学、江苏龙城精锻集团有限公司、中天钢铁集团有限公司
12	2309111	复杂空间曲线等离子弧自动焊接关键技术与装备	北京工业大学、北京卫星制造厂有限公司、中船黄埔文冲船舶有限公司
13	2309118	高强铝合金构件高效短流程精确成形技术与应用	武汉理工大学、湖北三环锻造有限公司、武汉镁里镁科技有限公司、东实（武汉）实业有限公司、东风越野车有限公司、上海航天设备制造总厂有限公司
14	2309119	机器人结构抗震优化与自适应悬架技术及应用	东南大学、天津航天机电设备研究所、江苏省特种设备安全监督检验研究院、南京邮电大学、博众精工科技股份有限公司、西安飞机工业（集团）有限责任公司、中交第二航务工程局有限公司
15	2311069	船用中高速甲醇/柴油双燃料发动机技术	淄柴动力有限公司、天津大学、淄柴机器有限公司

（续）

序号	项目编号	项目名称	完成单位
16	2312027	50WM 重型燃气轮机热端部件高精密修复关键技术创新及应用	东方电气集团东方汽轮机有限公司

三等奖（5 项）

序号	项目编号	项目名称	完成单位
1	2302167	大型发电机定子绕组主绝缘关键技术研究及重大工程应用	哈尔滨电机厂有限责任公司、哈尔滨大电机研究所有限公司、中国长江电力股份有限公司、哈尔滨理工大学、黑龙江科技大学
2	2302173	超稳高可靠磁悬浮支承系统关键技术及应用	无锡太湖学院、江苏大学、北京石油化工学院、南京航空航天大学、山东明天机械集团股份有限公司
3	2303047	核电厂堆机协调控制及负荷跟踪性能提升关键技术研究	浙江大学、中广核工程有限公司、上海交通大学
4	2309112	汽车后雨刮传动组件智能装配及其关键齿轮零件精冲成形工艺与装备	武汉纺织大学、武汉思凯精冲模具有限责任公司、华中科技大学
5	2310043	考虑复杂轮胎力学特性的车辆防侧翻关键技术研究与应用	北汽重型汽车有限公司、江苏理工学院、常州机电职业技术学院

科技进步奖

（注：按项目编号排序）

特等奖（2 项）

序号	项目编号	项目名称	完成单位
1	2304033	宽幅不锈钢薄带热连轧关键技术研发与成套装备研制	中国第一重型机械股份公司、一重集团大连工程技术有限公司、太原理工大学、福建鼎信科技有限公司
2	2315053	制造业多价值链分布式数据空间及管理和运行服务平台	西南交通大学、成都国龙信息工程有限责任公司、浙江吉利控股集团有限公司、中国重型汽车集团有限公司、成都工业学院、中国科学院软件研究所、四川省工业软件技术研究院

一等奖（27 项）

序号	项目编号	项目名称	完成单位
1	2301042	大型智能、高速、全自动冲压生产线关键技术研发及产业化应用	济南二机床集团有限公司

（续）

序号	项目编号	项目名称	完成单位
2	2302028	多场景大容量“光储直柔”高品质供电关键技术、系统及应用	深圳供电局有限公司、湖南大学、西安交通大学、北京交通大学、浙江大学、浙江巨磁智能技术有限公司、清华四川能源互联网研究院、深圳市永联科技股份有限公司、浙江正泰电器股份有限公司、浙江天正电气股份有限公司
3	2302044	大规模风电场抗扰动分群优化控制关键技术与装备	上海交通大学、广东电网有限责任公司电网规划研究中心、国家电网有限公司国家电力调度控制中心、中国南方电网有限责任公司超高压输电公司电力科研院、湖南大学、华北电力大学、明阳智慧能源集团股份公司
4	2302057	1100kV 气体绝缘金属封闭输电线路关键技术及应用	国家电网有限公司、平高集团有限公司、中国电力科学研究院有限公司、山东电工电气日立高压开关有限公司、西安交通大学、国网江苏省电力有限公司、清华四川能源互联网研究院、河南平高电气股份有限公司、江苏金鑫电器有限公司、沈阳汇博热能设备有限公司
5	2302068	动力及储能电池化成分容高效低碳新路线、新工艺、新装备的研发及应用	广州擎天实业有限公司、中国电器科学研究院股份有限公司*、深圳市比亚迪锂电池有限公司、合肥国轩高科动力能源有限公司、广汽埃安新能源汽车股份有限公司、华中科技大学
6	2302086	百万千瓦级超低背压超长轴系二次再热汽轮机研制及应用	上海电气电站设备有限公司
7	2302093	柔性直流输电用变压器场量调控关键技术、装备与工程应用	南方电网科学研究院有限责任公司、山东电力设备有限公司、保定天威保变电气股份有限公司、中国南方电网有限责任公司超高压输电公司、杭州柯林电气股份有限公司、广州中望龙腾软件股份有限公司、英特工程仿真技术（大连）有限公司
8	2302133	兆瓦级多端口电力电子变压器关键技术、装备及其应用	清华大学、广东电网有限责任公司、山东泰开直流技术有限公司、山东泰开电力电子有限公司、清华四川能源互联网研究院
9	2302180	超宽／超厚板坯高可靠高密度磁场电磁冶金关键技术及成套装备	湖南中科电气股份有限公司、湖南大学、江苏沙钢集团有限公司、北京科技大学
10	2304012	面向矿物磨机的高精度液压重载机械臂关键技术及应用	中信重工机械股份有限公司、山东大学、天津理工大学、北京科技大学、洛阳中重自动化工程有限责任公司、洛阳矿山机械工程设计研究院有限责任公司、山东交通学院、南京晨光集团有限责任公司、南京理工大学、洛阳理工学院
11	2304028	多场景高效协同物流输送系统关键技术研究与应用	北京起重运输机械设计研究院有限公司*
12	2305016	旱田耕作大中型农业动力与配套装备关键技术及应用	第一拖拉机股份有限公司*、河南科技大学、中国农业机械化科学研究院集团有限公司*、农业农村部农业机械化总站、龙门实验室、河南巨隆科技有限公司、河北农哈哈机械集团有限公司、南通富来威农业装备有限公司
13	2306002	大型连续式跨声速风洞用主驱动压缩机组	沈鼓集团股份有限公司、沈阳透平机械股份有限公司、中国航空工业空气动力研究院、大连理工大学、大连透平机械技术发展有限公司

（续）

序号	项目编号	项目名称	完成单位
14	2306015	低温余热高效利用的吸收式热泵技术与应用	上海交通大学、双良节能系统股份有限公司、山东禄禧新能源科技有限公司
15	2306016	高温压力容器与管道焊接结构蠕变疲劳损伤防控技术	合肥通用机械研究院有限公司*、华东理工大学、南京工业大学、中国特种设备检测研究院
16	2307004	复杂工况下高可靠性盾构主轴承关键技术研究及系列化工程应用	洛阳 LYC 轴承有限公司、中铁隧道局集团有限公司、盾构及掘进技术国家重点实验室
17	2308025	汽车涂装线新型空腔灌蜡技术的开发与应用	机械工业第九设计研究院股份有限公司、一汽－大众汽车有限公司
18	2309044	工程装备材料腐蚀与磨损防护关键技术及关重件工程应用	中国机械总院集团武汉材料保护研究所有限公司、北京科技大学、清华大学、中铁大桥科学研究院有限公司、南京钢铁股份有限公司、武汉双虎涂料股份有限公司、兖矿东华重工有限公司、江苏科成有色金属新材料有限公司、湖南金磐新材料科技有限公司、芜湖新兴铸管有限责任公司
19	2310014	超高米段臂式高空作业平台关键技术及应用	湖南中联重科智能高空作业机械有限公司
20	2310023	面向大口径深桩硬地层的超大桩基础施工装备关键技术及产业化	徐州徐工基础工程机械有限公司
21	2310051	智能型大断面巷道快速掘锚成套装备关键技术及应用	中国铁建重工集团股份有限公司、中国矿业大学、中南大学
22	2311050	内燃机振动噪声控制关键技术及应用	天津大学、天津仁爱学院、重庆长安汽车股份有限公司、潍柴动力股份有限公司、广西玉柴机器股份有限公司
23	2311058	商用车自主可控尾气排放后处理系统关键部件技术与应用	无锡恒和环保科技有限公司、昆明云内动力股份有限公司、浙江福爱电子有限公司、福爱电子（贵州）有限公司、云南菲尔特环保科技股份有限公司、深圳市森世泰科技有限公司
24	2312018	轮式起重机伸缩系统电缆卷筒及自动伸缩控制方法研发及应用	徐州重型机械有限公司
25	2313061	高性能数控系统功能测评方法及标准与应用	国家机床质量监督检验中心、中国科学院沈阳计算技术研究所有限公司、北京航空航天大学、北京机床研究所有限公司、沈阳中科数控技术股份有限公司、中国石油大学（北京）、广州数控设备有限公司
26	2314013	《电力强国崛起 中国电力技术创新与发展》（上下册）	中国动力工程学会、中国电工技术学会、中国电力企业联合会、华北电力大学、中国电力出版社有限公司
27	2315066	数据－知识驱动的高性能变速器智能制造关键技术与应用	陕西法士特汽车传动集团有限责任公司、西北工业大学、秦川机床工具集团股份公司、中机生产力促进中心有限公司、郑州磨料磨具磨削研究所有限公司、陕西法士特齿轮有限责任公司

二等奖（174 项）

序号	项目编号	项目名称	完成单位
1	2301001	高效精密冲压切割复合智能生产线	江苏亚威机床股份有限公司

（续）

序号	项目编号	项目名称	完成单位
2	2301009	大型复杂薄壁回转构件的高精铣车复合加工技术及装备	武汉重型机床集团有限公司、湖北工业大学、华中科技大学
3	2301016	大尺寸复杂型面复合材料壁板／蒙皮柔性加工装备及应用	通用技术集团沈阳机床有限责任公司、通用技术集团机床工程研究院有限公司、沈阳中捷航空航天机床有限公司
4	2301019	航空航天复杂结构件加工高精高效五轴数控机床关键技术及系列装备	北京工研精机股份有限公司、清华大学、北京星航机电装备有限公司
5	2301031	快速精密低能耗锻压成型关键技术与系列装备及应用	合肥合锻智能制造股份有限公司、浙江大学、凌云工业股份有限公司、湖州绿色智能制造产业技术研究院、重庆至信实业集团有限公司、东莞市豪斯特热冲压技术有限公司
6	2301039	高效高精成型磨削用长寿命砂轮关键技术开发及应用	郑州磨料磨具磨削研究所有限公司*、浙江工业大学、洛阳轴承研究所有限公司*、东方电气集团东方汽轮机有限公司
7	2301043	航空航天复杂复合材料构件高速高精加工关键技术及装备	济南二机床集团有限公司、西安飞机工业（集团）有限责任公司、南京航空航天大学
8	2302001	大型电力变压器健康状态感知技术与智能化成套装备开发应用	国网浙江省电力有限公司电力科学研究院、西安交通大学、杭州柯林电气股份有限公司、上海交通大学、中国电力科学研究院有限公司、杭州钱江电气集团股份有限公司、华乘电气科技股份有限公司
9	2302010	高可靠性大容量海上风电智能升压系统研究及工程应用	广东明阳电气股份有限公司、北京博阳慧源电力科技有限公司
10	2302025	劣质高水分褐煤清洁高效发电锅炉关键技术及应用	东方电气集团东方锅炉股份有限公司
11	2302033	精密机械设备用高效永磁电机及控制系统技术	南京航空航天大学、江苏大中电机股份有限公司、江苏航天动力机电有限公司、苏州伟创电气科技股份有限公司
12	2302039	复杂电网安全稳定控制数字孪生关键技术、装备研制及应用	南方电网科学研究院有限责任公司、中国南方电网电力调度控制中心、贵州电网有限责任公司电力调度控制中心、云南电力调度控制中心、南京南瑞继保电气有限公司
13	2302040	沿海电网风灾防控技术、装备研制及应用	南方电网科学研究院有限责任公司、上海电缆研究所有限公司、华北电力大学（保定）、中国能源建设集团广东省电力设计研究院有限公司、广东电网有限责任公司湛江供电局、江苏中天科技股份有限公司、远东电缆有限公司
14	2302043	超（特）高压直流系统用套管关键技术研究及国产化工程应用	中国南方电网有限责任公司超高压输电公司、西安西电高压套管有限公司、南京电气高压套管有限公司、西安交通大学、沈阳和新套管有限公司、中国电器科学研究院有限公司*、西安高压电器股份有限公司
15	2302046	超／特高压柔性直流桥臂电抗器关键技术及工程应用	中国南方电网有限责任公司超高压输电公司电力科研院、北京电力设备总厂有限公司、特变电工沈阳变压器集团有限公司、天津经纬正能电气设备有限公司、西安中扬电气股份有限公司、哈尔滨理工大学、山东大学
16	2302050	海上能源开发用动态海缆研制与应用	江苏亨通高压海缆有限公司

（续）

序号	项目编号	项目名称	完成单位
17	2302052	高效高速高压大容量箱式三相异步电动机	卧龙电气南阳防爆集团股份有限公司、上海交通大学、华北电力大学、西安陕鼓动力股份有限公司
18	2302054	电压源型大功率变频器关键技术及应用	荣信汇科电气股份有限公司、北京荣信慧科科技有限公司、中国航空工业集团公司沈阳空气动力研究所
19	2302056	高压开关设备远程运维检修系统研制及应用	平高集团有限公司、河南平高电气股份有限公司
20	2302061	面向跨行业应用的高效电机系统共性技术研究与产业化	广东威灵电机制造有限公司、中国家用电器研究院、佛山市威灵洗涤电机制造有限公司、哈尔滨工业大学（深圳）、东南大学、中家院（北京）检测认证有限公司、美的威灵电机技术（上海）有限公司
21	2302067	高性能大功率变频控制系统自主化研制及应用	天津电气科学研究院有限公司*、燕山大学、山西太钢不锈钢股份有限公司冷轧厂、河南明泰铝业股份有限公司
22	2302074	大容量风电机组超长柔性叶片弯扭耦合设计关键技术与应用	金风科技股份有限公司、中材科技风电叶片股份有限公司、南京航空航天大学、吉林重通成飞新材料股份公司、北京金风科创风电设备有限公司、江苏金风科技有限公司
23	2302089	陆上 4MW 系列高效高可靠型风电机组开发与示范应用	东方电气风电股份有限公司
24	2302095	海洋能源资源开发用动态海缆技术研究及产业化	中天科技海缆股份有限公司、南海海缆有限公司、中天大丰海缆有限公司、江苏中天科技电缆附件有限公司
25	2302097	超大规模省级电网人机协同智能调控关键技术、装备研发和产业应用	广东电网有限责任公司、清华大学、华南理工大学、国电南瑞科技股份有限公司、南京南瑞信息通信科技有限公司、哈尔滨工业大学、香港大学
26	2302109	高效、宽调节比 660MW 超超临界二次再热锅炉	上海锅炉厂有限公司
27	2302114	高效电机先进绝缘材料及绝缘系统的研发及产业化应用	苏州巨峰电气绝缘系统股份有限公司、机械工业北京电工技术经济研究所、北京交通大学
28	2302118	电力设备绝缘状态关联光谱带电检测关键技术	云南电网有限责任公司电力科学研究院、西安交通大学、华中科技大学、西南交通大学、云南电网有限责任公司昆明供电局、江苏双利合谱科技有限公司、上海锐测电子科技有限公司
29	2302120	DFP-400000/1000 电力变压器	西安西电变压器有限责任公司
30	2302125	高比例新能源接入大电网安全自动控制关键技术、系统设备及应用	许继电气股份有限公司、许继集团有限公司、河南许继继保电气自动化有限公司
31	2302141	超超临界安全阀试验平台建设	哈电集团哈尔滨电站阀门有限公司、国家电投集团重庆合川发电有限公司、机械工业北京电工技术经济研究所

（续）

序号	项目编号	项目名称	完成单位
32	2302145	特高压 GIS 运行状态感知、评估关键技术及工程应用	中国电力科学研究院有限公司、国网宁夏电力有限公司电力科学研究院、国网北京市电力公司电力科学研究院、国网山西省电力公司电力科学研究院、平高集团有限公司、国网山东省电力公司电力科学研究院、国网安徽省电力有限公司电力科学研究院
33	2302150	基于线路多源信息及变压器多维数据融合电网数字化设计技术研究与应用	沈阳工业大学、国网辽宁省电力有限公司经济技术研究院、沈阳电力勘测设计院有限责任公司、国家能源集团科学技术研究院有限公司、国网经济技术研究院有限公司
34	2302164	频繁投切开关非解体性能评估、装备研制及应用	广东电网有限责任公司电力科学研究院、中国南方电网有限责任公司超高压输电公司电力科研院、西安交通大学、西安西电高压开关有限责任公司、上海华爱色谱分析技术有限公司、武汉大洋义天科技股份有限公司
35	2303009	泵阀用高性能金属波纹管组件设计制造关键技术及应用	沈阳仪表科学研究院有限公司*、中广核工程有限公司、上海核工程研究设计院有限公司、华东理工大学、钢铁研究总院有限公司、大连大高阀门股份有限公司
36	2303011	场发射枪扫描电子显微镜开发和应用	北京中科科仪股份有限公司、北京大学、中国科学院微电子研究所、清华大学、中国科学院生物物理研究所、国家环境分析测试中心
37	2303013	现代配电网自动化关键技术、装备系统与规模化工程实践	南方电网科学研究院有限责任公司、中国南方电网有限责任公司、武汉大学、广西电网有限责任公司电力科学研究院、华南理工大学、广东电网有限责任公司广州供电局、深圳供电局有限公司
38	2303014	全自主化电力物联终端关键技术及规模化应用	南方电网电力科技股份有限公司、北京智芯微电子科技有限公司、哈尔滨电工仪表研究所有限公司、武汉大学、威胜信息技术股份有限公司、华南理工大学、广东电网有限责任公司
39	2303028	新型电力系统智能量测感知关键技术、装备研制及工程应用	南方电网科学研究院有限责任公司、烟台东方威思顿电气有限公司、威胜信息技术股份有限公司、广西电网有限责任公司、深圳供电局有限公司、北京智芯微电子科技有限公司、电子科技大学
40	2303032	国家直流高电压计量标准装置和成套装备关键技术及工程应用	国网江苏省电力有限公司、中国电力科学研究院有限公司、许继集团有限公司、南京南瑞继保电气有限公司、苏州华电电气股份有限公司
41	2303034	多元用户低碳智慧用电关键技术研究和设备研制	广东电网有限责任公司计量中心、哈尔滨电工仪表研究所有限公司、华南理工大学、东北大学佛山研究生创新学院、威胜集团有限公司、烟台东方威思顿电气有限公司、广州市奔流电力科技有限公司
42	2303038	配电网智能运行关键技术与装备研发及推广应用	广东电网有限责任公司、天津大学、中国南方电网电力调度控制中心、烟台海颐软件股份有限公司、东方电子股份有限公司、国电南瑞南京控制系统有限公司、积成电子股份有限公司

（续）

序号	项目编号	项目名称	完成单位
43	2304003	面向水电等多应用场景的超高扬程多功能起重装备及AICrane DT数字平台	河南卫华重型机械股份有限公司、北京云中未来科技有限公司
44	2304010	露天矿山无人化矿用自卸车关键技术研究及应用	江苏徐工工程机械研究院有限公司、徐州徐工矿业机械有限公司、江苏徐工国重实验室科技有限公司
45	2304013	煤矿特厚硬煤高端智能化综放装备关键技术研发与应用	山东能源集团有限公司、中煤科工开采研究院有限公司、兖矿能源集团股份有限公司、兖矿东华重工有限公司、天地科技股份有限公司、陕西未来能源化工有限公司、北斗天地股份有限公司
46	2304015	大型矿用磨机齿轮传动装置关键技术及应用	中信重工机械股份有限公司（智能矿山重型装备全国重点实验室）、河南科技大学、郑州机械研究所有限公司、洛阳中重铸锻有限责任公司、洛阳矿山机械工程设计研究院有限责任公司
47	2304018	掘进面智能柔性连续运锚平行作业工艺与装备研发	中国煤炭科工集团太原研究院有限公司、山西天地煤机装备有限公司
48	2304022	宽幅不锈钢极薄带轧制生产核心工艺技术研发	山西太钢不锈钢精密带钢有限公司、太原理工大学、太原科技大学、燕山大学
49	2304032	3600t/h链斗式连续卸船机装备及无人化技术的应用	大连华锐重工集团股份有限公司、大连理工大学
50	2304036	2450mm钛板热轧机研制及应用	二重（德阳）重型装备有限公司*、新疆湘润新材料科技有限公司
51	2304039	铸造起重机全生命周期关键技术和标准研究与应用	太原重工股份有限公司、太原科技大学
52	2304054	高品质汽车面板高效精整线工艺装备开发及应用	中国重型机械研究院股份公司*
53	2304055	新型高效散料储运成套装备研制及应用	华电郑州机械设计研究院有限公司、河南工业大学、郑州科润机电工程有限公司
54	2305007	绿色低损高效除草关键技术装备研发与集成应用	中国农业机械化科学研究院集团有限公司*、华南农业大学、重庆文理学院、北京市农林科学院智能装备技术研究中心、山东华盛中天机械集团股份有限公司、南通省力机电科技有限责任公司
55	2305008	大容量灌排泵装置高效稳定设计关键技术及应用	江苏大学、中国农业大学、常州工学院、江苏省太湖地区水利工程管理处、上海凯泉泵业（集团）有限公司、江苏航天水力设备有限公司
56	2305011	竹材工业连续化加工关键智能装备研发与应用	国家林业和草原局哈尔滨林业机械研究所、湖南省林业科学院、中国林业科学研究院木材工业研究所、中南林业科技大学、国际竹藤中心、福建呈祥机械制造有限公司、江西拓竹机械科技有限公司
57	2306008	基于风速与翅片非均匀协同的传热强化机理及新型换热器产业化	广东美的暖通设备有限公司、西安交通大学

（续）

序号	项目编号	项目名称	完成单位
58	2306010	能量回收透平耦合汽电同驱高炉鼓风机组节能技术研发及应用（BCRT）	西安陕鼓动力股份有限公司
59	2306013	清洁供暖—空气源热泵技术在长江流域分户式集中供暖的应用研究及推广	上海理工大学、上海海关机电产品检测技术中心、广东美的暖通设备有限公司
60	2306022	煤矿低浓度瓦斯用于煤泥干燥关键技术及装备	山东理工大学、山东科美人和新能源科技有限公司、胜利油田胜利动力机械集团有限公司、沈阳禹华环保有限公司
61	2306029	物联多联机节能减碳关键技术的研究及应用	青岛海尔空调电子有限公司、上海交通大学
62	2306032	多工质合成气压缩机驱动用超高速工业透平关键技术及应用	杭州汽轮动力集团股份有限公司
63	2306036	具有远程诊断功能的立式沉降型刮刀下卸料智能离心机	江苏赛德力制药机械制造有限公司、西安交通大学、江苏赛德力诊断技术有限公司、西安建筑科技大学
64	2306039	高效静音轻型制冷压缩机关键技术研究及应用	安徽美芝制冷设备有限公司、广东美芝制冷设备有限公司、中国家用电器研究院、中家院（北京）检测认证有限公司
65	2306040	车用／站用高压储氢瓶关键技术开发与应用	上海市特种设备监督检验技术研究院、复旦大学、江苏国富氢能技术装备股份有限公司
66	2306045	船舶智能低噪低干扰消防防暴装备关键技术及产业化	江苏振华海科装备科技股份有限公司
67	2306052	环保型复杂管阀系统数字化集成与智能运维技术及应用	浙江万得凯流体设备科技股份有限公司、浙江大学温州研究院、浙江大学、台州技师学院
68	2306060	高可靠长寿命滚道行星轮关键制造技术研究与应用	太原重工股份有限公司、重庆大学、重庆齿轮箱有限责任公司、太原理工大学、山东华成中德传动设备有限公司、太原科技大学
69	2306070	无菌纸盒包装高性能智能装备生产线研发及产业化	山东碧海机械科技有限公司、山东碧海包装材料有限公司
70	2306072	多场强化节能高效电除尘关键技术与装备	浙江菲达环保科技股份有限公司、浙江大学、浙江省特种设备科学研究院、浙江菲达电气工程有限公司
71	2306087	锂离子动力电池双向热管理关键技术及应用	河南科技大学、中航锂电（洛阳）有限公司、天津格力钛新能源有限公司
72	2307019	50MW 级汽轮机发电机组用高速重载齿轮传动装置研制及应用	郑州机械研究所有限公司、同济大学、郑州轻工业大学、电子科技大学
73	2307024	挖掘机串联柱塞泵关键技术及产业化	林德液压（中国）有限公司、潍柴动力股份有限公司、浙江大学高端装备研究院
74	2307026	控制力矩陀螺系列化轴承组件关键技术研究及产业化	洛阳轴承研究所有限公司*、河南科技大学
75	2307029	汽车轻量化超高强度钢板热成形工艺装备及模内切技术研发与产业化	格致汽车科技股份有限公司

（续）

序号	项目编号	项目名称	完成单位
76	2307031	基于5G全连接的模具及压铸件制造过程智能管控与质量管理	大连亚明汽车部件股份有限公司、大连铸云智能制造有限公司、大连理工大学、合肥亚明汽车部件有限公司、大连交通大学
77	2307032	光伏POE胶膜精密挤出模具技术及成形装备产业化	浙江精诚模具机械有限公司
78	2307033	高性能液压缸数字化设计与制造关键技术	武汉理工大学、韶关液压件厂有限公司、中建三局第一建设工程有限责任公司
79	2307040	7.×兆瓦风电齿轮箱轴承研制	瓦房店轴承集团国家轴承工程技术研究中心有限公司、瓦房店轴承集团有限责任公司、瓦房店轴承股份有限公司
80	2307045	超大型智能化立磨减速机关键技术研究与应用	重庆齿轮箱有限责任公司、西北工业大学、重庆大学
81	2307049	高密度、高强度铁基粉体材料关键加工技术与应用	东睦新材料集团股份有限公司、昆明理工大学、中南大学、安泰科技股份有限公司、浙江东睦科达磁电有限公司
82	2307052	电液伺服泵控系统关键技术及其应用	燕山大学、北自（北京）检测科技发展有限公司、中山大学、新疆工程学院、上海振华重工（集团）股份有限公司、宁波安信数控技术有限公司、浙江大学
83	2307058	高可靠大型精密风电轴承关键共性技术自主研发及应用	齐鲁工业大学、洛阳轴研科技有限公司、洛阳轴承研究所有限公司*、瓦房店轴承集团有限责任公司、烟台天成机械有限公司、山东金帝精密机械科技股份有限公司
84	2308001	服务器智能工厂系统集成关键技术研究及应用	机械工业第六设计研究院有限公司*、曙光信息产业股份有限公司、深圳市可鼎科技有限公司
85	2308004	舟山绿色石化基地海水淡化项目二期工程	中国联合工程有限公司*、上海电站辅机厂有限公司
86	2308016	城市空间开发中空地协同智能测量监测系统研发与应用	机械工业勘察设计研究院有限公司*
87	2308017	冻土地区桩基承载特性研究与应用	机械工业勘察设计研究院有限公司*、西安科技大学、中交第一公路勘察设计研究院有限公司
88	2308036	新能源汽车全铝车身制造柔性机器人自动化生产线关键技术开发和应用	中国汽车工业工程有限公司*、山东大学
89	2308043	高端汽车数字化智能化绿色化制造技术升级整体解决方案	中国汽车工业工程有限公司*、机械工业第四设计研究院有限公司*、北京奔驰汽车有限公司顺义分公司
90	2308045	“零碳”体育建筑关键技术研究与应用示范	中联西北工程设计研究院有限公司
91	2309004	柴油发动机高质量低碳化制造关键技术研究与应用	北京福田康明斯发动机有限公司、机械工业仪器仪表综合技术经济研究所、北京工业大学、北京禾有智能科技有限公司
92	2309006	光通信用高性能光纤预制棒专用设备关键技术及应用	江苏中天科技股份有限公司、沈阳真空技术研究所有限公司、南通大学、国网江苏省电力有限公司南通供电分公司、中天科技精密材料有限公司
93	2309010	线棒材绿色低耗高速轧制关键技术及产业化	中冶赛迪装备有限公司、重庆大学、中冶赛迪工程技术股份有限公司、中冶赛迪技术研究中心有限公司、江苏亚盛金属制品有限公司、三宝集团股份有限公司

（续）

序号	项目编号	项目名称	完成单位
94	2309012	汽车用超高强薄钢板激光焊接关键技术及产业化应用	苏州大学、本钢板材股份有限公司、昆山宝锦激光拼焊有限公司、东北大学
95	2309041	高端电梯个性化智能定制设计制造关键技术及系列产品产业化应用	浙江大学、康力电梯股份有限公司、中国计量大学、浙江梅轮电梯股份有限公司、森赫电梯股份有限公司、苏州新达电扶梯部件有限公司
96	2309042	装配式建筑预制构件智能生产线研制与产业化应用	北京机械工业自动化研究所有限公司、北京工业大学、辽宁鞍重建筑科技有限公司、江苏长江智能制造研究院有限责任公司
97	2309052	高性能精密铝／钛合金零件辊轧成形关键技术与成套装备	中国机械总院集团北京机电研究所有限公司、中国航发南方工业有限公司、安徽望锦汽车部件有限公司
98	2309053	载运工具铝合金薄壁结构件激光焊接关键技术与装备	上海工程技术大学、国家商用飞机制造工程技术研究中心、江铃汽车股份有限公司、南昌大学、上海航天精密机械研究所、哈尔滨工业大学（威海）、电子科技大学
99	2309055	重载耐疲劳新型球铁及其低碳制造关键技术与应用	山东理工大学、天润工业技术股份有限公司
100	2309059	特种飞行器质量特性参数测量设备研发及应用	郑州机械研究所有限公司、北京航天长征飞行器研究所
101	2309062	高性能铜基钎料高效制备及其在刀具制造中的应用	杭州华光焊接新材料股份有限公司、宁波中机松兰刀具科技有限公司、郑州机械研究所有限公司、哈尔滨工业大学、中国机械总院集团宁波智能机床研究院有限公司、山东索力得焊材股份有限公司、中铁工程装备集团有限公司
102	2309064	低成本高性能镁合金及其零部件高效设计、制备及产业化应用	湖南大学、上海汽车集团股份有限公司创新研究开发院、中国汽车技术研究中心有限公司、青海盐湖特立镁有限公司、湖南大学苏州研究院
103	2309075	严苛服役环境耐磨抗蚀药芯焊丝关键技术及应用	合肥工业大学、郑州机械研究所有限公司、哈焊所华通（常州）焊业股份有限公司、江苏科技大学、北京博清科技有限公司、北京金威焊材有限公司、黄山华能石化机械有限公司
104	2309076	能源动力装备核心零部件高性能再制造技术及应用	中国科学院工程热物理研究所、沈阳大陆激光集团有限公司、中国科学院金属研究所、沈阳工业大学、沈阳工程学院
105	2309081	建筑废弃物再生装备关键部件制造及应用	郑州机械研究所有限公司、郑州鼎盛高新能源工程技术有限公司、中国机械总院集团哈尔滨焊接研究所有限公司、宁波中机松兰刀具科技有限公司、江苏科技大学
106	2309082	混动新能源汽车用高抗蠕变耐高温奥氏体不锈钢材料及关键零部件研发与应用	中车戚墅堰机车车辆工艺研究所有限公司、华中科技大学、常州中车汽车零部件有限公司
107	2309092	高承载远海超大风电基础装备高效可控建造关键技术研发及应用	南通泰胜蓝岛海洋工程有限公司、浙江大学、华电重工股份有限公司
108	2309102	低温推进剂在轨高效贮存关键使能技术研究和验证	上海宇航系统工程研究所、上海交通大学

（续）

序号	项目编号	项目名称	完成单位
109	2309105	航天大型轻质构件电弧增材制造技术与装备	首都航天机械有限公司、清华大学、沈阳杉迪自动化软件科技有限公司
110	2309126	复杂工况下重大装备可靠性寿命快速评估关键技术及应用	广电计量检测集团股份有限公司、中国人民解放军国防科技大学、燕山大学、广州市新欧机械有限公司
111	2310010	新能源工业车辆智能驱动控制系统系列产品研发及产业化	河南嘉晨智能控制股份有限公司、杭叉集团股份有限公司、清华大学、诺力智能装备股份有限公司、龙工（上海）叉车有限公司
112	2310013	面向复杂环境的大跨度消防车关键技术研究与应用	三一汽车制造有限公司
113	2310016	基于高寒高海拔环境的智能高效混凝土搅拌站及关键技术	湖南中联重科混凝土机械站类设备有限公司、中联重科股份有限公司
114	2310018	工业车辆数字化集成测试平台研究与建设	安徽合力股份有限公司
115	2310024	煤矿安全智能快速掘锚设备关键技术研发及产业化	徐州徐工基础工程机械有限公司
116	2310027	面向全球高端市场和极端工况的高端平地机关键技术研究及产业化	徐州徐工筑路机械有限公司、江苏徐工工程机械研究院有限公司、江苏徐工国重实验室科技有限公司
117	2310038	起重机作业智能导航技术研发及应用	徐州重型机械有限公司
118	2310042	基于高空高效救援的消防车安全控制技术研究及应用	徐工消防安全装备有限公司、江苏徐工工程机械研究院有限公司
119	2310045	全断面隧道掘进机再制造关键技术研究与应用	盾构及掘进技术国家重点实验室、中铁隧道局集团有限公司、中铁工程装备集团有限公司、洛阳 LYC 轴承有限公司、徐州徐工液压件有限公司、山东大学
120	2310048	叉车与装载机专用液压阀及其阀控系统关键技术和产业化应用	浙江工业大学、浙江海宏液压科技股份有限公司、山东临工工程机械有限公司、浙江高宇液压机电有限公司、宁波市鄞州通力液压电器厂
121	2310060	1.5—5t 高效可靠内燃越野叉车关键技术研究及应用	杭叉集团股份有限公司、浙江中柴机器有限公司
122	2310066	静液压传动装载机节能关键技术与应用	广西柳工机械股份有限公司
123	2311002	船用低速柴油机气阀制造关键技术及产业化	南京中远海运船舶设备配件有限公司、重庆大学、沪东重机有限公司
124	2311008	车用气体机燃烧、排放与控制关键技术集成开发及产业化应用	广西玉柴机器股份有限公司、广西大学、上海海能汽车电子有限公司、中自环保科技股份有限公司、中国汽车技术研究中心有限公司
125	2311012	低碳低排放混动发动机关键技术研发及应用	广西玉柴机器股份有限公司、北京福田欧辉新能源汽车有限公司
126	2311016	柴油机用尿素水溶液和排放检测认证关键技术研究及应用	中汽认证中心有限公司、中国内燃机工业协会、中机科（北京）车辆检测工程研究院有限公司、中机寰宇认证检验股份有限公司、天津悦泰石化科技有限公司

（续）

序号	项目编号	项目名称	完成单位
127	2311017	国六机动车车载诊断系统开发和测试关键技术及产业化应用	中汽研汽车检验中心（天津）有限公司、北京理工大学、泛亚汽车技术中心有限公司、潍柴动力股份有限公司
128	2311018	大缸径柴油机电控关键技术研究及产业化	潍柴动力股份有限公司、潍坊潍柴动力科技有限责任公司、山东大学、潍坊内燃机质量检验中心有限公司
129	2311024	柴油机超低背压后处理关键技术及应用	潍柴动力股份有限公司、大连理工大学
130	2311025	柴油机摩擦副可靠性关键技术及应用	潍柴动力股份有限公司、太原理工大学
131	2311030	大缸径高端柴油机关键零部件铸造技术及产业化	潍柴动力股份有限公司、潍柴重机股份有限公司、博杜安（潍坊）动力有限公司
132	2311051	高效清洁低噪混动专用汽油机平台技术及产品开发	广州汽车集团股份有限公司
133	2311055	低碳清洁能源内燃机气缸套关键技术及应用	中原内配集团股份有限公司、三明学院、无锡先进内燃动力技术创新中心、上海交通大学、河南理工大学、河南中原吉凯恩气缸套有限公司、焦作大学
134	2311057	12×92DF 船用低速双燃料发动机研制及应用	中船动力（集团）有限公司、上海中船三井造船柴油机有限公司、中船温特图尔发动机有限公司、沪东重机有限公司、中船动力研究院有限公司、中船海洋动力技术服务有限公司
135	2311066	面向国六 b 实际道路排放法规的关键技术研究及应用	重庆长安汽车股份有限公司、北京理工大学
136	2311071	高性能多层多元复合耐磨减摩镀层活塞环研发及产业化	仪征亚新科双环活塞环有限公司
137	2312004	新能源汽车电机高精密制造技术研究与应用	中国第一汽车股份有限公司研发总院
138	2312008	红旗智能电液伺服试验装备技术开发与应用	中国第一汽车股份有限公司研发总院
139	2312014	商用车 A 样机壳体智能制造关键技术开发及产业化应用	一汽解放汽车有限公司
140	2312016	柴油机关键核心部件自动装配技术的研究及应用	潍柴动力股份有限公司
141	2312026	大型水轮发电机组转子中心体形位精度控制技术及应用	哈尔滨电机厂有限责任公司
142	2313004	GB/T 37392—2019 冲压机器人通用技术条件等三项国家标准	北京机械工业自动化研究所有限公司、北京航空航天大学、广州数控设备有限公司
143	2313005	汽车动力总成可靠性测试关键技术研究及应用	中国汽车技术研究中心有限公司、中汽研汽车检验中心（天津）有限公司、东风汽车集团有限公司技术中心、广西玉柴机器股份有限公司、上海理工大学
144	2313006	制造企业绿色供应链管理系列国家标准研制及应用	中机生产力促进中心有限公司、中环联合（北京）认证中心有限公司、工业和信息化部电子第五研究所、北京科技大学、上海交通大学

（续）

序号	项目编号	项目名称	完成单位
145	2313008	《机械安全　安全继电器技术条件（GB/T 38225—2019）》	中机生产力促进中心有限公司、南京埃斯顿自动化股份有限公司、上海辰竹仪表有限公司、安徽南凯元机械有限公司、苏州安高智能安全科技有限公司、厦门晓讯新能源科技有限公司、南京林业大学 / 机电产品包装生物质材料国家地方联合工程研究中心
146	2313015	交、直流输电系统用 10GW 换流器阀电气试验系统	西安高压电器研究院股份有限公司、西安西电电力系统有限公司、荣信汇科电气股份有限公司
147	2313021	土方机械非公路自卸车系列标准（GB/T 35192—2017～GB/T 35197—2017）	天津工程机械研究院有限公司*、内蒙古北方重型汽车股份有限公司、陕西同力重工股份有限公司、湘潭电机股份有限公司、徐州徐工汽车制造有限公司、中冶京诚（湘潭）矿山装备有限公司、三一矿机有限公司
148	2313022	高铁信号缆超细线芯制备及其全流程在线检测关键技术与应用	南京工业大学、南京工程学院、东南大学、南京晶脉科技有限公司、中天科技装备电缆有限公司、江东合金技术有限公司
149	2313024	《焊接及相关工艺　金属材料激光 - 电弧复合焊接工艺规范（ISO 23493:2020）》	中国机械总院集团哈尔滨焊接研究所有限公司、中车青岛四方机车车辆股份有限公司、徐州重型机械有限公司、哈焊国创（青岛）焊接工程创新中心有限公司
150	2313026	输变电用高压绝缘子重要部件的系列国际国家标准（IEC 60120 Ed.4.0:2020 等 3 项国际标准和 2 项国家标准）	西安高压电器研究院股份有限公司、中国电力科学研究院有限公司、四川环球绝缘子有限公司、大连电瓷集团输变电材料有限公司、苏州电瓷厂股份有限公司、塞迪维尔玻璃绝缘子（上海）有限公司、南京电气绝缘子有限公司
151	2313041	《承压设备合于使用评价》（GB/T 35013—2018）	中国特种设备检测研究院、合肥通用机械研究院有限公司（原合肥通用机械研究院）*、南京工业大学、华东理工大学、北京航空航天大学、清华大学、浙江工业大学
152	2313048	《风能发电系统　第 5 部分：风力发电机组风轮叶片（标准号 IEC 61400—5:2020）》	中国农业机械化科学研究院呼和浩特分院有限公司*、北京鉴衡认证中心有限公司、金风科技股份有限公司、中科宇能科技发展有限公司
153	2313050	机械装备行业产排污核算体系构建及应用	中机生产力促进中心有限公司、中国环境科学研究院、机械工业第四设计研究院有限公司*、交通运输部天津水运工程科学研究所、中国铸造协会、中冶建筑研究总院有限公司
154	2313056	《热处理冷却技术要求（GB/T 37435—2019）》	上海交通大学、中国机械总院集团北京机电研究所有限公司、南京科润工业介质股份有限公司、北京华立精细化工公司、湖北三环锻造有限公司、常州新区河海热处理工程有限公司、浙江双环传动机械股份有限公司
155	2313067	工业自动化设备与系统可靠性国际标准	机械工业仪器仪表综合技术经济研究所、中国科学院沈阳自动化研究所、沈阳工业大学、华中科技大学、浙江中控技术股份有限公司、辽宁大学、卡奥斯工业智能研究院（青岛）有限公司
156	2314001	《极端制造（英文）》	中国工程物理研究院机械制造工艺研究所、大连理工大学、复旦大学、中国工程物理研究院激光聚变研究中心
157	2314002	《农业机械学报》	中国农业机械化科学研究院集团有限公司*

（续）

序号	项目编号	项目名称	完成单位
158	2314014	《润滑技术手册》	广州机械科学研究院有限公司*、广东工业大学、机械工业出版社有限公司
159	2314015	《机械传动装置基础件失效分析》（第一版）	沃德传动（天津）股份有限公司、化学工业出版社有限公司
160	2315009	数字电网网络安全防护关键技术与产业化应用	广东电网有限责任公司、广东工业大学、深圳市易聆科信息技术股份有限公司、广东纬德信息科技股份有限公司
161	2315012	基于场景验证方法的智能驾驶集成研发平台开发及应用	中国汽车技术研究中心有限公司、中汽智联技术有限公司、中汽数据（天津）有限公司、中汽数据有限公司、北京赛育达科教有限责任公司、重庆长安汽车股份有限公司、浙江天尚元科技有限公司
162	2315014	军机装配大场景三维数字化测量关键技术与应用	成都飞机工业（集团）有限责任公司
163	2315019	基于工业机器人的高速高精施胶关键技术研究与应用	国机智能科技有限公司*、华南理工大学、广州机械科学研究院有限公司*、深圳市世椿智能装备股份有限公司
164	2315020	复杂大电网全景数字化智能运维关键技术研究及其工程体系实践	广东电网有限责任公司、广东电网有限责任公司机巡管理中心、南方电网电力科技股份有限公司、香港中文大学（深圳）、广东电网有限责任公司珠海供电局、广东电网有限责任公司东莞供电局、深圳市道通智能航空技术股份有限公司
165	2315022	大型复杂高精度全碳纤维桁架式卫星平台智能制造技术	上海卫星装备研究所
166	2315032	智能仪器仪表全生命周期的物联网数据描述技术与应用	机械工业仪器仪表综合技术经济研究所、中国科学院沈阳自动化研究所、西南大学、重庆川仪自动化股份有限公司、福建顺昌虹润精密仪器有限公司
167	2315033	水域勘测机器鱼系统及核心部件关键技术与应用	南京工程学院、苏州绿的谐波传动科技股份有限公司、江苏中海达海洋信息技术有限公司、中科探海（苏州）海洋科技有限责任公司、南京工业职业技术大学
168	2315034	新一代有源相控阵雷达天线阵面一体化制造系统与关键技术	中国电子科技集团公司第十四研究所、南京国睿信维软件有限公司、南京国睿安泰信科技股份有限公司、上海航天设备制造总厂有限公司、南京航空航天大学
169	2315036	金属增材制造激光超声在线检测关键技术及装备	山东省科学院激光研究所、首都航天机械有限公司、南京中科煜宸激光技术有限公司、齐鲁工业大学
170	2315039	圆柱全极耳动力电池激光加工关键技术与智能装备开发	武汉逸飞激光股份有限公司、湖北亿纬动力有限公司、合肥国轩高科动力能源有限公司、中国科学院半导体研究所
171	2315041	熔融金属智能测温取样机器人关键技术与系统的研发及应用	中冶赛迪技术研究中心有限公司、中冶赛迪工程技术股份有限公司、西安电炉研究所有限公司
172	2315057	医疗康复机器人的视觉理解与自主运动规划关键技术研发与应用	南方科技大学、深圳瀚维智能医疗科技有限公司、深圳市优必选科技股份有限公司、奥比中光科技集团股份有限公司、深圳市迈步机器人科技有限公司
173	2315063	轨道交通用高性能永磁牵引电机设计及柔性制造技术	襄阳中车电机技术有限公司、武汉理工大学、中车株洲电力机车研究所有限公司、湖北文理学院

（续）

序号	项目编号	项目名称	完成单位
174	2315073	汽车工业机理模型库构建与应用平台开发	中国汽车技术研究中心有限公司、中汽数据（天津）有限公司、吉林大学、吉利汽车研究院（宁波）有限公司

三等奖（191项）

序号	项目编号	项目名称	完成单位
1	2301003	大型飞机结构件用双横梁移动式高速龙门加工中心	南京宁庆数控机床制造有限公司
2	2301004	缸体微纳米平台网纹珩磨加工关键技术工艺与装备	苏州信能精密机械有限公司、苏州科技大学
3	2301007	精密数控机床直驱关键共性技术研究及示范应用	山东威达重工股份有限公司、山东省机械设计研究院
4	2301013	RS-THP63-2500A 智能高效内高压成形生产线	天津市天锻压力机有限公司、河北工业大学、天津中德应用技术大学、天津天锻航空科技有限公司
5	2301015	五轴机床性能测试优化关键技术及精度提升	通用技术集团沈阳机床有限责任公司、通用技术集团机床工程研究院有限公司、沈阳中捷航空航天机床有限公司
6	2301017	钛合金结构件立式五轴加工中心自动化生产线	沈阳中捷航空航天机床有限公司、通用技术集团沈阳机床有限责任公司
7	2301026	用于难加工金属材料的高性能硬质合金刀具关键技术及应用	成都工具研究所有限公司
8	2301029	高安全防爆电池壳超精密智能压力机关键技术及产业化	浙江易锻精密机械有限公司、浙江万里学院
9	2301032	高档数控机床核心功能部件关键技术及应用	通用技术集团大连机床有限责任公司
10	2302002	面向新型电力系统的规模化电动汽车智能柔性充电关键技术	广西电网有限责任公司电力科学研究院、南方电网电动汽车服务有限公司、西安交通大学、南方电网广西电动汽车服务有限公司、广西电网有限责任公司柳州供电局
11	2302004	高压电缆故障快速定位关键技术及应用	广东电网有限责任公司、无锡联河光子技术有限公司、山东科汇电力自动化股份有限公司、上海慧东电气设备有限公司、西安交通大学
12	2302007	设备 SF6 气体在线智能净化关键技术及应用	广东电网有限责任公司、珠海经济特区恒迪科技有限公司
13	2302011	安全环保阻燃耐火电缆关键技术与应用	特变电工（德阳）电缆股份有限公司、特变电工股份有限公司新疆线缆厂、特变电工山东鲁能泰山电缆有限公司、特变电工科技投资有限公司、西安交通大学
14	2302013	接地网低阻高效连接与抗腐蚀制造技术及应用	郑州机械研究所有限公司、国网河南省电力公司电力科学研究院、中国机械总院集团宁波智能机床研究院有限公司、华北水利水电大学、浙江新锐焊接科技股份有限公司
15	2302016	高质量应急保供电装备关键技术与工程应用	广东电网有限责任公司广州供电局电力试验研究院、四川大学、广东产品质量监督检验研究院、广东德睿电气科技发展有限公司、龙岩市海德馨汽车有限公司

（续）

序号	项目编号	项目名称	完成单位
16	2302019	高效高防腐气液双循环冷却干式变压器关键技术研究及产业化	顺特电气设备有限公司
17	2302020	F级50MW重型燃气轮机拉杆组合转子关键技术及应用	东方电气集团东方汽轮机有限公司
18	2302022	在役超超临界660MW机组提质增效改造关键技术及应用	东方电气集团东方汽轮机有限公司
19	2302027	风电光伏智慧运营与优化决策关键技术及规模化应用	国电南瑞南京控制系统有限公司、国家电投集团江苏新能源有限公司、中国绿发投资集团有限公司、国电南瑞科技股份有限公司
20	2302029	电子负荷功率平衡系统关键技术、设备研制与工程应用	南京南瑞继保电气有限公司、南京南瑞继保工程技术有限公司、常州博瑞电力自动化设备有限公司
21	2302030	超高压高起始磁控型可控并联电抗器系统关键技术与应用	南京南瑞继保电气有限公司、中国机械设备工程股份有限公司[*]、内蒙古电力（集团）有限责任公司乌海超高压供电分公司、南京南瑞继保工程技术有限公司、常州博瑞电力自动化设备有限公司
22	2302031	基于一二次信息融合分析的断路器机构状态诊断关键技术与应用	广东电网有限责任公司电力科学研究院、广东电网有限责任公司佛山供电局、广东电网有限责任公司惠州供电局、广东电网有限责任公司清远供电局、西安西电开关电气有限公司
23	2302045	多能互补微电网群互动运行与分层保护关键技术及应用	国网浙江省电力有限公司宁波供电公司、国网浙江宁波市鄞州区供电有限公司、宁波欧达光电有限公司、山东大学、上海交通大学
24	2302049	电网精准合环关键技术与应用	国网北京市电力公司、国网北京市电力公司电力科学研究院、华北电力大学、中电普瑞电力工程有限公司、南京南瑞继保工程技术有限公司
25	2302059	高可靠性高压电缆关键技术及应用	重庆泰山电缆有限公司、国网北京市电力公司、西安交通大学
26	2302065	高性能电驱系统关键技术与应用	中国第一汽车股份有限公司研发总院
27	2302069	智能电网用高压干式直流支撑电容器关键技术及应用	无锡市电力滤波有限公司、中国电力科学研究院有限公司、荣信汇科电气股份有限公司、南方电网科学研究院有限责任公司、辽宁荣信电力电子技术有限公司
28	2302078	三相电源变频空调器有源高功率因数校正控制技术研究及产业化	海信空调有限公司
29	2302081	智慧能源用光电复合缆及其附件装置关键技术与应用	上海电缆研究所有限公司、江苏中天科技股份有限公司、上海国缆检测股份有限公司、中天电力光缆有限公司、国网辽宁省电力有限公司
30	2302082	大型先进压水堆及高温气冷堆核电站壳内长寿命高温系列电缆技术及应用	上海电缆研究所有限公司

（续）

序号	项目编号	项目名称	完成单位
31	2302085	高效超超临界 1000MW 等级空冷汽轮机研制与应用	上海电气电站设备有限公司
32	2302087	计量用互感器大规模智能检定关键技术及装备研制	国网电力科学研究院武汉南瑞有限责任公司、广东电网有限责任公司计量中心、国网山东省电力公司营销服务中心（计量中心）
33	2302090	分布式光伏有序并网管控关键装备研制及产业化	山东电工电气集团新能科技有限公司、山东电工电气集团数字科技有限公司
34	2302096	超特高压变压器冷却器防尘清洁成套装备及动态调控关键技术	国网江苏省电力有限公司超高压分公司、国网江苏省电力有限公司南京供电分公司、机械工业北京电工技术经济研究所、西安交通大学、山东电力设备有限公司
35	2302132	旋转部件超速试验数字化设备的关键技术研究与产业化	上海电动工具研究所（集团）有限公司、上海大学、华瑞电器股份有限公司、锐奇控股股份有限公司、安固集团有限公司
36	2302135	面向电力设备状态监测的低功耗无线传感网技术、装备及应用	国网江苏省电力有限公司电力科学研究院、重庆邮电大学、中国科学院上海微系统与信息技术研究所、北京智芯微电子科技有限公司、国电南瑞科技股份有限公司
37	2302137	抑制高比例水电系统振荡的机组控制关键技术分析研究与应用	云南电网有限责任公司电力科学研究院、云南电力试验研究院（集团）有限公司、重庆大学、机械工业北京电工技术经济研究所、云南电网有限责任公司规划发展部
38	2302139	核电 1E 级厂用电保护测控关键技术及其在核电机组的应用	南京南瑞继保电气有限公司、南京南瑞继保工程技术有限公司
39	2302140	特高压输电线路风致振动智能预警及减灾关键技术应用	成都大学、国网河南省电力公司电力科学研究院、中国空气动力研究与发展中心低速空气动力研究所、西南石油大学、重庆交通大学
40	2302143	空调器用高效低阻换热翅片研发及整机优化技术研究	海信家电集团股份有限公司、上海交通大学、海信（广东）空调有限公司
41	2302153	10MW 紧凑型海上半直驱永磁同步风力发电机研制及应用	中车永济电机有限公司、西安中车永电捷力风能有限公司
42	2302160	换流变压器机械状态评估关键技术、装备研发及应用	中国南方电网有限责任公司超高压输电公司电力科研院、中国南方电网有限责任公司超高压输电公司大理局、重庆大学
43	2302166	±550kV多端互联直流输电系统用直流 HSS 技术研究及应用	西安西电高压开关有限责任公司
44	2302176	面向电网复杂电磁环境的北斗地基增强系统关键技术研究及应用	广东电网有限责任公司电力科学研究院、武汉大学、南方电网数字电网研究院有限公司、国家卫星定位系统工程技术研究中心、广州市中海达测绘仪器有限公司
45	2303003	多元需求侧资源柔性调控关键技术与成套装备及应用	广西电网有限责任公司电力科学研究院、东南大学、广西电力交易中心有限公司、广西大学、江苏联宏智慧能源股份有限公司
46	2303012	基于态势感知的低压台区可靠用电关键技术、装置及工程应用	中国电力科学研究院有限公司、国网浙江省电力有限公司营销服务中心、国网陕西省电力有限公司营销服务中心（计量中心）、天津大学、国网四川省电力公司营销服务中心

（续）

序号	项目编号	项目名称	完成单位
47	2303017	“华龙一号”三代压水堆核电站用核级电动执行机构研发	扬州电力修造厂有限公司、中广核工程有限公司
48	2303020	天基大口径宽视场红外载荷高精度辐射定标器及应用	上海卫星装备研究所
49	2303021	配网计量用互感器全性能融合试验技术研究及系统研制	云南电网有限责任公司电力科学研究院、云南电网有限责任公司计量中心、云南电网有限责任公司德宏供电局、云南电网有限责任公司大理供电局、武汉磐电科技股份有限公司
50	2303031	海量智能电能表准确可靠质量控制技术及应用	广西电网有限责任公司、国网冀北电力有限公司计量中心、湖南大学、威胜集团有限公司
51	2303035	客户侧用能数据高效采集关键技术及规模化应用	国网山东省电力公司营销服务中心（计量中心）、中国电力科学研究院有限公司、武汉盛帆电子股份有限公司、青岛鼎信通讯股份有限公司、华北电力大学
52	2303043	面向清洁能源消纳的温控负荷需求响应关键技术研究及应用	国网冀北电力有限公司计量中心、东南大学、国网冀北电力有限公司张家口供电公司、国电南瑞南京控制系统有限公司、国网冀北综合能源服务有限公司
53	2304001	全断面隧道掘进机刀具及高性能制造	郑州机械研究所有限公司、宁波中机松兰刀具科技有限公司、中铁工程装备集团有限公司、盾构及掘进技术国家重点实验室、西南交通大学
54	2304002	长龙山抽水蓄能发电机整锻转子中心体制造关键技术及应用	二重（德阳）重型装备有限公司
55	2304005	高效低噪声公交枢纽站机械式停车设备技术研究与应用	北京首嘉钢结构有限公司、北京首钢城运控股有限公司
56	2304009	大坡度井下支架搬运车关键技术及应用	连云港天明装备有限公司、江苏海洋大学
57	2304011	面向电梯系统服役安全的关键技术及产业化	常熟理工学院、东南电梯股份有限公司
58	2304023	适应最小采高 1.3m 煤层大功率自适应采煤机关键技术研究及应用	中煤科工集团上海研究院有限公司、中煤科工集团上海有限公司、天地上海采掘装备科技有限公司
59	2304024	9m 特厚煤层超大功率智能化采煤机关键技术与装备	中煤科工集团上海研究院有限公司、中煤科工集团上海有限公司、天地上海采掘装备科技有限公司
60	2304025	隧（巷）道快速掘进后配套超长距离连续输送机关键技术及应用	中煤科工集团上海研究院有限公司、中煤科工集团上海有限公司
61	2304029	面向固废协同处置的多功能组合机群上料系统关键技术装备与工程应用	北京起重运输机械设计研究院有限公司*
62	2304031	高性能多缸液压圆锥破碎机	世邦工业科技集团股份有限公司、河南黎明重工科技股份有限公司、郑州机械研究所有限公司、郑州大学、河南城盾智能科技股份有限公司
63	2304041	高端电牵引采煤机关键技术研究及应用	太重煤机有限公司

（续）

序号	项目编号	项目名称	完成单位
64	2304050	矿用重型刮板输送装备大功率减速器关键技术研究及应用	宁夏天地奔牛实业集团有限公司、鄂尔多斯市营盘壕煤炭有限公司
65	2304057	海上14MW风电关键零部件-超大型轮毂铸造技术的研发及应用	山东国创精密机械有限公司
66	2304060	基于可控废气再循环的防爆柴油机清洁燃烧技术	中国煤炭科工集团太原研究院有限公司
67	2305001	重型轮式拖拉机模块化电液控制关键技术及应用	中国一拖集团有限公司*、第一拖拉机股份有限公司*、洛阳拖拉机研究所有限公司*
68	2305002	拖拉机封闭驾驶室关键技术及应用	中国一拖集团有限公司*、第一拖拉机股份有限公司*、洛阳拖拉机研究所有限公司*
69	2305003	青贮饲料联合打捆机研发与推广示范	甘肃省机械科学研究院有限责任公司、甘肃金科峰农业装备工程有限责任公司、甘肃金科脉草业有限责任公司
70	2305006	精准施肥喷药一体化智能植保关键技术及应用	上海电机学院、泰州樱田农机制造有限公司、太仓阿尔法数字科技有限公司、樱田农机科技（泰州）有限公司
71	2305019	基于过程数字化及工艺全自动控制的V4i宽幅砂光机	苏州苏福马机械有限公司
72	2306004	高性能天然气长输管道阀门关键技术及应用	江苏理工学院、良正阀门有限公司
73	2306018	恶臭气体污染防控技术研究与核心装备应用	浙江大维高新技术股份有限公司
74	2306021	锂电池材料高温包覆装备关键技术与产业化	常州大学、密友集团有限公司、昆山密友机械密封有限公司
75	2306023	高效率高精度巨型子午线轮胎成型装备关键技术与应用	福建建阳龙翔科技开发有限公司、三明学院、福建工程学院
76	2306031	3D型高温高压往复式加氢进料泵关键技术研究及产业化	重庆水泵厂有限责任公司
77	2306035	单元式链型电梯电机设计制造关键技术研发及应用	日立电梯电机（广州）有限公司
78	2306047	化工用大型多级低温制冷机组研制及应用	重庆通用工业（集团）有限责任公司、重庆大学
79	2306050	高温超快控制系统关键技术研究及应用	浙江石化阀门有限公司
80	2306053	面向集成电路制造工艺的燃烧式气体处理设备关键技术研究及应用	北京京仪自动化装备技术股份有限公司
81	2306056	低环温高能效智能两联供机组	浙江中广电器集团股份有限公司
82	2306057	基于弹性波调控的包装动力学设计关键技术及在家电产品应用	广东美的制冷设备有限公司、广东美的厨房电器制造有限公司、佛山市顺德区美的洗涤电器制造有限公司、美的集团（上海）有限公司

（续）

序号	项目编号	项目名称	完成单位
83	2306059	大功率齿轮减速潜水轴（贯）流泵关键技术研究与产业化	亚太泵阀有限公司、中际通达水处理装备研究院（江苏）有限公司、江苏亚太工业泵科技发展有限公司
84	2306061	高端海洋工程钻井设备研制与应用	兰州兰石石油装备工程股份有限公司
85	2306064	液化天然气用关键阀门国产化深冷轴流式止回阀	江苏神通阀门股份有限公司
86	2306066	无卤阻燃辐射交联热缩套管关键制造技术及产业化	长园电子（东莞）有限公司、深圳市沃尔核材股份有限公司
87	2307002	大功率风电全系列轴承试验技术研究及试验平台建设	洛阳 LYC 轴承有限公司、南京工业大学、河南科技大学、北京金风科创风电设备有限公司、浙江运达风电股份有限公司
88	2307009	直升机齿轮传动抗胶合关键技术及应用	郑州机械研究所有限公司、南京航空航天大学、中国航发中传机械有限公司、四川腾盾科技有限公司
89	2307012	商用车 AT 集成式液力缓速器设计制造关键技术及应用	吉林大学、陕西法士特汽车传动集团有限责任公司、陕西海克机电科技有限公司
90	2307014	重载四点接触密封球轴承综合技术研究及开发应用	八环轴承（长兴）有限公司、八环科技集团股份有限公司、浙江大学、浙江工商大学
91	2307017	特大型剖分式系列三排圆柱滚子回转支承的研制及应用	洛阳新强联回转支承股份有限公司、河南科技大学（龙门实验室)、洛阳理工学院、洛阳圣久锻件有限公司
92	2307028	航空航天用紧凑轻量化薄壁轴承关键技术研究及应用	洛阳轴承研究所有限公司*
93	2307030	多功能精密模具装备关键技术开发与产业化应用	天津市津兆机电开发有限公司、天津中德应用技术大学
94	2307036	高可靠性商用车轮毂总成研发及制造	瓦房店轴承集团国家轴承工程技术研究中心有限公司、瓦房店轴承集团有限责任公司、瓦房店轴承股份有限公司
95	2307041	高精度高速冷轧轧辊密封轴承研发	瓦房店轴承集团国家轴承工程技术研究中心有限公司、瓦房店轴承集团有限责任公司、瓦房店轴承股份有限公司
96	2307047	高精度智能型负载敏感比例多路阀	江苏科迈液压控制系统有限公司、浙江大学、扬州大学
97	2307048	商用车盘式制动器关键技术及应用	中国重型汽车集团有限公司
98	2307054	汽车三球销式等速万向节球环滚针轴承	浙江五洲新春集团股份有限公司、太原理工大学
99	2307057	高耐候密封件关键技术及产业化应用	宁波东联密封件有限公司、浙大宁波理工学院、成都一通密封股份有限公司
100	2307061	新能源汽车高性能轮毂轴承单元关键技术及产业化	浙江万向精工有限公司
101	2307068	高端重卡自动变速器用离合器总成关键技术及智能制造产业化	浙江奇碟汽车零部件有限公司、浙江大学、浙江金麦特自动化系统有限公司、吉林省中联试验机制造有限公司

（续）

序号	项目编号	项目名称	完成单位
102	2308003	良信电器（海盐）有限公司智能型低压电器研发及制造基地项目	中国联合工程有限公司*
103	2308006	杭州临江环境能源工程	中国联合工程有限公司*、上海康恒环境股份有限公司
104	2308008	悦来海绵生态展示中心绿色低碳技术集成创新工程示范	中机中联工程有限公司*、重庆市住房和城乡建设技术发展中心
105	2308009	供水管道探漏及内检装置研究与应用	深圳市博铭维技术股份有限公司、深圳市环境水务集团有限公司、深圳市利源水务设计咨询有限公司、深圳市环水管网科技服务有限公司、北京市自来水集团管网管理分公司
106	2308011	汽车试验场智能化控制及多场景测试技术研究	安徽江淮汽车集团股份有限公司
107	2308023	柔性化智能AGV生产线在汽车总装项目中的应用	武汉东研智慧设计研究院有限公司、东风设计研究院有限公司
108	2308029	复杂地质多导洞硫化氢高瓦斯特长隧道施工关键技术研究	西南石油大学、中铁五局集团有限公司、中铁五局集团成都工程有限责任公司
109	2308031	绿色制冷压缩机电机转子超重力离心浇铸关键技术	杭州富生电器有限公司、浙江工业大学
110	2308037	多车型涂装智能组合柔性输送方式关键技术	中国汽车工业工程有限公司*、中汽昌兴（洛阳）机电设备工程有限公司、机械工业第四设计研究院有限公司*
111	2308042	车身车间数字化关键技术开发与应用	中国汽车工业工程有限公司*、机械工业第四设计研究院有限公司*
112	2309024	新型高强韧铝合金轮毂与组合轴承应用技术及产业化	山东浩信股份有限公司、山东理工大学、山东浩信新能源汽车配件有限公司
113	2309035	超长型材智能搅拌摩擦焊成套装备关键技术及应用	航天工程装备（苏州）有限公司
114	2309049	超高速激光熔覆关键技术及其应用	中机新材料研究院（郑州）有限公司、西安交通大学、中煤北京煤矿机械有限责任公司、北京机科国创轻量化科学研究院有限公司
115	2309051	高速高精密智能流体控制设备关键技术研发及产业化	深圳市轴心自控技术有限公司、哈尔滨工业大学（深圳）、深圳市轴心压电技术有限公司
116	2309063	大功率激光加工装备研制与应用	中国机械总院集团海西（福建）分院有限公司、厦门大学、深圳市杰普特光电股份有限公司、中机数控科技（福建）有限公司、长园装备制造有限公司
117	2309073	典型工业铝合金制品环保表面化学转化技术与应用	中国机械总院集团武汉材料保护研究所有限公司、中国机械总院集团海西（福建）分院有限公司、黄山市强峰铝业有限公司、湖北省地质实验测试中心（国土资源部武汉矿产资源监督检测中心）
118	2309078	智能高柔性白车身合拼装备关键技术及应用	上汽通用五菱汽车股份有限公司
119	2309079	电子信息制造产业用低蚀高可靠软钎焊膏研发及应用	郑州机械研究所有限公司、哈尔滨工业大学、深圳市唯特偶新材料股份有限公司、北京工业大学、中国机械总院集团哈尔滨焊接研究所有限公司

（续）

序号	项目编号	项目名称	完成单位
120	2309083	轨道交通电子电气产品全流程数字化功能检测方法研究	株洲中车时代电气股份有限公司
121	2309085	高速动车组车轮踏面在线修形关键技术与工程应用	中车戚墅堰机车车辆工艺研究所有限公司、常州中车铁马科技实业有限公司、中车青岛四方机车车辆股份有限公司、中车长春轨道客车股份有限公司
122	2309086	移动终端异型敷料高效精密贴装技术与装备及应用	广东长盈精密技术有限公司、广东天机智能系统有限公司、东莞理工学院
123	2309087	新能源汽车轻量化结构件精密成型关键技术研发与应用	广东鸿图科技股份有限公司、广东鸿图南通压铸有限公司、广东鸿图武汉压铸有限公司、华中科技大学、广东省科学院新材料研究所
124	2309094	面向智能制造的梯度药皮钎料关键制备技术及应用	郑州机械研究所有限公司、华北水利水电大学、江苏科技大学、哈尔滨工业大学、青岛海尔智能技术研发有限公司
125	2309106	大面积太阳翼高性能精密微电阻点焊极端制造技术	上海航天设备制造总厂有限公司、上海交通大学
126	2309125	基于车路信息智能融合的商用车制动关键技术及部件研发应用	华南农业大学、广州瑞立科密汽车电子股份有限公司、华南理工大学、中山大学、广州理工学院
127	2309131	重型燃气轮机高温部件微区冶金形性重塑修复关键技术及应用	东方电气集团东方汽轮机有限公司、中国科学院金属研究所、四川大学
128	2310002	智能化、信息化湿喷台车研制	中铁工程装备集团有限公司、中铁工程装备集团隧道设备制造有限公司、山东大学、中铁十局集团有限公司、中铁隧道集团二处有限公司
129	2310006	固废高质再生利用压振一体式智能化生产装备技术及应用	西安银马实业发展有限公司
130	2310007	超小转弯半径组合式集装箱自动搬运机器人关键技术与应用	浙江华叉智能装备有限公司、杭州电子科技大学、中国计量大学
131	2310008	工程机械多系统仿真关键技术研究与应用	广西柳工机械股份有限公司
132	2310012	新一代智能泵车关键技术研究及应用	三一汽车制造有限公司
133	2310015	面向沙漠油田施工的 ZRT1100 越野轮胎起重机关键技术及应用	中联重科股份有限公司
134	2310017	轻质工业车辆结构件柔性共平台智能制造关键技术应用研究	安徽合力股份有限公司
135	2310019	爆炸性环境用新能源防爆电动工业车辆关键技术及应用	衡阳合力工业车辆有限公司
136	2310025	高韧性 PDC 复合片及其在破岩机械中的应用	郑州机械研究所有限公司、河南四方达超硬材料股份有限公司、宁波中机松兰刀具科技有限公司、中铁工程装备集团隧道设备制造有限公司、中南大学
137	2310037	高空作业装备安全及跨障关键技术研究与应用	徐州徐工随车起重机有限公司、江苏徐工国重实验室科技有限公司、江苏徐工工程机械研究院有限公司

（续）

序号	项目编号	项目名称	完成单位
138	2310040	面向智能高效安全施工的新一代液压驱动轮胎压路机研发及产业化	徐工集团工程机械股份有限公司道路机械分公司
139	2310047	大型工程机械总装生产线智能制造集成关键技术	山推工程机械股份有限公司、山东大学、山东建筑大学、济南大学
140	2310063	智能型新能源系列非公路宽体自卸车关键技术研究及应用	陕西同力重工股份有限公司、陕西同力重工新能源智能科技有限公司、西安主函数智能科技有限公司
141	2311001	小排量高效混动汽油机产品开发及产业化	长城汽车股份有限公司
142	2311005	满足非道路四阶段排放标准的柴油机电控关键技术及产业化	东南大学、无锡威孚力达催化净化器有限责任公司、南京威孚金宁有限公司
143	2311014	工程车用国六柴油机关键技术开发及产业化	广西玉柴机器股份有限公司、东风柳州汽车有限公司、中机科（北京）车辆检测工程研究院有限公司、中机寰宇认证检验股份有限公司
144	2311015	国六 SCR 系统高效混合器技术开发及应用	广西玉柴机器股份有限公司
145	2311019	宽体自卸车用柴油机高原环境适应性技术开发及应用	潍柴动力股份有限公司
146	2311022	柴油机尾气后处理系统关键技术开发及产业化	潍柴动力空气净化科技有限公司、潍柴动力股份有限公司、昆明贵研催化剂有限责任公司、山东国瓷功能材料股份有限公司
147	2311023	商用车用中型高速柴油机开发及产业化	潍柴动力股份有限公司
148	2311026	基于远程的国六柴油机智能诊断及预警系统开发及产业化应用	潍柴动力股份有限公司、北京理工大学
149	2311029	重型牵引车用柴油机适应性技术及应用	潍柴动力股份有限公司、山东大学
150	2311037	重型气体机清洁排放关键技术及应用	潍柴动力股份有限公司、山东大学、潍柴西港新能源动力有限公司
151	2311038	轻型柴油机开发关键技术研究及其应用	潍柴动力股份有限公司、潍柴动力扬州柴油机有限责任公司
152	2311039	高端柴油机多轴孔精加工装备技术开发及国产化应用	潍柴动力股份有限公司、潍柴动力（潍坊）装备技术服务有限公司
153	2311041	商用车中型柴油机 CA4/6DLD 关键技术研究及产业化	一汽解放汽车有限公司
154	2311043	高效、可靠、环保的 CA4DB1 国六系列柴油机开发及应用	一汽解放汽车有限公司
155	2311052	组合动力关键技术及应用	中国第一汽车股份有限公司无锡油泵油嘴研究所
156	2311061	高性能船用发动机相继增压技术及应用	康跃科技（山东）有限公司

（续）

序号	项目编号	项目名称	完成单位
157	2312003	单缸热力学发动机试验条件控制系统的开发与应用	中国第一汽车股份有限公司研发总院
158	2312006	高端乘用车驱动桥总成制造技术及应用	中国第一汽车股份有限公司
159	2312007	全新增压直喷节能发动机装调技术创新开发与应用	中国第一汽车股份有限公司
160	2312009	智能底盘测试技术研究与应用	中国第一汽车股份有限公司
161	2312010	冷热源工艺水节能恒温智能控制系统技术研究及应用	中国第一汽车股份有限公司研发总院
162	2312020	安全气囊系统皮纹放电模具关键技术和协同生产技术研发及应用	宁波双林模具有限公司
163	2313002	热连轧四辊粗轧机　通用技术条件（JB/T 13527.2—2018）等热连轧线关键工艺装备系列行业标准	二重（德阳）重型装备有限公司*、一重集团大连工程技术有限公司
164	2313003	机电耦合补偿轻型大阵面结构集成技术	中国船舶集团有限公司第七二四研究所、西安电子科技大学
165	2313007	《高压测试仪器及设备校准规范第 7 部分：综合保护测控装置电测量》等技术及系列标准研制	江苏方天电力技术有限公司、中国电力科学研究院有限公司、国网江苏省电力有限公司营销服务中心
166	2313023	《关节轴承　额定载荷系数的推导（标准号 ISO/TR 20051:2020）》	洛阳轴承研究所有限公司*、福建龙溪轴承（集团）股份有限公司、台州科锦轴承有限公司
167	2313029	新能源汽车典型电磁兼容检测评价技术研究及应用	威凯检测技术有限公司、中国电器科学研究院股份有限公司*
168	2313030	金属板料精冲挤压复合成形件－工艺规范国家标准（标准号 GB/T 37679—2019）	武汉理工大学、中国机械总院集团北京机电研究所有限公司、武汉泛洲精冲有限公司、湖北中航精机科技有限公司武汉中航精冲技术分公司、黄石华力锻压机床有限公司
169	2313033	《工程结构用中、高强度不锈钢铸件金相检验（GB/T 38222—2019）》等二项国家标准	中国机械总院集团沈阳铸造研究所有限公司、大唐锅炉压力容器检验中心有限公司、兰州兰石检测技术有限公司、中广核工程有限公司、国家建筑五金产品质量监督检验中心（广东）
170	2313035	高压并联电容器关键技术及系列标准的研制与应用（GB/T 11024—2019 系列、NB/T 10481—2020 等 6 项）	西安高压电器研究院股份有限公司、国网安徽省电力有限公司电力科学研究院、无锡赛晶电力电容器有限公司、西安 ABB 电力电容器有限公司、深圳市三和电力科技有限公司
171	2313037	面向显示屏的彩色共焦检测关键技术、设备及应用	华侨大学、厦门天马微电子有限公司、厦门市计量检定测试院、安徽工程大学、合肥一煊检测技术有限公司
172	2313043	《起重机械　安全监控管理系统（GB/T 28264—2017）》	北京起重运输机械设计研究院有限公司*、国家市场监督管理总局特种设备安全监察局
173	2313052	高原风力发电机组关键技术系列标准	北京天诚同创电气有限公司、金风科技股份有限公司、昆明电器科学研究所、浙江运达风电股份有限公司、北京金风科创风电设备有限公司

（续）

序号	项目编号	项目名称	完成单位
174	2314008	《机床与液压》	广州机械科学研究院有限公司*
175	2314009	《材料热处理学报》	中国机械总院集团北京机电研究所有限公司
176	2314011	《粉末床激光熔融技术》	华南理工大学、国防工业出版社
177	2314012	《复杂机电系统智能故障诊断与健康评估》	华南理工大学、国防工业出版社、西安交通大学、长安大学
178	2314022	《激光增材制造在线监控系统理论与技术》	中国科学院合肥物质科学研究院、国防工业出版社、苏州工业园区新国大研究院、武汉科技大学、华中科技大学
179	2315002	数字化赋能的轨道交通车辆涂装自动化打磨、检测产线关键技术研究及应用	中车南京浦镇车辆有限公司
180	2315003	保健食品与日化行业智能化生产管控关键技术及应用	广州中浩控制技术有限公司、汤臣倍健股份有限公司、中国科学院深圳先进技术研究院
181	2315005	AMR 控制系统及集成通讯技术开发应用	潍柴动力股份有限公司
182	2315006	大型船舶水下清洗机器人关键技术创新与应用	武汉交通职业学院、中国船舶重工集团第七一〇研究所、中国船级社武汉规范研究所、海宇创新（武汉）科技有限公司、青岛澎湃海洋探索技术有限公司
183	2315013	先进战机整机复杂管路系统智能装配关键技术与应用	成都飞机工业（集团）有限责任公司
184	2315021	电池极耳高速高精度激光切割关键技术研究及产业化	海目星激光科技集团股份有限公司、海目星（江门）激光智能装备有限公司、海目星激光智能装备（江苏）有限公司
185	2315030	人 - 机协同无源外骨骼机器人	中国船舶集团有限公司第七一六研究所、中船重工信息科技有限公司
186	2315035	电动汽车动力装置安全控制系统关键技术与应用	中国第一汽车股份有限公司研发总院
187	2315044	重载大跨距智能上下料桁架机械手关键技术及应用	山东德晟机器人股份有限公司、山东大学、山东省信息技术产业发展研究院（中国赛宝（山东）实验室）
188	2315054	伺服调平系统智能化关键技术及其应用	浙大城市学院、恒宏智能装备有限公司、浙江科强电子科技有限公司、浙江工业大学、中国船舶集团有限公司第七〇四研究所
189	2315060	大飞机机头复杂结构集成制造关键技术及应用	中航成飞民用飞机有限责任公司、电子科技大学
190	2315072	基于智能制造生产系统物联协同关键技术的研究开发与应用	诺力智能装备股份有限公司、上海诺力智能科技有限公司、浙江诺力物流科技有限公司
191	2315078	面向新型电力系统的大电网运行方式优化关键技术及应用	广东电网有限责任公司、中国电力科学研究院有限公司、武汉大学、浙江大学、杭州沃瑞电力科技有限公司

注：*为国机集团下属单位。

〔来源：中国机械工业科学技术奖官网〕

第九篇

企业风采

树立国机之品牌 展示企业之风采

国机集团
SINOMACH

广告

中国机械设备工程股份有限公司
China Machinery Engineering Corporation

立足工业化建设
推动可持续发展

CMEC

阿根廷贝尔格拉诺货运铁路改造项目

斯里兰卡普特拉姆电站项目

阿联酋艾尔达芙拉光伏电站项目

中国机械设备工程股份有限公司，简称中设集团或CMEC,是国机集团设计咨询与工程承包板块的经营主体——国机工程集团的运营和管理总部。

公司成立于1978年，是早期建立的工贸公司，也是先期进入国际市场的工程承包商。

依托“一流设计咨询为牵引、科技创新为支撑、国机集团产业优势为基础”的全产业链工程综合服务能力，公司正在为国内外客户提供集规划咨询、勘察设计、工程承包、贸易物流、投资融资、绿色与智能装备研发制造于一体的全方位专业化服务。

公司在全球近百个国家和地区、国内主要省份均有工程建设和促进产业发展的亮眼业绩，涵盖电站电网、新能源和新基建、工业工程、石油化工、交通运输、港口航道、仓储物流、电子通信、生态环境、医疗健康、智慧工业、现代农业、市政工程等诸多国民经济与社会发展重要行业。

以服务工业化和新型工业化、助力打造新质生产力为核心目标，公司将为服务构建现代化产业体系和“双循环”新发展格局、高质量共建“一带一路”持续贡献国机力量。

中工国际工程股份有限公司
CHINA CAMC ENGINEERING CO., LTD.

中工国际工程股份有限公司（简称中工国际，英文缩写CAMCE，股票代码 002051）隶属于中央直接管理的国有重要骨干企业中国机械工业集团有限公司。

中工国际于2001年5月22日成立，2006年6月19日在深圳证券交易所上市。中工国际拥有主要经营性子公司9家，高新技术企业10家。其中，中国中元国际工程有限公司（原机械工业部设计研究总院）是全国综合实力名列前茅的设计咨询单位之一，在医养建筑、民用建筑、工业建筑、能源环境、物流工程等领域拥有雄厚技术实力；北京起重运输机械设计研究院有限公司是我国起重运输机械行业综合技术实力头部的企业之一，为我国物料搬运机械行业的技术进步发挥着重要引领作用。公司承担了数百项国际、国家和行业标准的编制修订工作，并在工程相关领域累计获得了千余项国家和省部级奖项。公司在境内设立分支机构40余家，境外设立分支机构 70 余家，境内外员工4 000余人。

伴随着我国改革开放进程和经济全球化的步伐，中工国际不断发展壮大。20多年来，中工国际积极践行“走出去”战略和“一带一路”倡议，积极服务京津冀协同、长三角一体化、粤港澳大湾区、海南自贸港等国家区域发展战略，聚焦设计咨询与工程承包、先进工程技术装备开发与应用、工程投资与运营三大业务板块，为客户提供勘察设计、规划咨询、融资投资、成套设备采购供应、施工与项目管理、运营维护等综合服务，至今在海外建设了百余个交钥匙总承包工程，涉及五大洲 70 余个国家和地区。

横琴口岸及综合交通枢纽开发工程

尼泊尔博卡拉国际机场

天津大学大型地震工程模拟研究设施

使命

创造中国工程价值、建设人类美好生活

核心价值观

价值导向、创新驱动、责任担当、追求卓越

愿景

成为具有国际竞争力的卓越工程引领者

乌兹别克斯坦奥林匹克城项目

西昌市餐厨垃圾处理项目

新疆阿勒泰吉克普林滑雪场E1索道

广告

中国福马机械集团有限公司
CHINA FOMA (GROUP) CO., LTD.

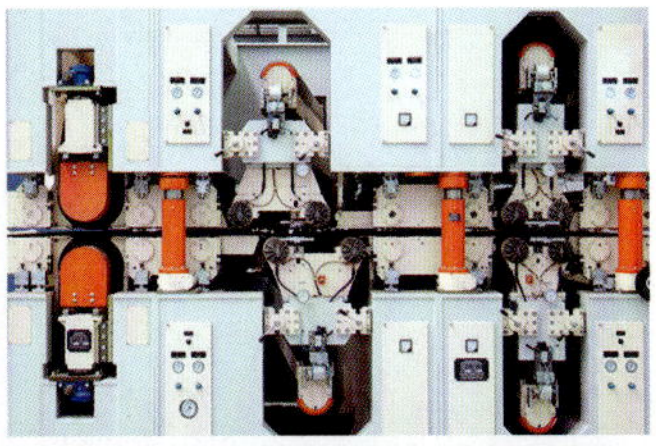

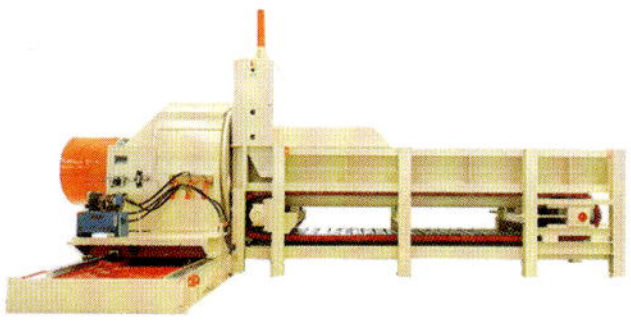

■ 公司简介/Company Profile

中国福马机械集团有限公司（简称中国福马）成立于1979年，前身为中国林业机械总公司。2007年与中国机械工业集团有限公司重组，成为其全资子公司。中国福马总部位于江苏省泰州市，目前拥有二、三级企业23家，其中，林海股份有限公司为上市公司。2019年12月，中国福马对中国国机重工集团有限公司实施托管。

中国福马是中国专用设备研发、制造、销售的中央企业，是中国林业机械协会的会长单位。公司业务主要由农林机械、动车装备和车辆、工程贸易、工程机械转型四大业务板块组成。多次被中国质量协会用户委员会认定为“全国用户满意产品”。产品出口到美国、加拿大、日本、欧洲、南亚、东南亚等130个国家和地区，享有较高市场声誉。

中国福马拥有先进的生产制造系统，在江苏泰州、苏州、镇江、常州，天津等地拥有多个生产基地。林业装备板块拥有多种“精、大、稀”加工和检测设备，在国内同行业中加工能力位居前列。动力机械板块拥有40余条自动化水平较高的专业生产线和柔性生产线。

地址：江苏省泰州市海陵区迎春西路199号0101幢5、6、7层 / 网址：www.chinafoma.com

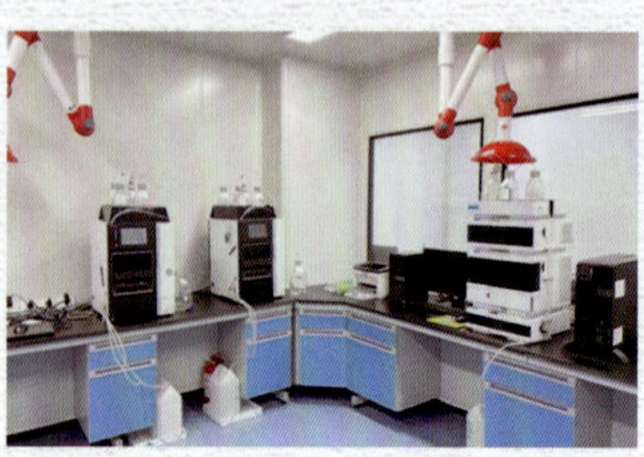

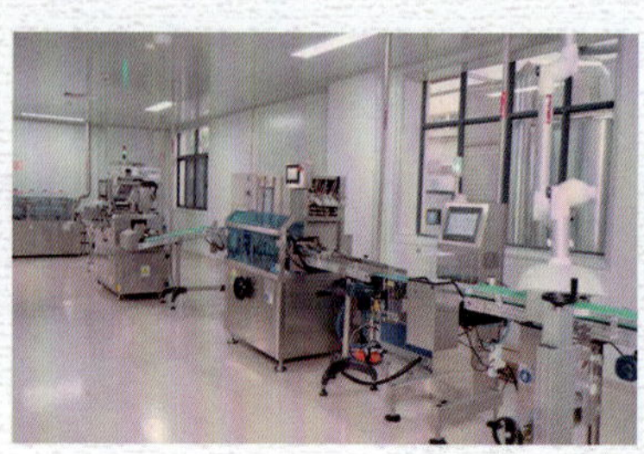

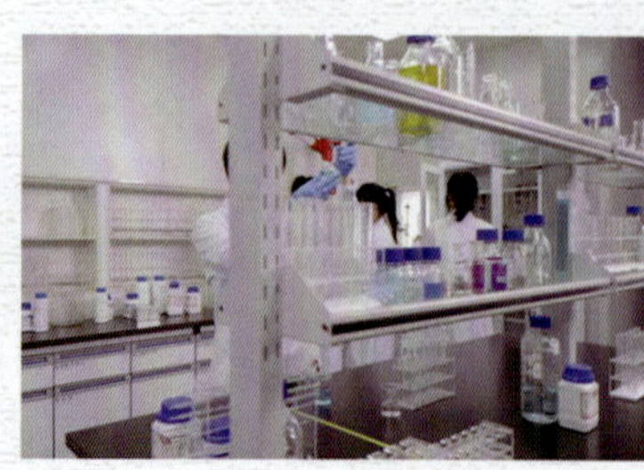

中国地质装备集团有限公司

China Geological Equipment Group Co.,Ltd.

广告

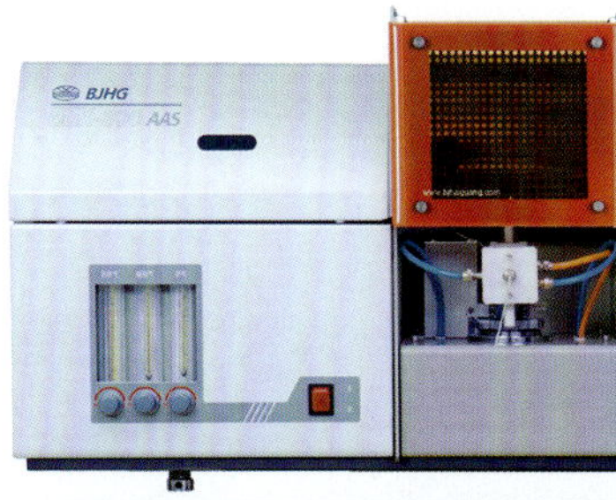

原子吸收分光光度计

珠峰型重力仪

中国地质装备集团有限公司（简称中地装集团），成立于1987年，前身是原地质矿产部门所属的中国地质机械仪器工业公司，1999年并入中国机械工业集团有限公司，成为其全资子公司。中地装集团的产品涵盖了地质勘探的主要流程，从地面地球物理勘探，到地质钻探、取岩心，再到井中探测，以至于矿产的化学分析。拥有地质装备行业“国家认定企业技术中心”，建有我国具有国际先进水平的超低磁实验室和电子测试实验室，担负关键技术装备的研究、开发、试验工作。中地装集团是由国家二十三个部门联合认定的国家工程实践教育中心建设单位，是“中国矿业联合会地质与矿山装备分会”的理事长单位。

1 
2 
3 
4 
5 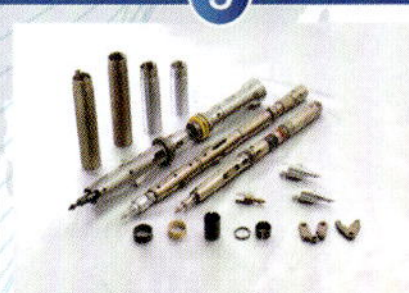
6 

1 电传动钻井平台
2 海底地震仪
3 移动式污水处理车
4 微型履带多功能钻机
5 绳索取心钻具及配件
6 海洋功能钻机

地址：北京市朝阳区酒仙桥东路1号1幢2层102号　　邮编：100016
电话：010-64789939　　传真：010-64789866　　网址：http://www.cgeg.com.cn

机电工程

电力工程

矿产冶炼工程

化工石油工程

基础设施工程

公共与民用建筑工程

国机财务有限责任公司
SINOMACH FINANCE CO.,LTD.

做强做优产业链金融 促进集团持续发展

规范 服务 发展 创新

公司简介

国机财务有限责任公司成立于2003年9月。经过20多年的发展壮大，成长为业绩稳定、资质齐全、产品丰富、服务高效、内控健全、队伍精干的专业化金融机构。作为国机集团持牌非银金融机构，公司坚守助力国机集团高质量发展的综合金融服务专家的战略定位，专心打造国机集团金融服务平台、资金结算归集平台、金融资源整合调度平台、金融风险管控平台“四大平台”功能，坚持把服务实体经济作为根本宗旨，努力成为服务一流、管理一流、创新一流的财务公司，成为国机集团成员企业信赖的金融合作伙伴，以优质的金融服务，助推国机集团高质量发展。

2023年7月国机财务公司举办首届“融先锋千辩万话”辩论赛

2023年10月国机财务公司工会开展“快乐工作健康We来”秋季健步走活动

2023年12月国机财务公司河南分公司在河南洛阳举行揭牌仪式

广告

国机汽车股份有限公司
SINOMACH AUTOMOBILE CO.,LTD.

国机汽车官方微信

国机汽车股份有限公司（简称国机汽车）是世界500强企业——国机集团旗下一家大型汽车综合服务企业，是中国汽车流通协会副会长单位、中国汽车工业协会会员单位，是中国汽车流通行业头部企业中的中央企业，在2023年《财富》中国上市公司500强榜单中列第321位。

国机汽车深耕汽车行业相关业务，专于汽车工程系统服务和汽车流通运营服务两大领域，推动汽车数智化装备产线和全周期全价值链系统服务业务、汽车进口和国内流通业务、汽车租赁业务、汽车及零部件出口业务四大主业协同发展。公司以“成就造车人、幸福用车人，让汽车生活更美好”为使命，以“携手全球伙伴 从优秀迈向卓越”为愿景，致力于成为“值得信赖的国际化汽车工程系统服务和汽车流通运营服务领军企业”。

责任　创新　协同　共享

中国机械国际合作股份有限公司致力于打造中外企业技术交流与贸易促进综合服务平台。公司聚焦商业会展，提供“展览组织、会议活动、动营搭建”等会展产业链服务体系。2023年，公司境内外自办展览项目37个，展出面积209万平方米；境外代理展108个，参展面积2.6万平方米。承办展会（会议活动）13个，执行综合服务及代理项目7个，执行主场运营及工程服务项目42个。

广告

国机资产管理有限公司
SINOMACH CAPITAL MANAGEMENT CORPORATION

公司简介

国机资产管理有限公司（简称国机资产），是中国机械工业集团有限公司（简称国机集团）下属专业化综合性资产管理战略平台。前身为北京华隆进出口公司，2011年更名为国机资产管理公司，2017年9月完成公司改制。国机资产围绕国机集团改革发展的总体部署，以服务国机集团战略为首要任务。通过承接处置国机集团“退出”资产，运营管理瑕疵资产，托管困难企业等，发挥平台功能和作用，服务国机集团改革发展。

国机资产注册资本为13.5亿元，由国机集团全额出资，属法人独资有限责任公司，经营范围包括投资与资产管理，产权经纪，房屋租赁，进出口业务，机械产品、电子产品的销售，汽车销售，技术开发、技术推广、技术服务、技术咨询。

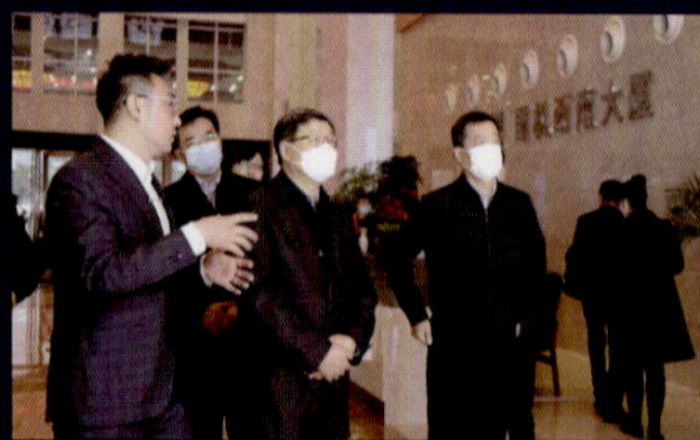

国机集团总经理、党委副书记罗乾宜一行赴国机西南大厦调研

国机资产董事会一行到成都投资公司调研指导工作

国机资产开展“体验烽火岁月，传承红色精神”主题运动会

拓展资产盘活渠道 优化集团资源配置-国机资产成功举办集团资产推介专场活动

国机资产工会举办“‘掼’军争霸，智慧无限”益智比赛

国机资产与中交房地产签署王府井大街277号院合作权益转让签约仪式

联系电话 010－65802288
地址：北京市西城区广安门外大街178号19、20层
邮编：100055 传真：010-65802010 http://www.sino-capital.com.cn

国机资本控股有限公司
Sinomach Capital Holdings Co., Ltd.

致力于成为机械工业行业
极具价值创造力 产融投资服务公司

国机资本控股有限公司成立于2015年8月，是世界500强企业、中央直接管理的国有核心骨干企业——中国机械工业集团有限公司（简称国机集团）的二级子公司，注册资本23.7亿元。

国机资本作为国机集团产融投资平台，专业化运作基金管理、融资租赁、商业保理等业务，汇聚产融资源，服务集团战略，助力产业发展，打造产业资本投资平台和数字金融服务平台，构建“科技+产业+资本”一体化融合贯通能力体系，致力于成为机械工业极具价值创造力的产融投资平台。目前下属4家子企业，分别为国机融资租赁有限公司、国机商业保理有限公司、国机资本香港有限公司和国机（北京）投资基金管理有限责任公司。

作为中国现代农业机械化事业的开创者，中国农业机械化科学研究院（简称中国农机院）成立63年来，始终坚持以“推动中国农业机械技术进步与产业升级”为使命，以自主创新为引领，深耕农牧业装备、汽车配套、农产品与食品工程、环境工程、勘察设计与施工、信息技术与精准农业、标准与检测、出版传媒等九大领域，形成“高端装备、农业工程、创新与服务”三大主业协同发展的产业格局，成为中国农机行业技术研发中心、产品辐射中心、战略策源中心和国际交流中心。

新时期，中国农机院统筹研发、制造、咨询、勘察、设计、施工、总承包的综合业务，提供以信息化引领的现代农业智能生产全程解决方案，提供农村一二三产业融合、三园三区、田园综合体等规划建设服务，谱写新时代农业农村现代化发展新篇章，打造集高新技术研发、高端装备制造、工程项目承包为一体，具有一定国际竞争力的综合性科技型企业。

SDZ系列电液伺服动静疲劳试验机

摊铺机

采棉机

大型气流式播种机

马铃薯联合收获机

青贮饲料收获机

打捆机

国机集团科学技术研究院有限公司
SINOMACH Academy of Science and Technology Co.,Ltd.

公司简介 COMPANY PROFILE

国机集团科学技术研究院有限公司（简称国机研究院）源于2010年12月批准成立的国机集团中央研究院，2013年4月注册为现名。国机研究院是中国机械工业集团有限公司（简称国机集团）向“创新型国机”迈进的重要战略部署，是充分发挥国机集团科技资源行业优势的高层战略执行平台，是增强国机集团整体技术创新能力的重要创新主体。

国机研究院现拥有9家转制院所和2支院士团队。截至2023年年底，国机研究院资产总额41.58亿元，净资产21.1亿元，当年主营业务收入22.47亿元。员工总数2 376人，其中，科技人才1 276人；入选“国家百千万人才工程”3人，享受政府特殊津贴19人，正高级职称128人，高级职称529人，博士30人，硕士421人，本科1 224人。

国机研究院现有国家工程（技术）中心3家，国家企业技术中心3家，国家地方联合工程研究中心1家，博士后工作站3家，国家和行业生产力促进中心3家，行业质检中心9个（其中国家6个），国际标委会1个，全国标准化委员会11个，全国标委会分委会2个，行业标委会4个，各类省部级科研平台25个。

41.58亿元	2376人	3家	1276人	3家
国机研究院资产总额	员工总数	国家工程（技术）中心	科技人才	博士后工作站

国机重型装备集团股份有限公司
SINOMACH HEAVY EQUIPMENT GROUP CO., LTD.

公司简介
Company Profile

国机重型装备集团股份有限公司（简称国机重装）是中央直接管理的国有重要骨干企业——中国机械工业集团有限公司的控股子公司，是以中国第二重型机械集团有限公司核心制造主业为平台，整合中国重型机械有限公司、中国重型机械研究院股份公司等优质资源打造的国家高端重型装备旗舰，在上海证券交易所上市（股票代码：601399）。

国机重装是世界重大技术装备领域少数具备极限制造能力的企业，柔性制造优势突出，覆盖重型装备全产业链。60多年来围绕高端大型铸锻件和成台（套）装备，为航空航天、能源、冶金、石油化工等重要行业提供系统的制造与服务，成功研制出一大批高端重大技术装备和关键基础零部件，有力支撑了“国和一号”“华龙一号”核电机组，白鹤滩、乌东德、长龙山水电机组，百万千瓦超超临界火电机组，千万吨炼油、百万吨乙烯炼化一体化工程项目，航空用万吨级张力拉伸机、重型燃气轮机等国家重大工程项目的需要，在国民经济建设中发挥着战略性、基础性重要作用。

新时代、新使命、新担当，国机重装将立足于国家战略的支撑者、产业链安全保障者、重大技术装备行业引领者的战略定位，担当新型工业化建设主力军，紧扣高质量发展主线，积极培育发展新质生产力，持续推动重大技术装备高端化、智能化、绿色化发展，倾力建设世界一流重装企业，努力将国机重装打造成为卓越长青企业、幸福有爱家园。

单机容量500MW级冲击式水轮机超大型转轮中心体锻件

兼容小方圆坯、大方圆坯、厚板坯的多功能连铸机

8万吨模锻压力机项目荣膺中国“好设计”金奖

Ni3型核电低压焊接转子锻件

2023年10月13日，A320主起落架外筒锻件第1000件交付仪式

国机重装牵头联合26家企业和高校共同组建的“旌湖实验室”揭牌成立

2023年11月30日，上达岱水电站成功截流，按期完成重大里程碑节点，顺利进入大坝主体工程施工阶段

国机集团与中国二重联合重组10周年座谈会

公司概况

Corporation Profile

中国联合工程有限公司

China United Engineering Corporation Limited

中国联合工程有限公司（以下简称“公司”）始建于1953年，是以原机械工业第二设计院为核心，联合机械工业第三设计研究院、机械工业第十一设计研究院等多家国家甲级勘察设计单位组建的大型科技型工程公司，是隶属于中央大型企业集团、世界500强企业——中国机械工业集团有限公司的二级中央企业，总部设在杭州。公司连续多年稳居住房城乡建设部门近3万家勘察设计单位百强榜前10位，最高排名列第5位。

公司深入贯彻“人才是第一资源”重要理念，集聚高层次人才发展优势，现有员工7 000多人，孕育出7位中国工程院、中国科学院院士，8位全国勘察设计大师，107位享受政府特殊津贴专家，国家一级注册工程技术人员2 962人次，为公司一站式综合服务能力的集成提供了人才支撑。

公司牢牢遵循“创新是第一动力”重要指示，坚持走科技创新驱动发展之路。依托公司工程科学研究院，不断培育新质生产力发展沃土。已主编、参编国家、地方和行业标准、规范230余项，获得国家科技进步奖28项、国家各类工程技术奖100多项、各类省部级奖1 000多项。

公司紧紧围绕“增强核心功能、提高核心竞争力”发展要求，发挥全国先期工程设计综合甲级资质单位、全国先期工程总承包试点企业、全国先期全过程工程咨询试点企业的引领优势，依托在新型工业化、城镇化建设、绿色能源、乡村振兴等领域完成的近30 000个工程项目，持续为推动城市现代化进程输出中联技术和中联产品。当前，公司业务已涵盖投资建设全领域和项目建设全环节，形成了顶层设计与落地实施相统一、运营先行与资源导入相协同、科研创新与先进技术相支撑的“策产投建营研”业务模式，提供以策划咨询为核心竞争力、贯穿工程建设全生命周期的城市建设“交钥匙”一体化服务。

迈上新征程，公司将始终以“践行国家战略，引领行业发展”为使命，赓续央企精神血脉，扛起责任使命担当，矢志成为现代化新型城市的规划者，行业规范标准的制定者，新型工业化、城市现代化、乡村振兴建设的引领者，中国标准“走出去”和“一带一路”倡议的践行者，奋力谱写中国式现代化时代新篇章！

东方汽轮机厂

浙大超重力离心模拟与实验装置

超高灵敏量子极弱磁场和惯性测量装置

宁德时代四川宜宾项目

杭州九峰垃圾焚烧发电站

甘肃酒泉金塔熔盐塔式100MW光热发电示范项目

特斯拉工厂

杭州国家版本馆

梅城小城镇环境综合提升工程

中国（杭州）算力小镇

重庆市医疗急救中心

陕西泾河新城文化艺术中心

与顾客共同创造价值

机械工业第六设计研究院有限公司
SIPPR ENGINEERING GROUP CO., LTD.

机械工业第六设计研究院有限公司（简称中机六院）成立于1951年，是我国早期成立的工厂设计机构，2000年进入中国机械工业集团有限公司。中机六院主要从事工程咨询、工程设计、工程监理、项目管理、工程总承包等业务，致力于打造“国内一流的绿色与智能工程服务商”。

2023年，公司面对严峻复杂的内外部环境，认真贯彻落实国机集团和国机工程集团各项工作部署，大力弘扬“求真务实、进取作为、创新求变、追求卓越”的企业精神，紧紧围绕工程企业“承接项目、做好项目、创造利润”这一工作主线，着力加强市场开拓、统筹谋划转型发展、深入推进改革创新，迅速掀起“二次创业”新高潮，工程项目市场开拓捷报频传，主要经济指标实现大幅跃升，全年新签合同额达45亿元，同比增长26.44%；完成营业收入28.93亿元，同比增长37.48 %，创历史新高；实现利润总额2亿元，同比增长60.13%；主要经济指标实现大幅跃升，圆满完成全年各项目标任务，开创了高质量发展新局面。

酒泉一重风电设备有限公司
西北高端装备制造基地

开封中医药职业学院

南京船配船舶动力系统核心部件
绿色智慧工厂总承包

山县瓦屋乡石门村高新农业
暨构建生态养老旅游基地

郑州大学第一附属医院西院区

郑州国际铁路港

电话：0371-67606888/67606088/67606087　网址：www.sippr.cn　地址：河南省郑州市中原西路126号　邮编：450007

广告

合肥通用机械研究院有限公司
Hefei General Machinery Research Institute Co.,Ltd.

合肥通用机械研究院有限公司（简称合肥通用院）1956年成立于北京，1969年搬迁至合肥，是国家一类科研院所，1999年转制为科技型企业（同年加入国机集团），2018年改制为国机集团独资的有限责任公司。

合肥通用院主要从事石油、化工、燃气、冶金、电力、环保等行业通用机械装备的设计开发、产品研制、检验检测、设备监理、工程承包、设备成套、职业教育等，工程技术研发涵盖压力容器与管道、流体机械、包装食品机械及石油装备等领域的20多个专业。拥有19家全资、控股和托管公司，其中1家上市公司（股票名称：国机通用，股票代码：600444）。截至2023年12月31日，拥有职工1 456人，其中具有高级职称367人，博士68人，硕士344人。

工程承包和设备成套

技术服务

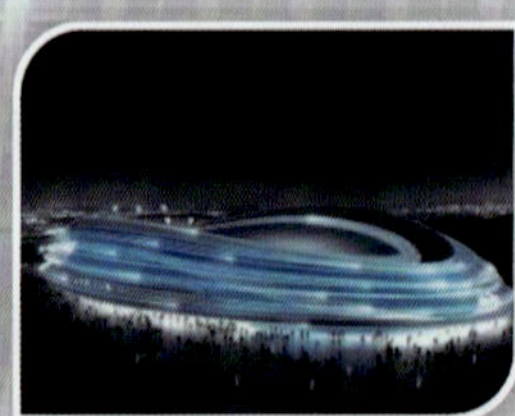

装备研发与制造

合肥通用院是国家创新型企业、国家高新技术企业、国家技术创新示范企业、国家企业技术中心、国资部门创建世界一流专精特新示范企业，是国家压力容器与管道安全工程技术研究中心、高端压缩机及系统技术国家重点实验室、国家通用机械基础件创新中心、国家国际科技合作基地(国际联合研究中心)、压力容器与管道安全安徽省技术创新中心、压缩机技术安徽省实验室、氢能储运装备技术安徽省重点实验室等国家及省部级研发平台的依托单位，设有压缩机制冷设备、泵阀、密封件产品3个国家质量检验检测中心，是工信部门认定的产业技术基础公共服务平台、服务型制造示范平台、国家中小企业公共服务示范平台，科技部门认定的科技服务业行业试点单位，国家市场监管部门批准设立的国家标准验证点(承压设备与流体机械)，国家极端环境重大承压设备设计制造与维护产业技术创新战略联盟的理事长单位。设有安徽省、中国机械工业联合会、中国石化等机构和单位批准建立的20余个省部级科研检测平台，是1个国际标委会、10个国家标委会、4个国家标委会分会以及中国机械工程学会压力容器分会、流体工程分会等10余个行业学会、协会的依托单位。

建院60多年来，合肥通用院共取得各类科研成果3 000余项，其中获国家科技奖励49项、省部级科技进步奖500余项，项目成果在石油、化工、燃气、冶金、电力、环保等领域得到广泛应用。

2023年，是合肥通用院传承使命、赓续奋进的重要一年。面对错综复杂的外部形势和改革发展的诸多困难，合肥通用院在国机集团的坚强领导下，克服不利因素，着力推动“十四五”发展规划的动态调整与组织实施，坚持稳中求进、以进促稳、持续做强做优主责主业，坚持增强核心功能、提升核心竞争力、着力打造通用机械行业战略科技力量，坚持深入调研、稳妥改革、统筹高质量发展和高水平安全，连续15年获国机集团“先进单位”荣誉称号。

职业教育

地址：安徽省合肥市长江西路888号
http://www.hgmri.com
ADD:888 West Changjiang Road Hefei,Anhui,China
邮编：230031　联系电话：0551-65335681

广告

企业风采

国机精工集团股份有限公司
Sinomach Precision Industry Group Co., Ltd.

股票代码：国机精工002046

国机精工集团股份有限公司（简称国机精工）是国机集团控股的A股上市公司，是一家多元化、国际化的科技型、创新型企业，业务聚焦精密制造领域，在高精度、高可靠性轴承与高速高效超硬材料制品及相关零部件研发与制造、检测与试验方面具有雄厚的实力，居国内领先地位。

主要成员企业

洛阳轴承研究所有限公司
郑州磨料磨具磨削研究所有限公司
成都工具研究所有限公司
中国机械工业国际合作有限公司
郑州国机精工发展有限公司
精工博研测试技术（河南）有限公司
洛阳轴研科技有限公司
国机金刚石（河南）有限公司
精工锐意科技（河南）有限公司
郑州新亚复合超硬材料有限公司
白鸽磨料磨具有限公司

地址：郑州市新材料产业园区科学大道121号　服务热线：0371-87010750

中国电器科学研究院股份有限公司
China National Electric Apparatus Research Institute Co., Ltd.

中国电器科学研究院股份有限公司（简称中国电研，股票代码：688128）长期从事电器产品环境适应性研究，建有工业产品环境适应性全国重点实验室，定位打造"工业产品特殊环境国家质量基础技术策源地"。公司研发成果历经客户和市场检验，逐步发展为"质量技术服务、电气装备、成套装备、环保涂料及树脂"4大业务板块，业务聚焦智能家居和新能源智能汽车行业。

◆应用基础及共性技术研究

长期从事电器产品及装备环境适应性基本规律与机理研究，建立了7个典型气候野外科学观测站，致力于提升我国电器产品及装备在不同气候、机械、化学、电磁等复杂环境中的适应能力，提高产品质量水平，研究对象从电器产品拓展到智能家居、智能汽车、新能源等典型工业产品领域。

15个	16个	11个	20+项
国家科技研发与技术服务平台	IEC国际标准对接平台	国家标准平台	核心技术

■质量技术服务

CVC威凯是中国电研旗下的质量技术服务品牌。是集技术研究、标准化、检测、认证、检验、计量、能力验证及质量提升延伸服务(实验室技术服务、培训等)于一体的权威第三方质量技术服务机构。

■电气装备

产品包括新能源电池后处理系统、励磁装备、工业电源等。公司产品应用于60多个国家和地区。在全球率先自主研发出动力及储能电池串联化成分容新技术，具有国际领先水平，可有效提高电芯品质、大幅降低用户运营成本，已获得广泛应用，引领行业安全绿色发展。

■成套装备

产品包括智能工厂解决方案、智能制造及试验装备等，建有国家工业设计中心，以设计为牵引打造"家用电器全产业链设计和服务"模式。为家电企业提供智能工厂解决方案，产品出口到"一带一路"沿线30多个国家和地区。为头部智能家电、智能汽车企业提供专业研发设备，为汽车、摩托车制造提供焊装、涂装和总装生产线。

■环保涂料及树脂

产品包括粉末涂料、水性工业涂料、树脂材料等。环保涂料产品广泛应用于汽车零部件、新能源等领域，水性防腐蚀涂料在商用空调领域处于领先地位，新研发的聚酯树脂首次成功应用在集装箱行业，实现整箱绿色粉末涂料涂装，综合技术水平国内领先。

广告

工业强基报国　智能引领未来

国机智能科技有限公司（简称国机智能）隶属于中央直管国有重要骨干企业、世界500强企业——中国机械工业集团有限公司，其下属广州机械科学研究院有限公司发源于1958年的广州热带机床研究所，下属苏州电加工机床研究所有限公司为成立于1958年的原机械工业部门直属的电加工行业归口管理单位。

国机智能拥有国家创新型企业、国家高新技术企业、国家技术创新示范企业，9个国家平台，28个省部级平台，4本核心期刊。近年来，获得授权专利400余项，制修订国家标准70余项、行业标准80余项，先后承担了大批国家及省部级科技攻关任务，攻克多项“卡脖子”关键核心技术，产品广泛服务于国家重大装备、重大工程，多项成果处于国际先进或领先水平，荣获多项省部级科技奖励。

主责主业

定位于橡塑密封领域科技进步的引领者，重大装备润滑安全的引领者，智能制造创新发展的主力军，以“工业强基报国，智能引领未来”为企业使命，以“成为一流的工业基础件和智能制造集成服务提供商”为企业远景，全力打造“高端橡塑密封”和“重大装备润滑安全”领域的两个国内一流。

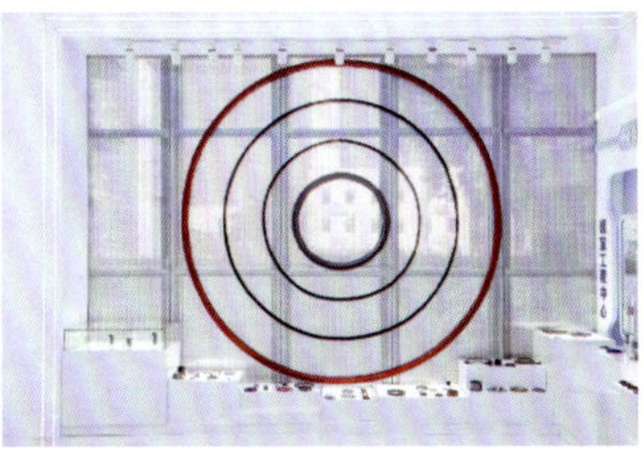

工业基础件

- 密封（密封件、密封胶）
- 润滑（润滑油、润滑脂）
- 液压（机电液压系统）

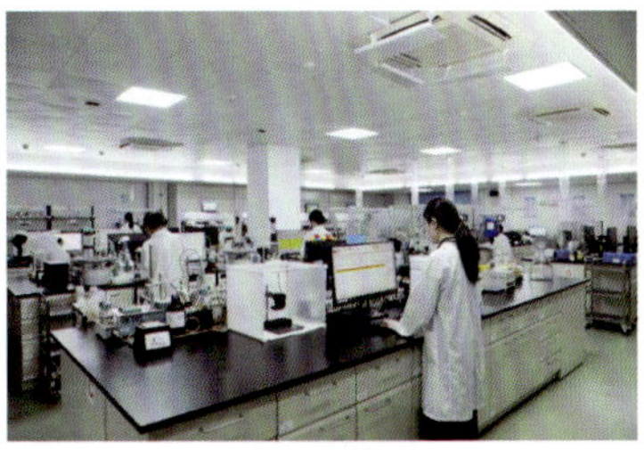

检验检测

- 油品检测
- 机器人及汽车零部件检测

智能制造

- 智能装备及系统集成
- 智能工厂（iMOM）
- 智能运维（重大装备在线健康监测）

产品和应用

石油天然气行业密封解决方案

在中海油关键钻井设备成功应用，拥有多项自主材料配方，可耐受极限工况。

轮胎硫化机伺服液压系统应用

为国内众多知名轮胎硫化机生产厂商批量配套伺服控制液压系统，是绿色、低碳环保的典型应用。

中煤鄂能化项目

为中煤鄂能化提供一站式“润滑工程”解决方案，将客户打造成为煤化工行业“润滑油可靠性管理示范基地”。

神东煤炭项目

油液在线监测系统配套实时智能监测预警设备润滑安全，延长设备使用寿命。

杭氧智能工厂

以自主工业软件产品IMOM智能制造运营管理系统为核心，打造智能工厂，助力杭氧集团实现空分设备制造全过程数字化管理。

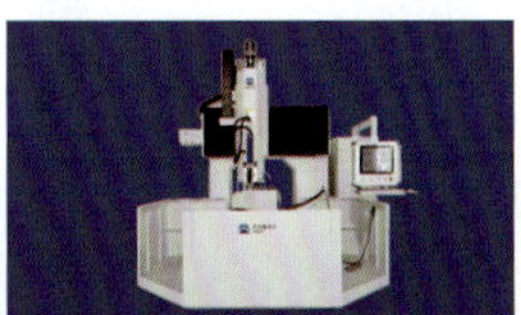

数控电火花小孔加工机床

突破多项关键技术瓶颈，解决航空发动机多种加工难题，在航空航天领域实现规模化应用。

新能源汽车产品检测

拓展新能源汽车行业的高压部件、智能感知系统的检测服务。

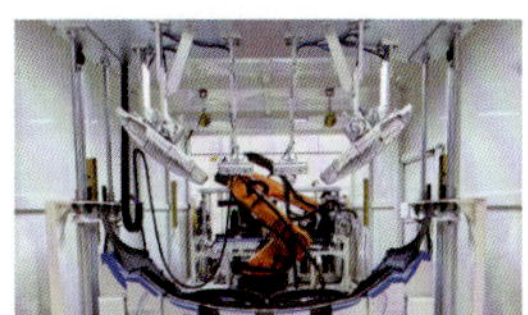

智能涂胶与压合工作站

在新能源汽车主机厂及零部件厂实现内外饰自动涂胶与压合、焊粘方案的批量落地。

国机智能科技有限公司
SINOMACH Intelligence Technology Co., Ltd.
电话：020-32387859　网址:www.sinomach-it.com
地址：广东省广州市黄埔区科学城新瑞路2号（510535）

桂林电器科学研究院有限公司

Guilin Electrical Equipment Scientific Research Institute Co.,Ltd.

桂林电器科学研究院有限公司（简称桂林电科院）1954年在北京成立，1970年搬迁至桂林，1999年7月转制为科技型企业，2013年整体改制为桂林电器科学研究院有限公司，现隶属于世界500强企业——中国机械工业集团有限公司。

桂林电科院经过专业与产业重组，现已发展成为集电工电子材料（全电压等级系列电触头材料、特种塑料）及元器件、薄膜生产成套装备、聚酰亚胺薄膜产品、特种电机的研发与制造，以及行业、检测技术服务为一体的高科技型企业；是我国电工合金、绝缘材料、模具行业的技术归口单位，担负着全国相关行业发展规划、情报信息、产品标准、产品质量监督检测及组织行业进行科技攻关等行业工作，在国内外同行业中享有较高的知名度和行业地位；主导产品的中高端用户市场占有率在行业中名列前茅，是用户替代进口产品的优质供应商。

桂林电科院拥有国家企业技术中心、电工材料行业生产力促进中心、国家认可检测实验室、国家产业技术基础公共服务平台、世界知识产权组织技术与创新支持中心和博士后科研工作站；设有广西电器产业工程院、广西电工材料工程技术研究中心、广西双向拉伸薄膜成型装备工程研究中心等多个省级科研开发平台，被广西壮族自治区认定为“高新技术企业”“广西技术创新示范企业”，是我国电工合金、薄膜成套装备、绝缘材料的重要研发基地。

公司举办第三届职工健康跑活动

公司组队参加国机集团首届职工气排球比赛获第四名

公司组织开展庆祝“三八”妇女节活动

中国塑料加工工业协会一行到公司进行调研交流

主办第二届全国变压器高性能绝缘材料技术研讨会

与西门子（中国）有限公司签署战略合作协议

广告

国机智能科技有限公司（简称国机智能）隶属于中央直管国有重要骨干企业、世界500强企业——中国机械工业集团有限公司，其下属广州机械科学研究院有限公司发源于1958年的广州热带机床研究所，下属苏州电加工机床研究所有限公司为成立于1958年的原机械工业部门直属的电加工行业归口管理单位。

国机智能拥有国家创新型企业、国家高新技术企业、国家技术创新示范企业，9个国家平台，28个省部级平台，4本核心期刊。近年来，获得授权专利400余项，制修订国家标准70余项、行业标准80余项，先后承担了大批国家及省部级科技攻关任务，攻克多项“卡脖子”关键核心技术，产品广泛服务于国家重大装备、重大工程，多项成果处于国际先进或领先水平，荣获多项省部级科技奖励。

主责主业

定位于橡塑密封领域科技进步的引领者，重大装备润滑安全的引领者，智能制造创新发展的主力军，以“工业强基报国，智能引领未来”为企业使命，以“成为一流的工业基础件和智能制造集成服务提供商”为企业远景，全力打造“高端橡塑密封”和“重大装备润滑安全”领域的两个国内一流。

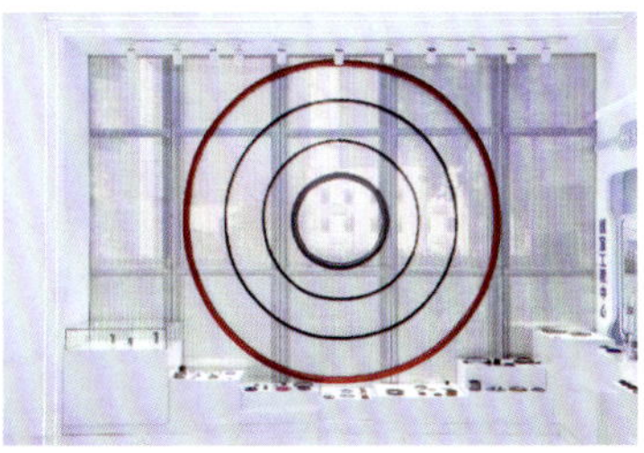

工业基础件

- 密封（密封件、密封胶）
- 润滑（润滑油、润滑脂）
- 液压（机电液压系统）

检验检测

- 油品检测
- 机器人及汽车零部件检测

智能制造

- 智能装备及系统集成
- 智能工厂（iMOM）
- 智能运维（重大装备在线健康监测）

产品和应用

石油天然气行业密封解决方案

在中海油关键钻井设备成功应用，拥有多项自主材料配方，可耐受极限工况。

轮胎硫化机伺服液压系统应用

为国内众多知名轮胎硫化机生产厂商批量配套伺服控制液压系统，是绿色、低碳环保的典型应用。

中煤鄂能化项目

为中煤鄂能化提供一站式“润滑工程”解决方案，将客户打造成为煤化工行业“润滑油可靠性管理示范基地”。

神东煤炭项目

油液在线监测系统配套实时智能监测预警设备润滑安全，延长设备使用寿命。

杭氧智能工厂

以自主工业软件产品IMOM智能制造运营管理系统为核心，打造智能工厂，助力杭氧集团实现空分设备制造全过程数字化管理。

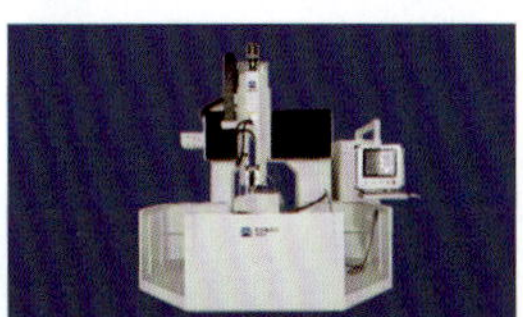

数控电火花小孔加工机床

突破多项关键技术瓶颈，解决航空发动机多种加工难题，在航空航天领域实现规模化应用。

新能源汽车产品检测

拓展新能源汽车行业的高压部件、智能感知系统的检测服务。

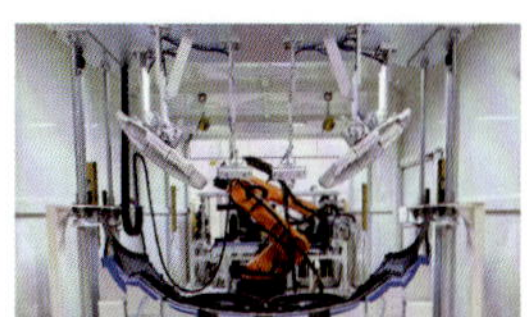

智能涂胶与压合工作站

在新能源汽车主机厂及零部件厂实现内外饰自动涂胶与压合、焊粘方案的批量落地。

国机智能科技有限公司
SINOMACH Intelligence Technology Co., Ltd.
电话：020-32387859　网址:www.sinomach-it.com
地址：广东省广州市黄埔区科学城新瑞路2号（510535）

桂林电器科学研究院有限公司
Guilin Electrical Equipment Scientific Research Institute Co.,Ltd.

桂林电器科学研究院有限公司（简称桂林电科院）1954年在北京成立，1970年搬迁至桂林，1999年7月转制为科技型企业，2013年整体改制为桂林电器科学研究院有限公司，现隶属于世界500强企业——中国机械工业集团有限公司。

桂林电科院经过专业与产业重组，现已发展成为集电工电子材料（全电压等级系列电触头材料、特种塑料）及元器件、薄膜生产成套装备、聚酰亚胺薄膜产品、特种电机的研发与制造，以及行业、检测技术服务为一体的高科技型企业；是我国电工合金、绝缘材料、模具行业的技术归口单位，担负着全国相关行业发展规划、情报信息、产品标准、产品质量监督检测及组织行业进行科技攻关等行业工作，在国内外同行业中享有较高的知名度和行业地位；主导产品的中高端用户市场占有率在行业中名列前茅，是用户替代进口产品的优质供应商。

桂林电科院拥有国家企业技术中心、电工材料行业生产力促进中心、国家认可检测实验室、国家产业技术基础公共服务平台、世界知识产权组织技术与创新支持中心和博士后科研工作站；设有广西电器产业工程院、广西电工材料工程技术研究中心、广西双向拉伸薄膜成型装备工程研究中心等多个省级科研开发平台，被广西壮族自治区认定为“高新技术企业”“广西技术创新示范企业”，是我国电工合金、薄膜成套装备、绝缘材料的重要研发基地。

公司举办第三届职工健康跑活动

公司组队参加国机集团首届职工气排球比赛获第四名

公司组织开展庆祝“三八”妇女节活动

中国塑料加工工业协会一行到公司进行调研交流

主办第二届全国变压器高性能绝缘材料技术研讨会

与西门子（中国）有限公司签署战略合作协议

■ 公司简介/Company Profile

国机海南发展有限公司（简称国机海南）为中央直接管理的、《财富》世界500强——中国机械工业集团有限公司（简称国机集团）全资二级子公司，是国机集团在海南的区域总部。下设中国成套工程有限公司、中国国际农业投资有限公司、中国机械工业海南股份有限公司等8家子公司。

国机海南深耕海外市场多年，在农产品贸易和基础设施建设领域经验丰富、业绩不俗。在海外承建了一批大型优质的基础设施和新能源工程项目，获得业内外的广泛盛誉。2023年入选中国农业企业500强，荣获海南省省级农业产业化重点龙头企业称号。

国机海南具备中国一流的深度国际化能力，拥有一支年轻化、素质高、业务强的国际业务团队，团队成员中毕业于国内外一流大学、拥有硕士博士研究生学位、有长期海外工作经历的员工均超三分之一。

国机海南以服务国家重大战略需求和海南自由贸易港建设为使命；围绕国内农产品和能源领域战略需求缺口，打造国际供应通道安全的“国家队”；围绕海南自贸港建设，打造海南区域发展及国机集团在海南业务协同的“指挥部”；致力于成为数字化驱动的农业和新能源集成服务商。

国机数字科技有限公司
SINOMACH Digital Technology CO., LTD.

企业简介 Company Profile

国机数字科技有限公司（简称国机数科）成立于2023年8月，是中国机械工业集团有限公司（简称国机集团）一体推进数字化转型发展的全资企业。国机数科致力于服务数字中国建设核心功能，立足国家主管部委批准的“农机云”“机械装备行业云”建设运营，打造国家重点行业领域数据可靠运营方案，赋能行业、服务社会，为“制造强国”“农业强国”和“数字中国”建设提供有力支撑。

2023年度，国机数科充分发挥机械工业领域数字化转型主力军作用，重点跟进“全国农机作业指挥调度平台”“国机集团一体化管控平台建设项目”“工业软件合作研发项目”等，形成“2+2+N+X”（“农机云”“机械装备行业云”两朵云+“全国农机作业指挥调度平台”“国机集团一体化管控平台建设项目”两个重点项目+赋能N个行业+开发X个场景和项目）的业务发展格局，推进数字技术赋能农业农村现代化和新型工业化建设。

2023年8月21日，国机数科在南京召开启动会议，国机集团党委常委、副总经理周开荃提出工作要求。

2023年10月26日，国机数字科技有限公司召开干部大会，国机集团董事、党委副书记丁宏祥宣布了国机集团党委关于成立国机数科临时党委的决定和国机数科领导班子任职的决定。

2023年11月，国机集团党委常委、副总经理周开荃莅临集团“综合管控平台一体化建设项目”现场并作具体工作指示。

2023年12月6日，国机集团党委书记、董事长张晓仑赴国机数字科技有限公司调研。